中宣部2020年主题出版重点出版物
天津市重点出版扶持项目

中国共产党
百年经济思想史论

· 上册 ·

洪银兴 杨德才 等著

天津出版传媒集团
天津人民出版社

目 录

上 册

总 论 / 001

第一编 新民主主义革命时期党的经济思想

第一章 党在初创时期和大革命时期的经济思想 / 048

第一节 新民主主义经济思想产生的历史条件 / 048

第二节 中国共产党的早期经济思想 / 068

第二章 党在土地革命战争时期的经济思想 / 084

第一节 中国共产党关于土地革命的思想 / 084

第二节 农村革命根据地的经济建设 / 104

第三节 对帝国主义在华资本和民族资本的不同态度 / 116

第三章 党在全民族抗战时期的经济思想 / 133

第一节 高度重视经济建设和发展社会生产力 / 133

第二节 抗日根据地的财政经济思想 / 143

第三节 新民主主义革命经济纲领基本内容的提出 / 176

第四章 党在全国解放战争时期的经济思想 / 199

第一节 土地革命思想的新发展 / 199

第二节 没收官僚资本和帝国主义在华资本的思想 / 215

第三节 保护和利用民族资本主义工商业的思想 / 222

第四节 建立和发展新民主主义国营经济的思想 / 236

第二编 由新民主主义向社会主义社会过渡时期党的经济思想

第五章 从新民主主义向社会主义过渡的经济思想 / 250

第一节 新民主主义社会经济及其向社会主义社会的过渡 / 250

第二节 恢复和发展国民经济的思想 / 258

第六章 党在社会主义改造时期的经济思想 / 271

第一节 党在过渡时期的总路线 / 271

第二节 第一个五年计划 / 285

第三节 对农业、手工业的社会主义改造 / 297

第四节 对资本主义工商业社会主义改造的思想 / 321

第五节 计划经济体制的逐步形成 / 346

目 录

第三编　社会主义建设的探索与曲折发展中党的经济思想

第七章　党在党的八大前后对社会主义经济建设道路的初步探索 / 364

　　第一节　对社会主义社会主要矛盾的认识 / 364

　　第二节　国家工业化和经济建设的新思路 / 370

　　第三节　经济体制改革的最初思考 / 383

第八章　"大跃进"和国民经济调整时期的经济思想 / 394

　　第一节　社会主义建设总路线、"大跃进"和人民公社化运动 / 394

　　第二节　对社会主义经济规律认识和对"大跃进"、人民公社化运动错误的初步纠正 / 425

　　第三节　国民经济调整的方针和措施 / 446

　　第四节　党内经济学家对社会主义经济理论的探索 / 460

第九章　党在"文化大革命"期间的经济思想 / 473

　　第一节　"文化大革命"中党内"左"的经济思想和政策 / 473

　　第二节　党内正确思想对"左"的经济思想的抵制 / 486

下 册

第四编　改革开放时期党的经济思想

第十章　党的十一届三中全会和改革开放的序幕 / 506

　　第一节　党在思想路线上的拨乱反正 / 506

　　第二节　党的工作重点转向经济建设 / 520

　　第三节　中国农村的改革 / 527

第十一章　市场化改革和社会主义市场经济体制的确立 / 550

　　第一节　对社会主义本质和社会主义初级阶段的认识 / 550

　　第二节　市场取向的经济改革思想 / 559

　　第三节　社会主义市场经济的确认和社会主义市场经济的基本框架 / 564

　　第四节　所有制结构调整和国企改革 / 570

　　第五节　要素参与收入分配和收入分配体制改革 / 583

第十二章　经济发展的中国道路 / 593

　　第一节　"发展才是硬道理"的思想 / 593

　　第二节　对外开放的基本国策 / 606

　　第三节　现代化建设的战略部署和小康社会建设 / 618

　　第四节　"三个代表"重要思想 / 624

　　第五节　科学发展观 / 631

第十三章　宏观调控机制的改革 / 648

　　第一节　从直接调控转向间接调控 / 648

第二节　财税体制改革 / 663

第三节　金融体制改革 / 671

第五编　中国特色社会主义进入新时代党的经济思想

第十四章　"两个一百年"奋斗目标及其实现路径 / 685

　　第一节　"两个一百年"奋斗目标的提出 / 685

　　第二节　新时代的社会主要矛盾 / 692

　　第三节　三大攻坚战 / 703

　　第四节　乡村振兴战略 / 721

第十五章　新时代的全面深化改革思想 / 736

　　第一节　经济体制改革是全面深化改革的重点 / 737

　　第二节　进一步完善社会主义市场经济体制 / 743

　　第三节　进一步完善公有制为主体多种所有制经济共同发展的所有制结构 / 757

　　第四节　进一步完善按劳分配为主体和多种分配方式相结合的收入分配制度 / 765

　　第五节　进一步完善宏观调控机制 / 769

第十六章　新发展理念和高质量发展思想 / 781

　　第一节　经济新常态 / 781

　　第二节　新发展理念的形成 / 788

　　第三节　供给侧结构性改革 / 793

第四节 转向高质量发展 / 800

第五节 建设现代化经济体系 / 804

第十七章 开放发展和新发展格局思想 / 811

第一节 开放发展的新理念 / 812

第二节 "一带一路"建设 / 819

第三节 开放型经济新体制 / 826

第四节 以国内大循环为主体、国内国际双循环相互促进的新发展格局 / 832

参考文献 / 839

后　记 / 849

总　论

党的十九届六中全会通过的《中共中央关于党的百年奋斗重大成就和历史经验的决议》明确要求，从党的百年奋斗中看清楚过去我们为什么能够成功、弄明白未来我们怎样才能继续成功，从而更加坚定、更加自觉地践行初心使命，在新时代更好坚持和发展中国特色社会主义。根据这个指导思想，我们撰写了《中国共产党百年经济思想史论》一书。

在中国共产党的思想宝库中，不仅有丰富的政治思想、军事思想，还有丰富的经济思想。中国共产党百年经济思想史也就是马克思主义经济学说同中国具体实际相结合的历史，是马克思主义经济思想中国化的历史。中国共产党的经济思想是随着革命、建设和改革的实践而不断丰富和发展的，但又有其继承性和连续性。研究中国共产党的经济思想，可以发现，中国特色社会主义的经济思想有着深厚的历史渊源和连续性。中国共产党在探求中国革命、建设和改革道路的历史过程中，主要是正确和成功经验及理论的积累，但也有错误和失败的教训。

在党的历史上，以毛泽东同志为主要代表的中国共产党人，领导全党和全国各族人民,经过长期的艰苦奋斗,夺取了新民主主义革命的胜利,进而建立起社会主义基本制度,开辟了历史的新纪元,中国人民从此站了起来。以邓小平同志、江泽民同志、胡锦涛同志为主要代表的中国共产党人,推动和领导改革开放,开创、坚持、捍卫和发展了中国特色社会主义的伟大事业,中国成为世界第二大经济体,中国人民从此富了起来。党的十八大以后,在以习近平同志为核心的党中央领导下,中国特色社会主义进入新时代。

本书包括从党的一大到十九大历届党中央领导集体的经济思想。

总结中国共产党经济思想的主要依据是党的文件和中央领导同志的论著、讲话。需要指出的是,中国共产党的经济思想集中了全党的智慧,其中包括集中了经济理论界的研究成果。本书总结的中国共产党百年经济思想,有的是领导者个人起过指导作用的思想,有的是整个领导集体的思想;不仅有在各个时期占统治地位的经济思想,也有在当时没有占统治地位,而后来经实践证明是正确的经济思想;有的经济思想长期起作用,有的经济思想则是在特定阶段和特定条件下提出,后来随着时间的推移和条件的变化而发生了变化。

经济思想和经济政策既有区别又有联系,中国共产党的经济思想史不可能是各个时期经济政策的罗列,当然也不能完全回避经济政策。因为经济政策是占统治地位的经济思想的反映,经济政策的成效可以验证经济思想的正确程度。在各个不同时期,服从于当时的中心任务,经济思想有不同的着重点。在新民主主义革命时期,党的经济思想服从于革命战争,因而同党的政治思想、军事思想较紧密地结合在一起。在社会主义改造时期,党的经济思想服从于社会主义改造。社会主义改造基本完成以后,党的工作重心本应转向经济建设,而且党的八大已开始了这一转移。遗憾的是党的八大后不久,就出现了指导思想上"左"的错误,工作重心偏离开党的八大精神,又回到了以阶级斗争和路线斗争为中心上来,以致出现了几次大的"政治折腾",直到"文化大革命"把"左"的一套推向了极端。直到1978年党的十一届三中全会以后,党的工作重心才真正转到经济建设上来,党的经济思想才真正转向为经济建设服务,并成为党的"一百年不动摇"的中心思想。

总的来说,中国共产党的一百年是探索民富国强的一百年。在这百年中,中国特色社会主义是史无前例的伟大探索,在探索过程中难免会犯错误,但由于坚持正确的发展方向始终不渝,因此我们党能自觉地、不断地纠正错误。

一、新民主主义革命时期党的经济思想[①]

新民主主义革命时期,以毛泽东同志为主要代表的中国共产党人领导中国人民经过艰苦卓绝的奋斗,从根本上改变了中国半殖民地半封建的社会状态,中国人民站了起来,屹立于世界之林。这个时期党的指导思想是毛泽东思想。

中国共产党在新中国成立前的28年,一直从事新民主主义革命,其直接目的是建立以新民主主义经济为基础的新民主主义社会制度。服从于这一任务,形成了新民主主义经济思想。在各个不同历史时期,服从于当时的中心任务,党的经济思想也有不同的着重点。

中国共产党领导的新民主主义革命,不同于其他国家的社会主义革命,走出了一条符合中国国情的民族解放的道路。面对半殖民地半封建的旧中

---

① 本部分的基础为卫兴华和洪银兴教授为庆祝建党90周年所写的论文,入选中共中央组织部、中共中央宣传部、教育部等部门召开的纪念中国共产党建党90周年理论研讨会,原载2011年7月11日《红旗文稿》,原题为"中国共产党在革命、建设和改革中经济思想的形成与发展",此处略有改动。

国,中国共产党从经济上进行国情和阶级分析,明确新民主主义革命的性质、对象、任务和前途,明确革命的领导力量、依靠力量和同盟军。首先,在半殖民地半封建的中国进行的革命不能一步进入社会主义革命,必须分两步走:第一步民主革命,第二步社会主义革命。其次,中国的民主革命不是资产阶级领导的旧民主革命,而是无产阶级领导的人民大众的反帝反封建的新民主主义革命。对待资本主义,只反对官僚资本主义,而不反对民族资本主义。相应地,是消灭帝国主义在华的掠夺性经济、封建地主经济和官僚资本主义经济。同时,在新民主主义革命时期,需要发展社会主义性质的国营经济和具有社会主义因素的合作社经济。这是在条件成熟时向社会主义转变的必要经济条件,内涵了马克思主义科学社会主义的思想。

党在新民主主义革命的各个阶段,服从于各个阶段中心任务的需要提出了一系列经济思想和相应的经济政策,逐步形成清晰的新民主主义经济纲领和新民主主义社会经济形态的理论。在第一次国内革命战争时期,毛泽东的《中国社会各阶级的分析》一文,明确了中国半殖民地半封建社会的特征和各个阶级对革命的态度。党在土地革命战争时期,明确提出土地革命是"中国革命的根本内容","是中国革命新阶段的主要的社会经济之内容"。开展土地革命,是团结农民和小资产阶级广大群众夺取民主革命胜利的关键环节。党在全面抗日战争时期,初步提出了新民主主义三大经济纲领:大银行、大工业、大商业收归新民主主义共和国所有,允许和保护民族资本主义经济的存在和发展,没收地主的土地归农民所有。三大经济纲领的提出,确立了新民主主义经济体系的大致框架,标志着中国共产党新民主主义经济思想逐步形成。

在当时我们党领导的农村革命根据地,实际上开始了发展新民主主义经济的实践。其主要经济成分是国营经济(国营工业、商业、银行、邮电和交通等)、合作社经济(生产、消费、粮食、信用、耕牛、肥料等合作社)和私人经济(个体农业、个体手工业、私人资本主义工商业等)。

抗日战争胜利之后,中国人民面临着两种命运、两种前途的尖锐斗争。为彻底完成民主革命的任务,把中国引向新的社会制度,毛泽东在1947年12月所作的《目前形势和我们的任务》报告中,明确提出了新民主主义革命的三大经济纲领,这就是:没收封建地主阶级的土地归农民所有;没收以蒋介石、宋子文、孔祥熙、陈立夫为首的垄断资本归新民主主义国家所有;保护民族工商业。其内容比以前提出的更具体。对四大家族的官僚资本要进行没收即剥夺,而对作为民族资本主义经济的民族工商业要保护其存在和发展。

对新民主主义经济的经济成分,在1949年3月党的七届二中全会上,毛泽东提出:"国营经济是社会主义性质的,合作社经济是半社会主义性质的,加上私人资本主义,加上个体经济,加上国家和私人合作的国家资本主义经济,这些就是人民共和国的几种主要的经济成分,这些就构成新民主主义的经济形态。"[1]毛泽东的这个表述,可以说是关于新民主主义经济形态最为科学、最为完整的定义。它明确说明,新民主主义由五种经济成分构成,即国营经济、合作社经济、个体经济、民族资本主义经济、国家资本主义经济。我们党重视建立和发展新民主主义社会的国营经济,使之成为新民主主义国家国民经济的领导力量。在新中国成立前夕制定的《中国人民政治协商会议共同纲领》中,再次明确我国新民主主义经济的上述五种经济成分,并且要求国家在经营范围、原料供给、劳动条件、财政金融政策等方面,对多种经济成分予以调剂,以促进其各得其所、共同发展。当时提出的建设方针是"公私兼顾、劳资两利、城乡互助、内外交流",以达到发展生产、繁荣经济的目的。《共同

---

[1] 《毛泽东选集》(第四卷),人民出版社,1991年,第1433页。

纲领》强调,国营经济是社会主义性质的经济,要对有关国家经济命脉和足以操纵国计民生的事业统一经营。

经济思想理论来源于经济实践,并随着经济实践的发展而发展。新民主主义经济思想作为一种崭新的经济思想,是适应新民主主义各个阶段革命和建设的实践需要而提出,又随着新民主主义革命和经济建设的发展而发展的。我们党在新民主主义革命各个不同阶段所提出的新民主主义经济思想的各个方面、各个要点,构成了系统而完整的新民主主义经济思想和理论体系。新民主主义经济思想不仅支持了新民主主义革命的胜利,同时也为党在革命胜利以后的经济思想发展奠定了坚实的基础。

二、由新民主主义向社会主义过渡时期党的经济思想

1949年10月中华人民共和国成立,标志着中国进入新民主主义社会。由此开始到1956年,我们党的中心工作是在迅速恢复国民经济后开展大规模的经济建设,并进行社会主义改造。这一时期,中国共产党经济思想发展的主线,是由新民主主义向社会主义过渡的经济思想的形成和发展。以毛泽东同志为主要代表的中国共产党人,将马克思主义经济学说同中国具体实际结合,创造性地开辟了一条具有中国特色的社会主义改造道路。尽管在这一时期我们党的经济思想也有过一些偏差,在实践中出现过某些失误,目前理论界对社会主义改造的早晚也存在不同见解,但和平改造毕竟还是顺利完成了。

在新中国成立前夕和成立之初,我们党依据对国情的经济分析,明确的意见是建立新民主主义社会。1949年9月党中央主持制定的第一届新政协会议通过的《共同纲领》,提出了新民主主义社会的经济任务,这就是发展新

民主主义经济,稳步地变农业国为工业国;发展工农业生产,促进经济繁荣;多种经济成分分工合作,各得其所,以促进整个社会经济的发展。

新民主主义社会有多长？早在民主革命时期毛泽东在《新民主主义论》中讲过,新民主主义的"时间是相当地长"。刘少奇在新中国成立后还曾提出确立新民主主义新秩序的意见。可以看出,当时是把新民主主义社会同向社会主义的过渡时期作为既有联系又有区别的过程看待的。只有到新民主主义社会的后期才会提出向社会主义过渡的任务。但在实践中,到1952年底,国民经济基本恢复,党中央就提出我国进入向社会主义社会过渡的时期,开始了社会主义改造的进程。

党在过渡时期的总路线是国家工业化和实现国家对农业、手工业和资本主义工商业的社会主义改造。国家工业化的重点是发展重工业,这反映在"一五"计划中。党在向社会主义过渡时期的最大贡献是开创了一条具有中国特色的社会主义改造道路。在我国进行社会主义改造时,已有的理论是剥夺剥夺者,已有的国际样板是苏联斯大林时代实行的资本主义企业的国有化和对农民及小资产阶级的强制集体化,其明显的代价是牺牲和破坏生产力。我们党在推进"三大改造"时吸取了这一教训,延续了在新民主主义时期对民族资产阶级和农民作为革命同盟军的认识,不走其他国家的强制道路,在保护和促进生产力的前提下推进社会主义改造。

首先,对资本主义工商业进行和平的社会主义改造。进入社会主义改造阶段,意味着工人阶级和资产阶级的矛盾上升为国内的主要矛盾。但我国的民族工商业具有两面性。党没有采取没收资本的政策,而是进行和平改造和引导的政策,这就是马克思和恩格斯曾经提出但此前没有实现过的"赎买"政策。为此,创造了委托加工、计划订货、统购包销、委托经销代销、公私合营、全行业公私合营等一系列从低级到高级的国家资本主义的过渡形式,实现了对整个民族资本的赎买。

其次,对个体农业和个体手工业的社会主义改造遵循自愿互利、典型示范和国家帮助的原则,创造了从互助组到半社会主义性质的初级生产合作社,再发展到社会主义性质的高级生产合作社的改造道路与发展形式。毛泽东当时还提出农业合作化的进程应同农业的技术革命(农业机械化)进程相适应的思想。

1956年我国基本完成社会主义改造,建立起社会主义基本经济制度,为当代中国的发展进步奠定了制度基础。中国的社会主义改造有明显的中国特色,"三大改造"的道路可以说是中国创造,其效果也非常明显。这么大的生产关系的调整,没有破坏生产力,而且能够得到广大人民群众的支持,也得到民族资产阶级的认同,并没有出现列宁所说的过渡时期阶级斗争更加尖锐和残酷的事实。这与我国在新民主主义革命和社会主义革命中,始终没有把民族资产阶级作为阶级敌人对待有关。党把民族资本主义作为新民主主义经济的组成部分,把民族资产阶级作为团结的对象。

党中央在提出过渡时期总路线时头脑还是清醒的,毛泽东曾预计向社会主义过渡的时间需要经过三个"五年计划",应该说这种意见是符合我国当时实际的。可是在1955年夏季以后,由于党中央过高地估计了社会主义改造的形势,加速了社会主义改造的步伐,犯了要求过急、工作过粗、改变过快的错误,以致在过短时间内完成的社会主义改造遗留了一些有长期消极影响的问题,也导致了后来发展的困难。特别是"三大改造"最终使公有制成为我国唯一的经济基础。这种急于搞单一的公有制,存在偏急偏快的问题。当然,这些缺点和错误与社会主义改造的巨大成就相比,毕竟还是支流。社会主义改造的巨大成就便是在中国确立了社会主义制度。

三、中国社会主义经济建设道路的最初探索

在1956年社会主义改造基本完成、社会主义制度基本建立以后,党面临着如何继续前进,如何发展社会主义建设事业的问题。中国共产党曾经在许多方面学习苏联经验,仿效苏联建立计划经济体制。经过一段时间的实践,以毛泽东同志为主要代表的中国共产党人很快就发现,苏联的经验并不完全成功,中国的社会主义道路和民主革命道路一样,必须由中国人自己来寻找。

1956年4月,毛泽东发表《论十大关系》,在初步总结我国社会主义建设经验的基础上,吹响了探索适合我国国情的社会主义建设道路的号角。十大关系中与经济直接相关的有五个,即重工业和轻工业、农业的关系;沿海工业和内地工业的关系;经济建设和国防建设的关系;国家、生产单位和生产者个人的关系;中央和地方的关系等。该文实际上是针对苏联长期优先发展重工业,单纯追求速度的发展战略提出不同的看法,强调在部门之间、地区之间协调发展和统筹兼顾各方面利益关系,试图在中国开辟一条同苏联道路有所不同的社会主义工业化道路。

同年9月召开的党的八大明确提出,社会主义制度在我国已经基本上建立起来;国内主要矛盾已经不再是工人阶级和资产阶级的矛盾,而是人民对于经济、文化迅速发展的需要同当前经济、文化不能满足人民需要的状况之间的矛盾;全国人民的主要任务是集中力量发展社会生产力。在党的八大路线的指引下,1956至1957年是新中国成立以来经济发展最好的时期。党的八大关于我国主要矛盾和主要任务的表述在党的经济思想史上具有开创性。

在对中国发展道路的探索中,我们党在指导思想上也犯过错误,并导致了经济建设的破坏性后果。党的八大后不久,就出现了指导思想上"左"的错误。1958年轻率地发动了"大跃进"和人民公社化运动,党的指导思想出现了以高指标、瞎指挥、浮夸风和"共产风"为主要标志的"左"倾错误,造成了重大经济损失。

1960年冬,党中央开始纠正农村工作中的"左"倾错误,并且决定对国民经济实行"调整、巩固、充实、提高"的方针,从而使国民经济度过三年困难时期,从1962年到1966年得到了比较顺利的恢复和发展。在毛泽东的倡导下,针对"大跃进"时期刮共产风、否认商品货币关系等"左"倾思想及其产生的后果,中央领导同志学习斯大林的《苏联社会主义经济问题》和苏联《政治经济学》教科书社会主义部分,在此基础上思考中国的经济建设道路,提出了不仅对当时而且对中国的长远发展都具有重要影响的经济思想。首先是重视对社会主义经济规律的研究,强调价值规律的作用,主要是在流通领域强调价值规律的调节作用。其次是提出了国民经济综合平衡的思想。毛泽东提出以农业为基础、以工业为主导的思想;陈云提出计划指标必须切合实际,建设规模必须同国力相适应,人民生活和国家建设必须兼顾,制订计划必须做好物资、财政、信贷综合平衡的观点。最后是萌发改革经济体制的思想。邓小平提出关于整顿工业企业,改善和加强企业管理的观点;朱德提出要注意发展手工业和农业多种经营的观点;邓子恢提出农业中要实行生产责任制的观点。

党在总结和纠正这一时期的"左"倾错误和贯彻"调整、巩固、充实、提高"方针时,提出不少至今仍有指导价值的经济思想,实际上也是对社会主义经济建设的中国道路的思考。可惜的是,"文化大革命"的发生,"左"的指导思想打断了中国经济正常发展,致使许多经济领域处于崩溃的边缘。尽管如此,我国在这一时期还是有一些正确的经济决策,使得科技领域、基础设施建设领域等出现了一些发展奇迹,如原子弹试爆成功、人造卫星上天、南京长江大桥建成等。

四、改革开放阶段党的经济思想

1978年召开的党的十一届三中全会毅然摒弃了"以阶级斗争为纲"的错误方针,真正开始把党和国家的工作转向以经济建设为中心。同时,我们党在新的历史条件下开辟了探索中国特色社会主义的历史进程,形成了以邓小平理论、"三个代表"重要思想和科学发展观为代表的中国特色社会主义理论。中国特色社会主义理论是马克思主义中国化的伟大成果,其中的中国特色社会主义经济思想,是马克思主义政治经济学在当代的新发展。中国特色社会主义经济思想,包括经济制度、经济体制、经济发展、经济管理等多方面的内容,是一个完整丰富的理论体系。

(一)科学认识实践中的社会主义

党从实际出发科学认识实践中的社会主义,主要涉及两个方面:一是正确认识社会主义的本质,二是正确认识社会主义所处的发展阶段。

党的十一届三中全会召开前有一场真理标准问题大讨论,邓小平高度评价和肯定了这场思想解放运动,对实践中的社会主义认识涉及三个方面的思想解放:一是抛弃对社会主义理论的教条式理解;二是以实践检验过去对社会主义的认识;三是从中国实际出发,走中国自己的路,开创和发展中国特色社会主义。

关于社会主义本质,邓小平明确提出,贫穷不是社会主义,社会主义的本质就是解放和发展生产力,消灭剥削,消除两极分化,最终达到共同富裕。为了实现共同富裕,必须允许一部分地区一部分人通过诚实劳动和合法经营先富起来。在邓小平理论中,坚持社会主义方向就是在生产关系上坚持两个重要方面:一是以公有制为主体,二是不搞两极分化,逐步实现共同富裕。

党的十一届三中全会前,我国在建设社会主义中出现失误的根本原因之一,就在于生产关系和相应的经济制度及经济体制超越了我国所处的社会主义发展阶段。正确认识我国社会所处的历史阶段,是建设中国特色社会主义的首要问题。邓小平理论的一个重要贡献,是依据现阶段的生产力水平确认我国还处于社会主义初级阶段。社会主义初级阶段,不是泛指任何国家进入社会主义都会经历的起始阶段,而是特指我国在生产力落后、商品经济不发达条件下建设社会主义必然要经历的特定阶段。社会主义初级阶段的根本任务是发展生产力。邓小平强调不能只讲发展生产力,应该把解放生产力和发展生产力两个讲全了。邓小平的社会主义本质和发展阶段理论是科学社会主义理论的发展与创新。

确认我国还处在社会主义初级阶段有两方面含义:一方面,我国已进入了社会主义社会,需要坚持科学社会主义的基本原则;另一方面,社会主义制度尚未发展成熟,社会主义性质在社会生活的各个方面还不能充分显示出来,具体表现在两个方面:一是社会主义经济关系本身还处于初级阶段,没有达到完全的、成熟的社会主义的标准。依据社会主义经济关系处于初级阶段的特征,改革的一个重要方面是改革和调整经济体制,使其不是反映未来的高级阶段的社会主义生产关系,而是反映处于初级阶段的社会主义生产关系。二是社会主义初级阶段的社会生产关系结构还不是完全社会主义的,而是包含了多种非公有制形式的多元结构。

社会主义初级阶段理论明确了这个阶段的社会主要矛盾是人民日益增长的物质文化需要同落后的社会生产之间的矛盾。由此决定,社会主义初级阶段的社会主义就是发展生产力。按此要求,需要在制度上、在坚持社会主义基本制度的前提下采取各种有利于生产力发展的方式,包括利用私有制、利用市场经济、利用要素报酬,创新充满活力、富有效率的体制机制。所有这些制度安排都是中国特色社会主义经济的具体体现。

(二)市场化推动的经济改革

明确了我国所处的阶段还是社会主义初级阶段,这意味着经济改革不可避免地要触及已经形成的社会主义经济制度。经济改革就是要对现行的社会主义经济制度中超越了社会主义发展阶段的部分进行改革,以适应社会主义初级阶段的特征,适应初级阶段的生产力水平。我国的改革是以市场化为导向的。其改革思想主要涉及以下三个方面:

第一,建立公有制为主体多种所有制经济共同发展的所有制结构。在此制度框架中,公有制为主体是社会主义的制度特征,多种所有制形式的共同发展则是现阶段的中国特色,反映市场化要求。在农村家庭联产承包责任制改革的牵动下,党在两个方面推进所有制结构调整:一是在广度和深度上发展多种私有制经济。过去私有制经济是属于"制度外"的,现在则成为社会主义基本经济制度的"制度内"部分。在广度上,连过去认为必须由国有制经济垄断的领域如零售业、外贸、金融保险、通信业等如今也准许外资和民资进入。只要是不影响国家安全的,不违反国家法律的领域都将允许非公有制经济进入。在深度上,明确了混合所有制可以成为公有制的实现形式,股份制、股份合作制、中外合资企业,各种所有制相互合资合营等都是混合所有制的具体形式。这意味着私人产权也可以进入公有制企业。因此,公有制与非公有制的共同发展不只是存在于企业外部的关系中,在同一个企业内部也可以形成多种所有制经济共同发展的结构。二是公有制为主体含义的转型。在过去的理论中公有制为主体被定义为公有企业在数量上为主体。改革的实践打破了这种教条。公有制经济不只是指公有制企业,而是指公有资产,包括国有资产和集体资产。这样公有制为主体也有了新的含义:公有资产在社会总资产中占优势;国有经济控制国民经济命脉,对经济发展起主导作用。公有资产不一定都在完全的公有企业中经营,公有制可以有多种实现形式,公有制可以在包含非公有资产的混合所有制企业中经营。公有制的主体地位就体现在公有资产在企业中的控制力。国有经济将主要集中在掌握国民经济命脉的领域。

第二,建立社会主义市场经济体制。1992年,邓小平南方谈话明确社会主义可以有市场,资本主义可以有计划。紧接着党的十四大明确社会主义市场经济体制是我国经济体制改革的目标。我国改革开放的一个重要进展是把计划经济和市场经济规定为属于资源配置方式的范畴。这样,经济运行机制是计划经济还是市场经济,不反映经济制度的性质。为了提高资源配置效率,需要建立社会主义市场经济,使市场在国家宏观调控下对资源配置起基础性的调节作用。在这里,坚持国家的宏观调控反映社会主义制度特征,市场机制起基础性调节作用,是中国处于社会主义初级阶段的特征。在市场经济前冠以社会主义,不改变市场经济的基本规定性。国家的宏观调控不只是克服市场失灵,还要贯彻社会主义制度的要求,特别是公平正义的要求,防止两极分化。与此相应,建立起与社会主义市场经济体制相适应的宏观调控机制。其中包括:推进预算管理体制改革和税收体制改革,建立公共财政体制,推进金融体制改革,建立强有力的、灵活自如的、分层次的金融宏观调控和调节体系;发展交易产品多样化的金融市场体系,增强金融服务实体经济的能力。

第三,建立按劳分配为主体多种分配方式并存的收入分配制度。在社会主义初级阶段,各种生产要素都在不同程度上由私人所有,由此就提出了多种分配方式问题。社会主义的基本原则是共同富裕,但在社会主义初级阶段不可避免存在先富和后富的差别,要提高效率就要承认这种差别,允许一部分地区一部分人先富起来。在这里,按劳分配和共同富裕是社会主义的制度特征,多种分配方式并存和允许一部分人先富则是现阶段的中国特色。对分配领域中的效率与公平的关系,中央文件中的提法改变过多次。从党的十三大报告的"促进效率提高下体现社会公平",到党的十四大报告的"兼顾效率与公平",到党的十四届三中全会的"效率优先,兼顾公平",到党的十六届六中全会提出在经济发展的基础上"更加注重社会公平",再到党的十七大明确提出"初次分配和再分配都要处理好效率和公平的关系,再分配更加注重公平","把提高效率同促进社会公平结合起来"。胡锦涛将这种效率与公平相结合关系看作十大宝贵经验之一,并强调实现社会公平与正义"是发展中国特色社会主义的重大任务"。从发展过程来看,收入差距过分扩大,正是初次分配不公的结果。在我国社会保障制度不健全、不完善的条件下更是如此。生产重效率,分配重公平,是社会主义的应有之义。公平分配制度有利于提高劳动和生产效率。为了缩小和扭转收入差距过分扩大、出现贫富分化趋势,需要提高低收入者的收入水平,保障收入分配中的公平权利。既要防止权钱交易和以权谋私,又要调节垄断收入。无论是初次分配还是再分配都要处理好效率和社会公平关系,再分配更加注重公平。鼓励和引导先富者带动和帮助后富,逐步走向共同富裕。

市场化改革的重大成果是以上三个方面的社会主义初级阶段经济制度在我国已经和正在形成,它们在后来被称为中国特色社会主义基本经济制度。中国特色社会主义基本经济制度既坚持了科学社会主义的基本原则,又具有鲜明的中国特色,是马克思主义中国化的重要成果。

(三)经济发展中国道路的新探索

1992年,邓小平在南方谈话中提出"发展才是硬道理"的科学论断,提出"三个有利于"的评价标准,即"是否有利于发展社会主义社会的生产力,是否有利于增强社会主义国家的综合国力,是否有利于提高人民的生活水平"[①]。1995年,党的十四届五中全会明确提出实行两个根本性转变的要求:一是经济体制从传统的计划经济体制向社会主义市场经济体制转变,二是经济增长方式从粗放型向集约型转变。这是党第一次提出增长方式转变问题。2007年,党的十七大对科学发展观作了明确的概括:"科学发展观,第一要义是发展,核心是以人为本,基本要求是全面协调可持续,根本方法是统筹兼顾。"基于这些认识,我们党从以下五个方面探索经济发展的中国道路:

第一,探索中国式现代化道路。党的十一届三中全会以后,经济建设成为工作重心,现代化成为经济发展的目标。邓小平从我国人口多、底子薄的国情出发,提出现代化建设具有阶段性,这就是"三步走"战略。后来,他用"温饱""小康""富裕"作为经济发展的"三步走"战略目标,使人民能够生动地、直观地认识和切身感受到这个目标的实现过程。党的十六大报告明确提出21世纪中叶基本实现现代化,其中头20年全面建设惠及十几亿人口的全面小康社会。全面小康社会作为现代化进程中的一个阶段,意义非常重大。发展中国家的现代化有必要遵循现代化的一般规律,既遵循先行现代化的国家所经过的基本路线,又必须结合本国的国情及新的国际国内经济社会政治环境,走出具有自己特色的现代化道路。将全面小康社会建设包含在现代化的进程中,作为现代化的具体阶段来推进,并将其作为中国特色现代化道路的重要组成部分,这是中国的创造。

第二,探索中国特色的农业现代化和城镇化道路。城乡二元结构是发展中国家的典型特征,我国更为突出。因此,改变"三农"的落后状态是中国经济

[①] 《邓小平文选》(第三卷),人民出版社,1993年,第372页。

发展的重点。加强农业的基础地位,是我们党的一贯方针。从 1979 年起,我国先是推进以农民家庭承包责任制为内容的农村改革,从家庭财产和经营制度上调动农民的生产和经营积极性。随着苏南农村乡镇企业异军突起,全国广大农村开始了在农村推进工业化和城镇化的进程。这是中国特色的工业化、城市化道路。实践证明,这条道路符合中国国情,不但加快了工业化和城市化的进程,而且明显带动了农业和农村的发展。在此基础上,党的十七大根据科学发展观提出了在新的历史起点上"统筹城乡发展,推进社会主义新农村建设"的要求,由此提出了中国特色的城乡统筹推进农业现代化道路。其主要路径是建立以工促农、以城带乡的长效机制,形成城乡经济社会发展一体化新格局。特别值得称道的是,2005 年 12 月 29 日,十届全国人大常委会第十九次会议决定,从 2006 年 1 月 1 日起废止《中华人民共和国农业税条例》。2006 年 3 月 14 日,十届全国人大四次会议通过决议,庄严宣布在全国范围内彻底取消除烟叶以外的农业特产税、全部免征牧业税,中国延续了 2600 多年的"皇粮国税"走进了历史博物馆。

第三,探索"生产发展,生活富裕,生态良好"的文明发展道路。在改革开放的推动下,我国的经济发展速度明显加快,城市化、工业化取得明显进展,产业结构明显改善,人民收入水平明显提高。但与此同时也产生了新的矛盾和问题:环境污染问题、资源耗竭问题、收入差距扩大问题,等等。这些问题有的原来就存在,但在快速发展时矛盾更加突出。在此背景下,我们党提出了科学发展观,以解决在新的历史阶段怎样发展得更好更快的问题。党的十六大提出新型工业化道路,即以信息化带动工业化,以工业化促进信息化,走出一条科技含量高、经济效益好、资源消耗低、环境污染少、人力资源优势得到充分发挥的工业化道路。党的十七大根据科学发展观提出"生产发展,生活富裕,生态良好"的发展道路,更为突出发展的质量和效益,突出又好又快,突出人民共享发展成果,突出可持续发展。

第四,探索转变经济发展方式的道路。1995年所制定的"九五"计划首次提出要从根本上转变经济增长方式。2005年,《中共中央关于制定国民经济和社会发展第十一个五年规划的建议》再次强调要转变经济增长方式。党的十七大报告将转变经济增长方式改为转变经济发展方式。这个提法的改变具有重要理论和实际意义。经济发展是科学发展的前提和基础,而经济发展涵盖更多的内容。根据转变发展方式和科学发展的要求,经济发展要由主要依靠投资、出口拉动向依靠消费、投资、出口协调拉动转变,由主要依靠第二产业带动向依靠第一、第二、第三产业协同带动转变,由主要依靠增加物质资源消耗向主要依靠科技进步、劳动者素质提高、管理创新转变。科学发展是以人为本、统筹兼顾、全面协调可持续发展,发展的成果要惠及广大人民,把保障和解决民生问题提到更加突出的地位。

第五,探索建立内外联动、互利共赢、安全高效的开放型经济体系。改革开放后,我们党把对外开放明确为一项长期的基本国策。以1980年党中央决定建深圳经济特区为标志,中国全面开放,参与到经济全球化的进程。1997年,党的十五大进一步明确对外开放是要更好地利用国内国外两个市场、两种资源,鼓励经济特区、上海浦东新区在体制创新、产业升级、扩大开放等方面继续走在前面,发挥对全国的示范、辐射、带动作用。特别是强调正确处理对外开放同独立自主、自力更生的关系,维护国家经济安全。党的十六大关于协调发展的五个统筹包括统筹对外开放和国内发展。党的十七大则明确提出了完善内外联动、互利共赢、安全高效的开放型经济体系,形成经济全球化条件下参与国际经济合作和竞争新优势的要求。这样,我国不仅能够利用国外资源和国际市场,同时也使我国经济在参与国际竞争中增强国际竞争力。胡锦涛在党的十七大报告中,把坚持独立自主同参与经济全球化结合起来,作为我国巩固和发展社会主义的十大宝贵经验之一。

2010年,我国作为发展中的大国一跃成为世界第二大经济体的奇迹,可归结为经济发展的中国道路和经济改革的中国模式的成功,表明不走西方国家的发展道路,不采用西方经济模式,走中国特色社会主义道路,同样能取得经济上的成功。

五、中国特色社会主义进入新时代的经济思想

2012年党的十八大召开,以习近平同志为核心的党中央领导全党和全国人民开启了新时代,"中国特色社会主义进入新时代,意味着近代以来久经磨难的中华民族迎来了从站起来、富起来到强起来的伟大飞跃,迎来了实现中华民族伟大复兴的光明前景"[①]。这个时代,既是全面建成小康的决胜阶段,又要开启现代化建设的新进程。目标是在21世纪中叶建成富强民主文明和谐美丽的社会主义现代化强国。进入新时代,中国共产党的经济思想可以概括为习近平新时代中国特色社会主义经济思想。

(一)以人民为中心:治国理政的核心价值观

2012年在党的十八大闭幕式后,在中央政治局常委同中外记者见面会上,习近平说:"人民对美好生活的向往,就是我们的奋斗目标。"在党的十九大上习近平又明确指出:"中国共产党人的初心和使命,就是为中国人民谋幸福,为中华民族谋复兴。这个初心和使命是激励中国共产党人不断前进的根本动力。"[②]可见,以人民为中心是进入新时代后以习近平同志为核心的党

---

① 习近平:《决胜全面建成小康社会 夺取新时代中国特色社会主义伟大胜利——在中国共产党第十九次全国代表大会上的报告》,人民出版社,2017年,第10页。

② 同上,第1页。

中央治国理政的核心价值观。

以人民为中心的发展思想,以实现最大多数人的利益为目标,"把增进人民福祉、促进人的全面发展、朝着共同富裕方向稳步前进作为经济发展的出发点和落脚点"①,具体体现为习近平说的:"我们的人民热爱生活,期盼有更好的教育、更稳定的工作、更满意的收入、更可靠的社会保障、更高水平的医疗卫生服务、更舒适的居住条件、更优美的环境,期盼着孩子们能成长得更好、工作得更好、生活得更好。"②

首先,明确"两个一百年"奋斗目标。党的十八大明确"两个一百年"奋斗目标:到建党一百年时全面建成小康社会;到新中国成立一百年时,建成富强民主文明和谐的社会主义现代化国家。党的十九大开启了全面建设社会主义现代化国家的新征程,并且绘就了两个阶段实现社会主义现代化的蓝图。第一个阶段,从二〇二〇年到二〇三五年,基本实现社会主义现代化;第二个阶段,从二〇三五年到21世纪中叶,把我国建成富强民主文明和谐美丽的社会主义现代化强国。现代化蓝图充分体现以人民为中心:第一个15年基本实现现代化是要使人民生活更为宽裕;中等收入群体比例明显提高,城乡区域发展差距和居民生活水平差距显著缩小,公共服务均等化基本实现,全体人民共同富裕迈出坚实步伐。第二个15年全面现代化是要使人民生活更加幸福安康,全体人民共同富裕基本实现。这是以人民生活水平为标准的发展进程。

其次,明确共同富裕是社会主义的本质特征。经过四十多年的实践,我国经济社会发展活力不断增强,人民生活水平普遍提高。但也出现了收入差距

---

① 中共中央文献研究室编:《习近平关于社会主义经济建设论述摘编》,中央文献出版社,2017年,第31页。

② 《习近平谈治国理政》,外文出版社,2014年,第4页。

扩大等人民不满意的问题。针对这些新矛盾新挑战,习近平强调,"消除贫困、改善民生、逐步实现共同富裕,是社会主义的本质要求,是我们党的重要使命"①。习近平新时代中国特色社会主义经济思想关注的,不是一部分人而是全体人民共同富裕的逐步实现,要求全党"弘扬为党分忧先富帮后富精神"②。相应的,新时代所要解决的发展不平衡问题就包含缩小收入差距,实现共同富裕的内容。最为突出的是党中央直接领导的脱贫攻坚战。习近平指出,我们不能一边宣布全面建成了小康社会,另一边还有几千万人口的生活水平处在扶贫标准线以下,这既影响人民群众对全面建成小康社会的满意度,也影响国际社会对我国全面建成小康社会的认可度。2013 年,党中央首次提出精准扶贫;2015 年,在党的十八届五中全会第二次全体会议上,习近平要求:到 2020 年,稳定实现农村贫困人口不愁吃、不愁穿,义务教育、基本医疗和住房安全有保障。实现贫困地区农民人均可支配收入增长幅度高于全国平均水平,基本公共服务主要领域指标接近全国平均水平。③如今,脱贫攻坚任务全面完成,在此基础上推进的现代化把共同富裕作为现代化的主要目标。在党的十九届五中全会上,习近平就"十四五"规划建议所作的说明明确指出,共同富裕是社会主义的本质要求,是人民群众的共同期盼。我们必须把促进全体人民共同富裕摆在更加重要的位置,脚踏实地,久久为功,向着这个目标更加积极有为地努力。为此,"十四五"规划建议稿在到 2035 年基本实现社会主义现代化远景目标中提出"全体人民共同富裕取得更为明显的实质性进展",在改善人民生活品质部分突出强调了"扎实推动共同富裕"。以共同富裕为目标的现代化是社会主义现代化的本质特征。

---

① 《习近平谈治国理政》(第二卷),外文出版社,2017 年,第 83 页。
② 《习近平:增强饮水思源不忘党恩意识 弘扬为党分忧先富帮后富精神》,《人民日报》,2018 年 7 月 7 日。
③ 参见习近平:《在党的十八届五中全会第二次全体会议上的讲话》,《求是》,2016 年第 1 期。

(二)创新、协调、绿色、开放、共享:新发展理念

进入新时代后,支持四十多年高速增长的要素已经得到充分释放,潜在经济增长率出现了下降的趋势,主要表现是:第一,由于城市化率已过60%,农业剩余劳动力转移支持的低成本劳动力供给明显减少。第二,因实施计划生育政策产生的人口红利明显减少,老龄化社会随之到来。这意味着支持高投资的高储蓄不可持续。第三,能源、资源、环境的瓶颈约束正在成为增长的自然界限。在此背景下,我国经济转向中高速增长不可避免。这种状况被习近平称为经济"新常态"。

对新常态,习近平认为不只是速度问题,还表现在:"经济发展方式正从规模速度型粗放增长转向质量效率型集约增长,经济结构正从增量扩能为主转向调整存量、做优增量并举的深度调整,经济发展动力正从传统增长点转向新的增长点。"[①]基于新常态的这些表现,习近平在2014年7月29日中央政治局会议上指出:"发展必须是遵循经济规律的科学发展,必须是遵循自然规律的可持续发展,必须是遵循社会规律的包容性发展。"[②]这一阐述,是对经济发展规律性认识的理论升华,是对经济新常态下中国经济发展新特征、新趋势的科学把握。基于客观规律及进入新时代后的发展任务,习近平在党的十八届五中全会提出了创新、协调、绿色、开放、共享的新发展理念。

创新是引领发展的第一动力。经济发展的阶段不同,驱动力也不同。最初的发展阶段为要素驱动,主要依靠土地、资源、劳动力等生产要素的投入推动经济增长。第二阶段为投资驱动,靠持续的高投资(以低消费为条件)推动经济增长。进入新发展阶段,支持物质资源高投入的要素供给已至极限,

---

① 《习近平谈治国理政》(第二卷),外文出版社,2017年,第233页。
② 《习近平主持中共中央政治局会议 决定召开十八届四中全会,讨论研究当前经济形势和下半年经济工作》,《人民日报》,2014年7月30日。

居民也不愿以低收入和低消费水平为代价支持高投资。为此,习近平提出:"新在科技创新上,就在加快从要素驱动、投资规模驱动发展为主向以创新驱动发展为主的转变上。"①作为经济发展第一动力的创新,核心是科技创新。科技创新的着力点是创新国际前沿核心技术。习近平强调,关键核心技术是国之重器。②这既需要基础研究以研发核心高新技术为导向,也需要推动占领产业制高点的产业创新。将科技创新与产业创新融合,打通从科技强到产业强、经济强、国家强的通道,解决好从"科学"到"技术"的转化,建立有利于创新成果产业化的机制和通道。为此,"要充分发挥社会主义市场经济的独特作用,充分发挥我国社会主义制度优势,充分发挥科学家和企业家的创新主体作用,形成关键核心技术攻坚体制"③。党的十九届五中全会进一步提出自立自强的科技战略。

协调是经济持续健康发展的内在要求。进入新时代,针对多年不平衡发展产生的不协调问题,习近平指出,"协调既是发展手段又是发展目标,同时还是评价发展的标准和尺度","是发展两点论和重点论的统一","是发展平衡和不平衡的统一","是发展短板和潜力的统一"。④协调成为发展目标意味着,经济发展的目的不再是经济增长在数量上的累积,而是追求经济、社会、人与自然等多个方面的平衡发展。协调成为发展手段意味着,注重发展的平衡性、系统性与可持续性,协调能够促进国家实现更高层次的发展,提高发展的整体水平。协调成为评价发展的标准和尺度意味着,协调是高质量发展的

---

① 《习近平谈治国理政》,外文出版社,2014年,第120页。
② 参见《习近平:提高关键核心技术创新能力 为我国发展提供有力科技保障》,《人民日报》,2018年7月14日。
③ 《习近平:提高关键核心技术创新能力 为我国发展提供有力科技保障》,《人民日报》,2018年7月14日。
④ 中共中央文献研究室编:《习近平关于社会主义经济建设论述摘编》,中央文献出版社,2017年,第35~36页。

评价标准,涉及产业、城乡、区域等在结构上的平衡发展。

绿色是永续发展的必要条件和人民生活高质量发展的重要体现。绿色发展体现人与自然的和谐共生,强调不能为谋求物质财富而牺牲生态财富。习近平指出:"纵观世界发展史,保护生态环境就是保护生产力,改善生态环境就是发展生产力。"[①]工业文明时代人类利用工业化的文明成果,对大自然的索取和掠夺,已造成自然界生态平衡的严重破坏和人与自然关系的恶化。中国特色社会主义所处的新时代,是工业文明向生态文明过渡的时代。绿色发展的理念包含财富观的创新。"绿水青山就是金山银山",干净的水、清新的空气、多样性的生物、绿色的环境是宝贵的生态财富。经济发展不仅要谋求物质财富,还要谋求生态财富,体现人民对美好生活的需要。

开放是国家繁荣发展的必由之路。现在的开放型经济进入了新时代。与超级大国推行反全球化的政策相反,作为世界第二大经济体的中国扛起了继续推动全球化的大旗。遵循习近平关于构建人类命运共同体的思想,新时代的开放发展,坚持"引进来"和"走出去"并重,利用自由贸易区等开放载体,形成陆海内外联动、东西双向互济的开放格局;服从于创新驱动发展战略,引进国外要素的着力点将转向创新要素,实行开放式创新;参与全球化分工将着力培育以技术、品牌、质量、服务为核心竞争力的新优势,重视我国产业在全球价值链地位的提升,依托核心技术建立"以我为主"的全球价值链,形成面向全球的贸易、融资、生产、服务的价值链,培育国际经济合作和竞争新优势;从过去偏重制造业对外开放,转向涵盖各个产业尤其是服务业的全方位开放;在提升向东开放的同时,推进与共建"一带一路"国家的合作,加快向西开放步伐,推动内陆沿边地区成为开放前沿。与此同时,习近平警示,面对"全球

---

① 中共中央文献研究室编:《习近平关于社会主义生态文明论述摘编》,中央文献出版社,2017年,第4页。

经济治理体系和规则"的"重大调整","应对外部经济风险、维护国家经济安全的压力也是过去所不能比拟的"。①

共享是中国特色社会主义的本质要求。进入新时代,习近平提出,"让广大人民群众共享改革发展成果,是社会主义的本质要求,是社会主义制度优越性的集中体现,是我们党坚持全心全意为人民服务根本宗旨的重要体现。这方面问题解决好了,全体人民推动发展的积极性、主动性、创造性就能充分调动起来,国家发展也才能具有最深厚的伟力。我国经济发展的'蛋糕'不断做大,但分配不公问题比较突出,收入差距、城乡区域公共服务水平差距较大。……为此,我们必须坚持发展为了人民、发展依靠人民、发展成果由人民共享,作出更有效的制度安排,使全体人民朝着共同富裕方向稳步前进,绝不能出现'富者累巨万,而贫者食糟糠'的现象"②。全民共享是目标,全面共享是内容,共建共享是基础,渐进共享是途径。

新发展理念是对我国经济发展实践经验的科学总结,是习近平新时代中国特色社会主义经济思想的主要内容,也是新时代中国社会主义经济建设的科学指南。新发展理念是指引中国走向富强的理论之魂,开辟了新时代中国特色社会主义思想的新境界。

(三)社会主要矛盾转化:转向高质量发展的客观依据

社会主要矛盾涉及生产力水平与社会需要之间的矛盾。我国在确定社会主义初级阶段时把社会主要矛盾明确为:人民日益增长的物质文化需要同落后的社会生产之间的矛盾。依据这一主要矛盾,发展成为硬道理,经济建设成为中心,引领我国实现了四十多年年均近10%的高速增长。

---

① 中共中央文献研究室编:《习近平关于社会主义经济建设论述摘编》,中央文献出版社,2017年,第24页。

② 同上,第25页。

基于改革开放的巨大成就,社会生产力水平明显提高,我国国民告别低收入阶段,进入了中等收入阶段。习近平在党的十九大报告中指出:"中国特色社会主义进入新时代,我国社会主要矛盾已经转化为人民日益增长的美好生活需要和不平衡不充分的发展之间的矛盾。"其依据是,在人民需要方面,我国稳定解决了十几亿人的温饱问题,并将全面建成小康社会,人民美好生活需要日益广泛,不仅对物质文化生活提出了更高要求,而且在民主、法治、公平、正义、安全、环境等方面的要求日益增长。在社会生产力方面,我国社会生产力水平总体上显著提高,社会生产能力在很多方面进入世界前列。

社会主要矛盾的转化表明:第一,发展目标是满足人民日益增长的美好生活需要,体现以人民为中心的发展观。第二,矛盾的主要方面是发展的不平衡和不充分。所谓发展的不平衡,涉及生态环境不堪重负的短板、农业现代化的短板、地区发展不平衡的短板等。改变这种状况是新时代发展的着力点。所谓发展的不充分,最为突出的是由创新能力不足产生的核心技术供给不充分,由供给体系质量不高产生的有效供给不足。第三,我国社会主要矛盾的变化,没有改变我们对我国社会主义所处历史阶段的判断。我国仍然处于并将长期处于社会主义初级阶段,我国是发展中大国的地位没有改变。由此,提出经济发展由高速增长转向高质量发展的要求。

首先,转变经济发展方式、实现科学发展。基本要求是经济发展转向创新驱动。当今世界,技术进步更多来源于科学的新发现。什么是核心技术?一是基础技术、通用技术,二是非对称技术、"杀手锏"技术,三是前沿技术、颠覆性技术。现在的新科技和产业革命以智能化、信息化为核心,以大数据、云计算、人工智能等前沿技术为代表,所有这些产业革命都直接以科技革命为基础。因此,需要根据习近平的要求,建立有利于出创新成果、有利于创新成果产业化的机制。党的十九大提出建立产学研深度融合的技术创新体系。

其次,补齐经济发展的短板。根据"木桶原理",无论全面小康还是现代化,其进程都是由短板决定的。协调发展就是要补齐短板。找出短板,在补齐短板上用力,通过补齐短板挖掘发展潜力、增强发展后劲,是协调发展的题中应有之义。我国的社会主义现代化道路是同步推进新型工业化、信息化、城镇化和农业现代化。2013年12月,习近平在中央农村工作会议上的讲话中指出:"农业还是'四化同步'的短腿,农村还是全面建成小康社会的短板。"即使将来城镇化达到70%以上,但还有四五亿人在农村,农村绝不能成为荒芜的农村、留守的农村、记忆中的故园,城镇化要发展,农业现代化和新农村建设也要发展,同步发展才能相得益彰。协调发展,要求着力补齐农业农村短板,从根本上克服农业的弱势状态,改变农村的落后面貌。农业现代化的基本路径,正如习近平所说,关键在科技进步,要走内涵式发展道路。

最后,走绿色发展之路。西方发达国家当年推进现代化时处于工业文明时代,资源环境的供给相对宽松,它们可以无所顾忌、无障碍地高排放并掠夺国外资源来支持其粗放式的现代化。由此产生的后果就是习近平所说的,"从工业文明开始到现在仅三百多年,人类社会巨大的生产力创造了少数发达国家的西方式现代化,但已威胁到人类的生存和地球生物的延续"[1]。在生态文明时代推进的社会主义现代化不能走西方发达国家当年在工业文明时代走的高投入高排放的现代化道路,需要通过绿色发展推动生态文明建设。为了应对严峻的生态环境挑战,实现人与自然和谐发展、经济社会永续发展,习近平指出:"生态文明建设事关中华民族永续发展和'两个一百年'奋斗目标的实现"[2],新时代的绿色发展不仅不能产生新的环境和生态问题,还要治理因

---

[1] 习近平:《之江新语》,浙江人民出版社,2013年,第118页。
[2] 中共中央宣传部:《习近平总书记系列重要讲话读本(2016年版)》,学习出版社、人民出版社,2016年,第233~234页。

过去的发展所遗留的环境生态问题。因此,中国式现代化道路是绿色发展的道路。污染防治成为决胜全面小康的三大攻坚战之一。所要推进的现代化如党的十九大要求的,是人与自然和谐共生的现代化,既要创造更多物质财富和精神财富以满足人民日益增长的美好生活需要,也要提供更多优质生态产品以满足人民日益增长的优美生态环境需要。

(四)全面深化改革:进一步完善社会主义市场经济体制

如果说1978年党的十一届三中全会是拉开改革开放时代大幕的里程碑,那么2013年党的十八届三中全会则是新时代改革再出发的新的里程碑。党的十八届三中全会通过《中共中央关于全面深化改革若干重大问题的决定》,正式拉开全面深化改革的大幕。

党的十八届三中全会把"完善和发展中国特色社会主义制度,推进国家治理体系和治理能力现代化"作为全面深化改革的总目标,明确到2020年"形成系统完备、科学规范、运行有效的制度体系,使各方面制度更加成熟更加定型"。经济改革的方向是市场决定资源配置和政府更好发挥作用。由此出发,经济领域的全面深化改革就从政府和市场两个方面推进。

自2013年至党的十九大,围绕全面深化改革总目标,改革全面发力、多点突破、纵深推进,着力增强改革系统性、整体性、协同性,拓展改革广度和深度,推出一千五百多项改革举措,重要领域和关键环节改革取得突破性进展,主要领域改革主体框架基本确立,从而为我国经济社会可持续发展提供了制度化保障。

1. 确定社会主义基本经济制度

一定社会的基本经济制度的基础是该社会生产关系的总和。中国的经济体制改革是围绕改革和完善基本经济制度推进的。而基本经济制度是必须长期坚持和完善的。

总　论

党对社会主义基本经济制度的认识是随着改革的深入而逐步深化的。1997年,党的十五大首次提出公有制为主体、多种所有制经济共同发展是我国社会主义初级阶段的一项基本经济制度。2016年,习近平在主持中央政治局学习时把按劳分配为主体、多种分配方式并存称为社会主义基本分配制度。党的十八届三中全会作出的《决定》又提出,混合所有制经济是基本经济制度的重要实现形式。2019年,党的十九届四中全会明确把公有制为主体、多种所有制经济共同发展,按劳分配为主体、多种分配方式并存和社会主义市场经济体制这三个方面的制度一起称为社会主义基本经济制度。这三个方面的经济制度在发展社会生产力和体现社会主义制度优越性方面具有制度优势。

公有制为主体、多种所有制经济共同发展对促进解放和发展社会生产力的制度优势主要表现为:一是以适合社会主义初级阶段的所有制形式动员了一切发展生产力的资源和活力。尤其是外资的进入,民资的迅猛发展。二是多种所有制经济之间的竞争,促使国有制经济改革自身的体制、有进有退,完善公有制的实现形式,从而增强公有制经济的竞争力、创新力、控制力和抗风险能力。三是混合所有制成为基本经济制度的基本实现形式,多种所有制经济在同一个企业内共同发展,为各类企业增强活力、做大做强做优提供资本动力和机制。公有资产在社会总资产中占据优势,国有经济控制国民经济命脉。其制度优势就如习近平讲的:"这是保证我国各族人民共享发展成果的制度性保证,也是巩固党的执政地位、坚持我国社会主义制度的重要保证。"[①]

多种分配方式表现为各种生产要素参与收入分配,其发展生产力的制度

---

① 习近平:《不断开拓当代中国马克思主义政治经济学新境界》,《求是》,2020年第16期。

优势主要表现为：一是坚持多劳多得、少劳少得，提高了劳动效率；二是充分动员和激励属于不同要素所有者的要素投入，让一切创造社会财富的源泉充分涌流，使一切创造财富的劳动、知识、技术、管理、资本和数据的活力竞相迸发。坚持按劳分配为主体的制度优势，不只是提高劳动效率，还是在要素报酬的分配结构中增加一线劳动者劳动收入，鼓励勤劳致富，逐步实现共同富裕的制度保证。

就社会主义市场经济体制来说，市场配置资源是依据市场规则、市场价格、市场竞争配置资源。市场机制所特有的优胜劣汰的选择机制和奖惩分明的激励功能，不仅能按效率目标决定资源流到哪里（部门、企业）去，还能决定各种要素（资源）的有效组合，使各种生产要素得到最有效利用，从而提高全要素生产率。社会主义制度同市场经济有机结合的制度优势不只是克服两极分化、外部性和宏观失衡等方面的市场失灵，还要体现社会主义的制度要求：一是集中力量办大事，国家的重大基础设施项目、跨地区建设项目可以在制度上举全国之力得以完成。二是依靠社会主义的制度优势建设市场，市场体系的标准会更高。三是在推进创新、协调、绿色、开放和共享五大发展理念，建设现代化经济体系，推动高质量发展方面政府作用非常明显。

2. 明确经济体制改革的两大重点

党的十九大明确加快完善社会主义市场经济体制的两个改革重点：一是完善产权制度，二是完善要素的市场化配置。在更高起点、更高层次、更高目标上推进经济体制改革，构建更加系统完备、更加成熟定型的高水平社会主义市场经济体制。

完善产权制度目标是健全归属清晰、权责明确、保护严格、流转顺畅的现代产权制度。完善社会主义市场经济体制的关键是建立有效率的产权制度即产权激励制度。产权的有效激励要求产权制度从以下三个方面完善：一是严格保护产权。保护产权要以公平为核心,全面保护,依法保护。二是产权顺畅流转。产权在规范的资本市场流转最为有效。三是确保产权安全。入股和交易的产权必须保证安全。产权激励是市场经济最强大的动力源,产权激励制度涉及产权的界定、配置和流转,把人们经济活动的努力和财产权利紧密地联系在一起,明晰企业产权的归属、控制产权收益和风险,把经济活动的风险和财产收益联系在一起。这是稳定持久的激励。

市场配置的要素是有一定产权归属的要素,既有增量又有存量。相比增量要素,存量要素规模巨大。市场配置存量要素,可以在优化资产质量中提高要素配置效率。以产权流转方式进行的要素市场化配置主要涉及两个方面:一是将被束缚在低效率的产能过剩的部门和企业的资源由死变活。在淘汰过剩产能、污染产能、落后产能的基础上腾出发展的空间和资源,发展新产业、新业态。二是企业在资产重组中做强做优做大。无论是对国有企业还是对民营企业,由市场来决定谁的效率高。谁的效率高,谁就是兼并重组的主体,由此使资产向高效率企业集中。

建设高标准市场体系目标是筑牢社会主义市场经济有效运行的体制基础。市场体系是要素市场配置的载体和平台。2020年5月,《中共中央国务院关于新时代加快完善社会主义市场经济体制的意见》明确提出,以要素市场化配置改革为重点,加快建设统一开放、竞争有序的市场体系,推进要素市场制度建设,实现要素价格市场决定、流动自主有序、配置高效公平。虽然我国市场经济起步晚,但起点必须高,市场体系建设的标准要高。我国市场化改革以来,商品市场已完全放开,大部分要素市场也已经形成并开放,但市场体系还存在短板,需要按高标准要求补齐市场短板。一是完善并规范金融市场。金融是市场经济的核心。建设高标准的金融市场需要发展多层次的资本市场,优化企业融资结构,促进金融资源顺畅流动,并规范运行。二是建设和规范土地市场。土地市场建设的重点在规范。土地一级市场要引入公平竞争的机制。土地二级市场不仅要充分竞争,也需要建立防止过度投机的监管机制。三是发展技术市场。充分利用互联网信息平台,克服新技术供求信息的不对称。活跃科技中介,强化技术市场上知识产权的保护和运营。四是充分开放劳动力市场,实现人尽其才。一方面需要深化户籍制度改革,实现劳动力在城乡之间自由流动;另一方面服从于创新驱动,建设和完善人才市场,其中包括科技人才市场和企业家市场。五是数据的市场分享。进入互联网、人工智能时代后,数据成为除资本、技术、劳动、管理、土地以外新的发展要素。数据刚刚被认定为生产要素,其市场建设也才起步。为充分发挥数据要素的作用,需要尽快建设和完善数据市场,以市场方式来实现数据的有偿共享和互联互通。以数据集中和共享为途径,打通数据壁垒,形成覆盖全国、统筹利用、统一接入的数据共享大平台。

3. 强化竞争政策的基础地位

2019年,党的十九届四中全会提出,完善公平竞争制度。公平而充分的竞争是市场经济的本质特征。优胜劣汰的市场竞争结果是效率提高,供求平衡。竞争是市场经济的运行机制,本身属于微观经济。竞争政策则是政府为保护、促进和规范市场竞争而实施的经济政策,是国家宏观调控经济的重要方面。党的十九届四中全会明确提出强化竞争政策基础地位,这是实现要素市场化配置的重要制度安排。在国家调节经济的政策体系中竞争政策起着基础性作用,主要表现在以下方面:首先,资源配置以竞争为导向;其次,市场主体的培育以竞争为基础;再次,产业组织政策以竞争为基础;最后,市场秩序建设以建立竞争秩序为基础。党的十九届四中全会要求形成法治化的营商环境,其中包含规范竞争秩序的要求,特别需要建立和完善针对新经济业态的竞争秩序建设。

4. 创新和完善宏观调控

在市场对资源配置起决定性作用下更好发挥政府作用,体现为宏观调控有度。这是推进国家治理体系和治理能力现代化的重要方面。进入新时代后国家的宏观调控思想有如下特点:

第一,宏观调控目标形成"总量+结构+防风险"的组合。2013年的宏观调控目标为"稳增长、转方式、调结构",2014年的宏观调控目标为"稳增长、调结构、促改革",2015年的宏观调控目标为"稳增长、调结构、转方式",2016年扩充为"稳增长、调结构、惠民生、防风险",2017年到2019年的宏观调控目标都是"以供给侧结构性改革为主线,稳增长、促改革、调结构、惠民生、防风险",2018年以后我国经济既面临中美贸易战,又面临经济下行的压力。在此背景下,中央突出六个稳,即"稳就业、稳金融、稳外贸、稳外资、稳投资、稳预期"。

第二,明确宏观经济运行的合理区间。2015年10月21日,习近平出席在伦敦金融城举行的中英工商峰会时指出:"当前,中国经济运行总体平稳,稳增长、促改革、调结构、惠民生、防风险都稳中有进,主要指标处于合理区间和预期目标之内。"并且强调:"中国经济运行将始终保持在合理区间,不会硬着陆。"[①]合理区间的上限即是通货膨胀的下限。合理区间的下限由两个因素决定:一是失业率的上限,二是人口新增条件下居民收入不下降。这样,在上限和下限之间就有一个合理区间。根据宏观经济运行相关影响因素的综合判断,可将合理区间作为政府进行科学宏观调控的目标取向和宏观调控政策运用的主要依据。合理区间内就是市场充分发挥作用的区间,国家就不需要随意调控,货币政策也可以是中性的。为了防止当经济运行越出合理区间的上

[①] 《习近平出席中英工商峰会并致辞》,《人民日报》,2015年10月22日。

限和下限时出现大起大落,导致经济破坏以及相应的强调节所带来的较大的调节成本,在接近上限和下限时国家需要及时进行微调,在此基础上创新区间调控方式。区间调控把经济增长率、通货膨胀率和失业率三个重要的宏观经济指标组合起来,分别作为经济运行的上限和下限,这就防止了单目标可能带来的风险,防止了顾此失彼,更易于稳定市场主体对政策的预期,提高宏观调控的精准度。

第三,明确定向调控方式。区间调控不是在合理区间内国家不作任何调控,而是不搞"大水漫灌"式的调控,要进行定向调控。定向调控以调结构为重点,根据实际情况,灵活、差别化地制定调控政策。通过对不同部门、不同群体有针对性降税、降费、降准、降息,着力解决小微企业、"三农"和新兴行业的经营困难,增强它们的活力。有保有压,有扶有控。这是宏观调控的精准化、定向化。区间调控与定向调控各有侧重,区间调控侧重稳总量,定向调控注重调结构。两者紧密结合,形成了稳增长、调结构合力,丰富了宏观调控的目标内涵和方式手段,是中国宏观调控实践对宏观调控理论的重大贡献。[1]

第四,创新宏观调控手段。党的十九大报告指出:"创新和完善宏观调控,发挥国家发展规划的战略导向作用,健全财政、货币、产业、区域等经济政策协调机制。"涉及投融资体制改革、现代财政制度建设、税收制度改革和金融体制改革。金融体制改革需要增强金融服务实体经济能力,提高直接融资比重,促进多层次资本市场健康发展,深化利率和汇率市场化改革。所有这些改革,都必须守住不发生系统性金融风险即不发生金融危机的底线。为此,党的十九大提出了健全金融监管体系和健全货币政策及宏观审慎政策双支柱调

---

[1] 参见马建堂等:《新常态下我国宏观调控思路和方式的重大创新》,《国家行政学院学报》,2015年第5期。

控框架的要求。

基于以上改革,构建起市场机制有效、微观主体有活力、宏观调控有度的经济体制。

全面深化改革需要掌握科学的方法论。习近平在庆祝改革开放40周年大会上的讲话中,总结改革开放的经验,其中一条就是必须坚持辩证唯物主义和历史唯物主义世界观和方法论,正确处理改革发展稳定关系,并且要求在改革中增强战略思维、辩证思维、创新思维、法治思维、底线思维,加强宏观思考和顶层设计,坚持问题导向,聚焦我国发展面临的突出矛盾和问题。这是现阶段全面深化改革所需要掌握的科学方法论。根据这一方法论,在经济体制改革进程中,我们党坚持加强党的领导和尊重人民首创精神相结合,坚持"摸着石头过河"和顶层设计相结合,坚持问题导向和目标导向相统一,坚持试点先行和全面推进相促进,既鼓励大胆试、大胆闯,又坚持实事求是、积极稳妥,坚持方向不变、道路不偏、力度不减,确保改革开放行稳致远。

(五)供给侧结构性改革和激发需求侧活力:培育新动能

习近平指出:"对我国这么大体量的经济体来讲,如果动力问题解决不好,要实现经济持续健康发展和'两个翻番'是难以做到的。"[1]根据供给和需求相互依存的经济学原理,经济发展需要供给侧和需求侧两侧共同发力,因此改革需要在供给和需求两侧推进。就如习近平所说:"供给和需求是市场经济内在关系的两个基本方面,是既对立又统一的辩证关系,二者你离不开我、我离不开你,相互依存、互为条件。"就调节方式来说,"供给侧和需求侧是管理和调控宏观经济的两个基本手段"[2]。需求侧管理重在解决总量性问题,注

---

[1] 中共中央文献研究室编:《习近平关于社会主义经济建设论述摘编》,中央文献出版社,2017年,第33页。

[2] 同上,第99页。

重短期调控;供给侧调控重在解决结构性问题,注重长期发展,是实现高质量发展的有效调控方式。

改革开放初期的市场化改革实际上是需求侧的改革,建立由市场来决定资源配置的体制机制:强化市场竞争机制,突出市场需求导向,取消指令性计划等。与微观的需求侧改革相适应,在宏观上,一方面从总需求入手建立宏观总量调控机制,明确消费、投资、出口"三驾马车"协同拉动经济增长,突出消费需求的拉动作用。另一方面,面向总需求的宏观调控转向财政和货币政策,相机采取紧缩性的、扩张性的或平衡性的财政和货币政策,宏观经济管理转向需求管理。在需求侧改革进行了三十多年后,虽然需求侧的体制还有进一步改革的要求,但重点是完善总需求管理。

实践证明,只是在需求侧进行改革,只是完善需求管理,并不能有效解决经济运行的效率和供给质量,不能满足人民美好生活的需要。供给侧的问题归结为结构、效率和质量三个方面。2015年底的中央财经领导小组第十一次会议上习近平发出了推进供给侧结构性改革的号令:在适度扩大总需求的同时,着力加强供给侧结构性改革,着力提高供给体系质量和效率,增强经济持续增长动力,推动我国社会生产力水平实现整体跃升。[1]在庆祝改革开放40周年大会上,习近平再次明确:"我们要坚持以供给侧结构性改革为主线。"

供给侧结构性改革是我国进入新时代后推动经济发展的主线。"供给侧结构性改革,说到底最终目的是满足需求,主攻方向是提高供给质量,根本途径是深化改革。"[2]与一般的调整生产关系的改革不同,供给侧结构性改革是要解决发展本身的问题。

---

[1] 参见中共中央文献研究室编:《习近平关于社会主义经济建设论述摘编》,中央文献出版社,2017年,第99页。

[2] 中共中央文献研究室编:《习近平关于社会主义经济建设论述摘编》,中央文献出版社,2017年,第115页。

第一,着力振兴实体经济。实体经济是一国经济的立身之本、财富之源。虚拟经济只是经济的润滑剂,即使其有扩张资本的能力,也要反映在其所推动的实体经济的扩张上。在现实中之所以出现"脱实向虚"的现象,除了虚拟经济领域中存在"一夜暴富"的诱人投机因素外,最重要的原因是实体经济企业经营困难,因负担太重无利可图而投资不足。因此,供给侧结构性改革的目标还是要让实体经济发力,需要足够的对实体经济的投资,在实体经济领域培育发展的新动能,在高质量发展中增强实体经济企业的盈利能力。

第二,解决供给体系的质量和效率问题。其衡量标准就是习近平多次强调的全要素生产率。应该说,经过改革,尤其是市场配置资源,企业的效率、单个要素的生产率,如资本生产率、劳动生产率、土地生产率都有明显提高。但各个要素集合所产生的全要素生产率还不高。这同供给侧的要素配置结构相关。一是资源错配。表现在相当多的资源被束缚在过剩的、污染的、落后的产能上,存量结构调整难度大,有效产能投资不足;在物质资本和人力资本的投资比例上,偏重物质资本,忽视人力资本,造成创新能力不足。二是过高的制度性交易成本。如难以遏制的重复建设、重复投资,行政性垄断,烦琐的行政审批,地方保护等问题,都会产生高昂的要素配置成本,严重降低全要素生产率。对此,习近平指出改革目标是:"优化现有生产要素配置和组合,提高生产要素利用水平,促进全要素生产率提高,不断增强经济内生增长动力。"[1]质量变革、效率变革、动力变革就成为提高全要素生产率的基本途径。

第三,解决有效供给不足和无效产能过剩并存的结构性问题。如习近平所说:"我国供给体系产能十分强大,但大多数只能满足中低端、低质量、低价

---

[1] 中共中央文献研究室编:《习近平关于社会主义经济建设论述摘编》,中央文献出版社,2017年,第108页。

格的需求。"①与此同时,又存在无效和低端的产能过剩。无效产能包括过剩产能、落后产能和污染产能。这种结构性矛盾是发展中国家的通病,属于长期问题。这种结构性矛盾反映出现行经济发展方式的症结,即进入中等收入阶段后,在解决了温饱问题后,居民的消费需求开始转型,更为关注健康、安全、卫生、档次方面的需求。而生产和服务还停留在低收入阶段的供给,追求数量,不重视质量,为生产而生产,不能适应进入中等收入阶段以后消费需求的新变化,满足中高端消费的中高端产品和服务供给不足,不能满足多样化、个性化、高端化需求,势必产生有效供给不足、无效产能、中低端产品过剩问题。供给侧的这些结构性问题需要在供给侧结构性改革中得到解决。

第四,解决供给侧的动力不足问题。已有的市场化改革在需求侧产生了市场竞争和市场需求的压力。已有的改革解决了产权制度的动力问题,但供给侧仍显动力不足。这与激励制度相关。突出表现是企业的高税负、高利息、高社会负担。还有不少企业因高杠杆,面临财务困难,陷入债务困境,其中有不少成为所谓"僵尸企业"。企业分享不到发展的成果也就缺少发展的动力和活力。与需求侧突出的市场选择不同,供给侧的激励突出的是对市场主体的激励:一是降低企业税、费、利息和社会负担,降低企业成本,使企业轻装上阵。二是保护企业家财产,激励企业家精神。②

从 2015 年底开始的供给侧改革采取结构性改革方式——针对无效产能去产能、去库存,针对有效供给不足补短板,针对企业负担去杠杆、降成本——成效是显著的。供给侧结构性改革就同发展是硬道理一样,是需要长期实行的发展政策,有着长远的目标。进入新的发展阶段,供给侧结构性改革会有新

---

① 中共中央文献研究室编:《习近平关于社会主义经济建设论述摘编》,中央文献出版社,2017年,第 113 页。

② 参见洪银兴:《准确认识供给侧结构性改革的目标和任务》,《中国工业经济》,2016 年第 6 期。

的任务。在去产能、去库存、去杠杆取得明显进展基础上,需要进一步转向培育新动能。关于新动能,习近平指出:"既要紧盯经济发展新阶段、科技发展新前沿,毫不动摇把发展新动能作为打造竞争新优势的重要抓手,又要坚定不移地把破除旧动能作为增添发展新动能、厚植整体实力的重要内容。"[①]党的十九大明确现阶段所要培育的新动能主要涉及"在中高端消费、创新引领、绿色低碳、共享经济、现代供应链和人力资本服务等领域"。实际上这六大领域的新动能主要是在互联网、大数据、人工智能同实体经济深度融合基础上产生的。

供给侧结构性改革没有忽视对需求侧动力的激发。在中美贸易战及新冠肺炎疫情在世界流行从而导致世界经济出现衰退的背景下,我国经济发展同样面临需求不足和经济下行的压力。党中央及时提出"六稳"(稳就业、稳金融、稳外贸、稳外资、稳投资、稳预期)和"六保"(保居民就业、保基本民生、保市场主体、保粮食能源安全、保产业链供应链稳定、保基层运转)的任务。这时刺激需求,在需求端激发活力就显得非常重要。同时,新发展格局以国民经济的内循环为主体,需要有足够的市场需求,因此党的十九届五中全会提出扩大内需战略同深化供给侧结构性改革有机结合的要求。

(六)国际国内双循环:新发展格局

开放带来进步。在经济全球化背景下,开放发展是中国发展的动力。现在中国经济进入了新时代,对外开放也进入新时代。2013年,习近平在博鳌亚洲论坛上指出:"中国将在更大范围、更宽领域、更深层次上提高开放型经济水平。"[②]根据习近平开放发展的理念,新时代的开放发展具有如下特点:

---

① 习近平:《在深入推进长江经济带发展座谈会上的讲话》,《求是》,2019年第17期。
② 中共中央文献研究室编:《习近平关于社会主义经济建设论述摘编》,中央文献出版社,2017年,第287页。

第一,构建人类命运共同体。与"美国优先"的逆全球化政策相反,习近平扛起了继续推动全球化的大旗,明确提出建设人类命运共同体的科学论断。其内涵就是坚持对话协商,建设一个持久和平的世界;坚持共建共享,建设一个普遍安全的世界;坚持合作共赢,建设一个共同繁荣的世界;坚持交流互鉴,建设一个开放包容的世界;坚持绿色低碳,建设一个清洁美丽的世界。根据构建人类命运共同体的思想,建设"丝绸之路经济带"和"21世纪海上丝绸之路"的倡议以政策沟通、设施联通、贸易畅通、资金融通、民心相通为主要内容,全方位推进与共建国家合作,构建利益共同体、命运共同体和责任共同体,深化与共建国家多层次经贸合作,带动我国沿边、内陆地区发展。

第二,推动形成全面开放新格局。2018年4月,习近平在博鳌亚洲论坛上提出:"坚持引进来和走出去并重,推动形成陆海内外联动、东西双向互济的开放格局,实行高水平的贸易和投资自由化便利化政策,探索建设中国特色自由贸易港。"[①]这个对外开放新格局体现高质量的开放发展。具体表现为:第一,在提升向东开放的同时,推进与共建"一带一路"国家合作,加快向西开放步伐,推动内陆沿边地区成为开放前沿。第二,进口与出口并重。2018年在上海举办第一届进博会,2020年在北京举办中国国际服务贸易交易会。第三,扩大引进外资的领域和深度。不仅以负面清单扩大外资进入中国的领域,而且进一步放开对外资进入的限制,尤其是金融领域的进一步开放。第四,建立对外开放的新载体。为推动资源和商品更为便利的国际流动,实行高水平的贸易和投资自由化便利化政策,设立自由贸易试验区、自由贸易港。

第三,形成畅通国民经济循环的新发展格局。进入新时代,面临世界百年

---

① 《习近平谈治国理政》(第三卷),外文出版社,2020年,第193~194页。

未有之大变局,某些发达国家推行反全球化政策,保护主义盛行,企图使中国在科技、产业等领域脱钩。再加上2020年肆虐全球的新冠肺炎疫情导致世界经济衰退,一系列全球产业链断裂。在此背景下,中国不仅要扛起继续推动全球化的大旗,还要根据自身发展的需要,推动形成以国内大循环为主体、国内国际双循环相互促进的新发展格局。正如2020年8月24日,习近平在经济社会领域专家座谈会上指出的:"这个新发展格局是根据我国发展阶段、环境、条件变化提出来的,是重塑我国国际合作和竞争新优势的战略抉择。近年来,随着外部环境和我国发展所具有的要素禀赋的变化,市场和资源两头在外的国际大循环动能明显减弱,而我国内需潜力不断释放,国内大循环活力日益强劲,客观上有着此消彼长的态势。"[①]

中国的国内市场规模处于世界前列。实际上,自2008年国际金融危机爆发以来,我国经济已经在向以国内大循环为主体转变,抓住扩大内需这个战略基点,使生产、分配、流通、消费更多依托国内市场,提升供给体系对国内需求的适配性,形成了需求牵引供给、供给创造需求的更高水平动态平衡。

新发展格局是开放的国内国际双循环。适应开放发展的需要及新发展格局,我国的开放型经济已发生战略性变化,最为突出的是出口导向的开放型经济转向内需导向的开放型经济。内需导向型开放的实质是创新导向,注重产业结构的升级,特别是发展战略性新兴产业,占领科技和产业的世界制高点。推动产业创新的核心技术是买不来、讨不来的。因此,需要以创新为导向发展开放型经济。创新具有自主知识产权、引领产业创新的核心技术和关键技术,体现增长的内生性,仍然需要发挥开放型经济的引擎作用。创新导向的开放型经济具有四个特征:第一,以出口高科技的绿色产品替代资源密

---

① 习近平:《在经济社会领域专家座谈会上的讲话》,《人民日报》,2020年8月25日。

集型产品,特别是要替代高能源消耗高污染产品出口。第二,以进口核心技术的中间产品替代进口一般的最终产品。第三,升级外商直接投资。在有序放宽市场准入的同时,注重外资质量。引进的外资以创新为导向进行选择:进入的环节是高新技术研发环节,鼓励外资在中国本土创新研发新技术;进入的产业是国际先进的新兴产业。第四,着力引进创新资源。尤其要着力引进高端科技和管理人才,进行开放式创新。

我国的产业参与国际国内双循环关键是在产业链上部署创新链,提升产业链现代化水平。面对我国多个产业的全球产业链中断,不仅需要疏通产业的上下游关系,保持产业链供应链的稳定性和竞争力,还要建立自主可控的现代化产业体系。我国的产业现状如习近平所说:我国关键核心技术受制于人的局面尚未根本改变,创造新产业、引领未来发展的科技储备远远不够,产业还处于全球价值链中低端。[1]因此,习近平提出:围绕产业链部署创新链,围绕创新链布局产业链。[2]在产业链上部署创新链有两个方向:首先,依托所拥有的高端技术,布局"以我为主"的全球价值链。拥有自主知识产权的核心技术的优势产业需要围绕创新链布局产业链。所谓自主,就是基于中国设计和研发、自身的系统集成能力和中国营销这个制高点。建立达到世界先进水平的产业链,要求加入价值链的零部件供应商也必须是世界先进水平的。否则,所形成的全球价值链没有国际竞争力。面对保护主义可能的封杀,产业链的"链主"就要未雨绸缪,对关键技术进行科技攻关。其次,由全球价值链中低端环节向中高端攀升也要布局创新链。我国大部分产业和企业靠资源禀赋的比较优势——劳动力和土地资源嵌入全球价值链,所处的环节主要是加工装配之类的低端环节;所需要的零部件和元器件一般都需要进口处于国外的价

---

[1] 参见习近平:《深入理解新发展理念》,《求是》,2019年第10期。
[2] 参见习近平:《在深圳经济特区建立40周年庆祝大会上的讲话》,《人民日报》,2020年10月15日。

值链上的中间产品。拥有核心技术和关键技术的中高端环节不在我国。在低端环节上,一是附加值低,二是受制于人,三是随着劳动成本和土地价格上涨,越来越没有竞争力。这就提出了要使产业迈向全球价值链中高端的目标,其路径就是对处于高端环节的技术消化吸收再创新,边干边学,掌握中高端环节的核心技术。

国民经济外循环思想同时可应用到"走出去"的工作中。尤其是以全球价值链进入"一带一路",形成面向全球的贸易、投融资、生产、服务的价值链,培育国际经济合作和竞争新优势。"走出去"的价值链既有"以我为主"的全球价值链,也包括我国所处的全球价值链低端环节向劳动成本更低的国家和地区。显然,全球价值链是我国在"一带一路"建设中推进的国际产能合作的重要平台。全球价值链在"一带一路"国家布局,相关国家在全球价值链中可以共享中国发展成果,与中国企业互利共赢。

《中共中央关于党的百年奋斗重大成就和历史经验的决议》指出:方向决定道路,道路决定命运。党在百年奋斗中始终坚持从我国国情出发,探索并形成符合中国实际的正确道路。中国特色社会主义道路是创造人民美好生活、实现中华民族伟大复兴的康庄大道。中国共产党经济思想发展的历史证明了这一点。无论是在新民主主义革命时期,还是在社会主义革命与建设时期和改革开放时期,以及中国特色社会主义新时代,我们党都努力从中国实际出发,从人民群众的最大利益出发,探索适合自己的发展道路。正因为如此,中国共产党才能真正成为先进生产力和人民群众利益的代表,站在改革和发展的前列,并将改革、发展与稳定相统一,领导中国人民不断开创中国特色社会主义的伟大事业。

第一编
新民主主义革命时期党的经济思想

　　新民主主义经济是中国共产党在领导中国新民主主义革命过程中，逐步建立和发展起来的一种崭新的经济。它与半殖民地半封建经济相对峙，并最终代替了半殖民地半封建经济。其主要特征如下：一是它由个体农业经济、个体手工业经济、合作社经济、国营经济、私人资本主义工商业经济、国家资本主义经济等经济成分组成，多种经济成分并存。二是在不同历史阶段，新民主主义经济的各种经济成分的建立有先后之分，各种经济成分的比重是不同的，社会主义性质的国营经济在新民主主义经济中的比重逐步上升，并居于领导地位。三是它是由半殖民地半封建经济向社会主义经济过渡的一种经济形态。四是它的发展前途是社会主义经济。

新民主主义经济思想是人类经济思想史上一种崭新的经济思想。它是中国共产党人在新民主主义革命时期的一个创造。它的形成和发展,与其他进步思想一样,同样离不开人类文明发展的大道和人类文化的优秀成果。

第一,它来源于马列主义经典作家的经济思想。马列主义经典作家曾具体地分析过半殖民地半封建中国的经济形态、经济结构的主要特点,分析了中国民主革命的经济内容。例如,马克思关于中国社会经济结构中小农业与家庭手工业的密切结合的分析,列宁关于中国共产党人主要任务之一是反对中国中世纪残余的思想等。这些,对中国共产党新民主主义经济思想的形成,起到了重要的指导作用。

第二,它来源于中国历史上,尤其是中国近代史上一些优秀思想家的经济思想。其中,孙中山的民生主义思想,给新民主主义经济思想提供了"许多有益的东西"。

第三,它来源于共产国际的某些有关文件精神(正确方面)和苏联社会主义建设的某些经验。

第四,它的更重要的来源是中国共产党领导新民主主义经济建设艰苦备尝、曲折复杂的实践。如何在经济关系异常复杂、经济基础极端落后的半殖民地半封建中国建立新民主主义经济?这是除了中国共产党人之外,全世界其他国家共产党人没有遇到过的难题。没有现成的结论可供遵循,没有现成的模式可供借鉴,靠的是中国共产党筚路蓝缕创造性地把马列主义理论运用于中国新民主主义经济建设之实际,并在具体实践中形成科学的思想、理论和政策。思想、理论来源于实践,并随着实践的发展而发展。新民主主义经济思想由新民主主义各个阶段革命和建设的实践需要而提出,随着新民主主义革命和经济建设的进程而产生与发展。

第一编　新民主主义革命时期党的经济思想

新民主主义经济思想是中国共产党在新民主主义革命时期经济思想的主体。除此之外,党在新民主主义革命时期还有不少关于未来的社会主义社会的经济思想。本编集中阐述党在新民主主义革命时期的主体的经济思想,即新民主主义经济思想。

新民主主义经济思想是毛泽东思想的重要组成部分。它在中国共产党经济思想史上具有开创性和奠基性意义。党的其他经济思想就是在此基础上并根据新形势下的具体实践发展起来的。

第一章 党在初创时期和大革命时期的经济思想

第一节 新民主主义经济思想产生的历史条件

中国近代由于外国资本主义的入侵,中国原有的自给自足的小农经济结构发生了变化,再加上外国列强的掠夺,中国社会处在剧烈的动荡之中。在这样的历史大背景下,一方面是传统的旧经济观念赖以生存的经济关系正在趋于破坏;另一方面,新的经济关系尚未完全建立,由西方引进的新的经济思想,正处在吸收与消化的过程当中,还谈不上发展和创见。但不论怎样,对几千年封建史中几乎不变的旧经济思想来说,这是一个进步。

中国近代社会的巨变,是与整个世界形势密不可分的。当世界进入资本主义时代后,形势飞速发展,迫使这个占世界人口四分之一的大国来不及适应和消化、引进外来的资本主义生产方式,等不及这种生产方式在自己的体内孕育成熟,就又急急忙忙向前赶去了。在这种大背景下产生的旧民主主义

第一编 新民主主义革命时期党的经济思想

的经济思想虽然不能正确地解决中国革命的道路，改变中国的半殖民地半封建地位，但它在中国经济思想发展史上毕竟是产生新民主主义经济思想的一个前期阶段，给当时的半殖民地半封建经济思想打开了一个缺口，开了反帝反封建的先河。

一、近代中国半殖民地半封建社会的经济结构

1840年鸦片战争之前的中国社会处在一个完整独立的封建社会时期，商品经济已有相当程度的发展，资本主义亦开始萌芽。正如毛泽东所说的那样，如果没有外国资本主义的入侵，中国将缓慢地发展到资本主义社会。但是1840年发生的中英鸦片战争，使得这种正常而缓慢发展的资本主义道路发生了重大的变化，西方资本主义依靠武力入侵，中断了中国原有的自然发展道路，迫使中国走上了半殖民地半封建社会的道路。近代中国的半殖民地半封建经济结构主要体现在两个方面：

一方面，由于西方资本主义国家在政治、经济等方面对中国的干涉和控制，中国的经济，尤其是新发展起来的资本主义经济，开始成为世界资本主义体系的附庸。这种干涉和控制特别突出地体现在对中国进出口贸易、金融市场、铁路和轮船运输以及基本工业的投资垄断和支配上。

从1840年鸦片战争开始，西方列强通过一系列不平等条约，垄断了中国的进出口贸易，并通过买办的商业网，支配着国内的商品流通。据统计，从1864年到1927年的64年间，中国进口货值共达202亿海关两，而与此同期的中国出口货值仅为157亿余海关两，两者相差达45亿海关两之多。而且外国帝国主义在中国倾销商品的同时，还以不等价方式掠夺中国的农副产品。为了进一步垄断中国的商品市场，外商在中国还建立了庞大的买办剥削网，从

通都大邑到穷乡僻壤,利用中国的商人普遍建立了包购包销机构。如英美烟草公司通过买办在山东二十里堡、益都一带建立了烟叶收购网,垄断了山东烟叶生产量的80%。此外,在河南许昌等其他许多地方设立分公司,垄断了分公司所在地烟叶的收购。①通过这些手段,帝国主义列强的商品很快就占领了中国国内市场。

外国银行长期垄断着中国的金融。他们在中国开展的银行存款业务,把中国各方面零星分散的资金集中起来。如英国汇丰银行,1930年存款为9.25亿元港币,主要就是华人的存款。为了加强银行的业务,自从1848年英国在上海设立东方银行分行以后,外国资本便相继在中国设立银行,最高年份(1933年)的分支行总数竟达117所。②与此同时,他们还经手中国银行和钱庄的拆放业务。清朝末年,钱庄资本一般只有2万到4万两,而外国拆放给钱庄的款项总数达一千数百万两,每拆进之款最多达70万—80万两。③当时的钱庄便成为帝国主义在中国高利贷的代理人。

此外,帝国主义为了加强对中国金融市场的控制,还在中国推行他们所发行的纸币。据不完全统计,在1926年以前,汇丰、麦加利等外国银行和中法实业、中华汇业、中华懋业等中外合资的银行在中国发行的纸币不下3亿元。更为严重的是,他们往往将这种经济活动与侵华的政治活动紧密地结合在一起,通过政治上的殖民侵略来控制中国的金融市场。一系列不平等条款中的巨额赔款和腐败的中国统治者大举外债就是这种由政治形式转变为经济形式的最典型事实。1895年签订的《马关条约》,中国赔款2.3亿两白银,相当于当时清政府3年的国库收入;1901年签订的《辛丑条约》,中国赔款4.5亿两白

---

① 参见复旦大学历史系、《历史研究》编辑部、《复旦学报》编辑部合编:《近代中国资产阶级研究》,复旦大学出版社,1984年,第270~271页。
② 同上,第271页。
③ 同上,第272页。

银,分39年还清,连本带息,总数达9.8亿两;甲午战争后,清政府三次大举外债,每次都是1亿两白银;民国以后,据统计,北洋军阀政府及其统辖的各省共借外债达12.7亿两。①政治与经济手段的结合,使外国资本主义完全控制了中国的金融市场。

在铁路和轮船运输以及基本工业的投资上,外国资本主义的资本占据着重要的比重,从而在极大的程度上控制着中国交通运输和基本工业的发展。据统计,在中国近代,外国资本在铁路和轮船运输上占85%左右,在基本工业部门中,也掌握了主要资源和能源。截至1911年,中国已修成铁路里程的93.1%控制在帝国主义手中;②进出口中国各通商口岸的轮船吨位,外轮占84.4%。在中国轻工业和重工业的两个主要部门——纱厂和煤矿的投资中,外国资本通过直接投资或间接投资,几乎垄断了整个中国的工业。在煤矿的投资中,外资与中外合资占全国投资总额的比重,1906、1913、1919、1926年分别为84.8%、79.6%、76.7%和72.1%。从1897年到1936年的40年中,外国纱厂的纱锭数上升了15倍,而线锭则在1919年到1936年不足20年中,上升了171倍。③这些数字表明,中国近代民族工业的发展在很大程度上仍受到外国资本的控制。

另一方面,由于西方资本主义经济的入侵,中国原有的封建的自然经济结构遭到破坏,封建经济开始瓦解,中国资本主义从萌芽走向发展。但这种封建经济结构解体的程度还是极为有限的,封建的生产关系仍占统治地位。

中国旧有封建经济结构的解体是从第一次鸦片战争之后开始的,这种解体最早发生在五口通商地区。在第一次鸦片战争后两年,英国输华货值突增,

---

① 参见徐义生编:《中国近代外债史统计资料(1853—1927)》,科学出版社,2016年,第240~241页。
② 参见严中平等编:《中国近代经济史统计资料选辑》,科学出版社,1955年,第190页。
③ 同上,第244、125、114页。

1844年比1840年总值增加了将近4倍,其中占50%~80%的棉纺织品增加了4倍以上,[1]这些机制工业品自然影响中国的手工业,特别是中国的棉纺织业。从而,中国沿海一带出现了部分自然经济的解体。江苏六合人、翰林院检讨徐肃在他的著作《未灰斋文集》卷三《务本篇》中描述了这一情景:"雍正乾隆之间,松江以织布富甲他郡,后夺于苏州之布,而松民失其利,近(指1853年前后)洋布行,而苏民亦失其利。"广州附近的顺德在1853年的情况也是同样的,《顺德县志》记:"斜纹布出桃村,夷舶四倍价令倍度织之,明年货至,洋织盛而土机衰矣,女布遍于县市,自西洋以风火水牛运机成布,舶至贱售,女工几停其半。"[2]

这一时期,外国资本对中国手工业的影响,还仅仅限于几个通商口岸地区。广大的中国内地,封建的自然经济结构并没有发生变化。导致出现这种现象的根本原因在于中国内部封建经济结构具有相当的稳定性,对外来的资本主义入侵仍具有天然的抵御力。正如马克思在1858年论中国时所说的:"在以小农经济和家庭手工业为核心的当前中国社会经济结构中,根本谈不上大宗进口外国货。"[3]所以在第一次鸦片战争之后,英国输华货物虽有迅速增加,但与英国资本家的想象,还相差很远。而且到了1850年左右,这种对华商品输入额还有下降的趋势。

在中国封建经济结构的解体过程中,带有质的变化的标志是近代资本主义生产力的机器大工业的出现。中国近代机器工业的起源可以追溯到19世纪60至90年代清政府的洋务运动。洋务运动是中国特定历史条件下的产物,它是封建统治阶级为寻求解决外患与内忧危机应运而生的"自强"手段,也是

---

[1] 参见严中平等编:《中国近代经济史统计资料选辑》,科学出版社,1955年,第190页。
[2] 冯奉初等:《顺德县志》卷三。
[3] 《马克思恩格斯文集》(第二卷),人民出版社,2009年,第641页。

第一编　新民主主义革命时期党的经济思想

西方资本主义先进科学技术的成果即"船坚炮利"与古老封建文明冲突反射的结果。尽管史学家们对洋务运动的评价众说纷纭,但它的客观后果即引进了西方的机器大工业,却是大家公认的。正是这种新生产力的引进,导致封建生产方式的解体,使中国原有的封建经济结构发生了本质性的变化。

几乎与洋务运动并行的中国民族资本主义的发展,是中国旧有经济结构发生裂变的代表。据统计,到1894年中日甲午战争,中国民族资产阶级共创办制造业160家,投资额约461.5万元,加上采矿业20家,投资额261万元,共722.5万元。[1]这个数字虽然较之洋务企业的投资额2796.6万元相差较远,而且在国民生产总额中所占的比重仍然很小,但它却是新的生产方式在近代中国的代表。它的发展,对于理解中国封建经济结构的解体和中国半殖民地半封建经济结构的形成具有决定性的意义。

1895—1913年是中国资本主义的初步发展时期。据统计,在这期间,在本国资本中新开设的资本在1万元以上的工矿企业有49家,资本额达12029.7万元,平均每年增设28.9家,新投资本633.1万元,[2]一些主要行业的年增长速度达到15%~20%,不仅过去所未有,也超过第一次世界大战期间的所谓黄金时代,而且民间投资远超过政府投资,逐渐成为本国工业的主体。这一时期中国资本主义的发展与前一阶段相比较,具有两个显著的特点。第一,在引进西方资本主义先进生产力的主体上,逐渐由官方洋务派更多地转向民间。第二,这一时期民族资本主义的发展是与中国人民反对外来侵略的爱国热情以及初期的资产阶级爱国运动分不开的,带有鲜明的反侵略的主题。

1914—1920年是中国资本主义进一步发展时期。自1840年以来的80多年

---

[1] 参见复旦大学历史系、《历史研究》编辑部、《复旦学报》编辑部合编:《近代中国资产阶级研究》,复旦大学出版社,1984年,第128~129页。

[2] 同上,第136页。

间,西方资本主义对中国的殖民侵略一直没有放松。中国民族资本主义一直在这种沉重的殖民压迫下艰难地爬行。第一次世界大战使得西方资本主义各国忙于战争,无暇东顾,相对放松了对中国的殖民侵略,在客观上给中国民族资本主义的发展造成了一个宽松的环境,从而导致中国民族资本主义的突飞猛进。1911年辛亥革命后,革命果实虽然被袁世凯所篡夺,但它造成的深远影响不可低估。北洋政府虽然在实质上实行的是封建法西斯的专制统治,但因为共和的观念已开始深入人心,因此在表面上仍不得不冠以资产阶级民主共和国的称号,并提出许多有益于资本主义发展的法律条规和政策,从而在一定范围内有利于中国民族资本主义的发展。据估计,这一时期外国在华资本约增加三分之一,而中国资本却增加了一倍以上。[1]

到20世纪20年代,中国社会内部的资本主义已初具规模。据估算,当时我国资本主义发展的水平约占工农业生产总值的5%~10%。[2]这个数字一方面表明经过半个多世纪的时间,中国资本主义从无到有,同时也表明中国资本主义经济在整个国民经济生产中所占的比重仍是十分低下的,它远未成为当时社会生产的主要形式。

西方资本主义的入侵,中国民族资本主义的发展,使中国原有的封建经济结构受到很大的冲击,原有的封建经济正处于不断解体的过程中。但就宏观来看,从1840年鸦片战争到1927年第一次大革命失败,中国经济结构的主体形式仍是小农业和家庭手工业相结合的封建小农经济,也就是说,农业生产仍是这一时期国民生产的主体。中国近代封建经济,主要存在于农业当中。分析中国近代封建经济的状况,实质上主要是分析中国近代农村经济的状

---

[1] 参见复旦大学历史系、《历史研究》编辑部、《复旦学报》编辑部合编:《近代中国资产阶级研究》,复旦大学出版社,1984年,第140~141页各表。

[2] 同上,第141页。

况。这种状况突出地表现在以下四个方面：

第一，封建土地所有制在近代中国社会的经济生活中仍占主要地位。封建土地所有制是封建经济的核心和基础，鸦片战争以前，中国封建土地所有制的基本特点是封建国家所有制、封建地主私有制和自耕农小块土地所有制并存，但以封建地主私有制占主要地位。鸦片战争后，中国封建土地所有制的这一基本特点并没有发生明显的变化。在整个近代时期，中国农村人口中不到10%的地主富农占有约70%~80%的土地。除了地主私有制之外，与自耕农土地所有制相对立的，还有封建国家土地所有制。封建国家土地所有制是与封建国家的性质紧密相连的，是代表和保障地主阶级根本利益的。封建政权并不是独立于地主阶级经济利益之外的政治实体，所以土地的国家所有制实质上是地主阶级土地所有制的组成部分。面对地主阶级的国家所有制与封建地主私有制，自耕农小块土地所有制不可能在全部封建经济关系中占支配地位，在近代土地兼并加剧的趋势下更是如此。

第二，封建地主对农民进行剥削的租佃制度和地主阶级以国家政府出面对人民进行剥削的赋税制度，仍是两种主要的封建剥削形式。在近代中国，地主将土地分割成零星小块出租给农民耕种以剥削地租，乃是封建土地经营的主要方式。从全国来看，出租给农民耕种的，一般占70%左右；而地主和富农雇工经营的，仅占30%左右。地主收取农民地租的形式当时仍以实物为主，这表明商品货币经济仍处于十分落后的状况。据对江苏等11省153县的调查，1924年，实物地租仍占74%，货币地租仅占26%。有的省，如山西，甚至还是100%的实物地租。与此同时，劳役地租仍是实物地租的重要补充形式。在实物地租的剥削形式下，分成租制占有相当重要的地位，地租剥削率极高。从全国来看,地租额一般占收获物的5成左右,个别地区甚至高达9成。[1]分成租制的存在,反映了地主对农民剥削异常苛重,这是中国近代农业经营落后的一个重要标志。此外,近代中国的农业生产中,超经济强制仍不同程度地存在。超经济强制的一个重要表现,就是地主以强制力量把农民束缚在土地上,不许佃户任意退佃。这种强制,反映了中国近代农民对地主的人身依附关系。

第三,中国近代农业生产技术极为落后,生产力水平极为低下。虽然在鸦片战争后,尤其是甲午战争后从国外引进了一些优质的棉种,进口了一些农业机械,但就全国的基本状况来看,手工生产仍占绝对优势的地位。手工生产除了使用繁重的原始工具进行体力劳动之外,更具体表现为农作物单位面积产量的低下。例如,中国"每公顷棉花的平均生产量远不如埃及,烟草远不如苏联,玉蜀黍远不如意大利,大豆远不如加拿大,小麦远不如日本。在1928年—1930年间,中国白米生产是平均每公顷18.9公担(quintal,每公担等于100千克),在同时期内,美国每公顷之平均生产量为22.7公担,日本为35.9公担,意大利为46.8公担,西班牙为62.3公担"[2]。

第四,自给自足的自然经济在整个经济生活中仍占主要地位,商品交换虽有一定的发展,但不起决定作用。"中国的工业和农业在国民经济中的比重,就全国范围来说,在抗日战争以前,大约是现代性的工业占百分之十左右,农业和手工业占百分之九十%左右。"这种农业经济和手工业经济是"分散的个体的""落后的","是和古代没有多大区别的,我们还有百分之九十左右的经济生活停留在古代"。[3]严格地说,在近代中国社会的经济生活中,存在着大量的自然经济,商品经济比重很小。

---

[1] 参见郑学檬:《简明中国经济通史》,人民出版社,2005年,第544页。
[2] 陈翰笙、薛暮桥、冯和法合编:《解放前的中国农村》(二),中国展望出版社,1985年,第84页。
[3] 《毛泽东选集》(第四卷),人民出版社,1991年,第1430页。

中国近代的半殖民地半封建经济结构,对近代中国的影响具有特殊意义。从社会形态的变化来讲,封建社会的解体,资本主义因素的增长,代表着社会发展的方向。但是在近代中国,这种资本主义的发展又与殖民地的性质紧密相连,资本主义发展的程度与它成为西方资本主义附庸的程度几乎是成正比的。因此,近代中国的经济问题已不再是孤立的、简单的问题,它随时随地都与政治问题、民族问题紧密相关。中国近代思想家对中国问题的思索,亦不得不从这一基本的现实出发。

二、旧民主主义经济思想

近代中国的变化,不可避免地引起中国近代思想界的剧烈变动。正如毛泽东在《论人民民主专政》中所说:"自从一八四〇年鸦片战争失败那时起,先进的中国人,经过千辛万苦,向西方国家寻找真理。洪秀全、康有为、严复和孙中山,代表了在中国共产党出世以前向西方寻找真理的一派人物。"[1]近代中国人学习西方大体上经历了学习科学技术、学习思想文化和学习政治制度三个阶段。经济思想是近代思想史的一个分支,既依附了上述思想史发展的一般轨迹,又具有其自身的特点。中国近代思想家在经济思想上的发展进程大体可以分为以下三个阶段:

第一阶段,从1840年第一次鸦片战争开始到1860年第二次鸦片战争结束。这一阶段经济思想的主要特点是,从原有的封建闭关状态下开始提出向西方学习的新课题。林则徐提出的"师敌之长技以制敌"和魏源提出的"师夷长技以制夷"的思想代表了中国思想家冲破闭关锁国,向西方学习的第一

---

[1] 《毛泽东选集》(第四卷),人民出版社,1991年,第1469页。

步。这一思想虽然是从解决政治问题、解决反侵略问题出发的,属于政治思想的范畴,但也同样代表着中国近代经济思想的转向。

第二阶段,从第二次鸦片战争后到中日甲午战争。这一阶段经济思想的特点是在第一阶段的基础上,更加大胆地向西方学习。代表人物大体有两类,一类是洋务派官僚,一类是早期的资产阶级改良派人物。"中学为体,西学为用"是洋务派经济思想的基本原则。在这个基本原则下,洋务派在思想和实践中经历了一个从"求强"到"求富"的过程。

早期资产阶级改良派较之洋务派更加坚决地反对外来的侵略,尤其反对自第一次鸦片战争以来的以商品侵略为基础的一系列不平等条约。他们要求独立自主地发展中国的民族资本主义;反对洋务派的官办政治,要求发展民办资本主义企业;反对君主专制,要求议会政治等。他们除了和洋务派一样主张发展中国的机器大工业以外,突出表现在对商业的极大兴趣上,对于商业在资本主义经济活动中的作用越来越重视,反映了当时中国资本主义经济发展的迫切要求。

第三阶段,从甲午战争后到1925年春。这一阶段经济思想的主要特点是实业救国和孙中山经济思想的系统和深化。经过甲午战争、庚子赔款,中国危机愈演愈烈。这种形势逼迫中国近代思想家在经济思路上不约而同地把注意力转到了实业救国上。他们普遍认为,中国败于西方表面上是武器问题,但实质上却是国力的不足,而解决国力不足的关键就在于大力发展实业。1904年,康有为在《物质救国论》中说:"以中国之地位,为救急之方药,则中国之病弱,非有他也,在不知讲物质之学而已。""中国数千年之文明实冠大地,然偏重于道德哲学,而于物质最缺然。……则今而欲救国乎?专从事于物质足矣。""科

第一编 新民主主义革命时期党的经济思想

学实为救国之第一事,宁百事不办,此必不可缺者也。"①这些说法表明了康有为把实业和科学作为救国的药方。

旧民主主义经济思想以孙中山的三民主义为代表。孙中山是中国民主革命的伟大先行者。孙中山关于经济问题的著作主要有:《〈民报〉发刊词》《实业计划》《民生主义》《耕者有其田》等。他的经济思想既是对中国传统经济思想的继承和发展,又是对西方资本主义经济思想的吸收和转化。其内容非常丰富、创见颇多,主要思想如下:

1. 民生主义思想

民生主义是孙中山经济思想的主要内容。孙中山指出:"民生就是人民的生活,社会的生存,国民的生计,群众的生命。""民生主义就是社会主义,又名共产主义,即大同主义。"②这表明孙中山关心广大民众的生活,向往社会主义,且远超过前人。孙中山民生主义经济学说内容很丰富,包括平均地权和节制资本等。怎样实现民生主义?孙中山主张"改良社会经济组织"③。怎样改良社会经济组织呢?孙中山的意见是:"依靠国家的管理来实现,即由国家政权制定、颁布相应的法律、规章,并由有关的国家机构加以推行和监督。这是一种自上而下的改革。"④注重民生,把资产阶级民主革命的经济纲领和主观社会主义的理论相结合,采取改良的方法解决民生问题,是孙中山民生主义经济学说的基本特点。

2. 平均地权、耕者有其田思想

在中国近代思想家中,孙中山比一切前人都更重视土地问题。他认为,中

---

① 姜义华、张荣华编校:《康有为全集(增订本)》(第8集),中国人民大学出版社,2020年,第63~65页。
② 《孙中山全集》(第九卷),中华书局,1986年,第355页。
③ 《孙中山全集》(第一卷),中华书局,1981年,第297页。
④ 赵靖:《学术开拓的主要路标》,北京大学出版社,2005年,第302页。

国社会贫困、社会经济受莫大影响之原因"实由于生产分配之不适当耳",故根本解决,"有不能不从分配上着手也"。①显然,孙中山把解决生产分配问题,看作是根本解决中国社会贫困、社会经济发展的核心问题。与此相联系,孙中山认为,从分配上解决地权失平问题就是要平均地权。他曾大声疾呼"敢有垄断"土地"以制国民之生命者,与众弃之!"这表明平均地权的首要目标是废除封建主义的土地制度。废除封建主义的土地制度之后,要建立什么样的土地制度呢?孙中山指出:"土地若归少数富者之所有,则可以地价及所有权之故,而妨害公共之建设。平民将永无立锥之地矣!苟土地及大经营皆归国有,则其所得,仍可为人民之公有。"②孙中山要建立的土地制度是资产阶级的土地国有制度。

关于平均地权的实施,孙中山认为,地租和地价暴涨是社会进化的结果,而不是地主之利,因而这部分利益,不应归地主所有,而应归于国家。他设想的原则是:规定地价,照价征税,照价收买,涨价归公。在革命政权建立之后,用下令地主自行申报地价的办法核定全国的地价,国家依其申报的地价,征收百分之一或二的地价税,与此同时,国家握有按照地价将土地收归国有的权利。他认为,准确地核报地价是实施平均地权的关键,而上述照价征税、照价收买方法可以防止地主人为地把地价压低或抬高。这是因为,如果地主为了少交税而压低地价申报时,要冒被国家廉价收买的危险;如想被国家收买而申报高价,又难免要多向国家交税而受到损失。只要实施照价征税、照价收买,就能使地主自报地价达到公平,政府才能达到公平地征收地价税之目的,并且不致吃少收地价税和收买土地时多付地价的亏。

孙中山把平均地权视为防止未来贫富不均和私人垄断的社会主义政策。

---

① 《孙中山全集》(第二卷),中华书局,1982年,第517页。
② 同上,第333页。

第一编 新民主主义革命时期党的经济思想

他强调:"若能将平均地权做到,那么,社会革命已成七八分了。"[①]平均地权包含着耕者有其田思想。首先,从平均地权纲领的根本目标来看,其反对私人垄断土地,要求实现土地国有。在此总目标下,当然不赞成少数人独占土地所有权,致使利用土地的人反而没有较自由地利用土地的权利。就农业用地来说,当然不赞成封建主义土地制度下的高额地租,更不赞成大多数利用土地的耕者没有耕地的支配权。所以在平均地权纲领要达到的目标中,就必然包含耕者有其田的思想。其次,平均地权纲领的核心措施是"地租国有",即一切农地、林地、牧地、建筑地、矿源地等各种土地的素地地租,均以地价税的方法收归国有,耕者有其田条件下的素地地租也收归国有。平均地权是反对垄断土地,主张利用哪种土地的人,取得哪种土地的支配权。耕者有其田的思想,亦是主张能利用耕地的人,取得耕地的支配权。这两者原则相同。因此,平均地权纲领必然要衍出耕者有其田的思想和主张。孙中山在修改后的土地纲领中宣布:"农民之缺乏田地,沦为佃户者,国家当给以耕地,资其耕作。"[②]这表明孙中山明确地规定了耕者有其田的内容。因此,从平均地权纲领要实现的目标来说,它是资产阶级民主革命阶段解决土地问题最彻底的办法和最理想的前途,是"进步的、战斗的、革命的资产阶级民主主义土地改革纲领"[③]。

平均地权纲领的局限性表现为:首先,从平均地权纲领实施步骤和方法的前提条件来看,它是在承认地主阶级土地所有权的条件下,主要由地主自己报地价来核定地价。并且其现有之地价,仍归原主所有。其次,从实施平均地权步骤和方法的指导思想来看,孙中山曾考虑靠立法路径使"地主不至害

---

① 《孙中山全集》(第二卷),中华书局,1982年,第320页。
② 《孙中山全集》(第九卷),中华书局,1986年,第120页。
③ 《列宁选集》(第二卷),人民出版社,1995年,第293页。

怕",使"以前有产业的人绝不至吃亏",使"政府和地主自然是两不吃亏"。①辛亥革命缺少农村土地制度的大变革,中国民主革命的主力军农民没有上阵,最后惨痛地失败了,其失败重要的根本性原因是平均地权纲领的局限性。

3. 节制资本思想

孙中山把节制资本视为富民强国的经济纲领。他的节制资本思想包括互相紧密联系的两个方面:一方面是"节制私人资本",另一方面是"发达国家资本"。孙中山认为,只有"节制私人资本",才能避免中国重蹈欧美资本主义之路。只有"发达国家资本",才能发展经济,达到富民强国。只有既"节制私人资本"又"发达国家资本",才能使中国成为繁荣富强的现代化国家。②孙中山把"发达国家资本"视为节制资本的最主要措施。因为孙中山认为,"发达国家资本",在大力振兴国内实业的同时,又可防止资本家垄断利权,破除资本主义的固有弊端,所以孙中山在辛亥革命后,极力宣传"发达国家资本",就是要大力发展实业,并实行大实业收归国有的"社会主义"政策。节制资本的措施主要有两个方面:一方面对国内凡是有垄断性的企业,不论其是属于中国人还是外国人所有,一律收归国家经营,以防止私人资本操纵国计民生;另一方面对那些只要不是应由国家经营的大企业的私人资本,就鼓励其发展,并给予法律保护,只要在纳税和工人福利方面遵从法律加以"节制"即可。节制资本实质上是借助国家的力量,为资本主义的发展创造更加有利的条件。孙中山主张把发展国家资本和节制私人资本两方面紧密结合起来,并把节制资本这种民主革命的经济纲领解释为社会主义。这是一种主观社会主义的理论,是一种有民粹主义色彩的理论。

---

① 《孙中山全集》(第九卷),中华书局,1986年,第389~390页。
② 参见王毅武、吴磊:《论孙中山以来中国现代经济理论的创新》,《贵州财经学院学报》,2011年第5期。

第一编　新民主主义革命时期党的经济思想

4. 发展实业计划

孙中山一心要把积贫积弱的中国发展为经济繁荣富强、自立于世界民族之林的强国。他的经济发展战略思想集中在《实业计划》一书。该书提出了发展中国经济的六大计划：即在10年到20年间，分别建成具有世界先进水平的三大海港（北方大港、东方大港和南方大港）；修建10万英里长，把全国沿海、内地和边疆连接起来的五大系统的铁路，并形成遍布全国的铁路网；修浚和开凿一系列内河水道；兴建一批钢铁、煤炭、电力、石油等大型骨干企业，并大力发展和建设各种轻重工业；大规模移民开荒，努力实现农业机械化，建立新型农业基地，等等。这是一个规模恢宏、内容丰富的经济建设现代化方案。孙中山认为，在中国这样一个经济落后的大国实现经济的现代化，既要百业俱兴，又要选择重点，要特别关注带动国民经济发展全局的中心和主导部门。他曾明确指出："余之计划，首先注重于铁路、道路之建设，运河、水道之修治，商港、市街之建设。""其次则注重于移民、垦荒、冶铁、炼钢。""农矿一兴，则凡百事业由之而兴矣。且钢铁者，为一切实业之体质也。"[①]孙中山在《实业计划》中提出了开发三峡的设想。孙中山将目光瞄向长江，除阐述整治长江口至重庆间的航道，建设沿江港埠等航业问题外，便是谈论长江上游的水利开发问题。这是最早的关于开发三峡工程的思想。孙中山还在《实业计划》中提出在"三峡建坝"的理想："当以水闸堰其水，使舟得以逆流而行，而又可资其水力。"据考证，这是中国人首次提出三峡水力开发的设想。

5. 门户开放思想

孙中山认为，要振兴实业，进行大规模的建设，需要大量资金和人才。这单靠国内的力量是无法解决的，因而他主张利用外资和外国人才。早在19世

---

① 《孙中山全集》（第五卷），中华书局，1985年，第134页。

纪末,孙中山就主张把对外开放定为新政权的一项基本国策。辛亥革命后,他明确提出门户开放主义。他说:"以前事事不能进步,均由排外自大之故。今欲急求发达,则不得不持开放主义。"①孙中山明确指出,我们搞对外开放的前提是必须建立在确保国家主权的原则之上,不能以妨碍甚至牺牲主权为代价。他强调指出,实行对外开放主义,"惟发展之权,操之在我则存,操之在人则亡"②。为了确保主权不丧失,孙中山提出了一系列办法,主要如下:第一,实行对外开放,必须有通盘计划。第二,同外国签订平等互利的条约。第三,利用外资尽可能地采取公司与公司之间订立经济合同的方式,不由政府出面。第四,要善于选择时机。第五,大力培养开放型人才。③

总之,在这一阶段,把发展生产力(实业)与救国紧密联系起来,主张在中国大力发展资本主义经济,是资产阶级改良派与革命派的共同主张,亦是这一阶段中国经济思想进程的一个重要特点。特别重要的是,孙中山的经济思想是中国共产党成立之前中国近代思想家经济思想的最高成就,为日后中国共产党新民主主义经济思想的形成,提供了珍贵的参考。

三、马克思主义经典作家对近代中国经济的分析

马克思和恩格斯对近代中国经济的分析集中表现在三个方面:

(一)深刻地揭露了西方资本主义国家对华战争的侵略性质

由于近代中国与西方的冲突不仅表现为民族之间的矛盾,而且还表现为高层次的社会形态与低层次的社会形态,即资本主义与封建主义之间的矛盾,

---

① 《孙中山全集》(第二卷),中华书局,1982年,第481页。
② 《孙中山全集》(第六卷),中华书局,1985年,第248页。
③ 参见赵靖:《学术开拓的主要路标》,北京大学出版社,2005年,第314页。

第一编　新民主主义革命时期党的经济思想

所以某些西方人在论述这些战争时,总是把这些战争的原因归咎于中国的落后与野蛮,归咎于中国封建统治者的闭关锁国政策,从而掩饰西方资本主义殖民扩张和侵略的本质。对于这些论调,马克思和恩格斯曾给予尖锐的驳斥。

恩格斯在《波斯与中国》一文中分析第二次鸦片战争性质时写道:"是英国政府的海盗政策造成了这一所有中国人普遍奋起反抗所有外国人的局面,并使之表现为一场灭绝战。""简言之,我们不要像道貌岸然的英国报刊那样从道德方面指责中国人的可怕暴行,最好承认这是'保卫社稷和家园'的战争,这是一场维护中华民族生存的人民战争。虽然你可以说,这场战争充满这个民族的目空一切的偏见、愚蠢的行动、饱学的愚昧和迂腐的野蛮,但它终究是人民战争。而对于起来反抗的民族在人民战争中所采取的手段,不应当根据公认的正规作战规则或者任何别的抽象标准来衡量,而应当根据这个反抗的民族所刚刚达到的文明程度来衡量。"[①]

马克思在谈到近代中国与西方资本主义国家之间发生的战争时,也很明确地将这些战争称之为"令人厌恶的战争""极端不义的战争""海盗式的战争"。他在《英人在华的残暴行动》《鸦片贸易史》《中英冲突》《中国和英国的条约》《新的对华战争》等文章中,用大量的篇幅揭露了西方资本主义国家对华战争的侵略本质,严厉地谴责了西方资本主义国家的强盗行径。

(二)深刻地分析了当时中国的社会经济状况,指出中国经济仍处在落后的、闭关自守的小农经济时代

1859年,马克思在《对华贸易》一文中,曾经大段引用了《额尔金伯爵赴华赴日特别使命有关文件汇编》蓝皮书中所附的1852年广州的一位英国官员米

[①] 《马克思恩格斯文集》(第二卷),人民出版社,2009年,第626页。

契尔先生致乔治·文翰爵士的报告书。在这份报告书中,米契尔以详细的文字描述了当时中国农村典型的自给自足的社会图景。在马克思看来,除了鸦片贸易之外,妨碍对华出口贸易迅速扩大的主要因素,是那个依靠小农业与家庭工业相结合而存在的中国社会经济结构。其实,早在1858年《纽约每日论坛报》上,马克思在关于中国社会状况的分析中已经明确指出:"在以小农经济和家庭手工业为核心的当前中国社会经济结构中,根本谈不上大宗进口外国货。"①

马克思在《资本论》中有一段关于中国的论述:资本主义以前的、民族的生产方式具有的内部的坚固性和结构,对于商业对封建生产方式的解体作用造成了多大的障碍呢,这从英国人同印度和中国的交往中可以明显地看出来。在中国,"小农业和家庭工业的统一形成了生产方式的广阔基础"。商业对这种生产方式的解体进程极其缓慢,除了因为在这里没有直接政治权力的帮助外,就是因为农业和手工业的直接结合而造成的巨大的节约和时间的节省,对大工业产品进行了最顽强的抵抗。"因为在大工业产品的价格中,会加进大工业产品到处都要经历的流通过程的各种非生产性费用。"②这说明了中国当时商品经济不发达对大工业的阻碍作用。

(三)预见到中国封建经济在世界资本主义冲击下解体的必然性,并对这种封建经济解体的历史进步性给予充分的肯定

马克思和恩格斯认为,"依靠小农业与家庭工业相结合而存在的中国社会经济结构"对于西方商品的输入有着很强的抵御能力,是"妨碍对华出口贸易迅速扩大的主要因素"。③他们同时又指出,在资本主义迅猛发展的时代,这种闭关的状况是不会维持很久的。

---

① 《马克思恩格斯文集》(第二卷),人民出版社,2009年,第641页。
② 《马克思恩格斯文集》(第七卷),人民出版社,2009年,第372页。
③ 《马克思恩格斯文集》(第二卷),人民出版社,2009年,第672页。

第一编　新民主主义革命时期党的经济思想

1858年,马克思在给恩格斯的一封信中写道:"资产阶级社会的真正任务是建成世界市场(至少是一个轮廓)和确立以这种市场为基础的生产。因为地球是圆的,所以随着加利福尼亚和澳大利亚的殖民地化,随着中国和日本的门户开放,这个过程看来已完成了。"①

1894年11月,恩格斯在致左尔格的信中说:"在中国进行的战争给古老的中国以致命的打击。闭关自守已经不可能了;即使是为了军事防御的目的,也必须敷设铁路,使用蒸汽机和电力以及创办大工业。这样一来,旧有的小农经济的经济制度(在这种制度下,农户自己也制造自己使用的工业品),以及可以容纳比较稠密的人口的整个陈旧的社会制度也都在逐渐瓦解。"②

马克思在《中国革命和欧洲革命》中,对第一次鸦片战争所引起的后果作了这样的预测:"英国的大炮破坏了皇帝的权威,迫使天朝帝国与地上的世界接触。与外界完全隔绝曾是保存旧中国的首要条件,而当这种隔绝状态通过英国而为暴力所打破的时候,接踵而来的必然是解体的过程,正如小心保存在密闭棺材里的木乃伊一接触新鲜空气便必然要解体一样。"③

西方资本主义对中国的入侵,客观上必然引起中国封建社会的解体。马克思和恩格斯在作出上述判断之后,对于这种封建社会的解体,表示了赞许的态度。他们认为这种解体过程本身意味着一种历史的进步。它不仅标志着中国社会自身的解放,而且预示着亚洲新时代的到来。

马克思在谈论到鸦片输入对中国社会的影响时写道:"历史的发展,好像是首先要麻醉这个国家的人民,然后才有可能把他们从历来的麻木状态中唤

---

① 《马克思恩格斯文集》(第十卷),人民出版社,2009年,第166页。
② 同上,第674页。
③ 《马克思恩格斯选集》(第二卷),人民出版社,1995年,第692页。

醒似的。"①

1850年,马克思和恩格斯在《时评》中,谈到西方商品进入中国市场,引起中国的社会危机时说:"有一个事实毕竟是令人欣慰的,即世界上最古老最巩固的帝国八年来被英国资产者的印花布带到了一场必将对文明产生极其重要结果的社会变革的前夕。"②

总之,在马克思和恩格斯的著作中,不止一次提到中国封建社会在外来资本主义入侵下的解体问题。他们一方面谴责西方列强的强盗行径,一方面也对这种封建社会的解体给予了肯定评价,把这一解体的过程放到历史进步的潮流中去考察。正如恩格斯在《波斯和中国》那篇文章中指出的:"有一点是肯定无疑的,那就是旧中国的死亡时刻正在迅速临近。……过不了多少年,我们就会亲眼看到世界上最古老的帝国的垂死挣扎,看到整个亚洲新纪元的曙光。"③

第二节 中国共产党的早期经济思想

自从1840年鸦片战争失败那时起,大批先进的中国人,如洪秀全、康有为、严复和孙中山等,历经千辛万苦,不断探索,向西方寻找真理。在他们看来,要救国、要维新,只有学外国、建设资产阶级的现代国家。但是这些思想在半殖民地半封建的中国,正如毛泽东后来在《论人民民主专政》中所讲的:"行不通,理想总是不能实现。多次奋斗,包括辛亥革命那样全国规模的运

---

① 《马克思恩格斯选集》(第二卷),人民出版社,1995年,第114页。
② 《马克思恩格斯全集》(第10卷),人民出版社,1998年,第277页。
③ 《马克思恩格斯文集》(第二卷),人民出版社,2009年,第627~628页。

动,都失败了。"①因此,改变半殖民地半封建的社会经济状态,需要寻求新的出路。这条道路被中国共产党找到了。

一、中国共产党对近代中国经济的分析

(一)马克思主义经济学说在中国的最初传播

俄国十月革命一声炮响,给中国送来了马克思列宁主义,并伴随着五四运动的爆发和中国共产党的诞生而迅速地扩大其影响。

关于社会主义和马克思主义的名称,在我国最早见于1899年外国传教士创办的报纸《万国公报》。梁启超在戊戌变法失败亡命日本后,亦在文章中多次提到社会主义与马克思。资产阶级革命家朱执信在1906年1月的《民报》第2号上发表的《德意志社会革命家小传》一文中,片断地介绍了马克思和恩格斯的生平及《共产党宣言》的部分内容,还提到了《资本论》。陈独秀在1915年9月创刊的《新青年》上也提到了社会经济问题。但是这些对马克思主义经济学的介绍,均未跳出资产阶级民主主义的观点和立场。

1918年冬,李大钊发表的《庶民的胜利》《布尔什维克的胜利》等论文,是早期共产主义知识分子坚决走十月革命道路的起点。1919年5月,北京《晨报副刊》开辟了《马克思研究》专栏,由李大钊主编,连续刊载了马克思《雇佣劳动与资本》的全译文。1919年9月,《新青年》刊行了由李大钊主编的《马克思研究专号》,在这一期专号上,登载了陈启修关于马克思研究的论文,刘秉麟的《马克思传略》和李大钊的《我的马克思主义观》等文章,较详细地介绍了马克思的经济学说即劳动价值、剩余价值、平均利润不变和可变资本以及资

---

① 《毛泽东选集》(第四卷),人民出版社,1991年,第1470页。

本集中等理论。

　　随着对马克思主义学说研究的深入和早期共产主义小组以及后来中国共产党的成立,我国对马克思主义经济学说的引进、宣传不断取得可喜的成绩。总体来说,这一时期对马克思主义经济学说的引进尚属开始阶段,但其影响决不亚于资产阶级经济学说在中国的影响。据统计,在1920—1924年间出现的马克思主义经济理论的译著有8部。如《共产党宣言》由陈望道翻译,并于1920年在国内出版;《资本论》最早有1920年费觉天译的《〈资本论〉自叙》(即第一版序言);1920年李汉俊译的《马克思〈资本论〉入门》等。这一时期对马克思经济学说的宣传,基本上处在以翻译为主的阶段,自撰著作较少。在自撰著作的选题上,主要是介绍马克思主义政治经济学的基本原理及政治经济学史,此外是有关计划经济的著作。对于经济的论述,正如经济学家王亚南在其《政治经济学在中国》一文所指出的那样,是"当作舶来品输入的政治经济学,不脱'述而不作'阶段"[①]。这些特点一方面表明五四运动后中国思想界的剧烈变动,对外来科学特别是社会主义学说的渴求与信奉。另一方面表明,这一时期中国人学习和研究马克思主义尚处在初级阶段,对马克思主义经济学说的系统学习和深刻理解还很不足,更重要的是在运用马克思主义经济原理与中国实际的经济生活相结合上显得极不成熟。尽管如此,对马克思主义经济学说的传播和学习,预示着近现代中国经济思想发展的方向。

　　(二)早期共产主义知识分子对中国经济状况的分析

　　五四运动之后,马克思主义学说在中国广泛传播,社会主义思潮成为这一时期新文化运动的主流。但是社会主义思想的传播并不是一帆风顺的,特别是在它传播的开始阶段,宣传和谈论社会主义的人抱着各种各样的动机

[①] 《新建设》,1941年第2卷第10期。

和态度,对社会主义的理解常常夹杂着非马克思主义的观点。除了科学社会主义外,圣西门、傅立叶、欧文的空想社会主义,托尔斯泰的泛劳动主义,无政府主义,工团主义,基尔特社会主义等都被当作"社会主义"笼统地接受下来。

1920年,瞿秋白在《俄乡纪程》中说:"社会主义的讨论,常常引起我们无限的兴味。然而究竟如俄国19世纪40年代的青年思想似的,模糊影响,隔着纱窗看晓雾,社会主义流派,社会主义意义都是纷乱,不十分清晰的。"①在这种状况下,以李大钊、陈独秀、毛泽东、周恩来等为代表的共产主义知识分子,率先开始系统地宣传马克思主义的革命理论,并开始力图运用马克思主义的原理来分析中国的现状,探讨中国社会改造的问题。

李大钊在1920年1月发表的《由经济上解释中国近代思想变动的原因》一文中,极其深刻地分析和探讨了这一问题。他认为,"中国以农业立国","中国的大家族制度,就是中国的农业经济组织,就是中国二千年来社会的基础构造。一切政治、法度、伦理、道德、学术、思想、风俗、习惯,都建筑在大家族制度上作它的表面构造"。孔子的学说之所以能支配中国人心两千余年的缘故,"不是他的学说本身有绝大的权威……因他是适应中国二千余年来未曾变动的农业经济组织反映出来的产物,因他是中国大家族制度上的表层构造,因为经济上有它的基础"。而现在,"时代变了!西洋的文明打进来了!西洋的工业经济来压迫东洋的农业经济了!""中国的农业经济挡不住国外的工业经济的压迫","孔门伦理的基础就根本动摇了!"②从经济是基础这一原理出发,李大钊提出了他的改造现实中国社会的方案。他认为经济是社会阶级和社会生活变化的最后原因。要想谋求中国社会的改造,首先就必须改造社会经济制度,

---

① 《瞿秋白诗文选》,人民文学出版社,1982年,第35页。
② 《李大钊选集》,人民出版社,1959年,第295~302页。

因为"经济问题的解决",可以导致政治问题、法律问题、家族制度问题、女子解放问题、工人解放问题的全部解决。

在当时的中国,怎样才能改造中国的社会经济制度呢？中国应当选择什么样的经济制度作为自己的目标呢？1921年,李大钊在《中国的社会主义与世界的资本主义》中提出,"今日在中国想发展实业,非由纯粹生产者组织政府,以铲除国内的掠夺阶级,抵抗此世界的资本主义,依社会主义的组织经营实业不可",即用社会主义的经济制度来代替现有的经济制度。对于当时的中国是否具备社会主义的经济条件,李大钊认为有两个关键问题必须注意到。第一,整个世界已发展到社会主义倾向的经济条件,在中国"想行保护资本家的制度,无论理所不可,抑且势所不能"。第二,中国已远远落后于西方,在这种形势下,要想依照西方的路走下去,是无法超越西方的。只有另辟蹊径,这个新径就是"恐非取兼程并力社会共营的组织不能有成"[①],即采用社会主义的形式。

李大钊的这些认识基本上代表了当时早期共产主义知识分子的看法。这些看法与旧民主主义革命时期资产阶级改良派、资产阶级革命派关于实业救国的构思相比,既保存了资产阶级思想家那种使中国在短期内超过西方资本主义的愿望,又跳出了传统的盲目向西方资本主义学习的模式,而采取了社会主义的救国方案。这种新的救国思路的提出,为日后中国共产党新民主主义经济思想的形成起到了具有质变意义的作用。

1921年,中国共产党的建立是中国近现代史上一件具有划时代意义的大事,从此,"中国革命的面目就焕然一新了"。党的一大通过的《中国共产党纲领》强调社会主义革命的任务,提出了无产阶级政党要"消灭资本家私有制,

---

[①] 《李大钊选集》,人民出版社,1978年,第356~357页。

没收机器、土地、厂房和半成品等生产资料,归社会公有"①。

二、新民主主义经济思想的初步提出

(一)列宁对中国民主革命的指导

党的一大规定了党的最终奋斗目标和实行无产阶级专政,但是在半殖民地半封建社会的情况下,怎样才能达到这个目标?现阶段的任务是什么?纲领是什么?斗争的策略是什么?这一系列问题都没有解决。制定党在现阶段革命纲领的任务,是经过了中国政治形势的发展和工人运动实践的促进,以及列宁和共产国际在理论上的帮助才实现的。

1922年1月,共产国际在列宁的主持下,在莫斯科召开了远东各国共产党及民族革命团体第一次代表大会。会上,列宁会见了中国代表,对他们阐述了殖民地半殖民地的各国革命道路。1922年11月5日至12月5日,列宁主持召开了共产国际第四次代表大会。中共代表陈独秀和刘仁静参加了会议。会议通过了《关于东方问题的总提纲》等决议案,并且重申了列宁在1920年共产国际第二次代表大会上起草通过的《民族和殖民地问题提纲》等重要文件。由列宁起草并得到两次大会通过的有关民族和殖民地文件的主要内容有:土地革命不是共产主义、社会主义性质的,它是资产阶级民主革命性质的;十月革命后的国际形势决定了土地革命必须由共产主义先锋队所领导;只有工农苏维埃、农民苏维埃这种政体才能保证农民土地革命的彻底实现;在封建势力很强的国家,必须首先肃清封建政权;应当无条件地、无例外地没收地主土地分给农民;殖民地半殖民地国家一定要民族革命与土地革命

---

① 中央档案馆编:《中共中央文件选集(一九二一——一九二五)》(第一册),中共中央党校出版社,1982年,第5页。

同时并进,把革命建立在工农,特别是占人口多数的农民力量的基础之上。

列宁关于殖民地半殖民地民主革命的思想对中国革命有着极其重要的指导意义。它对中国共产党的启发和影响可以归纳为四点:第一,半殖民地半封建国家走向社会主义,一定要经过民主革命阶段。第二,民主革命的任务就是反帝反封建,中国反动势力是帝国主义的代理人和工具。第三,为了完成民主革命任务,必须结成反帝的联合战线。第四,民主革命中最基本的群众是农民。

(二)党的二大确立民主革命纲领

1922年7月,中国共产党召开第二次全国代表大会。大会根据列宁和共产国际的指示精神,总结建党一年来的革命经验,发表了《中国共产党第二次全国代表大会宣言》等。大会制定了党的反帝反封建的最低纲领和将来最终要实现共产主义的最高纲领,规定了党的奋斗目标,第一次为中国人民指明了争取解放的唯一正确道路。党在二大前后关于经济方面的论述集中体现在以下三个方面:

第一,分析了中国现有的经济基础是农业。"中国经过了几千年的封建政治,人民生活基础自来都建设在农业经济上面"[1],中国一切重要的政治经济"现尚停留在半原始的家庭农业和手工业的经济基础上面,工业资本主义化的时期还是很远"[2]。

第二,分析了当时弱小的中国资本主义经济与军阀的封建统治以及帝国主义之间的关系。"因为民主政治未能成功,名为共和国家,实际上仍旧由军阀掌握政权……在这样状况之下的中国实业家,受外资竞争,协定关

---

[1] 中央档案馆编:《中共中央文件选集(一九二一——一九二五)》(第一册),中共中央党校出版社,1989年,第33页。

[2] 同上,第109页。

第一编 新民主主义革命时期党的经济思想

税,地方扰乱,官场诛求,四面八方的压迫,简直没有发展的希望。"[①]"军阀不打倒,工商业怎能发展,教育怎能维持和振兴?""帝国主义的列强既然在中国政治经济上具有支配的实力,因此中国一切重要的政治经济,没有不受他们操纵的。"由于帝国主义经济的入侵,"中国资产阶级就渐渐完成他们的初步积累阶段",但"中国的资产阶级只不过做世界资本主义侵入中国的中间物罢了"。[②]

第三,依据以上两点分析提出了无产阶级的斗争目标。"无产阶级在目前最切要的工作,还应联络民主派共同对封建式的军阀革命,以达到军阀覆灭、能够建设民主政治为止。"具体到土地问题便是:"肃清军阀,没收军阀官僚的财产,将他们的田地分给贫苦农民。"[③]

从1921年党的一大到1922年党的二大短短的一年时间内,中国共产党在经济上对中国的现状作出了这样的分析,应该给予充分的肯定。党的二大民主革命纲领的确立,表明了年轻的中国共产党已开始把马列主义的普遍真理与中国革命的具体实践结合起来,同时也标志着党的新民主主义经济思想开始萌芽。在此基础上,新民主主义经济思想随着革命实践而逐步发展。

(三)党在早期工农运动中的经济思想

根据党的一大通过的《关于当前实际工作的决议》,党集中力量领导了工人运动。1921年8月,中国劳动组合书记部在上海成立并出版了《劳动周刊》,作为党指导全国工人运动的刊物。劳动组合书记部在工人中进行了大量的工作,举办工人补习所,出版校刊,帮助各地工人建立工会组织等。中国工人运动很快走向高潮。

[①] 中央档案馆编:《中共中央文件选集(一九二一—一九二五)》(第一册),中共中央党校出版社,1989年,第35页。

[②][③] 同上,第25页。

1922年8月，中国共产党决定通过中国劳动组合书记部发起劳动立法运动。在劳动组合书记部提出的《劳动法大纲》19条中，除了要求政府承认工人有集会结社权、同盟罢工权、缔结团体契约权等政治要求外，还提出了八小时工作制（夜工不超过六小时）、保障工人最低工资、保护女工和童工，给予工人休息以及受教育的机会等经济方面的要求。这些要求成为以后工人罢工高潮中的斗争纲领。

从1922年5月第一次全国劳动大会到1923年2月7日京汉铁路工人大罢工发生前的9个月间，在中国共产党的领导下，罢工高潮在全国各地展开。其中，北方区、湖南区、上海区和广东区成为罢工的重点区。在这次罢工的浪潮中，各地都提出了大量的经济方面的要求。如长辛店工人俱乐部在向北京铁路局长赵继贤递交的呈文中提出"每月[日]加月[日]薪一毛、凡作工够二年的，均应改为长牌（即正式工）、凡工人因公受伤者在患病期间，应发给工薪"[①]等要求。开滦五矿大罢工中，工人联合向矿局提出工人每月工资在15元以下的加30%，15元以上的加20%，50元以上的加10%，每年年底每一工人应得1个月花红的要求。[②] 1922年9月安源路矿工人大罢工中，安源路矿工人俱乐部的全权代表李能至（即李立三）与路矿当局签订的谈判条约中规定："路矿工人每日工资在4角以下者须加大洋6分，4角以上至1元者照原薪加5%，每年十二月须加发工资半月等经济条款。"[③]此次安源路矿大罢工取得了胜利。

总体来说，这一时期的工人运动仍处在初级阶段，所提出的经济口号尚处在"增加工资，缩短工时"的水平。

在农运方面，这一时期的中国共产党已经认识到"无产阶级在东方诸经

---

① 钟明主编：《中国工人大典》（1840—1997），中国物资出版社，1998年，第28页。
② 参见薛世孝：《中国煤矿革命史（1921—1949）》（上册），煤炭工业出版社，2014年，第97页。
③ 魏宏运主编：《中国现代史资料选编》（5），黑龙江人民出版社，1981年，第480页。

济落后国的运动,若不得贫农群众的协助,就很难成就革命的工作"。"农业是中国国民经济之基础,农民至少占全国人口百分之六十以上,其中最困苦者为居农民中半数之无地的佃农;此种人数超过一万二千万(原文如此)被数层压迫的劳苦大群众(专指佃农),自然是工人阶级最有力的友军,为中国共产党所不应忽视的。"[①]

为了解决农民问题,中国共产党开始提出"限田运动""组织农民消费协会""组织农民借贷机关""限制租额运动""开垦荒地""改良水利"等政策。1923年6月,在广州召开的党的三大,通过了《农民问题决议案》。会上,毛泽东以湖南农民运动为例,强调发动农民、依靠农民的重要性。会议采纳了毛泽东等人的意见,"认为有结合小农佃户及雇工以反抗牵(宰)制中国的帝国主义者,打倒军阀及贪官污吏,反抗地痞劣绅,以保护农民之利益而促进国民革命运动之必要"[②]。但是应该指出,从党成立到1923年底的两年多时间中,党中央尚未能认真讨论、制定明确的土地纲领,未能深入地理解和接受列宁和共产国际有关土地革命的指示,因而仅仅停留在初步探索和宣传上,并没有认真组织和领导当时开始兴起的萧山、海丰等地的农民运动。

综上所述,在列宁关于殖民地半殖民地民主革命思想的影响下,在早期工农运动的实践中,中国共产党的新民主主义经济思想开始萌芽。

[①] 中央档案馆编:《中共中央文件选集(一九二一——一九二五)》(第一册),中共中央党校出版社,1989年,第124~125页。

[②] 同上,第151页。

三、中国共产党在第一次国共合作时期的经济思想

(一)毛泽东的《中国社会各阶级的分析》和党对新民主主义经济关系的进一步分析

党的二大确立了民主主义的革命纲领,明确了半殖民地半封建国家在走向社会主义的历程中,定要经过民主革命阶段。此后,党的三大确立了国共合作统一战线的方针。1924年1月,国民党一大召开,标志着第一次国共合作的正式建立。

面对新形势,如何剖析中国的各种经济关系,尤其是正确认识中国资产阶级的经济地位和他们在中国革命中的地位和作用,以及面对日益高涨的工农运动,正确分析中国工人和农民阶级经济关系的实质,以及这些经济关系在民主革命中的作用,成为这一时期中国共产党不可回避的问题。虽然党的二大已对当时的社会经济状况作出了一些分析,但这些分析仍显得不够成熟。随着统一战线的建立,革命形势的高涨,中国共产党对中国社会经济状况分析的水平也随之提高到一个新的层次。

这一时期对中国的经济关系作出较完整分析和探索的是毛泽东。他在1925年底和1926年初发表的《中国社会各阶级的分析》一文中,运用马克思主义的阶级分析法,从当时中国社会各个阶级和阶层的经济地位入手,对中国社会各种经济政治关系作了深刻剖析。其中,对中产阶级两面性的论述和对小资产阶级及半无产阶级各个阶层的剖析,都是非常独到的。

毛泽东将半殖民地半封建中国社会的阶级划分为:地主阶级和买办阶级、中产阶级、小资产阶级、半无产阶级、无产阶级。其中,地主阶级和买办阶级"代表中国最落后的和最反动的生产关系,阻碍中国生产力的发展";中产

第一编 新民主主义革命时期党的经济思想

阶级"代表中国城乡资本主义的生产关系及他们对于中国革命具有矛盾的态度";小资产阶级"在人数上,在阶级性上,都值得大大注意。自耕农和手工业所经营的,都是小生产的经济"。在半无产阶级中"绝大部分半自耕农和贫农是农村中一个数量极大的群众。所谓农民问题,主要就是他们的问题";无产阶级,主要是工业无产阶级,"人数虽不多,却是中国新的生产力的代表者,是近代中国最进步的阶级,做了革命运动的领导力量"。依据上述阶级分析,毛泽东提出:"一切勾结帝国主义的军阀、官僚、买办阶级、大地主阶级以及附属于他们的一部分反动知识界,是我们的敌人。工业无产阶级是我们革命的领导力量。一切半无产阶级、小资产阶级,是我们最接近的朋友。那动摇不定的中产阶级,其右翼可能是我们的敌人,其左翼可能是我们的朋友。"①这正是我们党新民主主义总路线的最初表述。

1925年1月召开的党的四大,表明了全党对于当时社会经济和阶级状况认识的进一步提高。大会不仅把无产阶级领导地位问题与农民同盟军问题紧密地联系起来,而且对中国的资产阶级有了初步的认识。大会统一了把中国资产阶级划分为"大商买办阶级"(即买办官僚资产阶级)和"新兴工业资产阶级"(即民族工业资产阶级)两部分的观点,但在正确指出前者"完全是帝国主义之工具",是"中国资产阶级之反革命派"的同时,却错误地认为后者也"还不能参加民族革命运动"。②这一时期,党在统一战线的具体形势下,对于无产阶级领导权与资产阶级在民主革命中的作用的关系还没有完全摆正,但是在对中国资产阶级的认识尤其是从经济角度去分析中国资产阶级方面,比以往提高了一大步。

---

① 《毛泽东选集》(第一卷),人民出版社,1991年,第9页。
② 中央档案馆编:《中共中央文件选集(一九二一——一九二五)》(第一册),中共中央党校出版社,1989年,第332~333页。

1926年7月召开的中共第四届中央执行委员会第三次扩大会议对中国资产阶级的分析代表了国共合作时期具有代表性的认识水平。这次会议的《中央政治报告》，对"买办阶级""中小商人""资产阶级"都作了一定的分析，特别指出资产阶级"在民族民主革命运动中，乃站在非常重要的地位，依现时世界政治环境，中国的国民革命若没有资产阶级有力的参加，必陷于异常困难或至于危险"①。

虽然这次会议的文件对于买办资产阶级、民族资产阶级等概念的内涵和划分还不十分清楚，但毕竟以中央文件的形式概括了这一时期党对资产阶级的认识。

(二)中国共产党对于农民及土地问题的主张

中国共产党从成立到召开党的三大的两年中，虽然提出了农民问题，但基本上仍停留在理论宣传上，没有把实际解决农民问题列入议事日程。1923年6月，党的三大通过了党的第一个关于农民问题的专门文件——《农民问题决议案》，在正式决定与国民党合作、建立革命的统一战线的同时，决定把宣传组织农民参加革命作为党的中心工作之一。这个决议应该说是一个进步。但从整体上看，这一时期党对土地问题的态度仅停留在宣传阶段，还没有提出具体的政策。在此期间，共产国际曾在1923年5月和11月发了两个文件给中共中央，明确指出要"没收地主土地"。但是到了1924年1月国民党一大召开时，由苏联顾问鲍罗廷和瞿秋白帮助起草的《中国国民党第一次全国代表大会宣言》，实际上作了某些妥协和让步。这种妥协和让步主要表现在没有坚持无偿没收地主的土地分配给农民的方针，而是默许了孙中山的那种有偿赎买土地的方法，应该肯定这种让步在当时条件下是必要的。在以共产党代表

---

① 中央档案馆编：《中共中央文件选集(一九二六)》(第二册)，中共中央党校出版社，1989年，第166~169页。

第一编　新民主主义革命时期党的经济思想

的无产阶级还没有取得政权的情况下,要求刚开始建立统一战线的国民党实行无偿没收地主土地的政策,是不可能和不适当的。

1925年1月,党的四大专门通过了《对于农民运动之议决案》。在这个议决案中,尤其值得我们注意的是,中共中央对于当时的农民运动提出了一些口号,如"在农民的政治斗争中我们应该结合中农,佃农,贫农,雇农以反对大地主(广东农民运动的经验),我们在农民运动中,常因策略的不适当,致使中农常立于大地主一面";"应特别宣传取消普遍的苛税杂捐,加征殷富捐所得税的口号"等。[①]这些口号与方针,比较实际地反映了国共合作初期中共对于农民与土地问题的态度。

1925年10月,中共中央执行委员会扩大会议讨论了农民问题,并发表了《告农民书》,第一次把"耕地农有"作为基本口号和目标提了出来,并指出要达到这个目标,"那就非要农民工人联合起来革命打倒军阀政府不可……至于'耕地农有'更须革命的工农等平民得了政权,才能够没收军阀官僚寺院大地主的田地,归耕地的农民所有"[②]。在这里,一方面是"耕地农有"的口号和目标的提出,另一方面则把这一目标的实施放到取得革命政权之后,而不是把它作为当前立即要实行的政策。由此可见,在国共合作初期到北伐战争开始之前这一时期内,中共关于农民土地问题的政策与国民党"耕者有其田"的土地主张基本上是一致的。

中共关于土地问题的政策发生重大变化是在北伐开始之后。由于北伐在军事上的节节胜利,农民运动得到了迅猛发展,特别是两湖地区的农民运

---

① 中央档案馆编:《中共中央文件选集(一九二一——一九二五)》(第一册),中共中央党校出版社,1989年,第362~363页。
② 中国社会科学院经济研究所中国现代经济史组:《第一、二次国内革命战争时期土地斗争史料选编》,人民出版社,1981年,第39页。

动,更发展到农民要求解决土地问题的程度。革命形势的变化,要求革命的政策和方针必须迅速作出相应调整。面对这种情况,在对待农民问题上,党内出现了两种不同意见。

一种是以陈独秀为代表的否定农民运动、限制农民运动的意见。这种意见以1926年7月中共第四届中央执行委员会第三次扩大会议的《农民运动决议案》和1926年12月中旬中央汉口特别会议上陈独秀作的政治报告为代表。它们认为,"解决土地问题,当然是对地主土豪最后的打击。可是目前中国大多数农民群众所争的还是减租减息,组织自由,武装自卫,反抗土豪劣绅,反抗苛捐杂税这些问题,而不是根本的土地问题",认为当时的"农民运动在各地均发生左倾的毛病,或提出口号过高,或行动过左"。[1]因此,对农民运动采取了基本否定的态度。

另一种意见是以毛泽东为代表的支持农民运动的意见。这种意见对当时正在兴起的农民运动表现出极大的热情,并认为立即解决土地问题是当时工作的重点。这类意见以毛泽东1927年3月发表的《湖南农民运动考察报告》、1927年4—5月武汉国民党中央土地委员会上毛泽东等五人起草的《土地问题草案》以及1927年4月党的五大的《土地问题议决案》为代表。这些文件除了表现出对当时农民运动的极大支持外,尤其值得我们注意的是提出了没收地主土地的政策。党的五大《土地问题议决案》提出的土地革命的政纲是:"一、没收一切所谓公有的田地及祠堂、学校、寺庙、外国教堂及农业公司的土地,交诸耕种的农民;二、(甲)无代价地没收地主租与农民的土地。(乙)属于小地主的土地不没收。(丙)革命军人现时已有的土地可不没收。"[2]这一文件在

---

[1] 中央档案馆编:《中共中央文件选集(一九二六)》(第二册),中共中央党校出版社,1989年,第385页。

[2] 中国社会科学院经济研究所中国现代经济史组:《第一、二次国内革命战争时期土地斗争史料选编》,人民出版社,1981年,第100页。

没收地主土地的政策上虽作出了一些照顾（如对小地主和革命军人的土地不没收的政策），但相对于国共合作初期中共减租减息的土地政策已发生了重大变化。虽然这一政策的提出是对当时农民运动发展状况的实际反映，并且从作为中共彻底解放土地问题的方针来说，无疑是正确的，但在当时情况下，没收地主土地的具体实施方案仍面临着巨大的操作困难。因为土地革命不仅是一场轰轰烈烈的阶级斗争，还是一项政策性很强的工作。而当时还远不具备实行没收地主土地的现实条件。

综上所述，中国共产党在第一次国共合作期间，在经济上开始提出了自己的方针和政策。尽管这些方针和政策在某些方面还显得不够成熟，但为日后新民主主义经济思想的形成打下了基础。

第二章　党在土地革命战争时期的经济思想

第一节　中国共产党关于土地革命的思想

在国民党背叛国民革命,镇压工农运动,并疯狂地屠杀中国共产党人、革命的工农群众和志士仁人,制造白色恐怖的形势下,中国共产党认真地吸取了国民革命失败的严重教训,果敢地、独立地撑起中国反帝反封建民主革命大旗,把中国革命推进到以土地革命为中心内容的新时期。土地革命就是土地制度的变革,即采取暴力革命方式,废除中国封建主义的土地制度,建立新民主主义的土地制度。

第一编 新民主主义革命时期党的经济思想

一、八七会议和党的六大对土地关系和土地革命重要性的认识

国民革命后期,中国共产党的部分领导人已经初步认识到土地革命的必要性和重要性。从国民革命惨痛失败中,中国共产党进一步认识到土地革命在中国民主革命中的特殊重要地位。

1927年7月20日,在中共中央新成立的五人临时中央政治局常务委员会(排除陈独秀的领导)领导下,中共中央、中央农民部即发出《中央通告农字第九号——目前农民运动总策略》。该通告在总结国民革命后期及其失败后的政治形势时指出:"近年农民运动的进展,已表明中国革命进到一个新阶段了——土地革命的阶段。"通告分析了农民运动进展到土地革命阶段的经济原因。通告说:"现在全国农民,整个的在新旧军阀之下喘嘘活着,十几年新旧军阀战争的负担和帝国主义经济的侵略,最大部分架在穷苦农民身上,在北方,苛捐苛税的繁重已经迫使大多数的农民抛弃土地,得不着生活,南方各省,农民的痛苦与北方无异,屡经奋斗所得的些许自由,又重新完全被剥削。无论南北,大多数遭受过度的压迫的穷苦农民(佃农、半自耕农、雇农、失业农民以及大部分自耕农)他们已经觉悟起来,到处和他们的敌人奋斗。"

通告还初步地分析了国民革命后期党领导农民运动受挫的原因:其一,无产阶级的领导尚不强健。其二,没有建立工农武装。其三,党关于农民土地问题的政策动摇不定,党在农民中的组织没有能够相当地尽其领导责任。其四,国民党中央由限制工农运动进到反对、屠杀工农。通告指出,国民党已经不能担任土地革命的领导责任。国民党制造的反动局面是革命转到解决土地问题这阶段时阶级冲突的反应。我们党的责任是坚决地与国民党进行反

革命斗争。"我们的党只有坚决地站在这个土地革命的立场,才能领导这一革命潮流前进。"①通告还提出了开展土地革命的口号、方式方法及策略方针。

通告的发出,表明中国共产党认识到:土地革命在反帝反对新旧军阀(包括反对国民党新军阀)的斗争中具有重要的经济意义和政治意义。它关系到中国民主革命是否继续和深入;中国国民党不可能领导土地革命,土地革命必须由中国共产党来领导;中国共产党只有领导土地革命,站在变革中国封建主义经济制度历史大潮之前头,才能充当中国革命的领导者。

1927年8月7日,中共中央在汉口召开紧急会议,总结国民革命失败的经验教训,确定党在新时期的战略策略方针。会议在讨论土地问题时,任弼时批评当时党的领导机关,在国民革命后期,"无土地革命的决心,并造出一个理论说土地革命是很长远的过程,不知这是目前的行动纲领"。"还有与国民党组织土地委员会来解决土地问题的幻想","未明白要土地革命才能引革命于新时期"。②

毛泽东尖锐地批评了国民革命后期广大的党内党外群众要进行土地革命,而"党的指导却不革命,实在有点反革命的嫌疑"的严重错误。③他强调指出,党必须解决农民的土地问题,不仅应当没收大中地主的土地,而且应当解决小地主的土地问题,"要根本取消地主制"④。

八七会议决议批评了陈独秀及共产国际代表在国民革命后期土地革命问题上犯的"只要扩大而暂时不能深入革命,没收土地还要等一等"的错误;

---

① 中国社会科学院经济研究所中国现代经济史组:《第一、二次国内革命战争时期土地斗争史料选编》,人民出版社,1981年,第149~150页。
② 《任弼时选集》,人民出版社,1987年,第30~31页。
③ 参见《毛泽东著作选读》(上册),人民出版社,1986年,第24页。
④ 中共中央文献研究室编:《毛泽东传》(1893—1949)(上册),中央文献出版社,1996年,第139页。

第一编　新民主主义革命时期党的经济思想

批评了党的指导机关"客观上反对土地革命的方针"。[①]而这一方针恰恰是国民革命惨痛失败的主观原因。

在八七会议上,中国共产党在土地问题上,还取得以下两点新的认识:

第一,中共中央认为,土地革命是"中国革命的根本内容","是中国革命新阶段的主要的社会经济之内容"。这是因为"帝国主义对于中国的压迫,极大部分是依据中国经济的落后,依据于农村中的封建关系。中国社会经济关系及政治制度中的封建制度遗毒,是外国资本无限制剥削中国民众之最好的依据。帝国主义维持着地主豪绅及封建式的行政机关。封建阶级维持着帝国主义对中国的统治。所以非常之明显的是:反帝国主义的解放运动,同时就在以全力反对地主豪绅的政权。封建制度的破坏,就是帝国主义在中国的统治上严重的致命的打击。而要破坏这一封建制度，又只有用剧烈的土地革命"。[②]因此,土地革命是中国革命新阶段的主要的社会经济之内容。

第二,中共中央认识到,深入发动农民群众,开展土地革命,是团结农民和小资产阶级广大群众夺取民主革命胜利的关键环节。《八七会议告全党党员书》指出,土地革命"愈坚决愈剧烈,农民群众加入斗争的愈多,歼灭地主豪绅的统治愈厉害,则国民运动的规模愈广大,国民运动的胜利愈巩固"。因此,"土地革命问题是中国资产阶级民权革命中的中心问题"。[③]

在八七会议精神的指引下,土地革命在全国许多地区迅速展开。土地革命斗争的实践,使党对土地关系和土地革命重要性的认识进一步深化,集中

[①] 中央档案馆编:《中共中央文件选集(一九二七)》(第三册),中共中央党校出版社,1983年,第247页。

[②] 同上,第239页。

[③] 同上,第230页。

反映在党的第六次全国代表大会通过的文件中。

党的六大通过的关于《土地问题决议案》揭示了中国土地关系的以下七个主要特点：

第一，中国所有可以耕种的地亩，极大部分（至少在二分之一以上），尤其是肥沃的田，是集中在地主阶级的手里。中国农民之中至少有四分之三，是无地的农民和地少的农民。

第二，在中国地主阶级中，小地主比大地主占更重要的地位。大地主的发展并不厉害，但是地主阶级所有的田地，都是肥沃的居多，地段也比较好，中国的农业劳动又是极"强度的"，在土地所有关系上和土地使用关系上农民底田亩分割得极小，中国农村人口又日益增多而过剩，于是对于几万万农民群众的剥削，便非常厉害。而且地主越小，他的剥削方法越厉害越凶恶，他出租田地的条件越苛刻。

第三，物产地租仍旧是很广泛的现象。农民（佃农）替地主做劳役的制度，还是存在；再则农民受地主的束缚，甚至丧失身体自由，要卖男鬻女；至于地主方面，用"非经济"方法，就是说用强迫的方法剥削农民，那就更有许多方式，实行得非常广泛。

第四，租田制度之剥削农民，不仅有地主私有田地之出租，而且还有所谓公地之出租，如族田祠田，以及寺院庙宇、官地等等所谓公地的地租，表面上是公共机关底收入，其实都是豪绅底收入。豪绅地主阶级是中国官僚式封建制度之下的统治阶级，是实行政治上压迫中国农民的阶级。

第五，地主为要镇压农民的反抗而办团防，由办团防而割据地方，转变而为军阀，更厉害地剥削农民，掠夺农民底土地，变成更大的地主，使农民渐次变为农奴。军阀的课税制度（实际还是军事封建式的赋税）亦是一种榨取地租的方法。军阀课税是非常之重，并不比普通租田的地租少。而且军阀强迫的拉夫，抽丁当兵，征发牲畜粮食等等，简直是一种封建式的"军事的徭役"。

第六，高利贷与商业资本之压迫农民和在土地使用关系上之剥削农民（出租田地），互相联络着、勾结着。中国农村的经济关系底特点，尤其是地主阶级和商业高利贷资本的代表，差不多完全是混合的：一个人兼做地主和商业资本家及高利贷资本家。一个地主，他一方面压榨佃农的地租，另一方面便是债主，拼命地用高利贷盘剥农民。结果，地主简直将自己的佃户和债户，变成了农奴似的奴隶和"卖男鬻女还不清债"的债户。总之，有钱的（高利贷者），有地的（地主），有货的（商人），都同是那一批人，他们用三种方法同时并进地剥削农民，有钱的变成有地的，有地的变成有货的（收取农民劳动出的产品的），甚至于变成"占有农民的"（暗中的奴隶制度，例如卖男鬻女，出卖妻子，替地主做苦工来还债）。

第七，农村的封建关系之余孽，还有帝国主义压迫半殖民地的制度维持它。[①]

党的六大在分析中国土地关系特点的基础上，得出结论："农村的社会经济制度，完全受过去的封建制度之余毒束缚着。""中国经济底特点，土地关系底特点，很明显地是半封建制度。""如果认为现代中国社会经济制度，以及农村经济，完全是从亚洲式生产方法进于资本主义之过渡的制度，那是错误的。"[②]

党的六大在正确地揭示了中国土地关系特点的基础上论证了土地革命的意义。首先，"中国农民力争土地的斗争，不是小资产阶级的私有土地者反

---

① 参见中国社会科学院经济研究所中国现代经济史组：《第一、二次国内革命战争时期土地斗争史料选编》，人民出版社，1981年，第224~231页。
② 中国社会科学院经济研究所中国现代经济史组：《第一、二次国内革命战争时期土地斗争史料选编》，人民出版社，1981年，第229页。

对封建的大地主之斗争,而是几千百万完全被掠夺而无土地的农民(佃农),以及还没有完全被没收的农民(地少的自耕农),反对独占土地的阶级,力争经营使用土地的自由,脱离封建式的束缚、剥削、强制和压迫"[1]。其次,土地革命具有反对商业高利贷资本之意义。再次,农民力争使用土地的自由,同时也就是反对军阀的斗争。最后,土地革命具有反帝意义。反帝反封建革命斗争是密切联系的。

党的六大对土地关系和土地革命重要性的认识,较之前党对土地问题的认识,是全面、深刻得多了。它对各农村革命根据地的土地革命斗争起了重要的指导作用,为后来党的土地革命路线的形成,奠定了较为坚实的思想理论基础。

二、土地革命必须与武装斗争和根据地政权建设密切结合

国民革命失败后,中国共产党虽然对土地革命的必要性、重要性的认识前进了一大步,但是如何在半殖民地半封建中国进行土地革命,这在马列著作中没有现成的答案,在国际共运史上没有先例,更没有经验。中国共产党人经过艰苦的探索,提出了一整套如何进行土地革命的思想。其中,最有特色的是土地革命、武装斗争和农村革命根据地政权建设三者密切结合的思想。

国民革命后期,湖南部分地区农民自动组织起来插牌分田失败的原因

---

[1] 中国社会科学院经济研究所中国现代经济史组:《第一、二次国内革命战争时期土地斗争史料选编》,人民出版社,1981年,第230页。

第一编　新民主主义革命时期党的经济思想

之一,是当时的武汉国民政府反对土地革命。历史证明,土地革命没有革命的政权机关和武装力量的支持,是不可能进行的。1927年7月,中共中央在总结这一教训时指出:"土地革命只是一个过程,这一过程的进展,需要一个无产阶级领导的工农小资产阶级的民主政权和工农武装。""政权斗争是这一过程的主要特点。必有夺取政权的争斗,才能推翻封建地主的乡村统治,才能促进土地问题的爆发而且给它以解决的权力机关。""农民如果没有取得政权,单纯地解决土地问题是不可能的。"①

如何领导农民取得乡村政权,以便进行土地革命?如何把土地革命、武装斗争和政权建设三者结合起来?中国共产党人也经历了艰苦探索。八一南昌起义后计划占领广州,湘赣边界的秋收起义计划夺取长沙,广州起义计划占领广州,都说明了中国共产党人在国民革命失败之初还不懂得将土地革命、武装斗争、农村革命根据地政权建设三者结合起来的重要性。

1927年10月,毛泽东率领秋收起义部队上井冈山之初,也只是打土豪分浮财,恢复和建立党的组织及群众组织,探索如何建立农村革命根据地,还没有明确提出土地革命、武装斗争和政权建设相结合的方针。直到1928年春,朱德、毛泽东会师后,才比较自觉地、有计划地分兵发动群众,深入开展土地革命,并帮助群众建立革命政权。毛泽东总结了井冈山一年多革命斗争之实践和其他农村革命根据地斗争之实践,提出并论证了"工农武装割据"的思想,并强调指出,它"是共产党和割据地方的工农群众必须充分具备的一个重要的思想"②。

---

① 中央档案馆编:《中共中央文件选集(一九二七)》(第三册),中共中央党校出版社,1989年,第247页。

② 《毛泽东选集》(第一卷),人民出版社,1991年,第50页。

"工农武装割据"的思想,即是共产党领导下的土地革命、武装斗争和农村革命根据地建设三者密切结合的思想。土地革命是中国民主革命的主要内容。离开土地革命,红军的来源就会出现极大的困难,革命武装斗争就很难获得广大农民群众的支持,红军战争就可能失败。因为"人民这个条件,对于红军是最重要的条件。这就是根据地的条件"。离开土地革命,农民仍在地主阶级的压迫和剥削之下,要想建立巩固的革命政权是不可能的,即使建立了,也会因无群众基础而塌台。

半殖民地半封建的中国,外部受帝国主义压迫,无民族独立;内部受封建势力、军阀、买办阶级压迫,无民主制度,无议会可以利用,革命斗争是不合法的。因此,武装斗争成为中国革命的主要斗争形式。要进行土地革命,要打破封建地主阶级几千年来不劳而获、坐享其成、养尊处优的封建的生产关系,要打破帝国主义、封建势力、军阀、官僚买办资产阶级在近代中国赖以统治的经济基础,必然遭到帝国主义、封建主义、军阀、官僚买办资产阶级的拼死反抗。离开武装斗争,要变更封建地主阶级的土地所有制是不可能的。即使进行了土地革命,如果没有革命武装的保卫,土地革命的成果也会得而复失。离开武装革命,革命政权的建立和巩固也是不可能的。

旧中国产业工人人数较少,农民占中国人口的80%以上,是中国革命的主力军。中国革命的敌人之力量是异常强大的,并长期占据中心城市。农村则是敌人统治的薄弱环节。中国共产党为避免在力量不够时与敌人进行决战,必须把革命力量开到农村去,以便在农村保存、集聚和发展力量,最后战胜敌人。因此,农村革命根据地成为中国革命的战略基地,成为红军的"家"。农村革命根据地建设包括政权、经济、文化建设等,其基本的是政权建设。离开政权建设,红军将成为走州过府式的军队,弱小的红军就可能被异常强大的敌人消灭;离开政权建设,土地革命的成果也难以巩固。

第一编　新民主主义革命时期党的经济思想

为保证土地革命、武装斗争、政权建设三者的密切结合，毛泽东规定了红军的三大任务，红军除了打仗之外，还有打土豪、筹款子、宣传发动群众开展土地革命、帮助群众建立政权的任务，并规定红军做群众工作的时间要多于打仗的时间。

土地革命、武装斗争和农村革命根据地建设三者紧密结合的思想，为深入进行土地革命，彻底完成土地革命任务和保存土地革命成果指明了正确的途径。它也是独具中国特色的农村包围城市、武装夺取政权道路理论的基本内容。

三、土地所有权归农民的思想

土地国有是共产国际早期指导中国土地革命的基本主张。早在1926年12月，共产国际就指示："中国共产党应把土地国有化的要求作为无产阶级土地纲领的基本要求。"[①]根据共产国际的指示，1927年11月，中共中央临时政治局扩大会议通过的《中国共产党土地问题党纲草案》中明确指出："一切地主的土地无代价的没收，一切私有土地完全归组织或苏维埃国家的劳动平民所公有。""一切没收的土地之实际使用权归之于农民，租田制度与押田制度完全废除。"[②]

此后，各个农村革命根据地先后贯彻执行了这一土地国有政策。例如，《井冈山土地法》《兴国县土地法》《中共闽西第一次代表大会关于土地问题决议案》《鄂豫边革命委员会土地纲领细则》《右江苏维埃政府土地法暂行条例》等都规定了土地所有权归苏维埃政府所有、分配给农民使用的条款，各

---

① 《共产国际有关中国革命的文献资料(1919—1928年)》，中国社会科学出版社，1981年，第280页。

② 中国社会科学院经济研究所中国现代经济史组：《第一、二次国内革命战争时期土地斗争史料选编》，人民出版社，1981年，第197页。

个革命根据地在土地革命中都实施了这一条款。

可是当时还缺乏土地国有的经济基础。由于半殖民地半封建中国经济的落后性,由于农民小生产者私有经济地位及其较强烈的土地私有观念,由于苏维埃政权下的土地国有属于社会主义革命的范畴,由于苏维埃政权长期处于国民党反动派的分割、封锁、"围剿"之中,在这些情况下,搞土地国有,不利于争取群众,因此党在执行土地国有政策中就出现了很多问题。其主要表现是:首先,禁止土地买卖、抵押、出租,致使劳动力不足的老弱病残及红军战士的家属,虽分得了田地但无法种好,很难维持生活。其次,严重地脱离实际,引起农民群众的强烈不满,他们说:"革命革到老百姓头上来了!"最后,不确认农民对土地的所有权,严重影响农民的生产积极性。毛泽东指出:"农业生产在革命根据地建立的头一二年,往往有些下降,主要地是由于在分配土地期间,地权还没有确定,新的经济秩序还没有走上轨道,以致农民的生产情绪还有些波动。"①

施行土地国有化过程中出现的问题使党对地权问题的认识逐步提高。其间,经历了执行、怀疑、抵制、最终改变土地国有为土地农有的过程。到1930年10月,红一方面军总前委与江西省行委联席会议在对于土地问题的决议中明确指出:"如果机械地宣布国有,则违反了农民现时要分土地的私有要求,是没有好影响的。"② 1931年2月,江西各地农民动手耕田还很少。毛泽东指出,其主要原因是:"过去田归苏维埃所有,农民只有使用权的空气十分浓厚,并且四次、五次分了又分,使得农民感觉田不是他自己的,自己没有权来支配,因此不安心耕田。"鉴于此,他提出:"省苏应该通令各地各级政府,要各级政

---

① 《毛泽东选集》(第一卷),人民出版社,1991年,第135页。
② 中国社会科学院经济研究所中国现代经济史组:《第一、二次国内革命战争时期土地斗争史料选编》,人民出版社,1981年,第462页。

第一编　新民主主义革命时期党的经济思想

府命令布告,催促农民耕种,在命令上要说明过去分好了的田(实行抽多补少、抽肥补瘦了的)即算分定,得田的人,即由他管所分得的田,这田由他私有,别人不得侵犯。以后一家的田,一家定业,生的不补,死的不退,租借买卖,由他自主;田中出产,除交土地税于政府外,均归农民所有;吃不完的,任凭自由出卖。"[1]毛泽东说:"以上这些规定,是民权革命时代应该有的过程,共产主义不是一天做得起来的。""只有实行现在民权革命时代所必要的政策,才是真正走向共产主义的良好办法。"[2]同年3月15日,江西省苏维埃政府发文说:"土地一经分定,土地使用权、所有权通通归农民。"[3]此后,各苏区也都确定了农民的土地私有权。土地所有权问题的正确解决,标志着党的土地革命路线的基本形成。它对指导土地革命的顺利发展和苏区社会生产力的发展起到了很重要的作用。

从1931年春,中国共产党确立了土地革命后分配给农民的土地归农民私有的思想之后,一直到1953年对个体农业实行社会主义改造之前,党都坚持土地所有权归农民所有的思想。抗日战争时期,由于中日民族矛盾成为主要矛盾,党暂停没收一切地主土地归农有的政策,实行减租减息政策。但是这不等于说党放弃废除封建主义土地制度、放弃土改后的土地所有权归农民私有的原则立场。抗日战争胜利之后,国内阶级矛盾上升为主要矛盾,党坚决地领导了农村的土地改革运动。1947年10月,中共中央公布的《中国土地法大纲》第一条规定:"废除封建性及半封建性剥削的土地制度,实行耕者有其田的土地制度。"该大纲第六条规定:全乡村人民分得的土地,"归各人所有"。

---

[1] 《第二次国内革命战争时期土地革命文献选编(一九二七——一九三七年)》,中共中央党校出版社,1987年,第389页。
[2] 《毛泽东文集》(第一卷),人民出版社,1993年,第257页。
[3] 中国社会科学院经济研究所中国现代经济史组:《第一、二次国内革命战争时期土地斗争史料选编》,人民出版社,1981年,第502页。

新中国成立之初,为了完成民主革命遗留的任务,党和政府在1950年6月颁布了《中华人民共和国土地改革法》。第一条明文规定:"废除地主阶级封建剥削的土地所有制,实行农民的土地所有制。"显然,中国的土地革命,不走土地国有的道路,而走土地归农民所有的道路。这是1931年春之后,党在完成新民主主义革命任务,乃至由新民主主义向社会主义过渡时期长期坚持的思想,其依据主要在以下五个方面:[①]

(一)中国革命的性质和中国革命的长期性

马克思主义创始人也主张土地国有。俄国在十月革命后,很快宣布了土地国有化。在无产阶级领导下,实行土地国有是同社会主义革命相联系的。而中国反帝反封建的新民主主义革命,"不是一般地消灭资本主义,更不是消灭上层小资产阶级和中等资产阶级",它要建立的是新民主主义经济而不是立即建立社会主义经济。显然,如果在中国民主革命时期实行土地国有,那就超出了民主革命范畴。取消农民的土地私有制属于社会主义革命的范畴。

从中国革命的长期性来看,由于敌人的强大,红军的弱小,苏维埃政权长期处于被敌人分割、封锁、"围剿"之中,很不巩固。在这样的情况下,搞土地国有或非国有化的公有,不利于争取群众。在新开辟的苏区,农民感到土地不归自己所有,会影响群众的斗志,红色政权也不易巩固。在当时赤白严重对立、战争频繁的情况下,争取群众对于取得反"围剿"战争的胜利,对于巩固红色政权,坚持长期的革命斗争都是非常重要的。因此,土地农有是由中国革命的长期性决定的。

(二)中国经济的落后性

马克思列宁主义认为实行土地国有必须要有一定的经济条件。土地革

---

① 参见左用章:《中国新民主主义革命中的土地所有权问题》,中国人民大学书报资料社复印报刊资料《中国现代史》,1983年第3期。

命前的中国资本主义经济是非常微弱的,特别是在广大农村,占统治地位的是封建的、半封建的经济。在中国,富农经济很弱,其剥削方式多数是封建性的,而中国的大农业公司则更少。在"三座大山"的压榨下,我国分散的、非常落后的小农经济处于破产和危机之中,广大农民使用的是原始的生产工具,如在井冈山,"有些地方还停留在杵臼时代"。在这样的经济基础上搞土地国有,搞大生产,就超越了历史发展阶段。超越历史阶段办事情,其结果必然失败。

(三)中国农民的土地私有观念较强

小块土地是农民安身立命之地,农民对土地惜之如金,视之如衣食父母。加上两千多年小块土地私有制的传统,因而中国农民的土地私有观念很强。历史上多次农民起义中,农民群众都提出了土地归农民私有的要求。国民革命时期,由于形势的发展,湖南等地农民自动地起来夺取地主的土地。土地革命战争时期,有的农民参加革命就是为了分得一小块土地。红色区域建立的头两年,农业生产量往往有些下降,"主要是由于在分配土地期间,地权还没有确定"。土地所有权不属于农民,农民总感觉土地不是自己的,不愿在土地上下功夫,把田搞熟,因而影响农业产量。抗日战争时期有些地区农民自动起来夺取地主的土地;解放战争时期农民分得土地后踊跃参军、支前,都说明了我国农民有强烈的土地私有要求。在这样的历史背景下,离开土地农有而搞土地国有显然是不适当的。土地农有反映了中国土地革命的客观要求。在中国新民主主义革命历史阶段,党确定和实行土地农有,是符合中国国情的正确思想。它是马克思主义与中国革命具体实际相结合的典型范例之一,并发展了马克思主义关于土地问题的理论。

顺便指出,1956年底,我国对个体农业的社会主义改造基本完成之后,我国农村的土地,基本上还是实行劳动群众的集体所有制,而不是土地国有制。我国现今只是实行部分的土地国有,如对城市土地、国营农场土地、森林地、水源地等实行土地国有,并没有全面实行土地国有制度。这是党根据我国国情作出的正确决策,它反映了马克思主义理论和中国社会主义建设实际的相结合。

从中国新民主主义革命时期到社会主义建设时期,土地所有权变化的历史启示我们,必须反对教条主义。实行什么样的土地所有制,应从各国实际情况出发,创造性地运用马克思列宁主义土地国有的理论。

当时,党在废除地主阶级土地所有制后将土地按人口平分给农民。为什么要按照人口平分土地而不宜以劳动力为标准分配土地呢?这也是党根据国情作出的正确决策。几千年来,中国农民唯一强烈的愿望就是获得土地。按人口平分土地,使每个农业人口都获得大致相等的土地,有利于发挥每个有劳动能力的农业人口的生产积极性。不仅全劳力,而且半劳力及稍有劳力的农业人口都会尽力去经营自己的土地,因而促进了社会生产力的发展。

半殖民地半封建中国的许多农民,因帝国主义、封建主义、买办、资产阶级的压榨长期得不到温饱而逐渐丧失了劳动力。据1930年毛泽东在江西吉安、泰和、分宜等8个县的调查统计,全无劳力占人口总数的37.5%,半有劳力或稍有劳力占人口总数的37.5%。[①]在此情况下,如果不按人口而以劳力分田,势必脱离农民的多数。此外,以人口为标准计算平均分田,比较简单方便,能在短时间内完成分田任务。以劳力为标准分田,标准复杂难算,势必延长分田时间,耽误农时。在当时激烈的战争环境中,早日满足广大农民的土地渴求,对于调动他们迅速参加革命,投身农业生产具有重要意义。只有按人口平分,才有利于贫农解决自己的生活问题,调动占农村人口70%的广大贫农群众的生产积极性。对于土地不足的中农来说,平分土地对于他们是增加

---

① 参见《毛泽东文集》(第一卷),人民出版社,1993年,第252页。

而不是减少土地。因此,平分土地也有利于团结中农参加革命运动。

(四)依靠贫雇农,联合中农,限制富农

1936年1月,中华苏维埃共和国临时中央政府西北办事处颁发的《怎样分析阶级》指出:"贫农有些占有一部分土地与不完全的工具,有少数牲畜,有些完全无土地牲畜,只有一些不完全的工具,一般都须租入土地与牛驴来耕,受地租、债利与小部分雇佣劳动的剥削。"①贫农是农村中的半无产阶级。他们租种地主的土地,要将收入的4成、5成或6成交给地主。正常年景,交租之后,所剩无几,他们过着糠菜半年粮的生活。遇上天灾人祸,他们在死亡线上挣扎。雇农一般既无土地、农具,又无资金,只得靠给地主打长工或做短工糊口,是农村中的无产阶级。他们劳动时间长,待遇差,社会地位低下,职业不安定,生活极苦。由于贫雇农深受地主阶级的压迫和剥削,所以他们对土地革命的要求十分强烈。他们约占农村人口的70%。贫农"是中国革命的最广大的动力,是无产阶级的天然的和最可靠的同盟者,是中国革命队伍的主力军"②。

"中农许多都占有土地,有些中农只占有一部分土地,另租入一部分土地,有些中农并无土地,全部土地都是租入的,中农自己都有相当的马牛羊与农具。中农的生活来源全靠自己劳动,或主要靠自己劳动。中农一般不剥削人,反而普遍的受苛捐杂税的剥削,其中许多还要受小部分地租、债利等剥削,并且中农一般不出卖劳动力。另一部分中农(富裕中农),则对别人有轻微的剥削,但非经常的与主要的。"③

中农是农村中的小资产阶级。中农阶级在人数上、阶级性上,都值得重

---

① 中国社会科学院经济研究所中国现代经济史组:《第一、二次国内革命战争时期土地斗争史料选编》,人民出版社,1981年,第845页。
② 《毛泽东选集》(第二卷),人民出版社,1991年,第643页。
③ 中国社会科学院经济研究所中国现代经济史组:《第一、二次国内革命战争时期土地斗争史料选编》,人民出版社,1981年,第844~845页。

视。在人数上,中农约占农村人口的20%;在阶级性上,中农群众也是受地主阶级各种封建剥削和压迫群众中的一部分。他们有土地革命的要求,可以接受无产阶级的领导,并和无产阶级结成政治联盟。中农的向背,关系到土地革命的成败。因此,土地革命中实行贫雇农和中农的联合,是保证土地革命胜利的主要条件。为了联合中农,党的六大关于《农民问题决议案》指出:"在中农和小农私有制占农民人口多数的地方,平分土地必将触犯广大的中农的利益,尤其不能强硬施行。"这表明党已经基本上认识到中农在土地革命统一战线中的重要地位,但尚缺乏明确有力地巩固联合中农的措施。

富农一般占有土地,但也有只占有一部分土地、另租入一部分土地的;还有自己全无土地,全部土地都是租入的。一般情况下,富农都占有优良的生产工具与多量的牲畜及生产活动资本,自己劳动或经营土地生产,但经常依靠剥削作为其生活来源的重要部分。富农自己也参加劳动,与不参加劳动完全靠剥削为生的地主阶级不同。富农也属农民,是农村中的资产阶级。由于农业资本主义在旧中国很难得到发展,所以富农的剥削较多的是封建剥削。富农的这种经济地位,决定了他们既害怕土地革命,又抱有某些投机心理。在土地革命初期,富农不像地主阶级那样公开表示对抗,而是见风使舵。土地革命高潮时期,他们虽然对土地革命不满,但因惧怕贫雇农及中农的势力而不敢乱动。可是白色恐怖一来,他们即依附国民党反动派和土豪劣绅,反对土地革命。鉴于富农在土地革命不同时期的不同表现,党的六大确定了区别对待富农的政策。凡富农已成了反动力量之地方,那么反富农的斗争应与反军阀、反地主豪绅的斗争同时进行。当富农动摇于革命与反革命之间时,在不妨碍贫农、雇农斗争范围之内,党不应该故意加紧对富农的斗争,使其更快地转入反革命方面去,而变为革命的仇敌。党的任务乃是使这种富农中立,以减少敌人的力量。党的六大对富农的政策基本上是正确的。它为各苏区土地革命中实行限制富农的政策奠定了思想基础。

限制富农政策的基本内容是：在政治上不让富农参政；在经济上只没收富农多余的土地，废除其封建剥削；在具体做法上，以乡为基本单位，对富农的多余土地实行"抽多补少，抽肥补瘦"，实现按人口平分土地。这一政策有利于满足贫雇农、中农的土地要求，并争取富农发展生产。

(五)纠正"地主不分地、富农分坏地"的政策

从1927年秋至1931年春，党在土地政策上，对地主采取了"分配给地主一份和农民同样的土地"之正确政策。对富农基本上采取了限制的正确政策。土地革命是消灭地主阶级而不是从肉体上消灭地主分子。地主分子是可以改造的。给地主一份土地，既体现了给地主以生活出路的政策，也反映了运用地主的劳动力发展生产的思想，并有利于形成发展社会生产的稳定的社会氛围。对富农实行"抽多补少，抽肥补瘦"，体现了限制富农经济而不是消灭富农经济的政策。由于这些政策正确，从而使地主感到有生活出路，富农感到有经济出路，故各农村革命根据地社会秩序比较稳定，对土地革命顺利进行起到了积极作用。

但是王明"左"倾教条主义却否定了这些正确政策，采取了"地主不分地，富农分坏地"政策。1931年11月，他们再次强调："地主阶级必须彻底消灭，绝对不能分田和租田给他及他的家属，凡是富农的土地都须没收，只有在他们自己耕种的条件下才分坏田给他们。富农的多余农具耕牛，也须没收。"他们指责"抽多补少、抽肥补瘦"，"是土地革命进行中一个富农路线的办法"。[①]到1934年5月，客观上由于中央红军第五次反"围剿"战争形势严峻，阶级斗争激烈，王明"左"倾教条主义走得更远。他们提出："地主应该编入永久的劳役队，

---

① 中国社会科学院经济研究所中国现代经济史组：《第一、二次国内革命战争时期土地斗争史料选编》，人民出版社，1981年，第603~604页。

富农则应该编入临时的劳役队。""在所有基本地区,对于地主家产仍然是全部没收,富农亦应开始征收其粮食。"①王明"左"倾教条主义推行的这些政策造成了严重恶果:

其一,影响、阻滞社会生产力的发展,甚至造成部分社会生产力的破坏。在半殖民地半封建中国,将地主原有的土地和财产没收之后实行"地主不分地"政策,就断绝了地主的生活出路,造成肉体上消灭地主。这就不可能把地主改造成为自食其力的劳动者,使这一潜在的生产力受到破坏。富农分坏地,不但不利于发挥有较多农业生产经验的富农的生产积极性,还挫伤了分得土地后的贫雇农,尤其是中农发展生产的积极性。因为人人怕上升为富农、小地主,就拼命吃穿,所以生产降低了。

其二,造成不利于生产发展的社会秩序和环境。对地主一点土地也不分,使地主走投无路。有的地主及其家属只得靠乞讨为生;有的地主纠集起来上山为匪,公开扰乱社会秩序;有的地主逃离苏区,加入国民党反动派行列,与人民为敌。对富农只分给一些坏地,甚至把富农同地主放在一起驱逐出境,逼得富农造反。这些"左"的政策给苏区的社会秩序造成不良影响,甚至给苏区人民生命财产造成损失,因而不利于苏区社会生产力的发展。

其三,侵犯地主富农兼营的工商业。旧中国土地关系的特点之一,是土地资本与工商业资本相结合,许多地主富农兼营工商业。实行"从肉体上消灭地主,从经济上消灭富农"的"左"的政策,就会置地主富农兼营的工商业于死地。例如,到1933年11月,福建省上杭县才溪区的"私人商店,除一家江西人开的药店外,全区绝迹(逐渐削弱至此)"②。

---

① 中国社会科学院经济研究所中国现代经济史组:《第一、二次国内革命战争时期土地斗争史料选编》,人民出版社,1981年,第799~800页。

② 《毛泽东文集》(第一卷),人民出版社,1993年,第334页。

第一编　新民主主义革命时期党的经济思想

遵义会议结束了王明"左"倾教条主义在党中央的统治地位,确立了毛泽东在全党的领导地位,这也为纠正"地主不分地,富农分坏地"的政策奠定了基础。1935年12月,党中央到陕北后,总结了党在土地政策问题上的经验教训,并根据日本帝国主义侵略华北的新形势,作出了《关于改变对富农策略的决定》。该决定总结了党在过去土地革命中"加紧反对富农,常常造成消灭富农的倾向,以致影响到中农群众,使他们不安,他们对于发展生产力减少兴趣"等教训,深刻地指出:"在目前资产阶级民主革命的阶段上,资本主义必然要相当发展,这种发展,不是可怕的,而是有利的。"[①]这是中共中央第一次从民主革命性质的高度提出在旧中国发展资本主义经济的必要性,在中国共产党经济思想史上有重要地位。

党在这一理论认识的基础上作出决定:"对于富农,我们只取消其封建式剥削的部分,即没收其出租的土地,并取消其高利贷。富农所经营的(包括雇工经营的)土地、商业以及其他财产则不能没收,苏维埃政府并应保障富农扩大生产(如租佃土地,开辟荒地,雇佣工人等)与发展工商等的自由。"[②] 1936年7月22日,中共中央又发出了《关于土地政策的指示》,改变了"地主不分田"的政策。该文件规定:"对地主阶级的土地、粮食、房屋、财产,一律没收,没收之后,仍分给以耕种份地及必需的生产工具和生活资料。"[③]至此,党中央完全纠正了王明"左"倾冒险主义的"地主不分地,富农分坏地"的政策,恢复并发展了1931年之前对地主富农所采取的正确政策。

[①②] 中国社会科学院经济研究所中国现代经济史组:《第一、二次国内革命战争时期土地斗争史料选编》,人民出版社,1981年,第836页。

[③] 同上,第852页。

第二节 农村革命根据地的经济建设

农村革命根据地是中国革命的战略基地,是中国革命夺取全国政权的立脚点和出发点。因此,革命根据地的经济建设不仅是根据地诸项建设的主要内容之一,而且关系到从经济基础上保证中国革命战略基地的巩固、发展和中国民主革命的彻底胜利。革命根据地经济建设在整个中国革命中具有很重要的地位。

由于革命根据地处在半殖民地半封建中国的偏僻农村,经济基础极为落后,加之国民党反动派的封锁、"围剿",因此根据地经济建设是在极为困难的条件下进行的。党在领导根据地经济建设的艰辛实践中,逐步地形成了一系列独具特色的经济建设思想。

一、农村革命根据地经济建设的指导思想

1928年,国民党反动派对井冈山革命根据地连续的军事"围剿"和残酷的经济封锁,使根据地军民日用必需品和现金的缺乏,成了极大的问题。毛泽东指出:"这种经济压迫,不但中等阶级忍不住,工人、贫农和红军亦恐将有耐不住之时。"这使"割据的长期存在将成问题","工农武装割据存在和发展需要具备的条件之一"是"有足够给养的经济力"。因此,"经济问题的相当的解决,实在值得每个党员注意"。[①]

[①] 《毛泽东选集》(第一卷),人民出版社,1991年,第53页。

第一编　新民主主义革命时期党的经济思想

由此可见,党在建立农村革命根据地之初期,就已经认识到经济建设关系到根据地的存在和发展,是革命根据地存在和发展的物质基础和群众基础。随着土地革命的深入发展,农村革命根据地范围的扩大,战争规模的扩大,国民党反动派对根据地经济封锁的日益加剧,根据地军民对经济方面的需求加大。因此,党对农村革命根据地经济建设必要性和重要性认识就进一步深化。1933年8月,毛泽东在中央革命根据地南部十七县经济建设工作会议上,分析立即开展经济战线上的运动、进行各项必要的和可能的经济建设事业的原因,指出:"为着争取物质上的条件去保障红军的给养和供给;为着改善人民群众的生活,由此更加激发人民群众参加革命战争的积极性;为着在经济战线上把广大人民群众组织起来,并且教育他们,使战争得着新的群众力量;为着从经济建设去巩固工人和农民的联盟,去巩固工农民主专政,去加强无产阶级的领导。"[1]毛泽东把"为着革命战争的胜利"看作经济建设的核心原因。毛泽东强调指出,发展人民经济,改良群众生活,增加财政收入,把革命战争和经济建设的物质基础切实地建立起来,"是一个伟大的任务,一个伟大的阶级斗争"[2]。

显然,革命根据地经济建设,对于夺取革命战争的胜利,对于改善根据地人民生活,对于从经济上加强无产阶级的领导地位,巩固工农联盟和工农民主专政的苏维埃政权,夺取民主革命在全国的胜利具有十分重要的意义。党在这时已经开始认识到:经济工作是无产阶级革命斗争的重要组成部分,它为无产阶级革命斗争的胜利,提供重要的物质基础、群众基础和政治基础。

毛泽东在论述革命根据地经济建设必要性和重要性之同时,也论述了根据地经济建设的目的。这就是为着革命战争的胜利,为着改善人民生活,

---

[1] 《毛泽东选集》(第一卷),人民出版社,1991年,第122页。
[2] 同上,第122页。

为着巩固红色政权,为着加强无产阶级的领导地位去夺取民主革命的彻底胜利。革命的根本问题是政权问题。工农大众只有取得政权,才能过上好日子,才能发展社会生产力。因此,毛泽东把"组织革命战争,改良群众生活",作为党的"两大任务"。

在土地革命战争时期,党关于革命根据地经济建设的指导思想,主要有以下四点:

第一,在进行革命战争之同时开展经济建设,革命和经济建设并进。当时,党内有些同志认为革命战争已经忙不开了,哪里还有闲工夫去做经济建设工作,因此见到谁谈经济建设,就要骂其为"右倾"。他们认为在革命战争环境中没有进行经济建设的可能,要等到战争最后胜利了,有了和平的、安静的环境,才能进行经济建设。毛泽东尖锐地指出:"这种以为革命战争的环境不应该进行经济建设的意见,是极端错误的。"①这些同志出现认识上错误的主要原因,是他们机械地看待俄国十月革命在取得国内战争胜利后才进行经济建设的经验。他们不从中国实际出发,不懂得中国革命的长期性和农村革命根据地的重要性,以为革命战争很快就要胜利,并能很快夺取全国政权,看不到经济建设对于巩固根据地和支持长期战争的重大作用。毛泽东说:"有这种意见的人,也常说一切应服从战争,他们不知道如果取消了经济建设,这就不是服从战争,而是削弱战争。只有开展经济战线方面的工作,发展红色区域的经济,才能使革命战争得到相当的物质基础,才能顺利地开展我们军事上的进攻,给敌人的'围剿'以有力的打击;才能使我们有力量去扩大红军……也才能使我们的广大群众都得到生活上的相当的满足,而更加高兴地去当红军,去做各项革命工作。必须这样干才叫做服从战争。"②当时,根据

---

①② 《毛泽东选集》(第一卷),人民出版社,1991年,第120页。

第一编　新民主主义革命时期党的经济思想

地还存在着另一种错误观点:"以为经济建设已经是当前一切任务的中心,而忽视革命战争,离开革命战争去进行经济建设。"毛泽东指出:"只有在国内战争完结之后,才说得上也才应该说以经济建设为一切任务的中心。在国内战争中企图进行和平的,为将来所应有而现在所不应有的,为将来的环境所许可而现在的环境不许可的那些经济建设工作,只是一种瞎想。"①

第二,依靠人民群众进行经济建设。毛泽东指出,千百万真心实意地拥护革命的群众,是战胜敌人的"真正的铜墙铁壁"。党要得到群众的拥护,要群众拿出他们的全力放到革命战线上去,"那末,就得和群众在一起,就得去发动群众的积极性,就得关心群众的痛痒,就得真心实意地为群众谋利益,解决群众的生产和生活的问题,盐的问题,米的问题,房子的问题,衣的问题,生小孩的问题,解决群众的一切问题"。如果我们这样做了,"广大群众就必定拥护我们","我们就能消灭一切反革命,我们就能夺取全中国"。反之,"如果单单动员人民进行战争","完全不理群众生活",就不能达到战胜敌人之目的。毛泽东强调指出:"我们是革命战争的领导者、组织者,我们又是群众生活的领导者、组织者。"我们对于广大群众的切身利益问题,群众的生活问题,"一点也不能疏忽,一点也不能看轻"②。如何动员群众投身经济建设呢?毛泽东指出:一是从组织上动员群众。各级政府要把发行公债、发展合作社、发展生产等工作,经常地放在议事日程上面去讨论,去督促,去检查。要推动工会、贫民团等群众团体动员其成员都加入到经济战线中来。要经过以村子、屋子为单位的群众大会去做经济建设的宣传。在宣传中要把革命战线和经济建设的关系讲得十分明白,要把改良群众的生活,增加斗争的力量,讲得十分实际。要在群众中造成为着经济建设而斗争的热烈的空气。二是动员群众的方

---

①② 《毛泽东选集》(第一卷),人民出版社,1991年,第123页。

107

式,不应该是官僚主义的,也一定不能是命令主义。三是解放思想,从群众性的经济建设中选拔、训练、培养成千上万经济战线上的干部。[1]毛泽东和苏维埃政府,还特别重视知识分子在经济建设中的作用。1932年中华苏维埃临时中央政府发表《征求专门技术人才启事》。该启事称:"特以现金聘请","凡白色区域的医师,无线电人才,军事技术人员同情于苏维埃革命而愿意来者"。[2]

第三,有计划地进行经济建设。在外部敌情严重,内部使用经济手段的物质力量十分薄弱的农村革命根据地进行经济建设,需要将根据地有限的人力、物力、财力优化组合产生最佳的经济效益,以适应革命战争的急需和改善民生。党初步地提出了有计划地进行经济建设的思想。毛泽东指出:"工业的进行需要有适当的计划。在散漫的手工业基础上,全部的精密计划当然不可能。但是关于某些主要的事业,首先是国家经营和合作社经营的事业,相当精密的生产计划,却是完全必需的。确切地计算原料的生产,计算到敌区和我区的销场,是我们每一种国营工业和合作社工业从开始进行的时候就必须注意的。"[3]"我们有计划地组织人民的对外贸易,并且由国家直接经营若干项必要的商品流通。"[4]"在小农经济的基础上面,对于某些重要农产作出相当的生产计划,动员农民为着这样的计划而努力,这是容许的,而且是必须的。"[5]

以毛泽东同志为主要代表的中国共产党人,在土地革命战争时期,关于农村革命根据地经济建设的指导思想,对当时制定正确的根据地经济政策起到了重要的指导作用。需要指出的是,由于当时处在战争环境中,党不能不从政治斗争观点看经济建设,用政治运动方式开展经济建设运动。在和平建设

---

[1] 参见《毛泽东选集》(第一卷),人民出版社,1991年,第124~125页。
[2] 邱若宏:《中国共产党科技思想与实践研究》,人民出版社,2012年,第101页。
[3] 《毛泽东选集》(第一卷),人民出版社,1991年,第132~133页。
[4] 同上,第133页。
[5] 同上,第131页。

第一编　新民主主义革命时期党的经济思想

时期则不能照搬这种思想和做法。

第四,农村革命根据地的产业结构。农村革命根据地的经济建设从何着手?毛泽东指出:"我们的经济建设的中心是发展农业生产,发展工业生产,发展对外贸易和发展合作社。"而在目前的条件下,"农业生产是我们经济建设工作的第一位"。①党把发展农业生产放在根据地经济建设的首位,这是由根据地所处的环境和条件决定的。根据地处在偏僻的农村,落后的、分散的自然经济占统治地位,无工业基础,加之敌人的封锁和"围剿",苏维埃政府的财力十分有限,因此,党不可能把发展近代工业生产作为经济建设的中心。而根据地的农业生产不仅担负着解决根据地军民最为迫切需要的粮食问题和衣服、砂糖、纸张等日常用品的原料供给问题,还担负着根据地工业原料的供应问题,还要提供与白区贸易的物资。因此,党把发展农业生产摆在根据地经济建设的第一位,这是符合根据地经济建设实际的。

为了抓好农业生产,党制定了一系列具体的方针政策,提出了许多具体措施。其主要内容包括:①根据地各级党和政府领导机关加强对农业生产的领导,包括及时地提出发展农业生产的任务,制定某些重要农产品的生产计划,动员群众,发挥各群众团体在农业生产中的组织作用。②帮助农民组织劳动互助社、耕田队、犁牛合作社,以解决劳动力、耕牛、农具等严重缺乏问题。③发动妇女参加农业生产,组织政府工作人员参加生产。④强调"水利是农业的命脉",发动农民兴修水利。奖励群众开垦荒地,新垦荒地一般免征土地税3年。⑤组织劳动竞赛,奖励先进,开办农事试验场、农业研究学校、农产品展览所,改良和推广农业生产技术。⑥组织互助合作运动。⑦发挥财政、银行、商业的作用,支援农业生产。⑧武装保卫农业生产。

---

①　《毛泽东选集》(第一卷),人民出版社,1991年,第130~131页。

发展革命根据地的工业生产也是根据地经济建设的一项重要内容。革命根据地的工业品极端缺乏且昂贵。为了革命的胜利，革命根据地必须首先发展军工生产。同时，根据地如果长期缺乏人民生活所必需的工业品，人民也是难以忍受的，因此根据地还必须发展民用工业生产。此外，为了与白区贸易，也必须发展工业生产。革命根据地与白区原来就存在着较密切的经济联系。因为敌人的封锁，根据地的货物出境出现困难，使得根据地的烟、纸等许多手工业生产趋向衰落。因此，为了恢复和发展手工业和某些工业，为了根据地烟、纸、钨砂等工业品出境，以换回根据地所需要的物品，也必须发展工业生产。总之，革命根据地军民"自己织布，自己制药和自己制糖"，发展自己的工业生产，是当时环境和经济建设中不可忽视的大事之一。

发展根据地的商业和对白区的贸易，也是革命根据地经济建设的重要内容之一。当时，对白区的贸易称为对外贸易。在革命根据地社会经济生活中，没有工农业生产不行，没有商业和对白区贸易也不行。发展革命根据地的商业和对白区贸易，有其必要性。国民党的经济封锁和军事"围剿"，加之私商垄断贸易，操纵物价，贱买贵卖，进行残酷的中间剥削，导致根据地农副产品收购价格被严重压低，工业品价格猛增，革命战争的供给和根据地人民生产生活发生了严重的困难。因此，发展根据地的商业和对白区贸易对于打破敌人的封锁，抵制私商的剥削，增加根据地的财政收入，建立战争和经济建设的物质基础，改善人民生活，都具有十分重要的意义。在发展根据地的商业和对白区贸易中，党对国营商业采取的主要政策有：①成立专门的商业和对外贸易机构从事商业和外贸事业，沟通根据地与白区的贸易，打击投机商对外贸的垄断。②国营商业机关尽量利用私人资本和合作社资本，同它们发生多方面的关系。③不垄断对白区贸易，采取保护贸易自由，奖励进出口政策。党对合作社商业则主要采取支持、资助的政策。

二、革命根据地的财政和金融

红色政权的建立,离不开财政的支持。革命根据地的经济建设是财政收入的主要来源。红色政权初创时期,迫于当时的特殊形势,党曾采取打土豪筹款、废除国民党政府的苛捐杂税、向城镇工商业摊派、向资本家和富农分派一定的捐款等途径来筹集资金。在革命根据地政权基本巩固之后,党即采取了以下的财政政策和方针:

第一,在财政收入上,向一切封建剥削者进行没收或征发,建立税收制度,采用累进税率,采取合理负担政策。发展根据地经济,扩大财政来源。向人民群众推销公债;借谷,动员群众捐献。

第二,在财政分配上,采取先前方、后后方,先红军、后地方的原则。首先为革命战争服务,继则考虑根据地经济建设和改善人民生活,树立财政为生产服务、为民生服务的理念。

第三,在财政支出上,实行节省的原则,提倡艰苦奋斗,廉洁奉公,反对铺张浪费。毛泽东指出:"财政的支出,应该根据节省的方针。应该使一切政府工作人员明白,贪污和浪费是极大的犯罪。""节省每一个铜板为着战争和革命事业,为着我们的经济建设,是我们的会计制度的原则。"[①]党还根据当时的环境和革命战争的需要,对革命根据地的军政公教人员的物质待遇,实行大体平均的供给制。在供给制下,大家都过着极其艰苦的军事共产主义的生活。红四军在井冈山革命根据地期间,"什么人都是一样苦,从军长到伙夫,除粮食外一律吃五分钱的伙食。发零用钱,两角即一律两角,四角即一律

---

① 《毛泽东选集》(第一卷),人民出版社,1991年,第134页。

四角"①。供给制减轻了革命根据地人民的负担,加强了军民团结,密切了官兵关系,对于克服物质困难,坚持革命斗争起到了重要的作用。

第四,在财政管理上,统一财政,健全财政制度,实行财务民主,加强财政监督作用。严格财政纪律,惩处贪污。正如毛泽东在第二次全国苏维埃代表大会的报告中所说:"苏维埃的财政政策,建筑于阶级的与革命的原则之上。"②

党关于建立和发展革命根据地金融的主要政策和思想是:①摧毁帝国主义、封建主义和国民党政府的金融体系,废除旧的债务剥削关系。②建立革命的金融系统。③吸收群众的存款,以信贷支持革命根据地经济建设,增加财政收入,有计划地调剂革命根据地的金融,与投机商作斗争。④苏维埃政府对纸币的发行采取极端审慎的态度。⑤金融为革命战争服务,为着巩固红色政权的经济基础和改善人民生活。

三、革命根据地的多种经济成分和经济政策

在经过土地革命而建立起来的农村革命根据地,地主经济已经完全被消灭,帝国主义经济、买办经济也不复存在。革命根据地内的主要经济成分是个体农业经济、个体手工业经济、国营经济、合作社经济、私人资本主义经济。"苏区经济的主要特点之一是农业的小生产的商品经济占绝对的优势。同样的,在工业方面,小手工业的生产者占着主要的地位,私人的资本主义的经济则比较不重要。""国家资本主义的企业可以说还没有。"③

可见,革命根据地经济是由多种经济成分组成的新民主主义经济。其主

---

① 《毛泽东选集》(第一卷),人民出版社,1991年,第65页。
② 《毛泽东选集》(合订本),人民出版社,1959年,第848~849页。
③ 《张闻天文集》(一),中共党史资料出版社,1990年,第340页。

第一编　新民主主义革命时期党的经济思想

要经济成分是私人经济、合作社经济和国营经济。这就是毛泽东说的,根据地的国民经济,"是由国营事业、合作社事业和私人事业这三方面组成的"①。

当时的国营经济指的是苏维埃国家经营的经济,包括国营工业、商业、银行、邮电、交通等各方面,是根据地主要的经济成分。由于根据地地处落后而又偏僻的农村,没有工商业基础,经过党和人民的努力,到1934年初,国营的经济事业"只限于可能的和必要的一部分"。国营的工业或商业都还在发展中。就是说,国营经济在革命根据地的国民经济中所占的比重很小,但是它的"前途是不可限量的"。它和合作社经济配合起来,经过长期的发展,"将成为经济方面的巨大力量,将对私人经济逐渐占优势并取得领导的地位"。②在发展根据地工业生产中,党对发展苏维埃工业生产采取的主要政策措施是:①颁行《苏维埃国家工厂支部工作条例》,加强党对工厂的领导、加强工厂中的政治思想工作,提高工人的主人翁意识。②颁行《中华人民共和国劳动法》,保护工人的合法权益,适当提高工人工资,改善工人的生活条件和劳动条件。③颁行《苏维埃国家工厂工人管理条例》,确立厂长负责制,规定厂长对厂里一切事务有最后决定之权,并向苏维埃政府负绝对的责任。在厂长之下设工厂管理委员会,吸收工人参加管理,建立主任及领班制度,确立经济核算制度。④开展劳动竞赛,奖励生产战线上的成绩显著者。提倡技术竞赛,奖励学习技术最用功、进步最快的分子,重奖技术发明家。提倡共产主义的劳动态度。

合作社经济是革命根据地另一重要的经济成分。党在领导革命根据地经济建设中,特别重视发展各种合作社经济,把发展合作社作为革命根据地经济建设的中心任务之一。1933年6月,中华苏维埃临时中央政府国民经济

---

① 《毛泽东选集》(第一卷),人民出版社,1991年,第133页。

② 同上,第133~134页。

部发布的《发展合作社大纲》指出:"合作社是工农劳苦群众抵抗商人富农资本剥削,增进工农利益,巩固工农联盟的一种经济组织,一种有力的武器。"开展合作社运动,"是经济建设工作中主要的一环"。①为发展合作社经济,党和苏维埃政府主要采取了下列政策:①广泛地宣传、发动、组织广大群众参加合作社。②加强对合作社的领导、管理和监督。为了加强对各种合作社的领导,到1934年初,中央苏区在各省都已经有了总社的组织。③党和苏维埃政府在人力、税收、运输、房屋等方面帮助合作社发展。④制定民主办社的方针和确定自愿互利的原则。党对发展合作社工业生产采取的主要政策是颁行《生产合作社标准章程》等发展工业、手工业生产合作社的文件,规定合作社的性质为由劳动者集股并共同参加劳动的集体生产组织,实行民主管理的原则,财政上给予资助等。

在党和苏维埃政府的组织、领导下,革命根据地人民群众普遍参加了合作社。到1934年1月,中央苏区生产、消费、粮食、信用等合作社吸收的社员,已达50万人以上;闽浙赣省加入合作社的人数均占全省人口的50%;在有些区乡则全体劳苦群众全部加入了合作社。合作社的形式有生产、消费、粮食、信用、耕牛、肥料等,其中发展最盛的是粮食合作社、消费合作社、信用合作社和生产合作社。

关于合作社的性质及其发展趋势,张闻天指出:"在苏区内生活与消费的合作社,不是资本主义的企业,因为资本家与富农的加入合作社是完全禁止的。这是一种小生产者的集体的经济,这种小生产者的集体经济目前也不是社会主义的经济。但是它的发展趋向,将随着中国工农民主专政的走向社会主义而成为社会主义的经济。在目前,无产阶级在其中的领导作用,集体的

---

① 许毅:《中央革命根据地财政经济史长编》(下),人民出版社,1982年,第121页。

第一编　新民主主义革命时期党的经济思想

生活与消费,社会主义的教育,同资本主义的投机与高物价作斗争,已经使我们的合作社,带有了一些社会主义的成份。"①

张闻天的这一分析是基本正确的。拿生产合作社的性质来说,它是在个体经济基础上实行的劳动互助,还没有脱离私有制的范畴。就其本身来说,还不是社会主义性质的经济组织。但是其社员共同劳动,互帮互助,"赚得之钱归社员按劳动工人多少为比例分配",没有剥削,在一定程度上打破了以一家一户为单位进行生产劳动的界限,从而形成一种集体劳动的新型生产关系,也就是具有了社会主义的成分(萌芽)。毛泽东认为,合作社经济和国营经济配合起来,经过长期发展,将成为经济方面的巨大力量,逐渐取得领导地位,因此主张"大规模地发展合作社经济"。

私人经济包括个体农业、个体手工业和私人资本主义工商业经济。它是革命根据地中面广量大的经济成分。毛泽东指出,在革命根据地整个国民经济中,"私人经济,不待说,现时是占着绝对的优势,并且在相当长的期间内也必然还是优势"。党对于私人经济的基本政策和思想认识是:①"对于私人经济,只要不出于政府法律范围之外,不但不加阻止,而且加以提倡和奖励。因为目前私人经济的发展,是国家的利益和人民的利益所需要的。"②采取奖励私人经济与尽可能地发展国营经济和大规模地发展合作社经济"同时并进"的总方针与总政策。②

但是党内"左"倾教条主义者,不懂得半殖民地半封建中国的国情,不懂得民族资产阶级和民族资本主义经济在中国民主革命中的重要地位和作用。他们混淆民主革命与社会主义革命的界限,把民族资产阶级和民族资本主

---

① 《张闻天文集》(一),中共党史资料出版社,1990年,第344页。
② 参见《毛泽东选集》(第一卷),人民出版社,1991年,第133~134页。

115

义,甚至把上层小资产阶级看作革命的对象,对私人经济采取"左"的打击政策。他们在土地革命中不给富农以经济出路,甚至主张消灭富农经济。在发展农业生产中,他们宣扬"土地国有",企图实行共同耕种、共同消费的农业集体化计划,企图过早地消灭小农经济。在发展工商业生产中,他们对民族资本主义工商业也采取"左"的打击政策。这些"左"的政策不但阻碍根据地私人经济的正常发展,也影响了国营经济和合作社经济的发展;不但加重了根据地发展经济的困难,也在政治上影响团结中坚力量投身革命根据地的革命和经济建设。

第三节 对帝国主义在华资本和民族资本的不同态度

土地革命战争时期党在对国内主要矛盾和阶级分析的基础上,对帝国主义在华资本和民族资本采取不同态度,初步形成了没收帝国主义在华资本,保护和发展民族资本主义工商业的思想。

一、没收帝国主义在华资本

没收帝国主义在华资本思想,是中国共产党创立时期已确定的经济思想。在土地革命战争时期,中国共产党坚持并完善了这一思想。

1927年8月,中共中央在《中国共产党的政治任务与策略的决议案》中指出:"完全解放中国于外国资本压迫之下(取消一切不平等条约及帝国主义的特权,取消外债,关税自主,外国人所占有的生产资料交通机关收归国有

第一编　新民主主义革命时期党的经济思想

等等)"是中国革命在新阶段上的"客观的内容"之一。在这里,中共中央明确地指明了在民主革命中没收帝国主义侵华资本的必要性。如何没收帝国主义侵华资本呢?中共中央指出:①民众暴动胜利的地方,为着"使与帝国主义的武装冲突不至于过早的发动",党"可以领导经济的斗争(如抵制外货等)"。②当工农阶级民权独裁制还只是很小的地盘的时候,党"应当暂时避免与帝国主义直接冲突(夺回租界,没收外国工业使为国有等等)"。③"等到对于革命最有利的时机",党"要领导中国工农民众去直接的与帝国主义斗争"。[①]

1928年7月,党的六大进一步分析了国民革命失败后帝国主义与中国社会政治、经济的关系。党的六大的《政治决议案》指出:"国家真正的统一并未完成,中国并没有从帝国主义铁蹄之下解放出来。""帝国主义是一切反动力量底组织者和支配者。帝国主义利用自己的经济上政治上的威力,对于民族资产阶级做些小小的让步,威逼利诱地分裂民族联合的战线,用贿赂收买军阀的旧方法,用武力的炮舰政策压迫革命,实行经济封锁,利用自己的强大威力(银行、公司、军舰、军队等等)造成阻碍中国革命发展和胜利底最严重的困难之一。"党的六大的《土地问题决议案》指出,帝国主义实际上"独霸""中国经济生活底管理权","帝国主义对于半殖民地的中国的剥削,阻碍着资本主义底发展"。党的六大在上述分析的基础上,提出了"推翻帝国主义的统治","没收外国资本的企业和银行"的政纲。[②]

1931年11月,党对帝国主义在华资本的认识比过去前进了一步。《中华苏维埃共和国临时政府对外宣言》指出,中华苏维埃共和国临时政府"主张取消一切帝国主义过去同中国地主资产阶级政府所订的不平等条约,一切中国

[①] 中央档案馆编:《中共中央文件选集(一九二七)》(第三册),中共中央党校出版社,1989年,第292页。

[②] 中国社会科学院经济研究所中国现代经济史组:《第一、二次国内革命战争时期土地斗争史料选编》,人民出版社,1981年,第231~233页。

117

的统治者为了镇压中国民众运动与屠杀民众借用的外债。它主张一切帝国主义的租借地都应该无条件的取回，一切帝国主义的海陆空军都应该滚出中国去。尤其为得要根本消灭帝国主义在中国的统治力量，它主张没收帝国主义在华的银行、工厂、矿山与交通工具等"。"但是在目前，中华苏维埃共和国临时政府并不反对与世界各帝国资本主义的政府重新订立完全平等的条约。在苏维埃区域内，这些国家的人民在不违犯苏维埃一切法令的条件之下，可以有经营工商业的自由。"《中华苏维埃共和国关于经济政策的决定》中也明确规定："为保障国家完全独立和民族解放起见，苏维埃政府将操在帝国主义手中的一切经济命脉，实行国有（租界、银行、海关、航业、矿山、工厂等），在目前允许外国某些企业重新另定租借条约，继续生产，但必须遵守苏维埃一切法令，实行八小时工作制及其他各种条例，如这些企业主违反这些条例，实行怠工和关厂，或干涉苏维埃政府的行政权维护反革命，则必须立刻没收其企业作为国有。"①

1934年1月，党关于帝国主义在华资本的上述思想载入第二次全国苏维埃代表大会通过的《中华苏维埃共和国宪法大纲》。该《宪法大纲》规定："中华苏维埃政权以彻底的将中国从帝国主义榨压之下解放出来为目的，宣布中华民族的完全自主与独立，不承认帝国主义在华的政治上经济上的一切特权，宣布一切与反革命政府订立的不平等条约无效，否认反革命政府的一切外债。在苏维埃区域内，帝国主义的海陆空军绝不容许驻扎，帝国主义的租界租借地无条件的收回，帝国主义手中的银行、海关、铁路、企业、矿山、工厂等一律收归国有。在目前可允许外国企业重新订立租借条约，继续生产，

---

① 中央档案馆编：《中共中央文件选集（一九三一）》（第七册），中共中央党校出版社，1991年，第482~483页。

但必须遵守苏维埃政府的一切法令。"①

1935年12月,在中日民族矛盾上升为主要矛盾的情况下,中共中央提出:"没收日本帝国主义在华的一切财产作抗日经费。""对于中国的民族运动表示同情赞助或守善意中立的民族或国家,建立亲密的友谊关系"②

二、苏区内民族资本主义工商业的"左"倾观点

由于民族资本主义工商业除了进步性之外,还有对帝国主义、封建主义、官僚买办资本主义经济的某些依赖,对以工人为主体的劳动人民的剥削等落后性的方面;由于中国的民族资产阶级曾在1927年及其以后的一个时期内一度附和过反革命;由于中国共产党在土地革命前期和中期"不认识中国革命是半殖民地的资产阶级民主革命和革命的长期性这两个基本特点";还由于共产国际对中国革命的某些错误指导,所以中国共产党关于保护和发展民族资本主义工商业的思想,经历了为时较长的曲折过程,先后出现过:①瞿秋白"左"倾盲动错误的没收民族资本主义工商业的主张;②李立三"左"倾冒险错误的没收民族资本主义工商业的主张;③王明"左"倾教条主义错误的一方面允许民族资本主义工商业的存在和发展,另一方面又制定过"左"的劳动政策、过高的所得税率等打击民族资本主义工商业的主张。

1927年8月,国民革命失败后不久,中共中央在《中国共产党的政治任务与策略的议决案》中,由于对"民族资产阶级,在民族解放运动之初期,即已

---

① 中央档案馆编:《中共中央文件选集(一九三四——一九三五)》(第九册),中共中央党校出版社,1986年,第92页。
② 中央档案馆编:《中共中央文件选集(一九三三)》(第九册),中共中央党校出版社,1991年,第613页。

完成了他们的革命作用"的错误估计,提出:"完成中国的民族解放及资产阶级民权革命之任务,现在已经完全放到工农运动身上,只有工农的民权独裁,才能履行这一任务。"可是,工农民权独裁的胜利,"只能在反对民族资产阶级的斗争中去达到"。①

与上述对民族资产阶级政治上的分析及政策相一致,当时党在经济上提出:"急剧地改良工人阶级之经济的法律的政治的地位,坚决地取消工人之无权无利穷困不堪的现状",不要"怕超过资本主义式的关系,怕进于社会主义的道路"。党的这一思想来源于错误理论观点:"资产阶级民权主义革命,与社会主义革命之间并没有截然分为两段的界线,而且从民权革命生长而成社会主义革命的前途,完全只要看无产阶级的组织力量之程度如何而定。"②上述分析及思想观点表明,党不但没有保护民族资本主义的思想,而且还提出没收民族资本主义工商业、直接进行社会主义革命的"左"的错误思想。

1927年11月,中共中央临时政治局扩大会议通过了《中国现状与共产党的任务决议案》。这个决议案反映了瞿秋白的"左"倾盲动主义思想。它比同年8月中共中央发布的《党的政治任务与策略的议决案》在"左"的经济思想方面走得更远。该决议案认为:现时中国革命形势"是直接革命的形势";革命的性质"必然是急转直下从解决民权革命的责任进于社会主义的革命";"现在的革命斗争,已经必然要超越民权主义的范围而急遽的进展;中国革命的进程,必然要彻底解决民权主义任务而急转直下的进于社会主义的道路"。③与此错误的理论观点相联系,该决议案提出,城市工人要实行"八小时工作制,绝对

---

① 中央档案馆编:《中共中央文件选集(一九二七)》(第三册),中共中央党校出版社,1983年,第281~282页。
② 同上,第284、290页。
③ 同上,第370页。

第一编　新民主主义革命时期党的经济思想

的增加工资","监督生产"。"工人群众及城市贫民在暴动胜利之时要实行没收反革命派的一切财产,没收中外大资本家的大工厂、大商店、银行、矿山、铁路等,收归国有,工厂归工人管,厉行劳动法,如果小厂主怠工闭厂,便也没收他的工厂,歼灭一切工贼反革命派,征发有产阶级的财产"。①显然,这时党对待民族资本主义工商业的思想,是直接进行社会主义革命,没收民族资本主义工商业,甚至没收上层小资产阶级经营的工商业。

中共中央这一"左"的经济思想,产生了若干消极的影响。1928年3月,执行瞿秋白"左"倾盲动错误的中共湘南特委代表到井冈山革命根据地,批评红四军前委"太右,烧杀太少,没有执行所谓'使小资产变成无产,然后强迫他们革命'的政策"。4月,井冈山革命根据地"烧杀虽仍不多,但对城市中等商人的没收和乡村小地主富农的派款,是做得十分厉害的。湘南特委提出的'一切工厂归工人'的口号,也宣传得很普遍"。其结果是"把小资产阶级大部驱到豪绅一边,使他们挂起白带子反对我们"。②瞿秋白的"左"倾盲动错误对海陆丰等革命根据地也产生了消极影响。1928年4月底,中共中央纠正了瞿秋白的"左"倾盲动错误。

同时,中共中央要中共湘赣边界特委"发布一个包括小资产阶级利益的政纲",湘赣边界特委"则提议请中央制订一个整个民权革命的政纲,包括工人利益、土地革命和民族解放,使各地有所遵循"。③这表明,党关于如何对待民族资本主义工商业的思想还在探索之中。

1928年六七月间召开的党的第六次全国代表大会,对民族资本主义工商

---

①　中央档案馆编:《中共中央文件选集(一九二七)》(第三册),中共中央党校出版社,1983年,第376页。
②　《毛泽东选集》(第一卷),人民出版社,1991年,第78页。
③　同上,第78~79页。

业的分析及政策比以前稍有改变,但基本上还同于以前。其稍有改变的主要内容是:①六大《政治决议案》正确地指出了"中国革命现在阶段底性质,是资产阶级民主革命";批评了1927年底至1928年春党内存在的盲动主义和命令主义的错误,因为它们"都是使党脱离群众的";要求全党努力吸引贫民分子,"使他们在工业无产阶级底领导之下加入总的革命运动"。②《政治决议案》指出,党在苏区的任务之一是"保存商业的货物交易,战胜均产主义的倾向——均分小资产阶级财产的倾向(如均分小商人、小手工业等等底财产)"。①

但是党的六大对民族资本主义工商业的分析及政策思想的核心仍同于以前。其主要内容是:①《政治决议案》认为,中国资产阶级民主革命的动力,"现在只是中国的无产阶级和农民","民族资产阶级是阻碍革命胜利的最危险的敌人之一"。中国资产阶级民主革命,"只有反对中国民族资产阶级,方才能够进行到底"。②《职工运动决议案》认为:"中外的资产阶级都是同样的残酷剥削中国工人群众","工人应当同样的同他们进行极严厉的斗争"。② ③党的六大还认为:"城市底上层小资产阶级,极大部分是和封建的土地关系有密切的联系,并且和外国资本相关联。""当反帝国主义运动及土地革命急剧进展之中,这些小资产阶级日益动摇,而终至于投降到地主资产阶级底反动营垒里去。"与此相联系,党的六大提出:"对雇佣劳动的上层小资产阶级的态度与对一般资产阶级一样。"③这就是说,工人阶级应当在反对一般资产阶级之同时也反对上层小资产阶级。④党的六大提出,党在夺取革命胜利之后,要赶快准备各种条件,去消灭私有的资本主义市场而代以有组织的经济,去进

---

① 中央档案馆编:《中共中央文件选集(一九二八)》(第四册),中共中央党校出版社,1983年,第170~171页。
② 同上,第222~223页。
③ 同上,第173页。

第一编　新民主主义革命时期党的经济思想

行集体的农村经济,发展合作社,准备社会主义发展的条件,表明当时对民主主义和社会主义的本质区别还缺乏科学的认识。

党的六大是土地革命战争时期召开的党的唯一一次全国代表大会,是在共产国际和斯大林的直接指导下召开的。这次大会对民族资产阶级和上层小资产阶级的分析及与之密切相联系的经济思想,对党的六大之后到1935年瓦窑堡会议之前,党关于民族资本主义在内的经济思想,均产生了重大的影响。

根据中小资产阶级对国民党蒋介石政权的态度,由原来抱希望(希望蒋介石国民政府镇压工农革命运动之后能够维护其利益,使民族资本主义工商业获得较快发展)到产生某些失望的变化,1928年8月,中共中央发表了《告小商人学生自由职业者及国民党中的革命分子》一文。该文指出:"中国共产党在一年来流血的艰苦争斗中,虽然他的政策是坚决的独立领导中国工农群众循苏维埃革命的路线发展,但决不是抛弃中小资产阶级的利益或拒绝中小资产阶级参加到同一战线来奋斗。反之,一切中小资产阶级之反帝国主义争斗,民权争斗,以至日常利益的争斗,中国共产党是竭力赞助的。"与此思想认识相联系,该文提出:"反对买办豪绅大商勾结政府把持全国经济剥削贫苦商人! 废除厘金!""一切中小商人、学生、自由职业者以至国民党中的革命分子","与工农群众一致"进行反帝反国民党及其政府的斗争。[1]

该文中,党竭力赞助中等资产阶级政治、经济斗争的思想,在国民革命失败后党的经济思想史上还是第一次提出。它比党的六大关于民族资产阶级的经济思想有所前进。但是党这时关于赞助中小资产阶级权益思想的重心仍是"保障小商人营业"。此外,党关于赞助中等资产阶级权益的思想认识,

---

[1] 中央档案馆编:《中共中央文件选集(一九二八)》(第四册),中共中央党校出版社,1983年,第372~373页。

还缺少理论上的认识。因此,这时,党关于保护民族资本主义工商业的思想仍没有真正确立。

到1930年夏秋季,由于党对新民主主义革命的性质、动力、前途、步骤等还缺乏完整的、深刻的认识,由于共产国际的某些错误指导,加上李立三"左"倾冒险错误的统治,党对民族资本主义工商业的指导思想出现了新的偏差。其主要内容有二:

第一,主张没收资本主义工商业。1930年6月,李立三主持召开中共中央政治局会议,通过了《新的革命高潮与一省或几省的首先胜利》的决定。该文提出:"革命政府为着力争全国革命的胜利,不只是要没收帝国主义的银行、企业、工厂,使民主革命彻底,而且要没收中国资产阶级的工厂、企业、银行,以铲除反革命的武器。并且为着对付严重的经济封锁必然要实行组织生产,管理生产。"

第二,制定过"左"的劳动政策。1930年5月,李立三在上海主持召开全国苏维埃区域代表会议,制定了《劳动保护法》。该法在维护中国工人阶级劳动保护权益方面,照抄苏联等国劳动保护条例,脱离民族工商业十分落后的半殖民地半封建中国之实际,尤其脱离工商业十分落后、手工业占主要地位的农村革命根据地工商业生产之实际。它含有工人管理和监督生产之思想,而无保护民族资本主义工商业的思想。它提出的过高的劳动、工资、医疗等条件,虽然暂时地保护了工人的眼前利益,但却会损害工人阶级的长远利益,损害革命的根本利益。

1930年8月,共产国际批评了李立三关于没收资本主义工商业的思想。《共产国际东方部关于中国苏维埃政权的经济政策草案》指出:①苏维埃区域一切经济政策的一般规律是:对于农民和城市小资产阶级商业自由的任何限制,完全不能允许,没有物质条件和组织群众的相当准备,要想用命令

第一编　新民主主义革命时期党的经济思想

的方式来实行社会主义,现在就将工业和手工业收归国有,这样的企图是不适宜的。②在苏维埃区域,苏维埃政府与仇视革命的企业领导者和奸刁的商业投机者作斗争,应该尽可能地避免自己管理这种企业,有时亦可以将小企业与中等企业出租,甚至将没收来的小企业出卖,应该无条件地抛弃将整个产业收归国有的企图。③苏维埃政府应该保护商业的自由,不妨碍商品市场的关系,至于苏维埃区与非苏维埃区的贸易,现在组织"对外贸易的独占"是不适当的。最适宜的是苏维埃政府对于苏区与非苏区的贸易采取登记制度或他种监督的方式。

共产国际的上述指示,对于纠正李立三对民族资本主义工商业的"左"的思想起到了积极的作用,对中国共产党关于保护和发展民族资本主义工商业思想的形成,也起到了积极的作用。但是共产国际的这些指示也只是根据马列主义的一般原理和十月革命的一般经验,只是枝枝节节地纠正李立三的错误,没有从根本上解决问题。正因为如此,从1931年1月党的六届四中全会到1935年1月遵义会议,王明"左"倾教条主义在党中央执行四年之久,使党对民族资本主义工商业的认识出现新的曲折。

王明是20世纪20年代后期、30年代前期国际共产主义运动中,把马列主义教条化,把共产国际指示和俄国十月革命经验神圣化的典型代表。在理论上,他夸大资本主义经济在中国社会经济中的比重。他说:"资本主义生产关系,已经带着激剧的势力和畸形的方式侵入经济生活。"[①]他把民族资产阶级,甚至把上层小资产阶级看作民主革命的对象,混淆了资产阶级民主革命与社会主义革命的界限。他认为,在中国民主革命过程中,必须同时进行"反帝国主义的民族解放斗争,反封建余孽的斗争,反资产阶级的斗争"。他说:"上层

[①] 许毅:《中央革命根据地财政经济史长编》(上),人民出版社,1982年,第155页。

小资产阶级在武汉时代后已转入反动的营垒","中国现在革命阶段的革命主要动力是:工人阶级、雇农和贫农,中农是巩固的同盟者,加上城乡的广大的半无产阶级成分和小资产阶级的下层"。①王明要建立的苏维埃政权"是工人和农民的民主专政的国家"②。该政权不包括民族资产阶级和小资产阶级的上层,不包括商人。与这些错误的理论观点相一致,在如何对待民族资本主义工商业问题上,王明"左"倾教条主义一方面允许民族资本主义工商业存在,暂时不没收;另一方面,又以过高的劳动条件、过高的所得税率等打击民族资本主义工商业。

关于允许民族资本主义工商业的存在,王明照抄共产国际的指示说:"国际指出我们在苏维埃区域要有一定的经济政策","一方面要处处顾到工人和乡村基本农民群众,尤其是雇农、苦力、贫农的利益,打击和抑制一切剥削者,另一方面不采取一些过早的办法","例如:实行工人监督生产,征收统一所得累进税,军事上绝对必要时实行向富农及一切剥削者征发。……在苏维埃法律范围内,允许商业自由,暂时不禁止土地买卖,不实行集中供给,不一般地限制境内商业和商品物价等等"。③

1931年11月,中华苏维埃共和国临时中央政府颁布了《关于工商业投资暂行条例》。其目的之一是"鼓励私人资本的投资"。该条例规定:"凡遵守苏维埃一切法令,实行劳动法,并依照苏维埃政府所颁布之税则,而完纳国税的条件下,得允许私有资本在中华苏维埃共和国境内自由投资经营工商业。""无论

---

① 中共中央文献研究室、中央档案馆编:《建党以来重要文献选编(一九二一——一九四九)》(第八册),中央文献出版社,2011年,第116~117页。

② 中共中央文献研究室、中央档案馆编:《建党以来重要文献选编(一九二一——一九四九)》(第十一册),中央文献出版社,2011年,第160页。

③ 中央档案馆编:《中共中央文件选集(一九三一)》(第七册),中共中央党校出版社,1991年,第122~123页。

国家的企业、矿山森林等和私人的产业,均可投资经营或承租、承办。""私人投资所经营之工商业,苏维埃政府在法律上许可其营业之自由。"①同年11月,中华苏维埃工农兵第一次全国代表大会通过了《中华苏维埃共和国劳动法》。它是维护工人权益的,但它的前提条件之一是允许私人企业工厂、作坊雇佣劳动的存在。这些反映了王明允许、鼓励民族资本主义工商业生存、发展的思想,都是应当给予肯定的。但这一肯定也是有限的。因为王明"左"倾冒险主义在允许民族资本主义工商业存在之同时,还提出了若干打击民族资本主义工商业的"左"的政策。根据《中华苏维埃共和国劳动法》不顾在白色政权封锁包围中处于战争条件下,农村革命根据地工商业单位生产、营业的特点和差别,照抄照搬苏联劳动法。在劳动条件、工作时间、工资福利、所得税率等方面制定了许多脱离当时客观实际的条款。

三、保护和发展苏区内民族资本主义工商业思想

王明"左"倾教条主义对待民族资本主义工商业的"左"倾政策,脱离中国新民主主义经济建设之实际,给革命根据地经济建设造成严重的不良后果,受到毛泽东、张闻天、陈云等人的批评。

1934年1月,毛泽东在第二次全国苏维埃代表大会的报告中指出:"苏维埃对于私人经济,只要不出于苏维埃法律范围之外,不但不加阻止,而且是提倡的,奖励的,因为目前私人经济的发展,是苏维埃利益的需要。"尽可能地发展国家企业与大规模地发展合作社,应该是与奖励私人经济发展同时

---

① 虞和平:《20世纪的中国——走向现代化的历程》(经济卷 1900—1949),人民出版社,2010年,第675页。

并进的。

1933年4月19日,张闻天发表《五一节与〈劳动法〉执行的检阅》一文,批评《中华苏维埃共和国劳动法》中"左"的错误。他通过调查发现,苏区一烟店工人在苏维埃政府或其他地方做事或开会,近半年时间没有在店内做过一天工,但每月工资、年关双薪、年关鞋袜等仍由烟店老板发给。此外,他还发现,小企业的老板必须给工人是少先队队员者发雨衣、梭镖、制服、套鞋、年关双薪、过年费等。结果是老板因为不能担负而关闭了他的企业。张闻天尖锐地批评道:"在目前用'把资本吃完了再说'的政策,结果必然使苏维埃经济凋零,使工人失业,使工人的生活恶化。这种政策实际上是代表一部分落后工人的小资产阶级的意识,代表一部分工人眼前的狭窄的工团主义的利益,而牺牲了或损害了整个工人阶级的利益!"他把马克思主义政治经济学原理运用于中国农村革命根据地经济建设之实际,深刻地指出,"要发展苏维埃的经济,在目前不尽量利用私人资本是不可能的。私人资本主义的部分的发展,对于我们并不是可怕的。这种发展,可以增加我们苏区内的生产,流通我们的商品,而这对于苏维埃政权现在是极端重要的。但是要使私人资本家投资到生产中或商业中来,那必须使他们有利可图,而不是亏本。世界上没有这样的资本家,他的投资是为了亏本"。①

同年4月23日,张闻天又发表了《论苏维埃经济发展的前途》一文。该文进一步阐述了苏维埃政府利用私人资本主义的必要性和重要性。他指出,苏维埃政权统治的区域,是在经济上比较落后的区域,处在敌人经济封锁的情形之下,处在长期的革命战争的环境中间,"苏区经济的主要特点之一是农民的小生产的商品经济占绝对的优势"。在敌人经济封锁之下,工业生产品的

---

① 《张闻天文集》(一),中共党史资料出版社,1990年,第335、338页。

极端缺乏与昂贵,自然会影响到苏区内工农的生活水平,使他们的生活恶化。这对于广大的农民群众,尤为严重。这种情形的继续,对于工农联合的巩固是不利的。"苏维埃政府现在还是非常贫困,它没有足够的资本来经营大规模的生产。在目前,它还不能不利用私人资本来发展苏维埃的经济。它甚至应该采取种种办法,去鼓动私人资本家的投资。"他深刻地指出:"在苏区占优势的农民的小生产的商品经济"条件下,"资本主义在苏维埃政权下的发展,当然是不可避免的"。[1]他批评了党内害怕资本主义发展的观点。他说:"当苏维埃政权没有力量经营国有的大企业,那么利用私人资本来发展苏维埃经济,不能不是目前主要出路之一。这种资本主义的发展,目前不但对于苏维埃政权不是可怕的,而且对于苏维埃政权是有利的。"他还批评:"过去我们的党和苏维埃政权对于商人、老板、富农只限制于武装的威吓、压迫、没收与征发,而对于自己经济力量的组织则毫未注意。"他提出:"现在我们对于这些分子除了武装的威吓、压迫、没收与征发之外,还应该利用'利诱'与'让步'的办法。我们必须利用他们的'社会关系'、'线索',经济的力量,与经营工商业的经验,来发展苏维埃经济,流通赤白的贸易。"[2]

总的来说,张闻天关于利用私人资本主义必要性和重要性的思想,以及如何利用私人资本主义经济的思想,在中国共产党经济思想史上还是第一次。

1933年4月25日,陈云发表了《苏区工人的经济斗争》一文,批评了苏区在执行《劳动法》过程中出现的"左"的错误。他指出,苏区的党和工会在领导工人的经济斗争中,"在许多城市的商店、作坊中提出了过高的经济要求,机械地执行只能适用于大城市的劳动法,使企业不能负担而迅速倒闭;不问企业的工作状况,机械地实行八小时和青工六小时的工作制;不顾企业的经济能

---

[1]《张闻天文集》(一),中共党史资料出版社,1990年,第340、341、343页。

[2] 同上,第345页。

力,强迫介绍失业工人进去;在年关斗争中,许多城市到处举行有害苏区经济流通的总同盟罢工。这种'左'的错误,非但不能提高工人阶级的觉悟和积极性,相反地,只能发展一部分工人不正确的浪漫生活。而且,这种'左'的错误,使许多企业和作坊倒闭,资本家乘机提高物价,并欺骗工人,使工人脱离党和工会的领导。所以,这种'左'的错误领导,是破坏苏区经济发展,破坏工农联盟,破坏苏维埃政权,破坏工人阶级的彻底解放的"[①]。

陈云指出,这个错误"主要来源于政治上的工团主义,同时也由于我们在领导工人经济斗争中间,采取官僚主义的态度"。如何纠正苏区工运中"左"的错误?如何利用私人资本主义为苏维埃政权服务?陈云提出:①党和工会要使工人了解,不彻底推翻地主资产阶级的统治,工人阶级就不能解放自己。因此,要把争取日常利益的斗争和争取革命完全胜利的斗争最密切地联系起来。②党和工会对经济斗争的领导,必须纠正官僚主义,不能不顾实际情况,不体现出各个企业的不同工人的具体要求,千篇一律地抄录劳动法。③要审慎地去考察资本家怠工与否,分别各种情形执行不同的策略。对于确实因为没有来货,无货可售,或生意清淡,店铺、作坊将要倒闭的资本家,工会应该领导工人要求他们继续营业;同时应该领导工人在自愿的条件之下,减少一部分工资,以企业不致倒闭为度。

毛泽东、张闻天、陈云等对王明"左"倾教条主义关于民族资本主义工商业的错误思想、政策的批评,反映了中国共产党对民族资本主义工商业思想认识上经过多次曲折后的空前提高,为后来中国共产党确立保护和发展民族资本主义工商业的思想,奠定了深厚的基础。

1935年1月召开的遵义会议,为中国共产党独立自主解决中国革命重大

[①] 《陈云文选》(一九二六——一九四九年),人民出版社,1984年,第9页。

第一编　新民主主义革命时期党的经济思想

问题开辟了道路。这次会议选举确立了毛泽东在党中央的领导地位,使党的思想路线转到正确的轨道上来。这些为党确立保护民族资本主义工商业的思想创造了极为有利的条件。加之,党经历了两次胜利、两次失败,认识到中国革命的长期性,认识到历史上对待民族资本主义工商业思想上、政策上的曲折和失误,认识到中日民族矛盾上升为主要矛盾形势下民族资产阶级政治态度的显著变化,到1935年12月的瓦窑堡会议,党初步确立了保护和发展民族资本主义工商业的思想。

1935年12月25日,中共中央政治局会议(瓦窑堡会议)通过的《中央关于目前政治形势与党的任务决议》指出:"要战胜日本帝国主义及其走狗卖国贼,没有千千万万在日本与卖国贼统治之下的工人、农民、兵士、贫民与革命民众大多数起来进行坚决的斗争,是不能成功的。"[①]"为了使民族统一战线得到更加广大的与强有力的基础,苏维埃工农共和国及其中央政府宣告:把自己改变为苏维埃人民共和国。"苏维埃人民共和国"不但是代表工人农民的,而且是代表中华民族的"。与此相联系,瓦窑堡会议决议指出:"苏维埃人民共和国用比较过去更宽大的政策对待民族工商业资本家。在双方有利的条件下,欢迎他们到苏维埃人民共和国领土内投资,开设工厂与商店,保护他们生命财产之安全,尽可能的减低税租条件,以发展中国的经济。在红军占领的地方,保护一切对反日、反卖国贼运动有利益的工商业。使得全国人民明白苏维埃人民共和国不但是政治上的自由,而且是发展中国工商业的最好的地方。""在目前一切被日本帝国主义及其他帝国主义国家排斥驱逐的华侨同胞,苏维埃给予以托庇的权利,并欢迎华侨资本家到苏区发展工业。"[②]

[①] 中央档案馆编:《中共中央文件选集(一九三四——一九三五)》(第九册),中共中央党校出版社,1986年,第618页。

[②] 同上,第614~616页。

瓦窑堡会议结束后第三天,毛泽东在陕北瓦窑堡党的活动分子会议上作了《论反对日本帝国主义策略的报告》。毛泽东在这一报告中,初步总结了党对民族资本主义工商业思想认识上的曲折,提出了保护民族资本主义工商业的思想,并给予理论上的证明。毛泽东指出:"人民共和国在资产阶级民主革命的时代并不废除非帝国主义的、非封建主义的私有财产,并不没收民族资产阶级的工商业,而且还鼓励这些工商业的发展。任何民族资本家,只要他不赞助帝国主义和中国卖国贼,我们就要保护他。在民主革命阶段,劳资间的斗争是有限度的。人民共和国的劳动法保护工人的利益,却并不反对民族资本家发财,并不反对民族工商业的发展。"①其理由何在呢?毛泽东从以下三个方面作了理论的说明:①这是由中国革命的性质决定的。毛泽东指出:"1927年至现在,我们领导的土地革命,也是资产阶级民主主义性质的革命,因为革命的任务是反帝反封建,并不是反资本主义。今后一个相当长时期中的革命还是如此。"②这是由中国革命的任务决定的。毛泽东指出,在反帝反封建问题上,工人阶级和民族资产阶级有共同的利害关系,至于民族工商业的发展,不利于帝国主义,而有利于中国人民。③这是由中国的国情决定的。毛泽东指出:"在将来,民主主义的革命必然要转变为社会主义的革命。何时转变,应以是否具备了转变的条件为标准,时间会要相当地长。"这是因为中国政治经济发展的不平衡,"中国在政治上经济上完成民主革命,较之俄国要困难得多,需要更多的时间和努力"②。

毛泽东的这些论述,标志着党关于保护和发展民族资本主义工商业思想的基本确立,代表着土地革命战争时期党关于民族资本主义工商业思想的最高成就。

---

① 《毛泽东选集》(第一卷),人民出版社,1991年,第159页。
② 同上,第160、161页。

第三章 党在全民族抗战时期的经济思想

第一节 高度重视经济建设和发展社会生产力

全民族抗战时期是中国共产党领导的新民主主义革命的一个重要时期。这个时期，党在各个方面都走向成熟。全民族抗战时期，是全党智慧结晶的毛泽东思想系统化、理论化、全面发展并成熟的时期。中国共产党关于新民主主义经济思想在此时期也臻于成熟。

党在土地革命战争时期，已经形成了重视农村革命根据地经济建设和发展社会生产力的思想。全民族抗战时期，党关于重视经济建设和发展社会生产力的思想，比土地革命战争时期，有更大的发展。究其原因，主要有以下两个方面：

第一，党在领导陕甘宁边区和其他敌后抗日根据地的经济建设中取得了更为丰富的经验。一方面,党领导的解放区,尤其是中共中央所在地陕甘宁边区,具有比十年内战时期的农村革命根据地较为稳定的环境。党在较稳定的环境中,能够较有计划和有步骤地领导解放区的各项经济建设,能够积累较多的经济建设的经验。另一方面,陕甘宁边区经济基础十分薄弱,比江西中央苏区的经济基础更弱。毛泽东指出:"那时,因为江西农民比较富庶的条件,还不需要我们自己动手解决粮食。"①加之,陕甘宁边区机关学校较多,财政经济负担较重,外援极少,这些促使党中央进一步认识到经济建设的重要性。

第二,1940年至1942年陕甘宁边区和其他解放区遇到了极为严重的财政经济困难。抗日战争进入相持阶段以后,日军以主力向敌后抗日根据地进行大规模的"扫荡""蚕食"、抢掠、焚毁,力图摧毁解放区军民的生存条件。国民党以几十万兵力向陕甘宁边区和抗日根据地实行军事包围和经济封锁。这使边区和敌后抗日根据地的财政经济陷于极端困难的境地。毛泽东指出:"我们曾经弄到几乎没有衣穿,没有油吃,没有纸,没有菜,战士没有鞋袜,工作人员在冬天没有被盖。"②

党在下定决心自己动手解决财政经济困难的过程中,进一步认识到经济建设和发展社会生产力的特殊重要性。1942年12月,毛泽东在总结陕甘宁边区经济建设的经验时指出,抗战以来,"国民党对于我们的军队,初则只给很少一点饷,继则完全断绝,边区也被封锁,迫使我们不得不从事生产自给,维持抗战的需要"③。"一切公用的生活资料与事业经费,只能完全从取之于民与取之于己这两方面来解决,而在取之于己这一方面,两年(即1941年和1942

---

① 《毛泽东文集》(第二卷),人民出版社,1993年,第459页。
② 《毛泽东选集》(第三卷),人民出版社,1991年,第892页。
③ 《毛泽东文集》(第二卷),人民出版社,1993年,第460页。

年)努力的结果,从总量上说来,是超过了取之于民那一方面的。这一阶段的经验,使我们发生要感谢那些封锁我们的人们的感觉。因为封锁这件事,除了它的消极的坏处一方面外,还产生了一个积极的方面,那就是促使我们下决心自己动手,而其结果则居然达到了克服困难的目的,学得了经营经济事业的经验。"[1]显然,解放区在1940年至1941年遇到的财经困难,使我们党进一步认识到经济建设的重要性。

此外,我们党在延安时期有相对稳定的环境,有较多的翻译、学习、研究马克思主义理论的条件。党对马克思主义理论,尤其是对马克思主义政治经济学理论的学习和研究,为把自己在长期领导经济建设实践中积累起来的丰富经验上升到理论高度提供了条件。

一、经济工作决定一切的思想

1944年5月,毛泽东在延安召开的陕甘宁边区工厂厂长及职工代表大会的讲话中指出:"经济工作、尤其是工业……是决定一切的,是决定军事、政治、文化、思想、道德、宗教这一切东西的,是决定社会变化的。"[2]这是毛泽东第一次明确地提出经济工作决定一切的思想。在此前后,毛泽东多层次、多视角地阐述了经济工作决定一切的思想,并作了理论上的论证。其内涵非常丰富而深刻,概括之,主要有以下四点:

(一)经济工作决定民族独立,不受外侮

任何民族国家只有经济上独立,才能取得政治上的独立。落后就要挨

---

[1] 《毛泽东文集》(第二卷),人民出版社,1993年,第462页。
[2] 《毛泽东同志号召发展工业打倒日寇》,《解放日报》,1944年5月26日。

打。为什么中华民族在近代长期遭受列强的欺侮？根本原因就是近代中国经济的落后。毛泽东指出："日本帝国主义为什么敢于这样地欺侮中国，就是因为中国没有强大的工业，它欺侮我们的落后。""要打倒日本帝国主义，必需工业化；要中国的民族独立有巩固保障，就必须工业化。"1945年，毛泽东在党的七大政治报告中进一步指出，1840年鸦片战争以来的105年的历史，特别是国民党当政以来的18年的历史告诉中国人民："没有一个独立、自由、民主和统一的中国，不可能发展工业。""没有工业，便没有巩固的国防，便没有人民的福利，便没有国家的富强。"就是在夺取中国革命的全国性胜利，建立新民主主义的国家之后，"新民主主义的国家，如无巩固的经济做它的基础"①，也是不能巩固的。毛泽东的这些论述，深刻地说明了经济发展对于争取和巩固民族独立的决定性作用。

（二）革命的目的是为着解放和发展社会生产力

1944年8月底，毛泽东在《致秦邦宪》的信中指出："民主革命的中心目的就是从侵略者、地主、买办手下解放农民，建立近代工业社会。……分散的个体经济——家庭农业与家庭手工业是封建社会的基础，不是民主社会（旧民主、新民主、社会主义一概在内）的基础……新民主主义社会的基础是机器，不是手工。我们现在还没有获得机器，所以我们还没有胜利。如果我们永远不能获得机器，我们就永远不能胜利，我们就要灭亡。现在的农村是暂时的根据地，不是也不能是整个中国民主社会的主要基础，由农业基础到工业基础，正是我们革命的任务。"②毛泽东的这段文字，运用马克思主义政治经济学原理，清楚地说明了革命的目的和任务，明确提出了工业基础对解放和发展社会生

---

① 《毛泽东选集》（第三卷），人民出版社，1991年，第1081页。
② 《毛泽东书信选集》，人民出版社，1984年，第239页。

产力的意义。

毛泽东指出:"老百姓拥护共产党,是因为我们代表了民族与人民的要求,但是,如果我们不能解决经济问题,如果我们不能建立新式工业,如果我们不能发展生产力,老百姓就不一定拥护我们。""一切空话都是无用的,必须给人民以看得见的物质福利。""我们不但应该会办政治,会办军事,会办党务,会办文化,我们也应该会办经济。如果我们样样能干,惟独对于经济无能,那我们就是批无用之人,就被敌人打倒,就要陷于灭亡。""我们学会了这一条(指物质生产),我们就对一切物质困难都不怕了。我们将一年一年地更有生气,更有精力,愈战愈强,只有我们去压倒敌人,决不怕敌人来压倒我们。"①

(三)经济工作是中心的或第一位的工作

抗日战争年代,在陕甘宁边区的政治、党务、军事、教育、医疗、文学艺术等项工作中,经济工作是中心的或第一位的工作。1941年8月,毛泽东在给陕甘宁边区政府秘书长谢觉哉的信中说:"就现时状态即不发生大的突变来说,经济建设项乃是其它各项的中心……而不要提民主或其它什么为中心工作。这些意见,未加研究,提出作为你的参考。"

1942年12月,毛泽东在陕甘宁边区高干会上批评边区部队、机关、学校部分干部对生产"不大去管,甚至有少数人完全不闻不问"的错误之同时,明确指出,在目前陕甘宁边区的条件下,就大多数同志说来,"中心的或第一位的工作","确确实实地就是经济工作与教育工作,其他工作都是围绕着这两项工作而有其意义"。就是在这"两项工作中,教育(或学习)是不能孤立地去进行的,我们不是处在'学也,禄在其中'的时代,我们不能饿着肚子去'正谊明道',我们必须弄饭吃,我们必须注意经济工作"。在经济工作与教

---

① 《毛泽东选集》(第三卷),人民出版社,1991年,第1019页。

育工作的关系上,"离开经济工作而谈教育或学习,不过是多余的空话"。在经济工作与政治的关系上,"离开经济工作而谈'革命',不过是革财政厅的命,革自己的命,敌人是丝毫也不会被你伤着的"。总而言之,"生产是一切工作的物质基础"。①

(四)是否有利于生产力的发展,是衡量党的政策正确与否的根本标准

1945年,毛泽东在总结国共两党斗争历史时指出:"中国一切政党的政策及其实践在中国人民中所表现的作用的好坏、大小,归根到底,看它对于中国人民的生产力的发展是否有帮助及其帮助之大小,看它是束缚生产力的,还是解放生产力的。"②中国共产党不但为建立新民主主义的国家而斗争,而且是为中国的工业化和农业近代化而斗争,因而赢得了全国人民的拥护。蒋介石国民党阻碍生产力的发展,结果遭到人民的唾弃。由此可见,经济工作关系着党的建设,关系着党的命运、前途。

在抗日烽火连天的年代里,毛泽东根据半殖民地半封建中国的国情和抗日根据地之实际,深刻地阐明了经济工作对于民族独立、对于革命成败的决定性作用,阐明了经济工作在政治、党务、军事、教育、财政、医疗、文学艺术等各项工作中的中心地位。这是对马克思主义这一基本原理的继承和发展,具有重要的理论意义。

毛泽东关于经济工作决定一切的思想,以及如何实现经济工作在各项工作中心地位的思想,是解放区经济建设和开展大生产运动的重要的理论基石。在这一思想的指引下,解放区经济建设和大生产运动为解放区军民战胜困难、走出困境、夺取抗日战争的最后胜利奠定了物质基础。共产党人在这

---

① 《毛泽东文集》(第二卷),人民出版社,1993年,第465页。
② 《毛泽东选集》(第三卷),人民出版社,1991年,第1079页。

第一编　新民主主义革命时期党的经济思想

一运动中"学得了经营经济事业的经验,这是不能拿数目字来计算的无价之宝"①。

二、全党都必须学会做经济工作

既然经济工作是决定一切的,经济工作在党的各项工作中居中心地位,那么党的各项工作就应当围绕发展经济来展开。

党要领导经济工作,就必须学会做经济工作。毛泽东在批评干部党员中轻视经济工作,不愿做经济工作的错误倾向时,尖锐地指出:"共产党员不懂经济,就不懂革命,甚至会妨碍革命。"②"如果我们共产党员不关心工业,不关心经济,也不懂别的什么有益的工作,对这些一无所知,一无所能,只会做一种抽象的'革命工作',这种'革命家'是毫无价值的。我们应该反对这种空头'革命家'。"③

毛泽东强调指出:"战争不但是军事的和政治的竞赛,还是经济的竞赛","哪个地方的党政军工作人员还是没有学会经济工作,哪个地方就会遇到绝大的困难"。④因此,毛泽东号召全党必须在两三年内完全学会经济工作。

毛泽东还把是否热爱、熟悉经济工作作为评判干部、军人、公民、党员好差的标准。他说:"各级党政军机关学校一切领导人员都须学会领导群众生产的一全套本领。凡不注重研究生产的人,不算好的领导者。一切军民人等

---

① 《毛泽东文集》(第二卷),人民出版社,1993年,第466页。
② 陕甘宁边区财政经济史编写组:《抗日战争时期陕甘宁边区财政经济史料摘编》(第一编),陕西人民出版社,1981年,第183页。
③ 《毛泽东文集》(第三卷),人民出版社,1996年,第147页。
④ 《毛泽东选集》(第三卷),人民出版社,1991年,第1024、1015页。

凡不注意生产反而好吃懒做的,不算好军人、好公民。一切未脱离生产的农村党员,应以发展生产作为自己充当群众模范的条件之一。"毛泽东还指出:"把共产党为着供给家庭生活(农村党员)和改善自己生活(机关学校党员)以利革命事业,而从事家庭生产和个人业余生产,认为不光荣不道德的观点是错误的。"①

抗日战争胜利前夕,毛泽东高瞻远瞩地指出,中国靠我们来建设,我们必须努力学习。中国工人阶级的任务,不但是为建立新民主主义的国家而斗争,而且是为中国的工业化和农业近代化而斗争。我们共产党人愿意协同全国各民主党派、各部分产业界,为使中国由农业国变为工业国而奋斗。

三、重视科学技术在经济建设中的作用

全民族抗战时期,中共中央在领导全国性抗日战争和解放区经济建设之同时,很重视科学技术在经济建设中的作用。

1939年5月,延安自然科学研究院在中共中央倡导下成立。1939年底,在毛泽东的关怀下,武衡、屈伯川、于光远等开始筹备建立陕甘宁边区自然科学研究会。1940年2月5日,陕甘宁边区自然科学研究会在延安召开成立大会。毛泽东、陈云、李富春、徐特立、吴玉章等亲临大会并先后讲了话。毛泽东指出:"自然科学是人们争取自由的一种武装。""人们为着要在自然界里得到自由,就要用自然科学来了解自然,克服自然和改造自然,从自然里得到自由。""马克思主义包含有自然科学,大家要来研究自然科学,否则世界上就有许多不懂的东西,那就不算一个最好的革命者。"②

---

① 《毛泽东选集》(第三卷),人民出版社,1991年,第911~912页。
② 《毛泽东文集》(第二卷),人民出版社,1993年,第269~270页。

第一编　新民主主义革命时期党的经济思想

陈云也在大会上指出,自然科学的研究可以大大地提高生产力,可以大大地改善人们的生活,我们共产党对于自然科学是重视的,对于自然科学是尊重的,自然科学家在共产主义社会是可以大大发展的。毛泽东等中共中央领导的到会支持及讲话,给边区自然科学研究会会员以极大的鼓励和重要的指导。在中共中央的关怀、指导下,在陕甘宁边区自然科学研究会的影响和推动下,陕甘宁边区相继成立了土木工程学会、农业学会、数理学会、生物学会、地矿学会、机电学会、炼铁学会、航空学会、化学学会、煤业学会、气象学会、卫生学会和中西医药学会。这些学会大部分是边区自然科学研究会的分会。它们对于研究和传播自然科学知识,指导边区的经济建设起到了重要的作用。

全民族抗战时期,由于我们的干部和群众的思想常处在紧张的战争状态之下,因此要尽快地开展科学技术的研究和发展边区的经济建设,对许多人来说还是缺乏思想准备的,甚至在一些人中间还不同程度地存在着轻视科学技术工作和忽视经济建设的错误思想。鉴于此,中共中央在1941年5月1日向全党发出了《关于党员参加经济和技术工作的决定》。该决定指出,各种经济工作和技术工作是革命工作中不可缺少的部分,是具体的革命工作。应纠正某些党的组织和党员对革命工作抽象的、狭隘的了解,以致轻视经济工作和技术工作,认为这些工作没有政治意义的错误观点。每个党员必须无条件地服从党对他的工作分配,纠正某些党员不愿参加经济和技术工作,以及分配工作时讨价还价的现象。一切在经济和技术部门中服务的党员,必须向非党的和党的专家学习。他们的责任是诚心诚意地学习和熟练于自己的技术,使各部门建设工作获得发展,同时使每个党员获得在社会上独立生活所必需的技能。党必须加强对经济和技术部门工作中党员与非党员的领导,促进他们的政治进步,并在各方面帮助他们。

中共中央的这一决定发出之后,党中央主办的延安《解放日报》连续发表了《提倡自然科学》《欢迎科学艺术人才》《奖励自然研究》《论经济与技术工作》等社论和文章。这些论文阐述了科学技术是一种伟大的革命力量这一历史唯物论的基本观点,说明了开展科学技术研究对于发展经济的重要作用。中共中央的决定和社论有力地推动了全党对科学技术重要性的认识。

1941年8月,朱德为庆祝陕甘宁边区自然科学研究会第一届年会的召开,撰写了《把科学与抗战结合起来》一文。该文指出:"自然科学,这是一个伟大的力量。自然科学的进步,工农各业的发达,生产能力的提高,资源的开发与正确利用,实业的正确管理,只有做到了这些,才能充实我们的力量,充实军队的战斗力,使人民获得富裕的生活,提高人民的文化程度与政治觉悟,来取得抗战的胜利,建国的成功。谁要忽视这个力量,那是极其错误的。"①

同年11月,吴玉章在给陕甘宁边区参议会的贺词中说:"现在我们除实行真正的民主政治外,必须加紧发展科学,才能自力更生,才能驱逐日寇出中国,才能得到真正的独立与解放,才能建立新民主主义的国家。"②

1943年初,李富春在《给自然科学会的一封信》中,提出了边区自然科学的工作方向与发展方向。他在信中"要求边区自然科学界的同志以整风的精神与科学的方法,积极参加边区经济建设的战斗,把自然科学应用到边区的生产实践上去"。他指出,边区生产建设工作,"需要自然科学界帮助与提高的方面是很多的,诸如农业、畜牧、工业、运输业、盐业及改善生活等等许多实际问题,无不需要自然科学的指导,无不需要技术来解决"。③

---

① 《朱德选集》,人民出版社,1983年,第76页。
② 邱若宏:《中国共产党科技思想与实践研究:从建党时期到新中国成立》,人民出版社,2012年,第128页。
③ 《李富春选集》,中国计划出版社,1992年,第30页。

毛泽东、朱德、陈云、叶剑英、李富春、林伯渠等领导在百忙中经常召集一些科技工作者定期举行各种形式的座谈会，广泛征求大家对边区建设的要求和合理化建议，号召大家要掌握各种政策和运用科学的方法，注意处理好需要与可能的辩证关系，并鼓励大家要敢想敢说敢做，充分发挥科技工作者的聪明才智。

第二节 抗日根据地的财政经济思想

全民族抗战时期，中国共产党领导的抗日根据地有了较快发展，除了陕甘宁边区外，还有晋察冀、晋冀鲁豫、苏北等敌后抗日根据地。抗日根据地多是经济落后、财力薄弱的地区，再加上日本侵略者的野蛮进攻和国民党顽固派的经济封锁，抗日根据地的财政非常困难。为了领导全党克服经济困难，战胜日本帝国主义，以毛泽东同志为代表的党中央不仅直接领导了根据地的经济建设，还制定了一系列的方针政策，以解决根据地的财政经济问题。

一、发展生产，保障供给的财政方针

1942年9月，毛泽东在总结十多年来革命根据地经济和财政工作经验的基础上，明确指出："发展经济，保障供给，是我们的经济工作和财政工作的总方针。"[①]它的基本点就是以发展生产增加社会财富，达到财政自给。由于这一方针正确地解决了革命与生产、经济建设与革命战争的关系，为中国共

---

① 《毛泽东选集》（第三卷），人民出版社，1991年，第891页。

产党经济工作和财政工作提供了正确的指导方针和理论基础,因此后来成为我们党新民主主义革命时期整个经济战线的总的指导方针。

毛泽东十分重视发展经济的问题,把发展生产看成是解决一切问题的中心环节。因为只有发展了生产,才能解决经济问题,才能免于公私交困与军民争食,才能训练干部和训练军队,才能支援前方抗战,才能使我们立于不败之地。因而,他在1941年8月22日致谢觉哉信中说:"边区有政治、军事、经济、财政、锄奸、文化各项重大工作,就现时状态即不发生大的突变来说,经济建设项乃是其他各项的中心。"①

毛泽东强调:"战争不但是军事的和政治的竞赛,还是经济的竞赛。"②一方面,革命战争本身要求必要的物质保证,否则,革命战争难以进行;另一方面,人民的经济生活要随着革命战争的胜利而有所改善,否则,革命战争因脱离群众而不可能取得胜利,所以认真并精细地而不是粗枝大叶地组织根据地的经济建设,这是达到财政自给的目的,也是长期地支持战争的基本工作。中共中央明确指出,财政经济工作是"支持长期战争与巩固抗日根据地的一个不可分离的工作"③。

基于以上考虑,中共中央和中央军委在1940年2月发出的《关于发展生产运动的指示》中明确认为:"财政经济问题的解决,必须提到政治的高度。"在1942年的高干会议上,中央确立了生产是一切工作的物质基础的方针,并使这一方针在干部思想上求得一致,把它贯彻到群众中去。邓小平对经济建设和对敌经济斗争的关系作了分析。他说:"敌后的经济战线,包含了两个不能

---

① 《毛泽东文集》(第二卷),人民出版社,1993年,第370页。
② 《毛泽东选集》(第三卷),人民出版社,1991年,第1024页。
③ 中央档案馆编:《中共中央文件选集(一九三九——一九四一)》(第十一册),中共中央党校出版社,1986年,第281页。

第一编　新民主主义革命时期党的经济思想

分离的环节,一是对敌展开经济斗争,一是在根据地展开经济建设。没有对敌斗争,谈不上根据地建设,没有根据地建设,更谈不上对敌斗争。我们各种具体的经济政策,都是照顾了这两方面而订出的。"其中发展生产"既是经济建设的基础,也是打破敌人封锁、建设自给自足经济的基础"[①]。"发展经济,保障供给"体现毛泽东的经济决定财政的思想。毛泽东指出:"财政政策的好坏固然足以影响经济,但决定财政的是经济,未有经济无基础而可以解决财政困难的,未有经济不发展而可以使财政充裕的。"他十分强调发展经济对于解决财政困难的重大意义,指出:"财政困难只有从切切实实的有效的经济发展上才能解决。忘记发展经济,忘记开辟财源,而企图从收缩必不可少的财政开支去解决财政困难的保守观点,是不能解决任何问题的。"他批评一些同志"片面地看重了财政,不懂得整个经济的重要性;他们的脑子终日只在单纯的财政收支问题上打圈子,打来打去,还是不能解决问题"[②]。

当时边区存在财政难以集中统筹规划的状况,中央发现这涉及边区政府的财政体制问题,就提出了建立统一的财政管理体制的思想。1941年8月7日,边区政府秘书长谢觉哉在致毛泽东的信中说:"集中领导,分散经营这个原则是对的,今后仍是对的。不过这原则是用于经济上的(包括公营和私营),不可能用到财政上来,财政是不可分散经营的。"[③] 1942年12月,针对当时财政过于分散的问题和单纯在财政问题、收支问题上打主意的保守观点,毛泽东提出:"经济和财政工作机构中的不统一、闹独立性、各自为政等恶劣现象,必须克服,而建立统一的、指挥如意的、使政策和制度能贯彻到底的工

[①] 《邓小平文选(1938—1965年)》,人民出版社,1989年,第79~80页。
[②] 《毛泽东选集》(第三卷),人民出版社,1991年,第891页。
[③] 白永秀、任保平、何爱平等:《中国共产党经济思想90年》,人民出版社,2011年,第211页。

作系统。这种统一的系统建立后,工作效能就可以增加。"[1]党中央也十分重视,要求各根据地建立严格的财政制度,尤其是建立预决算制和金库制度。1940年4月15日,党中央指示:"收入的统一,要着重于建立金库制度,才能严密","支出方面要建立预决算制,要在总的方面统一,在各个个别预算中给以预备费,使之有相当独立的周转余地"。[2]为此,中央作了如下规定:在严格统一收支方面,各机关部队的收入,不得于未报告中央财经部以前,自行开支;所有公营企业的盈余,概须报告中央财经部,不得自由支配。在预决算制度方面,每月开支预算一次提出,经中央财经部切实审核发给;概不批准预算外的开支。在会计审计制方面,由中央财经部建立会计处和审计处,并有检查审核各机关学校部队的会计账目及开支情况之权。财政上的统一和计划性,有利于进行宏观管理,有利于克服财政上的困难,这种集中统一的财政体制在当时取得了很好的效果,为解决根据地的财政困难提供了体制上的保证。

关于财政分配的原则,陈云指出:"生产第一,分配第二;收入第一,支出第二。保证需要,是军队第一,学校第二,机关第三。因为机关多少有些能力,而且人少。解决问题要有重点。"[3]为了能够做好财政工作,他认为,必须注意三条原则:①既要解决问题,又不浪费;②力量集中,不要分散;③思想要一致。其中,最重要的一条就是量入为出,收支平衡。

毛泽东还从理论上批判和纠正了当时在经济和财政问题上的两种错误偏向。一种是不顾抗战的需要,强调政府应施"仁政",要把人民的负担大大减少。另一种是不顾人民的困难,只顾军队和政府的需要,竭泽而渔,殊求无

---

[1] 《毛泽东选集》(第三卷),人民出版社,1991年,第895~896页。

[2] 中央档案馆编:《中共中央文件选集(一九三九——一九四一)》(第十一册),中共中央党校出版社,1986年,第378页。

[3] 《陈云文选》(一九二六——一九四九年),人民出版社,1984年,第211页。

第一编　新民主主义革命时期党的经济思想

已。这两种错误观点都是离开发展经济而单纯地在财政收支问题上打主意,并且不注意动员人民群众、帮助人民发展生产渡过难关,而只注意向人民要东西,其结果是顾此失彼,都不能解决问题。毛泽东指出,这两种错误观点要么是把"仁政"施到日本帝国主义身上,因为抗战如果不胜利,人民的日子更加难过,只有打败了敌人,才是革命政府的大仁政;要么承袭国民党的思想,走国民党的老路。①

对发展生产同财政的关系,毛泽东明确指出,我们党应以90%的精力帮助农民增加生产,然后以10%的精力从农民身上取得税收。一方面取之于民,另一方面取之于己;一方面要求人民适当多负担一些,另一方面又使人民经济有所增长。也就是说,要使人民有所失,又有所得,并且所得大于所失。只有在做了帮助人民发展生产的工作,并确实产生了效果之后,再去向人民要东西时,才能得到人民的拥护和支持。他说:"对前者用了苦功,对后者便轻而易举。"②为此,他十分强调必须大力发展民营经济和公营经济,"只有实事求是地发展公营和民营的经济,才能保障财政的供给"③,避免单纯地向人民要钱要粮,巩固抗日根据地的经济基础,从切实有效的经济发展上解决财政困难,支持长期的抗日战争。

毛泽东把是否给人民以看得见的物质利益提高到党的根本路线和根本政策的高度,要求每个同志都好好研究,只有在我们的同志懂得并且实行了首先给人民东西,其次再向人民要东西这两方面的工作时,我们才算得上一个完全的共产主义革命家。否则,"食之者众,生之者寡,用之者疾,为之者舒,

---

① 参见《毛泽东选集》(第三卷),人民出版社,1991年,第894页。
② 史敬棠等:《中国农业合作化运动史料》(上册),生活·读书·新知三联书店,1957年,第171页。
③ 《毛泽东选集》(第三卷),人民出版社,1991年,第895页。

是要塌台的"①。只有一切以群众利益为重,一切从群众利益出发,才能使中国共产党成为真正的共产党,这是我们党区别于其他政党的主要标志之一。

根据地财政离不开金融。党中央当时已经认识到金融对发展经济、保障供给的作用。为了发挥金融的作用,边区政府开办银行,发行边币。为了防止通货膨胀,中央明确规定"各区银行所发行纸币额,需要以各地每年度可能流通额为准","黄金资本以本地向外出售为好,并可以一部分为银行准备金"。②对平衡物价问题,有的同志不了解边区的环境,不知道我们在物价上受敌友各方面的影响,而把边区看为孤岛,不从发展生产,多运盐出口,平衡出入口③方面看问题,而只想用收缩通货,来限制物价。毛泽东指出,要发展经济,必须解决出入口平衡的问题,"出入口问题一解决,则物价、币价两大问题即解决了"④。

毛泽东还对边区财政的基本特征作了分析。在陕甘宁边区经济落后的基础上建立的财政,不可避免地带有自给性和供给性的特征。毛泽东指出,这种"军队和机关学校所发展的这种自给经济是目前这种特殊条件下的特殊产物。它在其他历史条件下是不合理的和不可理解的,但在目前是完全合理并且完全必要的。我们就用这些办法战胜了困难。只有发展经济才能保障供给这一道理,不是被明白无疑的历史事实给我们证明了吗?"当时,我们党也意识到供给制有其不足之处,"缺点是生产与消费分开,劳动与收获分开,消费多,收获少,与生产劳动者本身无关,因而生产的比一般劳动者少,消费的则

---

① 《毛泽东著作选读》(下),人民出版社,1986年,第566页。
② 中共中央文献研究室、中央档案馆编:《建党以来重要文献选编(一九二一—一九四九)》(第十七册),中央文献出版社,2011年,第307页。
③ 这里的出入口指的是根据地对白区的贸易。
④ 《毛泽东文集》(第二卷),人民出版社,1993年,第367页。

比一般劳动者多,使生产赢利减少"①。因此,我们党采取了一系列的措施来克服供给制的不足,如公私合作,公私两利等。

二、公私兼顾,军民兼顾

在党的领导下,根据地的经济有所发展,但生产力水平仍很低,财政面临的问题是:一方面要多养兵,保证士兵的给养与装备,争取抗战的胜利,另一方面又必须保证人民最低限度的生活,并有适当改善。为此,毛泽东提出了"军民兼顾,公私兼顾"的方针。他说:"边区的经济,分为民营公营两大方面。民营经济,就是一切私人的农工商业。公营经济,就是政府、军队与机关学校所经营的农工商业。这两方面的作用与相互关系:民营经济是为了解决边区140万人民的生活,同时以租税的形式援助政府与军队,支持抗战建国的神圣事业。公营经济是为了解决数万党政军的生活费和事业费的主要部分,以便减少取之于民,休养民力,便于将来紧急需要时的取给。在这里适用的原则,就是'公私兼顾',或'军民兼顾'。"②

这一方针的实质是一方面要用极大力量帮助人民发展经济,使他们有所失的同时又有所得,另一方面又要用极大的注意力去经营公营经济,公营经济愈发展,则人民负担就愈轻。这是边区经济之所以能够全面发展的重要的政策保证。毛泽东指出,如果我们的党与政府不注意动员并帮助人民发展农工商业,则人民生活不能改善,也不能供给抗战需要,其结果只能是军民交困,而军心民心不稳,一切也就无从谈起了。"所以党和政府用极大力量注

---

① 陕甘宁边区财政经济编写组:《抗日战争时期陕甘宁边区财政经济史料摘编》(第八编),陕西人民出版社,1981年,第337页。
② 《毛泽东选集》,东北书店,1948年,第51页。

意人民经济的建设,乃是我们非常重要的任务。"①

在军民关系上,毛泽东指出,必须"厉行'军民兼顾'的原则,军队、党部、政府的经济问题应与人民的经济生活取得协调,一切损害人民利益引起人民不满的事均不许作"②。他说,部队的生产建设,是边区整个经济建设的一部分。在生产方法落后的条件下,部队生产基础主要应建立在各个单位的劳动力和各个单位的经济基础上,在政府的统一政策之下,准其充分发展,并有利可图。军队生产事业的发展不仅减轻了人民的负担,而且融洽了军民关系。

为了处理好公私关系,保障财政供给,除了发动军队开展生产自给外,毛泽东强调还要实事求是地发展公营和民营经济。他指出:"在目前的农村根据地内,主要的经济成分,还不是国营的,而是私营的,而是让自由资本主义经济得着发展的机会。"③因此,一方面我们要大力发展公营经济,建立新民主主义经济的基础;另一方面,公营经济要引导和帮助民营经济的发展,政府要积极扶持民营经济。④他在1941年8月6日致谢觉哉的信中指出:"今年的八百万投资仅顾及公营事业,全没有顾及私人农业贷款与合作社贷款……今后必须停止公业投资,发动私业投资,即大放农贷与合作社贷款,兼放畜牧贷款和商业贷款,以达增加粮食产量,牛羊产量,与相当繁荣商业之目的……今年之仅仅注意公业投资未能顾及私业投资,是由于等着公营事业救急的特殊情况,但由此产生的害则是与民争利(垄断)及解决不了大问题。"①中共中

---

① 中国科学院经济研究所财政贸易组编:《毛泽东论财政》,财政出版社,1958年,第15页。
② 中共中央文献研究室、中国人民解放军军事科学院编:《毛泽东军事文集》(第二卷),军事科学出版社、中央文献出版社,1993年,第694页。
③ 《毛泽东选集》(第三卷),人民出版社,1991年,第793页。
④ 参见白永秀、任保平、何爱平等:《中国共产党经济思想90年》,人民出版社,2011年,第128页。

第一编　新民主主义革命时期党的经济思想

央政治局根据毛泽东所提的方针,决定发展经济应以民营为主,公营为辅。

党在强调民营经济发展的同时,还十分重视公营经济在自力更生基础上得到发展的必要性。因为"单靠人民交纳租税,还是不能解决抗战建国的需要;特别是在边区地广人稀的条件下,人民的租税与政府的支出之间,长期存在着一个大矛盾,所以,我们又必须用极大注意力去经营公营经济"②,这是我们的政府、军队和一切机关学校的一个极大的任务。公营经济愈发展,则人民负担就愈轻,这是培养民力的一个办法。

在贯彻"军民兼顾,公私兼顾"的原则过程中,中国共产党始终秉持休养民力的思想。毛泽东强调指出,虽在困难时期,我们仍要注意赋税的限度,使负担虽重而民不伤。而一经有了办法,就要减轻人民负担,借以休养民力。这主要体现在,一方面我们要兼顾公与私、军与民的关系;另一方面是取之于民,用之于民,即从人民那里征收的东西,除供给党政军所需外,要尽可能地用于经济建设,采取适当的步骤和方法,帮助农民发展农业生产和鼓励、支持民办工业(主要是手工业)、商业、运输业的发展,使人民的经济生活有所增长,有所补充。

这一方针着重体现在我们党的税收政策上。中共中央指出,统一累进税"乃是应向我区内一切人民征收的税则",它的基本精神是"本着统一战线的原则出发的,起征点是照顾贫农利益的,最高点是照顾地主和富农利益的,累进率则是调解各阶层的利益的"。"居民中除极贫者应予免税外,均须按照财产等第或所得多寡,实施程度不同的累进税制,使大多数人民均能负担抗日经费。"中共中央还特别指出:"在一定条件下征税应无例外,如目前为着发展与调剂公私商业,因之对公私商业均应征一定的税额之税金。"①也就是说

---

① 《毛泽东文集》(第二卷),人民出版社,1993年,第366~367页。
② 中国科学院经济研究所财政贸易组编:《毛泽东论财政》,财政出版社,1958年,第15页。

边区实行单一税制,征税面广,同时税率较低。邓小平在阐明党的负担政策时指出:"我们实行的是钱多多出,钱少少出的原则,是量入为出与量出为入的配合,既照顾人民的负担能力,又照顾抗战的需要。而更重要的,是使负担办法适合于奖励发展生产的需要。"②因此,根据地的税收政策是按收入多少规定纳税多少,改变了过去将赋税负担主要放在地主资本家身上,制止过去常用的捉人罚款以解决军饷的办法。

"公私兼顾"还包含着"公私合作,公私两利"的内容,也就是通过公私合作达到公私两利的目的。李富春认为,"组织起来"的基本内容,在机关学校的生产与供给上,就是"公私合作,公私两利"八个字。他总结出了七种在实践中证明是成功的公私合作形式:①采取以劳动入股的合作形式;②在生产中规定分红比例;③节约中的分红比例;④一个机关内大小单位的合作;⑤单位与单位之间的合作;⑥与老百姓合作;⑦个人生产的公私合作。他认为公私合作必须贯彻以下原则:"公私两利,按劳取酬,防止公私偏废","在先公后私的原则下,尽可能照顾个人利益"。③

三、集中领导,分散经营的管理体制

1940年11月23日,中共陕甘宁边区中央局在一封关于财政经济政策的信中指出,边区的建设事业,应以分工合作与集中领导的原则,有计划的分散经营,有系统的集中领导,建立全边区的建设脉络。1942年,毛泽东明确提出"集中领导,分散经营"的思想。这是中国共产党关于革命根据地工业经济

---

① 中央档案馆编:《中共中央文件选集(一九四二——一九四四)》(第十二册),中共中央党校出版社,1991年,第494页。
② 《邓小平文选》(第一卷),人民出版社,1994年,第82页。
③ 李富春:《更向前一步》,《解放日报》,1944年2月26日。

管理的总原则,是正确解决边区政府与各地区各单位的财政经济工作中的关系的重要方针。它主要解决了经济管理中的宏观与微观、集权与分权的关系,目的在于既保证有组织有计划的集中领导,又充分发挥各地区各单位生产自给的积极性。

毛泽东指出,在分散作战、物质极端困难的条件下,切不可将一切物质供给责任都由上面领导机关负责起来,这样既束缚上面的手脚,又不能满足下面的要求,因此,万不可统得过死,应给各地各单位独立经营的权利,发挥其创造能力。他认为,分散经营之所以必要,是由于:第一,劳动力分散在党政军各部门各地区,如果集中起来,将破坏其积极性;第二,原料分散,交通不便。公营工业之所以要分散经营,主要局限于三个条件:首先,缺乏工业资本的积累,没有工人(即熟练工人)和管理人才以及资金和工具设备等;其次,生产力水平极低,停留在初级的家庭手工业和手工作坊阶段;再次,我们建立的工业是自给性工业。那种不同意分散经营而主张一切都要集中的意见,是由于没有认识到在白手起家的工业建设中,生产力低所表现的原始积累不足、生产方法水平低下和自给性质这三个特点,而误袭了资本主义国家与社会主义国家国营工业建设的经验,犯了教条主义的错误。

同时,中国共产党认识到"分散经营",必须是在集中领导下的分散经营,决不能各行其是、无计划、无领导,形成无政府状态。必须把我们所处的环境与资本主义初期的一般情况区别开来,它是盲目的、私有的、追求利润的生产,而我们是有组织的、公营的、自给的生产,因而要总结经验,以避免不利于生产发展的现象。诚如毛泽东所说,我们要加速从盲目的到自觉的过程,这就需要在分散经营基础上的有组织有计划的集中领导。"所有权的过分分散,不可能有组织的具体领导,不可能使经验与技术好的有利条件直接而具体帮助经验与技术差的企业,因而必须将所有权由小系统适当地统一于大系统";在自给性的分散经营下,各单位都以有利可图去选择经营某种工业,便会发生生产单位没有销路,消费单位缺乏经费之间的矛盾,因而"必须适当地将所有权依生产与消费直接结合的原则加以转移"。①

"集中领导,分散经营"的方针在贸易政策上体现为"对外贸易管理,对内贸易自由"的原则。皖南事变后,根据地各单位自想办法渡过难关,于是在贸易上,出现了各自对外采购,经营食盐和特产出口的局面,这样做虽然解决了暂时的困难,但根据地金融物价上产生了剧烈的波动和不稳。当时必须解决的问题是:外汇要管理,金融物价要稳定,出入口求平衡。

1941年,党中央决定实行计划贸易,具体措施为:实行出入口许可制,规定禁止出入口的物品,实行外汇允许制,保证必需进口物资得到外汇,非必需物资不给外汇;实行关税保护政策,鼓励根据地生产和出口;实行食盐统销。但这完全是一个空头计划,因为当时既无资力又无物力,加上分散经营,无法实行计划贸易,最后适得其反。1942年高干会议上,中国共产党清算整顿了因部队机关中的违法走私(主要是食盐)、金融上的本位主义和财政建设的脱节等造成的互相掣肘的现象,确定建立各分区财政,并决定领导一元化,专门成立物资局,管理对外贸易,统一公家商店,实行食盐特产统销集中等。这些措施体现了"集中领导,分散经营"的方针。

为处理好各种经济关系,尤其是公营经济内部的关系,最大限度地调动积极性,有必要实行"集中领导,分散经营"的方针。毛泽东强调指出:"对于所有的公营农工商业,都要区别两种形式:一种是大的,一种是小的,大的应该集中,小的应该分散。"①他指出,那些关系到部队、机关粮食等基本需要的大

---

① 陕甘宁边区财政经济编写组:《抗日战争时期陕甘宁边区财政经济史料摘编》(第三编),陕西人民出版社,1981年,第365页。

第一编　新民主主义革命时期党的经济思想

工厂、大作坊、大农场、大商业,必须有统一的计划,集中的管理,严格的节制,不能听凭他们各自为政,毫无拘束地去干。在应该集中领导的那些农工商业里,也不是全边区都集中一个唯一的机关手里。而是由这样的一个机关(现在是边区财政经济委员会及其办事处),根据全体及各部分的需要与经营的可能条件,作出统一的计划,交由党政军各系统去分别地经营。在党政军的每一大系统里,又有统一计划与分别经营的事。而对于那些小手工业、小作坊、小商业及机关单位开办的小型的合作事业等,就不在统一计划之中,而那些对国计民生影响甚微、规模不大的企业,国家和地方就不必要管得太严太死,允许那些本小利微、规模极小的服务性行业由个体劳动者经营,以活跃经济,方便群众。

毛泽东在1942年的高干会上强调指出:"统一领导问题,为1943年改进公营工业的中心问题,必须彻底地努力地解决之。"②他之所以特别强调"集中领导"的原则,主要原因在于边区的工业发展中存在着无政府状况。由建设厅、财政厅、军队机关各自主管的各部分企业,各自为政,缺乏必要的计划性,生产过于分散,造成了严重的混乱局面,浪费了人力物力,如产销不对路,很多工厂常处于原料恐慌之中,工人的生活用品没有保障等。在当时受到敌人经济封锁,边区财力物力有限,工厂生产目的是自给,商品市场不活跃的特殊情况下,要迅速地解决这些困难和混乱现象,只有实行"集中领导"的原则。

---

① 《毛泽东选集》,东北书店,1948年,第814页。
② 中共中央文献研究室编:《毛泽东著作专题摘编》(上册),中央文献出版社,2003年,第706页。

四、农业第一,工业自给的产业安排

农业生产是根据地经济建设中第一位的工作。这是党在1934年就确定的思想。1940年2月,中共中央在关于财经工作的指示中指出:"农业是财政经济的最主要部门。"[①] 1942年1月,中共中央在关于抗日根据地土地政策的决定中指出:"农业生产是抗日根据地的主要的生产,党与政府的工作人员必须用最大力量推动发展之。"[②]

毛泽东认为,在国民经济各部门中,发展顺序是:农业为第一位,工业、手工业、运输业和畜牧业为第二位,商业为第三位。这个顺序的安排,适应农村根据地经济建设的实际情况和需要。

农业第一的主要原因是根据地处于比较落后的农业区,原本就是以农业为本的经济。在根据地,有广大的土地可以耕种,而且可以普遍动员广大民众以及党政军各机关部队学校参加农业生产,对发展农业生产极为有利,而边区工业没有基础,要发展有一定的困难。发展农业与发展工业相比较,就如贺龙指出的:"虽然我们现在很缺乏许多必要的工业品,如布匹、火柴、肥皂、纸张等,我们正在努力自己制造,求得能够自给,但它的发展前途是要受到一定限制的。只有发展农业是在今天和将来都对我们非常需要并极可靠的。"[③]

为了更好地发展农业,毛泽东总结了边区发展农业生产的经验,其中包括:①纠正了农业政策上"左"的错误,实行休养生息的政策;②党中央发出

---

① 中共中央党校党史教研室编:《中国共产党史稿》(第3分册),人民出版社,1983年,第115页。
② 白永秀、任保平、何爱平等:《中国共产党经济思想90年》,人民出版社,2011年,第156页。
③ 《陕甘宁边区抗日民主根据地》(文献卷·下),中共党史资料出版社,1990年,第280页。

第一编 新民主主义革命时期党的经济思想

了发展农业生产的号召,打破了农民怕发展生产的心理;③实施移民政策,弥补劳动力的不足;④实行奖励政策;⑤减少劳动力的浪费与调剂劳动力,动员妇女参加生产;⑥政府发放贷款。基于这些经验总结,毛泽东提出今后发展农业的八项政策:减租减息、增开荒地、推广植棉、不违农时、调剂劳动力、增加农贷、提高技术、实行累进税。他特别强调发展农业,"要因地因时制宜",我们指导农业,要依各种不同地区而采取不同方法,"不但在大的区域之间要有区别,就是在一县、一区,有时甚至在一乡之内,也要有这种区别"。[①]同时,他还十分重视农业技术的提高,强调从边区现有的农业技术与农业生产知识出发,尽可能地从事研究,帮助农民对粮棉各项主要生产事业有所改良,达到增产目的。而兴修水利,推广优良品种,中小学开设农业常识课等措施有助于达到这一目的。在提倡发展农业生产的同时,他还提倡要发展畜牧业生产和林业生产,使农、牧、林得到应有的发展,共同促进根据地农村经济的发展和繁荣。

在延安时期,党批评了那些发展经济只重视商业,忽视农工业的观点,指出:"商业只可救急,要建立永久基础于商业之上,是不可能也不应该的。"[②]积极发展工业自给,是由边区的经济基础和客观需要决定的。为了克服边区经济的落后性,为抗战服务,需要在农业经济发展的基础上,普遍地发展手工业和合作交通等事业,求得在长期抗战中工业品的自给,繁荣根据地的经济。毛泽东明确指出,我们边区的工业建设,也和其他工作的目的一样,是为了打倒日本帝国主义。如果没有工业,便没有巩固的国防,没有人民的福利,便没有国家的富强。只有工业发展,才能改造社会面貌,才能建立经济上不依靠外力而能独立自主的边区。1938年以前,边区日用品全部靠外面进口,存在严重

[①] 中共中央文献研究室编:《毛泽东著作专题摘编》(上),中央文献出版社,2003年,第1014页。
[②] 《毛泽东文集》(第二卷),人民出版社,1993年,第462页。

的依赖性。自建立自给工业后,利用本地资源制造了各种军用日用品,冲破了敌人的封锁,渡过了物质匮乏的难关,保障了供给,发展和繁荣了国民经济,培养了一大批企业干部和技术人员,为后来工业的发展奠定了基础,并且由于自给工业的发展,在平衡边区外汇稳定金融方面起到了一定的作用。

虽然当时从边区实际需要出发要求建设重工业是设想,但从革命胜利后的长远发展目标来看,中国共产党要把中国由农业国建设成为工业国就必须发展工业生产,实现工业化,而不能满足于手工业方式的自给自足。刘少奇指出:"世界上凡是强大的国家,都是工业国……我们中国之所以弱,也就是因为我们还只有很少的工业,我们还不是一个工业国。要中国强盛起来,也必须使中国变成工业国。我们将来的责任,就是要把中国由农业国变为工业国。"[1]毛泽东也强调指出:"新民主主义社会的基础是机器,不是手工……由农业基础到工业基础,正是我们革命的任务。"[2]毛泽东指出,建立一个独立、自由、民主和统一的新中国,是实现国家现代化的前提。"在新民主主义的政治条件获得之后,中国人民及其政府必须采取切实的步骤,在若干年内逐步地建立重工业和轻工业,使中国由农业国变为工业国。新民主主义的国家,如无巩固的经济做它的基础,如无进步的比较现时发达得多的农业,如无大规模的在全国经济比重上占极大优势的工业以及与此相适应的交通、贸易、金融等事业做它的基础,是不能巩固的。"[3]党认识到,为了达到工业品全部自给的目标,仅靠公营工厂是很难完成这个艰巨任务的,还必须有计划地发展合作和民营纺织、造纸煤矿、机器等工业,特别是民间纺织业的发展。因此,公营企业、私营企业和合作企业三种形式并进,党和政府均予以扶助和支持,

---

[1] 《刘少奇选集》(上),人民出版社,1981年,第302页。
[2] 《毛泽东书信选集》,人民出版社,1983年,第239页。
[3] 《毛泽东选集》(第三卷),人民出版社,1991年,第1081页。

这是边区自给工业发展的一个重要特色。

五、公营企业的管理体制

抗日战争时期,在努力发展工业生产的过程中,中国共产党对工业企业管理体制作了许多有益的探索。

(一)企业必须建立经济核算制,实行自负盈亏

鉴于当时企业内部存在着不同程度的混乱状态,经营管理的规章制度不健全,特别是缺乏严格科学的经济核算制度,宏观管理上统收统支,企业不负责任,也没有独立的经济利益,企业中不问成本、不讲盈亏的风气浓厚,经济效益低下等种种状况,毛泽东、张闻天等提出企业要严格经济核算,打破"过去把工厂看作行政机关供给部门的观点"[①],改变单纯供给的观念,每个企业都要有一定的财权,"应有相当独立的资金(流动的和固定的),使它可以自己周转,而不致经常因经济困难,妨碍生产"[②],政府与工厂在经济上要建立平等的买卖关系,尊重它的相对独立性;严格财经手续,工厂的收支必须按照财会制度办事,要克服"收支不清,手续不备的糊涂现象";各个企业尽可能采用成本会计制,如一时还不能用,也必须有成本的计算,提出"质量好,产量高,成本低"的口号;建立和实行定期检查企业完成计划情况的制度,克服听其自流的现象;每个工厂要建立"节省原料和保护工具的制度,使其逐步养成节约原料和爱护工具的良好习惯"。有了严格的核算制度,就能考察一个企业的经营是否有利可图,要办好一个工厂,必须很好地计算成本和利润。中国共产党人在这时已认识到,经济核算制是企业管理资金的客观

---

① 《张闻天选集》,人民出版社1985年,第346页。
② 《毛泽东文集》(第二卷),人民出版社,1993年,第463页。

要求,建立这一制度就是为满足这一需要。

毛泽东指出,企业要重视盈利,他要求"一切工厂,应依自己经济的盈亏以为事业的消长。一切从业人员的薪给,应由工厂自己的盈利解决,而不支领公粮、公衣与公家的津贴费"。规定盈利的相当一部分要归本企业所有,用于扩大再生产和改善职工的生活福利。"凡不适合保障供给原则及无利可图的企业,实行合并或关闭。"①工厂应当盈利,这是天经地义的事。党中央和毛泽东在革命战争年代就重视和强调工厂要盈利,以其盈亏作为判断其有无成绩的标准,凡既不适合保障供给又无盈利的工厂,就一律实行合并或关闭。革命战争年代都这样要求,社会主义时期更应如此。

实行企业经济核算和盈利原则,有利于整顿企业的经营管理,能启动企业经济活动的内在动力,调动企业的积极性,同时还把企业的生存、发展与职工的物质利益同企业经营的成果直接挂起钩来,以尽可能地提高经济效益。这一原则是在毛泽东通过在杨家岭的调查分析,找到问题的症结所在之后提出来的。

(二)工厂组织企业化和实行按劳分配

在边区,许多工厂在组织上非常不合理,人员过多,机构庞大,管理人员和直接生产人员的比例失衡,造成了人浮于事、效益不高,人力财力被严重浪费的现象。对此,毛泽东提出对边区工业企业的组织机构进行整顿和改造,精简机构和管理人员,调整管理人员和直接生产人员的分配比例,消灭脱离生产人员过多的现象,"克服工厂机关化与纪律松懈的状态",使企业成为一个各负其责、精悍灵活、效率极高的有机体。为了整顿组织纪律,必须建立各种必要的规章制度,如"工厂要建立必要的奖惩制度,否则,是不能保证劳动

---

① 《毛泽东文集》(第二卷),人民出版社,1993年,第463页。

第一编 新民主主义革命时期党的经济思想

纪律与劳动积极性的提高"①。中共中央西北局指出:"企业化是发展工业的一个重要关键,必须切实而有步骤的实现,克服工厂组织机关化的现象"②,因为"管理机构企业化,亦为提高生产力的重要环节之一"③。工业企业应以生产为中心开展各方面的工作,这是毛泽东为边区工业企业经营管理制定的一个较为重要的原则。他要求企业的行政、支部、工会三个方面组织统一的委员会,使行政人员和行政工作真正走上为生产服务的"正轨"。他强调"党与工会的任务就是保障生产计划的完成"④,要求政治思想工作要务实,落实到生产上去,指出政治工作的优劣,应以经济成果的好坏为标准。

在企业内部,毛泽东强调必须克服平均主义现象,实行按劳分配的原则。他在井冈山时期就批判过物质分配上的平均主义倾向。抗战初期,由于残酷的战争环境,边区公营工业非常薄弱,因而实行"平均主义的薪给制"。但随着发展,这种不合理的分配制度的弱点逐渐暴露出来。毛泽东分析指出:"平均主义的薪给制抹杀熟练劳动与非熟练劳动之间的差别,也抹杀了勤惰之间的差别,因而降低劳动者的积极性,必须代之以计件累进工资制,方能鼓励劳动积极性,增加生产的数量和质量。"⑤他之所以认为应实行计件工资制,是因为它比计时工资制更符合按劳分配的原则。关于实行这一原则的方式,毛泽东提出和肯定了以下三种形式:①企业成员以"身份股"的形式入股分红;②计件工资制;③"按质分等的个人分红,使直接从事生产的人员分得红利,借以刺激生产的发展。"在工资制度的改进上,党认识到平均主义工资制(即

---

① 《毛泽东文集》(第二卷),人民出版社,1993年,第463~464页。
② 《陕甘宁边区抗日民主根据地》(文献卷·下),中共党史资料出版社,1990年,第282页。
③ 陕甘宁边区财政经济编写组:《抗日战争时期陕甘宁边区财政经济史料摘编》(第三卷),陕西人民出版社,1981年,第381页。
④⑤ 《毛泽东文集》(第二卷),人民出版社,1993年,第464页。

津贴制)和半供给性的混合制对于发展公营经济是不利的,"我们应按各种具体条件努力推行各种各样的按劳等级的(反平均主义)、合作互助的(反个人主义)工资制度",即实行"多劳多得的合理原则"的全面工资制。选择最能切实贯彻按劳分配原则的工资制度和分配方式,能够保证最大限度地激发劳动者的生产热情。

(三)确立厂长负责制原则

张闻天指出:"为了彻底改造我们的工厂,我们必须贯彻工厂管理一元化的方针。工厂是一个统一的生产单位,有一定的生产任务,它只有由政府、由厂长集中管理时,才能把工厂办好,多头的分散的管理,只能把事情弄坏。"在工厂内部,必须建立厂长负责制,厂长代表政府,凡有关生产上的一切问题,他均有最后决定权,反对同厂方对立的经济主义、平均主义、无政府主义倾向,但厂长的集中管理并不取消工厂内部的民主,这就要求厂长必须善于管理工厂,"工厂管理的一元化,绝不能同官僚主义、家长制混为一谈"[①]。厂长负责制一方面解决了企业管理中集中与民主的关系,另一方面又要求厂长必须有较好的素质。

(四)加强质量管理

为了加快公营工厂的发展,把企业搞得更好,党还十分注意加强全体职工和厂领导的质量意识,加强企业文化的建设。如提出"质量第一"的口号,指出全体职工要从思想上认识我们的产品不是为了获利,而是为了保证党政军工作人员和全体人民的需要。刘少奇说,工厂生产出的成品是供给广大群众的,如只追求数量不管质量的好坏,这是错误的,[②]要认识到质的提高,也就是量的增加。为了提高质量,我们要在原料采购、产品制造和推销的全部过程

---

① 《张闻天选集》,人民出版社,1985年,第346~348页。
② 参见《刘少奇选集》(上卷),人民出版社,1981年,第305页。

第一编　新民主主义革命时期党的经济思想

中都注意配合,每个产品要有必要的标准,要有严格的制度和检查,"只图数量不求质量的粗制滥造倾向,必须严格的加以纠正"[1]。

六、劳动互助,发展合作经济

开展劳动互助,发展合作经济的思想是中国共产党早在土地革命时期就确立的。全民族抗战时期,党根据新的形势和实践发展了这一思想。在根据地技术十分落后的条件下,中国共产党意识到,劳动力是经济事业中的决定性要素,组织劳动力是发展农业生产的中心环节。基于这种考虑,毛泽东发出了"组织起来"的号召,指出:"目前我们在经济上组织群众的最重要形式,就是合作社。"[2] 1943年12月,中央书记处专门发出指示,要求各地坚决贯彻毛泽东关于组织起来的方针,指出它:"告诉我们发展生产的正确方针(把群众组织起来)与办法(用合作社形式)可以使生产力提高一倍,可以使穷苦变为富裕,可以使人民群众得到解放,可以坚持长期的抗战,是中国经济发展史上一大革命。"[3]合作社的最初形式是劳动互助。党总结了群众实践中劳动互助的经验,认为通过农业生产互助合作,大大提高了劳动生产力,节省和延长了"有效劳动时间",增加了粮食产量,这种新的生产力是从前小农经营方式所不会有的,新的劳动互助(与十年内战时期相比有新的特点)虽未改变小农经营的个体经济基础和技术基础,但它打破了小农经营方式对提高农业生产力的第一个限制——分散的个体劳动。劳动互助不仅提高了农

---

[1]　中华全国总工会中国职工运动史研究室编:《中国工会历史文献》(第4册),工人出版社,1959年,第288页。
[2]　《毛泽东选集》(第三卷),人民出版社,1991年,第931页。
[3]　中央档案馆编:《中共中央文件选集(一九四八——一九四九)》(第十四卷),中共中央党校出版社,1992年,第136页。

163

业生产,而且逐渐改变了农民分散劳动的习惯,使其养成了集体劳动的习惯,为将来使用新的农业技术集体生产创造了有利条件。不过,中国共产党也认识到,在这种形式下,个体经济与集体经济之间的矛盾并没有消灭,而是仅得到"相当的解决"。"由于个体经济的存在,参加劳动互助的各农户的经济发展也会是有差别的,但是这种差别,决不致酿成少数人致富和大多数农民贫困化的现象,而是各个阶层经济状况之普遍改善与上升。这就是劳动互助运动能够取得全体农民的拥护的根本原因和逐渐集体化的道路能够成功的条件。"[1]

1943年10月,毛泽东在边区高干会议上对合作社这一新事物给予了充分肯定和高度评价。他说,合作社"是人民群众得到解放的必由之路,由穷苦变富裕的必由之路,也是抗战胜利的必由之路"[2]。中国"几千年来都是个体经济,一家一户就是一个生产单位,这种分散的个体生产,就是封建统治的经济基础,而使农民陷于永远的穷苦"。束缚边区生产力发展的封建剥削关系经过减租减息之后,已削弱了一大半,这是一个革命,但"如果不从个体劳动转移到集体劳动的生产方式的改革,则生产力还不能获得进一步的发展"。要克服这一落后方式,使生产力飞跃发展的唯一办法就是逐步集体化,而集体化的唯一途径就是列宁所说的"经过合作社"。[3]这种办法,可以行之于各根据地,将来可以行之于全国。

毛泽东指出,合作社的方针"就是为群众服务,这就是处处要想到群众,为群众打算,把群众的利益放在第一位。这是我们与国民党的根本区别,也是共产党员革命的出发点和归宿点"[4]。中国共产党坚持为人民服务,为人民谋

---

[1] 中共西北中央局调查研究室编:《边区的劳动互助》,中共西北中央局,1944年。
[2] 《毛泽东选集》(第三卷),人民出版社,1991年,第932页。
[3] 同上,第931页。
[4] 罗平汉:《中国共产党群众路线思想史》,人民出版社,2013年,第86页。

第一编 新民主主义革命时期党的经济思想

利益的原则,系用群众集体经营方式使边区经济获得发展的最主要原因。从这一原则出发,党规定合作社"系用群众集体经营方式以发展国民经济,改善人民生活,并组织与教育广大人民群众,共同完成抗战建国之需要为目的"①。

在党的号召下,边区出现了各种形式的合作社,主要有农业劳动互助社、消费合作社、手工业生产合作社、运输合作社、信用合作社、综合性合作社(南区式的)和部队机关学校合作社。有了这些合作社,我们就可以把群众的力量组织成为一支劳动大军。我们党认识到,为了更好地服务群众,就必须很好地组织群众,在工作中贯彻群众路线,指出学会组织群众劳动是每个共产党员的任务。可以说,充分发动和组织群众,搞大规模的群众性经济建设运动是党在延安时期的一个重要经验。邓小平当时也指出:"任何一个经济建设的事业,没有广大人民自愿地积极地参加,都是得不到结果的。"②

为了确保边区合作化运动发展顺利进行,党中央明确指出:"合作社不是公家商店,也不是人民负担,而是群众自己组织起来又给群众办事情的团体,是在私有财产基础上各阶层人民大众联合经营的经济的文化的卫生的公益事业组织,这种组织只有民办公助,才能办好,不能脱离群众,光靠上面来办。"③我们不能采用强迫命令,欲速不达,而应采取耐心说服、典型示范、自愿互利、民办公助的方针。毛泽东指出,如果我们采取这一正确方针,那么几年之内,就可以把大多数农民都组织在农业生产和手工业生产的互助团体里面。"这种生产团体,一经成为习惯,不但生产量大增,各种创造都出来了。"④

为了解决资金上的困难,毛泽东提倡兴办适合当时边区手工业不发达、

---

① 陕甘宁边区财政经济史编写组:《抗日战争时期陕甘宁边区财政经济史料摘编》(第七编),陕西人民出版社,1981年,第62页。
② 《邓小平文选》(第一卷),人民出版社,1994年,第85页。
③ 白永秀、任保平、何爱平等:《中国共产党经济思想90年》,人民出版社,2011年,第159页。
④ 中共中央文献研究室编:《毛泽东著作专题摘编》(上),中央文献出版社,2003年,第688页。

手工业工人不多等条件的合股企业、合股雇佣企业。他对合股企业的集股方式、股金来源、分红办法、股息额度等情况,均作了详细考察,提出了发展集股合作事业的方针。

毛泽东通过对延安南区合作社的历史和经营的调查研究,认为南区合作社是边区合作社中的一个典型,要求把它的经验推广到其他地方去,发出向南区合作社学习的口号。他说,南区合作社冲破了教条主义、公式主义,不拘成规。它从消费开始,发展到南区全体人民经济生活的各个方面,不仅经营消费,还经营供销、运输、生产、借贷,是一个综合性的合作社。它以公私两利的方针,作为沟通政府与人民的经济桥梁,经过合作社,使政府、合作社、人民三者之间公与私的利益、个人与集体的利益,密切地结合起来。它发展了南区人民的工农业,照顾了南区人民各方面的经济利益,成为南区人民的经济中心。因此,南区合作社式的道路,就是边区合作社事业的道路,发展南区合作社式的合作运动就是发展边区人民经济的重要工作之一。

在边区合作运动发展过程中,出现了一些不正常现象,如合作社机关化,经济效益低下等。对此,党及时地提出解决办法。1942年,毛泽东提出:"合作社工作人员,必须群众化,实行薪水制,取消对合作社人员的代耕制;改良合作社的组织,实行精简,使之企业化。"[①]在这一思想指导下,合作社的发展进行了一些调整,经济效益不断提高。针对合作社股金由政府摊派,不算账分红,业务与群众脱离等现象,党中央提出由公办转为民办公助,采取自由入股和按期分红等措施。这些措施有力地推动了合作社健康发展。

延安时期的合作化运动中走过一段"两起两落"的弯路,因为工作中存在着不自觉的盲目发展。1943年和1944年合作社事业大发展有其正确的一面,

---

① 白永秀、任保平、何爱平等:《中国共产党经济思想90年》,人民出版社,2011年,第159页。

在组织人民的消费、供销、生产方面有很大的作用。但也有不足,大发展之后许多合作社为人民所不满,甚至走向垮台和失败的境地。我们党认为,其主要原因是不懂边区是个体、分散的小农经济,在这个经济基础上,需要便利农民的小型合作,"而不是过急的不看条件的举办大型的、一区一乡完全集体化的合作社,尤其不需要这些大型合作社去单纯经商投机违法"①。这一时期办的都是大型合作,搞一揽子合作社,拼命扩大摊子,纯粹是根据主观愿望,摊派股金搞起来的,其脱离群众也是必然的。可惜,这一时期的教训并没有被吸取和引起重视,后来的人民公社化运动就是它的延伸。

对合作社的发展趋势,当时我们党已有一个大致的轮廓。毛泽东指出:"我们的经济是新民主主义的,我们的合作社目前还是建立在个体经济基础上(私有财产基础上)的集体劳动组织。"②因而,我们现在已经组织的农民合作社还是一种初级形式的合作社,还要经过若干发展阶段,才会在将来发展为苏联式的被称为集体农庄的那种合作社。任弼时也指出,合作社"解决了新民主主义下农村经济如何建设的一个原则问题","边区国民经济在私有基础上,逐渐由分散的个体经济组织起来,走上合作化的道路,成为一种比较有计划有组织的经济"。③

七、自力更生与利用外资和外援

革命根据地处于边远山区,陷入日、伪、顽夹击的境地,日本帝国主义对

---

① 陕甘宁边区财政经济史编写组:《抗日战争时期陕甘宁边区财政经济史料摘编》(第七编),陕西人民出版社,1981年,第468页。
② 《毛泽东选集》(第三卷),人民出版社,1991年,第931页。
③ 陕甘宁边区财政经济史编写组:《抗日战争时期陕甘宁边区财政经济史料摘编》(第八编),陕西人民出版社,1981年,第6页。

根据地实行极其残酷的"扫荡""蚕食""清乡"和"三光"政策,企图破坏根据地军民的生存条件,国民党停止发饷,又发动反共"摩擦",实行经济封锁,造成1940年至1941年根据地军民几乎没有衣穿、没有油吃,战士没鞋袜,工作人员冬天没被盖,生活困难非常之大。面对困难,毛泽东提出了"独立自主,自力更生,自己动手,丰衣足食"的思想。自力更生是当时党的唯一正确的选择。中共陕甘宁边区中央局认为:"为着打破日增的困难……力争好转的严重任务,又为着奠定新民主主义经济基础,更充实与活跃新民主主义政治,在财经政策上已不容我们慢步的走,而应转到完全自力更生的自给自足政策,这就是陕甘宁边区目前财经政策的新方向。"①

在自力更生的问题上,我们党走过一段弯路。抗日战争时期根据地经济困难一方面是由于客观上来自敌人的破坏和封锁以及农村生产力水平落后等原因,另一方面是由于主观上党内存在较为严重的依赖外援的思想。抗战开始以后,根据地外援日多,国民政府开始发给军饷,当时的财政方针是"争取外授,休养民力",而没有认识到自力更生的重要性。当时,外援(包括海内外华侨的捐款、国内民主人士和抗日团体的捐助,以及国民党给的军饷等)在边区财政收入中所占的比重极大。据统计,外援所占比重1938年为51.6%,1939年为85.79%,1940年为74.7%。②直到外援断绝,遇到了巨大的经济困难,才认识到必须抛弃依赖外援的思想。

毛泽东十分强调,在争取外援时,我们不能一切依赖外援,指出:"我们对国际援助暂时决不应作过大希望。抛开自力更生的方针,而主要地寄希望于外援,无疑是十分错误的。"③"就是假定将来有了外援,生活资料也只能由我

---

① 《陕甘宁边区抗日民主根据地》(文献卷·下),中共党史资料出版社,1990年,第219~220页。
② 参见唐宝富:《抗日根据地政治制度研究》,人民出版社,2001年,第221页。
③ 王东方:《中国革命的延安之路》,人民出版社,2019年,第126页。

们自己来供给。"①周恩来也明确指出:"我们主张争取外援,但这种外援必须结合在自力更生的基础之上,才有作用,才有力量。"②也就是说,争取外援必须以自力更生为基础。

实行自力更生的方针,决不是也决不能放弃一切可能的外援,因为自力更生决不是闭关自守,两者毫无共同之处。自力更生,不是不要外援。毛泽东指出:"从长期战争与集中反对日本帝国主义的原则出发,组织一切可能的外援,是不可忽视的。"他在抗战初期就提出吸收外国资力,建立国防工业,"力争各民主国家和苏联对我物质援助的增加"③,"努力争取一切可能的援助。在一定程度上不但是可能的,而且是事实,但过高希望则不适宜"④。基于这一点,中国共产党提出了争取和吸引外资的思想。1944年,中共中央明确提出:"在双方有利原则下,我们欢迎国际投资与技术合作,我们首先要求国际工业合作委员会的继续合作。"⑤同年8月,毛泽东在与美军观察组成员约翰·S.谢伟思谈话中指出:"中国必须工业化。在中国,工业化只能通过自由企业和在外国资本帮助之下才能做到。"⑥可见,把外国资本的帮助作为中国工业化的重要条件之一,是毛泽东在吸引和利用外资问题上的重大发展。

1945年4月,毛泽东在党的七大报告中进一步明确地提出了关于利用外资的问题。他说:"为着发展工业,需要大批资本。从什么地方来呢?不外两方

---

① 《毛泽东选集》(第三卷),人民出版社,1991年,第1105页。
② 中共中央文献研究室、中国人民解放军军事科学院编:《周恩来军事文选》(第二卷),人民出版社,1997年,第455页。
③④ 中共中央文献研究室、中央档案馆编:《建党以来重要文献选编(一九二一—一九四九)》(第十五册),中央文献出版社,2011年,第619页。
⑤ 中共中央文献研究室、中央档案馆编:《建党以来重要文献选编(一九二一—一九四九)》(第二十一册),中央文献出版社,2011年,第475页。
⑥ 《毛泽东等中共领导人与谢伟思的六次谈话》,《党史通讯》,1983年第20、21期合订本。

面：主要地依靠中国人民自己积累资本，同时借助于外援。在服从中国法令，有益中国经济的条件之下，外国投资是我们所欢迎的，对于中国人民与外国人民都有利的事业，是中国在得到一个巩固的国内和平与国际和平，得到一个彻底的政治改革与土地改革之后，能够蓬蓬勃勃地发展大规模的轻重工业与近代化的农业。在这个基础上，外国投资的容纳量将是非常广大的。一个政治上倒退与贫困的中国，则不但对于中国人民非常不利，对于外国人民也是不利的。"[①]之后，毛泽东关于利用外资的思想又有进一步发展。

在当时外援断绝的情况下，党决定以自力更生来克服困难，通过自己动手，达到丰衣足食，最好的办法就是军民双方同时发动大规模的生产运动。在党中央的领导下，军队实施屯田政策，投入到大生产运动中，陕甘宁边区几万名机关工作人员包括党的领导人也都纷纷投入到大生产运动中。各根据地办了许多自给工业，发展自给经济，从而推动群众性生产运动蓬勃地向前发展。全国各抗日根据地的大生产运动取得了丰硕的成果。在物质上，根据地的农业生产和工商业都得到迅速发展，人民生活获得明显改善。为巩固抗日民主政权，支持长期抗战，争取抗日战争的胜利，奠定了物质基础。在管理上，积累了艰难时期组织经济建设的许多宝贵经验，培养出一批擅长经济工作的干部。在精神层面，密切了党政军民关系，培育出自力更生、艰苦奋斗的创业精神。其中，南泥湾精神具有典范意义。

1941年3月，八路军359旅进驻陕甘宁边区南大门南泥湾，一边练兵，一边屯田垦荒。359旅刚开进南泥湾时，南泥湾荆棘遍野，野兽出没，荒无人烟。他们在缺乏资金和生产工具等困难情况下，自力更生、艰苦奋斗。到南泥湾的当年，他们便实现了蔬菜的完全自给。两年后，开荒达到10万多亩，产粮12000

---

① 中共中央文献研究室编：《毛泽东著作专题摘编》（上册），中央文献出版社，2003年，第829页。

石,实现了"不要政府一粒米,一寸布,一文钱"的奋斗目标,做到了粮食和经费的全部自给。1944年底,南泥湾种植面积达26万多亩,收获粮食37000石,并于当年向陕甘宁边区政府缴纳公粮10000石。南泥湾变成了"处处是庄稼,遍地是牛羊"的陕北"好江南"。359旅成为大生产运动的模范,形成了以自力更生、艰苦奋斗为核心的南泥湾精神。它在中国共产党经济思想史上有特殊的重要意义。

艰苦奋斗,是根据地军民在长期斗争中形成的一种优良传统。朱德指出:"节衣缩食,勤苦劳作,这是一切经济事业创造的必由之路。""特别是我们处在战争时期,处在贫困的边区,为了打败日本帝国主义和创造我们事业的基础,我们应当特别提倡和实行'节衣缩食,勤苦劳作'的口号。"①李富春认为:"我们边区的作风是艰苦奋斗的作风,我们是布尔塞维克的作风。吃苦耐劳,是我们的家常便饭;我们遇着任何困难,都要向困难作斗争,誓死也不向困难投降的。这是我们革命的传统,每一个共产党员,在这次生产运动中,都应该发扬我们革命的传统,保证我们的任务的完成。"②因此,要实现自力更生,就必须有艰苦奋斗的精神,同时必须有"省吃省穿的自我牺牲精神",这两者是紧密相连的。

在延安时期,有个别的干部被物质所诱惑,因而不愿忠实于共产主义的神圣事业,腐化了。对这种腐败现象,中共中央十分警惕。为了保持和发扬艰苦奋斗精神,党中央提出:"厉行廉洁政治,严惩公务人员之贪污行为,禁止任何公务人员假公济私之行为,共产党员有犯法者从重治罪。同时实行俸以养廉原则,保障一切公务人员及其家属必须之物质生活及充分的文化娱乐生

---

① 朱德:《克服困难,向前迈进》,《解放日报》,1942年5月1日。
② 李富春:《加紧生产,坚持抗战》,《解放周刊》,1939年第65期。

活"①。为了杜绝贪污腐化现象的发生,中央加强完善各项规章制度,严格限制进口奢侈品,免使干部贪图享乐。更重要的是,通过整风运动,广大干部接受了教育,使自力更生、艰苦奋斗的精神在全党发扬光大,史称"延安精神"。

强调艰苦奋斗不等于不要提高生活水平,毛泽东指出:"在现有根据地的条件下,不提倡发展生产并在发展生产的条件下为改善物质生活而斗争,只是片面地提倡艰苦奋斗的观点是错误的。"②就是说,强调和提倡艰苦奋斗,并不是不要改善干部和群众的物质文化生活,而是要在自力更生、发展生产的基础上,战胜困难,不断提高生活水平,这才是全面的、正确的观点。

八、精兵简政,厉行节约

1941年11月,在陕甘宁边区第二次参议会上,李鼎铭等11人提出在财政经济力量范围内和不妨碍抗战力量的条件下,对军事实行精兵主义,政府实行简政主义,即"精兵简政主义"。之后,毛泽东称这是党的"一个极其重要的政策",并把精兵简政的目的概括为"精简、统一、效能、节约和反对官僚主义"五项。这五项要求的中心是提高工作效能,前提是精简。党中央认为,精兵简政包含两方面的问题:一是要求从长期坚持根据地着想,注意节省与积蓄民力;二是要求从战争与农村环境着想,注意组织精干,分工合理,使政策能贯彻下去,不断提高工作效率。

之所以要进行精兵简政,首先是由于脱产人员猛增。1937年,陕甘宁边区党政军脱产人员1.4万人,1941年猛增到7.3万人,人员猛增导致支出大幅

---

① 中央档案馆编:《中共中央文件选集(一九四二——一九四四)》(第十二卷),中共中央党校出版社,1986年,第92页。

② 《毛泽东选集》(第三卷),人民出版社,1991年,第912页。

度增长。此外,财政收入锐减,人民负担加重。在严重的经济财政困难的情况下,"我们便决然不能还像过去那样地维持着庞大的机构……假若我们还要维持庞大的机构,那就会正中敌人的奸计"[①]。因此,我们党认识到,如果再不实行精兵简政,对敌斗争就不可能取得胜利。

毛泽东指出,在抗日根据地日益缩小的情况下,精兵简政是克服财政经济困难和休养生息民力的一项重要措施。他说,这项措施"对于我们的经济工作和财政工作,关系极大。精简之后,减少了消费性的支出,增加了生产的收入,不但直接给予财政以好影响,而且可以减少人民的负担,影响人民的经济。经济和财政工作机构中的不统一、闹独立性、各自为政等恶劣现象,必须克服,而建立统一的、指挥如意的、使政策和制度能贯彻到底的工作系统。这种统一的系统建立后,工作效能就可以增加。……从事经济和财政业务的工作人员,还必须克服存在着的有些还是很严重的官僚主义,例如贪污现象,摆空架子,无益的'正规化',文牍主义等"[②]。可见,精兵简政对克服经济困难,发展边区经济,克服党内的错误倾向有着非常重要的作用。

从1941年9月到1943年,边区的精简工作共进行了三次。前两次由于许多同志对这项工作的迫切性和重要性认识以及宣传不够,导致精简工作只在减人问题上打圈子,存在着从局部利益出发而不照顾全局的片面观点,使精简工作离客观需要还很远。第三次在全党充分了解精简正是发展生产、减轻人民负担不可缺少的一环的基础上,相关工作开展得较为彻底。对这一次精兵简政,毛泽东强调指出:"必须是严格的、彻底的、普遍的,而不是敷衍的、不痛不痒的、局部的。"[③]这就为这次精简定下了基调。1942年9月1日颁布的《陕甘

[①] 《毛泽东选集》(第三卷),人民出版社,1991年,第882页。
[②] 同上,第895~896页。
[③] 同上,第895页。

宁边区精兵简政纲领》规定:"脱离生产的部队应不超过边区人民总数的百分之二,脱离生产的政民工作人员,应不超过全边区人民总数的百分之一"[1];规定财政经济厉行统一,统筹统支,以避免浪费和其他弊端;规定负担合理,节省开支,从速制定农业累进税以代替救国公粮的临时办法,化零的负担为整的负担,制定粮食、被服等项节省办法,组织各级节省委员会,务求无微不入;实行奖惩,俸以养廉,改订薪饷办法,逐渐由供给制转变为薪俸制,等等。这些措施在各根据地得到推广和实施,产生了明显的经济效益,节约了根据地本来就匮乏的人力、物力、财力成本,有力地推动了根据地经济建设的发展。

党意识到要渡过难关,在实行精兵简政的同时,还必须"厉行军政机关的节约运动"。精简本身是为了节约,但必须更进一步,两方面的工作同时进行,才能达到目的。因此,提出不急之务不举,不急之钱不用,且都要用在急务和急用上,力求合理、经济。除保证给养外,其他消费一概厉行节省;要提倡勤俭朴素,避免铺张浪费;要疏散机关,减少公差公马;要实行粮票制,避免双重粮的浪费;要注意一张纸、一片布、一点灯油、一根火柴的节省;要爱护每件公物,使之用多些日子;要不追加预算,并建立严格的审计制度;坚持廉洁节约作风,严厉反对贪污腐化现象。任何地方都必须十分爱惜人力物力,决不可只顾一时,滥用浪费;任何地方都必须从开始工作的那一年起,就计算到将来的很多年,计算到长期坚持战争,计算到反攻,计算到赶走敌人之后的建设。

毛泽东批评了过去有些地方缺乏长期打算,既未注意节约人力物力,又未注意发展生产,吃了大亏,指出要一面努力发展生产,一面决不滥用浪费,即既要"开源",又要"节流";我们既要丰衣足食,又要厉行节约,两者并不矛盾,要达到目的,就要从这两方面入手。

---

[1] 黄正林:《陕甘宁边区社会经济史》(1937—1945),人民出版社,2006年,第256页。

第一编 新民主主义革命时期党的经济思想

任弼时指出,厉行节约是发展生产、积累财富的重要方针。他说:"节约对于发展边区经济、调节生产与消费,节省政府财政开支,保障出入口贸易平衡稳定金融物价,积蓄力量上是有何等重大意义和作用。"我们面临的严重任务是积蓄力量,它的办法只有两个:生产和节约。从生产中我们的公私财富逐年增加,从节约中我们的财富积累起来,反过来更加用之于生产。"在生产中要节约,才能更有效地增加收入,与防止浪费,在节约中就有生产","生产和节约必须相辅而行"。①因此,我们必须防止和克服超过丰衣足食一定标准的浪费现象,养成一种坚实而又朴素的作风。节约的方针不是减少必要的消费,而是在于节省根本不需要的浪费和可以不需要的开支,以便在坚固的基础上保证长期丰衣足食的生活。

当时,边区存在的不必要的浪费,有些是由于政策上的错误而产生的。如贸易局在对外贸易上允许奢侈品入口或在输出物资时没有严格地注意等价交换政策;在供给上,有些机关、部队和个人借口丰衣足食无限制地提高了供给标准;某些部队机关甚至取消预决算制度,随便开支,造成很大浪费。这些浪费造成的损失,若精确地统计,数字必在几十亿元(旧币)以上,"假若能把这些浪费的资财和金钱用在各种经济建设事业的发展上,那是可以生产出加倍于浪费数目的财富"②。因此,毛泽东指出:"节约是一切工作机关都要注意的,经济和财政工作机关尤要注意,实行节约的结果,可以节省一大批不必要的和浪费性的支出,其数目可以达到几千万元。"③

厉行节约运动的基本方针是从多方面做起,个人节约应该与公共节约并

---

① 《陕甘宁边区抗日民主根据地》(文献卷·下),中共党史资料出版社,1990年,第227页。
② 中共中央文献研究室、中央档案馆编:《建党以来重要文献选编(一九二一——一九四九)》(第二十一册),中央文献出版社,2011年,第177页。
③ 《毛泽东选集》(第三卷),人民出版社,1991年,第896页。

重。延安部队机关的节约办法基本上从三个方面入手：首先，从发展生产中通过提高自给能力来减轻政府的财政负担；其次，极力减少各大小单位不需要的开支，提倡用自制品，减少购买的支出，研究改进供给制度；最后，在节约中贯彻公私兼顾的原则，一定比例的节约部分划为私人所有，以刺激个人和机关的节约运动。

抗战时期党领导的精兵简政和节约运动取得了很大的成效。民力的动员减少了，人民的负担减轻了，部队机关和工厂节省了大量粮食与工业原料，对边区经济建设做出了巨大的贡献。

第三节　新民主主义革命经济纲领基本内容的提出

全民族抗战时期，以毛泽东同志为主要代表的中国共产党人在把马克思主义中国化的过程中，做了大量细致的社会调查和理论研究，从分析近代中国半殖民地半封建社会这一基本国情出发，总结了中国共产党领导中国革命的经验，系统地阐述了中国革命的对象、任务、动力、性质和前途，完整地提出新民主主义革命的理论体系。在这个理论体系中，中国共产党着重剖析了阻碍中国社会生产力发展的三个主要力量——帝国主义、官僚资本主义和封建主义，初步提出了新民主主义三大经济纲领——大银行、大工业、大商业收归新民主主义共和国所有；允许和保护民族资本主义经济的存在和发展；没收地主的土地归农民所有。它的提出，确立了新民主主义经济体系的大致框架，标志着中国共产党新民主主义经济思想走向成熟。

第一编　新民主主义革命时期党的经济思想

一、新民主主义革命经济纲领基本内容提出的背景

新民主主义三大经济纲领产生于全民族抗战时期决不是偶然的。它有着坚实的理论思想和政策实践的基础。

(一)对中国半殖民地半封建社会经济形态的科学分析,是提出新民主主义经济纲领的理论前提

"认清中国社会的性质,就是说,认清中国的国情,乃是认清一切革命问题的基本的根据。"[①]认清半殖民地半封建中国经济形态是党确立三大经济纲领的基本依据。21世纪20年代后期到30年代中期,我国思想界先后开展了中国社会性质问题、中国社会史分期问题、中国农村社会性质问题的论战。其涉及的范围极为广泛,争论的焦点是中国社会性质问题和中国革命性质问题。通过论战,中国进步的思想界、知识界对中国国情的认识比以前大大地前进了一步,认识到中国社会是一个半殖民地半封建社会,中国共产党提出的反帝反封建民主革命纲领是正确的。

全民族抗战中期,毛泽东在《中国革命和中国共产党》中对中国社会经济形态作了科学分析。他指出,鸦片战争以前的中国社会是自给自足的自然经济占主导地位的封建社会,从1840年的鸦片战争开始,中国由一个完全的封建社会逐步沦为半殖民地半封建社会。他认为:"中国封建社会内的商品经济的发展,已经孕育着资本主义的萌芽,如果没有外国资本主义的影响,中国也将缓慢地发展到资本主义社会。外国资本主义的侵入,促进了这种发展。外国资本主义对于中国的社会经济起了很大的分解作用,一方面,破坏

---

① 《毛泽东选集》(第二卷),人民出版社,1991年,第633页。

了中国自给自足的自然经济的基础,破坏了城市的手工业和农民的家庭手工业;又一方面,则促进了中国城乡商品经济的发展。"①但是帝国主义列强侵入中国的目的,决不是要把封建的中国变成资本主义的中国,而是要把中国变为它们的半殖民地和殖民地。为了达到这个目的,它们对中国采用了一切军事的、政治的、经济的和文化的压迫手段,使中国一步步演变为半殖民地和殖民地。因此,帝国主义侵略中国的结果是"一方面促使中国封建社会解体,促使中国发生了资本主义因素,把一个封建社会变成了一个半封建的社会;但是在另一方面,它们又残酷地统治了中国,把一个独立的中国变成了一个半殖民地和殖民地的中国"②。

毛泽东还对半殖民地半封建社会经济形态的特点进行了分析。从生产关系角度来看:①封建时代的自给自足的自然经济基础虽然被破坏了,但是封建剥削制度的根基地主阶级对农民的剥削,不仅依旧存在,而且同买办资本和高利贷资本的剥削结合在一起,在旧中国的社会经济生活中依旧占有显然的优势。②帝国主义操纵了中国的财政和经济的命脉。③由于帝国主义和封建主义的双重压迫,中国广大人民,尤其是农民日益贫困化以至大批破产,过着饥寒交迫和毫无政治权利的生活。从生产力角度来看,中国经济发展极端不平衡,原因是许多帝国主义国家的统治或半统治,中国长期处于不统一状态等;民族资本主义有了某些发展,但它没有成为中国社会经济的主要形式,它的力量十分软弱。

毛泽东对中国半殖民地半封建社会经济形态的分析,是中国共产党对旧中国国情的基本认识,它为新民主主义三大经济纲领的提出打下了理论基础。

---

① 《毛泽东选集》(第二卷),人民出版社,1991年,第626页。
② 同上,第630页。

第一编　新民主主义革命时期党的经济思想

(二)《实践论》和《矛盾论》奠定了新民主主义经济纲领的方法论基础

红军长征到达陕北后,毛泽东利用空暇时间,对马克思主义哲学理论问题作了深入研究,发展了马克思主义唯物辩证法。1937年七八月,毛泽东相继发表了《实践论》和《矛盾论》。《实践论》阐发了唯物主义认识论,《矛盾论》则论述了唯物辩证法的基本原理。《实践论》推动了党内深入农村和工厂进行社会经济调查,从而形成了实事求是的调查研究的作风。毛泽东、张闻天等带头对陕甘宁边区经济各个方面进行了调查研究。中共中央专门发出两个关于调查研究的决定,号召全党大兴调查研究之风,指出这是克服主观主义的根本方法。到1941—1942年,党内调查研究蔚然成风,这对经济建设中纠正"左"的错误倾向,制定符合客观实际的政策起到了重要作用。《矛盾论》中的方法论,如具体问题具体分析,在经济领域中得到了很好运用,三大经济纲领也集中体现了具体问题具体分析等唯物辩证法思想。

在这两篇著作中,毛泽东还论述了关于社会经济发展的基本理论,指出矛盾是社会经济发展的主要动力。"社会的变化,主要地是由于社会内部矛盾的发展,即生产力和生产关系的矛盾,阶级之间的矛盾,新旧之间的矛盾,由于这些矛盾的发展,推动了社会的前进,推动新旧社会的代谢。"[1]他论述了生产力和生产关系、经济基础和上层建筑之间的辩证关系。这些都为三大经济纲领基本内容的提出奠定了理论和方法论的基础。

(三)结合经济建设实践,学习研究马克思主义是提出新民主主义经济纲领的思想基础

1940年之前,党在领导中央苏区和陕甘宁边区的经济建设中取得了丰富的经验,对此,中共中央十分重视。1940年2月,中央和军委发出指示,要求各

---

[1] 《毛泽东选集》(第一卷),人民出版社,1991年,第302页。

兵团首长及各级财政经济工作人员"研究国内苏维埃时代及目前各个根据地的财政经济政策和法令","研究延安最近出版的抗战中的中国经济"。①毛泽东指出,在如何联系群众和动员群众方面,"十年内战时期的经验,是现在抗日时期的最好的和最切近的参考"②。

全民族抗战时期,党鉴于主观主义对中国革命的严重危害,号召全党以正确的方法认真学习马列主义理论。毛泽东指出:"一切有相当研究能力的共产党员,都要研究马克思、恩格斯、列宁、斯大林的理论。"③在这一思想指导下,全党以延安为中心,形成了研究马列主义的风气。1940年2月,为了克服党内"缺乏马克思主义经济学的理论修养,未能把实践经验与理论融合起来"的缺点,中央和军委在指示中要求所有财经工作人员必须有组织、有计划地"学习马克思主义的通俗经济学","研究苏联在各阶段的各项财政政策"等。④毛泽东指出:"近来马克思列宁主义的书籍翻译多了,读的人也多了,这是很好的事。但是否就可以说我们党的理论水平已经是提得很高了呢?""像在中国经济问题方面,能不能说理论水平已经高了呢? 能不能说我党已经有了像样的经济理论家呢?实在不能说。"⑤如果一个人只知背诵马克思主义的经济学,不能应用,还不能算理论家,因此毛泽东强调必须反对教条主义的主观主义方法,要把马克思主义的普遍原理与中国实际情况结合起来研究,这样才能真正解决问题。这一点是至关重要的。可见,新民主主义经济纲领是马克思主义同中国实际相结合的产物。

---

①④　中央档案馆编:《中共中央文件选集(一九三九——一九四一)》(第十一册),中共中央党校出版社,1986年,第287页。
②　《毛泽东选集》(第三卷),人民出版社,1991年,第792页。
③　《毛泽东选集》(第二卷),人民出版社,1991年,第532~533页。
⑤　《毛泽东选集》(第三卷),人民出版社,1991年,第813~814页。

第一编　新民主主义革命时期党的经济思想

在充分的理论准备和实践经验的基础上,1939年,毛泽东在《中国革命和中国共产党》一文中初步地提出了新民主主义革命经济纲领的基本内容。这就是把帝国主义者和汉奸反动派的大资本、大企业收归国家经营,把地主阶级的土地分配给农民所有,同时保存一般的私人资本主义的企业,并不废除富农经济。1940年,毛泽东在《新民主主义论》中进一步阐述了上述基本内容,他指出:大银行、大工业、大商业归新民主主义共和国的国家所有,成为整个国民经济的领导力量;但共和国并不没收其他资本主义的私有财产,并不禁止"不能操纵国民生计"的资本主义生产的发展;在农村没收地主的土地,分配给无地和少地的农民,实行"耕者有其田",扫除封建关系,变土地为农民的私产,并允许富农经济的存在。这是中国共产党在全民族抗战时期关于新民主主义经济纲领基本内容的集中表述。1945年,毛泽东在《论联合政府》中对新民主主义经济纲领的基本内容又作了进一步阐发,其内容是很丰富。但是把上述内容明确地概括为新民主主义革命的三大经济纲领,是毛泽东在1947年12月作的《目前形势和我们的任务》报告。

二、大银行、大工业、大商业归新民主主义共和国所有

孙中山在国民党第一次全国代表大会宣言中庄严声明:"凡本国人及外国人之企业,或有独占的性质,或规模过大为私人之力所不能办者,如银行、铁道、航路之属,由国家经营管理之,使私有资本制度不能操纵国民之生计,此则节制资本之要旨也。"[1]毛泽东指出,中国共产党在赞同孙中山节制资本思想的基础上, 明确没收帝国主义在华企业和中国大资产阶级官僚资本的

---

[1] 《孙中山选集》,人民出版社,1981年,第593页。

181

新民主主义主张。

众所周知,帝国主义列强在鸦片战争后,在中国办了许多轻工业和重工业企业,他们直接利用中国的原料和廉价劳动力,以此对中国民族工业构成直接的经济压迫;帝国主义通过借款给中国政府,并在中国开设银行,垄断了中国金融和财政,在金融和财政上扼住了中国经济的咽喉;帝国主义列强还控制了中国的海关和对外贸易,控制了中国的交通事业,这样就能够大量地在中国推销他们的商品,在把中国变为他们的工业品市场的同时掠夺中国的资源。因而,在三大经济纲领中,毛泽东首先强调,必须没收帝国主义在中国所开办的大银行、大商业、大工业,消除这些中国社会经济发展的主要障碍。

除了帝国主义列强在华资本外,还有官僚资本。他们依靠国家政权的力量,成为帝国主义列强在中国的买办,对广大人民进行超经济的剥削和掠夺,他们从事投机事业,亦官亦商,囤积居奇,形成了腐朽的独占或垄断资本,即官僚资本形态。在全民族抗日战争时期,官僚资本迅速膨胀,国民党统治集团大发国难财和战争财,到抗战后期形成了以蒋、宋、孔、陈"四大家族"为首的官僚资本。由于庞大的官僚资本垄断了中国经济的命脉,排挤和打击了民族资本主义的发展,大肆掠夺中国人民,因而成为中国社会生产力发展的又一主要障碍。中国民主革命的目的就在于铲除社会生产力发展的障碍,因此毛泽东指出:"中国的带买办性的大资产阶级,是直接为帝国主义服务并为它们所豢养的阶级。因此,中国的带买办性的大资产阶级历来都是革命的对象。"①

毛泽东还进一步分析了中国官僚资本的来源和特征。他指出,国民党统治集团坚持独裁统治,实行经济统制,使得它自己和广大人民之间发生了深刻的裂痕,造成了民生凋敝、民怨沸腾、民变蜂起的严重危机,尤其是工

---

① 《毛泽东选集》(第二卷),人民出版社,1991年,第606~607页。

第一编 新民主主义革命时期党的经济思想

业大部分破产了,连布匹这样的日用品也要从美国运来,经济危机极端严重。国民党统治区之所以出现这种危机,是因为这个统治集团所代表的利益是中国的大地主、大银行家、大买办阶层的利益,这些由极少数人所形成的反动阶层,垄断着国民政府的一切重要机构,他们一面口头上宣称要发展经济,一面又在实际上积累官僚资本,亦即大地主、大银行家、大买办的资本,垄断中国的主要经济命脉,从而残酷地压迫农民、工人、小资产阶级和自由资产阶级。在这里,毛泽东说明了官僚资本的三个特点:官僚资产阶级垄断了国家政权;官僚资本垄断中国经济命脉;通过压迫和剥削人民而得。①周恩来也指出,蒋介石国民党实行法西斯主义,在经济上的纲领是"依靠官僚资本,实行独占经济,提高商业投机,破坏工业生产","滥发法币,抬高物价,垄断民生,剥削劳动"。②

必须指出,由于中国共产党当时力量还不够强大,总体上还不具备实现这一纲领的条件。但它已成为中国共产党的一项根本性经济政策,中国共产党把革命的矛头对准了帝国主义及其在中国的代理人,即官僚资产阶级。党还明确了通过没收帝国主义在华财产和官僚资本,组成国营经济的骨干,加上自己创办的公有企业,合起来成为社会主义性质的经济。毛泽东指出,大银行、大工业、大商业归新民主主义共和国所有是"新民主主义共和国的经济构成的正确方针",在"无产阶级领导下的新民主主义共和国的国营经济是社会主义的性质,是整个国民经济的领导力量"。③

应当指出,由于在全民族抗战时期形成了第二次国共合作,中国共产党从民族利益出发,认识到还在抗日的中国大资产阶级,在其抗日一点上是有革命性的,应该联合的,这是主要的;但其抗日不积极,又反对民主,故其革命

---

① 参见《毛泽东选集》(第四卷),人民出版社,1991年,第1253页。
② 《周恩来选集》(上卷),人民出版社,1980年,第153页。
③ 《毛泽东选集》(第二卷),人民出版社,1991年,第678页。

性不大,因而提出要求国民政府废除统制经济,取缔官僚资本,严禁投机操纵与囤积居奇,没收日本帝国主义和汉奸的企业与财产。

三、允许民族资本的存在和发展

中国民族资本主义是中国社会经济结构中的重要组成部分。中国共产党非常重视对民族资本主义的政策问题。土地革命战争时期,党在这个问题上走了许多弯路,直到长征结束后,以毛泽东同志为代表的党中央才开始逐步纠正过去"左"的错误,制定了允许和保护民族资本主义工商业发展的正确政策。全民族抗战时期,党对民族资本主义的理论分析更趋完善。

毛泽东在《中国革命和中国共产党》中指出,中国民族资产阶级一方面受帝国主义和封建主义的压迫,另一方面又与帝国主义和封建主义没有完全断绝经济上的联系,因而具有两重性。他们虽然在1927年以后、1931年以前,跟着大地主大资产阶级反对革命,但他们基本上没有掌握过政权,而受当政的大地主大资产阶级的反动政策所限制。全民族抗战时期,他们和大地主大资产阶级有原则上的区别,因此对于民族资产阶级采取慎重的政策是完全必要的。允许和支持民族资本主义工商业的存在和发展,不仅是为了满足建立广泛的抗日民族统一战线的需要,也是新民主主义经济建设的客观内在要求。

由于严重阻碍中国社会生产力发展的生产关系是帝国主义、官僚资本主义和封建主义,并不是一般的资本主义,即民族资本主义,因此在半殖民地半封建社会经济结构中,民族资本主义虽"有了某些发展,并在中国政治的、文化的生活中起了颇大的作用;但是,它没有成为中国社会经济的主要

第一编　新民主主义革命时期党的经济思想

形式,它的力量是很软弱的"①。原因是民族资本主义自从它的诞生开始,就遭到排挤和打击,在夹缝中十分缓慢地发展,惨淡经营,十分艰难。

中国共产党认为,在中国经济十分落后的情况下,"这种资本主义经济,对于封建经济来说,它是新经济"。这种"资本主义生产方式是中国现时代比较进步的生产方式",我们不仅"不破坏任何尚能参加反帝反封建的资本主义成分",而且必须使之得到充分发展,这是由中国新民主主义革命的性质决定的。毛泽东指出:"我们共产党人根据自己对于马克思主义的社会发展规律的认识,明确地知道,在中国的条件下,在新民主主义的国家制度下,除了国家自己的经济、劳动人民的个体经济和合作经济之外,一定要让私人资本主义经济在不能操纵国民生计的范围内获得发展的便利,才能有益于社会的向前发展。"②现阶段的中国革命既然是为了变更现在的半殖民地半封建社会的地位,那么胜利之后,"因为肃清了资本主义发展道路上的障碍物,资本主义经济在中国社会中会有一个相当程度的发展,是可以想象得到的,也是不足为怪的。资本主义会有一个相当程度的发展,这是经济落后的中国在民主革命胜利之后不可避免的结果"③。

中国共产党认为,企图否认中国应该让资本主义有一个广大的发展,跳过这个阶段,一直发展到社会主义,"毕其功于一役",或者不敢正面提出要求发展资本主义的问题,这些观点表面上看来似乎很"革命",但实际上是非常错误的。毛泽东在《论联合政府》中指出,中国共产党人不但不怕资本主义,而且在一定条件下提倡它的发展,因为"拿资本主义的某种发展去代替外国帝国主义与本国封建主义的压迫,不但是一个进步,而且是一个不可避免的

---

① 《毛泽东选集》(第二卷),人民出版社,1991年,第630页。
② 《毛泽东选集》(第三卷),人民出版社,1991年,第1060~1061页。
③ 《毛泽东选集》(第二卷),人民出版社,1991年,第650页。

过程。它不但有利于资产阶级,同时也有利于无产阶级,或者说更有利于无产阶级。现在的中国是多了一个外国的帝国主义和一个本国的封建主义,而不是多了一个本国的资本主义,相反地,我们的资本主义是太少了"①。所以"有些人怀疑中国共产党人不赞成发展个性,不赞成发展私人资本主义,不赞成保护私有财产,其实是不对的。民族压迫和封建压迫残酷地束缚着中国人民的个性发展,束缚着私人资本主义的发展和破坏着广大人民的财产。我们主张的新民主主义制度的任务,则正是解除这些束缚和停止这种破坏,保障广大人民能够自由发展其在共同生活中的个性,能够自由发展那些不是'操纵国民生计'而是有益于国民生计的私人资本主义经济,保障一切正当的私有财产"②。毛泽东强调指出:"这是目前中国的最革命的政策,反对和阻碍这个政策的施行,无疑义地是错误的。"③那种"毕其功于一役"和不敢发展资本主义的错误观点,是因为不了解发展民族资本主义不仅是马克思主义理论所要求的,而且也是由中国社会发展的现实需要决定的。

与此同时,毛泽东指出,严肃地坚决地保持共产党员的共产主义的纯洁性,和保护社会经济中的有益的资本主义成分,并使其有一个适当的发展,是我们抗日和建设民主共和国时期不可缺一的任务,但决不能把反对党内资本主义思想的斗争,错误地移到社会经济方面,去反对资本主义经济成分。我们必须明确地分清这种界限。

全民族抗战时期,中国共产党从新民主主义革命的长远利益和抗战的迫切需要两方面,从破除旧的生产关系和发展生产力的需要,充分论证了民族资本主义在当时阶段的进步性和积极性,认识到保护和发展民族资本主义的

---

① 《毛泽东选集》(第三卷),人民出版社,1991年,第1060页。
② 同上,第1058页。
③ 同上,第793页。

客观必要性,并把发展民族工商业看作是当时"最重要的政策",从而把它放到一个相当高的地位。

在根据地经济建设中,曾存在着两种错误倾向:一种是右的偏向,对私人资本的发展采取完全放任的态度;而对国营经济的发展采取忽视甚至反对的态度。另一种是过"左"的偏向,取消私人资本,采取政府统制绝对集中的办法,结果是公私都受到损失。对这两种错误偏向,中共中央指出,对"财政经济工作中侵犯商人财产滥罚、滥捐等过'左'政策"要严格纠正,同时"对右倾错误亦不应放松",①强调在目前及全国革命胜利后的一个相当时期内,我们既不是走"左"的取消与打击私人资本的道路,又不是走右的旧资本主义道路。

全民族抗战时期,中国共产党向国民党政府提出:取缔官僚资本,废止经济统制政策;制止无限制的通货膨胀和物价上涨;扶助民间工业,保护中小工业的生产,使之不受官僚资本与投机商业的打击,并给予民间工业以借贷资本、购买原料与推销产品的便利;改善工人生活,救济失业工人,使工人组织起来,以利于发展工业生产;进行农村改革,使工业发展有一个良好的农业基础等。

为了发展民族工商业,中国共产党对劳资关系有明确的指示。其基本原则是照顾劳资双方的利益,使劳资两利,推动国民经济的发展。毛泽东明确指出:"在劳动政策方面,是适当地改善工人生活和不妨碍资本主义经济正当发展的两重性的政策。"②中共中央则提出:"经济改革的革命方针,我们认为应该是为着发展生产,而实行一个调节各阶级经济利益的民主集中的经济政策……动员全国工人增加生产,同时增加工人的工资。"③中共中央于1940年

---

① 中共中央文献研究室、中央档案馆编:《建党以来重要文献选编(一九二一——一九四九)》(第十七册),中央文献出版社,2011年,第393~394页。
② 《毛泽东选集》(第三卷),人民出版社,1991年,第793页。
③ 中共中央文献研究室、中央档案馆编:《建党以来重要文献选编(一九二一——一九四九)》(第二十册),中央文献出版社,2011年,第388页。

12月专门发出指示,指出在劳动政策的执行中,出现了过"左"的倾向,主要表现在三个方面:提出不适合于根据地现实条件的过高要求,如过高增加工资,改善待遇条件过多等;实行不正确的斗争方式,如强迫雇主接受工会的条件;不尊重政府的法令。因此,中共中央提出劳动政策的四项原则:对根据地的工人应尽可能在各方面予以改善,同时又要协调各阶级关系,避免尖锐对抗;工会应尊重政府法令及法律程序,劳资纠纷应尊重政府的仲裁;工人待遇的改善须以发展抗日根据地的生产为原则,否则违反了工人阶级的根本利益;改善工人生活不能超过普遍的生活水平。

党中央强调指出,过"左"和右的倾向必须立即纠正,克服"过去苏维埃时代的劳动政策与狭隘的行会主义思想"①和过去工人与资本家尖锐对抗的斗争方式的影响,否则后果不堪设想。中共中央也注意到,"物价和工资剪刀式的发展使工人生活陷于极痛苦状态,目前改良工人生活成为迫切的中心问题,党应在团结抗战原则下力谋工人生活改良"②。为了调动工人的抗日和生产积极性,必须改进工人的生活,适当增加工资,减少工时,但是"切忌过'左',加薪减时,均不应过多"③,还要照顾资本家的利益。

中共中央在给华中根据地的指示中指出:"劳动政策力避过'左',目前只作轻微改良,例如14小时工作日者减至13小时或12小时,不要实行8小时制。保证资本家能赚钱。"④毛泽东分析说,在中国目前的情况下,8小时工作制还难于普遍推行,在某些生产部门内还须允许10小时工作制,其他生产部门则

---

① 中央档案馆编:《中共中央文件选集(一九四二——一九四四)》(第十二册),中共中央党校出版社,1986年,第570~574页。

② 同上,第366页。

③ 《毛泽东选集》(第二卷),人民出版社,1991年,第766页。

④ 中共中央文献研究室、中央档案馆编:《建党以来重要文献选编(一九二一——一九四九)》(第十七册),中央文献出版社,2011年,第682页。

应随情形规定时间。劳资间在订立契约后,资本家得遵守,工人也必须遵守劳动纪律,必须使资本家有利可图,否则工厂关门,既对抗战不利,也害了工人自己。至于乡村工人的生活和待遇的改善,更不应提得过高,否则就会引起农民的反对、工人的失业和生产的缩小。

毛泽东在《论联合政府》中指出,在新民主主义的国家制度下,"一方面,保护工人利益,根据情况的不同,实行8小时到10小时的工作制以及适当的失业救济和社会保险,保障工会的权利;另一方面,保证国家企业、私人企业和合作社企业在合理经营下的正当的赢利;使公私、劳资双方共同为发展工业生产而努力"①。这样中国共产党就把工人阶级的长远利益和眼前利益、整体利益和局部利益有机地统一起来,既体现了对工人利益的保护,又体现了对民族资本主义进步性的承认,从而奠定了新民主主义经济中劳资关系的基本原则。实行劳资两利的劳动政策对于保护和发展私人资本主义无疑是正确的方针。

在根据地,党还制定了许多优惠的政策,颁布了奖助私人资本主义发展的法令和规定。党一再强调,"我们欢迎他地的资本家到抗日根据地上开办实业,并切实保护他们的营业。我们奖励民营企业,而把地方抗日民主政府所经营的企业,只当作整个生产贸易事业的一部分"。《陕甘宁边区施政纲领》明令"奖励私人企业,保护私有财产,欢迎外地投资"。②1942年1月制定的《陕甘宁边区三十一年度经济建设计划大纲》中规定:"应积极欢迎海外华侨来边区投资,颁布优待华侨投资办法,帮助在延华侨兴办工商实业,造就便利华侨来边区投资的基础。"③1945年3月,陕甘宁边区政府发布了《奖助实业投资暂

---

① 《毛泽东选集》(第三卷),人民出版社,1991年,第1082页。
② 中共中央文献研究室、中央档案馆编:《建党以来重要文献选编(一九二一——一九四九)》(第十八册),中央文献出版社,2011年,第243页。
③ 陕甘宁边区财政经济史编写组:《抗日战争时期陕甘宁边区财政经济史料摘编》(第三编),陕西人民出版社,1981年,第641页。

行条例》），制定了奖助的具体办法。毛泽东指出，我们"应该吸引愿来的外地资本家到我抗日根据地开办实业"①。1941年1月，毛泽东在致周恩来、叶剑英的信中指出，要联络生活教育社人员和黄炎培、江问渔等江浙资本家代表，约请他们去苏北根据地兴办教育文化事业，投资实业。同年6月1日，《解放日报》发表社论指出："边区具备了发展实业的最基本条件——进步的政治和正确的政策，而华侨在边区投资，必定能够享受边区政府的特殊优待和切实保障，这是可以断言的。"②曾到过边区的陈嘉庚先生，根据他在边区的亲身考察，认为边区的投资环境十分优越。通过中国共产党的努力，根据地私人资本主义获得了较快发展。

全民族抗日战争时期，中国共产党对私人资本主义采取了发展和限制的双重策略。1945年6月21日，《解放日报》以"关于发展私人资本主义"为题，发表社论，明确指出，"我们是主张发展私人资本主义的"，但这种发展，"应在'不操纵国民生计'的条件下"进行。③

四、从土地革命到全民族抗战时期转向减租减息

孙中山虽提出"耕者有其田"的主张，但可惜的是，在他掌握政权的时候并没有主动实行过土地制度的改革。国民党内反人民集团后来完全背叛了孙中山的主张。因此，中国共产党认为，这一任务历史地落到了制定和坚决执行土地纲领、为农民利益而认真奋斗的中国共产党人的肩上。在《新民主

---

① 《毛泽东选集》（第二卷），人民出版社，1991年，第768页。
② 武衡主编：《抗日战争时期解放区科学技术发展史资料》，中国学术出版社，1989年，第42页。
③ 中共中央文献研究室、中央档案馆编：《建党以来重要文献选编（一九二一——一九四九）》（第二十二册），中央文献出版社，2011年，第576页。

第一编　新民主主义革命时期党的经济思想

主义论》中,毛泽东提出,中国共产党为了实现孙中山的"平均地权"思想和"耕者有其田"的主张,必须采取某种必要的方法,没收地主的土地,把其分配给无地和少地的农民,扫除农村中的封建生产关系,把土地变为农民的财产。在《论联合政府》中,他对这一思想作了进一步阐释:"'耕者有其田',是把土地从封建剥削者手里转移到农民手里,把封建地主的私有财产变为农民的私有财产,使农民从封建的土地关系中获得解放,从而造成将农业国转变为工业国的可能性。因此,'耕者有其田'的主张,是一种资产阶级民主主义性质的主张,并不是无产阶级社会主义性质的主张,是一切革命民主派的主张,并不单是我们共产党人的主张。"①

中国共产党人认识到,实行土地革命是中国社会生产力发展和社会经济变革的客观要求。毛泽东指出,地主阶级是帝国主义统治中国的主要社会基础,消除封建的生产关系对中国先进社会生产力的束缚,为把我国从农业国转变为工业国创造条件,是中国新民主主义革命的主要目标之一。农民的贫困和农村经济的凋敝是封建土地所有制的直接产物,它造成了商品市场狭小,商品经济发展步履维艰。因此,中国共产党认为,只有变革封建土地所有制,才能推动农业经济的发展,推动社会生产力的发展和加快社会变革的速度。

没收地主土地分配给农民是中国共产党早已确立的思想。全民族抗日战争时期,中国共产党根据客观形势的变化,在日本灭亡中国的严重危机面前,在面临亡国灭种的情况下,全民族抗日战争时期民族矛盾上升为中国社会的主要矛盾。地主阶级中除少数人甘做汉奸外,大多数是要求抗日的,因而是可以团结的,而且团结地主抗日有利于人民大众的利益。中国土地属于日本人,还是属于中国人,这是首先待解决的问题,即是在保卫中国的大前提下来解

---

① 《毛泽东选集》(第三卷),人民出版社,1991年,第1074~1075页。

决农民的土地问题。为此,党对土地革命时期实行的"没收地主土地"的政策作了调整。为了尽快停止国内的武装冲突,建立国共合作抗日的关系,中国共产党明确表示,愿意停止使用依靠暴力没收土地的政策。虽然农民要向地主交租交息,使农民仍处于封建剥削之下,但这样有利于把地主阶级纳入抗日民族统一战线中,有利于团结地主阶级的力量,一致对外,共同完成抗日大业。

1941年,毛泽东强调指出:"党的策略路线,在现在和过去是有原则区别的,在过去,是反对地主和反革命的资产阶级。在现在,是联合一切不反对抗日的地主和资产阶级。""联合一切反对日本帝国主义的社会阶层,同他们建立统一战线,但对他们中间存在着的投降敌人和反共反人民的动摇性反动性方面,又按其不同程度,同他们作各种不同形式的斗争。"[1]因而,我们的政策是综合"联合"和"斗争"的两重性政策。基于这一点,中国共产党在土地问题上作了有条件的、有原则的让步,即实行既要求地主减租减息,又规定农民部分地交租交息的两重性政策。毛泽东强调,必须向党员和农民说明,目前不是实行彻底的土地革命的时期,过去土地革命时期的一套办法已不能适用于现在。他说:"现在的政策,一方面,应该规定地主实行减租减息;方能发动基本农民群众的抗日积极性,但也不要减得太多。""另一方面,要规定农民交租交息,土地所有权和财产所有权仍属于地主。"[2]

减租减息的政策。从历史上来看,在第一次国共合作期间,中国共产党就曾提出并在部分地区实施过减租减息的政策。1926年7月,党的四届三次扩大会议提出减租25%,借贷利率不得超过二分。同年9月,国民党联席会议,作出

---

[1] 《毛泽东选集》(第三卷),人民出版社,1991年,第792页。
[2] 《毛泽东选集》(第二卷),人民出版社,1991年,第767页。

第一编　新民主主义革命时期党的经济思想

同样的决定。因此,"二五"减租是国共两党当时的一致主张。土地革命时期,国民党政府虽颁布了《土地法》,规定"地租不得超过耕地正产物收获总额千分之三百七十五",但从来没有真正实施过。全民族抗战时期,中国共产党提出实施减租减息的政策,正是合法地利用国民党政府的法令,使国民党顽固派不致公开反对,成为抗日根据地内解决农民土地问题的基本政策。

中共中央指出,减租减息政策的目的是"先要能够把广大农民群众发动起来,如果群众不能起来,则一切无从说起。在群众真正发动起来后,又要让地主能够生存下去"[①]。所以在经济上只是削弱(但一定要削弱)封建势力,而不是消灭封建势力。因此,中国共产党在全民族抗战时期的土地政策,既不是取消封建剥削,废除地主土地所有制和消灭地主经济,也不是原封不动地维护封建剥削,保存封建土地所有制,更不是发展地主经济,而只是减轻和限制封建剥削,削弱地主经济。这一政策最恰当地兼顾了地主、债主与佃户、债户之间的利益,调节了地主与农民这两个对立阶级之间的相互利益和关系,有利于团结更多的人去反对日本侵略者,并有利于变更封建主义土地制度。

全民族抗战时期,党的减租减息政策经过了一个逐步完善的过程。1937年8月25日,中共中央政治局洛川会议通过了《抗日救国十大纲领》,确立了减租减息为全民族抗战时期党解决农民土地问题的基本政策和改善农民生活的根本办法。

1940年12月13日,中共中央发出《中央关于华中各项政策的指示》,指出:"土地政策应实行部分的减租减息以争取基本农民群众,但不要减得太多,不

[①] 中共中央文献研究室、中央档案馆编:《建党以来重要文献选编(一九二一——一九四九)》(第十九册),中央文献出版社,2011年,第50页。

要因减息而使农民借不到债,不要因清算旧债而没收地主土地,同时应规定农民有交租交息之义务,保证地主有土地所有权。"[1]

1942年1月,中共中央政治局在详细研究各地减租减息运动经验后,通过了《中共中央关于抗日根据地土地政策的决定》及附件。该《决定》规定了党的土地政策的三个基本原则:①承认农民(包括雇农在内)是抗日与生产的基本力量,因此要扶助农民,减轻地主的封建剥削,实行减租减息,保证农民的人权、政权、地权、财权,借以改善农民的生活,提高农民抗日与生产的积极性。②承认地主的大多数是有抗日要求的,一部分开明绅士是赞成民主改革的,因此党的政策仅是扶助农民减轻封建剥削,而不是消灭封建剥削,更不是打击赞成民主改革的开明绅士。在实行减租减息后,又须交租交息,于保障农民的各种权利之后,又须保障地主的人权、政权、地权、财权,借以联合地主阶级一致抗日。只对绝对不愿改悔的汉奸分子才采取消灭其封建剥削的政策。③承认资本主义生产方式是中国现时比较进步的生产方式,富农的生产方式是带有资本主义性质的,富农是农村中的资产阶级,是抗日与生产的一个不可缺少的力量。富农不但有抗日要求,而且有民主要求,因此对富农阶级,不是加以削弱,而是在适当改善农民生活的条件下,奖励富农生产与联合富农。但富农有一部分封建性质的剥削为中农和贫农所不满,因而对富农也应实行减租减息,交租交息,保障富农的各项权利。一部分用资本主义方式经营土地的地主,即所谓经营地主,其待遇与富农相同。这三个基本原则是党的土地政策的出发点,这就为避免和克服减租减息中的错误倾向作了准备。在该《决定》的三个附件中,中共中央分别就地租与佃权问题、债务问题和若干特殊土地的处理问题,规定了具体政策和办法。这一《决定》和附件,是

---

[1] 中共中央文献研究室、中央档案馆编:《建党以来重要文献选编(一九二一—一九四九)》(第十七册),中央文献出版社,2011年,第682页。

中国共产党在全民族抗战时期最为重要的土地政策文件,标志着减租减息理论已趋于成熟和完善。

为了更好地发展根据地生产事业,党采取促使收租地主向经营地主转化,向富农经济和工商业转化的方针。毛泽东指出,在减租减息的同时,我们要"奖励地主的资财向工业方面转移"[①]。他说:"凡地主因被敌人摧残或其他原因而发生生活困难的,政府应帮助他们解决困难,给予从事农、工、商业或参加其他工作之方便。"[②]这样,一方面可以使地主因减租减息减少的剥削得到补偿,有利于缓和地主与农民的矛盾,另一方面能够促进根据地农工商业的发展。

五、新民主主义社会经济形态的基本特征

中国共产党在提出新民主主义三大经济纲领的基本内容的同时,还对新民主主义经济形态进行了深入分析和研究。

1944年3月22日,毛泽东在关于边区文化教育问题的讲话中明确指出,现在我们建立新民主主义社会,性质是资本主义的,但又是人民大众的;既不是社会主义的,又不是老资本主义的,而是新资本主义的。中共中央认为,全民族抗战时期,我们只是限制地主阶级的封建剥削,并且允许和奖励资本主义经济的存在和发展,因而新民主主义经济的性质是"三分封建,七分资本"[③]。张闻天称之为"新式资本主义",因为它与欧美的资本主义不同,是新民主主

---

① 《毛泽东选集》(第三卷),人民出版社,1991年,第1076页。
② 中共中央文献研究室、中央档案馆编:《建党以来重要文献选编(一九二一——一九四九)》(第二十一册),中央文献出版社,2011年,第662页。
③ 中央档案馆编:《中共中央文件选集(一九四五——一九四七)》(第十三册),中共中央党校出版社,1991年,第295页。

义经济的全部方向和内容,也是将来社会主义的前提。1945年5月,毛泽东在党的七大的总结发言中又强调说,蒋介石是半法西斯半封建的资本主义,而我们是新民主主义的资本主义。它的目的在于"一方面是替资本主义扫清道路,但在另一方面又是替社会主义创造前提"[①]。这些论述中的某些提法是否科学和准确,值得探讨。但新民主主义经济中,私人资本主义经济和个体经济是其重要构成部分,则是确定的和必然的。

中国革命必须分两步走,第一步是新民主主义革命,第二步是社会主义革命。毛泽东在《新民主主义论》中,阐述了第一阶段胜利后建立的新民主主义共和国,是一定历史时期的国家形式,为此在经济上,中国要走孙中山提出的"节制资本"和"平均地权"的路,但决不是建立欧美式的资本主义社会,而是要建立过渡形态的新民主主义经济。在新民主主义经济内部,几种不同性质的经济关系必然会有各种不同的矛盾,其发展的最后结果,必然是社会主义经济关系战胜资本主义经济关系,确立社会主义社会的经济基础。毛泽东指出,民主革命胜利后,资本主义会有一个相当程度的发展,这是不可避免的结果,"但这只是中国革命的一个方面的结果,不是它的全部结果。中国革命的全部结果是:一方面有资本主义因素的发展,又一方面有社会主义因素的发展"。这种社会主义因素就是"民主共和国的国营经济和劳动人民的合作经济"。[②]加上有利的国际环境,中国民主革命的最后结果,便是避免走向资本主义,实现社会主义。因此,新民主主义经济形态既不属于社会主义范畴——尽管它是为进入社会主义作准备,也不属于资本主义范畴——尽管它把资本主义经济关系作为自己不可缺少的组成部分。它是一个全新的、有

[①] 中共中央文献研究室、中央档案馆编:《建党以来重要文献选编(一九二一——一九四九)》(第十六册),中央文献出版社,2011年,第835页。

[②] 同上,第837页。

第一编 新民主主义革命时期党的经济思想

着特定的社会历史含义的范畴。它的发展前途必然是社会主义经济形态。囿于当时各种局限,党对如何才能进入社会主义的一些具体问题还是模糊的。

从中国共产党对三大经济纲领的论述中,我们可以看出新民主主义社会的经济有如下特征:①新民主主义经济是由社会主义经济、私人资本主义经济、农民个体土地私有经济等多种经济成分构成的经济形态。在《论联合政府》中,毛泽东指出:"按照孙先生的原则和中国革命的经验,在现阶段上,中国的经济必须是由国家经营、私人经营和合作社经营三者组成的。"① ②国营经济的社会主义经济成分性质。在《新民主主义论》中,毛泽东明确指出:"在无产阶级领导下的新民主主义共和国的国营经济是社会主义的性质,是整个国民经济的领导力量。"毛泽东在对根据地公营经济的发展进行总结时指出:"我们建立了一个新式的国家经济的模型,这种模型之所以为新式,就是说,它不是俾士麦式的旧型国家经济,也不是苏联式的最新型的国家经济,而是新民主主义的或三民主义的国家经济。"③社会主义性质的国营经济是社会化程度较高、规模较大、关系到国计民生的经济。毛泽东在《新民主主义论》中对社会主义经济关系的生产力基础进行了考察,他指出,社会主义性质的国营经济主要是"大银行、大工业、大商业"以及"有独占性质,或规模过大为私人之力所不能办者。如银行、铁道、航空之属"② ④资本主义经济对社会经济的促进作用是其他经济成分所不能替代的。

中国共产党认为,新民主主义经济由三部分组成,比旧式的资本主义经济高明得多。首先,"重要产业的生产不是无政府的,也不会因绌于资本而无力举办,这样,经济就会有高速度的发展,使中国很快跻身于富强之列"。其次,劳动人民不会因为只有两只空手而实际上成为工钱奴隶,他们的利益可

---

① 《毛泽东选集》(第三卷),人民出版社,1991年,第1058页。

② 《毛泽东选集》(第二卷),人民出版社,1991年,第678页。

以得到合理地保障,他们有自己的个体经济与合作社经济,他们有自己的私有财产,于是他们也就有了个性,他们与资本主义社会里没有私有财产因而也没有个性的劳动人民大不相同,劳资关系的调节也可以做得更为顺利、更为公正。最后,"具有这样的经济组成部分的新民主主义社会,经过长期的充分的发展之后,在人民的需要与意愿之下,将来可以和平地转变到社会主义社会,这对于全中国人民是极其有利的"[①]。

---

① 《关于发展私人资本主义》,《解放日报》,1945年6月21日。

第四章 党在全国解放战争时期的经济思想

第一节 土地革命思想的新发展

抗日战争胜利之后，中国人民和美蒋反动派之间的矛盾上升为中国国内的主要矛盾。中国人民面临着两种命运、两种前途的尖锐斗争。中国共产党坚决地维护中国人民在抗日战争时期取得的胜利果实，并坚定不移地代表中国人民的根本利益，为彻底完成民主革命任务，把中国引向光明而奋斗。在经济战线上，党根据夺取全国政权和建立新中国的新形势、新情况，提出新的经济思想及政策，并于1947年12月第一次明确地提出了新民主主义革命的三大经济纲领。这就是：第一，没收封建阶级的土地归农民所有；第二，没收以蒋介石、宋子文、孔祥熙、陈立夫为首的垄断资本归新民主主义国家所有；第三，保护民族工商业。

这三大经济纲领发展了党的新民主主义经济思想,标志着新民主主义经济思想的成熟,在党的经济思想史上是一个重要的里程碑。其中,第一个纲领就是变更封建阶级的土地制度。

解放战争时期,党关于土地革命的思想发展到土地改革思想,新发展的主要内容如下:首先,采取和平的非暴力方式实现土地制度的变革。新民主主义革命时期,无论是土地革命还是土地改革,其本质上和最高目标都是变革封建主义的土地制度为新民主主义的土地制度。土地革命是暴力方式,阶级斗争非常尖锐,并发展为生死攸关的特殊形势下所必须采取的方式。土地改革则是在政治大局相对稳定、社会秩序较为安定的形势下进行的,因此采取的和平方式。其次,土地改革是在党和人民政府的领导下,有组织、有计划、有步骤、有法纪整体推进的。最后,解放生产力与保护生产力、发展生产力密切结合。在土地改革的过程中和目标追求上都着眼于保护生产力和发展生产力。

一、从减租减息转向土地改革

封建主义的土地制度是帝国主义、封建主义和官僚资本主义赖以统治中国的重要经济基础,"是我们民族被侵略、被压迫、穷困及落后的根源,是我们国家民主化、工业化、独立、统一及富强的基本障碍"[①]。因此,变更封建主义土地制度成为中国新民主主义革命的主要内容。如何解决封建主义与人民大众的矛盾?如何变更封建主义土地制度?中国共产党并没有采取某种固定模式或方法,而是依据民族矛盾和阶级矛盾的特殊性,依据不同时期革

---

① 《解放战争时期土地改革文件选编》,中共中央党校出版社,1981年,第84页。

命的首要任务的差别,采取了不同的解决方法。土地革命战争时期,中国共产党鉴于国内阶级矛盾成为社会的主要矛盾并非常尖锐的特点,采取了革命方式没收地主土地分配给农民的土地政策。

全民族抗战时期,中国共产党为了与国民党建立抗日民族统一战线和团结全国各族人民共同抗日,实行了减租减息的正确政策;全民族抗战胜利前夕,中共仍明确表示:减租减息政策"如果没有特殊阻碍,我们准备在战后继续实行下去,首先在全国范围内实现减租减息,然后采取适当方法,有步骤地达到耕者有其田"[①]。

抗日战争胜利后,到全面内战爆发前,中国共产党始终履行自己的诺言,在土地问题上的方针仍然是减租而不是没收土地。1946年1月,中国共产党在政治协商会议上提出了"实行减租减息,保护佃权,保护交租,扩大农贷,严禁高利盘剥,以改善农民生活,并实行土地法,以期达到'耕者有其田'之目的等主张,经过中共和各民主党派的努力,这些主张得以通过"[②]。同月,中国共产党表示"解放区应当成为全国减租运动的中坚与模范"[③]。可见,中国共产党在全国性内战爆发之前,一直希望通过减租途径解决土地问题。

全面内战的爆发,阻碍了减租减息在全国范围内的开展,国内阶级矛盾上升为主要矛盾。在内战一触即发的紧要关头,地主阶级就其总体而言,不但成了蒋介石集团在中国建立大地主大资产阶级专政的社会基础,而且成了国民党反动派向解放区发动军事进攻的内应。事态的发展使地主阶级与农民阶级之间的矛盾突出起来,从而使土地革命问题再度被提到了中国革命中的突出位置。在这种形势下,共产党认识到,只有彻底解决农民土地问题,才

---

① 《毛泽东选集》(第三卷),人民出版社,1991年,第1076页。
② 《政治协商会议资料》,四川人民出版社,1981年,第276页。
③ 《新年献词》,《解放日报》,1946年1月1日。

能从根本上解决农民和地主阶级之间的矛盾,粉碎蒋介石集团在中国维持其大地主大资产阶级专政的反动企图,才能使人民解放战争获得深厚的阶级基础和雄厚的物质基础,使党和人民军队立于不败之地。

内战爆发前夕,国民党在美帝国主义的援助下,无论在军事上还是经济上都占着很大的优势。中国共产党要改变这种敌强我弱的形势,只有依靠解放区军民,尤其是依靠农民群众与之斗争。在当时解放区还不十分巩固的情况下,要想广泛地发动农民群众,必须给农民以看得见的物质利益。因此,能否满足农民的土地要求,解放农村生产力,是革命成败的关键。如果在1亿多人口的解放区,解决了土地问题,就能够得到解放区人民对解放战争的支持,就能够打败蒋介石的军事进攻。因此,实行土地改革不仅是新民主主义革命的基本内容,也是人民解放战争的要求。

在新解放区的反奸清算、减租减息中,广大农民不仅物质生活得到了改善,也改变了封建社会的传统观念,认识到自己的力量。特别是无地少地的贫雇农,他们不满足于减租减息,一旦组织在农会之中,有了斗争的办法,就强烈地要求直接从地主手中取得土地,实现耕者有其田。是支持农民的正义要求,还是限制群众的手脚?这是当时摆在我们党面前必须回答的一个紧迫问题。毛泽东指出:"现在类似大革命时期,农民伸出手来要土地,共产党是否批准,必须有坚定明确的态度。"[1]中国共产党审时度势,根据形势的发展和主要矛盾的变化,决定改变土地政策,在解放区内首先实现耕者有其田。1946年5月4日,中共中央颁布了《关于清算减租及土地问题的指示》,即《五四指示》。

《五四指示》的基本精神就是坚决批准农民的土地要求。它充分肯定了

---

[1] 中央档案馆编:《解放战争时期土地改革文件选编》(1945—1949年),中共中央党校出版社,1981年,第7页。

解决农民土地问题的伟大意义,强调指出,这是"目前最基本的历史任务,是目前一切工作的最基本的环节"。它要求各级党组织,坚决拥护群众在反奸、清算、减租减息、退租退息等斗争中,从地主手中取得土地,使各解放区的土地改革,依据群众运动发展的规模和程度,迅速求其实现。针对各阶层对待农民运动的不同态度,特别是党内存在的认识分歧,它要求各地党委在广大群众运动面前,要有"五不怕"精神:"不要害怕普遍地变更解放区的土地关系,不要害怕农民获得大量土地和地主丧失土地,不要害怕消灭农村中的封建剥削,不要害怕地主的叫骂和诬蔑,也不要害怕中间派暂时的不满和动摇。相反,要坚决地拥护农民一切正当的主张和正义的行动,批准农民获得和正在获得土地。"①

鉴于当时内战尚未全面爆发的国内形势,党的《五四指示》关于解决土地问题的方式,与土地革命战争时期有所不同。《五四指示》规定,对于地主的土地,除了对大汉奸的无条件没收外,其他土地则沿用减租减息以来农民所创造的多种方式,如减租之后,地主自愿出卖土地给佃农;或者佃农以佃权交换土地;或者地主出卖土地给农民来清偿负欠等。这些方式的共同特点,是农民获得地主的土地在形式上是有偿的,是一种有偿交换,当然这种交换不是地主自愿的,而是中国共产党领导农民斗争的结果。尽管在取得地主土地的方式上,《五四指示》的规定与土地革命战争时期的直接没收有所不同,但解决农民土地问题的实质是相同的,即都是为了变更封建地主阶级的土地所有制为农民的土地所有制。这也是同抗战时期减租减息政策的根本区别所在。

全民族抗战时期通过减租减息,主要是保障农民的土地使用权,现在则主要要解决农民的土地所有权;全民族抗战时期减租减息,主要是削弱封建

---

① 魏宏运主编:《中国现代史资料选编》(5),黑龙江人民出版社,1981年,第105~106页。

剥削,现在则是要从反奸清算,消灭封建剥削。这样做,既体现了历史的延续性,使农民运动自然地从减租减息过渡到没收分配地主土地,又便于在内战尚未全面爆发之际,向解放区以外的民主人士做说明工作,使农民处在合法和有理地位。

为了正确指导农民运动,《五四指示》提出了解决农民土地问题的若干政策。其主要内容除了上述支持农民土地要求,贯彻群众路线的基本原则之外,还有以下原则:"决不可侵犯中农土地";"一般不变动富农土地";对于抗日军人、干部的家属之属于豪绅地主成分者,以及开明绅士等应"谨慎处理,适当照顾";对富农和地主及地主中的大中小、恶霸非恶霸应有所区别;保护工商业;团结知识分子和党外人士;合理分配土改果实,鼓励发展农业生产;加强共产党的领导。此外,《五四指示》还特别强调:"凡我之政权不巩固,容易受到摧残的边沿地区,一般的不要发动群众起来要求土地,就是减租、减息亦应谨慎办理,不能和中心区一样。"①

《五四指示》的这些内容,体现了党的土地政策由削弱封建土地制度的减租减息向没收分配地主的土地、彻底消灭封建土地制度的政策过渡。《五四指示》还保留了对某些地主给予照顾,允许地主得到较农民为多的土地财产,富农的土地财产原则上不动等政策。这主要是考虑到当时和平之门尚未最后关闭,为了能团结各界人士(包括国民党统治区的人士)结成反对帝国主义、反对封建独裁、争取和平民主的广泛的统一战线,在解决土地问题的方法上作的某些策略性规定。

1947年10月,在中国人民解放军已经转入战略进攻的新形势下,为了进一步推动土地改革来发动和组织广大农民支援战争,加速打败蒋介石、解放

---

① 魏宏运主编:《中国现代史资料选编》(5),黑龙江人民出版社,1981年,第106~109页。

全中国的进程,中共中央颁布了《中国土地法大纲》。该大纲规定:"废除封建性及半封建性剥削的土地制度,实行耕者有其田的土地制度";"废除一切地主的土地所有权";"废除一切祠堂、庙宇、寺院、学校、机关及团体的土地所有权";"废除一切乡村中在土地制度改革以前的债务",并规定:"乡村农会接收地主的牲畜、农具、房屋、粮食及其他财产,并征收富农的上述财产的多余部分,分给缺乏这些财产的农民及其他贫农,并分给地主同样一份"。这样,《中国土地法大纲》不但肯定了《五四指示》所提出的"没收地主土地分配给农民"的原则,而且改变了《五四指示》中对某些地主照顾过多,"一般不变动富农的土地"的规定,决定征收旧式富农出租的和多余的土地,以满足贫雇农的要求。大纲规定:"乡村中一切地主土地及公地,由乡村农会接收,连同乡村中其他一切土地,按乡村全部人口,不分男女老幼,统一平均分配。在土地数量上抽多补少,质量上抽肥补瘦,使全乡村人民均获得同等的土地,并归各人所有。"①这种平分土地的方法,对纠正在执行《五四指示》过程中土地分配上的不公平现象,特别是在揭发地主富农隐瞒黑地,多留好地等方面,起到了重大作用。所以毛泽东在十二月会议的报告中指出:"这是最彻底地消灭封建制度的一种方法,这是完全适合于中国广大农民群众的要求的。"②

为了使土地改革稳步进行,《中国土地法大纲》还规定了相关的执行机构和法纪。第一,建立各级土地改革领导机构。由乡村农民大会、贫农团大会、各级农民代表大会及其选出的委员会,为改革土地制度的各级合法执行机关。第二,建立人民法庭。由农民大会或农民代表会选举及由政府委派的人员组成人民法庭,对于一切违抗或破坏土地法的罪犯,"予以审判及处分"。第三,人民有全权批评、弹劾、撤换一切干部。为保证土地改革中一切措施符合绝大

---

① 魏宏运主编:《中国现代史资料选编》(5),黑龙江人民出版社,1981年,第210~211页。
② 《毛泽东选集》(第四卷),人民出版社,1991年,第1250页。

多数人民的利益及意志，政府负责切实保障人民的民主权利，"保障农民及其代表有全权在各种会议上自由批评及弹劾各方各级的一切干部，有全权在各种相当会议上自由撤换及选举政府及农民团体中的一切干部。侵犯上述人民民主权利者，应受人民法院的审判及处分"①。这些规定，对于土地改革的有序进行奠定了基础。

《中国土地法大纲》是中国共产党对土地革命长期实践经验的总结。它是党在民主革命时期土地革命思想的最高成果，是党在民主革命时期成熟的土地革命纲领。它对于指导土地改革的顺利开展，从根本上挖掉帝国主义、封建主义和官僚资本主义赖以统治的经济基础，对打败蒋介石，迅速夺取全国胜利起到了重大的作用。

二、按保护和发展社会生产力的要求进行土地改革

党在领导土地革命斗争的长期实践中，积累了丰富的经验，形成了土地改革的总路线，这就是1948年4月毛泽东在晋绥干部会议的讲话中高度概括的："依靠贫农，团结中农，有步骤地、有分别地消灭封建剥削制度，发展农业生产。"②这条总路线，不仅正确解决了土地改革中依靠谁、团结谁和打击谁的问题，而且首次提出了土地改革的直接目的是为着发展农业生产的思想。

当时解放区大部分地处农村，经济基础薄弱，又没有外援，而国民党却占据着广大的城市，并得到美帝国主义的支持，在这种情况下，中国共产党要想打败蒋介石，夺取全国胜利，必须有坚实的经济基础，要有大量的人力、物力作为保障，而这取决于对农民群众的发动。农民是人民解放战争的主力

---

① 王桧林主编：《中国现代史参考资料》，高等教育出版社，1991年，第246~247页。
② 《毛泽东选集》（第四卷），人民出版社，1991年，第1314页。

第一编　新民主主义革命时期党的经济思想

军。"中国的民主主义者如果不依靠三万万六千万的农民群众的援助,他们就将一事无成。"①因此,在帮助农民从封建生产关系中解放出来的同时,还必须积极鼓励和帮助他们恢复和发展农业生产,只有这样,才能发展解放区经济,改善人民的生活,才能得到成千上万翻身农民在人力、物力上的巨大支持,使革命战争获得胜利。正如毛泽东指出的:"战争是长期的,没有粮食就打不到胜仗",因此"春耕,这是与打胜仗一样重要的事情"。②

解放区也有发展农业生产的条件。广大农民在土地改革中得到了土地和其他生产资料,生产积极性高涨。毛泽东指出:"在国民党时代,土地是地主的,农民不愿意也不可能用自己的力量去改良土地,只有我们把土地分配给农民,对农民的生产加以提倡奖励以后,农民群众的劳动热情才爆发了起来,伟大的生产胜利才能得到。"③

在消灭封建土地所有制基础上发展农业生产,也是为将来的社会主义经济建设创造条件。革命不仅为了解放社会生产力,而且为了发展社会生产力,这是马列主义的基本原理。中国共产党在长期的斗争中认识到,要得到占全国人口80%的农民支持,必须解决农民的土地问题。只有彻底废除了封建土地制度,才能使农民从封建土地所有制的枷锁下挣脱出来,解放社会生产力。而解放生产力,仅仅是发展社会生产力的条件,"只有消灭封建制度,才能取得发展农业生产的条件"。在人民解放战争即将取得最后胜利,新民主主义革命取得最后胜利的前夕,发展农业生产,促进解放区经济繁荣,就为将来的社会主义经济建设创造了条件。毛泽东《在晋绥干部会议上的讲话》中指出:"消灭封建制度,发展农业生产,就给发展工业生产,变农业国为工业国的任

---

① 中央档案馆编:《中共中央文件选集(一九四九年一月至九月)》(第十八册),中共中央党校出版社,1992年,第357页。
② 《新华社社论集》(1947—1950)内部发行,新华通讯社编印,1960年,第20页。
③ 《毛泽东选集》(第一卷),人民出版社,1991年,第131页。

务奠定了基础,这就是新民主主义革命的最后目的。"①

中国共产党把土地改革与保护、发展社会生产力紧密联系在一起的思想内容是十分丰富的。它还反映在以下四个方面:

第一,批判绝对平均主义思想。针对土地改革中出现的绝对平均主义,毛泽东指出:"我们赞助农民平分土地的要求,是为了便于发动广大的农民群众迅速地消灭封建地主阶级的土地所有制度,并非提倡绝对的平均主义。谁要是提倡绝对的平均主义,那就是错误的。现在农村中流行的一种破坏工商业、在分配土地问题上主张绝对平均主义的思想,它的性质是反动的、落后的、倒退的,我们必须批判这种思想。"②中共中央还以"新华社信箱"的名义,发表《关于农业社会主义的问答》一文,进一步批判了绝对平均主义思想。该文指出,绝对平均主义的结果,"不独是要破坏封建的土地财产关系,而且是要破坏非封建的即自由资本主义的财产关系,就是要平均主义地破坏工商业及一部分中农和新富农的土地和财产,因而也要打击广大工业和农业生产者的向上积极性。这样,就不独不能提高社会生产力,而且必然要使社会生产力大大降低和倒退"③。

第二,明确规定不得侵犯中农的利益。针对平分土地热潮中侵犯中农利益的错误倾向,毛泽东明确指出:"土地改革的一个任务,是满足某些中农的要求。必须容许一部分中农保有比较一般贫农所得土地的平均水平为高的土地量。""注意不要侵犯没有剥削或者只有轻微剥削的中农、独立劳动者、自由职业者和新式富农。""不这样做,贫雇农就会陷于孤立,土地改革

---

① 《毛泽东选集》(第四卷),人民出版社,1991年,第1316页。
② 同上,第1314页。
③ 中共中央文献研究室、中央档案馆编:《建党以来重要文献选编(一九二一—一九四九)》(第二十五册),中央文献出版社,2011年,第382页。

就会失败。"①这样做,就是为着保护和发展社会生产力。

第三,明确规定保护工商业。任弼时在《土地改革中的几个问题》一文中指出,破坏工商业"是一种自杀政策"②。毛泽东也强调:"必须避免对中小工商业者采取任何冒险政策。""地主富农的工商业一般应当保护,只有官僚资本和真正恶霸反革命分子的工商业,才可以没收。这种应当没收的工商业,凡属有益于国民经济的,在国家和人民接收过来之后,必须使其继续营业,不得分散或停闭。"③

第四,区别对待地主富农,禁止乱打乱杀,有步骤、有分别地消灭封建制度。党中央指出,消灭地主阶级,主要是没收其土地、粮食、牲畜、农具等财产,其中最基本的是土地,因此不要在搞地财(埋藏起来的金银等浮财)上耽误很多时间。毛泽东在12月会议上批评斗地主的地财,是"斗到牛角尖里去了"④。他指出,应该先分土地和浮财,地财不要忙,将来繁荣经济他会投资的,否则埋在地里那还不是国家的财富吗?这一思想对于正确引导农民进行土改,保护财力以用于将来的经济建设起到了一定的作用。

为了在土改中迅速地恢复和发展农业生产,党中央制定了相应的政策:一是保障土改后农村各阶层的土地财产私有权。党中央明确指出,土地改革的结果,不是一般地废除私有制,而只是废除封建的私有制,代之以农民的私有制,从而调动农民生产的积极性。二是确定公平合理、公私兼顾的负担政策。土改以前,由于大量土地集中在地主和旧富农手中,人民政府只有实行累进税制(土地越多负担越重),才能相对减轻多数农民的负担。土地改革以

---

① 《毛泽东选集》(第四卷),人民出版社,1991年,第1314页。
② 《任弼时选集》,人民出版社,1987年,第428页。
③ 《毛泽东选集》(第四卷),人民出版社,1991年,第1269页。
④ 东北师范大学政治系中共党史教研室编:《中共党史教学参考资料》(五),人民出版社,1981年,第171页。

后,土地已大体平均分配,为了鼓励农民发展生产,使多生产者多得利,各解放区废除农业累进税制,实行比例税制。这样做能比较合理地在农民内部分配负担,有利于农民的团结和农业生产的发展,受到农民的欢迎。三是实行奖励生产的政策。党中央明确规定,凡在农、副、畜、牧等方面作出成绩者,均给予奖励。这样大大提高和激发了广大农民的生产积极性。四是组织农民互助合作。土改后由于土地、农具、牲畜的相对分散,自然灾害以及长期战争消耗等困难,农民有合作、换工的要求,中共中央根据过去的经验和当时的状况,规定了互助合作的原则:自愿结合,严禁强迫加入;平等互利、等价交换;一切劳动人民都可以成为组织合作互助的对象;合作互助组织本身必须有领导、有核算、有民主、有监督;要有计划、更广泛地组织妇女参加生产。这些政策保护了刚刚由封建桎梏下解放出来的新型农业经济,促进了农业生产的恢复和发展。

三、纠正土改中"左"的错误

1947年,全国土地会议之后,在平分土地的热潮中,党曾出现了"左"的错误,主要表现在:

第一,阶级划分标准紊乱。由于受到绝对平均主义和狭隘关门主义的影响,解放区土改中出现了不是根据人们对于生产资料的关系不同来确定各种不同的阶级,而是或者把政治态度和思想意识作为标准,把过去曾是国民党党员,或对新政权态度不好,或干部中贪污腐化作风恶劣者定为地主、富农;或者单纯以田地和财富的多少,生活水平的高低作为确定阶级成分的标准,把一些没有剥削或仅有少量剥削的中农或富裕中农统统划为地主、富农;或者对剥削和劳动不作数量分析,把靠自己劳动为生,只雇个放牛娃的中农或富裕中农定成富农,将有劳动视为无劳动,或把从事主要劳动视作附带劳动,把富农定为地主;还有的查三代、查历史,对一些虽连续从事主要劳动多年,但其老辈曾是地主或本人曾过过地主生活的农民,仍认为有封建根子,称之为地主、破产地主或下坡地主等。其结果是把一大批中农甚至贫农错划成地主富农,严重地扩大了打击面,缩小了基本群众队伍。

第二,侵犯中农利益。其具体情况为:有的将中农错划成所谓"破产富农"或"破产地主"加以侵犯;有的将高于平均水准的中农的土地抽出来,将老解放区的部分老中农和解放后由贫农上升的中农也列为平分对象;有的办事不要中农参加,以贫农团代替农会,孤立地宣传所谓贫雇农打江山坐江山,把贫雇农在土改运动中应有的带头作用和骨干作用歪曲成由贫雇农包办一切,抛弃和排斥中农,不尊重中农的民主权利,如决定成分、分配果实、分派负担等会议不让中农参加,使中农感觉自己的命运完全操纵在别人手中;还有的加重中农负担,不给中农困难户贷款,在互助合作组织中劳动与贫雇农同工不同酬,甚至命令中农无偿地为贫农秋收、支差等,从而造成中农与贫雇农的对立倾向。

第三,侵犯了一部分工商业。一是用绝对平均主义的观点看待这场斗争,不仅地主富农的工商业被清算斗争,就是一般工商业户也往往被清算斗争。二是否认和反对地主、富农向工商业转化。认为地主兼营工商业者或转化为工商业者是化形地主,必须对他的工商业财产加以没收清算,否则难以彻底消灭地主在农村的封建剥削经济基础。三是片面强调满足贫雇农要求,对党不侵犯工商业的政策发生动摇。其结果是使解放区不少农村集镇与一些县城的工商业者被斗,其财产被没收分配,从而造成社会经济一度发生混乱。

第四,对地主、富农、开明士绅不加区别,排斥知识分子。在平分土地、财产时,有些地区一度对大中小地主、地主与富农、旧富农与在民主政权下劳动致富的新富农不加区别。有的地方对其一律扫地出门,少分田、分坏田,将其牲畜、大农具等都拿出来平分,将油坊、粉房皆清算掉。还有的地方仅在处罚的方式上有所区别,而在生产资料的处理上不加区别。对于党外人士、"三三制"政权中的开明士绅,一度也不加区别地进行斗争,对于地主、富农出身或与封建制度有各种联系的其他知识分子也普遍排斥和不信任。有些地区在满足贫雇农的要求口号下,过于注重清查地主的浮财,甚至将其置于土地要求之上。以上做法必然使解放区社会秩序混乱,人心惶惶,既不利于巩固解放区后方,也不利于我们党和贫雇农在土改中获得广泛的社会同情。

中共中央及时注意到"左"倾错误的严重性,于1947年12月,在陕北米脂县杨家沟召开会议,研究新的形势和党的工作,并着手纠正土改中"左"的错误。该会议阐述了党进行土地改革的根本方针和基本原则,明确指出,党在农村的方针是"依靠贫农,巩固地联合中农,消灭地主阶级和旧式富农的封建的和半封建的剥削制度"[①]。会议批评了"贫雇农打江山坐江山"的口号,指出"在乡村,是雇农、贫农、中农和其他劳动人民联合一道,在共产党领导之下打江山坐江山,而不是单纯贫雇农打江山坐江山"。为此,必须注意两条基本原则:第一,必须满足贫农和雇农的要求。第二,必须坚决地团结中农,不要损害中农的利益。"只要我们掌握了这两条基本原则,我们的土地改革任务就一定能够胜利地完成。"[②]会议制定了土地改革的若干具体政策,如关于划分阶级的标准,对待中农、工商业者、知识分子和开明士绅的政策,对待地主富农的政策,严禁乱打乱杀及对待犯错误的党员、干部的政策等。所有这些,对于纠正"左"的错误起到了重要作用。该会议后,党中央贯彻会议精神,为纠正土改中"左"的错误做了大量工作。

---

① 《毛泽东选集》(第四卷),人民出版社,1991年,第1250页。
② 同上,第1251页。

第一编　新民主主义革命时期党的经济思想

第一,明确划分阶级的标准,澄清在划阶级、定成分问题上的混乱。1948年,中共中央重新印发了1933年关于划分阶级的两个文件,即将《怎样分析阶级》和《关于土地斗争中一些问题的决定》作为划分阶级的参考文件。1948年1月,任弼时作了《土地改革中的几个问题》的重要报告。报告明确指出:"由于对生产资料占有与否,占有多少,占有什么,如何使用,而产生的各种不同的剥削被剥削关系,就是划分阶级的唯一标准。"[①]这就明确了从生产资料占有关系上划分阶级的马克思主义观点。报告中还进一步明确了划阶级的时间界限:"凡地主自己从事农业劳动,不再剥削别人,连续有5年者,应改变其成分,评定为农民","富农已连续3年取消其剥削者,亦应改为农民成分"。[②]这样就可以纠正查三代、追历史以及种种不顾及情况变化而划错阶级的问题。此外,中央还放宽剥削量的规定,将划富农的界限从剥削率为15%调到25%,并强调民主评定阶级,有错必纠。这些规定对于正确划分阶级、纠正"左"的错误起了很大作用。

第二,明确规定满足贫雇农的要求,不得侵犯中农的利益。由于我们党只有通过贫雇农才能发动一场广泛的群众性的土地改革运动,因此土改中首先和主要地要满足贫雇农的要求。但是不能因此侵犯中农的利益。贫雇农对土地财产的要求只能通过没收和征收封建半封建的土地财产来满足;并在此基础上逐步发展生产、劳动致富。如果侵犯了中农的利益,就不能彻底孤立地主阶级,土地改革也会因得不到广泛的社会同情而归于失败。为了保障中农的经济利益,党中央还规定必须保障中农的政治权利,如办事一定要吸收中农参加;在农民代表会的代表中、农会委员中,要有中农参加。此外,在土地税和支持战争的负担上,规定必须采取公平合理的原则,绝不能因为地主

[①] 《任弼时选集》,人民出版社,1987年,第417页。

[②] 同上,第419页。

富农不能负担而加到中农身上去,已侵犯了中农利益的要退还其财物或补偿其损失。

第三,进一步明确保护工商业。地主富农的工商业一般应当保护,即使是官僚资本、战犯及罪大恶极的恶霸的工商业财产,经县以上法庭判决应该没收的,也要将这种财产由政府处理,不由农会处理,不应分散或关闭。毛泽东还指出应该"将消灭地主富农的封建剥削和保护地主富农经营的工商业严格地加以区别"[1];对已被侵犯的工商业要进行补偿,制定和实行合理的工商业税,使解放区的工商业得到恢复和发展。

第四,明确提出了对地主与富农、对大中小地主、对地主富农中的恶霸与非恶霸,均应加以区别对待的方针,并特别注意纠正少数地区出现的不讲区别、不顾政策的乱斗乱杀的错误做法。党强调在土改中,除少数罪大恶极分子不杀不足以平民愤者应予以坚决镇压外,必须坚持少杀,严禁乱杀。为了安定解放区社会秩序,规定必须按土地法给地主以不高于农民所得的生产资料和生活资料,使他们谋得生活出路。地主富农分子作为个人,只要他们不是坚决破坏土地改革和革命战争的,应经过劳动改造,使其由一个反动的、寄生的剥削者,成为一个自食其力的劳动者。为此,毛泽东指出:"地主富农在老解放区减租减息时期改变生活方式,地主转入劳动满五年以上者,富农降为中贫农满三年以上者,如果表现良好,即可依其现在状况改变成分。"[2]

对于地主富农中的开明士绅,则规定采取分而不斗的方针,即按照土地法平分其封建的土地财产,但应使其避免受斗争,从而给予照顾。另外,还规定对旧式富农和新式富农也要有所区别。1947年12月会议以后,党集中全力,采取各种有力措施纠正土改中"左"的错误,从而使各解放区的土地改革沿着

---

[1] 《毛泽东选集》(第四卷),人民出版社,1991年,第1285页。
[2] 同上,第1270~1271页。

正确的轨道前进。

综上所述,解放战争时期,党的土地革命思想有许多新发展,表明党解决土地问题的思想已成熟,为新中国成立后的土地改革积累了宝贵的经验和重要的思想资料。

第二节 没收官僚资本和帝国主义在华资本的思想

一、没收官僚资本的思想和政策的提出

抗日战争胜利后,中国共产党为了维护国共合作,力争实现和平民主建设新中国,在提交政治协商会议讨论的《和平建国纲领草案》中,没有提出没收国民党政府官僚资本主义经济的要求,只是主张"把帝国主义者和汉奸反动派的大资本大企业收归国家经营"。内战的爆发,充分暴露了蒋介石国民党政府与人民为敌的反动立场。在人民解放军转入战略反攻,全国革命胜利在望之时,毛泽东于1947年10月在《中国人民解放军宣言》中,果断地第一次明确提出了没收蒋介石、宋子文、孔祥熙、陈立夫兄弟四大家族和其他首要战犯的财产,没收官僚资本的口号。

随后,在同年12月于陕北米脂县杨家沟举行的中共中央扩大会议上,毛泽东进一步把没收官僚资本列为新民主主义革命的三大经济纲领之一。他指出:"蒋宋孔陈四大家族,在他们当权的20年中,已经集中了价值达100万万至200万万美元的巨大财产,垄断了全国的经济命脉。这个垄断资本和国

家政权结合在一起,成为国家垄断资本。这个垄断资本主义,同外国帝国主义、本国地主阶级和旧式富农密切结合着,成为买办的封建的国家垄断资本主义。""这个国家垄断资本主义,不但压迫工人农民,而且压迫城市小资产阶级,损害中等资产阶级。"他特别强调,没收官僚资本,是打倒蒋介石、成立新中国的需要,也是为了"消灭地主阶级和官僚资产阶级(大资产阶级)的剥削和压迫,改变买办的封建的生产关系,解放被束缚的生产力"。①

毛泽东在这里讲的四大家族官僚资本,泛指以蒋、宋、孔、陈为首的国民党统治集团所拥有的资本,即国家垄断资本。明确这一点有十分重要的意义。这一思想既把握了中国社会的主要社会矛盾,符合新民主主义革命反帝反封建的总任务,代表了全国人民的利益与要求,又表明没收官僚垄断资本具有社会主义革命的性质。这是中国共产党经济思想的重大发展。

随着解放战争的节节胜利,越来越多的大中城市和工矿区回到人民手中。中共中央和毛泽东又制定了一系列具体的方针政策,以保证全党全军迅速地、妥善地没收官僚资本。毛泽东在《再克洛阳后给洛阳前线指挥部的电报》中指出:"对于官僚资本要有明确界限,不要将国民党人经营的工商业都叫作官僚资本而加以没收。对于那些查明确实是由国民党中央政府、省政府、县市政府经营的,即完全官办的工商业,应该确定归民主政府接管营业的原则。""对于著名的国民党大官僚所经营的企业,应该按照上述原则和办法处理。对于小官僚和地主所办的工商业,则不在没收之列。一切民族资产阶级经营的企业,严禁侵犯。"②到1949年初,中共中央进一步明确规定,官僚资本企业中,"如有民族工商农牧业家私人股份经调查属实者,当承认其所有权"③。

---

① 《毛泽东选集》(第四卷),人民出版社,1991年,第1253~1254页。
② 同上,第1323~1324页。
③ 罗正楷主编:《中国人民解放军大典》,1997年,第698页。

第一编　新民主主义革命时期党的经济思想

这些规定体现了保护民族资产阶级利益的精神，得到了民族资产阶级的好评。

这时期，中共中央还先后发布《关于没收官僚资本企业的指示》《关于没收战犯财产的指示》等，总结出"各按系统，自上而下，原封不动，先接后分"的接管官僚企事业方法，要求军管会派到企业中的军事代表，"不直接管理生产，只监督原来的人员去管理生产，保障生产能照旧进行"[①]。中共中央还宣布，所有在官僚资本企业中供职的人员，在人民政府接管之前，均须照旧供职，并负责保护企业资产，"保护有功者奖，怠工破坏者罚，凡愿继续服务者，在人民政府接管后，准予量才录用，不使流离失所"[②]。此外，地下党还领导工人进行"护厂"斗争，保护工厂不被蒋军破坏或被搬迁到中国台湾。这些措施行之有效，从而为建立国营经济奠定了物质基础。

在党中央强有力的领导下，接管全国官僚资本企事业的工作进展顺利，如上海这样全国最大的工商业城市和经济中心，仅花了两个月就完成接收工作。到1949年底，全国共接收官僚资本经营的工业企业2858家，基本上消灭了官僚资本主义。

二、对待外国在华资本的态度

抗战胜利后，外国在华资本经济势力发生了重大变化：原来占总数76%以上的日本资本和德国资本，已被中国政府没收；英法经济势力受到很大削弱；只有美国在华经济势力得到了加强。据统计，至1948年止，外国在华投资

[①] 中共中央文献研究室、中央档案馆编：《建党以来重要文献选编（一九二一——一九四九）》（第二十五册），中央文献出版社，2011年，第702~703页。
[②] 《毛泽东选集》（第四卷），人民出版社，1991年，第1458页。

总额为30.99亿美元,其中美国资本居首,数达13.93亿美元;英国居次,资本总额10.34亿美元;法国资本总额2.97亿美元;其他各国合计为3.75亿美元。国民党政府为了换取美国的政治、经济、军事援助,把中国市场完全向美国商品和资本打开了大门,先后与美国签订了中美《友好通商航海条约》《国际关税与贸易一般协定》《关于经济援助之协定》等丧权辱国的条约,使得美国货物泛滥于中国商品市场,美国资本也大量涌进中国。美国政府为霸占中国,尤其卖力地以大量"美援"和贷款,支持国民党政府打内战。除了"美援"47.09亿美元之外,政治性的贷款也达10.08亿美元,占美国对华直接投资的72%。这些政治性贷款对中国社会没有任何积极作用。不过,在全部外国在华资本总额中,企业财产额达6.99亿美元,房地产投资额为7.89亿美元;美国之外的其他外国在华资本也主要是资本家个人或集团投资。这些资本的作用有别于政治性贷款,需要具体分析,区别对待。

中国共产党始终坚持反对帝国主义侵略的立场,但并不笼统地排外,欢迎和争取与包括资本主义国家在内的世界各国,在平等互利的基础上通商及开展经济合作。对于外国在华资本,由于其特性、作用千差万别,中国共产党采取了谨慎的态度。

1946年1月,当内战未爆发之时,中国共产党在《和平建国纲领草案》中提出:"在不妨碍民族独立条件下,极力发展中外经济与文化的合作,并保护外国人民在华合法利益及生命财产之安全。"①在给《解放区外交方针的指示》中,中共中央进一步提出:"我应采取直接与美国以及英法等国政府及其个别商人进行经济合作的方针,在两利的原则下,我们政府及商业机关应和外国商人以至外国政府直接订立一些经济契约,吸收外资来开发山东的富源,建

---

① 魏宏运主编:《中国现代史资料选编》(5),黑龙江人民出版社,1981年,第75页。

第一编 新民主主义革命时期党的经济思想

立工厂,发展交通,进行海外贸易与提高农业和手工业。"[1]

内战爆发以后,美国政府采取了扶蒋反共的政策,提供大量金钱与物资帮助蒋介石打内战。中共中央坚定地反对美帝国主义的反动政策,于1947年2月1日发布《关于不承认蒋政府一切卖国协定的声明》,义正词严地宣布:"对于1946年1月10日以后,由国民党政府单独成立的一切对外借款、一切丧权辱国条约及一切其他上述的协定谅解,与今后未经政治协商会议通过或未征得本党和其他参加政治协商会议各党派同意的一切同类外交谈判,本党在现在和将来均不承认,并决不担负任何义务。"[2]同时,中共中央仍要求全党,"严格掌握美国的政府与人民之间的区别,美国政府人员中的帝国主义分子与民主分子之间的区别,美国政府人员中决定政策者与不决定政策者之间的区别……不要笼统反帝"[3]。

出于这种区别对待的策略思想,在1947年12月召开的中共中央扩大会议上确定的三大经济纲领中,并没有没收外国在华资本的内容。1948年2月发布的《关于对待在华外国侨民政策的指示》中,中共中央详细规定,"凡遇有外人投资设立并主持之私营工厂、矿山或其他企业,我军到后,暂不加以没收,亦不许加以破坏,并可与之商定继续营业的临时合同,规定在服从民主政府法令与在一定的劳动条件之下,继续营业";"凡外人开设之商店,不进行破坏活动,并服从民主政府法令者,均可允许其继续营业,并受民主政府保护";"不论公营、私营工商业中之外人股份,一律承认其股权有效";"凡遇有外国银行,或其代办所,不管其是否由于两国条约有互惠规定和特许,一般地应先停

---

[1] 中央档案馆编:《中共中央文件选集(一九四五——一九四七)》(第十三册),中共中央党校出版社,1987年,第396页。
[2] 《中共党史参考资料》(六),人民出版社,1980年,第271页。
[3] 中央档案馆编:《中共中央文件选集(一九四五——一九四七)》(第十三册),中共中央党校出版社,1987年,第459页。

止其营业,并审查其业务情况","对其财产,不论重行开张与否,一律不得没收或破坏"。①这一指示还规定,外资企业如原主逃走,由政府接收经营;如原主回来,可视情况与之订立公私合办的合同,或仍按前述规定,交回其自办。

1949年初,人民解放战争已经取得决定性胜利,新中国成立指日可待。这时,中国共产党对外资的政策发生了变化。中共中央于1949年1月19日发出《关于外交工作的指示》,虽然继续告诫全党全军不要忙于对外资作出禁止、收回或没收的表示,但明确宣布,不仅不承认一切资本主义国家政府的和私人的在华经济特权,而且对外国政府和私人在华的"工商企业和投资,均不给予正式的法律的承认"②。中共中央于3月召开的七届二中全会上,毛泽东除了宣布"不承认国民党时代的一切卖国条约","立即统制对外贸易,改革海关制度"外,还提出:"中国的现代性工业的产值虽然还只占国民经济总产值的百分之十左右,但是它却极为集中,最大的和最主要的资本是集中在帝国主义者及其走狗中国官僚资产阶级的手里。没收这些资本归无产阶级领导的人民共和国所有,就使人民共和国掌握了国家的经济命脉,使国营经济成为整个国民经济的领导成分。"③中国共产党对外国在华资本政策的这一变化,是对美英政府敌视我国人民革命的反应。不过,对外国私人在华的工商企业和投资也采取一律不予承认的政策,现在看来,有点过头了。

至于消灭帝国主义在华资本的方法,中国共产党没有采取暴力剥夺政策,而是运用了灵活的区别对待的政策:对与我国主权或国计民生关系较大

---

① 中共中央文献研究室、中央档案馆编:《建党以来重要文献选编(一九二一——一九四九)》(第二十五册),中央文献出版社,2011年,第89页。
② 白永秀、任保平、何爱平等:《中国共产党经济思想90年》,人民出版社,2011年,第152页。
③ 《毛泽东选集》(第四卷),人民出版社,1991年,第1431~1434页。

的企业,予以征用;关系较小或性质上未便征用者,予以代管;政府认为有必要者,予以征购;对一般企业,加强管制,促其自行清理结束。在上述四种方法中,以征用和加强管制为主。比如,对外商银行采取利用、限制和严格管理相结合的方针:利用它们作外汇代理行以支持我国的对外贸易;限制它们的营业范围,不准它们买卖商品、金银,不准办理储蓄和汇兑等业务,不准发行货币,只准作为外汇指定银行经营打包放款、出口押汇等业务,所得的外汇必须卖给中国人民银行;人民政府和人民银行经常检查外商银行业务,限令它们造送营业状况书、资产负债表、库存表、国籍说明和职员名单等。外商银行由于无利可图,很快都退出了中国市场。

这样,随着解放战争的进程,中国共产党废除了国民党时代的一切卖国条约,统制了对外贸易,改革了海关制度,并运用上述政策,迫使一千多家外国企业,或自动歇业,或转让给我国政府,外国在华资本很快都在我国被消灭了。这对于加强国营经济,并确立国营经济在新民主主义经济体系中的领导地位虽有积极作用,但对我国后来在经济建设中利用外资产生了不良影响。

第三节 保护和利用民族资本主义工商业的思想

一、民族资本主义工商业是新民主主义经济中不可缺少的组成部分

在中国共产党即将夺取全国政权之时，全国乃至全世界都高度关注中共关于民族资本主义工商业的政策，因为它是辨别我国将建立社会主义社会还是新民主主义社会的风向标。毛泽东在1947年12月召开的中共中央扩大会议上的讲话中，将"保护民族工商业"作为新民主主义革命的三大经济纲领之一，这是依据对中国国情的全面分析，对民族工商业经济属性的深刻认识而提出的。毛泽东指出："由于中国经济的落后性，广大的上层小资产阶级和中等资产阶级所代表的资本主义经济，即使革命在全国胜利以后，在一个长时期内还是必须允许它们存在；并且按照国民经济的分工，还需要它们中一切有益于国民经济的部分有一个发展；它们在整个国民经济中，还是不可缺少的一部分。"[①]他提出："新中国的经济构成是：(1)国营经济，这是领导的成分；(2)由个体逐步地向着集体方向发展的农业经济；(3)独立小工商业者的经济和小的、中等的私人资本经济。这些，就是新民主主义的全部国民经济。而新民主主义国民经济的指导方针，必须紧紧地追随着发展生产、繁

---

① 《毛泽东选集》(第四卷)，人民出版社，1991年，第1255页。

第一编　新民主主义革命时期党的经济思想

荣经济、公私兼顾、劳资两利这个总目标。一切离开这个总目标的方针、政策、办法,都是错误的。"①

在党的七届二中全会上,毛泽东进一步具体地分析中国国情,再次阐述了保护民族工商业的思想。他指出:"中国的工业和农业在国民经济中的比重,就全国范围来说,在抗日战争以前,大约是现代性的工业占百分之十左右,农业和手工业占百分之九十左右。""中国的私人资本主义工业,占了现代性工业中的第二位,它是一个不可忽视的力量。中国的民族资产阶级及其代表人物,由于受了帝国主义、封建主义和官僚资本主义的压迫或限制,在人民民主革命斗争中常常采取参加或者保持中立的立场。由于这些,并由于中国经济现在还处在落后状态,在革命胜利以后一个相当长的时期内,还需要尽可能地利用城乡私人资本主义的积极性,以利于国民经济的向前发展。"②毛泽东的这个报告,构成了为中国人民政治协商会议第一次全体会议所通过的,在新中国成立初期曾经起了临时宪法作用的《共同纲领》的政策基础。

党的其他领导人对保护民族工商业也提出了许多独到的见解。如李立三认为:"中国的经济状况与俄国十月革命的时候不同,与现在东欧各新民主主义国家也不同。所以中国不仅不能像当时俄国一样,直接进行社会主义革命,而且不能像东欧各新民主主义国家一样,在革命胜利几年后就开始过渡到社会主义。中国革命在取得全国胜利后,还需要经过一个相当长的新民主主义建设时期,来发展中国的工业,使中国经济能完全摆脱帝国主义的束缚,使工业与农业在整个国民经济中的比重逐渐改变,并且使工业的比重达到一个相当高的程度。没有这种改变,没有工业的大大发展,不仅谈不上实行社会

---

① 《毛泽东选集》(第四卷),人民出版社,1991年,第1255~1256页。
② 同上,第1430~1431页。

主义,并且谈不上中华民族在经济上对帝国主义的真正彻底的独立自主。"①刘少奇面告资本家,"在新民主主义当中,你们这些资本家可以充分发挥你们的积极性","今天中国资本主义是在年轻时代,正是发展它的历史作用,积极作用,建立功劳的时候,应赶紧努力,不要错过"。②要想使全党确立起保护民族工商业的观念和政策,必须正确认识中国民族资产阶级的特点及其对革命的态度,对这个阶级要作具体分析。

毛泽东在《目前形势和我们的任务》一文中指出,一是民族资产阶级有左派、中派、右派之分,需区别对待。二是资产阶级的右翼分子确实存在着反动的政治倾向,"他们替美帝国主义和蒋介石反动集团散布幻想,他们反对人民民主革命。当着他们的反动倾向尚能影响群众时,我们应当向着接受他们影响的群众进行揭露的工作,打击他们在群众中的政治影响,使群众从他们的影响之下解放出来。但是,政治上的打击和经济上的消灭是两件事,如果混同这两件事,我们就要犯错误"。他归纳出这样一条原则:"在现阶段,民族资产阶级的多数是增长了对美蒋的仇恨,他们中间的左翼分子依附于共产党,右翼分子则依附于国民党,其中间派则在国共两党之间采取犹豫和观望的态度。这种情况,使得我们有必要和可能争取其大多数,孤立其少数。为了达到这一目的,对这个阶级的经济地位必须慎重地加以处理,必须在原则上采取一律保护的政策。否则,我们便要在政治上犯错误。"③

中共领导人在高度肯定民族资本主义工商业的积极作用时,也看到了其消极作用,提出了正确的解决方法。张闻天指出:"既然是资本主义,就必然包含有投机和操纵的本质,就包含有无政府无组织和带有破坏性的经济活

---

① 《李立三赖若愚论工会》,档案出版社,1987年,第9页。
② 中共中央文献研究室、中央档案馆编:《建党以来重要文献选编(一九二一——一九四九)》(第二十六册),中央文献出版社,2011年,第364~367页。
③ 《毛泽东选集》(第四卷),人民出版社,1991年,第1289页。

动,所以同私人资本主义经济的投机性和破坏性的经济活动作斗争,是今后经济战线上的经常任务。"但不应过分估计这一问题的严重性,不应由此而采取排斥甚至消灭私营工商业的政策,因为"无产阶级掌握着国家政权和经济命脉"。他提出,除了关系国计民生的行业由国家法律宣布为国营经济垄断经营外,在其他行业中用行政上的限制手段和经济上的和平竞争手段,做到"凡属有利于国计民生的私人资本都有利可图,因而都能生存与发展;凡属无利或有害于国计民生的私人资本,都使之无利可图,因而被迫转业,特别是逼迫商业投机资本向工业方面转移极为重要"。①

二、保护和发展民族资本主义工商业的政策

遵循着"发展生产、繁荣经济、公私兼顾、劳资两利"这个新民主主义国民经济的总方针,中国共产党制定了系统的关于民族资本主义工商业的政策。

(一)严格保护民族资本主义企业财产所有权的政策

党中央向全党、全军、全国三令五申:"保护一切于国民经济有益的私人工商业"②;"一切民族资产阶级经营的企业,严禁侵犯";即使官僚资本企业中,"如有民族工商农牧业家私人股份经调查属实者,当承认其所有权"③;"地主和旧式富农除没收其封建剥削的财产外,他们兼营的工商业及在工商业的投资,同样应受保护"④。实施这种全面的、彻底的保护政策,就有效地划

---

① 《张闻天选集》,人民出版社,1985年,第409页。
② 中央档案馆编:《中共中央文件选集(一九四八——一九四九)》(第十四册),中共中央党校出版社,1987年,第9页。
③ 冯雷等主编:《新版毛泽东选集学习词典》,大连出版社,1991年,第601页。
④ 中央档案馆编:《中共中央文件选集(一九四八)》(第十七册),中共中央党校出版社,1992年,第301页。

清了消灭反动势力、封建剥削和保护民族资本主义工商业之间的界限,确保了民族资本主义工商业不受侵犯。

(二)妥善处理私营工商业中的劳资纠纷政策

党中央认为这是保护和发展私营工商业的一个关键。党中央一方面要求资本家尽可能地改善工人的劳动条件,尽可能地改善员工的生活待遇,以提高员工的生产积极性,减少劳资纠纷;另一方面,反对职工运动中片面追求工人福利的"左"的错误。中共中央指出,只要有资本主义生产关系存在,工人和资本家之间的利益冲突就存在。新民主主义政权将通过《劳动保护法》《劳动保险法》《劳资仲裁条例》等法令来调节劳资关系,但要真正实现"劳资两利",仍需要组织工人进行阶级斗争,因为资本家的本性是唯利是图,永远在追求自己的利益。然而在工人阶级当家做主的历史新时期,这种斗争必须有新的目的,运用新的方式。在《坚持职工运动的正确路线,反对"左"倾冒险主义》中,党中央指出,在新民主主义国家中,私营企业中的"工人有两重地位:一是被剥削者的地位,'劳方'的地位;一是社会主人翁的地位,国家政权的领导者的地位。因为是被剥削者,工人在自己的日常利益上与私人资本家有矛盾,但因为又是社会的主人翁,国家政权的领导者,工人便应该为了自己的长远的利益,忍受一定限度的剥削,使这些私人企业能够进行生产,并适当地发展生产,以繁荣解放区的经济,支援前线的胜利,并使新民主主义的社会因生产力的大大提高,而逐步地有依据地发展到将来的社会主义社会的方向去"[①]。

1948年8月,在《关于中国职工运动当前任务的决议》中,党中央再次强调,"私人企业中仍然有劳资对抗,职工们仍然处于被剥削地位,但职工们既是在政治上、社会上和国家政权中居于领导的主人的地位,就保障了职工们

[①] 中央档案馆编:《中共中央文件选集(一九四八——一九四九)》(第十四册),中共中央党校出版社,1987年,第29页。

第一编　新民主主义革命时期党的经济思想

可以不致受到压迫和过分剥削,而一切有益于国民生计的私人资本生产事业的存在和发展,就加强了整个解放区的经济,因而也就有益于工人阶级";"私人企业中的职工亦有责任完成资方的生产计划,遵守劳资双方所订立的契约,遵守政府保护私人工商业的政策。但同时有权利要求资方履行劳资两利原则,督促资方执行政府法令"。[①]对于工人的斗争方式,中央要求将过去的罢工、息工以至武装暴动,变为工会与资方谈判、协商,劳动局调解、仲裁,法院判决。

毛泽东严肃地告诫全党:"对于小资产阶级及中等资产阶级经济成份采取过'左'的错误的政策,如像我们党在1931年至1934年期间所犯过的那样(过高的劳动条件,过高的所得税率,在土地改革中侵犯工商业者,不以发展生产、繁荣经济、公私兼顾,劳资两利为目标,而以近视的片面的所谓劳动者福利为目标),是绝对不许重复的。这些错误如果再犯,必然要损害劳动群众的利益及新民主主义国家的利益。"[②]

(三)各种社会经济成分在国营经济领导之下,分工合作,各得其所,以促进整个社会经济的发展的政策

中共中央指出:"凡属有关国家经济命脉和足以操纵国计民生的事业,均应由国家统一经营"[③],其他行业则允许私人自由经营。在允许自由经营的行业,公营企业作为国民经济的领导力量,应该用自己拥有的雄厚资本、便利的国家信贷、优先的交通条件、灵活的商业信息等优势,同私营企业的投机性经过市场关系来作巧妙的斗争,阻遏市场投机的可能性。同时,有责任帮助有益于国计民生的私营企业发展,进行严密地调查、统计工作,有计划地收购与分配社会物资,满足社会公私生产和消费的正确需要,保护生产者、消费者和

[①] 魏宏运主编:《中国现代史资料选编》(5),黑龙江人民出版社,1981年,第336~337页。
[②] 《毛泽东选集》(第四卷),人民出版社,1991年,第1255页。
[③] 刘诗白:《简明政治经济学小词典》,四川人民出版社,1986年,第96页。

国家经济的利益。

(四)对私营工商业四方面的限制政策

党的七届二中全会把与私营工商业消极方面作斗争明确为四方面的限制政策。即在活动范围上,不允许私营企业向有害于国计民生的方向发展,允许和鼓励其向有利于国计民生的方向发展;在税收方面,对不利于国计民生者,收重税,有利者收轻税甚至免税;在市场价格上,不允许任意提高价格来获取垄断利润,允许他们获取正当利润;在劳动条件方面,不允许资本家过分剥削工人,允许他们获取一定剩余价值。中共中央力图运用上述政策杠杆,通过所倡导的发展目标、所允许的活动范围、所禁止的经营领域、所反对的谋利方式,来推动资本家自我调节经营方向和方针,以适应和服务于新民主主义社会的发展。

中国共产党保护和发展民族工商业政策的系统化,具有重要意义。它既丰富和深化了党关于民族资本主义的理论,又使这一理论得以通过各项政策贯彻落实,从而有效地安定资本家的人心,推动他们加入到建设新中国的行列中来。

三、纠正侵犯民族工商业的错误

解放战争不仅是一场规模巨大的军事较量,而且是一场波澜壮阔的社会革命。农村中亿万农民投身土地改革运动,焕发起消灭封建阶级的极大热情。城市中工人、学生、市民的反帝反蒋斗争此起彼伏,形成解放战争的第二条战线。民族工商业者处在这样的社会氛围中,由于自身在政治上具有两面性,在经济上与帝国主义、官僚资产阶级和地主阶级有千丝万缕的联系,与工人阶级有阶级对抗性矛盾,势必要遭受冲击。而由于农民作为小生产者,

第一编　新民主主义革命时期党的经济思想

天然地具有绝对平均主义倾向;工人运动中长期存在"左"倾错误;加上接管城市、治理城市对中国共产党和解放军都是崭新课题,民族资产阶级受到农民、工人及解放军的过火冲击也在所难免。关键在于中国共产党必须及时发现问题,采取迅速而有力的正确措施纠正错误倾向。

1946年5月,眼见国民党发动全面内战在即,中国共产党果断地变减租减息政策为消灭封建剥削的政策,以调动几亿农民的革命积极性,为解放战争奠定人力、物力基础。为了防止农村中消灭封建剥削的斗争扩大到民族资本工商业领域,刘少奇在《关于土地问题的指示》中,一方面强调支持、领导农民的斗争,另一方面突出了区别对待的思想,要求对富农和地主有所区别,对中小地主与大地主、豪绅恶霸有所区别,特别是把消灭封建剥削和保护民族工商业严格区别开来。他明确指出:"除罪大恶极的汉奸分子的矿山、工厂、商店应当没收外,凡富农及地主开设的商店、作坊、工厂、矿山,不要侵犯,应予以保全,以免影响工商业的发展。不可将农村中解决土地问题,反对封建地主阶级的办法,同样地用来反对工商业资产阶级。我们对待封建地主阶级与对待工商业资产阶级是有原则区别的。有些地方将农村中清算封建地主的办法,错误地运用到城市中来清算工厂商店,应立即停止,否则,即将引起重大恶果。"[1]在这样明确具体的政策指导下,农村土改运动至1947年8月基本上没有波及工商业。

1947年9月,刘少奇主持召开全国土地会议制定了《中国土地法大纲》。这是一个彻底消灭封建剥削的土地革命纲领。这一纲领未能继承《五四指示》中区别对待的思想,只规定了"保护工商业者的财产及其合法的营业,不受侵犯"[2]。这里所说的工商业者,指的就是一切独立的小工商业者和一切小

---

[1]　《刘少奇选集》(上卷),人民出版社,1991年,第379页。
[2]　魏宏运主编:《中国现代史资料选编》(5),黑龙江人民出版社,1981年,第212页。

的和中等的资本主义成分。对待地主富农所经营的工商业,纲领正文中没有明确政策,刘少奇只在会议总结报告中附带提了一句,"政策上有个问题要提一下,就是工商业问题。工商业肯定要保护。有的工商业者有土地可以分,其他不动;有些地主有工商业,工商业部分不动;有的地主把东西转移到铺子里,可以命令退出。特别是城市里,一切工厂商店,一律不动,让它去经营"①。其结果是平分土地运动在所有解放区展开后,"揭露隐形地主,追化形地主"的口号一时盛行于各解放区。有的地区领导机关制定了清算、没收地主富农工商业的政策,有的地区农民自发地没收地主富农经营的企业。随着"左"倾思潮的扩展,不仅地主富农兼营工商业者遭到冲击,甚至早已在中国共产党鼓励地主富农转营工商业政策下转变为资本家者也遭到冲击;不仅与敌伪人员或官营企业有过政治、经济交往的工商业户遭受打击,甚至有敌伪亲戚关系者也受到打击。由于农村工商业者与封建剥削都有或多或少的联系,如果这些错误得不到制止,势必摧毁解放区的工商业。此外,"左"倾思潮波及城市,有的地区的领导对民族资本家采取清算没收的办法,有些工人提出发双薪、大减工时等不切实际的要求,导致城市工商业也动荡不安。

值得庆幸的是,中共中央及时地觉察了问题的严重性,并采取了有力措施加以纠正。毛泽东于1948年1月写的《关于目前党的政策中的几个重要问题》一文,明确指出:"减租减息时期鼓励地主富农转入工商业的政策也是正确的,认为'化形'而加以反对和没收分配是错误的,地主富农的工商业一般应当保护,只有官僚资本和真正恶霸反革命分子的工商业,才可以没收。"②中央工作委员会1月25日再次发出指示,进一步强调,"对于地主经营之工商业,应持如下观点:(1)保护一切于国民经济有利的私人工商业。(2)过去鼓励地

---

① 《刘少奇选集》(上卷),人民出版社1991年,第389页。
② 《毛泽东选集》(第四卷),人民出版社,1991年,第1269页。

主、富农经营工商业的方法是正确的,今后仍应鼓励。(3)地主、富农工商业一般应予保护,而不应一般没收。只应没收官僚资本与真正反革命分子的工商业,但没收者亦不应分散或停闭"[1]。

同年2月,党中央又发出由毛泽东起草的《关于工商业政策》的指示,要求各地领导,"应当预先防止将农村中斗争地主富农、消灭封建势力的办法错误地应用于城市,将消灭地主富农的封建剥削和保护地主富农经营的工商业严格地加以区别,将发展生产、繁荣经济、公私兼顾、劳资两利的正确方针同片面的、狭隘的、实际上破坏工商业的、损害人民革命事业的所谓拥护工人福利的救济方针严格地加以区别"[2]。在中共中央的有力领导下,各解放区纷纷发出布告,采取措施,纠正土改中侵犯工商业和工运中的"左"倾错误。各区不仅停止清算,没收包括地主富农经营的企业在内的一切民族工商业,而且无条件地退还已经没收的工商企业财物,赔偿其损失,并想方设法帮助受损企业复业、发展。这样,工商业者的恐惧心态得以解除,解放区的工商业得到了恢复和发展。尤其重要的是,这成为中国共产党实行三大经济纲领的有力证据,对争取国民党统治区民族资产阶级了解、拥护中国共产党起到了重大作用。

在收复大中城市的初期,曾经普遍地发生过损害工商业的现象。其表现在某些攻城部队在"军用""没收敌产"的名义下,随意搬运官办企业、公私合办企业,甚至是敌军驻扎过的私营企业的机器、财物;放任甚至鼓动贫苦市民"发洋财",哄抢公私财物;某些领导机关草率地组织工会、贫民会,在清算汉奸恶霸及被克扣工资等名义下,清算了一些商店及工厂监工工头,没收和破

---

[1] 中央档案馆编:《中共中央文件选集(一九四八——一九四九)》(第十四册),中共中央党校出版社,1987年,第9页。

[2] 《毛泽东选集》(第四卷),人民出版社,1991年,第1285页。

坏一部分同地主有联系的工商业等。针对这种状况，中共中央连续发出了《中央工委关于收复石家庄的城市工作经验》《中央关于注意总结城市工作经验的指示》《中央关于再克洛阳后应注意掌握政策问题给陈赓的指示》《中央批转东北局关于保护新收复城市的指示》等文件，明确划分了官僚资本主义和民族资本主义的界限，反复强调对于小官僚和地主所办的工商业，不在没收之列。一切民族资产阶级经营的企业，严禁侵犯："禁止农民团体进城捉拿和斗争地主"；"入城之初，不要轻易提出增加工资、减少工时的口号"；"不要忙于组织城市人民进行民主改革和生活改善的斗争"。[①]军管会一元化领导当地的政治、经济、军事、文教等工作，实行"各按系统，自上而下，原封不动，先接后分"[②]的接收方法。依据这些政策，我们党迅速地、有条不紊地完成了接管城市工作，避免了社会动乱，也有效地保护了民族工商业。

当时，民族资本主义工业企业12.3万户，商业企业402万户，是中国现代工商业的一支重要力量。它们在解放战争如此天翻地覆的社会变革中，非但未遭受毁灭性的打击，反而焕发了新的活力。党的保护和发展民族资本的政策得到了民族资本家的拥护和支持，稳定了人心，产生了积极作用。金融界的巨头金城银行总经理周作民、浙江兴业银行董事长叶揆初、工商界的巨头荣家企业集团的荣德生、火柴大王刘鸿生、运输业巨子卢作孚等，也毅然留在国内，参加新中国的建设，这充分反映了中国共产党保护民族资产阶级思想、政策和措施的威力与感召力。

[①] 《毛泽东选集》(第四卷)，人民出版社，1991年，第1324页。
[②] 军事科学院历史研究部：《中国人民解放军的七十年》(1927—1997)，军事科学出版社，1997年，第373页。

四、新民主主义社会向社会主义社会的过渡方式

共产党的最终目标是要消灭剥削,消灭私有制,建设社会主义、共产主义。民族工商业家普遍担忧自己的长远利益、未来命运。对此,中共中央既不讳言党的历史使命、最高纲领,又反复强调新民主主义社会将是一个长期的历史阶段,党的各项政策并非权宜之举。刘少奇和周恩来在中国人民政治协商会议讨论《共同纲领》时,都专门解释了这一问题。刘少奇说:"有些代表提议把中国社会主义的前途写进共同纲领中去,但是我们认为这还是不妥当的。因为要在中国采取相当严重的社会主义的步骤,还是相当长久的将来的事情,如在共同纲领上写上这一目标,很容易混淆我们在今天所要采取的实际步骤。"他指出:"在中国采取社会主义的步骤,必须根据中国社会经济发展的实际需要和全国最大多数人民的要求。到了那时候,中国共产党也一定要和各民主党派、各人民团体、各少数民族及其他爱国民主人士进行协商并共同地加以决定。"[①]

中共领导人在此时已着手分析研究新民主主义社会向社会主义社会过渡的条件、方式和具体途径,努力探索中国式的社会发展道路。

刘少奇研究了新民主主义社会向社会主义社会过渡的条件,他在《关于新中国的经济建设方针》文中提出:"只有在经过长期积累资金、建设国家工业的过程之后,在各方面有了准备之后,才能向城市资产阶级举行第一个社会主义的进攻,把私人大企业及一部分中等企业收归国家经营。只有在重工业大大发展并能生产大批农业机器之后,才能在乡村中向富农经济实行社

---

① 《刘少奇选集》(上卷),人民出版社,1981年,第435页。

会主义的进攻,实行农业集体化。"[1]他在政协会议上谈到中国将来的前途是走到社会主义时说道:"因为中国工业化的结果,如果不使中国走到社会主义去,就要使中国变为帝国主义的国家,这是中国人民以至全世界的人民都不能允许的。"[2]显然,刘少奇的主张是,国家的发展道路为先工业化,后社会主义改造,实现工业化是新民主主义国家的主要经济任务,也是向社会主义转变的基本条件。朱德表达了同样的观点,他在全国工会工作会议上说:"只有中国工人阶级把新中国领导得好,建设得好,稳步地由农业国变成了工业国,然后才有可能由新民主主义转变到社会主义,工人阶级才能得到彻底的解放。"[3]

《中国人民政治协商会议共同纲领》也体现了这一思想。该总纲第三条规定:"中华人民共和国必须取消帝国主义国家在中国的一切特权,没收官僚资本归人民的国家所有,有步骤地将封建半封建的土地所有制改变为农民的土地所有制,保护国家的公共财产和合作社的财产,保护工人、农民、小资产阶级和民族资产阶级的经济利益及其私有财产,发展新民主主义的人民经济,稳步地变农业国为工业国。"[4]毛泽东当时并未对这一问题表示不同的看法。

关于新民主主义社会向社会主义社会的过渡方式,刘少奇提出了和平过渡的设想。他在和工商业家座谈时说:"中国从半殖民地半封建社会到新民主主义社会必须经过革命,你们看现在和国民党的斗争,就是严重的流血斗争,但是将来从新民主主义社会到社会主义社会,就可以和平地走去,不必

---

[1] 《刘少奇选集》(上卷),人民出版社,1981年,第430页。
[2] 同上,第435页。
[3] 《朱德选集》,人民出版社,1983年,第262页。
[4] 魏宏运主编:《中国现代史资料选编》(5),黑龙江人民出版社,1981年,第444页。

经过流血革命。这个工作,从现在起就搞,就是实行劳资两利和发展生产。"①基于这一设想,他鼓励民族资本家不必害怕社会主义前途,资本家作为阶级将被消灭,但作为个人,仍能发挥聪明才智,为国家经营管理企业,照样有前途。

张闻天最早研究了以国家资本主义形式改造资本主义经济的具体途径。当时,在东北出现的国家资本主义的类型有:出租制、加工制、订货制和代卖制,特征是国家为了经济上的需要,与资本家依自愿和两利原则订立合同,给资本家以进行生产或交换的一定的必要条件,资本家完成合同规定的任务,并从中获取一定利润。张闻天指出:"这种国家资本主义经济的发展方向,对于新民主主义经济的发展是有利的,因为这是从国家需要出发,吸引私人资本来为国家服务,并把私人资本置于国家的管理与监督之下,使之成为国民经济建设计划的有机的一部分。而且这种经济所需要的资本,一般的不是一个小资本家的资本所能承担,而必须是许多资本家的合资或合股,这可促使小资本向大资本集中,小生产向大生产发展,使国家的监督管理更为便利。"他强调:"这种经济形式,是私人资本主义经济中最有利于新民主主义经济发展的一种形式,因此,我们应该有意识地承认'国家资本主义'这个经济范畴,有意识地加以提倡和组织。"他归纳出一条经济工作上的无产阶级路线,即"以发展国营经济为主体,普遍地发展并紧紧地依靠群众的合作社经济,扶助与改造小商品经济,容许与鼓励有利于国计民生的私人资本主义经济,尤其是国家资本主义经济,防止与反对商品的资本主义经济所固有的投机性与破坏性,禁止与打击一切有害于国计民生的投机操纵的经营"。"只有实行这条路线,才能顺利地发展新民主主义社会的经济,加强新民主主义经济中的社

---

① 中共中央文献研究室、中央档案馆编:《建党以来重要文献选编(一九二一—一九四九)》(第二十六册),中央文献出版社,2011年,第363页。

会主义成分,并为整个国民经济的发展开辟道路,以便将来能够顺利地不流血地过渡到社会主义。"①张闻天的这些真知灼见,得到了中共中央的高度重视。

综上所述,中国共产党系统地论述了民族资本主义工商业在新民主主义国民经济中的地位、作用和前途,充分肯定了其对国计民生有利部分的积极作用,要限制其不利部分的消极作用,突出了在一个相当长的历史阶段,保护与鼓励民族资本主义工商业的存在与发展的思想,从而卓有成效地解除了民族资本家恐共、疑共的心理,为新中国成立后国民经济的迅速恢复和发展奠定了坚实的基础;也极大地丰富和发展了马克思列宁主义关于民族资产阶级的理论,为领导新中国的各项工作准备了条件。

第四节 建立和发展新民主主义国营经济的思想

建立新民主主义国营经济,并使之成为新民主主义国家国民经济的领导力量,是中国共产党的一贯思想。它集中体现在毛泽东的《新民主主义论》《目前形势和我们的任务》《在七届二中全会上的报告》等文章中。在解放战争时期,随着党的工作重心逐步由农村转到城市,由军事斗争转到经济工作,建立和发展国营经济已成为党的紧迫任务。中共中央高度重视这一问题,努力领导全党研究新情况,总结新经验,制定新政策,从而不断丰富和发展了这一思想。

---

① 《张闻天选集》,人民出版社,1985年,第415~416页。

第一编　新民主主义革命时期党的经济思想

一、新民主主义国营经济的建立

抗战胜利后,解放区拥有了一批大中城市和工矿区,如沈阳、长春、哈尔滨、四平、安东、旅大、张家口、烟台、临沂、长治等城市,抚顺、焦作、淄博、六河沟、峰峰、新汶线等煤矿,南墅铅矿,本溪、铁山、龙烟、鸡鸣山等铁矿。毛泽东及时地指出:"我们已得到了一些大城市和许多中等城市。掌握这些城市的经济,发展工业、商业和金融业,成了我党的重要任务。"[①]各解放区遵照党中央的指示,在新收复区中没收了日伪经营的银行、工厂、矿山、交通运输事业,并成立了相应的实业厅局、工程管理局、铁路局、邮政局、物资管理局等机构,管理上述企业,从而建立起了规模不等的国营经济。

虽然1946年6月国民党全面进攻解放区,几乎夺去了全部大中城市,但一年以后,人民解放军进行战略反攻,就收复了丢失的城市,并不断夺取愈来愈多的大中城市。毛泽东再次及时地强调了建立国营经济的紧迫性,他于1947年12月代表中央重申了新民主主义革命的三大经济纲领,其中之一就是没收官僚资本归新民主主义国家所有,这种国营经济将是国民经济的领导力量。

张闻天对于国营经济的性质、地位与作用作了精辟的论述,他指出:"在无产阶级领导下的新民主主义国家所经营的这种经济,已经是社会主义性质的经济。这种国营经济,是当前支援人民革命战争,争取胜利的最主要的物质力量;是城市无产阶级同乡村农民在经济上结成联盟的依据;是新民主主义政治的主要的经济基础;是新民主主义经济的支柱;是无产阶级在经济

[①] 《毛泽东选集》(第四卷),人民出版社,1991年,第1117页。

战线上反对投机操纵,和资本主义进行经济竞争的最有力的武器"。"它的发展前途是无限的。因此,我们对它必须特别关心,使它获得一切可能的发展,把它放在国民经济建设的最主要的地位。"①

国民经济体系的神经中枢是金融业。中国共产党深刻地认识到,要想控制国民经济,首先必须建立起统一的、独立的、健全的国家货币信用体系。当时,中国的金融体系存在两大系统:解放区系统和国民党统治区系统。中共中央根据它们的不同性质和特点,采取了不同政策。

由于以往各个解放区长期处在敌人的包围和封锁之中,各区之间经济上很少甚至没有联系,因此各区都有自己的银行并发行自己的货币,货币信用体系是分散的。不过,作为公营经济,所有银行都执行中共统一的货币信用政策,都垄断货币发行权,都不准敌伪币和外币流通,这为以后的金融统一准备了条件。

解放军转入战略进攻阶段后,中共中央着手统一金融体系。1948年12月1日,华北、北海和西北农民三大银行合并,成立中国人民银行,发行人民币作为华北、华东和西北解放区的本位币。到1949年3月,除东北和内蒙古外,其他各解放区已形成了新的统一的国家银行网络——各大区设中国人民银行区行,省市设分行,县设支行,从而为国营金融系统统一全国金融业奠定了基础。

国民党统治区的金融业分为外国金融资本、国家金融资本和民族金融资本三部分。以"四行二局一库"(即中央银行、中国银行、交通银行、农民银行、中央信托局、邮政储金汇业局和中央合作金库)为首的国家金融资本,通过接收日伪金融机构及其金银财富,加强了在金融业的垄断地位和金融实力。截

---

① 《张闻天选集》,人民出版社,1985年,第397页。

第一编　新民主主义革命时期党的经济思想

至1946年12月底,官营银行存款总数占全部本国银行存款总数的91.7%。外国金融资本也有很大势力,到1948年8月,12家外国银行资产占上海金融业总资产额的36%;民族金融资本则急剧衰败。

中国共产党针对上述三种金融业不同的属性和作用,采取了不同对策。对官僚资本银行实行没收、接管政策,其资产转为国家所有。每占领一个城市,中国人民银行立即派员接管官办银行的一切资产,并明令禁止金圆券流通,用人民币限期收兑金圆券。对外商银行,用限制、排挤的方法,逼迫其退出中国金融市场而达到消灭的目的。对私营银钱业,虽"暂准存在,但应严格管理,使其逐渐走向消灭",它们"无发行货币权,不准买卖金银外汇,不准经营投机贸易",[①]以确保国家货币信用系统的统一与稳定。到1949年底,全国统一的、独立的、稳定的以国家银行为主体的金融体系基本形成。

在工商业领域,国营经济主要是通过没收官僚资本的途径建立起来的。没收接管官僚资本工作对党和人民军队是一项新任务,不可避免地会出现新问题。中共中央及时地制定了一系列政策,保证了这一工作得以顺利完成。

党在没收和接管官僚资本和帝国主义在华资本,建立新民主主义国营经济时,谨慎地对待原有的管理制度,不生搬硬套解放区的国营经济的管理方法。党中央清醒地认识到:"现在资本主义的工厂,企业管理制度是资本主义生产长期发展的结果,资本主义不仅为我们准备了科学技术,同时又为我们准备了一套管理制度。资本主义的管理制度,不仅有适应高度剥削需要的一个方面,也还有适应高度技术需要的一个方面,就是说,不仅有不合理的一个方面,也有合理的一个方面。而我们是缺乏科学技术和经营管理工厂、企业知

---

① 中央档案馆编:《中共中央文件选集(一九四八——一九四九)》(第十四册),中共中央党校出版社,1987年,第376页。

识的,在这里,必须向资本家和旧职员学习。"①

党中央关于资本主义工厂管理制度的这种分析,是科学的和正确的,它同马克思关于资本主义企业管理职能二重性的分析是一致的。资本主义生产过程是共同劳动过程,为了协调共同劳动,需要指挥与管理。这种适应高度技术和分工协作组织需要的管理,是合理的。另一方面,资本主义的管理是剥削劳动者的监督劳动,是服从于其榨取剩余价值的目的的,这里,存在不合理的方面。无产阶级对资本主义企业的管理职能要具体分析。中共中央提出:"我们的任务是批判地接受资本主义管理制度,发扬其合理性和进步性,去掉其不合理性和反动性。但必须估计到我们在这方面的知识和经验都还很少,我们工厂、企业管理干部,还很不成熟,并还有一些错误观点,必须长期学习,当我们还没有能够定出一套更合理、更有效的制度来代替旧制度中某些不合理或过时的东西时,宁肯不轻举妄动,以免影响生产组织,发生无政策状态。"②

通过没收和接管垄断全国经济命脉的官僚资本和外国在华资本,社会主义的国营经济逐步建立起来,并开始在整个国民经济中占据主导地位。据统计,1949年,国营工业在全国大型工业总产值中所占的比重为41.3%,国营工业已拥有全国发电量的58%、棉纱产量的53%、原煤产量的68%、生铁产量的92%、钢产量的97%、水泥产量的68%。国营经济还掌握了全国的铁路、邮电、电信和大部分的现代交通运输事业。③

---

① 中央档案馆编:《中共中央文件选集(一九四八——一九四九)》(第十四册),中共中央党校出版社,1987年,第291页。
② 中国社会科学院、中央档案馆编:《1949—1952中华人民共和国经济档案资料选编》(工业卷),中国社会科学出版社,1993年,第242页。
③ 参见周太和主编:《当代中国的经济体制改革》,中国社会科学出版社,1984年,第6页。

第一编 新民主主义革命时期党的经济思想

二、新民主主义国营经济的管理体制

新民主主义社会的经济结构是国营经济、合作社经济、私人资本主义、国家资本主义和个体经济五种经济成分并存，其他社会经济成分在国营经济领导之下，分工合作，各得其所，以促进整个社会经济的发展。因此，国营经济建立什么样的管理体制，不仅决定自身的前途和命运，而且关系到整个国家经济能否健康发展、充满活力。中共中央对此高度重视，进行了多方面探索。

中共中央根据新民主主义的国民经济统一性的要求，提出了随着解放战争的进程建立全国统一市场的任务。各解放区首先统一区内的财政经济管理机构，如晋察冀成立了聂荣臻任主任的财经委员会，东北成立了陈云任主任的财经委员会。在各解放区内部财经统一的基础上，各区又逐步实现了相互之间的财经统一。1947年4月，晋察冀、晋冀鲁豫、晋绥、山东、陕甘宁等解放区负责财经工作的领导干部联合召开华北财经会议，并于9月成立了华北财经办事处，负责制定华北解放区的国民经济建设计划，并受中央委托，审查、管理除华中、东北以外各解放区的金融、生产和外贸计划，筹划中央财政，筹建全国性银行。

1948年上半年，党中央召开华北金融贸易工作会议，讨论全国金融贸易工作的方针和发行新的全国统一货币等问题。会议通过的综合报告向中央提出，"各区间的经济联系日益紧密，我们已有可能和必要从分散的地方经济，逐渐发展走向统一的国民经济。过去因被敌人分割封锁，使我们的经济建设不得不分成若干地区，独立自主，争取地方性的自给自足。现在情况变化，各种分割状态已经成为经济发展中的严重阻碍。狭隘的地方经济只适宜于分散的、落后的、自给自足的农业经济。商品经济逐渐发展,必然就要求着市场的扩大和统一,如撤销内地关税壁垒,统一货币制度等,都是经济发展中的迫切要求。过去由于敌我地区犬牙交错,为着加强对敌经济斗争,不得不实施严格的市场管理。现在情况变化,这些束缚内地贸易自由和营业自由的措施,如不及时修改,要想促进生产是很困难的"[1]。中共中央批准了这个文件,要求华北、华东、西北各地党、财办及一切财经机关,即遵照该报告所提之金融贸易工作方针和各项具体政策,努力实现。党中央还在同年10月6日,正式将华北财经处改组为华北财经委员会,由董必武任主任,薄一波、黄敬任副主任,统一领导华北、华东、西北的财政、金融、贸易和交通工作,初步统一了解放区的国民经济体系。此时,区间贸易的关税壁垒被打破了,贸易禁令被取消了,货币得到统一,交通运输状况得到极大改善,从而为国营经济乃至整个国民经济的发展创造了有利条件。

党在这时还提出了经济的组织性、计划性问题,试图以国营经济为主干,建立起国家集中领导的有计划的经济。张闻天主持起草了《关于东北经济构成及经济建设基本方针提纲》。这个文件提出,新民主主义经济之不同于普通的资本主义经济,还在于新民主主义的国民经济应该是某种程度上具有组织性与计划性的经济。由于国家的一切经济命脉——如大工业、大运输业、大商业及银行、信贷机关与对外贸易等,均已操在国家手中,由国家对整个国民经济的生产和分配实行有力的领导,即实行某种程度的国民经济的组织性和计划性,是完全可能的和必要的。但实行这种国民经济的组织性和计划性,必须严格地限制在可能的与必要的限度之内,并且必须是逐步地去加以实现,而决不能超出这个限度,决不能实行全部的或过高程度与过大范围

---

[1] 王聚英:《最后一个农村指挥所——中共中央移驻西柏坡史》,中央文献出版社,2001年,第128页。

第一编　新民主主义革命时期党的经济思想

内的计划经济。而掌握在国家手中的大规模的国营经济则必须首先适当地实行这种组织性与计划性。

这个文件认为,"一切国营经济,包括各地方政府及各军政机关所经营的经济事业在内,必须由国家统一领导并加以适当的管理和监督,使它们在统一的法律、制度和计划之下,并在一个统一的领导机关的指挥之下去进行生产和分配,以便首先消灭国营经济中的无政府状态,然后才能与市场上的无政府状态进行有步骤的斗争。为此,就必须由国家颁布严格的法律,规定严格的制度,特别是经济上的报告和请示报告,建立强有力的统一领导机关,并按各个生产部门实行适当的分工,分别地建立各种公司与托拉斯,在统一的领导和计划之下,分别地去进行生产或交换。原料的供给,工人、职员的雇请,成品的运销,机件与设备的添补,流动资金的调剂等,都应建立专门机关去适当地统一地办理,并须适当地规定国家经济机关与合作社在各个地区各个时期收买原料及出售商品的统一的价格,不许各个国家企业及合作社以不同的价格到市场上去互相竞争"[①]。

这个文件设想,"经过供销与生产合作社系统去结合广大的小生产者在国营经济的领导之下,又建立了广大的消费合作社系统,并用国家资本主义的方法把颇大一部分私人资本也吸收在国家经济体系内,就使无产阶级领导的新民主主义国家有可能和在必要的限度以内有步骤地加以组织,一步一步地使之成为具有计划性的经济,逐步地避免资本主义经济的无政府状态和经济恐慌"。中共中央充分肯定这个文件,作了初步修改,并准备在征求东北局、华北局的意见后,再作修改,"分发全国各解放区,印成小册子,在党内及工人

[①] 中共中央文献研究室、中央档案馆编:《建党以来重要文献选编(一九二一——一九四九)》(第二十五册),中央文献出版社,2011年,第479~481页。

243

群众中进行教育,并作为各解放区经济建设的方针"①。由此可见,我国建立集中计划性经济,在解放战争时期建立国营经济之初就提出并开始实践了。

值得注意的是,这一时期私营经济比重还很大,国营经济和私营经济还存在着竞争关系。张闻天这一时期还提出过国营经济与私营经济在平等权利的基础上展开自由竞争的思想。他在1946年11月《发展工商业的若干政策问题》一文中写道,国营企业"应一律采取经济核算制,并在平等权利的基础上同私营企业实行经济上的自由竞争,不得借特权的保护,吞并或排斥私营工业。真正公私合营的企业,须根据公司法或习惯法,实行民主的管理。公家人不能利用其公家的地位,把持一切,使私资代表处于旁观或无权的地位。相反的,我们应充分利用他们的经验,以改造生产事业"②。1948年9月,张闻天写的《关于东北经济构成及经济建设基本方针的提纲》一文,仍然强调国营经济与私营经济的斗争,"是一种长期的经常的斗争,而且主要地是在经济上的和平竞争,而不应该不适当地采取行政上的办法去进行这种斗争"③。应该说,这一观点是正确的。即使现在来看,我们处理国有企业和私营企业的关系,也应遵守平等竞争、民主管理的原则,就是说张闻天的有关思想依然有其现实意义。

至于国营企业的内部经营、管理工作,陈云代表党中央在1948年8月召开的第六次全国劳动大会上提出了"贯彻企业化原则和实行管理民主化"的思想。其主要内容如下:

第一,管理、经营工厂要企业化。"工厂不是机关,也不是部队,开工厂就要像开工厂的样子,一定要有经济核算,考核成本,计算原料和机器消耗。

---

① 中央档案馆编:《中共中央文件选集(一九四八—一九四九)》(第十四册),中共中央党校出版社,1987年,第388页。
② 《张闻天选集》,人民出版社,1985年,第361页。
③ 同上,第409页。

成本需要多少？原料需要多少？机器消耗需要多少？卖什么价钱？要会算账。用人也要有制度，按能力、按技术、按称职不称职，既要精干，又要合理。""为了把工厂办好，需要大家按章程办事，工厂中要有厂规，要有各种个人负责制度。还要有检查，成品好坏，做工好坏，管理好坏，都要有检查，该赏就赏，该罚就罚。不这样，就是鼓励坏作风，纵容落后，对于我们的事业是不利的。"①

第二，企业管理民主化，靠全体职工办好工厂。为此，陈云提出：①成立工厂管理委员会，或者叫企业管理委员会，由厂长（经理）、工程师和其他的负责人加上从工人和职员中选出的代表组成，双方人数各半。这是工厂统一领导的机关，由厂长（经理）任主席。②组织工厂职工代表大会（500名工人以上的厂子），及时传达工厂中的决定，讨论生产计划，总结生产经验，对干部实行监督，以及讨论职工在生产和生活中共同关心的问题，工人有意见就在会上讲。③发挥生产小组会的作用，有意见大家开会讨论。

此外，陈云还提出了许多宝贵的见解。例如：①要加强工业的计划性。②要重视和培养技术干部和管理干部。③关于工资的规定，要坚持一个原则，即反对平均主义，实行交叉累进工资制。评定工资的标准，主要是按照职务、技术和劳动强度，不得根据其他条件。④提倡国营、公营企业中的劳动竞赛和劳动英雄运动。⑤必须彻底整顿工会工作中官僚主义和形式主义的作风等。②

全国劳动大会经过热烈讨论，最终通过了决议，要求国营企业"为了贯彻企业化原则，就要制定周密的生产计划，实行从原料生产到推销的全过程中的经济核算制度；就要以经营能力、劳动技术及尽忠职责为用人标准，推行考工制度，保证合理的劳动条件，做到机构合理，职工精干，各称其职；就要实行

---

① 《陈云文选》（一九二六——一九四九年），人民出版社，1984年，第261~262页。
② 同上，第262~264页。

严格的个人负责制度、劳动纪律与赏罚制度,实行劳动检查与成品检验,做到人尽其责,功过分明,赏罚适当。为了实行管理民主化,需要在各企业各工厂中建立统一领导的工厂或企业管理委员会,由经理或厂长工程师及生产中其他负责人和工会在工人职员大会上所选出的代表(相当于其他委员的数量)组成之工厂或企业管理委员会","由经理或厂长任主席,讨论并决定有关工厂或企业管理和生产中的各种问题"。①

综上所述,中国共产党在建立国营经济管理体制之初,就力图建立国家高度集中的计划经济体制。而在国营企业内部一开始就注意到了要实行经济核算制,建立职工权责利相结合、奖惩相结合的激励机制。

---

① 魏宏运主编:《中国现代史资料选编》(5),黑龙江人民出版社,1981年,第338页。

第二编
由新民主主义向社会主义社会过渡时期党的经济思想

从1949年新中国成立至1956年生产资料的社会主义改造基本完成的七年间,中国共产党领导全国人民完成了由新民主主义向社会主义的伟大过渡,建立起了社会主义基本制度。在这场伟大的斗争中,中国共产党将马列主义与中国实际相结合,成功地创造了有中国特色的社会主义改造道路。

在这七年间,中国共产党领导全国人民先后进行了稳定物价、统一全国财经工作、对主要农产品统购统销和社会主义改造,史称新中国财经战线的"三大战役"。党在这"三大战役"中提出的经济思想和采取的经济政策,不仅保证了战役的胜利,并且对后来的经济建设和经济体制的形成发展也产生了很大的影响。同一时期，党制定了第一个五年计划，开始领导大规模的经济建设，提出了许多直到现在看来仍很有价值的经济思想。"一五"计划引领新中国国家工业化顺利发展，为中国人民站立起来奠定了工业基础。

党在过渡时期总路线，以及按照总路线确定的对个体农业、个体手工业、资本主义工商业进行社会主义改造的思想和政策，如在有几亿农民的农业大国中对个体农业的改造遵循自愿互利、典型示范和国家帮助的原则，创造了从互助组到初级社、再到高级社的逐步前进的过渡形式，避免了由于生产关系突然变化而可能引起的对生产力的破坏；在对资本主义工商业的社会主义改造中运用国家资本主义的方式，成功地实现了马列主义的"赎买"思想，通过和平改造将资本主义企业变成了社会主义企业，都表现出中国共产党在建立社会主义制度实践中的创造性和对马克思主义的发展。总的来说，在一个几亿人口的大国中，在很少社会震动的情况下，比较顺利地实现了如此复杂、困难、深刻和广泛的社会变革，生产力不仅没有下降，反而发展很快，这的确是伟大的历史性胜利。

但是也应该看到这一时期党在领导社会主义改造时也有失误和偏差。首先，在批判刘少奇"巩固新民主主义秩序"思想时，提前发动社会主义改造，使社会主义改造没有坚实的国家工业化的支撑，缺少生产力发展水平的匹配。其次，原来预计用三个五年计划的时间完成社会主义改造的计划，仅仅花三年多时间就提前完成，导致出现了要求过急、工作过粗、改变过快的偏差。再次，社会主义改造出现了面过宽的偏差，企图将非社会主义的经济成分一扫而光。最后，初步形成了高度集中、排斥市场机制的计划经济体制。这一体制在当时的确起过积极作用，但其缺陷很快也逐步显现，并对此后中国的社会主义建设事业产生了深远影响。但是这些偏差和缺点的产生在一

第二编　由新民主主义向社会主义社会过渡时期党的经济思想

定程度上当属难以避免,这主要是由于时代的限制——特别是中国共产党的指导思想尚未真正形成中国特色社会主义的系统理论。

第五章 从新民主主义向社会主义过渡的经济思想

第一节 新民主主义社会经济及其向社会主义社会的过渡

1949年新中国成立标志着新民主主义革命在中国取得了历史性的胜利。中国由此从半殖民地半封建社会进入了新民主主义社会。在这历史转折的前夕，中国共产党于1949年3月召开了七届二中全会。会议制定了促进革命迅速在全国取得胜利的各项方针，并将马列主义与中国实际相结合，提出了从新民主主义向社会主义过渡的完整理论。

第二编　由新民主主义向社会主义社会过渡时期党的经济思想

一、党的工作重心转移到城市

从1927年到1949年召开党的七届二中全会,我们党的工作重点是在乡村,在乡村聚集力量,用乡村包围城市,然后夺取城市。从党的七届二中全会起,党的工作重心由乡村转移到了城市。这标志着农村包围城市最后夺取城市道路的胜利,标志着党领导中国革命新阶段的到来。

为适应这种转变,毛泽东提出了两条必须注意的原则:一是城乡必须兼顾,必须使城市工作和乡村工作、使工人和农民、使工业和农业紧密地联系起来,决不可以丢掉乡村,仅顾城市;二是必须用极大的努力去学会管理和建设城市。

关于城市工作,毛泽东着重指出,一方面"必须全心全意地依靠工人阶级,团结其他劳动群众,争取知识分子,争取尽可能多的能够同我们合作的民族资产阶级分子及其代表人物站在我们方面,或者使他们保持中立,以便向帝国主义者、国民党、官僚资产阶级作坚决的斗争,一步一步地去战胜这些敌人"。这种斗争包括政治的、经济的、文化的、外交的、公开的或隐蔽的斗争。另一方面,城市工作的中心是生产建设。毛泽东指出,在与城市敌人斗争的同时,应"即开始着手我们的建设事业,一步一步地学会管理城市,恢复和发展城市中的生产事业",城市的各项工作"都是围绕着生产建设这一中心工作并为这个中心工作服务的"。他认为:"从我们接管城市的第一天起,我们的眼睛就要向着这个城市的生产事业的恢复和发展。务须避免盲目地乱抓乱碰,把中心任务忘记了,以至于占领一个城市好几个月,生产建设的工作还没有上轨道,甚至许多工业陷于停顿状态,引起工人失业,工人生活降低,不满意共产党。"因此,必须用极大的努力去学习生产的技术和管理生产的方法,必须去学习同生产有密切联系的商业工作、银行工作和其他工作。这是关系到新生的人民政权的巩固问题。"只有将城市的生产恢复起来和发展起来了,将消费的城市变成生产的城市了,人民政权才能巩固起来。"[①]否则就不能维持政权,就会站不住脚,就会要失败。党在城市恢复和发展生产的顺序是:第一是国营工业的生产,第二是私营工业的生产,第三是手工业生产,这是由它们在国计民生中的不同地位决定的。

毛泽东上述党的工作重心转移到城市后的工作方针和原则,提出城市各项工作都是围绕生产建设这一中心工作并为其服务,具有高瞻远瞩的战略性意义。但是"变消费城市为生产城市"的提法,似有可斟酌之处。

党的七届二中全会关于党的工作重心转移的决策,是中国共产党夺取新的胜利的保证,反映了中国共产党在民主革命胜利后特别重视经济工作的战略眼光和思想。

二、新民主主义社会与经济结构

(一)党的七届二中全会肯定了革命胜利后建立的社会是新民主主义社会

毛泽东论述新中国国内阶级斗争以及向社会主义过渡问题时,其出发点皆是认为中国当时是新民主主义社会。他在《新民主主义论》中曾指出:"新民主主义的政治,新民主主义的经济和新民主主义的文化相结合,这就是新民主主义共和国。"在党的七大所作的《论联合政府》的报告中,毛泽东在明确"我们共产党人从来不隐瞒自己的政治主张,我们的将来纲领或最高纲领,是要将中国推进到社会主义社会和共产主义社会去的"的最高理想时

---

① 《毛泽东选集》(第四卷),人民出版社,1991年,第1427~1428页。

第二编　由新民主主义向社会主义社会过渡时期党的经济思想

又着重指出:"只有经过民主主义,才能达到社会主义,这是马克思主义的天经地义。而在中国,为民主主义奋斗的时间还是长期的。没有一个新民主主义的联合统一的国家,没有新民主主义的国家经济的发展,没有私人资本主义经济和合作社经济的发展,一句话,没有一个由共产党领导的新式的资产阶级性质的彻底的民主革命,要想在半殖民地半封建的废墟上建立起社会主义社会来,那只是完全的空想。"①

(二)毛泽东在党的七届二中全会的报告中着重分析了新民主主义社会的经济构成及特点

从生产力来看,新民主主义社会继承的是半殖民地半封建中国的极端落后的生产力,"中国工业和农业在国民经济中的比重,就全国范围来说,在抗日战争以前,大约是现代性的工业占百分之十左右,农业和手工业占百分之九十左右。这是帝国主义制度和封建制度压迫中国的结果。这是旧中国半殖民地和半封建社会性质在经济上的表现,这也是在中国革命的时期内和在革命胜利以后一个相当长的时期内一切问题的基本出发点"②。

关于新民主主义国家的经济结构,毛泽东指出:"国营经济是社会主义性质的,合作社经济是半社会主义性质的,加上私人资本主义,加上个体经济,加上国家和私人合作的国家资本主义经济,这些就是人民共和国的几种主要的经济成份,这些就构成新民主主义的经济形态。"③即三种基本所有制:国营经济、个体经济、私人资本主义经济,加上国营经济与其他两种所有制相结合派生出的合作社经济、国家资本主义经济,新中国共有这五种经济成分。新中国的这一三种基本所有制、五种经济成分的经济结构,从根本上决定了

---

① 《毛泽东选集》(第三卷),人民出版社,1991年,第1060页。
② 《毛泽东选集》(第四卷),人民出版社,1991年,第1430页。
③ 同上,第1433页。

新中国新民主主义社会的性质。

关于这一经济结构的特点,毛泽东指出:"中国已经有大约百分之十左右的现代性的工业经济,这是进步的,这是和古代不同的。"①但是"中国还有大约百分之九十左右的分散的个体的农业经济和手工业经济,这是落后的,这是和古代没有多大区别的",唯一区别是封建土地所有制已被废除或即将被废除,这意味着进入新民主主义社会后一个相当长的时期内,中国的农业和手工业就其基本形态来说,还是分散的和个体的,即是说同古代近似的。对于私人资本主义,毛泽东认为它占了现代性工业中的第二位,这是一个不可忽视的力量。由此推论,中国革命在全国胜利,并且解决了土地问题以后,中国还存在着两种基本的矛盾,第一种是国内的,即工人阶级和资产阶级的矛盾;第二种是国外的,即中国和帝国主义国家的矛盾。这几种经济成分,其地位各不相同,而主要通过没收帝国主义在华资本和官僚资本形成的国营经济由于掌握了经济命脉,必然处于领导地位,个体经济、私人资本主义经济都是从属于国营经济的。

对新民主主义社会的经济性质和基本矛盾,早在1948年9月召开的中央政治局会议上毛泽东即说:"我们的社会经济呢?外面有人说是'新资本主义',我看这个名词是不妥当的,因为它没有说明在我们社会经济中起决定作用的东西是国营经济、公营经济,这个国家是无产阶级领导的,所以这些经济都是社会主义性质的。农村个体经济加城市私人经济在数量上是大的,但是不起决定作用。我们国营经济、公营经济,在数量上较小,但它是起决定作用的。我们的社会经济的名字还是叫新民主主义经济好。"因此,"资产阶级民主革命完成之后,中国内部的主要矛盾就是无产阶级和资产阶级的矛盾,外部

---

① 《毛泽东选集》(第四卷),人民出版社,1991年,第1430页。

第二编　由新民主主义向社会主义社会过渡时期党的经济思想

就是同帝国主义的矛盾。"①在这次中央政治局会议上,刘少奇也指出,中国新民主主义的经济构成:①国营经济,包括银行、铁路、大企业等,这是整个国民经济的领导成分。但数量很少,其工业生产是在全国胜利后,顶多占国民经济的10%~20%,"正因为这一部分数量很小,困难就来了,为什么不能实行社会主义革命即由于此"②。所以过早地采取社会主义政策是要不得的。②国家资本主义经济、合作社经济。合作社有两种,一种是在国家领导之下,并由国家投资的,其方向是照顾劳动人民的,这种合作社,社会主义性质就多了;另一种是在小生产者的私有财产基础之上组织起来的,如变工互助等,实行等价交换的原则,这种合作社已有社会主义的萌芽。③私营经济,包括资本主义经济和个体经济,在整个国民经济中是占最大量的。其中有的是资本家的,有的是小生产者的,资本家的是资本主义经济,小生产者如在国家帮助的条件下,可以走向合作,走向集体化,走向社会主义,但另一方面,小生产者的发展,也可以走向资本主义。小生产者本身不是资本主义,而是资本主义的基础。

刘少奇总结说,整个国民经济,包含着自然经济、小生产经济、资本主义经济、半社会主义经济、国家资本主义经济及国营的社会主义经济。国民经济的总体就叫作新民主主义经济。新民主主义经济包含着上述各种成分,并以国营的社会主义经济为其领导成分。无产阶级与资产阶级的矛盾,是新民主主义社会的基本矛盾,这一矛盾表现为无产阶级要走社会主义道路、资产阶级要走资本主义道路的斗争。无产阶级可以经过和平竞争的方法,战胜资产阶级实现和平转变。在这场斗争中,其中"决定的东西是小生产者的向背,所以对小生产者必须采取最谨慎的政策"③,主要可以通过办合作社来引导他

---

① 《毛泽东文集》(第五卷),人民出版社,1996年,第139、145~146页。
② 刘少奇:《关于新民主主义的建设问题》,《党的文献》,1989年第5期。
③ 薄一波:《若干重大决策和事件的回顾》(上卷),中共中央党校出版社,1991年,第49页。

们走社会主义道路。在一定时候、一定条件下,私人资本主义经济也要发展。有些企业部门是国家没有经营的,或者是国家虽然也经营了,但尚不能满足人民需要者,现在这里还有很大的真空,可以帮助私人资本主义企业发展。可见,党的七届二中全会的主张,正是我们党关于新民主主义思想的集大成。

三、向社会主义转变的经济思想

中国共产党的使命、目标决定了党不可能容许中国停留在新民主主义社会,更不能容许其嬗变成资本主义,而是要将其向前推进以实现社会主义。根据对新民主主义社会经济的分析,毛泽东提出了党在这一历史阶段的任务是:将中国由落后的农业国变为先进的工业国,由新民主主义社会发展到将来的社会主义社会。这两项任务,前者是从生产力角度而言,后者是从生产关系而言,两者相辅相成,缺一不可。为了实现这一转变,毛泽东提出了下列思想:

没收集中掌握着现代工业经济的帝国主义在华资本、官僚资本,归无产阶级领导的人民共和国所有,使人民共和国掌握国家的经济命脉,使国营经济成为整个国民经济的领导成分,成为社会主义性质的经济。此举既是民主革命使然,也是社会主义革命的性质。

在民主革命胜利以后一个相当长的时期内,应当容许一切不于国民经济有害而于国民经济有利的城乡资本主义成分继续存在和得到一定发展,尽可能地利用其积极性,以利于国民经济建设,毛泽东早就说过:"我们共产党人根据自己对于马克思主义的社会发展规律的认识,明确地知道,在中国的条件下,在新民主主义的国家制度下,除了国家自己的经济、劳动人民的

第二编　由新民主主义向社会主义社会过渡时期党的经济思想

个体经济和合作社经济外,一定要让私人资本主义经济在不能操纵国计民生的范围内获得发展的便利,才能有益于社会的向前发展。"[1]同时,又应在活动范围、税收政策、市场价格、劳动条件等方面对其进行必要限制。限制和反限制将是新民主主义国家内部阶级斗争的主要形式。

对个体农业经济和手工业经济,必须谨慎地、逐步地、积极地引导其向现代化、集体化方向发展。为此必须组织生产的、消费的和信用的合作社。这种合作社是以私有制为基础的、无产阶级领导的国家政权管理之下的、劳动人民群众的集体经济组织。

我国国民经济恢复与发展,没有对外贸易的统制政策是不可能的,这是建立完整的工业体系,将中国由落后农业国转变为先进工业国的需要。毛泽东认为:"对内的节制资本和对外的统制贸易,是这个国家在经济斗争中的两个基本政策。"[2]

党的七届二中全会,特别是毛泽东的报告,为中国由农业国变为工业国、由新民主主义向社会主义过渡,描绘了清晰的蓝图,成为这一时期党的经济思想的基石。1949年《中国人民政治协商会议共同纲领》这一临时性根本大法接受了党的七届二中全会的思想,包括规定共和国五种经济成分在国营经济领导下分工合作,各得其所,共和国经济建设的根本方针是以公私兼顾、劳资两利、城乡互助、内外交流的政策,达到发展生产、繁荣经济的目的,党的战略切换为人民的共同意志,开启了轰轰烈烈的新民主主义社会建设热潮。

---

[1]　《毛泽东选集》(第三卷),人民出版社,1991年,第1060~1061页。
[2]　《毛泽东选集》(第四卷),人民出版社,1991年,第1433页。

第二节 恢复和发展国民经济的思想

新民主主义社会建设的第一步，是在新中国成立后的三年时间内，首先集中力量恢复和发展国民经济，在此过程中又形成了许多新的重要认识和思想。

一、恢复和稳定国民经济的重大举措

新中国成立之初，解放战争尚未完全结束，极其严重的经济困难又摆在中国共产党人面前：由于国民党反动派的倒行逆施和长期战争的破坏，中国经济成了一个"烂摊子"：工农业生产锐减，商品流通阻塞，主要物资匮乏，通货膨胀严重，物价持续飞涨，加上自然灾害的影响，因解放战争迅速发展和对国民党政府留下的大批人员实行"包下来"的政策而导致军政费用大量增加，国家财政出现了巨大的赤字。一些民族资产阶级分子对共产党领导经济的能力表示怀疑，投机者乘机囤积居奇，哄抬物价，扰乱市场，破坏金融管理，更加重了经济的困难。中国共产党认识到，在这样的情况之下，只有首先恢复国民经济，才能巩固新生的人民政权，继而根据党的七届二中全会的规划，由新民主主义向社会主义过渡，否则一切皆无从谈起，为此采取了一系列措施。其方针策略，简言之，是政治、经济、行政手段相结合，包括镇压清除国民党残留势力、建立起各级人民政权、恢复正常社会秩序、没收帝国主义与官僚资本，迅速构建起国营经济的基础、恢复发展生产、救济失业群众等。其中经济上最关键的两项则是：

第二编　由新民主主义向社会主义社会过渡时期党的经济思想

（一）稳定金融、物价

恢复国民经济,首先要解决的是当时遍及全国、危害最烈的金融投机和物价猛涨的问题。中国共产党正确分析了当时的形势,决定以上海等大城市为主阵地,开展反对金融投机和控制物价的斗争。

上海是资产阶级进行金融投机的中心,他们投机银圆、外币,排斥新生的人民币,对此如不予以制止,人民币就无法确立信用和法币地位,金融也难以稳定。为此,我们党首先采用投放大量银圆以压低市场银圆价格、再代之以人民币的方法,但是实践很快证明,由于投机势力强大,这一经济措施难以奏效,于是转而决定采用政治、行政的方法加以解决,通过舆论、组织等方面的周密准备,上海市军事管制委员会于1949年6月10日关闭了作为投机中心的上海证券交易所,逮捕、法办了一批严重违法的金融投机者,并实施金融管理办法,禁止黄金、白银、外币在市面流通,代之以人民币。自此,人民币迅速占领了上海市场。由于上海在全国金融界举足轻重的地位,上海金融的稳定很快影响了整个新解放区,人民币在各地的地位终于确立起来,并为遏制物价上涨准备了条件。

通过政治手段制止金融投机取得成功的主要原因在于：金融投机者毕竟只是一小部分人,广大群众作为受害者对此也是深恶痛绝,中国共产党和新生的人民政府在群众中具有崇高的威望,因而这一举措能得到群众的拥护。这一行动也反映了中国共产党善于运用政治与经济相结合的方法处理经济问题的思想。

然而单纯用行政方法来控制、平抑物价还难以奏效。这是因为物价狂涨是由商品流通被阻遏、物资匮乏所造成。不仅资产阶级借机囤积居奇以牟暴利,一般群众也企图通过购买实物保值,打击惩治几个投机者无异于杯水车薪,难以奏效。而且在金融投机失败后,资产阶级将投机的重点转向棉布、棉纱、粮食、煤炭等与民生密切相关的商品上，引发了群众性的抢购，导致当时四次全国范围内的物价狂涨。针对这种情况，中国共产党决定采用经济手段打击投机者，在全国范围内集中有关物资，在大城市集中抛售，平抑物价。这就是1949年11月3日陈云（时任中央财政经济委员会主任）代中财委起草的指示的核心思想：在当时想以少量物资拖住物价，必然消耗了实力，物价仍不能稳住。在目前物价已经涨了两倍的情况下，稳住的可能已经存在，各地均应以全力稳住。相应的部署是：以沪、津两地七月底物价平均指数为标准，力求只涨两倍。各地经济贸易公司除必须应付门市销售者外，暂时不宜将主要物资大量抛售，应从各方调集主要物资于主要地点，并力争于同年11月25日（至迟30日）完成，预定11月底12月初于全国各主要城市一齐抛售，遏制涨风，并给投机商人以适当教训。目前，抢购风盛时应乘机将冷货、呆货抛给投机商，但不要给其主要物资。各地按统一部署实施了这些决策，特别是集中抛售物资和收紧银根这两项主要措施先后在棉布、棉纱、粮食、煤炭等国计民生主要领域给哄抬物价的投机商以歼灭性打击，险恶的物价狂涨风潮、恶性的通货膨胀得到了初步遏制。这场胜利成了财政经济状况根本好转的前奏，极大地提高了共产党在群众中的威信，连民族资产阶级也为之折服。毛泽东曾高度评价了这一胜利，认为其意义不亚于淮海战役。[①]

（二）统一财政经济

由于历史上解放区长期被敌人分割、只得自成体系等原因，新中国成立初期全国财政经济并不统一，这对稳定财政经济进而开展生产建设极为不利。中国共产党认识到了这一问题的重要性，早在1949年1月周恩来在西柏坡中共中央政治局会议上即提出几个统一：预决算大体统一规定，各区提出，中

[①] 薄一波：《若干重大决策和事件的回顾》（上卷），中共中央党校出版社，1991年，第89页。

第二编　由新民主主义向社会主义社会过渡时期党的经济思想

央审核；银行发行权统一，以统一管理军费、供应和控制物价；兵工厂统一计划、分配；军需生产统一计划、分担任务；铁路提前集权，由中央管理。到1949年冬，中央作出了全国财政经济实行统一管理的决策。1950年3月3日，中央人民政府政务院发布了由陈云起草的《统一财政经济工作》的十条决定，其主要精神如下：

第一，统一全国的财政收支，使国家收入的主要部分统归国库，集中使用于国家的主要开支，以求财政收支平衡。

第二，统一全国物资调度，使粮食、布匹、工业企业等由分散状况集中起来，由国家统一掌握，以便调剂供求，控制市场，打击投机资本。

第三，统一全国现金管理，把所有属于国家但是分散在各机关、部队、企业的现金由中国人民银行统一管理、集中调度，以减少市场上货币流通的数量，控制通货膨胀。

这三个统一对于平衡收支、稳定物价、扭转当时的财政经济困难局面起到了重大作用，如陈云指出："只要严格实行政务院关于统一国家财政经济工作的决定，熬过几个月的困难，我们很有理由希望财政情况逐渐好转。财政情况的好坏，直接关联到国家经济和人民生活。统一国家财经工作，将不仅有利于克服今天的财政困难，也将为今后不失时机地进行经济建设创造必要的前提。"[①]这一决定更深层的意义还在于：它奠定了中华人民共和国的财政制度的基础。

统一财经的效果非常明显，在1950年3月以后即出现了财政收支接近平衡、市场物价趋于稳定的新局面。如以作为全国经济中心的上海的批发物价指数为例，1950年2月的批发物价指数仅为1949年6月上海解放不久时的20

---

① 《陈云文选》(一九四九——一九五六年)，人民出版社，1984年，第74~75页。

倍,远远小于同期货币发行的增长倍数;1950年3月批发物价指数为100,当年12月则下降为85.4,[①]我们党所预定的稳定财政经济的目标得到了圆满实现。

二、争取国家财政经济状况的根本好转

在国家财政经济开始好转,但尚未彻底好转之际,1950年6月,中国共产党召开了七届三中全会,毛泽东在全会所作的《为争取国家财政经济状况的基本好转而斗争》的报告中,提出了进一步争取财政经济好转的方针,核心是"三个条件、八项工作":要获得财政经济情况的根本好转,需要三个条件:土地改革的完成,现有工商业的合理调整,国家机构所需经费的大量节减。围绕这三个条件,全党、全国人民应做八项工作:有步骤、有秩序地进行土地改革;巩固财政经济工作的统一管理和统一领导,巩固财政收支的平衡和物价的稳定;复员一部分军队和进行行政系统的整编;有步骤地、谨慎地进行旧有学校教育事业和旧有社会文化事业的改革工作,争取一切爱国知识分子为人民服务;认真开展对失业工人、失业知识分子、灾民的救济工作;认真团结各界民主人士;坚决肃清一切危害人民的土匪、特务、恶霸及其他反革命分子;开展整党整风。

毛泽东还在讲话中提出了"不要四面出击"的战略策略方针,指出:"四面出击,全国紧张,很不好。我们绝不可树敌太多,必须在一个方面有所让步,有所缓和,集中力量向另一方面进攻。我们一定要做好工作,使工人、农民、小手工业者都拥护我们,使民族资产阶级和知识分子中的绝大多数人不

[①] 参见胡绳主编:《中国共产党的七十年》,中共党史出版社,1991年,第277页。

第二编　由新民主主义向社会主义社会过渡时期党的经济思想

反对我们。这样一来,国民党残余、特务、土匪就孤立了,地主阶级就孤立了,台湾、西藏的反动派就孤立了,帝国主义在我国人民中间就孤立了。我们的政策就是这样,我们的战略策略方针就是这样,三中全会的路线就是这样。"①

毛泽东在报告和讲话中提出了如下争取财政经济根本好转的思想。

（一）土地改革的新思想

土地改革是中国民主革命的主要内容。新中国成立后进行的全国范围的土地改革,是彻底完成民主革命的决定步骤,同时对于进一步争取财政经济状况的好转,恢复国民经济皆具有重要意义。广大农民通过土改获取了梦寐以求的土地进而迸发出了极大的政治热情和生产积极性,努力生产、支援国家,在提供更多的粮食、棉花等农产品的同时,又为城市工业发展提供了广阔的市场。所以毛泽东将土改的完成作为争取财政经济基本好转的首要条件。1950年6月,政协一届二次全委会讨论通过了中共中央建议的土地改革法草案和刘少奇所作的《关于土地改革问题的报告》,6月30日,中央人民政府主席毛泽东颁布命令,公布实施《中华人民共和国土地改革法》,在新解放区开展了轰轰烈烈的土改运动。中国共产党为土改制定了总路线:依靠贫农、雇农,团结中农,中立富农,有步骤地、有分别地消灭封建剥削制度,并实行保护民族工商业的政策。

这一土改总路线中包括了许多新的思想,其中最重要的是关于中立富农的政策,即由过去的征收富农多余的土地财产改为保存富农经济。"不但不动资本主义富农,而且不动半封建富农,待到几年之后再去解决半封建富农问题。"毛泽东论述实行这一新政策的原因是:

第一,防止土改中"左"的倾向。"土改规模空前伟大,容易发生过左偏向,

---

① 《毛泽东文集》（第六卷）,人民出版社,1999年,第75~76页。

如果我们只动地主不动富农,则更能孤立地主,保护中农,并防止乱打乱杀,否则很难防止。"

第二,集中力量打击地主,减少社会震动。"过去北方土改是在战争中进行的,战争空气掩盖了土改空气,现在基本上已无战争,土改就显得特别突出,给予社会的震动显得特别重大,地主叫唤的声音将显得特别尖锐,如果我们暂时不动半封建富农,待到几年之后再去动他们,则将显得我们更加有理由,即是说更加有政治上的主动权。"

第三,为了稳定民族资产阶级。"我们和民族资产阶级的统一战线,现在已经在政治上、经济上和组织上都形成了,而民族资产阶级是与土地问题密切联系的,为了稳定民族资产阶级起见,暂时不动半封建富农似较妥当的。"[1]

同时,随着解放战争的胜利,富农也普遍地改变了战争期间倾向于地主阶级和蒋介石一边反对土地改革和人民战争的政治态度,这也为实行保存富农经济的政策提供了条件。刘少奇指出:"我们所采取的保存富农经济的政策,当然不是种暂时的政策,而是一种长期的政策。这就是说,在整个新民主主义的阶段中,都是要保存富农经济的。只有到了这样一种条件成熟,以至在农村中可以大量地采用机器耕种,组织集体农场,实行农村中的社会主义改造之时,富农经济的存在,才成为没有必要了,而这是要在相当长远的将来才能做到的。"[2]可见,当时中国共产党是将这一政策作为新民主主义历史时期的重要政策来实行的。

为达到在土改中发展农业生产的目的,中央进行了周密擘画,将全国土改分成三批,分别于1949年冬至1950年春、1950年冬至1951年春、1951年冬至

---

[1] 《毛泽东文集》(第六卷),人民出版社,1999年,第47~48页。
[2] 《刘少奇选集》(下卷),人民出版社,1985年,第41页。

第二编 由新民主主义向社会主义社会过渡时期党的经济思想

1952年春完成。这样做既积极稳妥又避开了夏秋农事关键时期,从而达到了当年土改、当年收益的效果。

(二)调整工商业的新思路

物价初步稳步,全国财经工作统一以后,私人资本主义工商业普遍遇到了产品滞销、资金周转不灵等困难。反投机斗争使一部分民族资产阶级伤了元气。物价受到控制后,基本需求商品货源充足,当时购买力极其低下的广大群众不仅告别了抢购,不少工商业者也将以前囤积的物资吐出,几者叠加,形成了若干物资供过于求的状况。由于国民经济正进行改组,适应过去的半殖民地半封建社会的一些行业则失去了市场而无法继续维持,国营经济的建立发展,更挤占了私人资本主义的不少市场。

面对私人资本主义的萎缩状况,当时党内有人主张可乘机对私人资本企业实行公私合营,提前完成社会主义革命,但毛泽东、刘少奇、陈云、周恩来等人不赞同这种"左"的观点,如毛泽东指出:"有些人认为可以提早消灭资本主义实行社会主义,这种思想是错误的,是不适合我们国家的情况的。"[①]他们主张合理调整工商业,使私人资本主义得到适当恢复和发展,以利于国计民生。陈云提出:"五种经济成分是兼顾好,还是不兼顾好?当然是兼顾好,因为私营工厂可以帮助增加生产,私营商业可以帮助商品流通,同时可以帮助解决失业问题,对人民有好处。"在国营经济强大,财政经济状况开始好转的情况下,"我们更应该注意统筹兼顾,既照顾到我们这一边,也要照顾到他们那一边。否则资本家的企业就会垮台,职工失了业就会埋怨我们。我们要搞计划经济、如果只计划公营,而不把许多私营的生产计划在里头,全国的经济计划也无法进行"[②]。毛泽东提出:"在统筹兼顾的方针下,逐步地消灭经济中的盲

---
① 《毛泽东文集》(第六卷),人民出版社,1999年,第71页。
② 《陈云文选》(一九四六——一九五六年),人民出版社,1984年,第92~93页。

目性和无政府状态,合理地调整现有工商业,切实而妥善地改善公私关系和劳资关系。使各种社会经济成份,在具有社会主义性质的国营经济领导之下,分工合作,各得其所,以促进整个社会经济的恢复和发展。"①毛泽东这段话,不仅论述了调整工商业的必要性,实际上还提出了工商业调整的内容:

第一,调整公私关系。其主要举措包括:①在巩固财政经济工作的统一管理、统一领导,巩固财政收支平衡和物价稳定的前提下,调整税收,酌量减轻人民负担。陈云1950年6月在《调整公私关系和调整税收》中说:"这样的方针是对的,应该采取的,因为中国经过了12年的战争,人民很苦,这是第一。第二,照老规矩,开国的时候,对老百姓总应该好一点。我们现在是开特别的国,这一个国不同于大清帝国,也不同于北洋军阀、蒋介石那个国,对人民当然更应该好一些。"②正确对待私营工商业。其核心是在确保国营经济领导地位前提下,适当扶持私营工商业,通过加工订货,有步骤地组织私营工厂的生产和销售。提出公私工厂分配订货要有一个适当的比例,大体照顾到公私双方。对待私营商业,在价格政策上批发和零售的差价要适当,使私商有利可图。农产品和农副产品的收购要分工,让私商能收购一定数量的农副产品。对出口的东西要放宽尺度,凡是能够出去的东西,不管鸡毛蒜皮都可以出。③国家扶持私营工商业。包括开辟工业品的销路,帮助私营工厂改善经营管理,举办失业救济,联合公私力量,组织资金周转。陈云提出国家银行要领导私人银行和钱庄,私人银行吸收的存款很少,我们要想办法把它利用起来,使其能够转动。对私营工商业税收也适当作了调整,并发给了贷款。

第二,调整劳资关系。其基本方针是毛泽东所提倡的劳资两利。周恩来对这一方针作了详细阐述:其一,劳资两利"并不是把劳资两个方面平列起来。

---

① 《毛泽东文集》(第六卷),人民出版社,1999年,第71页。

第二编　由新民主主义向社会主义社会过渡时期党的经济思想

人民的国家是以工人阶级为领导的,在劳资关系上,我们要采取保护劳动的政策"。其二是对私人资本采取限制政策,"对有利于国计民生的私人企业要鼓励它经营,对有害的则要禁止",对于资方也要给予适当的利润。同时又有两条原则,第一不允许有非法的利润,只许可有合法的利润,第二不能有过分的利润,只能有合理的利润。其三,工人不应该为了眼前的利益要求过高的工资,那样会使资方无法经营,而企业倒闭会弄得自己失业。所以不要为一时的利益而损害长远的利益。"工人阶级应该用自我牺牲的精神来努力生产","必须在发展生产的基础上保护劳动和限制资本"。①必须确认劳资双方都要为发展生产共同努力;劳资的问题用协商方式解决,然后过渡到更固定的合同关系。

第三,调整产销关系。最主要的方法是通过计划调节、加工订货的手段,来克服产销无政府状态。陈云提出:"过去社会上的生产是无计划的,我们来一个有计划,能集中的东西统统集中,以便于组织订货。这是逐步消灭无政府状态的手段。"②还提出要用适当方法公告国人,工业生产哪些已过剩,哪些已达饱和点,避免再向这些方面盲目投资。这是计划经济思想的端倪。

(三)节减军政费用的新考量

如果说土地改革、调整工商业是"开源",则节减军政费用属于"节流",两者并举,相得益彰。为彻底完成战争任务,新中国成立初期军政费用仍然庞大,给财政增加了巨大的压力,严重挤压了经济恢复和发展,所以"节流"势在必行。毛泽东提出在保障有足够力量用于解放台湾、西藏,巩固国防和镇压反革命的条件之下,人民解放军应在1950年复员一部分,保存主力。必须谨慎地进行此项复员工作,使复员军人回到家乡安心生产。行政系统的整编工

---

① 《周恩来选集》(下卷),人民出版社,1984年,第12~13页。
② 《陈云文选》(一九四九——一九五六年),人民出版社,1984年,第93页。

作是必要的,亦须适当地处理编余人员,使他们获得工作和学习的机会。周恩来曾设想在1951年的经济计划中减少军费,增加基本建设费和文教费,以全部概算的70%投入经济建设、文教事业等,并考虑改善公教人员的生活,收购农民的余粮,发展日用品的生产。节减军政费用为改善国家财政经济状况,改善人民生活,支持经济建设起到了重要作用。

(四)抗美援朝开始后财经工作的新方针

然而党的七届三中全会召开不久,朝鲜战争爆发。为了捍卫国家的安全、履行无产阶级国际主义义务,中国共产党领导全国人民开展了轰轰烈烈的"抗美援朝、保家卫国"运动。原定的恢复国民经济计划规划被打乱。在这一新形势面前,中国共产党提出了与之相适应的新的财政经济方针:一切服从战争,首先以财力、物力保证战争的胜利;其次是保持国内市场的稳定;最后才是各种经济和文化建设的支出。当时称此为"边抗、边稳、边建"的方针,或称"国防第一,稳定市场第二,其他第三"的方针。

而贯彻这一方针的关键又是稳定市场。陈云对此作了深刻阐述,指出物价、市场的稳定关系到群众切身利益,关系到政治安危。现在已不同于新中国成立以前,"我们已占有全国大、中、小城市,全国交通已经恢复,财经已经基本上统一,而且城市经济已有了一些基础。半年来物价稳定,在政治上经济上都起了好的作用"[①],但同时,由于经济基础薄弱,物资储备很少,如果敌机来轰炸,可以随时引起物价风潮。我们手中无物资,平抑不了涨风,政治上很不利,而且会影响军事。这个弱点如果被敌人看到、抓住就会用此法欺侮我们。陈云还认为,物价关系到财政、金融、贸易等方面的平衡。物价波动以后,税收便要减少,公营企业收入也要降低,逼着财政增加货币发行。例如,

---

① 《陈云文选》(一九四九——一九五六年),人民出版社,1984年,第113页。

第二编 由新民主主义向社会主义社会过渡时期党的经济思想

上一年物价上涨不仅使居民受损失,而且使城乡交流受阻碍,财政、金融、贸易的周转失去正常。物价稳定以后,才出现了金融稳定、市场活跃的局面。所以"在一个统一的国家之内,力争市场物价稳定,非常重要。这是财政问题,也是经济问题","因此,凡是对于市场物价稳定有影响的,我们应该慎重地来考虑"。①

陈云强调稳定市场所用的方法是求得收支平衡、削减以至消灭赤字,而不是用多发通货弥补赤字。这样才能真正实现市场物价的稳定。战争时期物价波动虽然难免,但是财政金融平稳了,市场物价的平稳便有了基础,如果金融与物资都发生问题,物价波动程度将更大,更难以控制。所以应该尽力避免物价波动中的金融因素,也就是力求在财政概算上尽量多收,尽量少用,使其没有赤字。除了万不得已的情况,不应该允许有赤字。为了避免赤字,对于支出必须按"没有钱可以不办,可以缓办"的原则办,经济、文化建设这类带投资性的支出应列在第三,就是说,要在照顾第一、第二之后,剩余多少钱,便办多少事,总之,以没有赤字为原则。这是不得已的。因为"在任何一个国家的财政方针上,都不可能又战争又建设,不可能两者并列,两头兼顾"。

为实现财政收支平衡,陈云提出要增加财政收入,可以采取扩大农副产品购销,扩大城乡交流,促进农业增产,加强经济管理和核算等措施。他指出,扩大农副土产品的购销,不仅是农村问题,而且也是目前活跃中国经济的关键。城市的繁荣是农村经济转动的结果,农副土产品卖出去了,就能增加农民的购买力,促进城市工商业的发展,减少或消灭城市的失业现象,城市购买力也跟着提高。工商业繁荣又增加了国家的税收、减少了财政上的困难,物价更趋稳定,这样可以进一步促进正当工商业的发展,打击投机,使城乡交流

---

① 《陈云文选》(一九四九——一九五六年),人民出版社,1984年,第114、113页。

更趋活跃。因此,扩大农副土产品的购销是中国目前经济中的头等大事。他还强调:"人心乱不乱,在城市,中心是粮食;在农村,主要是纱布。"[①]财经工作者要密切重视这两个问题。1950年12月7日,陈云代政务院财经委员会起草《实行棉纱棉布的统购》的决定,规定"凡公私纱厂自纺的棉纱及自织的棉布,均由国营花纱布公司统购"。公私厂的棉纱棉布也归该公司承购,停止自行在市场出售,从而将这一关系国计民生的物资由国家直接掌握,以平稳市场、安定人心,但要在统一管理下因地制宜。这也是"统购统销"政策的先声。

由于执行了正确的方针、政策,到1952年底国民经济已全面恢复。与此同时,中国共产党还巧妙地在城市中创造、发展了"加工订货"等国家资本主义形式,在农村推进了互助合作,这一切为推进从新民主主义向社会主义转变提供了良好的条件。在这场卓有成效的经济实践中,党的经济思想也得到了相应的丰富和发展。

[①] 《陈云文选》(一九四九——一九五六年),人民出版社,1984年,第119页。

第六章 党在社会主义改造时期的经济思想

第一节 党在过渡时期的总路线

中国共产党从未忘记实现社会主义的历史使命。夺取新民主主义革命胜利、初步巩固新民主主义社会,只是为社会主义革命作了准备。从1952年下半年起,随着恢复国民经济任务的胜利完成,中国共产党酝酿和制定了过渡时期总路线,正式开始了从新民主主义向社会主义的革命转变。

一、过渡时期总路线的探索过程

党在过渡时期总路线的形成,大体来看,以1952年为界限,经历了一个反复酝酿、探索的过程。

毛泽东一直坚持社会主义要建立在工业的基础上,反对民粹主义的农业社会主义。在1948年9月政治局扩大会议上即讲:"我们反对农业社会主义,所指的是脱离工业、只要农业来搞什么社会主义,这是破坏生产,阻碍生产发展的,是反动的。"[1]

关于从新民主主义向社会主义过渡,由农业国变成工业国需要的时间,毛泽东十分谨慎。在1948年9月政治局会议上估计说,到底何时开始全线进攻(指进行社会主义革命),也许全国胜利后还要十五年。在党的七届二中全会的报告中,毛泽东以"很长时间"的提法代替了具体的估计,表明了一种更为审慎的科学态度。1949年7月,他在向中央团校毕业生讲话时说,向社会主义转变的时间要超过二十年。1950年6月,毛泽东在全国政协一届二次会议上的讲话中又提出,实行私营工业国有化和农业社会化"还在很远的将来","我们的国家就是这样地稳步前进,经过战争,经过新民主主义的改革,而在将来,在国家经济事业和文化事业大为兴盛了以后,在各种条件具备了以后,在全国人民考虑成熟并在大家同意了以后,就可以从容地和妥善地走进社会主义的新时期"。[2] 1952年10月,周恩来还认为:"毛主席的方针是稳步前进,三年恢复,十年、二十年发展。发展新民主主义经济可能要十年、二十年。"[3]

党的七届二中全会以后,刘少奇在贯彻全会精神的过程中,提出了关于巩固新民主主义制度的思想,进一步丰富了党的从新民主主义向社会主义过渡的理论,突出表现为以下五点:

(一)新民主主义与社会主义制度的区别

刘少奇指出,这两种社会制度的根本区别在于:新民主主义革命一般地

---

[1] 《毛泽东文集》(第五卷),人民出版社,1996年,第139页。
[2] 《毛泽东文集》(第六卷),人民出版社,1999年,第80页。
[3] 《周恩来经济文选》,中央文献出版社,1993年,第122页。

第二编 由新民主主义向社会主义社会过渡时期党的经济思想

不破坏私有财产的制度,但社会主义首先要在工业中然后要在农业中破坏私有制,在农业中组织集体农场,这时,只能依靠工人及贫雇农,不能依靠一般农民,只是团结农民。

(二)新民主主义向社会主义过渡

刘少奇认为,由五种经济成分构成的新民主主义经济的因素和趋势与资本主义的因素和趋势之间的斗争,就是无产阶级与资产阶级的斗争。这是新中国成立后国内的基本矛盾,"这种矛盾和斗争,将要决定中国将来的发展前途到底是过渡到社会主义社会,抑或过渡到资本主义社会"[1],但由于国营经济占统治地位等因素,新民主主义终究要发展到社会主义。他在一届政协全体会议上说:"中国将来的前途,是要走到社会主义和共产主义去的。因为中国工业化的结果,如果不使中国走到社会主义去,就要使中国变为帝国主义的国家。这是中国人民以至全世界的人民都不能允许的,但这是很久以后的事情。"向社会主义过渡的时间很长的原因在于中国当时经济落后,"只有在经过长时期积累资金、建设国家工业的过程之后,在各方面有了准备之后,才能向城市资产阶级举行第一个社会主义的进攻,把私人大企业及部分中等企业收归国家经营。只有在重工业大大发展并能生产大批农业机器之后,才能在乡村中向富农经济实行社会主义的进攻,实行农业集体化"[2]。因此,刘少奇指出:"新民主主义经济是一种过渡性质的经济。这种过渡所需要的时间,将比东欧、中欧各人民民主国家长得多"[3],他曾估计要一二十年,如1951年5月7日在全国宣传工作会议的报告中说,作为实践的问题,十年之内社会主义是讲不到的,到十年之后,建设得很好,我们看情况,那时就可以提提这个问

---

[1][3] 《刘少奇选集》(上卷),人民出版社,1981年,第427页。

[2] 同上,第430页。

题,社会主义什么时候搞,还要看实际情况才能答复这个问题。十年之后就可以采取某一些社会主义的步骤,也可能十年之后还不能采取这种步骤,还要等几年。他设想,经过十年建设,中国不但有了浩大的农业,而且有了强大的工业,到那时,我们的国家才可以考虑到社会主义去的问题。在《共产党今后的历史任务》中也说,当新中国工业、农业有了大发展,"国家经济的领导更加强了,变成绝对的了,经济管理工作的干部成熟了,数量也多了,党的技术干部也有了,工人阶级和农民的联盟在政治上经济上都巩固了,那时,就要采取进入社会主义的步骤"[1]。

关于在中国采取社会主义的步骤,1949年4月刘少奇在天津说,我们可以不经过流血和平地过渡到社会主义。他对民族资本家说,现在在新民主主义当中,资本家可以充分发挥自己的积极性。关于将来过渡到社会主义怎么办的问题,他以对天津东亚毛纺织厂经理宋棐卿谈话为例,称宋棐卿现在才办一个厂,将来可以办两个、三个、八个厂。到社会主义的时候,国家下个命令,就把这些工厂交给国家,或者由国家来收买,国家一时没有钱,发公债也行。然后国家把这八个工厂还是交给他办,宋棐卿还是经理,不过身份是国家工厂的经理。因为其能干,可以再加八个厂,一共十六个厂子由其办,薪水不减,还要增加,但必须办好。[2]这段话实际上是党对民族资本主义和平赎买思想的雏形。所以他认为进行社会主义革命时资本家不会愁眉苦脸而是眉开眼笑地进入社会主义。[3]

---

[1] 薄一波:《若干重大事件和决策的回顾》(上卷),中共中央党校出版社,1991年,第60页。
[2] 参见刘少奇:《在天津市干部会上的讲话(一九四九年四月二十四日)》,《党的文献》,1993年第5期。
[3] 参见刘少奇:《在天津市工商业家座谈会上的讲话(一九四九年五月二日)》,《党的文献》,1993年第5期。

第二编　由新民主主义向社会主义社会过渡时期党的经济思想

(三)现阶段要为巩固新民主主义制度而奋斗

如何巩固新民主主义制度？1951年3月，刘少奇在《共产党员标准的八项条件》中提出：一是要进行经济建设，发展生产力，只要第三次世界大战不爆发，经济建设的任务就不变。20年甚至30年不爆发战争，我们的任务就一直是经济建设，要把中国工业化。二是要使新民主主义的五种经济成分分工合作，各得其所，都能得到发展。4月在天津讲话中又指出，私营企业关系国计民生，天津的工商业将近四万家，光是搞生产的工业就有上万家，有好几十万工人……社会上很多的必需品，吃的、穿的、用的……要他们供给，他们是社会上的一个很大生产力。如果资本家另开了一个新工厂，使原有一千多工人增加到两千多工人，岂不解决了很多工人的失业问题。他认为私营经济的发展对从新民主主义向社会主义过渡也能起到积极作用，中国只有10%是进步的工业，其中一部分是国营的，一部分是资本家的，因为有了这10%的工业才产生了无产阶级，所以资本主义在一定程度的发展上有其进步性，将来国营的和私营的都要发展，将10%增加到20%、30%，直到60%，才能把农业国变成工业国，这本来要经过百多年的，而我们只要几十年就能做到，而且做得很好，也就是说把消费的城市变成生产的城市，资本家是有其作用的。工人阶级的最后解放，只有把中国变成工业国从而过渡到社会主义之后，才能办到。①

1950年1月23日，刘少奇针对东北新富农问题发表谈话，认为党员也可以发家致富。目前讨论"党员成为富农后党籍怎么办"问题为时尚早，有剥削也还是可以做社会主义者的，举例说圣西门是一个资本家，但他也是一个社会主义者，虽然当时是空想的。现在是私有制社会。党员生产发家了，要将财产交公也交不出去，将来在实行集体化时，将自己的财产交公，这种富农党员也

---

① 转引自薄一波：《若干重大决策与事件的回顾》(上卷)，中共中央党校出版社，1991年，第52页。

是好党员。当党员便不能有剥削的观点是一种教条主义。现在看来,"共产党员可以有剥削"的见解值得讨论,恐怕一般不应这样讲。但党员可以发家致富,实践证明则是应予以肯定的。

刘少奇认为在中国经济建设中,在向社会主义转变过程中,存在"左"、右两种倾向,一种是资本主义的倾向,即把中国今后经济发展方针看作是发展普通的资本主义经济,把一切希望寄托于私人资本主义经济的发展,向资本家作无原则的让步,对小资产阶级的弱点表示迁就,自觉或不自觉地要把中国建成为资本主义共和国,这是一条右倾的"在新民主主义经济建设中放弃无产阶级领导地位的资产阶级的或小资产阶级的路线"[①]。另一种则是冒险主义的倾向,就是在我们的经济计划和措施上超出实际的可能性,过早地、过多地、没有准备地采取社会主义的步骤,因而使共产党失去农民小生产者的拥护,破坏城市无产阶级与农民的联盟,使无产阶级领导的新民主主义政权走向失败。这是一条"左"的路线,刘少奇提醒全党必须经常进行两条路线斗争,反对这两种倾向,以保证正确的经济建设方针的贯彻执行。他反复强调当前应着重防"左",在城市,过早实行工业国有化就要伤害私人资本主义经济和个体经济的积极性,对发展生产不利。在农村,只要国家拿不出机器、化肥等工业品来满足农民的需要,那么实行农业集体化也做不到。由于私有权在当时条件下普遍地还不能废除,并对提高社会生产力有一定的积极性,因而要利用这种积极性为发展经济服务,只能通过在新民主主义制度下扩大社会主义、半社会主义经济的方法来逐步对它进行限制。

(四)团结和争取民族资产阶级

在天津,刘少奇告诫党的干部、工人群众,在现阶段要防止对民族资产阶

---

① 《刘少奇选集》(上卷),人民出版社,1981年,第430页。

第二编 由新民主主义向社会主义社会过渡时期党的经济思想

级实行"左"的政策,将民族资产阶级当作敌人来打击,自由资产阶级不是斗争的对象,一般地是团结的对象、争取的对象。对资产阶级也有斗争,但重点在团结,如果把自由资产阶级当作斗争对象,那就犯了路线斗争的错误。今天对资产阶级重点还是团结,甚至在相当长的时期内,这个重点还不会变。

(五)没有工业化,不可能有农业集体化

1951年4月17日,中共山西省委向中央、华北局提交了《把老区互助组织提高一步》的报告,认为山西老解放区一部分农民已达到富裕中农的程度,农村的自发力量不是向着现代化和集体化的方向发展,而是向着富农方向发展,从而导致互助组织发生涣散现象,如不注意这个问题会产生互助组解体和互助组变成富农庄园的后果。山西省委主张扶植和增强互助组内"公共积累"和"按劳分配"两个新因素,即公有制因素,来逐步战胜农民的自发趋势,引导互助组走向更高一级形式,报告还强调"对于私有基础,不应该是巩固的方针,而应当是逐步地动摇它,削弱它,直至否定它"[①]。对山西省委报告的观点,刘少奇多次予以批驳,在天津讲话中即强调过农村集体化要有国家工业化作基础。同年5月在中央第一次宣传工作会议上又进一步指出,有些同志认为,农村可以依靠互助组、合作社、代耕队实行农业社会主义化,这是不可能的。这是一种空想的农业社会主义,是错误的。农村要实行社会主义,如果没有工业的发展,不实现工业化,农业根本不可能实行集体化。

刘少奇关于巩固新民主主义制度的思想,绝非反对向社会主义过渡,将新民主主义凝固化,而是反对超越生产力水平、急于向社会主义"穷过渡",反对破坏刚刚建立的新民主主义社会秩序。他依据当时的生产力还没有达到

---

① 转引自薄一波:《若干重大决策与事件的回顾》(上卷),中共中央党校出版社,1991年,第185页。

向社会主义过渡的水平的状况,主张通过巩固新民主主义制度,充分调动和发挥各种经济成分,发展生产力的积极性,为向社会主义过渡准备物质基础,这完全符合党的七届二中全会从新民主主义向社会主义转变的思想,也同毛泽东的许多观点完全一致。但是他的思想和主张随后受到了否定和批判,未能继续付诸实践。

二、过渡时期总路线的确立

1952年8月,为制定我国发展国民经济的第一个五年计划和确定苏联援助建设项目,周恩来率领代表团访问了苏联。8月28日,他向斯大林报送了一份《三年来中国国内主要情况及今后五年建设方针的报告提纲》,其中提出,根据目前中国国内和国外的主要情况,毛泽东提出了边打、边稳、边建的方针,确定从1953年起开始进行以五年为一期的国家建设,并保证中国向社会主义前途迈进。提纲还叙述了通过国家资本主义将私人资本主义工业控制在国家手中,在个体农业中积极发展互助合作组织等方针政策。9月24日,周恩来从苏联归来的当天,毛泽东在中央书记处会议上说,我们现在就要开始用十年到十五年的时间基本上完成向社会主义的过渡,而不是十年或者以后才开始过渡。党的七届二中全会提出限制和反限制的斗争问题,现在这个内容就更丰富了。现在工业中私营占32.7%,国营占67.3%,是三七开,商业零售是倒四六开。再发展五年私营比例会更小,但绝对数字仍会有些发展,这还不是社会主义。五年以后如此,十年以后会怎么样,十五年以后又会怎么样,要想想。到那时私营工商业的性质也变了,是新式的资本主义,公私合营、加工订货、工人监督、资本公开、技术公开、财务公开,他们已经挂在共产党的车头上,离不开共产党了。"空前绝后",他们的子女们也将接近共产党

第二编　由新民主主义向社会主义社会过渡时期党的经济思想

了。农村也要向合作互助发展,前五年不准地主、富农参加,后五年可以让他们参加。①毛泽东从经济发展的角度,分析了向社会主义转变问题,从而揭开了党制定过渡时期总路线的序幕。

同年10月20日,率领中共代表团参加苏共第十九次代表大会的刘少奇受毛泽东的委托致信斯大林,征询对于若干重大问题的意见。该信第一部分即为关于中国怎样从现在逐步过渡到社会主义去的问题。信中分析了中国当时国营经济、合作社经济、私营经济在工业生产总值、商品总值中所占的比重,指出:"在十年以后,中国工业将有百分之九十以上是国有的,私人工业不到百分之十,而这些私人工业又大体都要依赖国家供给原料、收购和推销它们的成品及银行贷款等,并纳入国家计划之内,而不能独立经营。到那时,我们就可以将这一部分私人工业不费力地收归国家经营。"

关于征收资本家工厂的方式,刘少奇提出的方案是:"劝告资本家把工厂献给国家,国家保留资本家消费的财产,分配能工作的资本家以工作,保障他们的生活,有特殊情形者,国家还可付给资本家一部分代价。"认为中国民族资产阶级是会接受这一方案的,其原因是:第一,中国资产阶级在政治、经济上皆很软弱,富于妥协性。第二,中国共产党对资本家采取了既照顾其获得不太少的利润,又动员人民反对他们的不法行为的方针。第三,加工、订货等方式迫使资本家不得不依赖国家,此外还有工人监督。第四,少数有远见的资本家已认识到社会主义前途不可避免而要求公私合营,资本家的子女也开始放弃家庭遗产,资产阶级内部的这种变化还将继续发展。第五,中国社会主义成分的增长将使少数资本家完全处在社会主义的包围之中。刘少奇还

---

① 转引自薄一波:《若干重大决策与事件的回顾》(上卷),中共中央党校出版社,1991年,第213~214页。

说:"这是我们设想的将来可能的一种工业国有化的方式。至于将来所要采取的具体的方式以及国有化的时机,当然还要看将来的情形来决定。"①

关于农业集体化问题,刘少奇指出,在土地改革后我们已在农民中发展互助合作运动。现在全国参加这个运动的农民已有百分之四十,在老解放区则有百分之七八十,并已有几千个组织得较好的以土地入股的农业生产合作社和几个集体农庄。我们准备在今后大力地、稳步地发展这个运动,准备在今后十年至十五年内将中国多数农民组织在农业生产合作社和集体农庄内,基本实现中国农业经济集体化。还提出了消灭富农经济的设想,认为中国富农在农村经济中所占的比重本来就不大。在老解放区土改中已消灭了旧式富农,新富农已经受到并将进一步受到限制。在完成农村经济集体化的最后时期,应该采取怎样的办法来消灭虽然不很多的富农,则要看那时的情形来决定。

关于手工业社会主义改造问题,刘少奇说,我们准备用力帮助小手工业者组织生产合作社,并鼓励手工作坊主联合起来采用机器生产,还有一部分则会要被机器工业所挤垮。还估计到由于在手工业者中缺乏党的组织,因而在对其改造时可能遇到困难,所需时间也可能较多。

刘少奇的这封信,实际上是过渡时期总路线的雏形,反映了中共高层领导对中国当时的经济结构及转变方式的新认识。此后这种认识又不断发展。1952年11月3日,毛泽东又提出,要消灭资产阶级,消灭资本主义工商业;但要分步骤,一是要消灭,一是还要扶持一下。1953年1月31日,毛泽东又指出,对资产阶级,还有几个问题没有彻底解决。一是税收,二是劳资,三是商业调整,四是资金短缺,这些要解决。1953年2月17日,毛泽东在湖北视察时,同孝

---

① 《关于党在过渡时期总路线的文献五篇》,《党的文献》,1988年第5期。

第二编 由新民主主义向社会主义社会过渡时期党的经济思想

感地委负责人谈话中指出:过渡时期的步骤是走向社会主义。他用扳手指头的办法解释说,这类似过桥,走一步算是过渡一年,两步两年,三步三年,十年到十五年走完。在十年到十五年或更多一点时间内,基本上完成国家工业化及对农业、手工业、资本主义工商业的社会主义改造,并特别强调要水到渠成,防止急躁情绪。

1953年6月15日,中央政治局会议讨论李维汉提交的关于《资本主义工业中的公私关系问题》的调查报告,毛泽东在会上开始比较正式地表述了过渡时期总路线:"从中华人民共和国成立,到社会主义改造基本完成,这是一个过渡时期。党在过渡时期的总路线和总任务,是要在十年到十五年或者更多一些时间内,基本上完成国家工业化和对农业、手工业、资本主义工商业的社会主义改造。"认为这条总路线是照耀我们各项工作的灯塔。不要脱离这条总路线,脱离了就要发生"左"倾或右倾的错误。[①] 6月30日,毛泽东在接见中国新民主主义青年团第二次全国代表大会主席团时又提出,党在过渡时期的总任务,是要经过三个五年计划,基本上完成社会主义工业化和对农业、手工业、资本主义工商业的社会主义改造。三个五年计划就是十五年。一年一小步、五年一大步,三个大步就差不多了。基本上完成,不等于全部完成。讲基本上完成,是谨慎的讲法,世界上的事情总是谨慎一点好。[②]

同年8月,毛泽东在批阅周恩来在1953年夏季全国财经工作会议上所作的结论时,第一次正式用文字对过渡时期总路线进行了表述:"从中华人民共和国成立,到社会主义改造基本完成,这是一个过渡时期。党在这个过渡时期的总路线和总任务,是要在一个相当长的时期内,基本上实现国家工业

[①] 参见中共中央文献研究室编:《毛泽东年谱(一九四九——一九七六)》(第二卷),中央文献出版社,2013年,第116页。

[②] 同上,第124~125页。

化和对农业、手工业、资本主义工商业的社会主义改造。这条总路线,应是照耀我们各项工作的灯塔,各项工作离开它,就要犯右倾或'左'倾的错误。"①这个表述写进了1953年12月28日中共中央批准转发经过毛泽东两次修改的中央宣传部编写的《为动员一切力量把我国建设成为一个伟大的社会主义国家而斗争——关于党在过渡时期总路线的学习和宣传提纲》。1954年2月10日,党的七届四中全会通过决议正式批准了中央政治局提出的党在过渡时期的总路线。同年9月召开的第一届全国人民代表大会第一次会议把这条总路线的基本思想作为国家在过渡时期的总任务载入了《中华人民共和国宪法》。

过渡时期总路线提出了两大经济任务:实现国家的社会主义工业化和完成对农业、手工业、资本主义工商业的社会主义改造。国家的社会主义工业化是主体,社会主义改造是两翼。实现社会主义工业化即发展生产力,把中国从一个落后的农业国变为先进的工业国,是党的根本目的和任务。

党在过渡时期总路线的实质,就是使生产资料的社会主义所有制成为我国国家和社会唯一的经济基础。毛泽东依据斯大林关于生产关系的基础就是所有制的观点,认为总路线就是逐步改变生产关系。在他看来,"只有完成了由生产资料的私人所有制到社会主义所有制的过渡,才利于社会生产力的迅速向前发展,才利于在技术上起一个革命,把在我国绝大部分社会经济中使用简单的落后的工具农具去工作的情况,改变为使用各类机器直至最先进的机器去工作的情况,借以达到大规模地出产各种工业和农业产品,满足人民日益增长着的需要,提高人民的生活水平,确有把握地增强国防力量,反对帝

---

① 中共中央文献研究室编:《毛泽东年谱(一九四九——一九七六)》(第二卷),中央文献出版社,2013年,第146~147页。

第二编 由新民主主义向社会主义社会过渡时期党的经济思想

国主义的侵略,以及最后地巩固人民政权,防止反革命复辟这些目的"[1]。到1955年,毛泽东在扩大的党的七届六中全会所作结论的第一部分中更进一步直言不讳地认为民主革命和社会主义改造就是要使帝国主义绝种,封建主义绝种、资本主义绝种、小生产也绝种。

党在过渡时期总路线以马克思列宁主义关于革命转变和过渡时期的学说为指导。马克思、恩格斯提出,无产阶级夺取政权后,要经历对旧的生产关系进行彻底改造,逐步消灭私有制、确立并完善公有制、大力发展生产力的过渡时期,如《共产党宣言》所说:"无产阶级将利用自己的政治统治,一步一步地夺取资产阶级的全部资本,把一切生产工具集中在国家即组织成为统治阶级的无产阶级手里,并且尽可能地增加生产力的总量。"[2]列宁发展了马克思、恩格斯的过渡理论,提出落后的国家在先进国家无产阶级的帮助下,"可以不经过资本主义发展阶段而过渡到苏维埃制度,然后经过一定的发展阶段过渡到共产主义"[3]。而改变资产阶级和小资产阶级的经营方式和习惯势力则必须经过一个相当长的从资本主义到社会主义的过渡时期。过渡时期的根本任务是把剥削阶级的生产资料转化为公有财产,同时通过合作社使农民走上集体化道路,创造出高于资本主义的劳动生产率。

从总体上看,党在过渡时期总路线是以党的七届二中全会制定了完整的从新民主主义向社会主义转变的理论为基础的,但是存在一定的差异。

第一,向社会主义转变的起点和时间发生了变化。党的七届二中全会设想,民主革命胜利以后首先要进行十五至二十年左右的经济建设,充分发展

---

[1] 中共中央文献研究室编:《建国以来毛泽东文稿》(第四册),中央文献出版社,1990年,第405~406页。

[2] 《马克思恩格斯选集》(第一卷),人民出版社,2012年,第421页。

[3] 《列宁选集》(第四卷),人民出版社,2012年,第279页。

生产力,使新的经济政治制度获得巩固,然后再进行向社会主义的转变,亦即转变的起点是新民主主义社会。而过渡时期总路线则规定了从中华人民共和国成立起,即开始了由新民主主义向社会主义的转变。同时过渡时期总路线又将国民党反动政权的覆灭和人民政权的建立作为"标志着革命性质的转变、标志着新民主主义革命阶段的基本结束和社会主义革命阶段开始的东西"[①],从而与俄国十月革命后即开始的过渡时期相一致。在1956年的一次最高国务会议上,毛泽东又把过渡时期断定为由资本主义到社会主义的过渡时期,改变了原来由新民主主义过渡到社会主义的提法。这样做,一方面强调了新民主主义革命与社会主义革命之间的本质联系和统一;另一方面则在客观上淡化了新民主主义社会的相对独立性。

第二,过渡时期总路线将过渡的时间用"相当长"的表述代替了原先的十五至二十年的明确期限。虽然到1955年在农业合作化高潮前夕,毛泽东还称是准备用十八年的时间基本完成这个计划,[②]但在实际操作中则不断加快速度,将向社会主义过渡的时间缩短了好多年,提前完成了复杂而繁重的过渡任务,这既有形势使然,也受急于求成的急躁情绪的影响,更与完全改变了党在七届二中全会期间确定的由新民主主义向社会主义过渡的时间表,不无关系。

正是基于过渡时期总路线的新思想,毛泽东将原先主张的确立新民主主义秩序、保护私有财产、逐步过渡的观点视为右倾,并对此进行了批判,1953年6月15日在中共中央政治局会议上即称:"有人在民主革命成功以后,仍然停留在原来的地方,他们没有懂得革命性质的转变,还在继续搞他们的'新民

---

① 中共中央文献研究室编:《建国以来毛泽东文稿》(第四册),中央文献出版社,1990年,第404页。
② 参见《毛泽东文集》(第六卷),人民出版社,1977年,第433页。

第二编　由新民主主义向社会主义社会过渡时期党的经济思想

主主义',不去搞社会主义改造。这就要犯右倾的错误。"[①]他认为过渡时期每天都在变动,每天都在产生社会主义因素,所以要确立新民主主义社会秩序很难。尽管如此,党在过渡时期的总路线在总体上是符合中国历史发展方向的。它的提出,反映了党对中国社会、经济的新认识,必然会对中国历史的发展产生重大影响。

第二节　第一个五年计划

根据过渡时期总路线,中国共产党于1953年领导全国人民开始实施发展国民经济的第一个五年计划(1953—1957年)。这是新中国制订的第一个有计划开展国家经济建设、推进国家工业化的宏伟计划,是中国人民站起来的关键举措,也是中国共产党经济思想丰富发展的重要契机。

一、第一个五年计划的制订及基本任务

中国共产党是在缺乏实践经验和系统资料的条件下编制第一个五年计划的,先后编制了五次,历时四年之久。

早在1951年春,中财委在中共中央当时提出的"三年准备,十年计划经济建设"思想指导下就提出了五年计划的初步设想。同年2月成立了由周恩来、陈云、薄一波、李富春、宋劭文等组成的编制领导小组。1952年8月11日,周恩来亲自主持起草了《中国经济状况和五年建设的任务(草案)》即《五年计划轮

[①] 中共中央文献研究室编:《毛泽东年谱(一九四九——一九七六)》(第二卷),中央文献出版社,2013年,第116页。

廓草案》。其内容包括:中国经济状况,五年建设方针,五年建设的主要指标和主要项目,长期建设的准备工作,请苏联帮助的事项。与此同时,编制领导小组还撰写了《关于三年来中国主要情况及今后五年建设方针的报告提纲》。随后中央又组成了以周恩来为团长、陈云与李富春为副团长的政府代表团赴苏,征询苏联政府对中国"一五"计划的意见,商谈苏联援助我国进行经济建设的具体方案。访苏期间,周恩来、陈云两次拜会斯大林,代表团还与苏联政府计委等部门进行了多次会商。斯大林等苏联领导人坦诚地向代表团提出了许多有价值的意见,如斯大林认为,经过第一个五年计划,中国应当能够制造汽车、飞机、军舰;中国的工业发展速度一定很快,但是做计划应留有余地,要有后备。苏联经济专家、计委干部提出,总产值的增长速度要大于职工人数的增长速度,这样才能保证劳动生产率的提高;劳动生产率的提高速度要大于工资的增长速度,这样才能保证国家的积累;技术人员的增加速度要大于工人的增加速度,这样才能保证技术水平的提高;平衡法是编制计划的基本方法,要从需要算起,充分考虑可能,经过平衡,使计划建筑在可靠的基础之上等。[①]

12月22日,中共中央发布了《关于编制一九五三年计划及五年建设计划纲要的指示》,规定了编制"一五"计划的重要原则:鉴于抗美援朝的环境,必须按照中央的"边打、边稳、边建"的方针从事国家建设;以发展重工业为大规模建设的重点;在编制生产计划时,必须充分发挥现有企业的潜在力量,反对保守主义;必须以科学的态度,使计划正确反映客观经济发展的法则;吸收群众特别是各部门中先进人物参加编制;各经济、文教部门必须首长负责,亲自

[①] 参见中共中央文献研究室编:《周恩来年谱(一九四九——一九七六年)》(上卷),中央文献出版社,1997年,第258、293~294页。

第二编　由新民主主义向社会主义社会过渡时期党的经济思想

动手,按期完成任务。①

1954年4月,中共中央成立了以陈云为组长,包括高岗、李富春、邓小平、邓子恢、习仲勋、贾拓夫、陈伯达在内的8人工作小组,负责编制新的五年计划。陈云于当月提出了《五年计划纲要(初稿)》,呈送毛泽东、周恩来、刘少奇等人审阅。8月,工作小组认真审议修改了国家计委提出的《中华人民共和国发展国民经济第一个五年计划草案(初稿)》,并于9月向中央提交了这个草案的修改本。1955年3月31日,党的全国代表会议讨论并原则通过了这个草案。6月,中央根据会议提出的意见再次对草案作了必要的修改。7月30日,一届全国人大二次会议审议并正式通过了由国务院提交的这个"一五"计划草案。

关于"一五"计划的主要任务,1953年9月8日,周恩来在《过渡时期总路线》的报告中提出:"第一个五年建设计划的基本任务是:首先集中主要力量发展重工业,建立国家工业化和国防现代化的基础;相应地培养技术人才,发展交通运输业、轻工业、农业和扩大商业;有步骤地促进农业、手工业的合作化和对私营工商业的改造;正确地发挥个体农业、手工业和私营工商业的作用。所有这些,都是为了保证国民经济中社会主义成分的比重稳步增长,保证在发展生产的基础上逐步提高人民物质生活和文化生活的水平。"②

1954年9月23日,周恩来在一届全国人大一次会议上所作的政府工作报告中再次阐述了"一五"计划的方针即基本任务:集中主要力量发展重工业,建立国家工业化和国防现代化的基础;相应地发展交通运输业、轻工业、农业和商业;相应地培养建设人才;有步骤地促进农业、手工业的合作化;继续进行对资本主义工商业的改造;保证国民经济中社会主义成分的比重稳步增长;同时正确地发挥个体农业、手工业和资本主义工商业的作用;保证在发展

---

① 参见陈夕主编:《奠基:苏联援华156项工程始末》(Ⅱ),天地出版社,2020年,第135~137页。
② 《周恩来选集》(下卷),人民出版社,1984年,第109页。

287

生产的基础上逐步提高人民物质生活和文化生活的水平。

1955年7月5日,李富春代表国务院向一届全国人大二次会议所作的《关于发展国民经济的第一个五年计划的报告》中,对"一五"计划的基本任务进一步进行了说明:"集中主要力量进行以苏联帮助我国设计的一百五十六项建设单位为中心的、由限额以上的六百九十四个单位组成的工业建设,建立我国的社会主义工业化的初步基础;发展部分集体所有制的农业生产合作社,并发展手工业生产合作社,建立对于农业和手工业的社会主义改造的初步基础;基本上把资本主义工商业分别地纳入各种形式的国家资本主义的轨道,建立对于私营工商业的社会主义改造的基础。"①

二、优先发展重工业,兼顾其他

"一五"计划的基本任务之一是要优先发展重工业。为什么要优先发展重工业?周恩来当时指出:"重工业是国家工业化的基础。我们虽然还有一点重工业的底子,但是作为工业化的基础是很不够的。因此,不能不首先集中主要力量来发展重工业。"②只有依靠重工业,才能保证整个工业的发展,才能保证现代化农业和现代化交通运输业的发展,才能保证现代化国防力量的发展,并且归根到底,也只有依靠重工业,才能保证人民的物质生活和文化生活水平不断提高。这是中国共产党总结历史的经验特别是对半殖民地半封建社会积弱积贫、重工业匮乏、落后挨打的惨痛教训的认知和关键举措。

为了保证优先发展重工业,《关于编制一九五三年计划及五年建设计划纲要的指示》中强调指出,在"边打、边稳、边建"的方针下,"要求我们集中力

---

① 转引自薄一波:《若干重大决策与事件的回顾》(上卷),中共中央党校出版社,1991年,第285页。
② 《周恩来经济文选》,中央文献出版社,1993年,第141页。

第二编　由新民主主义向社会主义社会过渡时期党的经济思想

量而不是分散力量去进行基本建设,要求我们以有限的资金和建设力量(特别是地质勘察、设计和施工的力量),首先保证重工业和国防工业的基本建设,特别是确保那些对国家起决定作用的,能迅速增强国家工业基础与国防力量的主要工程的完成"。"为此,一切次要的可以推迟的建设必须推迟,一切对国家不起重要作用的工程投资必须削减,盲目铺摊子的现象必须克服,只顾小局、不顾大局的思想必须批判。只有这样,才能使我们的建设符合于国家全体的利益和长远的利益。"①

优先发展重工业,会影响轻工业等部门的发展,从而在一定时期内制约人民生活水平的提高。因此,当时党内外不少人质疑这一方针,主张"施仁政",多搞一些轻工业,多改善一些人民生活。针对这种观点,毛泽东在1953年9月12日召开的中央人民政府第24次会议上指出:"所谓仁政有两种:一种是为人民的当前利益,另一种是为人民的长远利益,例如抗美援朝,建设重工业。前一种是小仁政,后一种是大仁政。两者必须兼顾,不兼顾是错误的。那末重点放在什么地方呢?重点应当放在大仁政上。现在,我们施仁政的重点应当放在建设重工业上。要建设,就要资金。所以,人民的生活虽然要改善,但一时又不能改善很多。就是说,人民生活不可不改善,不可多改善;不可不照顾,不可多照顾。照顾小仁政,妨碍大仁政,这是施仁政的偏向。"②毛泽东在这里说明的建设重工业是为了人民的长远利益着想,但是现在看来,过分强调长远利益,片面发展重工业,忽视人民的当前利益,则会导致相反的结果。

当然,当时中央也注意到不能完全忽视其他领域的发展。中共中央指出:"集中力量保证重工业的建设,特别是保证其中主要工程的完成,决不能

---

① 陈夕主编:《奠基:苏联援华156项工程始末》(Ⅱ),天地出版社,2020年,第135~136页。
② 中共中央文献研究室编:《毛泽东年谱(一九四九——一九七六)》(第二卷),中央文献出版社,2013年,第163~164页。

理解为取消了国家建设的大规模性质，决不能理解为可以忽视轻工业的发展、农业和地方工业的发展、贸易合作事业和运输事业的发展及文化教育卫生事业的发展，以至放松对这些事业的领导。"①这也是毛泽东的"兼顾"思想。由于实行了这种兼顾的方针，"一五"期间，我国在重工业取得长足进步的同时，各主要领域也得到了较大发展。轻工业和农业的一定发展，基本满足了人民的生活需要。同时，中国共产党又注意正确处理积累与消费、发展生产与改善人民生活的关系，因而得到了群众的衷心拥护，这反过来又促进了重工业的发展。

三、经济增长速度和生产力布局

为了迅速发展国民经济，中共中央在编制"一五"计划时一度规定了很高的发展速度：工业每年递增20.4%，农业每年递增7%。中央领导人认真听取了各方面意见后，否定了这一速度，因为认识到，五年计划一经制订，就一定要完成，并应争取超额完成，不但从经济上，即使从政治上、舆论上与人民情绪上说，均必须如此。因此，计划必须建立在可靠基础之上。要紧张，但要有把握。如五年计划速度过快，则将使人力、物力与财力更加分散，反而妨害五年内急需的重点任务之完成。

李富春提出，在发展速度、建设计划上要坚持实事求是原则，反对冒进和保守两种倾向。不是建立在可靠基础上，而是建立在主观意愿上，且实际上办不到的计划就是冒进。相反，根据现有基础能够办到的事情不认真地、积极地去办就是保守。在基本建设、依靠基本建设增加生产方面，计划往往只

---

① 陈夕主编：《奠基：苏联援华156项工程始末》（Ⅱ），天地出版社，2020年，第136页。

第二编　由新民主主义向社会主义社会过渡时期党的经济思想

根据需要而脱离实际,因而容易犯冒进错误;而在发挥现有企业生产力方面(包括调整、改造现有企业后可能增加生产的计算方面),往往因忽视而犯保守错误。所以要使速度合理,应把握好两方面原则:第一,长期计划要保持3%~7%的后备力量,以备应付计划不周及临时需要的情况。这后备力量是指在资源、设备利用、劳动干部、物资、财政等各方面都要有后备。第二,年度计划必须根据预期,高于长期计划中规定的年度指标,这就可以保证五年计划的完成与超过,就能做到既紧张而又有把握,既不保守又不冒进。这也正是毛主席经常教导的:"实事求是,稳步前进。"《关于编制一九五三年计划及五年建设计划纲要的指示》指出:"必须以科学的态度从事计划工作,使我们的计划正确地反映客观经济发展的法则。离开科学的根据和不具体分析实际状况以及不正确地估计我们主观力量增长的可能性,同样是不能做好计划工作的。"[①]指示还要求制订计划时应熟知国民经济的状况,工业的现有设备,原料的分布及其发展前途,天然资源及其合理利用的可能性,国家建设和人民需要的状况,人力、资金的可能性及各种经济之间、各种工业内部的比例等,在此基础上制订计划,规定速度。

根据上述新的认识,第一个五年计划将工农业总产值年增长速度定为8.6%,工业年增长速度定为14.7%,农业年增长速度定为4.3%。执行结果是这些指标皆超额完成。

第一个五年计划的主要内容是集中主要力量进行以苏联帮助我国设计的156项建设工程和配套的694个大中型项目。据统计,这156项工程实际施工的为150项,包括44个军事工业企业和106个民用工业企业。在"一五"期间,施工的有146项。这150个援建项目,奠定了中国工业化的初步基础。对此

---

① 陈夕主编:《奠基:苏联援华156项工程始末》(Ⅱ),天地出版社,2020年,第137页。

150项建设项目的布局,党中央从经济、政治方面综合考量,进行了精心研究,实行了东部(东北地区)、中部、西部相结合的方针。民用工业以东、中部为主,军事工业则以中、西部为主。实行这种布局的原则是:第一,考虑资源及原有的工业基础;第二,有利于经济落后地区改变面貌;第三,考虑军事安全;第四,改变旧中国工业主要集中在沿海地区,内地几乎没有工业的不合理的状况,促进中国国民经济的均衡发展。

在进行合理的宏观布局的同时,党中央还十分注意新建项目配套问题。李富春强调要重视把握好分工协作和专业化生产的关系,指出:"近代化的工业是建立在高度分工协作基础之上的,例如组成一部汽车的部件与零件(不包括螺丝钉)不下4000种,不可能把所有部件与零件都组织在一个工厂内生产。因为,这样是不合理不经济的。"所以我们新建厂要采用"专业化"的原则,而且为了新厂能够发挥更大的力量,还要有其他若干厂与之协作配合。由此,李富春又提出了改建旧厂的问题。他认为由于旧厂都有一定基础,按专业化原则改建旧厂要比建新厂容易。因此,在建立对于中国工业化有决定意义的近代化工厂的同时,在建立新的工业基地的同时,应该注意旧厂的改造。具体地说:第一,上海、天津、沈阳的机器厂都不少,应该加以充分利用,因为利用现有基础进行调整和改建,投资少、见效快、易掌握。第二,新建企业需要的某些配套用的和辅助性的半成品、成品和材料,可以利用中国现有企业,必要时还可加以改建,使其能与各新建企业配合工作,这样做,所用投资少、实效快。第三,建设大厂是重要的,但不能忽视小厂,要用小厂补充大厂。特别是在有了大工业基础之后,在继续发展中争取各地区平衡时,更需注意。这样做,不仅能迅速形成新的生产力,而且能节省投资,加快发展速度,并使工业布局更加合理。

第二编　由新民主主义向社会主义社会过渡时期党的经济思想

四、综合平衡，按比例发展

在编制第一个五年计划的过程中，党中央开始注意研究国民经济的比例、平衡问题。根据陈云的分析，国民经济涉及如下重大比例关系，并提出处理原则：

农业与工业的比例。农业滞后的现状将长期存在，农业生产同工业建设和人民生活的需要相比，即使完成计划，也是紧张的。因此，必须重视发展农业——开荒，修水利，合作化——这些办法都要采用，但见效最快的目前还是合作化。

轻重工业的比例。轻工业生产所需要的原料问题不解决，增加轻工业的投资是没有多大用处的。而且轻工业在资金、设备利用率等方面还有很大的潜力。因此，轻重工业之间的投资，仍应维持1∶7.3的比例为好。

重工业各部门之间的比例。重工业中存在的主要问题是国防工业突出，石油工业落后，煤、电紧张。这种状况目前还无法改变。应努力促进民用工业的发展来缩小与国防工业之间的差距，努力寻找石油等资源来解决能源不足的问题。

工业发展与铁路运输之间的比例。随着工业建设的发展，今后铁路运输是紧张的，铁路方面的投资也还不够，因此要加强铁路建设。铁路建设也要实行旧线改建、扩大运输能力与建设新线相结合的方针，以保证第一个五年计划期间运输任务的完成。

技术力量的需求和供应。两者极不平衡，"初步计算，五年内工业和交通运输两项需增加技术人员395000人，但高等学校和中等技术学校的毕业生仅为286000人，相差近11万人。技术力量不足，当然会影响到建设的进度，并会使产量提不高,质量不好"①。要通过工厂多办技术学校和训练班以培养技工的办法进行补救。

陈云在分析这些重大的比例关系时还提出了两个引人注目的观点:

第一,"按比例发展"。"按比例发展的法则是必须遵守的,但各生产部门之间的具体比例,在各个国家,甚至一个国家的各个时期,都不会是相同的。一个国家,应根据自己当时的经济状况,来规定计划中应有的比例。究竟几比几才是对的,很难说。唯一的办法只有看是否平衡。合比例就是平衡的;平衡了,大体上也会是合比例的。"②

第二,"紧张平衡"。由于中国经济落后,又要在短时期内赶上去,"因此,计划中的平衡是一种紧张的平衡。计划中要有带头的东西。就近期来说,就是工业,尤其是重工业。工业发展了,其他部门就一定得跟上。这样就不能不显得很吃力,很紧张。样样宽裕的平衡是不会有的,齐头并进是进不快的。但紧张决不能搞到平衡破裂的程度"③。即国民经济发展既要采取高速度但又要安排好各种相应的比例关系,以求得大体均衡的发展。

陈云应用这些思想分析财政问题,强调要保持财政收支的平衡,认为在财政上必须反对两种倾向:一种是冒进,即将财政收入全部分出去,搞到中途预算破裂;一种是保守,即有钱不用,妨碍建设。为了避免这两种错误倾向,应在保留一定的预备费的同时,在年度计划中增加可能增加的投资。

陈云还研究了保持购买力与商品供应之间的平衡问题,提出的办法有:提高农业、工业和手工业的产量,努力在农村中推销工业品,增加农产品出口;进口轻工原料;发行公债;提倡储蓄;适当调整工农业产品销售价格。而提

---

① 《陈云文选》(一九四九——一九五六年),人民出版社,1984年,第236~240页。
②③ 同上,第241页。

第二编　由新民主主义向社会主义社会过渡时期党的经济思想

高农产品收购价、降低工业品价格和提高工资这三项重要政策应根据承受能力,逐步、分批实行等。

李富春也对这些问题作过深入研究,提出:"计划应该是充分地根据和体现党所规定的方针任务,使需要与可能结合、经济与技术结合,从发展整个人民经济的观点出发,努力学习全面计算平衡,如此才能适合人民经济按比例均衡发展的规律。"①所以应该对整个经济进行综合研究,一要研究生产,包括五种经济生产部门的关系,生产资料、生活资料两部类生产的关系,重要产品的平衡及其相互之间的比例发展趋势,过去年度基本建设的效果及新开工的能力等。二要研究需要,包括商品流通与物资供应,农村经济的商品流通状况,农业扩大再生产的生产资料的供应和农民生活资料的供应,农业作物的商品率,增加出口物资,城市、城乡之间的商品流通趋势,出入口发展趋势、金融发展情况等。三要研究分配,包括劳动工资问题,成本、价格、利润、税收、信贷等问题。只有进行这种综合研究,才能制订出合乎比例关系的计划。

五、接受外援和自力更生

第一个五年计划期间,苏联、东欧等社会主义国家特别是苏联向中国提供了包括技术、资金、设备等方面的援助,还提出过许多很有价值的意见。这些援助和指导,对在一穷二白基础上起步建设的新中国来说是十分宝贵的,受到了中国共产党和中国人民的热烈欢迎和由衷感激。

但是中国共产党十分注意正确对待外国援助,将接受外国援助与贯彻

---

① 《党的文献》编辑部:《共和国走过的路——建国以来重要文献专题选集》(1953—1956),中央文献出版社,1991年,第185~191页。

自力更生方针有机地结合起来。李富春提出,苏联全力援助中国的目的是扶助我们在工业上能自力更生地站立起来。我们接受援助,依靠苏联、学习苏联的目的,也是以求达到自力更生。因此,那种单纯依赖苏联的思想是必须克服的。我国建设毕竟是我国自己的事情,苏联绝不能包办代替。同时,苏联也不想包办代替。他分析苏联对华援助的原则是:第一,凡是应该由我国决定的事情,苏联绝不代替决定,如设计任务、厂址选择等。第二,苏联估计我国能办到的和应该办到的事情,如纺织工厂、罐头工厂的设计,绝不代替办理。第三,凡是我国办不到,又不急于要办,而在当前亦无条件办到的事情(技术水平距离太远),苏联亦不准备援助。第四,凡是我国当前急需与具备条件的,但技术水平不够的事情苏联积极予以援助。第五,苏联要帮助我们学会建设工业,同样的企业设计、同样的专家顾问是不能够再三援助的,而要求我们抓紧学会。[①]因此,苏联援助归根结底要通过中国人民自己的努力才能生效。

根据自力更生、正确对待外国援助的原则,在"一五"建设的资金上,党中央立足于国内进行资金积累,所借国外贷款(主要是苏联贷款)仅为财政总收入的2.7%,并从1955年起即开始偿还本息。在苏联援助的建设项目中仍有一大部分的工作量和机器设备由中国自己负担,凡能自己解决的绝不依赖外国。在技术引进上,党中央相应提出了"一学、二用、三改、四创"的方针,努力通过实践来消化吸收技术,并力求有所创新,培养自己的技术干部。

党在"一五"计划中还注重正确处理积累与消费的关系,把发展生产与改善人民生活结合起来,讲求经济核算,努力降低消耗,杜绝浪费。周恩来

---

① 参见《党的文献》编辑部:《共和国走过的路——建国以来重要文献专题选集》(1953—1956),中央文献出版社,1991年,第185~191页。

第二编　由新民主主义向社会主义社会过渡时期党的经济思想

在一届全国人大一次会议的政府工作报告中指出:"工业方面另一个重要的问题是由于许多部门和企业不重视节约资金、不重视管理财务成本而形成的巨大的浪费。为了增加国家资金积累,为了消灭浪费,一切国营企业和建设单位必须全面地完成和争取超额完成国家的计划,贯彻经济核算制,建立严格的节约制度,力求降低成本。"这些思想对实施"一五"计划也有重要价值。

经过全党、全国人民的努力,到1957年,第一个五年计划胜利实现,许多指标任务超额完成,钢铁、煤炭、电力、石油、化工、军工等重要工业产品达到了苏联和日本20世纪30年代的水平,更远超旧中国,并开始了向若干尖端领域的迈进,为实现国家工业化打下了初步基础,强健了已站立起来的中国人民的筋骨,证明了中国共产党制订"一五"计划指导思想的正确。而中国共产党人更是在这一场伟大实践中,认真学习、掌握了许多领导现代化建设的知识,大大丰富了自身经济建设的思想和理论。

第三节　对农业、手工业的社会主义改造

农业社会主义改造在中华人民共和国成立后即已开始,到1956年基本完成,经历了颇为曲折跌宕的过程。

土地改革完成以后,中国共产党不失时机地引导农民走互助合作的道路。1951年9月中共中央召开了第一次农业互助合作会议,通过了《中共中央关于农业生产互助合作的决议(草案)》,1953年2月以《中国共产党中央委员会关于农业生产互助合作的决议》的名字正式公布。在该决议的指引下,从1951年开始全国农村大量建立了互助组,并产生了一批半社会主义性质的农

业生产合作社,即初级社。

1953年10月至11月,中共中央召开了第三次农业互助合作会议。12月,通过了《中国共产党中央委员会关于发展农业生产合作社的决议》,我国农村的互助合作运动由此进入了普遍发展初级社和试办社会主义性质的高级农业生产合作社的阶段。

1954年秋到1955年春,农业合作化运动发展迅速,但运动中出现了急躁冒进倾向,使得相当一部分新建的合作社基础不牢固。针对这种情况,中共中央于1955年1月发出《关于整顿和巩固农业生产合作社的通知》,决定农村合作化转入控制发展、着重巩固的阶段。各地遵照这一指示对农业生产合作社进行整顿和收缩,大约减少了2万个不合格的合作社。

1955年5月,毛泽东提出加快发展农业合作化运动的观点。7月,中共中央召开了省、市委书记会议,毛泽东在会上作了《关于农业合作化问题》的报告,一方面深刻阐述了农业合作化的路线、方针、政策,另一方面又指责中央农村工作部特别是邓子恢关于收缩、整顿合作社,主张放慢合作化速度的观点是右倾保守思想。10月,党的七届六中全会通过了根据毛泽东上述报告精神写成的《关于农业合作化问题的决议》。农业合作化运动在全国迅猛发展,到1956年底全国96.3%的农户加入了农业生产合作社,其中加入高级社者又占了全国农户的87.8%,这表明中国农业合作化已基本完成。

一、农业合作化对国家工业化的意义

土地改革胜利完成以后,我国的农业生产力已经从封建剥削制度束缚下获得解放,形成了个体经济的汪洋大海。土地分成小块经营,一家一户就是一个生产单位,沿用古代工具,依靠人力和畜力,无力采用机器和新的耕

第二编 由新民主主义向社会主义社会过渡时期党的经济思想

作制度、扩大耕地面积和提高产量、抵御自然灾害,产量低下,许多农民仍然处境艰难甚至不能自给,鳏寡孤独和失去劳动力的困难群体也难以得到有效帮助。大量事实表明,这种建立在个体劳动农民的生产资料私有制基础上的小农经济,已制约了农业生产力的进一步发展,不能满足人民和工业化对粮食和原料日益增长的需要,其小商品生产的分散性和国家有计划的经济建设的矛盾,即小农经济和社会主义工业化事业之间的矛盾,已随着工业化的进展日益显露出来。

针对上述问题,党中央认为必须通过集体化的办法加以解决。《中国共产党中央委员会关于发展农业生产合作社的决议》指出了个体农业与社会主义工业化的矛盾:我国的国民经济建设不但要求工业经济的高涨,而且要求农业经济要有一定的相适应的高涨。但孤立的、分散的、守旧的、落后的个体经济限制着农业生产力的发展,与社会主义的工业化之间日益暴露出很大的矛盾。这种小规模的农业生产已日益表现出不能够满足广大农民群众改善生活的需要,不能够满足整个国民经济增长的需要。为了进一步提高农业生产力,党在农村工作的最根本的任务,就是要善于用明白易懂且为农民所能够接受的道理和办法去教育和促进农民群众逐步联合并组织起来,逐步实行农业的社会主义改造,使农业能够由落后的小规模生产的个体经济变为先进的大规模生产的合作经济,以便逐步克服工业和农业这两个经济部门发展不相适应的矛盾,并使农民能够逐步完全摆脱贫困的状况而取得共同富裕和普遍繁荣的生活。

毛泽东在1953年10月、11月"关于农业互助合作的两次谈话"中指出,城市蔬菜依靠个体农民进城卖菜来供应,这是不行的。粮食、棉花的供求也都有极大的矛盾,肉类、油脂不久也会出现极大的矛盾。需求大大增加,但供应不上。为了解决这种供求矛盾,就要解决所有制与生产力的矛盾问题。是个体所有制,还是集体所有制?是资本主义所有制,还是社会主义所有制?个体所有制的生产关系与大量供应是完全冲突的,个体所有制必须过渡到集体所有制,过渡到社会主义。1955年在《关于农业合作化问题》的报告中,毛泽东进一步论述了农业合作化在经济上的必要性,特别提出"社会主义工业化是不能离开农业合作化而孤立地去进行的"[①]著名论断,其内容包括:

第一,解决工业所需的粮食、原料的供需矛盾的途径在于集体化。"我国的商品粮食和工业原料的生产水平,现在是很低的,而国家对于这些物资的需要却是一年一年地增大,这是一个尖锐的矛盾。如果我们不能在大约三个五年计划的时期内基本上解决农业合作化的问题,即农业由使用畜力农具的小规模的经营跃进到使用机器的大规模的经营,包括由国家组织的使用机器的大规模的移民垦荒在内(三个五年计划期内,准备垦荒四亿亩至五亿亩),我们就不能解决年年增长的商品粮食和工业原料的需要同现时主要农作物一般产量很低之间的矛盾,我们的社会主义工业化事业就会遇到绝大的困难,我们就不可能完成社会主义工业化。"

第二,先合作化,后使用大机器。社会制度方面由私有制到公有制的革命,和正在进行的技术方面由手工业生产到大规模现代化机器生产的革命,这两种革命是结合在一起的。"社会主义工业化的一个最重要的部门——重工业",它供农业使用的拖拉机、化肥、现代化运输工具、煤油和电力的生产等,所有这些,只有在农业已经形成了合作化的大规模经营的基础上才有使用的可能,或者才能大量被使用。所以必须先有合作化,然后才能使用大机器。

第三,工业化资金的积累靠农业合作化。国家工业化和农业技术改造所

---

① 《毛泽东文集》(第六卷),人民出版社,1999年,第431页。

第二编 由新民主主义向社会主义社会过渡时期党的经济思想

需要的大量资金,有相当大的部分是要以农业方面积累起来的。这除了直接的农业税以外,就是发展为农民所需要的大量生活资料的轻工业的生产,以此与农民的商品粮食和轻工业原料相交换,既满足了农民和国家两方面的物资需要,又为国家积累了资金。"而轻工业的大规模的发展不但需要重工业的发展,也需要农业的发展。因为大规模的轻工业的发展,不是在小农经济的基础上所能实现的,它有待于大规模的农业,而在我国就是社会主义的合作化的农业。因为只有这种农业,才能够使农民有比较现在不知大到多少倍的购买力。"[①]

毛泽东的"先合作化,后机械化"的观点,是他在1951年前后与刘少奇等争论的继续。刘少奇认为,没有强大的国营工业,就没有全体规模的农业集体化。没有拖拉机,没有化肥,不要急于搞农业生产合作社。这是他关于巩固新民主主义制度思想的一个部分。毛泽东对此持不同意见,认为既然西方资本主义在其发展过程中有一个工场手工业阶段,即尚未采用蒸汽动力机械而依靠工场分工以形成新生产力的阶段,则中国的合作社依靠统一经营形成新生产力,去动摇私有基础,也是可行的。进而他批评了互助组不能生长为农业生产合作社和现阶段不能动摇私有基础的观点,统一了当时全党的思想。历史已证明,在中国广大农村中组织农民走互助合作的道路是正确的,但是并不能因此否定生产工具的进步、机械化对于建立特别是巩固集体化的决定性作用。在当时农业生产力很低,普遍使用手工农具的条件下,在很短的时间内在全国实现的农业合作化,是需要发展机械化来巩固的。

[①] 《毛泽东文集》(第六卷),人民出版社,1999年,第431~433页。

二、用社会主义占领农村阵地

土地改革后,个体农民开始分化,一部分人生活水平上升,其中少数人增添了生产资料,买进或租用了土地,雇工生产,成为新富农;另一部分人则因缺乏劳力和生产资料,或因疾病灾害、好吃懒做而生活水平下降,其中有些人已向富裕农民出卖或出租土地,借粮、借款。虽然这种分化现象在整个农村并不普遍,但引起了毛泽东的高度关注。他将其视为两极分化,主张用农业合作化的办法一劳永逸予以解决。

1951年10月17日,毛泽东写了《关于转发东北农村生产合作互助运动报告的批语》,认为报告中提出的开展互助合作运动、防止两极分化的方针是正确的,"一切已经完成了土地改革任务的地区的党委都应研究这个问题,领导农民群众逐步地组成和发展各种以私有财产为基础的农业生产互助组织,同时不要轻视和排斥不愿参加这个运动的个体农民"[1]。随后,《中共中央关于农业生产互助合作的决议(草案)》批评了对待农业互助合作消极的"右倾倾向",指出农业互助合作是党引导广大农民群众,以小生产个体经济逐渐走向大规模使用机器耕种和收割的集体经济所必经的道路,业已出现的各种农业生产合作社是走向农业社会主义化的过渡形式,它们带有社会主义的因素。1952年5月10日,中共中央转发了东北局的《关于推行农业合作化的决议(草案)》,认为当前最为危险的是不少领导农村工作的干部对富农经济的发展熟视无睹。有的同志认为,农民自发势力与阶级分化也是不可避免和不可抗拒的,从而任其自由发展,让资本主义因素在互助组内无节制地滋长,致使若干

---

[1] 中共中央文献研究室编:《建国以来毛泽东文稿》(第二册),中央文献出版社,1988年,第477页。

第二编　由新民主主义向社会主义社会过渡时期党的经济思想

互助组瓦解变质。这种任富农经济自由泛滥而不加适当节制的观点与做法，显然是错误的。1953年4月23日，邓子恢在全国第一次农村工作会议上的总结报告中，也提出帮助农民解决缺乏生产资料、克服自然灾害、改进生产技术等问题。而解决的方式则有两种办法：其中旧的办法、旧的道路是让个体农民向富农高利贷者去借贷，去当雇工，出卖劳动力，廉价出卖农产品，结果就增加富农高利贷者、投机商人的剥削对象，让农村资本主义泛滥发展。这就是让少数人发财致富，多数人破产贫困。"这是旧道路，是让农村资本主义漫无限制泛滥发展的道路。"①这也是在小农经济中生长起来的自发的资本主义势力所要走的道路。广大农民不应走这条道路，而应走共产党提倡的互助合作，共同富裕的新道路。

1953年12月，《中国共产党中央委员会关于发展农业生产合作社的决议》指出，任凭农村资本主义自发势力发展就要破坏工农联盟。在民主革命时期，工农联盟的基础是无产阶级领导农民反帝、反封建，进行土地革命，使农民获得土地，从封建所有制下解放出来。随着民主革命的胜利、土地改革的完成，这个基础已不复存在了。对此，1955年10月11日毛泽东在扩大的党的七届六中全会上所作的结论中说："过去我们同农民在土地革命基础上建立起来的那个联盟，现在农民不满足了，对那一次得到的利益，他们有些忘了。"②认为从前那个反地主、打土豪、分田地的联盟是暂时的联盟，它巩固一下又不巩固了。当前工人阶级还没有同农民在新的基础上结成巩固的联盟，工人阶级同农民的联盟还是动荡不定的。究其原因，毛泽东在《关于农业合作化问题》中

---

① 《党的文献》编辑部：《共和国走过的路——建国以来重要文献专题选集》，中央文献出版社，1991年，第44~45页。
② 中共中央文献研究室编：《毛泽东年谱（一九四九——一九七六）》（第二卷），中央文献出版社，2013年，第449页。

又进一步分析,在农村两极分化的情况下,"失去土地的农民和继续处于贫困地位的农民将要埋怨我们,他们将说我们见死不救,不去帮助他们解决困难。向资本主义方向发展的那些富裕中农也将对我们不满,因为我们如果不想走资本主义的道路的话,就永远不能满足这些农民的要求。在这种情况之下,工人和农民的同盟能够继续巩固下去吗?显然是不能的"[1]。这就是说,如果我们没有新东西给农民,不能帮助农民提高生产力、增加收入、共同富裕起来,穷、富两部分农民都将不信任共产党,工农联盟就很不牢固了。毛泽东认为,这个问题只有在新的基础之上才能得以解决。这个新基础是在逐步实现社会主义工业化和逐步实现对于手工业、对于资本主义工商业的社会主义改造的同时,逐步实现对于整个农业的社会主义改造,即实行合作化,在农村中消灭富农经济制度和个体经济制度,使全体农村人民共同富裕起来。也就是说,现在要有新的利益给他们,这就是社会主义。

农业合作化与对资本主义工商业的社会主义改造之间存在着密切关系,即它对资本主义工商业社会主义改造的完成起着决定性的作用。毛泽东详细地说明了其中的道理:只有在农业彻底实行社会主义改造的过程中,工人阶级同农民的联盟在新的基础上,就是在社会主义的基础上逐步巩固起来,才能够彻底割断城市资产阶级和农民的联系,才能够彻底把资产阶级孤立起来,才便于我们彻底改造资本主义工商业。我们对于农业实行社会主义改造的目的是要在农村这个最广阔的土地上根绝资本主义的来源。这是因为,现在农民还没有共同富裕起来,粮食和工业原料还很不充足,在这种情况下,资产阶级就可能在这个问题上找我们的岔子,向我们进攻。但是只要合作化了,全体农村人民会一年一年地富裕起来,商品粮和工业原料就多了。到那个时

---

[1] 《毛泽东文集》(第六卷),人民出版社,1999年,第437页。

第二编　由新民主主义向社会主义社会过渡时期党的经济思想

候,资产阶级的嘴巴就被堵住了,资产阶级将发现自己处于完全孤立的地位。

毛泽东在扩大的党的七届六中全会上所作的结论中进一步论证了无产阶级与农民的联盟、与民族资产阶级的联盟之间的关系。他认为我们现在搞一个同资产阶级的联盟,暂时不没收资本主义企业,对它采取利用、限制、改造的方针,也就是为了搞到更多的工业品去满足农民的需要,以便改变农民对于粮食甚至一些别的工业原料的惜售行为。这是利用同资产阶级的联盟,来克服农民的惜售。同时,我们依靠同农民的联盟,取得粮食和工业原料去限制资产阶级。资本家没有原料,国家有原料。他们要原料,就得把工业品拿出来卖给国家,就得搞国家资本主义。他们不干,我们就不给原料,这就把资产阶级要搞自由市场、自由取得原料、自由销售工业品这一条资本主义道路堵住了,并且在政治上使资产阶级孤立起来。在这两个联盟中,无产阶级与农民的联盟是主要的、基本的、第一位的,同资产阶级的联盟是暂时的、第二位的。实行农业合作化使党在社会主义的基础上而不是在资产阶级民主主义的基础上巩固了同农民的联盟,便于最后消灭资本主义。

综合起来,毛泽东认为农业合作化是用社会主义占领农村阵地的根本途径。1953年10月15日,他在关于召开第三次农业互助合作会议同陈伯达等人的谈话中指出,对于农村的阵地,社会主义如果不去占领,资本主义就必然会去占领,难道可以说既不走资本主义道路,又不走社会主义道路吗?"资本主义道路,也可增产,但时间要长,而且是痛苦的道路。我们不搞资本主义,这是定了的。如果不搞社会主义,那资本主义势必要泛滥起来。"[1]这表明,中国共产党是为了避免资本主义道路的痛苦,为了大多数人民的利益,选择农业合作化道路的。

---

[1]　中共中央文献研究室编:《建国以来毛泽东文稿》(第四册),人民出版社,1990年,第357页。

党中央认为,在中国实行农业合作化存在着许多有利条件:一是以工人阶级为首的人民政权和社会主义工业的领导;二是农民在工人阶级领导下获得了解放和土地,因而能够相信工人阶级领导的正确性;三是工人阶级和农民群众有共同的利益,贫农和中农有共同的利益,而这一切共同的利益就是力求或希望摆脱资本主义的剥削,因为资本主义的剥削只是使极少数人靠剥削和投机而发财,至于绝大多数人则将因此而陷于贫穷和破产。

为了完成这一历史任务,中国共产党制定了一系列方针政策。这些方针政策,同样是政治和经济相结合的综合措施,其核心是贯彻"全面规划,加强领导"这一总方针。

三、"自愿互利、典型示范、国家帮助"

马克思主义认为,改造小生产不能使用暴力,不能实行强迫和无偿剥夺,即不能采取对待剥削阶级的方式对待作为劳动者和小私有者的小生产者。恩格斯说:"当我们掌握了国家权力的时候,我们绝不会用暴力去剥夺小农(不论有无报偿,都是一样),像我们将不得不如此对待大土地占有者那样。我们对于小农的任务,首先是把他们私人生产和私人占有变为合作社的生产和占有,但不采用暴力,而是通过示范和为此提供社会帮助。"[1]列宁也说过,对待小生产,"不能驱逐,不能镇压,必须同他们和睦相处,可以(而且必须)改造他们,重新教育他们,这只有通过很长期、很缓慢、很谨慎的组织工作才能做到"[2]。中国共产党在农业合作化运动中,遵循了革命导师的上述教导,结合中国的具体条件,提出了"自愿互利、典型示范、国家帮助"的方针。

---

[1]《马克思恩格斯选集》(第四卷),人民出版社,1972年,第310页。
[2]《列宁选集》(第四卷),人民出版社,1972年,第200页。

第二编　由新民主主义向社会主义社会过渡时期党的经济思想

中共中央关于农业生产互助合作的各个文件反复强调，农业互助合作运动应按照自愿和互利的原则，发挥农民劳动互助的积极性。强迫命令的领导方法是错误的，因为其违反自愿和互利的原则，而且容易伤害联合中农的政策，即使运动能够暂时轰轰烈烈，但是不能够巩固。1952年5月，中共中央转发的东北局《关于推行农业合作化的决议（草案）》又提出了国家帮助的原则："国家正确的援助，对于农业生产合作社的发展有重大的意义。国家除应以较低的价格供给农民改良农具、新式农具之外，还必须在贷款、生产资料的供应以及税收等方面给互助合作组特别是农业合作社以优待。"中央决议认为，农业生产合作社的发展，应以参加合作社的农民本身的经济力量为主，国家援助为辅。如果单是依靠国家援助，或在使用国家的机器、贷款时不付出适当的租金或利息，那就会助长农民的某种依赖心理，妨碍农业合作社改善经营的积极性，并使它在群众中被孤立，因而破坏农业生产合作社的发展。中宣部颁发的《关于党在过渡时期总路线的宣传提纲》又特别指出，对暂时不愿意参加互助合作运动的、单干的农民必须正确对待，应采取热情的照顾、帮助和耐心教育的态度，发挥单干农民可能的生产积极性，给予必要的贷款和技术援助，帮助他们克服所遇到的困难，使他们感到互助合作的好处，并从事实上认识到互助合作优于单干，因而逐步加入互助组和合作社来。

中央关于发展农业互助合作的文件，对说服、示范和国家援助的方法作了具体要求：

第一，说服，即宣传农业合作化的意义，应该根据农民的日常生活及其切身经验来向农民灌输社会主义和合作化的思想，使他们了解单干是没有出路的，只有农业合作化才能够克服单干的困难，能够不断扩大再生产，从而能够随着社会主义工业化的发展，保证整个社会和农民自身不断增长的物质和文化需要。

第二,示范,即以具体的实际的榜样来引导农民。中央提出,在发展农业生产合作社的运动中要采取逐级领导试办,树立好榜样,逐步巩固与逐步推广的方针。每个省、每个县凡是完成了土地改革的地方都必须有领导地、认真地办好一批农业生产合作社,使这些农业生产合作社能经营得当,从而用本身的制度和依靠自己的力量来证明它比单干与互助组优越,而且还要善于团结和帮助单干农民与互助组,让农民亲眼看到合作社确实是为他们的利益,而社内外的各种关系又都真正是合情合理的,这样来吸引广大农民群众倾向社会主义。

第三,国家帮助,即国家根据需要与可能,照顾到互助合作农民和单干农民的关系,给农业生产合作社以适当的物质援助,包括低息贷款、兴修水利、建立技术推广站和较大的新式农具站等,这种援助能使农民很快感觉到它的实际利益,并促进合作社更快更好地发育起来,推动合作化运动不断向前发展。

1955年,毛泽东在《关于农业合作化问题》的报告中又系统阐述了"坚持自愿、互利原则"所涉及的六个问题:耕畜和农具是否以迟一两年再入社为宜,入社作价是否公道和还款时间是否过长?土地报酬和劳动报酬的比例是否适当?合作社所需要的资金如何筹集?某些社员是否可以使用自己的一部分劳动力去从事某些副业生产?社员的自留地应有多少;社员成分问题。毛泽东特别注意前四个问题,认为这四个问题必须注意解决得恰当,才不至于违反贫农和中农之间的互利原则,只有在互利的基础之上才能实现自愿。同年3月,邓子恢根据自愿原则,提出对不愿入社的农民应耐心等待:"对于不愿入社的农民必须善于等待,等到他们的觉悟提高而自己愿意时,再让他们参加,不仅对多数人应当等待,对少数人也应当等待,绝不能以多数来强迫少数,要遵照马克思列宁主义的原则,等到最后一个人,对个别顾虑较多的中农要有

第二编　由新民主主义向社会主义社会过渡时期党的经济思想

这样的决心:'等他一辈子',总之无论如何,对中农、对所有劳动人民绝不应该采取强迫粗暴的态度,而必须坚持自愿原则,这才符合于马克思列宁主义。"①

应该说,中国共产党在合作化的初期和中期对自愿互利的原则是十分重视的,但是在合作化运动后期,为了加快合作化进程,许多地方忽略了这一原则,在某些方面采取了强迫措施,造成了一些消极影响和不好的后果。

四、"积极引导,稳步前进"

"积极引导,稳步前进",是保证在自愿互利原则的基础上稳妥完成农业合作化的一项方针。毛泽东在《关于农业合作化问题》中指出,中国共产党准备以十八年的时间基本上完成这个计划。其步骤是:第一步,在农村中按照自愿和互利的原则,号召农民组织仅仅带有某些社会主义萌芽的、几户或者十几户在一起的农业生产互助组。第二步,在这些互助组的基础上仍然按照自愿和互利的原则,号召农民组织以土地入股和统一经营为特点的带有半社会主义性质的农业生产合作社。第三步,再在这些小型的半社会主义的合作社的基础上按照同样的自愿和互利的原则,号召农民进一步联合起来,组织大型的生产资料归集体所有的完全社会主义性质的农业生产合作社。这种由带有社会主义萌芽到具有社会主义因素再到完全社会主义的合作化的发展道路,就是逐步实现对农业社会主义改造的道路。

对于采用逐步前进的方法,通过互助组、初级社、高级社三个由低到高、相互衔接的步骤的农业社会主义改造的好处,毛泽东指出:"可以使农民从自

---

① 《农业集体化重要文件汇编(1949—1987年)》(上册),中共中央党校出版社,1981年,第303页。

己的经验中逐步地提高社会主义的觉悟程度,逐步地改变他们的生活方式,因而可以使他们较少地感到他们的生活方式的改变好像是突然地到来的。这些步骤,可以基本上避免在一个时间内(例如在一年到两年内)农作物的减产,相反,它必须保证每年增产,而这是可以做到的。"①

中共中央曾十分注意反对急躁冒进的"左"的倾向。如1953年3月《中国共产党中央委员会关于春耕生产给各级党委的指示》提出:"在组织互助组合作社时,不要忘记从群众的觉悟水平与切身体验出发,从群众的实际要求出发,从小农经济的生产现状出发,正确地解决农民的个体利益与公共利益的结合问题,稳步地循序渐进,任何急躁冒进的方针都会挫折广大农民的生产积极性,都将损害春耕生产工作,因此都是极有害的。"稳步前进,就是说党的领导不应当超过群众的觉悟程度且不顾可能的条件。1954年8月,中央农村工作部在《关于半社会主义性质的农业生产合作社如何逐渐社会主义化问题复东北局电》中再次强调,半社会主义性质的初级社是自然地不勉强地吸引农民走向社会主义的过渡形式,使农民在进入农业的完全社会主义经济制度的时候不感到突然,而是事先有了精神的和物质的准备。当条件尚不具备时,绝不可跳越尚未完结的运动形式勉强转变,形成冒进。这里所指的条件,基本是生产力的发展和群众觉悟水平的提高。

1953年4月,中央农村工作部部长邓子恢在全国第一次农村工作会议上的总结报告中,着重批评了互助合作运动中存在急躁冒进,计划贪多贪大,盲目要求高级形式的"左"的偏向,认为这是当时主要的偏向和危险,并深刻分析了产生这种偏向的思想根源。一是过高估计互助组、合作社的性质,不了解互助组、合作社是具有两方面性质的、是过渡形式,而把它看作与社会

---

① 《毛泽东文集》(第六卷),人民出版社,1999年,第435页。

第二编　由新民主主义向社会主义社会过渡时期党的经济思想

主义完全一样。不了解合作社还是建立在私有基础之上的,实现社会主义还要有工业化条件。二是不了解工业化和集体化的前进过程,急于要五年就合作化,不知道工业化不可能那么快。三是不了解互助合作是不可逾越的过渡形式,没有它就不可能过渡到社会主义集体化。因此,邓子恢强调互助合作运动必须采取稳步前进的方针,绝不能操之过急。这是因为搞互助合作与战争动员不同,它是改造经济的斗争,只能采取稳步前进的办法。互助合作也和土改不同,土改是农民和地主的关系问题,互助合作是克服小农经济之自发的资本主义趋势的斗争,是对农民的教育问题。所以互助合作运动绝不能采取阶级斗争的方式,"有些地方强迫命令,用威胁、限制、戴大帽子等办法强迫农民入组、入社,这是完全错误的"。

稳步前进有四个要求:①互助合作必须根据需要与可能的条件去建立。这包括根据生产的需要、根据群众的觉悟、根据干部的领导能力诸方面综合考虑,绝不能单凭主观愿望。②要从现在的小私有小生产者的现状出发。互助组、合作社的成员都是小私有者,他们有保守性,不能不照顾。如果急躁冒进,那就影响单干农民实行互助合作和互助组、合作社的巩固。所以对于农民小私有者一方面要改造他们,另一方面又要适应他们,适应就是为了便于改造,过急不行。③要从工业化的进度出发。工业化速度不可能如想象得那么快,农业集体化速度须与之相配合。不能急,太急了集体化搞不好,就要影响粮食生产,这样反而会影响工业化的前进。④互助合作是一个群众运动,必须按照群众运动的发展规律办事,由小到大,由少到多,由点到面,由低级到高级,发展一步巩固一步,绝不能一步迈进,一哄而起。他告诫说:"一哄而起者必将一哄而散。互助合作关系到农民的生产和生活的根本问题,必须慎重稳进。"①

邓子恢主持下的中央农村工作部着手纠正农业合作化的冒进现象。1955年上半年针对当时农业合作化运动中冒进现象再次出现,邓子恢又力主停止发展新的农业生产合作社,并对已有的合作社进行整顿,作必要的收缩。5月6日,他在全国第三次农村工作会议上所作的总结报告中批评说:"干部中的冒进情绪是带普遍性的。这种冒进情绪如果不讲清楚,如果不克服,它将来还要冒……这个冒进,对我们的工作只有损害,会造成我们将来的困难,新建的社长期不能巩固。"他提出了四条政策:一般停止发展;立即抓生产,全力巩固;多数的省县要适当地收缩;把互助组办好、整顿好、照顾个体农民。在其主持下,经过中央农村工作部和各地领导的努力,到6月底全国农业生产合作社由67万个减至65万个。但当时毛泽东要求下一年度农业生产合作社由65万个发展为130万个,邓子恢则主张仍按原定计划发展为100万个,再次向毛泽东申述了三点理由:

第一,合作化运动应与工业化进度相适应。"一五"计划只能为工业化打个初步基础,农业技术改造可能刚起步,合作化只能以手工劳动为主,在此情况下,不宜过猛过快地发展合作社,没有技术改造,合作社难于持续增产。第二,现有的六十多万个合作社问题很多,巩固工作很繁重,如果发展过快,与巩固齐头并进,群众觉悟水平与干部经验水平都跟不上,会使发展与巩固两个方面都受影响,并影响农业生产。第三,1955—1956年主要是打好基础,为1957年实现1/3的农户入社和以后的全盘合作化作好准备。老区已建的合作社基础极不牢固,需要拿出一年左右时间做巩固工作;新区主要任务是完成布点工作,适当发展一批新社,并集中力量把它们办好,以便训练干部,作出

---

① 《邓子恢文集》,人民出版社,1996年,第347页。

第二编　由新民主主义向社会主义社会过渡时期党的经济思想

示范,为以后由点到面加快发展打好基础。至于边远地区和少数民族地区由于经济文化落后,很难办社,更需要多准备一些时间。①

毛泽东本是积极引导稳步前进方针的主要制定者和提倡者,但是他又认为只要能加快农业合作化的发展速度,则应毫不犹豫地加快。1953年10月15日,毛泽东在关于召开第三次农业互助合作会议的谈话中说:"一般规律是经过互助组再到合作社,但是直接搞社,也可允许试一试。走直路,走得好,可以较快地搞起来,为什么不可以?可以的。""办得好,那是韩信将兵,多多益善。""翻一番——摊派;翻两番——商量。"②11月4日的谈话中,他又直接批评1953年整顿工作的"问题是有些阵地退多了一些,有一些不是退多了,而是本来可以发展的没有发展,不让发展,不批准,成了非法的"③。他的这种观点的主要依据是群众中蕴藏着极大的社会主义积极性,领导只能促进而不能破坏这种积极性。在这种思想的指导下,毛泽东在1955年5月以后即开始加快农业合作化步伐。在7月召开的党的七届六中全会上,毛泽东作的《关于农业合作化问题》的报告,一方面详尽阐述了积极引导、稳步前进的方针,另一方面又将邓子恢坚持这一方针的主张斥之为"小脚女人,东摇西摆地在那里走路,老是埋怨旁人说:走快了,走快了。过多的评头品足,不适当的埋怨,无穷的忧虑,数不尽的清规和戒律"④,随后在1955年10月11日扩大的党的七届六中全会的结论中,点名批评中央农村工作部的一部分同志。在这种反右倾的氛围

---

① 参见中共中央文献研究室编:《建国以来重要文献选编》(第六册),中央文献出版社,2011年,第163页。

② 中共中央文献研究室编:《建国以来毛泽东文稿》(第四册),人民出版社,1990年,第356~358页。

③ 中共中央文献研究室编:《建国以来重要文献选编》(第四册),中央文献出版社,2011年,第410页。

④ 《毛泽东文集》(第六卷),人民出版社,1999年,第418页。

中,冒进思想急剧膨胀,到1956年底,仅用了三年左右时间,就完成了原定三个五年计划才能实现的农业合作化任务。

五、依靠贫农、下中农,巩固地团结中农,逐步限制、消灭富农的阶级路线

1953年4月,邓子恢在全国第一次农村工作会议上的总结报告中,提出了"限制富农发展,允许富农存在"的政策。1953年12月,中共中央颁布的《关于党在过渡时期总路线的学习和宣传提纲》中又提出,实行农业社会主义改造"必须依靠贫农(包括土地改革后变为新中农的老贫农),巩固地与中农联合,逐步发展互助合作,逐步由限制富农剥削到最后消灭富农剥削"[①]。1954年6月,中央农村工作部关于第二次农村工作会议的报告特别强调,必须依靠贫农(包括新中农在内),团结中农,限制以致最后消灭富农剥削。同年11月,中央农村工作部关于全国第四次互助合作会议的报告正式提出:"党在农村的阶级政策是,依靠贫农(包括全部原来是贫农的新中农在内,这样的贫农占农村人口总数50%~70%),巩固地团结中农,发展互助合作,由逐步限制到最后消灭富农经济。"[②]

关于贫农,毛泽东认为:"工人阶级和共产党如果要用社会主义精神和社会主义制度去彻底地改造整个农村的小农私有生产资料的制度,便只有依靠过去是半无产阶级的广大的贫农群众,才能比较顺利地办到,否则将是很困

---

① 中共中央文献研究室编:《毛泽东年谱(一九四九——一九七六)》(第四卷),中央文献出版社,2013年,第596页。

② 中共中央文献研究室编:《毛泽东年谱(一九四九——一九七六)》(第五卷),中央文献出版社,2013年,第629页。

难的。因为农村中的半无产阶级,是比较地不固执小农私有生产资料的制度,比较地容易接受社会主义改造的人们。"①这是因为他们还比较困难,所以有走社会主义道路的积极性。

关于中农,毛泽东按经济地位及对于农业合作化的态度,将其分解、整合成了上中农和下中农两个层面,分别作为依靠和团结的对象。富裕中农(即上中农)中间除了若干政治觉悟较高的人以外,其余的人暂时还不愿意加入合作社;老中农中间的下中农由于他们的经济地位原来就不富裕,有些则因为在土地改革的时候不正当地受了一些侵犯,这些人在经济地位上和新中农中间的下中农大体相似,他们对于加入合作社一般感兴趣。因为以上两个原因,故在一切合作化还没有达到高潮、富裕中农还缺乏觉悟的地方,以首先吸收贫农、新中农中间的下中农、老中农中间的下中农这三部分人加入合作社为适宜(并应依其觉悟程度,分作多批吸收进来,首先吸收觉悟较高的分子)。对于目前不愿入社的富裕中农,即新、老中农中间的上中农,则不要勉强拉入。毛泽东还分析了贫农、新中农、老中农之间的关系,认为贫农中间的大部分现在已经变为新中农,但是他们同老中农比较起来,除了一部分新富裕中农以外,大多数在政治上有较高的觉悟,他们过去的困苦生活还是容易回忆起来的。关于老中农中间的下中农,他们的经济地位、政治态度和新中农中间的下中农比较接近,而和新中农中间的上中农即富裕的和比较富裕的中农不相同。因此,毛泽东反复强调,合作化过程中应将还处于困难地位的贫农、新中农中间的下中农、老中农中间的下中农这三部分比较容易接受社会主义改造的人们作为主要依靠对象。

毛泽东认为,将新、老中农的下中农作为与贫农相同的依靠对象的意义

---

① 《毛泽东文集》(第六卷),人民出版社,1999年,第463页。

在于:第一,增强党在农村的依靠力量,使合作化事业变成大多数人的自觉行动;第二,将约占农村人口60%~70%的经济地位贫苦或者还不富裕的人们按其觉悟程度分作多批先在几年内组成合作社,然后再吸收富裕中农加入,这样可以避免命令主义。

关于富裕中农即上中农,毛泽东在1955年9月7日为中共中央起草的党内指示中指出,必须采取团结的态度。"有人说,现在的提法似乎是放弃'依靠贫农巩固地联合中农'这个口号了,这是不对的。我们不是放弃这个口号,而是使这个口号按照新的情况加以具体化,即将新中农中间已经上升为富裕中农的人们,不算作依靠对象的一部分,而将老中农中间的下中农算作依靠对象的一部分,这是按照他们的经济地位和对于合作化运动是否采取积极态度来划分的。这即是说,贫农和两部分下中农,相当于老贫农,作为依靠对象,而两部分上中农,则相当于老中农,作为巩固地团结的对象,而目前团结他们的办法之一,就是不要强迫他们入社,侵犯他们的利益。"①毛泽东强调,在农村社会主义改造中要依靠贫农去团结中农。在过去与地主作斗争实行土地改革的时候是这样,现在与富农和其他资本主义因素作斗争、实行农业的社会主义改造的时候也是这样。要把中农团结到自己方面,使农业合作化力量不断壮大起来。

毛泽东还提醒全党要注意教育中农,防止其自发的资本主义倾向:"富裕农民中的资本主义倾向是严重的。只要我们在合作化运动中,乃至以后一个很长的时期内,稍微放松了对于农民的政治工作,资本主义倾向就会泛滥起来。"②毛泽东甚至认为,在中国的农村中两条道路的斗争的一个重要方面,是

---

① 《毛泽东文集》(第六卷),人民出版社,1999年,第445页。
② 中共中央文献研究室编:《建国以来毛泽东文稿》(第五册),人民出版社,1991年,第505页。

第二编　由新民主主义向社会主义社会过渡时期党的经济思想

通过贫农和下中农同富裕中农实行和平竞赛表现出来的。因为富裕的和比较富裕的中农虽然只占农村人口的20%~30%,力量却是相当强大。合作化开始常常是一部分贫下中农组成合作社与单干的富裕中农竞赛,在富裕中农的后面站着地主和富农,在合作社的后面站着共产党,所以必须用教育和团结的办法将富裕中农争取过来才能孤立富农,总之,"在合作社的指导方针方面,必须实行贫农和中农的互利政策,不应当损害任何人的利益"[①]。

关于富农,毛泽东认为,在中国富农经济很弱。土地改革时期征收了他们的半封建的那部分土地,老富农大多数已无雇工,他们在社会上的名声又很坏。中国共产党对富农经济采取了限制直至消灭的政策,包括在税收、贷款等各方面的限制,并在合作化运动较长时期内不准其入社。1955年12月,毛泽东在征询对农业十七条的意见的通知中对地主、富农入社问题提出了新的意见,即好的许入社;不好不坏的许其在社生产,但不给社员称号;坏的由社管制生产,凡干部强的老社均可这样做。这一政策的变化,不仅反映了富农经济趋于消灭的态势,还反映了我党要团结最大多数人参加社会主义建设的思想。

总的来说,从1953年开始党和国家加快了对个体农业的社会主义改造,到1956年底就完成了从互助组、初级社到高级社的三大跨越。参加初级社的农户由1955年底的14.2%增加到96.3%,参加高级社的农户则由1956年初的30.7%增加到87.8%,[②]基本完成了农业生产的集体化,从而在农村建立起了社会主义的基本制度。

[①] 《毛泽东文集》(第六卷),人民出版社,1999年,第464页。
[②] 参见苏星:《我国农业的社会主义改造》,人民出版社,1980年,第156页。

六、对个体手工业的社会主义改造思想

个体手工业,就其性质来说是与个体农业相同的分散、落后的经济。作为三大改造的内容之一,党对其进行改造的方针、政策,与实行农业合作化的方针政策基本相同:实行自愿互利、典型示范的原则,把手工业者组织起来,通过具有社会主义因素的手工业生产小组、半社会主义性质的供销社、社会主义性质的生产合作社这三个由低级到高级的逐步过渡的形式,变手工业的个体所有制为社会主义的集体所有制。

国民经济恢复时期,党和国家方面根据需要和可能,帮助恢复和发展手工业生产,与此同时又开始积极慎重地引导个体手工业向集体化方向发展,组织起了一批手工业合作社。1950年7月,中财委召开的中华全国合作社工作者第一届代表会议讨论了《中华人民共和国合作社法(草案)》,对于在城市和乡村独立生产的小手工业者及家庭手工业者中组织起来的手工业生产合作社,定位为"独立生产的小手工业者和家庭手工业者自愿地将自己当作生产者联合起来,凑合股金,建立自己商业和生产的组织,去推销自己的手工业产品,并购买原料及其他生产资料,同时在可能条件下组织生产的合理化与提高生产技术,以便扩大产品的市场,比较高价地出卖产品和比较廉价地买到原料及其他生产资料,避免商人的中间剥削,提高产品的数量和质量"[①]。

1951年6月,全国合作社联合总社召开的第一次全国手工业生产合作会议规定了组织手工业合作社的六条基本原则:入社自愿;每个社员必须参加社内劳动,并按照工资比例缴纳股金;主要生产资料如进行集体生产所必

---

① 《党的文献》,1989年第2期,第35页。

第二编 由新民主主义向社会主义社会过渡时期党的经济思想

需的工具、机器、设备、厂房等应当公有;实行按劳分配的工资制和劳动分红制;合作社雇工不得超过社员人数的15%,资本家不得入社;合作社必须实行民主集中制,由社员参与生产和业务的管理。这一规定,初步明确了手工业合作社的性质和任务。1952年8月,第二次全国手工业生产合作社会议又总结了组织和管理合作的经验,强调因地制宜,就地取材,就地加工,就地销售为主,有计划、有重点、有步骤地组织一个,巩固一个。同年9月30日,全国合作社联合总社颁发《市(县)工业生产合作社章程准则(草案)》,进一步明确手工业合作社是手工业劳动群众的集体经济组织。

无疑,这些思想都是正确的。但是欲将个体手工业者一步带入手工业合作社,则是步骤太快,脱离现实。党通过不断总结经验,提出了切合实际的稳妥的办法。1953年11月20日至12月17日,全国合作社联合总社召开的第三次全国手工业生产合作会议按照积极领导、稳步前进的方针,明确提出要依据群众的志愿,即依据当时当地群众的觉悟水平,采用多种多样的适合手工业特点的过渡形式,把手工业劳动者组织起来,逐步发展到完全社会主义性质的手工业合作社的高级形式,并明确提出了三种组织形式:①手工业生产小组。此举首先从供销方面把手工业劳动者组织起来,有组织地向供销、消费合作社或国营企业购买原料,推销成品,或为它们进行生产加工,这是广泛组织手工业劳动者的低级形式,最容易为手工业劳动者所接受,既能使手工业劳动者免受商业资本的控制和剥削,又便于进一步对手工业实行改造。②手工业供销生产合作社。这是由若干个体手工业劳动者或几个手工业生产小组为解决原料采购和产品推销的共同困难而组织起来,其主要活动是统一向供销、消费合作社或国营企业购买原料,推销成品,承揽其加工订货,能有效地克服小生产者的困难,更便于生产小组和社员逐步改变生产关系,逐步克服家长制度,改善师徒关系,以劳动者之间的互助合作关系代替雇主与雇工的关系,并能通过公共积累购置公有的生产工具,进行部分的集中生产,并逐渐增加社会主义因素,为稳步提高到手工业生产合作社准备条件。③手工业生产合作社。这是手工业社会主义改造的高级形式。其中那些生产资料部分归集体所有、工具入股分红、统一经营与收益的一部分实行按劳分配的生产合作社,具有半社会主义性质。生产资料完全归社员集体所有,完全实行按劳分配的生产合作社则成为完全社会主义性质的合作社。只有达到这一步,手工业社会主义改造才算完成。对此,刘少奇在会上指出:"组织起来,经手工业生产小组、供销性的手工业生产合作社,而后成为手工业生产合作社,这是一般的规律,但各种形式不一定都经过。"①

1953年12月,中共中央宣传部颁布的《关于党在过渡时期总路线的学习和宣传提纲》将上述精神概括为:"把手工业者逐渐组织到各种形式的手工业合作社(手工业生产小组、手工业生产供销社、手工业生产合作社等)中去,是国家对手工业社会主义改造唯一的道路。"②

1954年11月,国务院成立了手工业管理局。12月召开了第四次全国手工业生产合作会议。这次会议明确概括了第三次全国手工业生产合作会议提出的改造手工业的方针、政策。在方针上,应当是积极领导、稳步前进;在组织形式上,应当是由手工业供销生产小组、手工业供销生产合作社到手工业生产合作社;在方法上,应当是从供销入手实行生产改造;在步骤上,应当是由小到大、由低级到高级。会议确定1955年手工业社会主义改造工作的中心任务是:继续摸清手工业主要行业的基本情况,分轻重缓急,按行业拟定供、产、销和手工业劳动者的安排计划,以便有准备、有步骤、有目的地进行改造;整顿、

---

① 《刘少奇论合作社经济》,中国财政经济出版社,1987年,第167页。
② 中共中央文献研究室编:《建国以来重要文献选编》(第四册),中央文献出版社,2011年,第596页。

第二编　由新民主主义向社会主义社会过渡时期党的经济思想

巩固和提高现有社(组)；每一县(市)分别总结出主要行业的社会主义改造和整顿社的系统的典型经验，为进一步开展手工业社会主义改造工作奠定稳固的基础。在这些工作基础上，适当发展新社(组)。其间，陈云在国务院召开的关于私营工商业问题座谈会上的讲话中也提出："对手工业合作社生产的发展，要加以管理和控制，手工业合作社是一定要发展的，但要防止产量超过需要，并注意原料是否有保证。""手工业合作化宁可慢一点，使天下不乱。如果搞得太快，就会出毛病。"[①]

1955年5月，中央在批转第四次全国手工业生产合作会议报告时再次强调，要贯彻"统筹兼顾、全面安排、积极领导、稳步前进"的改造方针。在这些精神的指导下，1955年上半年以前的手工业改造工作步子是稳妥扎实的，也取得了较好的业绩。1955年下半年以后，随着农业合作化运动、资本主义工商业社会主义改造高潮的兴起，手工业社会主义改造的步伐也明显加快；1956年3月，毛泽东听取国务院有关部门汇报时认为手工业社会主义改造的速度慢了一点。到1956年底对手工业的社会主义改造的任务基本完成。后期因进度过快过急，以及对个体手工业一网打尽产生了一些负面影响。

第四节　对资本主义工商业社会主义改造的思想

资本主义工商业的社会主义改造是与个体经济改造并列的另一翼。中国共产党在对资本主义工商业的改造(简称"对私改造")过程中，运用马克思主义的基本原理，结合中国具体情况，成功开创了一条实行和平改造的极具中

[①] 《陈云文选》(一九四九——一九五六年)，人民出版社，1984年，第269页。

国特色的社会主义改造道路。

一、对私人资本主义和平改造的依据

马克思主义认为,无产阶级夺取政权以后所面临的首要任务,就是利用自己的政治统治,一步一步地夺取资产阶级的全部资本,把一切生产工具集中在国家即组织成为统治阶级的无产阶级手里,并且尽可能快地增加生产力的总量。中国民主革命取得胜利、在由新民主主义向社会主义过渡的历史进程中,党即提出了对私人资本主义经济进行社会主义改造的任务。而这一任务的提出更有当时深刻的现实背景。

党的七届二中全会明确指出,中国革命在全国胜利,并且解决了土地问题以后,中国还存在着两种基本矛盾:第一种是国内的,即工人阶级和资产阶级的矛盾;第二种是国外的,即中国和帝国主义国家的矛盾。这两种矛盾贯穿于新民主主义社会的始终,并使得新中国始终存在着这样的问题,即过渡时期,是向社会主义发展,还是向资本主义发展?按照中国共产党人和广大人民群众的愿望,党在过渡时期的总路线是要过渡到社会主义。

私人资本主义经济与社会主义经济的建立和发展存在着多方面的矛盾。正如《关于党在过渡时期总路线的学习和宣传提纲》所概括的:"资本主义所有制和社会主义所有制之间的矛盾,资本主义所有制和资本主义的生产社会性之间的矛盾,资本主义生产的无政府状态和国家有计划的经济建设之间的矛盾,资本主义企业内的工人和资本家之间的矛盾,都是不可克服的。由于上述的矛盾,这些企业的设备利用率和劳动生产率低成本高,浪费资金很多,扩大再生产的能力很小或甚至没有,因而影响到工业产品在市场上供不应求,使国家计划受到破坏。如果不改变这种情况,这个广大部分的

第二编　由新民主主义向社会主义社会过渡时期党的经济思想

社会生产力就不可能获得充分的合理的发展以适应国计民生的需要，我国社会主义的工业化就不能全部实现。"①

对私改造有两种方法：一种是苏联、东欧等多数社会主义国家所采取过的通过暴力进行无偿剥夺的办法，中国共产党对官僚买办资产阶级也是如此；另一种则是马克思、恩格斯、列宁等曾提出但一直未能够实行的和平改造、赎买的方法。对此，毛泽东说过"这是两个方法：一个恶转，一个善转；一个强力的转，一个和平的转"②。中国共产党选择了和平改造的方法，正如毛泽东所说："在我国的条件下，用和平的方法即用说服教育的方法，不但可以改变个体的所有制为社会主义的集体所有制，而且可以改变资本主义所有制为社会主义所有制。"③刘少奇也指出："党的路线是要实行和平改造，即采用赎买的办法来废除资本主义所有制。"④而实行和平改造方针的依据主要有两个：

(一)民族资本对国计民生的积极作用

旧中国遗留给我们的是一个生产力水平极其低下、经济凋敝、民生艰难的烂摊子。私人资本主义，则是一种比个体经济进步的经济，在国计民生中起着重大作用。

第一，民族资本主义企业主要生产国营经济无法包揽、与人民生活和国家经济、政治密切相关的轻工业日用产品。有了日用工业品，即能用其和农民交换农产品，从而加强了工农联盟；有了日用工业品和农产品，才能满足城市人民的日常需要，稳定市场物价。陈云讲："如果在1949年，政府采取没收政策，资本主义企业便不会照常生产，很可能出现生产停滞、减产和工人失业

---

① 中共中央文献研究室编：《建国以来重要文献选编》(第四册)，中央文献出版社，2011年，第596页。
② 《毛泽东文集》(第六卷)，人民出版社，1999年，第501页。
③ 1956年1月25日毛泽东在最高国务会议上的讲话，《人民日报》，1956年1月26日。
④ 《刘少奇选集》(下卷)，人民出版社，1985年，第177页。

的不利情况,那就不但在政治上不适当,经济上也将发生混乱。"①刘少奇也说:"在1949年那个时候,社会主义经济还没有,就一下没收,会搞个稀烂,经济上不利。""毛泽东同志也讲过,把资本家挤垮,把他赶到马路上去要饭,然后还是要救济他,要他劳动改造。"②

第二,能为国家建设积累资金。在当时条件下,实现国家工业化所需要的大量资金除了国营企业的积累和农业收入以外,资本主义工商业所缴纳的税款也是其重要来源之一。据统计,不计公私合营的企业,纯私营企业所缴纳的税款在国家收入中的比重,1950年占32.92%,1951年占28.66%,1952年占24.06%,1953年占22.36%,1954年占13.34%,相对数字虽因国营经济的发展而逐年下降,但绝对数却是不断上升,每年的数目均超过农业税款。

第三,民族资本家具有较丰富的专门知识、技能和管理经验,这对于社会主义建设是极其宝贵的财富。陈云曾总结了商业资本家的业务长处:有鉴别好坏的能力,并且知道如何使用;熟悉商品的产地和销路,能迅速适应市场的需要,市场需要什么,很快就能供应上;会运输保管;管理费用能够精打细算;资方人员的多数是有生产技术和管理知识的,现代化的生产是要技术的,虽然工人阶级的劳动是重要的,但是必须有技术。在目前工人阶级自己的技术人员还极少,而资产阶级和他们的知识分子是现在最有文化的一个阶级。这种情况短期内还难以改变,因此我们需要团结这部分人参加社会主义建设。虽然资方人员中也有没有本领的人,但多数是有生产技术和经营管理知识的。如果我们对他们不采取赎买政策而采取没收政策,那么资方人员和他们的知识分子便不会像现在这样积极地为社会主义建设服务。如果我们不用这

---

① 国家经贸委编:《中国工业五十年:新中国工业通鉴》(第二卷),中国经济出版社,2000年,第908~910页。

② 中共中央文献研究室编:《建国以来重要文献选编》(第七册),中央文献出版社,2011年,第356~362页。

第二编　由新民主主义向社会主义社会过渡时期党的经济思想

些人,我们又不可能从国外请这样多的专家帮助我们进行建设,企业在生产技术上和经营管理上将会受到很大损失。[1]所以毛泽东在1953年9月7日同民主党派和工商界部分代表谈话时曾说:"占有大约三百八十万工人、店员的私营工商业,是国家的一项大财富,在国计民生中有很大的作用。私营工商业不仅对国家供给产品,而且可以为国家积累资金,可以为国家训练干部。"[2]

(二)与民族资产阶级继续保持联盟

在民主革命时期,中国民族资产阶级尽管有妥协、动摇的弱点,但仍然是中国民主革命的基本动力之一。新民主主义革命胜利后,民族资产阶级是参加人民民主专政的四个阶级之一,他们拥护人民共和国,拥护共同纲领和宪法,表示愿意继续反对帝国主义,赞成土地改革。《中共中央关于资本主义工商业改造问题的决议》指出,由于"我们已经同民族资产阶级有过统一战线的历史,如果他们不愿意破裂,我们就不能随便抛开他们而使人民不容易理解"[3]。保持与民族资产阶级的同盟,对于加强人民团结,调动一切积极因素进行社会主义革命和建设,具有重要意义。如前所述,1955年10月11日,毛泽东在扩大的党的七届六中全会上所作的总结中即指出,我们现在搞一个同资产阶级的联盟,暂时不没收资本主义企业,对它采取利用、限制、改造的方针,也就是为了搞到更多的工业品去满足农民的需要,以便改变农民对于粮食甚至一些别的工业原料惜售行为。这是利用同资产阶级的联盟,来克服农民的惜售的方法。

中国共产党人不断释放与民族资产阶级保持同盟的善意。毛泽东在1950年6月23日全国政协一届二次会议的闭幕词中指出:"只要人们在革命战

---

[1]　参见《党的文献》,1989年第3期,第34~35页。
[2]　《毛泽东文集》(第六卷),人民出版社,1999年,第292页。
[3]　《党的文献》,1989年第3期,第28页。

争中,在革命的土地制度改革中有了贡献,又在今后多年的经济建设和文化建设中有所贡献,等到将来实行私营工业国有化和农业社会化的时候(这种时候还在很远的将来),人民是不会把他们忘记的,他们的前途是光明的。"① 他特别强调:"我认为讲明这一点是有必要的,这样可以使人们有信心,不致彷徨顾虑,不知道什么时候你们不要我了,我虽然想为人民效力也没有机会了。不,不会这样的,只要谁肯真正为人民效力,在人民还有困难的时期内确实帮了忙,做了好事,并且是一贯地做下去,并不半途而废,那末,人民和人民的政府是没有理由不要他的,是没有理由不给他以生活的机会和效力的机会的。"②陈云也指出:"民族资本家经过了反帝、反国民党反动派的战争的一关,又经过了土改斗争的一关,这两关都过来了,他们又参加了抗美援朝和恢复经济的工作,在通过社会主义改造这一关,就是今年一月前后全行业实行公私合营的时期,我们能抛开他们吗? 当然不能。"③

而保持联盟最重要的措施是放弃对民族资本主义企业暴力没收,而是实行和平改造。毛泽东等人的一系列阐述对此种可能性作了系统分析,其主要内容如下:

第一,国内有一个强大的以工人阶级为首的人民民主专政。这个专政公开宣布要引导人民走社会主义道路,消灭资本主义,这对民族资产阶级来说是一个巨大的震慑力量。

第二,人民共和国掌握了国家的经济命脉,社会主义国营经济成为整个国民经济的领导成分。与此相应,资产阶级在经济上已经失掉了独立存在的条件,而且经过"反投机倒把""五反"等斗争,在政治上十分孤立,矛盾重重,

---

① 《毛泽东文集》(第六卷),人民出版社,1999年,第80页。
② 同上,第80~81页。
③ 《党的文献》,1989年第3期,第34页。

第二编　由新民主主义向社会主义社会过渡时期党的经济思想

陷于分崩离析,所以资产阶级纵想反抗,也无能为力。

第三,农民站在工人方面,同工人结成了巩固的联盟。毛泽东认为,农业合作化是迫使私人资本主义接受改造的决定性条件之一,指出只有在农业彻底实行社会主义改造的过程中,工人阶级同农民的联盟在新的基础上,就是在社会主义的基础上逐步巩固起来,才能够彻底割断城乡资产阶级和农民的联系,才能够彻底把资产阶级孤立起来,才便于我们彻底改造资本主义工商业。我们对农业实行社会主义改造的目的,是要在农村这个最广阔的土地上根绝资本主义的来源。只要合作化了,全体农村人民会一年一年地富裕起来,商品粮和工业原料就多了。那个时候,资产阶级的嘴巴就被堵住了。所以毛泽东在1956年党的八届二中全会上曾深刻地说明:"农业的社会主义改造,是要废除小生产私有制,就它的性质来说,也是对付资本主义的。""至于资本家赞成社会主义改造,敲锣打鼓,那是因为农村的社会主义高潮一来,工人群众又在底下顶他们,逼得他们不得不这样。"

第四,民族资产阶级愿意接受社会主义改造。中国民族资本主义的特点决定了中国民族资产阶级具有两面性。在资产阶级民主革命时期,它既有革命性,又有妥协性、动摇性;在社会主义革命时期,它既有剥削工人阶级取得利润的一面,又有拥护宪法、愿意接受社会主义改造的一面。这样,工人阶级和民族资产阶级之间原属于对抗性的剥削和被剥削的矛盾,可以转变为非对抗性的矛盾,可以用和平的方法解决,即作为人民内部矛盾来处理。这是民族资产阶级能接受和平改造方针的内在条件。

《中共中央关于资本主义工商业改造问题的决议》中还列举了工人群众的觉悟和他们高度的组织力量、苏联的援助和强大的社会主义阵营的存在等条件,认为所有这些条件结合起来,"就使得资产阶级除了向工人阶级屈服,把态度放'文明'些,比较老实地执行我们国家给予的任务,走上我们党所指出的改造的道路以外,再没有其他的出路"①。

二、利用、限制、改造的政策

对私人资本主义实行利用、限制、改造的政策的基本内容是,党和国家通过行政机构的管理、国营经济的领导和工人群众的监督,来充分利用私人资本主义工商业有利于国计民生的积极作用,限制它们不利于国计民生的消极作用,鼓励和指导它们转变为各种不同形式的国家资本主义经济,逐步以全民所有制代替资本主义私有制。

早在1949年3月党的七届二中全会上,毛泽东即对私人资本主义的利用和限制作了系统说明,认为"在革命胜利以后一个相当长的时期内,还需要尽可能地利用城乡私人资本主义的积极性,以利于国民经济的向前发展。在这个时期内,一切不是于国民经济有害而是于国民经济有利的城乡资本主义成分,都应当容许其存在和发展"②。关于限制,指在活动范围、税收政策、市场价格、劳动条件各方面,按照各地、各业和各个时期的具体情况,对于资本主义采取恰如其分的有伸缩性的限制政策。在限制问题上应防止"左"、右两种倾向:"孙中山的节制资本的口号,我们依然必须用和用得着。但是为了整个国民经济的利益,为了工人阶级和劳动人民现在和将来的利益,决不可以对私人资本主义经济限制得太大太死,必须容许它们在人民共和国的经济政策和经济计划的轨道内有存在和发展的余地。""如果认为我们现在不要限制资本主义,认为可以抛弃'节制资本'的口号,这是完全错误的,这就是右倾机

---

① 国家经贸委编:《中国工业五十年:新中国工业通鉴》(第二卷),中国经济出版社,2000年,第392~396页。

② 《毛泽东选集》(第四卷),人民出版社,1991年,第1431页。

第二编 由新民主主义向社会主义社会过渡时期党的经济思想

会主义的观点。但是反过来,如果认为应当消灭私人资本,这也是完全错误的,这就是'左'倾机会主义或冒险主义的观点。"①

在国民经济恢复时期,党即提出过对资产阶级改造的问题。周恩来于1952年6月在全国统战部长会议上的讲话中说:"要把资产阶级分子改造成什么样子呢?就是要使他们按照《共同纲领》的规定办事,以适合于新民主主义经济的要求,适合于新民主主义政治的要求,适合于新民主主义文化的要求。所谓改造,在经济上,就是要使他们的经济发展受到限制,但又要使他们有利可图,有适当的发展;在政治上,要吸收他们的代表参加政府,并使他们在政治上受到影响,在文化上,要对他们加强思想教育,逐步改造他们的思想,以至改造他们的家庭。改造的结果,就会使他们走上《共同纲领》规定的轨道。"②他认为,还应向资产阶级指出社会主义前途问题,告知他们这一前途是将来的事,但他们也有份。

国民经济恢复任务基本完成后,党提出的过渡时期总路线明确提出了私人资本主义的社会主义改造问题。在1953年7月的全国财经工作会议上,毛泽东将利用、限制和改造资本主义经济的问题作为一个完整的命题提了出来。同月,毛泽东在修改《中华全国总工会关于加强资本主义工业企业中的工会工作的指示》时明确指出:"这里所说的改造还不是指取消资本家生产资料的私人所有制,使之变为社会主义企业的那种最后的改造步骤。这里所说的改造,是指在承认资本家的受限制的不完全的私人所有制的条件下,使资本主义企业逐步变为国家资本主义企业,即在人民政府管理下的用各种方式和国营社会主义经济联系着的受工人监督的资本主义。"③这反映了党对改

---

① 《毛泽东选集》(第四卷),人民出版社,1991年,第1432页。
② 《周恩来选集》(下卷),人民出版社,1984年,第100页。
③ 中共中央文献研究室编:《建国以来毛泽东文稿》(第四册),中央文献出版社,1990年,第279页。

造资本主义企业的步骤:先将其改造为国家资本主义企业,再将这些国家资本主义企业改造成社会主义的企业。

1953年12月,中共中央宣传部颁发的《关于党在过渡时期总路线的学习和宣传提纲》明确阐述了党对资本主义工商业采取的利用、限制和改造的政策。利用资本主义工商业有利于国计民生的积极作用,限制资本主义工商业不利于国计民生的消极作用,对资本主义工商业逐步实行社会主义的改造。1954年9月,一届全国人大一次会议通过的《中华人民共和国宪法》第十条正式写入这一政策并作了规范的表述:"国家对资本主义工商业采取利用、限制和改造的政策。国家通过国家行政机关的管理、国营经济的领导和工人群众的监督,利用资本主义工商业的有利于国计民生的积极作用,限制它们的不利于国计民生的消极作用,鼓励和指导它们转变为各种不同形式的国家资本主义经济,逐步以全民所有制代替资本家所有制。"该条还列有与之相关的两个内容:"国家依照法律保护资本家的生产资料所有权和其他资本所有权。""国家禁止资本家的危害公共利益、扰乱社会经济秩序、破坏国家经济计划的一切非法行为。"[①]

1955年10月11日,毛泽东在扩大的党的七届六中全会上所作的总结又从策略角度对这一政策作了分析:"对于城市资产阶级,我们叫做利用、限制、改造。要利用,但是它那个不利于国计民生的部分,我们就要限制。这样的政策是又不'左',又不右。根本不限制,那就太右了。限制死了,根本不准他们搞什么东西,那就太'左'了。列宁说过,一个政党如果在千百万小生产者存在的条件下,就想把资本主义一下子统统搞掉,那不仅是愚蠢,而且是自杀。"

可见,在国民经济恢复阶段,党主要强调利用、限制私人资本主义问题,

---

① 《中华人民共和国宪法》,人民出版社,1954年,第4页。

第二编　由新民主主义向社会主义社会过渡时期党的经济思想

而到贯彻过渡时期总路线阶段强调的重点则是对其进行改造的方面了。利用、限制和改造三者是相互联系的统一的整体,基础是和平改造方针,核心是改造。利用、限制的目的最终是为了改造私人资本主义,发展社会主义经济,解放生产力,而改造也只有在利用和限制中才能进行,利用得越充分,限制得越恰当,越能促使私人资本主义向改造的方向前进,越能为社会主义改造奠定基础。

三、对私改造的国家资本主义道路

通过国家资本主义形式完成对私营资本主义工商业的社会主义改造,是中国共产党实践对私和平改造的一个重要步骤,也是对马克思列宁主义有关理论的发展。

(一)作为对私改造形式的国家资本主义

列宁认为,国家资本主义不是一种独立的经济形态,"在政权属于资本的社会的国家资本主义和无产阶级国家的国家资本主义,这是两个不同的概念,在资本主义国家中,国家资本主义为国家所承认并受国家监督,它有利于资产阶级反对无产阶级。在无产阶级国家里,国家资本主义也为国家所承认并受国家监督,但它有利于工人阶级,目的在抵抗依然很强大的资产阶级并和他们作斗争"①。国家资本主义是无产阶级"能够加以限制,能够规定其活动范围的资本主义"②。在苏维埃政权下,国家资本主义就是社会主义的入口,是社会主义取得可靠的胜利的条件。可是由于当时的历史条件,列宁的设想并未得到充分的实现。

---

① 《列宁全集》(第32卷),人民出版社,1958年,第477~478页。
② 《列宁选集》(第四卷),人民出版社,1972年,第627页。

中国共产党根据中国具体的实际，实践和发展了列宁的国家资本主义的思想。1948年9月15日，张闻天在《关于东北经济构成及经济建设基本方针的提纲》中专门阐述了国家资本主义经济问题。该提纲首先介绍了东北当时已出现的四种国家资本主义的类型：①出租制，国家把现时无力开发的林场、农场、渔场、矿场出租给资本家开发，在规定年限内收取租额。②加工制，国家配给资本家以原料，订立加工合同，由资本家为国家制造成品，并得到一定利润。③订货制，国家向资本家定购一定数量与质量的成品，付给其一定的利润。④代卖制，国家给一定的私人商店或公司以成品，由其推销，资本家从中获取一定的商业利润。对于国家资本主义经济的特点，张闻天认为"是国家为了经济上的需要，给私人资本家以进行生产或交换一定的必要条件，而私人资本家利用这些条件，从生产与交换活动中挣得一定的利润，是国家根据同资本家依自愿和两利的原则所订立的合同，对资本家的活动进行必要的管理与监督"。

关于国家资本主义的作用，张闻天认为它"对于新民主主义经济的发展是有利的，因为这是从国家需要出发，吸引私人资本来为国家服务，并把私人资本置于国家的管理与监督之下，使之成为国民经济建设计划的有机的一部分。而且这种经济所需要的资本一般的不是一个小资本家的资本所能承担，而必须是许多资本家的合资或合股，这可促使小资本向大资本集中，小生产向大生产发展，使国家的管理监督更为便利"[①]。因此，他认为，这种经济形式是私人资本主义经济中最有利于新民主主义经济发展的一种形式，我们应该有意识地承认"国家资本主义"这个经济范畴，有意识地加以提倡和组织，特别是在开始时，还应给以有利的条件，应该使其在新民主主义经

[①] 《张闻天选集》，人民出版社，1985年，第406~407页。

第二编 由新民主主义向社会主义社会过渡时期党的经济思想

济中成为私人资本主义发展中的有利方向。张闻天的这一关于国家资本主义的观点,对党关于利用国家资本主义形式实现对私改造思想的形成发挥了重要作用。

党的七届二中全会上,毛泽东曾指出国家和私人合作的国家资本主义经济是人民共和国的一种主要的经济成分,根据这一思想,《共同纲领》规定:"国家资本与私人资本合作的经济为国家资本主义性质的经济。在必要和可能的条件下,应该鼓励私人资本向国家资本主义方向发展。"[1]毛泽东于1953年7月在全国财经工作会议的一个文件上的批语中作过如下说明:"中国现在的资本主义经济其绝大部分是在人民政府管理之下的,用各种形式和国营社会主义经济联系着的,并受工人监督的资本主义经济。这种资本主义经济已经不是普通的资本主义经济,而是一种特殊的资本主义经济,即新式的国家资本主义经济。它主要地不是为了资本家的利润而存在,而是为了供应人民和国家的需要而存在。不错,工人们还要为资本家生产一部分利润,但这只占全部利润中的一小部分,大约只占四分之一左右,其余的四分之三是为工人(福利费)、为国家(所得税)及为扩大生产设备(其中包含一小部分是为资本家生产利润的)而生产的。因此,这种新式国家资本主义经济是带着很大的社会主义性质的,是对工人和国家有利的。"[2]可见,新中国的国家资本主义主要有两个特点:一是资本主义经济受人民政府管理,与国营经济联系,受工人监督。二是从国家和社会的角度看,它主要为人民和国家的需要而存在,而不是为资本家的利润而存在。这是对列宁关于国家资本主义思想的继承和发展。

1953年春,为了确切了解新中国成立后资本主义工商业和国家资本主义的发展变化情况,中央指派中央统战部部长李维汉率工作组赴上海、武汉、南

---

[1] 《中国人民政治协商会议共同纲领》,《人民日报》,1949年9月30日。
[2] 《毛泽东文集》(第六卷),人民出版社,1999年,第282页。

京等地调查。5月,李维汉向中央提交了《资本主义工业中的公私关系问题》的报告,认为新中国成立以来,我国私人资本主义经济经历了深刻的改组和改造,国家资本主义已有了相当的发展,呈现出从统购、包销、加工、订货至公私合营等一系列从低级到高级的形式。它在中国经济中的地位已在纯粹的资本主义经济之上,仅次于国营经济,居于现代工业的第二位。报告详细分析了国家资本主义的几种形式以后,指出了国家资本主义的地位和作用:

第一,国家资本主义是我们利用和限制资本主义的主要形式。我们对资本主义应从经营范围、原料供给、销售市场、劳动条件、技术设备、财政政策、金融政策等方面,依各地各业及各个时期的具体情况,采取恰如其分的有伸缩性的限制政策。国家资本主义的每一种形式,都是这些条件在不同程度上互相结合的结果。"通过国家资本主义形式,我们又限制了主要的私营工业的利润,使其超额利润转归国家所有。"[1]但是限制并不全然是消极的,而是包括扶与抑两方面,通过国家资本主义,我们不但可以抑制私营工业的消极作用,而且扶植了对国计民生有利的和服从我们领导的私营工业的发展。

第二,国家资本主义是将私营工业逐步纳入国家计划轨道的主要形式。它既包括私营工业的主要部分,又是国家可能加以计划的,我们计划了国家资本主义经济,也就计划了私营工业的主要部分的生产和大部分私营工业产品的流转。私营工业的其余部分由于其中又有不少是为国家资本主义工业服务的,也将因此间接地纳入计划。再余下的部分主要是满足地方性需要的工业,暂时不能纳入计划轨道可能不致有大害,而且可能更易于适应当前中国经济的复杂情况。

---

[1] 中共中央文献研究室编:《建国以来重要文献选编》(第四册),中央文献出版社,2011年,第192页。

第二编　由新民主主义向社会主义社会过渡时期党的经济思想

第三，国家资本主义是资本主义工业逐步向社会主义过渡的主要形式。包括在国家资本主义中的工厂，其主要部分目前是私营工厂的精华，将来依照国家计划的需要而发展，并将逐步获得改造，因而是有前途的。这些私营工厂国家资本主义化的过程，从低级的国家资本主义形式向高级的国家资本主义形式发展的过程，也就是逐步改造其生产关系和逐步走向社会主义的过程。到了高级的公私合营，就与社会主义接近了。同时随着私营工厂的国家资本主义的改造，其中资产阶级分子就获得逐步进行思想改造的物质基础，因而有可能逐步改造为国营工业的管理或技术的干部，并促进我们的管理干部成长起来。所以国家资本主义是我们利用资本主义工业来训练干部、改造资产阶级分子的主要环节，也是我们同资产阶级进行统一战线工作的主要环节。

这一报告受到了中共中央和毛泽东等人的高度重视，中央政治局于6月15日、29日两次讨论了这个报告，并责成李维汉根据讨论的意见对报告加以补充和修改，然后提交全国财经工作会议进一步讨论。李维汉随后根据这一决定写成了《关于利用、限制和改造资本主义工商业问题的意见》。1953年7月，毛泽东在对全国财经工作会议领导小组会议纪要的批语和对中华全国总工会关于加强资本主义工业企业中的工会工作的指示所作的修改中，两次对国家资本主义性质作了基本相似的论述。同年9月7日，毛泽东同民主党派和工商界部分代表的谈话中明确指出，"有了三年多的经验，已经可以肯定：经过国家资本主义完成对私营工商业的社会主义改造，是较健全的方针和办法"。他要求对《共同纲领》第三十一条关于发展国家资本主义的方针，现在应明确起来和逐步具体化。所谓"明确起来"，是说在中央及地方的领导人的头脑中，首先肯定国家资本主义是改造资本主义工商业和逐步完成社会主义过渡的必经之路。关于实行国家资本主义的步骤，他认为应"稳步前进，不能太急。将全国私营工商业基本上(不是一切)引上国家资本主义轨道，至少需要三年至五年的时间,因此不应该发生震动和不安"①。实行国家资本主义不但要根据需要和可能,而且要出于资本家的自愿,因为这是合作的事业,不能强迫。

(二)国家资本主义的主要形式

中国共产党在对私改造的实践中,创造了多种形式的国家资本主义,主要有初、中级形式和高级形式两大类。

工业中的国家资本主义的初、中级形式,包括"收购、加工、订货、统购、包销"等具体形式。收购,即由国营企业、商业机关按规格和价格,临时或定期向私营厂收购一定数量的产品。这是国家资本主义的初级形式。加工,是由国营企业供给私营厂原料或半成品,委托其按规定价格、质量、数量、期限进行加工生产,国营企业付给其加工费,加工费一般包括工资、税收、合理的费用和利润。订货,是国家规定所需要的产品的规格、质量、数量、货价、交货期限,向私营厂订购产品。订货货价包括成本、税收和合理的利润。统购,国家规定对若干关系国计民生的重要工业品由国家或国营企业统一收购,私营厂生产的这类产品一律不得自行向市场销售。包销,是国家规定某些私营厂的产品的全部或一部分在一定时期内归国家或国营企业包销,私营厂不得自行销售。这些皆是国家资本主义的中级形式。

在商业方面,对零售商实行的国家资本主义初、中级形式有批购、经销、代销、专业代销等。批购也叫批购零销,是私商以现款向国营商业批购商品,按规定的牌价或核定的价格出售,取得批零差价的收入。但私商按期向国营商业提出进货计划的同时,仍有相当部分同类商品在自由市场进货,所以这是国家资本主义的低级形式。经销,是私商以现款向国营商业或合作社进货,按国家规定的牌价和供应办法出售,从经销中取得批零差价的收入,但不得

---

① 《毛泽东文集》(第六卷),人民出版社,1999年,第291页。

第二编　由新民主主义向社会主义社会过渡时期党的经济思想

再从自由市场购进所经销的产品。代销,是国营商业把商品委托给私商按照国营商业的供应计划和规定牌价出售,私商取得规定的代销手续费。执行代销业务的私商应向国营商业缴存一定的保证金,并不得再向自由市场购进属于代销的商品。专业代销是在代销的基础上取消了私商的自营业务,改由国营商业供给其全部货源,代销商品即全部属于国家所有,企业销售计划已完全受国营商业的计划支配,因此它是代销形式的进一步发展。此外,还有在店内的一部分货柜实行专业代销的专柜代销制。这些都是零售商业中的国家资本主义的中级形式。对私营进出口商,当时则实行了代购代销、公私联营等初、中级形式的国家资本主义。代购代销是由国营公司供给进口外汇或出口货源,委托私商按照合同规定的品种、数量、规格、价格、交货日期等条件代办进口或出口业务,另给他们以适当的利润。公私联营是私营进出口商在国营公司领导下,以公私投资方式,联合经营业务,这些业务主要是为国营代购代销,但可由国营公司统一安排、统一组织出口货源和供给进口外汇。盈余分配,即以盈余较多部分按推销关系分配,较少部分按投资额分配,私商并仍保留原企业组织。

国家资本主义的初、中级形式的共同特点是:社会主义经济成分同资本主义经济成分在企业外部的流通过程中建立了联系,通过这种联系在供、销两个环节上切断了资本主义工业与资本主义商业、资产阶级与农民的联系,使得资本主义经济间接地纳入了国家计划的轨道。如陈云所说:"这是逐步消灭无政府状态的手段。通过这种办法,把他们夹到社会主义。"[1]

国家资本主义的高级形式又分为个别企业公私合营和全行业公私合营两种。

---

[1] 《陈云文选》(一九四九——一九五六年),人民出版社,1984年,第93页。

个别企业的公私合营,即企业中拥有国家投资的公股和资本家的私股这两部分,国家派公方代表担任企业领导,生产经营纳入国家计划,利润分配也按国家规定执行,是一种生产资料的公私共有制。

公私合营与加工订货等国家资本主义初级形式最大的区别在于:社会主义经济成分同资本主义经济成分的联系由企业外部进入了企业内部,从而使企业的生产关系发生了深刻的变化。1954年9月,李维汉在《关于〈公私合营工业企业暂行条例〉的说明》的报告中论述了这种变化:①社会主义成分在企业内部同资本主义成分合作并且居于领导地位。在合营企业中,私人股份的合法权益依然存在并且受到保护,但资本家处于公方领导之下,改变了他们在私营时期支配企业的地位。②合营企业的经营管理不再采取资本主义方式,而将逐步向国营企业看齐,以发展生产、保证需要和国家计划的要求为指导方针。这就是说,社会主义基本经济法则和国民经济有计划发展的法则,将在合营企业内起直接的作用。③工人在企业中的地位改变了,公方和职工群众结合在一起居于企业的领导地位。④资本家和资本家代理人得到公方直接、经常的领导和教育,得到职工群众的帮助和监督,因而有可能在实践中学习新事物和新思想,逐步改造自己,正确地发挥他们的才能和积极作用。⑤在盈余分配上,企业利润除小部分用来发付股息红利和适当改善职工福利外,大部分可以根据国家计划用于发展生产。关于国家资本主义企业利润分配,1953年9月7日,毛泽东与民主党派、工商界代表谈话中对此列表作了说明:所得税为34.5%,福利费为15%,公积金为30%,资方红利为20.5%,总计100.0%。《公私合营工业企业暂行条例》则规定,合营企业应当将全年盈余总额在缴纳所得税以后的余额,就企业公积金、企业奖励金、股东股息红利三个方面进行分配。其中股东股息红利,加上董事、经理和厂长等人的酬劳金共可占到全年盈余总额的25%左右。这在当时被称为"四马分肥"。

第二编 由新民主主义向社会主义社会过渡时期党的经济思想

在企业生产关系上所发生的以上重要变化，使公私合营企业成为半社会主义性质的企业，具有国家资本主义中级形式不能比拟的优越性。《中共中央关于资本主义工商业改造问题的决议》即认为，在这样的公私合营企业，那就不仅是半社会主义的，用列宁的话来说，"那就已经是四分之三的社会主义了"。

对私营商业公私合营，国家采取的改造措施还有：①对私营批发商，以零售为主而兼营批发的一般转为零售商；专营的批发商或以批发为主而兼营零售的，其中凡能继续经营者，让其继续经营；凡为国营商业所需要者，可以为国营商业代理批发业务；凡能转业者，辅导其转业；经过上述办法仍无法安置者，其职工连同资方代理人可经过训练，由国营商业录用。②对城乡私营零售商除一部分必须和可能转业的以外，一般的应逐步把他们改造成为合作商店或国家资本主义的零售商。

全行业的公私合营是国家资本主义的最高形式。1954年12月，国务院第八办公室和地方工业部联合召开了第二次全国扩展公私合营工业计划的会议。与会者认为，现在扩展公私合营是采取"吃苹果"的办法，将条件好的较大的私人企业公私合营了，但光吃"苹果"，不吃"葡萄"，把小的、条件差的私营企业甩给了地方，这些企业无法承担国家分配的任务。如果把这些小企业合并起来又遇到所有权障碍。对此，周恩来认为资本家的企业在人民民主专政下应该受到照顾，不能只照顾大的公私合营企业而不管小企业及其工人。八办主任陈毅为此向中央报告：为了贯彻统筹兼顾的政策，在扩展合营的方式上，应采取个别合营与按行业改造（组）相结合的办法。因为我国的资本主义工业有很大的分散性、落后性。除了少数现代化大工业外，还有数量众多的、落后的中小工业。如果不通盘规划，只对较大较重要的企业进行个别合营，不仅使多数的中小企业在经营上更加困难，而且会给扩展公私合营工作造成困难。但按行业改造,并不等于原封不动地全部包起来,而是对企业通盘规划,统一安排。可以个别合营的就进行个别合营;需要进行联营合并的,就采取以大带小,以先进带落后的办法,进行并厂和生产改组,并使这种组合工作和合营工作结合起来;需要而且可以迁厂的,就帮助迁厂,在适当时期再进行公私合营;至于那些没有改造条件必须淘汰的企业,则可以有计划、有步骤地吸收其人员,淘汰其企业。

1955年10月18日,中央批准了中央统战部部长李维汉的关于资本主义工商业社会主义改造调查研究方针的请示报告。报告依据在工业方面全行业公私合营已获得成功的经验和商业方面也开始出现全行业统一合营的新的经验,提出拟着重研究在工业和商业两方面都采用基本上实行全行业合营方针的可能性,并且研究能否在今后两年即第一个五年计划最后两年基本上实现这一方针。

1955年11月16日,陈云在中共中央召开的关于资本主义工商业社会主义改造问题会议上,从对各行各业的生产进行全国范围的统筹安排的角度提出:现在既然按整个行业来安排生产、实行改组,那么,整个行业的公私合营也就是不可避免的。如果不实行全行业的合营,就无法安排生产,也无法进行改组。如果还是一个厂一个厂地搞公私合营,十几万个工厂,要搞到哪一年呢? 全行业合营比之单个工厂合营是公私合营的高级形式,不仅合营的速度快,而且质量高。之所以说质量高,就是全行业合营打破了厂与厂的界限,这是一个进步。这样做,不仅可以提高生产力,而且便于过渡到完全的社会主义所有制。[①]

在中央方针的指引下,1955年下半年兴起了对私改造的高潮。1956年1

[①] 参见《陈云文选》(一九四九——一九五六年),人民出版社,1984年,第286页。

第二编　由新民主主义向社会主义社会过渡时期党的经济思想

月底,继北京之后,全国大城市和五十多个中等城市实行了全行业的公私合营,对私改造取得了基本胜利。

四、对民族资产阶级的赎买政策

赎买政策是党对私人资本主义进行和平改造的核心内容。对资产阶级进行赎买,是无产阶级革命导师早就有过的设想。1847年,恩格斯在《共产主义原理》中就称共产主义者是最不会反对用和平方法改造资本主义所有制的人,并设想"直接用纸币来赎买"的办法。1894年恩格斯又提出,对大土地占有者和工厂主的剥夺是否要用赎买来实行,"这大半不是取决于我们,而是取决于我们取得政权时的情况,尤其是取决于大土地占有者老爷们自己的行为。我们决不认为,赎买在任何情况下都是不容许的;马克思曾向我讲过(并且讲过好多次!)他的意见:假如我们能用赎买摆脱这整个匪帮,那对于我们是最便宜不过的事情了"[①]。列宁十分赞同马克思、恩格斯的这一观点,认为"在一定条件下,工人决不拒绝向资产阶级赎买"。为了便于过渡到社会主义,保存极大的生产组织,如果环境"会迫使资本家和平屈服,并在赎买的条件下文明地、有组织地转到社会主义,那就要给资本家付出较高的价钱,向他们赎买,这种思想是完全可以容许的"[②]。但是俄国十月革命后,囿于当时的历史条件,列宁的设想未能实现。

马克思、恩格斯、列宁的赎买设想,在中国得到了实践和实现。毛泽东于1955年10月29日在资本主义工商业社会主义改造问题座谈会上的讲话中说:"我们现在对资本主义工商业的社会主义改造,实际上就是运用从前马克思、

[①] 《马克思恩格斯选集》(第四卷),人民出版社,1972年,第314~315页。

[②] 《列宁选集》(第三卷),人民出版社,1972年,第548~550页。

恩格斯、列宁提出过的赎买政策。"关于这种赎买政策的内容,毛泽东指出:"它不是国家用一笔钱或者发行公债来购买资本家的私有财产(不是生活资料,是生产资料即机器、厂房这些东西),不是用突然的方法,而是逐步地进行,延长改造的时间,比如讲十五年吧,在这中间由工人替工商业者生产一部分利润。这部分利润,是工人生产的利润中间分给私人的部分。有说一年四五个亿的,有说没有这么多的,大概是一年几个亿吧,十年就是几十个亿。我们实行的就是这么一种政策。全国资本家的固定资产的估价,有这么一笔账:工业方面有二十五亿元,商业方面有八亿元,合计是三十三亿元。我想,如果十五年再加恢复时期三年共十八年,工人阶级替资产阶级生产的利润就会超过这个数字。"[1]《中共中央关于资本主义工商业改造问题的决议》重申了毛泽东所说的赎买的办法:工人阶级在为了满足人民群众和国家的需要而生产的同时,也为资产阶级生产部分利润。这是逐步赎买,不是一下子赎买;也不是由国家另拿出一笔钱来进行赎买,而是由工人阶级在十年左右的时间内用给资本家生产一部分利润的方法进行赎买。该决议还指出了赎买的另一种形式:"除了对于资产阶级的生产资料进行这种办法的赎买以外,对于那些有技术才能和有管理企业的能力因此使企业能够供给国家更多工业品的资本家,还给予较高的薪水,同时,直到现在还有许多资本家用职员的名义在企业中支取相当高的薪水。其中有一些人是没有能力而挂名支薪的。这些,在过渡时期,也是属于一种赎买的性质。"[2]

赎买的形式或具体办法经历过以下变化:公私合营以前,通过加工、订货等国家资本主义初级形式使私营企业获得合理利润;个别企业公私实行按比

---

[1] 《毛泽东文集》(第六卷),人民出版社,1999年,第499页。
[2] 国家经贸委编:《中国工业五十年:新中国工业通鉴》(第二卷),中国经济出版社,2000年,第392~396页。

第二编　由新民主主义向社会主义社会过渡时期党的经济思想

例分配利润(即"四马分肥");全行业公私合营以后采取定期定息制度,并由国家对全部资方在职人员分配工作。其中定息就是把原来分给资本家的利润改变为按照固定资产价值付给定额利息。实行定息制度后,工厂的生产关系、国家与工厂的关系、资本家与工厂的关系都发生根本性改变,除通过定息保持私股在一定时期内的定额利润外,企业变为基本上由国家按照社会主义的原则来掌控经营。资本家虽暂时保存了其资产价值,握有此部分资产的所有权,但是不能变卖。工厂、企业管理的实际权力转到了国家手里。资方人员仅是以一个普通的工作人员而非企业主的身份参加一部分管理,而不再拥有以往的资本权利。

1956年2月8日,国务院发布的《关于在公私合营企业中推行定息办法的规定》提出,定息就是企业在公私合营时期,不论盈亏,依据息率,按季付给私股股东以股息,并规定全国年息为一至六厘,各地可根据具体情况而定。定息原定七年,后又延长了三年,直到1966年才停止,共实行了十年。1966年定息被取消,标志中国私营工商业完全转变为全民所有制企业。

关于赎买的意义,毛泽东在1957年1月18日《在省市自治区党委书记会议上的讲话》中指出,我们把资本家包了下来,还给他们七年的定息。七年以后怎么办? 到时候还要看。最好留个尾巴,还给点定息。出这么一点钱,就买了这样一个阶级。这个政策,中央是仔细考虑过的。资本家加上跟他们有联系的民主人士和知识分子,文化技术知识一般比较高。我们把这个阶级买过来,剥夺他们的政治资本,使他们无话可讲。[①]

与经济上的赎买相应,中国共产党在政治上也采取了对资产阶级成员进行正确、妥善安排的政策。毛泽东指出:"对资本家的安排主要是两个,一个是

---

① 参见中央文献研究室编:《毛泽东年谱(一九四九——一九七六)》(第六卷),中央文献出版社,2013年,第67页。

工作岗位,一个是政治地位,要统统地安排好。政治地位方面,给选举权的问题,无所谓安排了,因为我们早已宣布,对民族资产阶级是不剥夺它的政治权利的,跟对地主阶级和官僚资产阶级采取不同的政策。"①陈云强调,所有资方实职人员应该全部安置,不应该让有经营能力的资方实职人员坐"冷板凳",而要尽可能地使用他们。《中共中央关于资本主义工商业改造问题的决议》也指出,对资产阶级在进行赎买的同时给予他们必要的工作安排,不剥夺资产阶级的选举权,并且对于他们中间积极拥护社会主义改造且在这个改造事业中有所贡献的代表人物给予恰当的政治安排。前述毛泽东1957年1月18日《在省市自治区党委书记会议上的讲话》论述此举时说,剥夺的方法,一个是出钱买,一个是安排,给他们事做。这样,政治资本就不在他们手里。我们要把他们的政治资本剥夺干净,没有剥夺干净的还要剥。②

对资产阶级进行赎买和安排,最终是为了消灭资产阶级。毛泽东说:"资产阶级要灭掉,不是讲把人灭掉,是把这个阶级灭掉,人要改造。"③因此,党强调应采取企业改造和人的改造相结合的方法,力争将资产阶级成员改造成为自食其力的劳动者。

需要注意的是,赎买不是等价购买,如果是等价购买,就需要按照企业全部资本的等值予以补偿。赎买是相对于直接剥夺而言的。中国所采取的赎买措施实际是一种渐进的、半剥夺的政策。民族资产阶级的原有资本实际上只获得一部分补偿。赎买政策对国家有利:所付代价不大且所得多多;对资本家也有利:相比起暴力直接剥夺来,无论是在经济、政治还是社会生活各方面皆

---

① 《毛泽东文集》(第六卷),人民出版社,1999年,第499页。
② 参见中央文献研究室编:《毛泽东年谱(一九四九——一九七六)》(第六卷),中央文献出版社,2013年,第67页。
③ 《党的文献》编辑部:《共和国走过的路——建国以来重要文献专题选集》(1953—1956),中央文献出版社,1991年,第125页。

第二编 由新民主主义向社会主义社会过渡时期党的经济思想

未损失殆尽。总体而言,资产阶级有所斩获,而国家和人民则得到了更大的利益,实现了双赢。

实践证明,党对民族资本主义改造的方针政策是正确的。在这些方针政策指引下对私改造的实践,尽管在后期存在着些许失误和不足,如全行业合营步子快了一些,对一些资方人员安排欠当,将一些小商小贩作为资本家处理等,但从总体上看获得了巨大成功:在完成对私改造的1956年当年,国有工业产值占67.5%,公私合营工业产值则占32.5%,为我国社会主义的发展奠定了坚实的基础。

社会主义"三大改造"的成功确立起公有制经济在国民经济中的主体地位,标志社会主义基本经济制度在中国确立,中国历史掀开了新的一页,进入了社会主义阶段,成为永远镌刻于史册的辉煌篇章。然而在充分肯定前人业绩的同时,也无法回避对一些问题的深入思考,如在合作化制度框架下个体农民土地所有权归合作社,使用权不断被限制;过早消灭私营经济,实行单一的公有制经济等的利弊。随着历史的发展,中国如今已实行了公有制为主体、多种经济成分共同发展的社会主义市场经济体制,个体经济、私营企业亦即私人资本主义经济也成为不可或缺的组成部分。这既是在社会主义"三大改造"基础上的继续前进,也是汲取、总结经验和教训的结果。

第五节 计划经济体制的逐步形成

一、选择计划经济体制的原因

计划经济体制,是苏联斯大林时期首先实行的由国家直接掌控生产资源,通过制订相关指令性计划进行经济活动、发展经济的集中体制。从20世纪50年代开始至70年代,中国共产党在中国逐步构建并实行了这一极大影响了中国社会和经济进程的体制。

马克思主义理论认为,在资本主义的私人占有和社会化生产的基本矛盾的驱使下,整个社会生产呈现出无政府状态,给生产力发展造成巨大戕害。社会主义就是要克服资本主义的这一弊端,在生产资料公有制的基础上把整个社会组织起来,进行有计划的生产。俄国十月革命后,在斯大林时期照此思想建立起的计划经济体制保证了苏联经济和综合国力迅速发展,取得巨大成就,为赢得反法西斯战争的胜利奠定了雄厚的基础。以马克思列宁主义为指导思想的中国共产党人,仿效苏联,试图尽快实施马克思主义经典作家设想的社会主义经济体制,是选择这一体制的客观原因。除此以外,还有自己的内在因素。

第一,中国民主革命时期,走农村包围城市工农武装割据的道路的中国共产党所建立的农村革命根据地长期被敌人分割包围,为夺取战争胜利,必须尽一切可能集中掌握所有的资源特别是全部生产要素,统一使用。这与计划经济的基本原则完全一致。随着革命力量的发展,若干实力雄厚的解放区

第二编 由新民主主义向社会主义社会过渡时期党的经济思想

如东北已开始仿照苏联模式,逐步建立起这种高度集中统一的经济体制。新中国成立后,由局部执政的计划体制到全国性计划体制之间的发展自然也是顺理成章、无障碍平滑切换。

第二,这是落后大国工业化战略的选择。在夺取民主革命胜利后,早日实现工业化,建成一个独立富强的社会主义国家,实现中华民族的伟大复兴,是中国共产党人矢志不渝的目标。毛泽东多次说过,哪一天赶上美国才能出一口气。这就决定了作为后发的大国不可能按照资本主义经济那种先发展轻工业再发展重工业的规律运作,而是要"弯道超车",推行优先发展重工业的战略。重工业需要大量资金、材料、人力等投入,建设周期长,如何保证经济剩余的积累流向重工业部门成为亟待解决的问题,但是新中国刚从半殖民地半封建社会获得解放,一穷二白,经济极其落后、力量薄弱、资源短缺,且发展严重不平衡,在此基础上开展现代化建设,更必须集中配置,使用一切资源向既定目标运作,而计划经济体制即能满足这一需求,确保国家在较短时间内集中有限的人力、物力、财力实现工业化,奠定富强基础。

第三,中国共产党对大规模的经济建设特别是现代化工业建设缺乏经验,第一个五年计划只能寻求苏联帮助,如毛泽东1958年在成都会议上所说,重工业的设计、施工、安装,自己都不行,没有经验,中国没有专家,部长是外行,只好抄外国的。周恩来也曾总结:"由于我们没有建设经验,第一个五年计划只有照抄苏联的经验。"[①]苏联的计划经济的现成做法也由此必然被吸取和引进。

中国共产党构建计划经济体制,是在实践中不断推进逐步认知的。大体来

---

① 中共中央文献研究室编:《周恩来年谱(一九四九——一九七六)》(中卷),中央文献出版社,1997年,第583页。

说,与从新民主主义向社会主义的过渡紧密联系在一起,分为前后两个阶段。

1949年10月至1952年底,是中国共产党领导人民恢复国民经济时期。在此期间,党和政府通过没收将近三千个官僚资本企业并将其转化为占全国工业资金78.3%的国营工业,掌握了国民经济的命脉,与根据地原有的公有经济一起,建立了社会主义性质的公有制。计划在资源配置、生产、流通过程中的作用逐步扩展,国有企业已纳入计划,通过对私营工商业的调整,也使之初步纳入统一的计划生产的轨道,采用加工、订货、包销等国家资本主义初级形式的私营企业产值比重,1950年为29%,1951年为43%,1952年为56%。实行计划调拨的生产资料1950年为8种,1951年为33种,1952年为55种。而市场体制因素的作用空间不断被压缩,范围日渐缩小,作用力度减弱,特别是要素市场逐渐萎缩,金融、劳动力市场先后消失。

相应地,党和国家逐步建立起中央财政经济委员会、全国编制委员会、全国仓库物质清理调配委员会、国家现金调度总机构人民银行等统一领导全局经济的组织机构,成为掌控经济的抓手,对主要经济活动实行直接行政干预,迅速统一全国财政经济,包括统一全国财政收支、统一全国物资调度、统一全国现金管理。1950年2月,全国财经会议又进一步规定了统一财政收支、公粮、税收、编制、贸易、银行的"六个统一",并开始提出发展国民经济的如粮食、皮棉、煤炭等1950年度的生产计划,编制《1950年全国财政收入概算草案》《1950年国民经济计划概要》,一些有条件的老解放区如东北已开始有计划的经济建设。

党的七届三中全会后,1950年8月,中央召开了第一次全国计划工作会议,讨论编制1951年计划和三年奋斗目标。值得注意的是,规定编制采用由各部门先行制订,再由中央予以综合形成的方法,显示了中央统一领导与部门、地方条块分列,分级负责的体制的端倪。

第二编　由新民主主义向社会主义社会过渡时期党的经济思想

1951年,中央人民政府政务院财经委员会(中财委)颁发《关于编制1952年国民经济计划程序的通知》《关于加强计划工作的大纲》《国民经济计划编制暂行办法》。1953年,中共中央又发布了《关于建立计划结构的通知》。首先加强了对国营工业生产和基本建设,并对农业、手工业、私营工商业的产销和市场价格开始实行计划管理。计划经济体制初步形成。

国民经济基本恢复后,党领导人民开始了有计划的空前规模的经济建设。如1952年8月4日,毛泽东在政协第一届全国委员会常委会第三十八次会议上的讲话指出:"经过两年半的奋斗,现在国民经济已经恢复,而且已经开始有计划的建设了。"[1]在已建立各种专门性计划管理机构的基础上,1952年11月成立了与政务院平级的国家计划委员会。在全国范围内实行重要物资统一分配制度,为制订第一个五年计划,又相应建立起编制计划纲要草案工作小组等机构。"一五"计划编制完成后,政务院以命令形式颁布,要求各地、各部门遵照执行。1954年,一届人大一次会议通过的第一部《中华人民共和国宪法》第十五条规定:"国家用经济计划指导国民经济的发展和改造,使生产力不断提高,以改进人民的物质生活和文化生活,巩固国家独立和安全。"这表明,计划经济体制已成为我国法定的经济体制,1953—1957年由国家计委直接分配的工业品由110多种增加到300多种,占工业产值的比重提高到60%。通配物资则由227种增加到532种。[2]国务院在1955年批准《国家计委暂行工作条例》,第二年又批准《地方各级计委暂行组织规则》,1957年发布《关于各部负责综合平衡和编制各该管生产、事业、基建和劳动计划的规定》,至此中国计划经济体制框架已定型。其间,生产资料所有制的社会主义改造完成,使得农民、私营企业割断了与市场的联系,市场体制因素最终被逐出资源配

---

[1] 中共中央文献研究室编:《建国以来重要文献选编》(第三册),中央文献出版社,2011年,第263页。
[2] 参见韩永文:《我国农业在国家工业化过程中的贡献分析》,《当代中国史研究》,1999年第2期。

置领域,市场体系逐渐萎缩,资金、劳动力市场全面消失,特别是公私合营企业没有明晰公私产权与自主权,成了实际上的国有企业。

由于国情的差异,我国20世纪50年代构建的计划经济体制虽然总体上与苏联等社会主义国家一致,但具有自己的显著特点:

第一,在集中统一的原则下,强调中央与地方两个积极性的结合。1950年6月财政经济状况初步好转后,中央肯定了华北局"除重工业和规模宏大的轻工业应归中央直接经营外,其余国营工业应委托省经营较为有利"[①]。1951年陈云提出"要分一点权给地方",工业方面,中央和地方分管;贸易方面,在中央规定的总价格水平上地方可适当调整;税收方面,有几种税地方可作调整。不久中央决定把高度集中的方针转变为"统一领导,分级负责"的方针[②]与由中央、大区、省市三级管理体制。并在计划管理的大前提下,在一定程度、一定阶段内未完全忽视市场,注重对市场的管理。

第二,在计划管理上实行多种计划类型。初期曾经划分直接计划、间接计划、估算性计划等种类。1953年8月,在关于编制计划的指示中指出:"对于不同的经济成分有不同的计划。国营经济,实行直接计划,其他经济成分实行间接计划。""对中央各部所属的国营经济,要求作比较完整的全面的计划;对地方国营经济,只要求计划几项主要指标。"[③] 1955年又进一步提出"对于直接计划、间接计划和估算性计划,应加以区别,不能一律看待"[④]。

第三,由于当时中国经济落后,自然经济在相当长的时期内继续存在,所以计划经济体制难以完全覆盖,在农村尤为如此,因而长期存在计划与市场、

---

① 马齐彬等:《中国共产党执政四十年》,中共党史资料出版社,1989年,第16页。
② 同上,第31页。
③ 同上,第67页。
④ 同上,第89页。

第二编 由新民主主义向社会主义社会过渡时期党的经济思想

亚市场活动之间即所谓"社会主义道路与资本主义道路"的博弈,加之权力、意志不断介入并进行干扰,计划的科学性、严肃性、刚性约束力则比苏联薄弱。

二、统购统销与计划经济体制

在计划经济体制构建、形成的过程中,粮食等农产品统购统销政策的制定与实行起了关键性的推动作用,其本身也成为这一体制的重要组成部分。

为解决棉织品供销矛盾,早在1951年1月4日,政务院财经委员会公布了《关于统购棉纱的决定》,自该决定公布之日起,凡公私纱厂自纺的棉纱及自织的棉布均由国营花纱布公司统购。公私纱厂现存的棉纱、棉布,均须进行登记,由国营花纱布公司承购,停止自行在市场出售,开统购统销之先河。而粮食的统购统销,更促成这一体制完整确立。

在当时中国这样一个经济落后、人口众多的国家中进行大规模的经济建设,必然要遇到粮食供不应求的困难。据统计,1952年7月1日至1953年6月30日,国家收入粮食547亿斤,支出则达587亿斤,收支相抵,赤字达40亿斤。如此巨大的差额,既无法通过增加收入来弥补,也不能采取减少支出以解决。后者原因正如陈云于1953年10月10日在全国粮食会议上的讲话中所指出的,市场上的粮食销售量不能减少,这是因为城市和集镇人口的吃粮必须按数供应,农村灾民和缺粮户的口粮也必须供给。出口粮食不能减少,因为这关系工业建设,相当部分的出口粮食是用来跟苏联等国换机器或原材料的。军队和机关人员的口粮不能减少,因为这关系到政权的巩固。储备粮、库存粮不能减少,吃净卖光,扫地出门,再来接收新粮是十分危险的,这会使国家丧失对粮食进行周转、调控的余地,一旦出现危机,后果将不堪设想。造成当时粮食供销之间如此尖锐矛盾的原因,党中央认为除了农业生产落后、粮食产量不高外,还有以下三个方面：

第一,供应商品粮的人口迅速扩展。除增长迅猛的城镇居民(20世纪50年代初是中国人口增长的高峰期)外,未复员、精简的九百多万军政人员食用的全都是由国家和市场提供的商品粮。迅速扩展的经济作物种植区域的农民、灾民等其他缺粮人口的口粮供应,使得农村吃商品粮的人口也迅速增加。几者叠加,造成了商品粮销售量的大幅度增加。

第二,国家征购粮食下降。从1949年到1953年全国粮食生产虽然在总体上不断增产,但是国家并不能相应地增加手中掌握的粮食。其间,国家主要通过征收公粮的办法来取得粮食,市场收购只是一种辅助手段。市场收购和公粮征收的比例,1951—1952粮食年度为39∶61,1952—1953粮食年度为44∶56。为了减轻农民负担,1953年中共中央给各级党委的指示规定今后国家掌握商品粮,实行少征多购的方针,几年之内公粮征收数稳定在1952年的水平上。但是收购粮食却十分困难：由于农民生活的改善,其自身消费的粮食大为增加;还有一些地方农民为防备灾荒而把粮食储备起来,更有囤粮待价而沽者。如此一来,国家征收、购买的粮食在粮食总产量中的比重呈不断下降的趋势：1951年为28.2%,1952年则下降为25.7%。正如陈云所分析的："现在农民不把粮食卖给商人,商人也就无粮可卖,全部由我们来卖,所以我们卖出的就多了。换句话说,就是农民卖出的少了,我们卖出的多了。"[①]

第三,私商对粮食的收购。由于当时粮食可以自由买卖,相当一部分私商也经营粮食。1952—1953年粮食年度内,私商收购的粮食占全国上市粮食总数的30.1%,与国营粮食公司、供销社鼎足而立。在一般情况下私商对于满

---

① 《陈云文选》(一九四九——一九五六年),人民出版社,1984年,第202页。

第二编　由新民主主义向社会主义社会过渡时期党的经济思想

足群众的粮食消费也能起到积极作用,但是当粮食供应紧张时一些投机者则会借机兴风作浪,扰乱市场。他们掌握的粮食越多,国家手中掌握的粮食就越少,对市场的威胁就越大。

粮食供销矛盾产生了严重后果。一方面,引起了群众的恐慌和粮食投机现象的出现,不少地方已开始发生混乱;另一方面,粮食匮乏又引起粮价的上涨,并引发诸多商品价格的波动,这是最令人担忧的。陈云指出:"粮食混乱的后果是什么呢？过去我们说物资充足,物价稳定,一个是指纱布,一个是指粮食。纱布和粮食相比较,粮食更重要。粮食波动就要影响物价。"劳动者的收入用在吃的方面的占百分之六七十,用在穿的方面的只不过占百分之十左右。粮食涨价会引发全面涨价,进而连带工资增加和预算超支,"这样一来,就会造成人心恐慌,人民政府成立以后老百姓叫好的物价稳定这一条,就有丢掉的危险"[1]。从这个意义上看,粮食问题关系工农联盟的巩固,关系国家的稳定,关系天下的安危。

党中央一直密切地注视着粮食形势的发展。1953年上半年当粮食供销矛盾进一步加剧时,毛泽东指令中财委拿出具体的解决办法。经薄一波、陈云等人的研究,提出了一系列方案,并从中认定了最佳方案是统购统销。1953年10月2日,中央政治局召开扩大会议,讨论了解决粮食购销矛盾的办法,作出了对粮食实行统购统销的决策。10月10日,全国粮食会议贯彻了这一决策。会上,陈云再一次详细阐述了为什么要实行粮食统购统销政策。

陈云认为,在粮食问题上有四种关系要处理好。这就是:国家与农民的关系,国家与消费者的关系,国家与商人的关系,中央和地方、地方与地方的关系。这四种关系中难处理的是国家与农民和国家与消费者的关系,尤以处

---

[1] 《陈云文选》(一九四九——一九五六年),人民出版社,1984年,第206页。

理国家与农民的关系最为困难。在处理这些关系时有多种可供选择的方案,包括"在农村实行征购,在城市实行定量配给",即实行统购统销;"只配不征",即只在城市实行配给,农村则不实行征购;"只征不配",即只在农村实行征购,城市仍实行粮食自由购买;"原封不动",即维持目前粮食自由买卖的状况;"临渴掘井",即先自由购买,实在买不到时再去主要产粮区征购;"动员认购""合同预购""各行其是"不搞统一办法等八种方案。

通过对这些方案的比较分析,陈云认为:"上面这些办法,看来只能实行第一种,又征又配,就是农村征购,城市配给,其他办法都不可行。"陈云充分估计了实行这一政策可能产生的危险性,这种危险性主要是来自农民。"全国有26万个乡,100万个自然村。如果10个自然村中有1个出毛病,那就是10万个自然村。逼死人或者打扁担以至暴动的事,都可能发生。农民的粮食不能自由支配了,虽然我们出钱,但他们不能待价而沽,很可能会影响生产情绪。"但是不实行统购统销又会出更大的乱子。这是一个异常尖锐的矛盾,两难的抉择。"我现在是挑着一担'炸药',前面是'黑色炸药',后面是'黄色炸药'。如果搞不到粮食,整个市场就要波动,如果采取征购的办法,农民又可能反对。两个中间要选择一个,都是危险家伙。现在的问题是要确实把粮食买到,如果办法不可行,落空了,我可以肯定地讲,粮食市场一定要混乱。这可不是开玩笑的事情。""我们的需要量一天一天地增加,但是粮食来源不足,需要与来源之间有矛盾。""鉴于粮食供应紧张的状况,必须采取征购的办法。如果继续采取自由购买的办法,我看中央人民政府就要天天做'叫化子',天天过'年三十'。"不实行征购,不仅粮食会出乱子,市场会混乱;而且就只有把外汇都用于进口粮食,妨碍购买机器设备,影响工业建设。根据"两害相较取其轻"的原则,只有实行统购统销政策。这是一个长远的大计,只要我们的农业生产没有很大提高,这一条路总是要走的。

第二编 由新民主主义向社会主义社会过渡时期党的经济思想

当然,实行统购统销是有条件的。一是没有超过农民的承受能力。陈云指出:"两年来,农民实际拿出来的粮食,每年都在600亿斤以上,我们现在要征购的是340亿斤,从数量上说,完全有可能实现。"二是可以通过合理价格来吸引农民,"只要我们的价格定得公道,完成征购任务也是有可能的。一个数量,一个价格,这是两个决定的因素"。①

1953年10月16日,中共中央政治局召开扩大会议,通过了《中共中央关于实行粮食的计划收购和计划供应的决议》,发布了《关于粮食统购宣传要点》。11月19日政务院发布了《政务院关于实行粮食的计划收购和计划供应的命令》,规定了在全国范围内实行统购统销的具体办法。基本内容如下:

(1)计划收购。生产粮食的农民应按国家规定的收购粮种、收购价格和计划收购的分配数字将余粮售给国家。粮种和价格由中央统一规定。统购价格的规定,大体维持在当时城市出售价格的基础上,以不赔不赚为原则。同时又规定统购价格必须固定,以克服农民惜售以赚取季节差价的心理和行为。

(2)计划供应。供应的范围包括县以上城市、农村集镇、缺粮的经济作物区、一般地区缺粮户、灾区的灾民。

(3)严格控制粮食市场。一切有关粮食经营和加工的国营、公私合营、合作社营的商店和工厂,统一归当地粮食部门领导,所有私营粮商一律不许私自经营粮食,但得在国家严格监督和管理下,由国家粮食部门委托代理销售粮食。所有私营粮食加工厂及经营性的土碾、土磨,一律不得自购原料、自销成品,只能由国家粮食部门委托加工或在国家监督和管理下,按照国家规定的加工标准从事加工。一切非粮食机构和私商,禁止跨行业经营粮食。农民运

---

① 《陈云文选》(一九四九——一九五六年),人民出版社,1984年,第207页。

粮进城出售,由国营粮店或合作社收购。

(4)对粮食统一管理。实行在全国范围内"统一的管理,统一的指挥与调度"原则,所有方针政策的确定、所有收购量和供应量、收购标准和供应标准、收购价格和供应价格等,都必须由中央统一规定或经中央批准,地方则在既定的方针政策原则下,因地制宜,分工负责,保障其实施。

在实行统购统销时,仍然允许适当开放在国家控制、管理之下的粮食自由市场,以调节余缺,满足不同需要。陈云指出:"我们要允许有一个地点作为交易场所,在我们的领导和监督之下进行交易。这并不可怕,比起因为我们在市场上没有东西,投机商人在那里搞黑市,要好得多。最大的好处是人心定了,也可以防止粮食外流,制止城市有人囤积粮食。"[1]

统购统销政策在实行过程中不断完善,统购统销范围也逐步扩大。1953年11月15日中共中央根据政务院财经委员会提交的《食油产销情况及处理办法》的报告,作出了为解决食油供需困难在全国计划收购油料、相应地对食油实行计划供应的决定。为进一步解决棉织品供销矛盾,1954年,根据形势的发展,中共中央决定进一步将棉花、棉布也控制起来。7月13日中央批准了中财委关于改变棉花购销制度的建议。9月14日政务院公布了《关于实行棉布计划收购和计划供应的命令》《关于实行棉花计划收购的命令》,对棉布等实行统购统销。从当月起,全国城乡绝大部分地区开始凭布票供应棉布。

实行粮食统购统销以后,各地普遍存在强迫命令和多购甚至买"过头粮"等问题。1954年长江、淮河流域出现了历史上罕见的洪涝灾害。为救灾,国家在非灾区多购了约七十亿斤粮食。这就造成了国家与农民关系的紧张,

---

[1] 《陈云文选》(一九四九——一九五六年),人民出版社,1984年,第214页。

第二编 由新民主主义向社会主义社会过渡时期党的经济思想

如毛泽东在《论十大关系》中所说的"许多地方几乎人人谈粮食,户户谈统销。农民有意见,党内外也有许多意见"①的状况。为了稳定农民的情绪,正确贯彻统购统销政策,中共中央、国务院于1955年3月3日发出了《关于迅速布置粮食购销工作安定农民生产情绪的紧急指示》,规定将1955—1956粮食年度的粮食征购任务由929.7亿斤减为900亿斤(后又两次核减,最后减为830亿斤),并决定在全国实行粮食"三定"(定产、定购、定销)办法,使农民对粮食产销状况心中有数,从而做到毛泽东所要求的"粮食定产要低于实产,要使农民多留一点,多吃一点,多喂一点,多自由一点,做到人不叫,猪不叫,牲口不叫"的目标。

"三定"办法得到了农民的拥护,党和国家与农民的关系得到了改善。此后,统购统销制度又随着形势和计划经济体制的发展而不断发展完善,总体是越来越严密,更加深入到经济生活的各个领域。

对主要农产品实行统购统销,被称为与稳定物价、统一全国财经工作和实行生产资料私有制的社会主义改造并列的新中国成立以后经济领域的"三大战役",具有重要且深远的意义。统购统销政策,消除了粮食领域私人资本主义经营的无政府状态和囤积居奇等弊端,有效地保障了物价、市场的稳定,保障了当时城乡社会主义建设和人民基本生活的需要,成了新中国长治久安的基石之一。更重要的是,这一制度促进了党对个体农业、手工业、资本主义工商业的社会主义改造。实行统购统销政策不仅可以妥善地解决粮食供求矛盾,进一步切实地稳定物价和有利于粮食的节约,更是把分散的小农经济纳入国家计划的轨道之内,引导农民走上互助合作的社会主义道路,这是对农业实行社会主义改造必须采取的一个重要步骤。在酝酿这一政策时,毛泽东

---

① 《毛泽东文集》(第七卷),人民出版社,1999年,第29页。

即指出,马克思、恩格斯从来没有说过农民一切都是好的。农民有自发性和盲目性的一面。农民的基本出路是社会主义,由互助合作进大合作社(不一定叫集体农庄)。现在是"青黄不接",分土地的好处,有些农民开始忘记了。农民经济正处在由个体经济到社会主义经济的过渡时期。我们经济的主体是国营经济,有两个翅膀:一翼是国家资本主义(对私人资本主义的改造),一翼是互助合作、粮食征购。对农民的改造,这一个翼,如果没有收购粮食这一项,就不完全。而且实行统购统销,割断了城乡资本主义的联系,从农产品原料供应上迫使资本主义工商业进入国家资本主义的轨道,有力地推动了对私人资本主义的社会主义改造。因此,它是实现党在过渡时期总路线、夯实计划经济体制的不可缺少的组成部分。①

但是统购统销的负效应非常明显。政府用行政手段对农产品统购统销,是国家建立高度集中的计划体制的组成部分,割断了农民与市场的联系,扭曲了价值规律对农产品生产和流通的调节作用,限制了农村商品经济的发展。特别是统购统销的价格实行了工农业产品价格的"剪刀差",对农民实行不等价交换,据测算,1952—1990年通过价格"剪刀差"农业部门为工业部门提供净资金贡献达6990亿元。②长期的农副产品低价格严重损害了农民的利益,严重挫伤其生产的积极性,致使中国农业长期徘徊,停滞不前,农民的温饱问题长期不能解决,城市供应困窘。这种体制,直至改革开放开始后的1985年才正式取消,整整实行了三十多年。

我国20世纪50年代开始实行的计划经济体制,作为一种历史的选择,曾经发挥过重要的作用。通过这一体制,党和政府在短期内医治了旧中国遗留的经济混乱、动荡,顺利渡过了新中国成立初期的经济困难,开启了经济独立

---

① 参见《毛泽东文集》(第六卷),人民出版社,1996年,第295页。
② 参见韩永文:《我国农业在国家工业化过程中的贡献分析》,《当代中国史研究》,1999年第2期。

第二编　由新民主主义向社会主义社会过渡时期党的经济思想

发展的纪元;保证了在经济发展水平低下、国力有限的条件下进行经济建设,奠定了国民经济良性发展的物质基础。然而计划经济体制天然存在许多不容忽视的弊端:扭曲了产品、要素、价值、价格、报酬的内在规律,限制和排斥商品经济的发展和市场的调节作用;国家包办或代替本属市场经济主体的产供销、人财物等职责,"统得过死,管得过严",使得生产单位没有自主权、生产主动权和积极性,缺乏竞争压力而缺乏活力,滋生官僚主义,形成僵化的运营机制;在理论上把本应作为手段的计划经济和商品经济作为社会制度的本质,造成了"计划经济就是社会主义、市场经济就是资本主义"的错误观念,导致很长时期内商品短缺,不能满足人民群众日益增长的物质和文化需求。江泽民在党的十四大报告中说,传统的计划经济体制"有它的历史由来,起过重要的积极作用,但随着条件的变化,越来越不适应现代化建设的要求"[1]。这是科学客观的实事求是的评价。

---

[1] 中共中央文献研究室编:《十四大以来重要文献选编》(上),人民出版社,1996年,第3页。

# 第三编
社会主义建设的探索
与曲折发展中党的经济思想

生产资料所有制的社会主义改造基本完成以后,中国共产党领导全国人民进入了全面建设社会主义的新的历史时期。基于敏锐觉察到苏联模式存在弊端,中国共产党人再一次把马克思主义普遍原理同中国经济建设的实际相结合,探索中国社会主义经济建设的道路。

党的八大前后是中国共产党探索社会主义建设道路最为活跃的时期。毛泽东身体力行,在深入调查研究的基础上写出《论十大关系》,吹响了探索适合我国国情的社会主义建设道路的号角。刘少奇、周恩来、陈云等中央领导也纷纷发表讲话和文章,对中国的社会主义建设提出了许多真知灼见。

1956年6月召开的党的八大明确指出，社会主义制度在我国基本建立起来以后，国内的主要矛盾已经不再是阶级矛盾，而是人民对于建立先进的工业国的要求与落后的农业国的现实之间的矛盾、人民对经济文化迅速发展的需要同当前经济文化不能满足人民需要的现状之间的矛盾，其实质是先进的生产关系和落后的生产力的矛盾。为了与主要矛盾变化相适应，党的八大作出了将党的工作重心转向发展生产力的重大决策。

在取得可喜成绩的同时，由于当时客观条件的限制和主观认识的偏差，产生过许多失误，留下了许多宝贵的经验教训。党的八大后不久，党在指导思想上犯了"左"的错误。党的八大路线先被片面强调主观能动性的"鼓足干劲，力争上游，多快好省地建设社会主义"的总路线所替代，特别是1958年在"左"的思想指导下轻率地发动了"大跃进"和人民公社化运动，急于求成，企图凭借"唯意志论"违背经济规律的办法高速发展生产力，追求不切实际的高指标，以期实现在短时期内"超英赶美"的目标；违反"生产关系一定要适合生产力状况"的规律，人为拔高生产关系，急于向共产主义过渡，否认等价交换、按劳分配，刮"共产风"。所有这些"左"的行为最终受到了经济规律的惩罚，国民经济在1959年到1961年出现了严重困难，促使党开始纠正"左"的错误，着手调整国民经济，使之从1962年到1966年得到了比较顺利的恢复和发展。党在这一时期提出的关于调整国民经济的思想是探索中国社会主义建设道路的重要方面。应该指出，党内若干理论工作者也从理论层面对社会主义经济理论进行了深入探索。

党的八届十中全会以后，党的八大路线又被"以阶级斗争为纲"的"左"的错误路线取代，阶级斗争和两条道路斗争被视为加速经济发展的动力，发展生产力被曲解为无休止地追求生产关系升级的不断革命，从而使党的工作重心仍旧放在政治运动和阶级斗争上。正当国民经济开始进入新的发展时期，

第三编　社会主义建设的探索与曲折发展中党的经济思想

党的指导思想进一步出现失误,发生了1966年5月到1976年持续十年之久的"文化大革命",导致国民经济濒于崩溃。党在这些阶段付出的代价、留下的教训,党内一部分同志对这一时期"左"的指导思想及其教训进行分析和批判,也成为探索中国社会主义建设道路的重要组成部分。

第七章　党在党的八大前后对社会主义经济建设道路的初步探索

第一节　对社会主义社会主要矛盾的认识

一、《论十大关系》

1956年被毛泽东称为"多事之秋",这一年国内外皆出现了新的情况和问题:

这一年2月召开的苏共第二十次代表大会揭开了斯大林问题的"盖子",暴露了苏联党内和国内的许多问题,从而引起了国际共产主义运动和社会主义阵营内部的思想混乱,西方资本主义国家乘机在全世界掀起了一股反苏、反共、反社会主义制度的浪潮。

第三编 社会主义建设的探索与曲折发展中党的经济思想

在中国,由于社会主义制度确立不久,存在着许多不够完善的环节,特别是按照苏联模式建立的高度集中统一的经济体制的弊端逐步暴露,加之"三大改造"过快遗留了许多问题,不少群众对社会制度的急剧变化感到不适应。另一方面,1956年经济建设中再次出现了企图迅速缩短与先进国家差距、提前建成社会主义的"冒进"现象。这表明社会主义社会本身还有许多问题有待解决。

在上述背景下,中国共产党开始认真思考总结,特别注意研究苏联错误作为借鉴,主张学习苏联经验的同时坚持独立思考,将马克思列宁主义普遍原理与中国的实际结合,努力寻找出中国自己的社会主义建设的正确道路。

党对中国社会主义经济建设道路的初步探索实际上是从对经济工作中"冒进"问题的认识开始的。1956年2月8日,周恩来在国务院第二十四次全体会议所作的"经济工作要实事求是"发言中提出:第一,不要做超越现实可能性和没有根据的事。在轰轰烈烈的社会主义改造和建设中"超过现实可能和没有根据的事,不要乱提,不要乱加快,否则就很危险"。"条件不成熟不要硬干,要等条件成熟,做到瓜熟蒂落,水到渠成。"第二,绝不要提出"提早完成工业化"的口号。他针对当时党内外存在的这种思潮指出,"工业建设可以加快,但不能说工业化提早完成",晚一点宣布建成社会主义社会没有什么不好,还能鞭策我们更好地努力。在另一次会上他更直言不讳地指出,工业化不是短期内可以完成的。第三,制订计划要实事求是。针对一些部门、省市领导人中出现的盲目要求加快发展速度的急躁情绪,他指出:"各部门订计划,不管是十二年远景计划,还是今明两年的年度计划,都要实事求是。当然反对右倾保守是主要的,对群众的积极性不能泼冷水,但领导者的头脑发热了的,用冷水洗洗,可能会清醒些。"① 1956年5月,中央会议通过了"既反保守,又反冒进即在综合平衡中稳步前进"的建设方针,随即被6月召开的一届人大三次会议所接受。《人民日报》6月20日社论《既要反对保守主义,也要反对急躁情绪》向全党全国人民进一步阐述了这个方针。

从1955年12月至1956年初,中央政治局集中听取了中央工业、农业、运输、商业、财政等三十四个部委的工作报告,在大规模调查研究和多次讨论的基础上,毛泽东于1956年4月25日在中共中央政治局扩大会议作了《论十大关系》的报告。该报告初步总结了我国过去几年经济建设的经验,借鉴苏联的一些教训,提出了"把国内外一切积极因素调动起来,为社会主义事业服务"的基本方针,科学地论述了社会主义建设中的十大关系,即包括属于经济方面的重工业和轻工业、农业,沿海工业和内地工业,经济建设和国防建设,国家、生产单位和生产者个人,中央和地方五方面关系;属于政治方面的汉族和少数民族、党和非党、革命和反革命、是非、中国和外国五方面关系,共十大矛盾,要求妥善处理这些矛盾,以调动积极因素并化消极因素为积极因素建设社会主义。这标志着党正式开始了对中国社会主义经济建设道路的探索。

二、党的八大及其后对社会主要矛盾的判断

1956年9月,中国共产党召开了第八次全国代表大会。党的八大在深入总结了党的七大以后民主革命和社会主义改造两大胜利的经验的基础上,科学地分析了社会主义改造基本完成后的新形势,提出了国内主要矛盾和党的主要任务的转变问题,制定了党在开始全面建设社会主义的新时期的任务、路线、方针和基本政策。

---
① 《周恩来选集》(下卷),人民出版社,1984年,第190~191页。

第三编　社会主义建设的探索与曲折发展中党的经济思想

党的八大指出,随着社会主义改造取得决定性的胜利,社会主义制度在我国已经基本上建立起来,几千年来的剥削制度已被消灭;无产阶级同资产阶级的矛盾已经基本解决;制约生产力发展的制度障碍已基本克服,"国内的主要矛盾,已经是人民对于建立先进的工业国的要求同落后的农业国的现实之间的矛盾,已经是人民对于经济文化迅速发展的需要同当前经济文化不能满足人民需要的状况之间的矛盾"[①]。这一矛盾的实质是在我国社会主义制度已经建立的情况下的先进的社会主义制度同落后的社会生产力之间的矛盾。基于这样的认识,党的八大正确地提出我国人民还必须为彻底完成社会主义改造、最后消灭剥削制度和继续肃清反革命残余势力而斗争,同时,党和国家的中心任务是集中力量发展社会生产力,实现国家工业化,把我国尽快地从落后的农业国变为先进的工业国,满足人民群众不断增长的经济文化的需要。与之相应,党的八大坚持了1956年5月中央制定的既反对保守,又反对冒进,即在综合平衡中稳步前进的经济建设方针;正式通过了周恩来等主持编制的《关于发展国民经济的第二个五年计划(1958—1962年)的建议》,许多领导人提出了一系列经济建设的新观点。

党的八大在我国错综复杂的各种矛盾中提出关于中国社会主要矛盾转换的论断,是对社会主义社会认识的重大进展,成为党制定社会主义建设的路线、方针、政策的重要依据。

如何完成党的八大提出的历史任务?党的八大以后,党对中国社会主义建设道路继续进行深入探索。如周恩来的《经济建设的几个方针性问题》,陈云的《关于改进工业管理体制的规定》《关于改进商业管理体制的规定》《关于改进财政管理体制的规定》,邓小平的《今后的主要任务是搞建设》等皆是这

[①] 本书编写组:《中国共产党简史》,人民出版社,2021年,第188页。

方面的代表作。这些著述创造性地运用马克思主义原理来研究中国经济建设及其他方面的新情况和新问题,初步从理论上提出了在中国这样贫穷、落后的国家中如何建设社会主义的大政方针,为中国社会主义建设事业的健康发展指明了方向,其中产生了深远影响的应是毛泽东的《关于正确处理人民内部矛盾的问题》。

中国共产党人认识到正确分析、处理社会矛盾,特别是人民内部矛盾是进行社会主义经济建设的关键所在。《论十大关系》等实际上已提出了这一理论的雏形。1957年2月27日,毛泽东在最高国务会议第十一次扩大会议上对此又作了详尽阐述,并在会后对讲话稿进行了多次补充阐发,于6月19日公开发表了《关于正确处理人民内部矛盾的问题》。该文对社会主义社会矛盾,特别是两类矛盾、人民内部矛盾、处理方法等作了系统、精辟的论述。

关于社会主义社会的基本矛盾。毛泽东指出,社会主义社会的基本矛盾仍然是生产关系和生产力、上层建筑和经济基础之间的矛盾。不过同旧社会相比,这些矛盾的性质不再是对抗性的,而是可以通过社会主义制度本身加以解决。毛泽东还认为,正是基本矛盾等社会主义社会矛盾的运动,推动社会主义社会不断向前发展。这就将历史唯物主义、辩证法彻底贯穿社会主义全过程,否定了斯大林曾长期主张的关于社会主义完全和谐一致、没有矛盾的错误观点,找到了社会主义社会前进的根本动力。

关于严格区分和正确处理两类不同性质的矛盾。毛泽东把社会主义社会的矛盾划分为两类不同性质的矛盾:一类为敌我之间的矛盾,另一类为人民内部的矛盾。敌我矛盾是对抗性的矛盾;人民内部的矛盾一般地说是在人民利益根本一致的基础上的矛盾,是非对抗性的。两类矛盾的性质不同,解决的方法也不同。处理敌我矛盾要分清敌我,采取对敌人实行专政的方法来解决;处理人民内部矛盾则要分清是非,采用民主的方法,即"团结—批评—

第三编　社会主义建设的探索与曲折发展中党的经济思想

团结"的方法,也就是从团结的愿望出发,经过批评或者斗争包括说服教育来提高认识,解决矛盾,从而在新的基础上达到新的团结。两类矛盾在一定条件下可以转化,人民内部矛盾如果处理不当或者失去警觉、麻痹大意也可能发生对抗,因此要严格区分和正确处理两类不同性质的矛盾。毛泽东指出,我国社会主义改造基本完成后,阶级斗争虽然还存在,但大规模的急风暴雨式的群众阶级斗争已基本结束,今后的主要任务是正确处理人民内部的矛盾,团结全国各族人民向自然开战,发展我们的经济和文化,建设我们的新国家。所以在新的历史条件下,正确处理人民内部矛盾应成为国家政治生活的主题。

关于统筹兼顾,适当安排。毛泽东指出,我们作计划、办事、想问题都要从我国有六亿人口这一点出发。调动一切积极因素,团结一切可能团结的人,并尽可能地将消极因素转变为积极因素,为建设社会主义社会这个伟大的事业服务。统筹兼顾的实质,是处理好国家、生产单位和生产者之间的关系。在述及农业合作化问题时他指出:"在生产问题上,一方面,合作社经济要服从国家统一经济计划的领导,同时在不违背国家的统一计划和政策法令下保持自己一定的灵活性和独立性;另一方面,参加合作社的各个家庭,除了自留地和其他一部分个体经营的经济可以由自己作出适当的计划以外,都要服从合作社或者生产队的总计划。在分配问题上,我们必须兼顾国家利益、集体利益和个人利益。"[①]在论述中国工业化道路的原则时,他主张要向苏联学习,但又强调指出:"学习有两种态度。一种是教条主义的态度,不管我国情况,适用的和不适用的,一起搬来。这种态度不好。另一种态度,学习的时候用脑筋想一下,学那些和我国情况相适合的东西,即吸取对我们有益的经验。我们需要的是

[①] 《毛泽东文集》(第七卷),人民出版社,1999年,第221页。

这样一种态度。"①这表明了中国共产党决心按照一贯倡导的从实际出发的原则走中国自己的建设社会主义的道路的坚定立场。

1958年5召开的中国共产党第八次全国代表大会第二次会议正式通过了根据毛泽东的倡议而提出的"鼓足干劲、力争上游、多快好省地建设社会主义"的总路线,并且正式改变了八大一次会议关于国内主要矛盾已经转变的正确分析,认为当前我国社会的主要矛盾仍然是无产阶级同资产阶级、社会主义道路同资本主义道路的矛盾。1962年召开的党的八届十中全会进一步指出,在无产阶级革命和无产阶级专政的整个历史时期,在由资本主义过渡到共产主义的整个历史时期(这个时期需要几十年,甚至更多的时间)存在着无产阶级和资产阶级之间的阶级斗争,存在着社会主义和资本主义这两条道路的斗争。在这些情况下,阶级斗争是不可避免的。这样,八大路线又被"以阶级斗争为纲"的"左"的错误路线所彻底取代,阶级斗争和两条道路斗争被视为加速经济发展的动力,发展生产力被曲解为无休止地追求生产关系升级的不断革命,从而使党的工作重心仍旧放在政治运动和阶级斗争上。

第二节　国家工业化和经济建设的新思路

经过第一个五年计划的初步实践,并吸取苏联、东欧社会主义国家的经验,党依据对社会主义社会的总体认识和正确处理人民内部矛盾的理论,在党的八大前后对诸多经济问题进行了认真的探索和思考。

---

① 《毛泽东文集》(第七卷),人民出版社,1999年,第242页。

第三编　社会主义建设的探索与曲折发展中党的经济思想

一、国家工业化道路

生产资料私有制的社会主义改造完成以后，根据中国仍处于农业国的经济落后的状况，中国共产党继续实行了优先发展工业、实现国家工业化的发展战略。

中国共产党对实现工业化的重大意义的认识一直十分明确。早在新中国成立前的党的七届二中全会上，毛泽东就提出了使中国由农业国变为工业国，把中国建设成为一个伟大的社会主义国家的问题。1957年他又指出，只有建立了现代化的工业基础、农业基础，社会生产力有了比较充分的发展，我们的社会主义的经济制度和政治制度才算获得了自己的比较充分的物质基础（现在这个物质基础还很不充分），我们的国家才算充分巩固，社会主义社会才算从根本上建成了。周恩来也曾指出："我国的经济原来是很落后的。如果我们不建设起强大的现代化的工业、现代化的农业、现代化的交通运输业和现代化的国防，我们就不能摆脱落后和贫困，我们的革命就不能达到目的。"[①]

当时社会主义国家颇为流行的斯大林的观点是，资本主义国家的工业化是从轻工业开始的，社会主义国家的工业化则要从重工业开始，所以在其执政时期苏联的做法是全力发展重工业，不惜牺牲农业和轻工业。对于发展重工业，中国共产党高度认同。1954年6月4日，毛泽东在关于《中华人民共和国宪法草案》的讲话中对中国重工业的落后状况表示十分忧虑，不无幽默地说："现在我们能造什么？能造桌子椅子，能造茶碗茶壶，能种粮食，还能磨成

---

① 《周恩来选集》（下卷），人民出版社，1984年，第132页。

面粉,还能造纸,但是,一辆汽车、一架飞机、一辆坦克、一辆拖拉机都不能造。"①刘少奇在党的八大政治报告中说:"如果我们不很快地建立起自己的必要的机器制造工业、冶金工业以及其他有关的重工业,我们用什么东西去装备轻工业、运输业、建筑业和农业呢?我们就将得不到必要的各种机器,得不到必要的钢材和水泥,得不到必要的电力和燃料,我们的国民经济就将长期陷于落后的境地。"②

但是以毛泽东同志为主要代表的中国共产党人没有完全照搬斯大林的观点和做法,而是从中国的实际出发,提出了在优先发展重工业的同时,也要适当注意轻工业、农业的发展,正确处理农、轻、重的关系。毛泽东在《论十大关系》中认为,工业化不单纯是工业问题,也不单纯是重工业问题,涉及重工业、轻工业和农业的发展关系问题,工业化无疑要以发展重工业为重点,需要优先发展生产资料生产,但决不可以因此而忽视生活资料的生产,如果没有足够的粮食和其他生活必需品,首先就不能养活工人,还谈什么发展重工业?所以重工业和轻工业、农业的关系必须处理好。苏联和东欧一些国家片面地注重重工业,忽视农业和轻工业,因而市场上货物不够,货币不稳定。而我们没有犯原则性的错误。我们比苏联和东欧一些国家做得好些。党中央吸取了苏联的教训,根据毛泽东的思想,提出了中国工业化必须遵循的原则。其要点是:

(一)重工业是国民经济的发展重点

根据马克思的再生产的理论,重工业在国民经济中应处于领先地位,必须坚持以重工业为中心,优先发展重工业。

---

① 《毛泽东文集》(第六卷),人民出版社,1999年,第329页。
② 《刘少奇选集》(下卷),人民出版社,1985年,第228~229页。

第三编　社会主义建设的探索与曲折发展中党的经济思想

(二)重视发展轻工业

党的八大决议指出,在优先发展重工业的同时,我们必须根据原料、资金的可能性和市场的需要积极发展轻工业,采取这个政策才能有更多的消费品来满足人民日益增长的生活需要,继续保持物价的稳定;有更多的日用品去交换农产品,在经济上巩固工农联盟;更快地积累资金,来帮助重工业的发展。刘少奇在党的八大政治报告中又指出:"片面地强调发展重工业,降低轻工业和其他经济部门的发展速度,这种想法是错误的。"[①]首先,人民对于消费品的需要既然日益增长,如果不相应地发展轻工业,就可能出现商品不足的情况,就将影响物价和市场的稳定。其次,轻工业需要的投资比较少,企业建设的时间比较短,资金周转比较快,所以资金的积累也比较快,而且积累起来的资金正可以用来帮助重工业的发展。因此,在资金原料、市场所允许的范围内适当地注意发展轻工业,对于建设重工业不但无害,而且有利。毛泽东、周恩来又将此高度概括为"要重工业,又要人民"。

(三)重视和加强农业的基础地位

中国是一个农业大国,农村人口占全国人口的80%以上。发展农业的重要性在于:第一,农业关系五亿农村人口的吃饭、吃肉、吃油以及其他日用的非商品性农产品诸问题。农业搞好了,农民能自给,五亿人口就稳定了。第二,农业也关系城市和工矿区人口的吃饭问题。商品性的农产品发展了,才能供应工业人口的需要。第三,农业是轻工业原料的主要来源,农村是轻工业的重要市场,只有农业发展了,轻工业生产和产品才能得到足够的原料和广阔的市场。第四,农村又是重工业的重要市场。第五,现在进出口物资主要是农产品。农产品变成外汇,就可以进口各种工业设备。第六,农业是积累的

---

① 《刘少奇选集》(下卷),人民出版社,1985年,第229页。

重要来源。农业发展起来了,就可以为发展工业提供更多的资金。所以发展工业必须和发展农业并举。毛泽东告诫说:"全党一定要重视农业。农业关系国计民生极大。要注意,不抓粮食很危险。不抓粮食,总有一天要天下大乱。"[①]周恩来也曾提出过类似的看法:"农业的发展对于工业的发展有很多方面的影响,许多工业特别是纺织工业和食品工业的原料是由农业供给的,工业人口和其他城市人口所需要的粮食、油类和其他副食品都依靠农业。工业所需要进口的机器大部分需要用出口农产品去交换。许多工业品的主要市场是农村。"[②]他在《关于发展国民经济的第二个五年计划的建议的报告》中指出,以重工业为中心的工业建设是不能够也不应该孤立地进行的,它必须有各方面的配合,特别是农业的配合。农业是工业发展及整个国民经济发展必不可少的条件。延缓农业的发展不仅直接影响轻工业的发展和人民生活的改善,并且也将极大地影响重工业以至整个国民经济的发展,影响工农联盟的巩固。

为了加强农业、轻工业的地位,毛泽东在《论十大关系》中提出:"我们现在的问题,就是还要适当地调整重工业和农业、轻工业的投资比例,更多地发展农业、轻工业。"[③]这样会使重工业发展得多些和快些,而且由于保障了人民生活的需要,会使重工业发展的基础更加稳固。而那种少发展农业和轻工业来发展重工业的方法,从长远上看则会使重工业发展得少些和慢些,至少基础不那么稳固,几十年后算总账是划不来的。要说服工业部门面向农村,支援农业。要搞好工业化,就应当这样做。

(四)工业化布局需要处理好两个关系

第一,沿海工业和内地工业的关系。当时我国工业70%在沿海,只有30%

---

① 胡光伟、刘景山主编:《三个文明建设》(上册),人民日报出版社,2005年,第85页。
② 《周恩来选集》(下卷),人民出版社,1984年,第137页。
③ 《毛泽东文集》(第七卷),人民出版社,1999年,第24页。

第三编　社会主义建设的探索与曲折发展中党的经济思想

在内地。这是历史上形成的不合理的状况。为了平衡工业发展的布局,必须大力发展内地工业,但是绝不能因此而不重视利用沿海工业。毛泽东深刻地指出:"现在,新的侵华战争和新的世界大战,估计短时期内打不起来,可能有十年或者更长一点的和平时期",完全可以利用这一机遇在沿海发展工业,特别是轻工业,以积累资金,所以要"好好地利用和发展沿海的工业老底子,可以使我们更有力量来发展和支持内地工业。如果采取消极态度,就会妨碍内地工业的迅速发展"。[①]

第二,经济建设和国防建设的关系。毛泽东提出,国防不可不有,现在我们有了一定的国防力量,以后还要比现在强,要造更多的飞机、大炮和原子弹。而要达此目的,可靠的办法就是把军政费用降到一个适当的比例,增加经济建设费用。只有经济建设发展得更快了,国防建设才能够有更大的进步。他还具体提出,现在把国防工业步子放慢,重点加强冶金工业、机械工业和化学工业,把底子打好;优先发展尖端技术、装备,把原子弹、导弹、遥控装置、远程飞机搞起来,其他的可以少搞,比如炮,有一个厂也行,现在先打底子,将来再发展数量。周恩来也认为,随着国际形势的缓和可以设想有一个和平时期,容许我们把完整的工业体系建设起来。如果"把器材、资金统统集中搞国防工业,别的生产少了,人民的生活也不能改善,各方面紧张,而武器制造出来,仗又不打,炮不能吃,枪也不能吃,子弹生产多了还不利。所以非下决心不可"[②]。

(五)建立完整的工业体系

党的八大提出:"为了把我国由落后的农业国变为先进的社会主义工业

[①] 《毛泽东文集》(第七卷),人民出版社,1999年,第26页。
[②] 《周恩来选集》(下卷),人民出版社,1984年,第236~237页。

国,我们必须在三个五年计划或者再多点的时间内,建成一个基本上完整的工业体系。"周恩来指出,建立完整的工业体系对于中国这样一个大国具有极其重要的意义,不然一旦风吹草动,没有任何一个国家能够支援我们完全解决问题。关于完整的工业体系的内涵,主要是说:自己能够生产足够的主要的原材料;能够独立地制造机器,不仅能够制造一般的机器,还要能够制造重型机器和精密机器,能够制造新式的保卫自己的武器,像国防方面的原子弹、导弹、远程飞机;还要有相应的化学工业、动力工业、运输业、轻工业、农业等等;此外,应划清建立完整的工业体系和完全自给自足关起门来搞建设的思想和界限。"基本上完整并不是说一切都完全自足。就是大国也不可能什么都有。美国算是一个有完整工业体系的大国吧,但是有的东西它也没有,橡胶就没有。苏联也有它没有的东西。"①同时,"关起门来建设的想法也是错误的。不用说,我国要建立起一个完整的工业体系,在长时期内还需要苏联的和各人民民主国家的援助,同时也需要同其他国家发展和扩大经济、技术、文化的交流。而且即使我们在将来建成了社会主义工业国之后,也不可能设想我们就可以关起门来万事不求人了"。因为随着国际形势的发展,不仅社会主义各国之间的经济、技术的协作范围将不断扩大,我国同世界各国在经济上、技术上、文化上的联系,必然会一天比一天发展。"因此,在建设社会主义事业中的孤立思想,也是错误的。"②

周恩来还论述了建立完整的工业体系和高产量的关系,认为产量是要高点,但不一定很高,这个任务的实现是决定于东西的有无,不决定于是否有很高的产量,即工业体系的"全",各种产品的"有",要比产量虽高但门类不全更

---

① 《周恩来选集》(下卷),人民出版社,1984年,第232页。
② 同上,第226页。

第三编　社会主义建设的探索与曲折发展中党的经济思想

为重要。这些论述,已经包含了对外开放、发展对外交流、把握"有无"与"多少"的"度"等远见卓识。

党的八大前后对工业化道路的探索,取得了很大的成绩。在上述正确思想的指引下,新中国的工业从无到有、从小到大迅速发展起来,从而为国民经济的现代化奠定了初步基础。

二、经济建设的方针

针对当时经济发展中出现的"冒进"现象,1956年5月中央会议通过了"既反保守,又反冒进,即在综合平衡中稳步前进"的经济建设方针。此后,党的领导人又对此作了进一步的论述,因而其内涵十分丰富。

(一)积极、稳妥可靠的发展速度

刘少奇在党的八大所作的政治报告中,强调了发展速度必须积极、稳妥可靠的问题:"发展速度必须是积极的,以免丧失时机,陷入保守主义的错误;又必须是稳妥可靠的,以免脱离经济发展的正确比例,使人民的负担过重,或者使不同的部门互相脱节,使计划不能完成,造成浪费,那就是冒险主义的错误。"[1]周恩来在《关于发展国民经济的第二个五年计划的建议的报告》中也提出,"应该根据需要和可能,合理地规定国民经济的发展速度,把计划放在既积极又稳妥可靠的基础上,以保证国民经济比较均衡地发展"。实现的方法是"应该把长期计划的指标定得比较可靠,而由年度计划加以调整"。编制长期计划时"应该按照实现社会主义工业化的根本要求和国家物力、财力、人力的可能条件,实事求是地规定各项指标,同时,还应该保留一

---

[1]　《刘少奇选集》(下卷),人民出版社,1985年,第227页。

定的后备力量，使计划比较可靠"。编制年度计划则应根据当时条件加以努力，使长期计划能够确保完成和超额完成。同时要防止顺利时冒进、困难时裹足不前的错误倾向，"尽可能地把本年度和下年度的主要指标作统一的安排，以便使每个年度都能够互相衔接和比较均衡地向前发展"。

(二)建设规模要和国力相适应

建设规模的大小，必须和国家的财力、物力相适应，这是周恩来、陈云等在当时提出的又一著名论断，关系经济稳定，也是正确编制计划的前提。他们一致认为，像我们这样一个有六亿人口的大国经济稳定极为重要。建设的规模超过国家财力、物力的可能就是冒进了，就会出现经济混乱；两者合适，经济就稳定。当然如果保守了妨碍了建设应有的速度也不好。周恩来以1955年、1956年为例，来说明这样做的必要性。1955年将基本建设规模定小了些，又在节约运动中削减了一些非生产性的基建投资，加之计划下达迟，因而当年出现了过多的财政结余和虚假的物资过剩。1956年则因基建规模扩大和一些经济部门急于求成、齐头并进的冒进行动，结果不但财政上比较紧张，而且引起了钢材、水泥、木材等各种建筑材料严重不足的现象，从而过多地动用了国家的物资储备，并且造成国民经济各方面相当紧张的局面。陈云指出这两种倾向都应反对，但是纠正保守比纠正冒进要容易些。因为物资多了增加建设比较容易，反之财力、物力不够，把建设规模搞大了要压缩下来不仅困难还会造成严重浪费，因而重点应防止和纠正冒进倾向。

(三)按比例和综合平衡

周恩来提出："应该使重点建设和全面安排相结合，以便国民经济各部门能够按比例地发展。"[1]要防止乱铺摊子盲目冒进，从而影响重点建设和只顾

---

[1] 《周恩来选集》(下卷)，人民出版社，1984年，第219页。

第三编　社会主义建设的探索与曲折发展中党的经济思想

重点不及其余的两种偏向。强调重点建设并不是说可以孤立地发展重点而不要全面安排,全面安排也不是说可以齐头并进而不要重点建设,只有两者结合才能使发展速度既迅速又均衡。

在实行第一个五年计划时,陈云就提出了研究工业与农业、轻工业与重工业、工业发展与铁路运输、技术力量需求与供给诸方面的比例问题。1957年1月,他又提出"要认真研究国民经济的比例关系",否则"必然造成不平衡和混乱状态"。①他认为,研究合理的比例关系决不能只依靠书本,生搬硬套,必须从我国的经济现状和过去的经济中去寻找,既要研究那些已经形成的比较合理的比例关系,更重要的是研究暴露出来的矛盾,并列举了七方面矛盾,即七种比例关系:重工业、轻工业、农业的投资比例应该根据毛泽东在《论十大关系》中所提出的方针加以安排;煤、电、运输等先行部门因投资不足而形成的落后状况要改变;钢铁工业和机械工业投资关系要理顺;民用工业和军用工业的关系要处理好;大厂和小厂、先进技术和落后技术的关系应该以"有无第一,先进落后第二"为原则,既建技术先进的大厂,也要建技术相对落后的中小工厂;正确处理建设中的"骨头"和"肉",即工业、交通基建项目和生产、生活的配套设施的建设;公私合营的企业必须停止合并。②正确处理这七种比例关系,对于国民经济健康发展具有决定性意义。

周恩来在党的八大提出了增加后备力量,健全物资储备制度的观点,指出实行这项制度对综合平衡的意义在于:一是在国民经济的发展中,不平衡的现象会经常出现,这就必须保持必要的物资、财政、矿产资源、生产能力等的后备力量,特别要增加国家的物资储备,以保证国民经济的均衡发展和年

---

① 《陈云文选》(一九五六——一九八五年),人民出版社,1986年,第48页。
② 参见《陈云文选》(一九五六——一九八五年),人民出版社,1986年,第48~49页。

度计划的顺利执行。二是要应付可能遇到的意外困难。例如今后若干年内，我国农业生产受自然灾害的影响还会很大，为了应付歉收就必须有粮食和主要经济作物的储备。三是为了满足我国建设和生产的规模日益扩大的需要，必须储备必要的器材和原料。四是由于对计划工作还缺乏经验，计划常有不准或不全的缺点，或者执行计划时由于难以预料的因素而使原来较准确的计划出现新的不平衡。为了消除或者减少在执行计划中可能发生的各种不平衡现象，也必须保留必要的后备力量。

陈云提出要关注物资、财政、信贷三大平衡，在实行第一个五年计划时，他不仅强调了保持财政收支平衡和购买力与商品供应之间的平衡的问题，而且深刻论述了按比例和平衡之间的关系：按比例发展的法则是必须遵守的，但各生产部门之间的具体比例在各个国家甚至一个国家的各个时期都不会相同。一个国家应根据自己当时的经济状况来规定计划中应有的比例。究竟几比几才是对的，很难说。唯一的办法只有看是否平衡。合比例就是平衡的，平衡了，大体上也会是合比例的。由此他进而提出了"紧张的平衡"观点：我国因为经济落后，要在短时期内赶上去，因此计划中的平衡是一种紧张的平衡。计划中要有带头东西。就近期来说就是工业，尤其是重工业。工业发展了，其他部门就一定得跟上。这样就不能不显得很吃力、很紧张。样样宽裕的平衡是不会有的，齐头并进是进不快的。但紧张决不能搞到平衡破裂的程度。1957年1月，陈云又提出了进行综合平衡的主要措施：

第一，财政收支和银行信贷都必须平衡，而且应该略有节余。只要财政收支和信贷是平衡的，社会购买力和物资供应之间总体上必然是平衡的。一旦有了财政赤字如1956年冒进时那样物资供应就不平衡，这意味着不能用增加财政赤字的方法来发展经济。财政收支应略有节余的原因是我国的经济建设规模日益扩大，需要逐年增加物资的周转量，也就是要适当地增加库

第三编 社会主义建设的探索与曲折发展中党的经济思想

存量。而财政结余并不只是结余钞票,主要是结余相应的物资,因为"钞票是物资的筹码,发行钞票必须有可以相抵的物资"[①]。

第二,物资要合理分配,排队使用,应该先保证必需的生产和必需的消费,然后再进行必需的建设。在原材料供应紧张时,排列顺序则应为首先要保证生活必需品的生产部门最低限度的需要,其次要保证必要的生产资料生产的需要,剩余的部分才用于基本建设。这样做的原因是为了维持最低限度的人民生活的需要,避免盲目扩大基建规模,挤掉生活必需品的生产。

第三,人民购买力提高的程度,必须同能够供应的消费品相适应。生产消费品的原材料的来源一是农产品,二是用出口农产品换回的原料,三是重工业部门生产的原材料。这三个来源都受一定的限制。当时出现了购买力提高过快以至于消费品跟不上的情况,造成这一问题的原因是由于工资总额的增加,以及农产品的提价。他认为,农产品提价值得注意。提价范围只能限于那些收购价过低影响生产发展的农产品,要考虑粮食和经济作物的比价,防止因经济作物提价过多而被迫再提高粮价造成轮番提价、全面提价的危险。至于因农产品增产而增加购买力则不但并不可怕,而且是件大好事。

第四,基本建设规模和财力、物力,即投资、机器设备和原材料、消费物资、外汇四个方面的平衡不但要看当年,而且必须瞻前顾后,即安排当年基本建设时要看到前一年基建情况,考虑后一年的财力、物资供应等方面的能力,前后衔接,避免陡升陡降,造成损失。

第五,农业对经济建设的规模有很大的约束力,由于中国农业经济比重大,国家收入与农业有很大的关系,但由于农村人多地少,农业生产增长率不高,必然制约每年新增加的购买力和出口创汇能力。因此,建设规模必须限

---

① 《陈云文选》(一九五六——一九八五年),人民出版社,1986年,第45页。

制在农业所能承受的限度内。

(四)财政与经济发展、积累、消费的关系

为了贯彻经济建设的新方针、发展社会主义事业,必须正确处理经济和财政的关系。周恩来指出:我们的财政收入必须建立在经济发展的基础上,我们的财政支出也必须首先保证经济的发展。具体来说,应该首先考虑经济特别是工农业生产的发展计划,然后根据它来制订财政计划,用财政计划保证经济计划的圆满执行。财政的收入计划,必须考虑到经济发展的可能性,考虑到积累和消费之间正确的比例关系,避免把收入定得过分紧张。财政支出计划则应保证重点建设和国民经济按比例发展并留有预备费以作机动,同样应"避免把支出定得过分紧张"。

积累和消费问题是国民经济的重要比例。如何确定它们之间的合理的比例关系呢?薄一波在党的八大所作的《正确处理积累和消费的关系》的发言中对此作了探讨:合理地解决积累和消费关系的意义,就是要将集体的、长远的利益和个人的正当的利益正确地结合起来,使之既有利于国家经济建设,特别是重工业建设的迅速发展,又有利于人民消费水平的逐步提高:①必须尽力把国民经济中可能聚集的资金都积累起来,并按照恰当的比例,首先满足工业特别是重工业建设的需要。②实现国家工业化要同人民消费水平的逐步提高密切结合起来。确定积累规模要考虑两方面的制约因素:一方面,积累只能随着社会生产的发展、劳动生产率的提高和国民收入的增长而逐步地增加;另一方面,由于我国经济落后、人口众多、人民生活水平较低,积累也不可能过多、过快地增加,应在发展生产和提高劳动生产率的基础上提高人民的消费水平,但不允许片面强调个人的、当前的利益而不顾集体的、长远的利益。那种要求消费水平提高的速度超过生产发展和劳动生产率提高的速度的观点,要求消费水平的提高同积累增长保持相等速度的观点都是错误的,前者将使人民消费水平提高所依靠的物质基础遭到破坏,后者则将延缓我国工业化的进程,因而皆不足取。

依据上述思想,薄一波提出了积累和消费的正确的比例关系:第一,国民收入中积累部分的比重应不低于20%或者略高。第二,国家预算收入在国民收入中的比重不低于30%或者略高。第三,国家预算支出中基本建设支出的比重不低于40%或者略高。国家预算收入并非完全用于积累,其中有相当部分是直接用于满足社会和人民消费的需要,而用于积累方面最主要的部分则是基本建设。因此,正确处理积累和消费的关系取决于国家预算中基本建设支出和其他方面支出的比例关系。如果超过了客观条件的许可过多过快地加大国家预算中基本建设支出的比重,就会给整个国民经济的发展带来不良的后果,并使积累和消费之间发生脱节的现象。薄一波所提的上述比例,通常称为"二、三、四比例"[①]。这一比例及有关观点是总结当时我国经济发展经验教训的结晶,是在计划经济体制下观察宏观经济总量是否平衡的重要参照系,而成为国民经济协调发展的重要指标。

第三节　经济体制改革的最初思考

第一个五年计划时期我国建起了计划经济体制,并依靠这一体制取得经济建设的明显成就,证明它是符合中国当时需要的。但是中国共产党人从实践中逐步觉察到这一体制存在弊端,决心进行改革以除弊兴利,从而在党的八大前后对经济体制的改革进行了认真的探讨,取得了一定的进展。

---

① 薄一波:《若干重大决策与事件的回顾》(上卷),中共中央党校出版社,1991年,第307页。

一、中央向地方分权和扩大企业自主权

原有的计划经济体制的一大弊端是权力过分集中在中央。毛泽东在《论十大关系》中指出,中央权力过于集中,不利于发挥地方的积极性。他以苏联为戒说:"我们不能像苏联那样,把什么都集中到中央,把地方卡得死死的,一点机动权也没有。"①中央权力集中,往往给地方工作造成种种干扰。"现在几十只手插到地方,使地方的事情不好办。立了一个部就要革命,要革命就要下命令。各部不好向省委、省人民委员会下命令,就同省、市的厅局联成一线,天天给厅局下命令。这些命令虽然党中央不知道,国务院不知道,但都说是中央来的,给地方压力很大。表报之多,闹得泛滥成灾,这种情况,必须纠正。"②同时中央过于集权会滋生官僚主义,反而削弱中央权力。周恩来说,苏联过去中央集权多了,地方权小了,这是一个经验教训,是一面镜子。适当分权给地方就会更好地集权于中央,否则中央集权也是官僚主义的,空洞无物的。最集权就等于无权,"我们常说社会主义国家也有阴暗面,就是那么几个人办事,别人都闲起来"③。

因此,毛泽东主张中央向地方分权,提出应当在巩固中央统一领导的前提下,扩大一点地方的权力,给地方更多的独立性,让地方办更多的事情。他认为,可以借鉴资本主义国家如美国地方权力较大的经验。美国只有一百多年就发展起来了,这个问题很值得注意。我们也要扩大一点地方的权力。地方的权力过小,对社会主义建设是不利的。他还认为地方也要发展工业,农

---

①② 《毛泽东文集》(第七卷),人民出版社,1999年,第31页。
③ 《周恩来经济文选》,中央文献出版社,1993年,第267~268页。

第三编　社会主义建设的探索与曲折发展中党的经济思想

业和商业则更需要依靠地方。总之,要发展社会主义建设就必须发挥地方的积极性。中央要巩固,就要注意地方的利益。周恩来进一步指出:"实行中央与地方分权,是为了发展生产,不是为了缩小和妨碍生产。"分权给地方使中央"不是抓些空洞的权,官僚主义的权",从而"变无权为有权"。"中央有权,地方也有权,真正有利于社会主义建设。"[1]他还提出改革这种体制要全面规划,加强领导,因地制宜,逐步实行,应该历史地看待以往中央集权过多及分权较晚的原因,不应一概否定过去。

党的八大也研究了这一问题。刘少奇在政治报告中列举了中央过分集权的种种弊端后指出:"不可能设想:在我们这样大的国家中,中央能够把国家的各种事务都包揽起来,而且样样办好。把一部分行政管理职权分给地方,是完全必要的。"[2]方针是:国家的很多工作中央只应当提出一般的方针政策和大体的规划,具体工作应当交由地方因地制宜、因时制宜地去部署办理,并且应当把中央机关的干部分一部分到地方去工作。省、市、县、乡都应当有一定范围的行政管理职权。党的八大根据"统一领导、分级管理,因地制宜、因事制宜"的方针,进一步划分了中央和地方的行政管理职权,并规定了分权的七项原则,以改进国家的行政体制、利于地方积极性的发挥:第一,明确规定省一级有一定范围的计划、财政、企业、事业、物资、人事的管理权。第二,凡关系整个国民经济而带全局性、关键性、集中性的企业和事业,由中央管理;其他的企业和事业应该尽可能多地交地方管理;企业和事业在下放的时候同它们有关的计划、财务管理和人事管理一般地应该及时下放。第三,企业和事业的管理应改进和推行以中央为主、地方为辅,或者以地方为主、中央为辅的双重领导的管理方法,切实加强对企业和事业的领导。第四,中央管理的主要计划和

---

[1]《党的文献》,1988年第6期,第27页。
[2]《刘少奇选集》(下卷),人民出版社,1985年,第250页。

财务指标由国务院统一下达,改变过去许多主要指标由部门条条下达的办法。第五,某些主要计划指标和人员编制名额等应该给地方留一定的调整幅度和机动权。第六,对于民族自治地方各项自治权利应该作出具体实施的规定。第七,改进体制要逐步实现,稳步进行。这些原则既达到了分权的目的,又避免了各行其是、各自为政的倾向,为调动中央、地方的积极性,建设社会主义提供了保证。

1957年9月,陈云在党的八届三中全会上提出了经济体制改革、分权过程中应注意的问题:第一,中央某些职权下放后,必须加强对各个地方的平衡工作,经济单位是分散的,没有全局、整体的平衡,就不是有计划的经济。一方面要有适当的分权,同时又要加强综合。第二,地方要切实掌握资金的投放方向。第三,建立相应的财务管理制度,包括建立会计制度、报告制度和检查制度,以防止和减少贪污浪费。第四,中央和地方各种分成制度基本上三年不变,但一年后应视情况作局部调整。这些主张的中心是为了解决分权以后维护中央的集中统一领导,防止滋生分散主义,进一步完善分权制度。

毛泽东还提出,不仅中央要向地方分权,也要给企业一定的自主权,以发挥企业的积极性。1956年4月28日他在政治局扩大会议上,要求大家注意研究列宁所说的关于企业独立自主问题,并认为企业要有点"独立王国",没有一点"独立王国",那个事情也很难办。5月2日,他又在最高国务会议上再次强调工厂应该有自主权。当然这一思想在当时并未落实。

二、社会主义社会的所有制结构

消灭私有制、建立和发展社会主义公有制经济是中国共产党坚定不移的奋斗目标。社会主义改造的完成使这一目标得到了初步的实现。然而中国

第三编 社会主义建设的探索与曲折发展中党的经济思想

共产党又从实践中认识到,在社会主义时期在坚持公有制经济为主体的前提下适当发展个体经济作为国营经济、集体经济的补充,对于提高生产力水平、改善人民生活,非但无害,而且有益。

1956年12月7日,毛泽东约民建、工商联负责人黄炎培、陈叔通谈话时指出:"现在我国的自由市场,基本性质仍是资本主义的,虽然已经没有资本家。它与国家市场成双成对。上海地下工厂同合营企业也是对立物。因为社会有需要,就发展起来。要使它成为地上,合法化,可以雇工。现在做衣服要三个月,合作工厂做的衣服一长一短,扣子没眼,质量差。最好开私营工厂,同地上的作对,还可以开夫妻店,请工也可以。这叫新经济政策。我怀疑俄国新经济政策结束得早了,只搞两年退却就转为进攻,到现在社会物资还不足。我们保留了私营工商业职工二百五十万人(工业一百六十万,商业九十万),俄国只保留了八九万人。还可以考虑,只要社会需要,地下工厂还可以增加。可以开私营大厂,订条约,十年、二十年不没收。华侨投资的二十年、一百年不要没收。可以开投资公司,还本付息。可以搞国营,也可以搞私营。可以消灭了资本主义,又搞资本主义。当然要看条件,只要有原料,有销路,就可以搞。现在国营、合营企业不能满足社会需要……定息时间要相当长,急于国有化,不利于生产。"[①]毛泽东的观点概括起来就是:在国营经济、集体经济为主体的前提下适当保存和发展一些私营经济,促进国营经济、集体经济与其竞争,发展社会经济,满足社会、人民的需要,同时实际上也认为消灭资本主义是一个长期发展过程。

不久,刘少奇也谈了类似的观点:资本家如要用定息盖工厂,"是否可以准许他盖呢?可以的……我们国家有百分之九十几的社会主义,有百分之几

---

① 《党的文献》,1988年第6期,第29~30页。

的资本主义,我看也不怕,它是社会主义经济的一个补充……这么一点资本主义,一条是它可以作为社会主义经济的补充。另一条是它可以在某些方面同社会主义经济作比较"。周恩来讲得更具体:"大煤矿国家开办,小的,合作社、私人都可以……主流是社会主义,小的给些自由,这样可以帮助社会主义的发展……我看除了铁路不好办外,其他的都可以采取这个办法。"[①]

早在社会主义改造进行时,陈云就主张要保留一些自负盈亏的个体小商店、小手工业、服务业等,认为把它们都搞掉了对人民对国家皆不利:"夫妻店担心进不了社会主义,我看到了社会主义社会,长期内还需要夫妻店。因为老百姓还要买小杂货、油盐酱醋,还要吃大饼、油条、馄饨、汤团。"[②] 1956年6月,他在一届人大三次会议上的发言中说:"大家知道,小商店、摊贩、挑贩中的广大部分是散布在居民区中间的。这些分散在居民区中的小商贩是我国商业中今后长期需要的一种经营服务形式。如果把它们统统收缩起来,合并组成集中的公私合营商店和合作商店,那就不便于居民的消费。如果仍让他们分散经营,而由国家给以固定工资,那就不能保持他们经营的积极性。同时,还有一部分小商贩,他们现在的收入高于公私合营商店和合作商店的从业人员的收入,当他们不愿意参加的时候,也不能勉强地把他们合并到公私合营商店和合作商店中来。因此,安排这些小商贩的正确原则是,既要照顾居民消费的方便,又要保持小商贩经营的积极性,使他们获得适当的收入。"[③]同年7月,他在《要使用资方人员》的讲话中又指出,在长时期内,大部分小商贩在中国社会里是不可少的。如果没有小商小贩,市场一定会很死。居民就会感到不方便。照我看来,小商小贩也是一笔财富。

[①] 中共中央文献研究室编:《建国以来重要文献选编》(第十册),中央文献出版社,2011年,第146页。

[②] 《陈云文选》(一九四九——一九五六年),人民出版社,1984年,第305页。

[③] 同上,第310页。

第三编　社会主义建设的探索与曲折发展中党的经济思想

在党的八大的发言中,他进一步指出,我们的社会主义经济的情况将是这样:在工商经营方面,国家经营和集体经营是工商业的主体,但是附有一定数量的个体经营。这种个体经营是国家经营和集体经营的补充。农村的许多副业生产应该放手让社员分散经营,才能增产各种各样的产品,适应市场需要,增加社员收入。在条件许可地区可以让社员多占有一些自留地,以便种植饲料和其他作物来养猪增加副业产品。

经营方式是与所有制密切相关的一个问题。陈云认为,社会主义改造完成后,我们必须及时纠正只注意集中生产、集中经营而忽视分散生产、分散经营的错误做法。否则,在生产方面、流通方面和为消费者服务方面已经出现的一些毛病就会继续发展。他对生产、流通等方面的经营方式的许多问题都一一作了界定。除对小商贩、小代销店、小手工业者分散经营方式皆予以了肯定外,又针对当时有人热心于合并公私合营工厂的做法指出,绝大部分公私合营工厂是制造日用消费品的工厂,人民对日用消费品的需要是多样的,经常变化的,如果把许多小工厂合并成为大工厂,就它们适应市场需要来说,不会有小工厂分散生产的时候那样灵活,不能适应人民消费的需要。所以合营工厂中有一部分是应该合并和集中生产的,但就全国来说,大部分必须按照原来的状况或加以必要的调整后分散生产和经营,不宜进行盲目的合并。这些论述,是当时对社会主义社会所有制结构的很好概括。

三、社会主义社会的计划和市场

党的八大前后,中国共产党虽然坚持将计划经济和市场经济等同于社会主义与资本主义两种制度的理念,但对其关系进行了初步探索,提出了市场对计划补充的思想。

刘少奇在党的八大政治报告中提出,在利用、限制、改造私人资本主义时期所采用的许多关于购销关系的措施,如统购包销、加工订货、严格管理城市集镇市场、限制某些私商贩运活动的范围等虽然在当时确有必要并取得了成效,但也产生了一些副作用,如一些工业产品质量下降,品种减少,一些农副产品减少,一些物资交流受妨碍等。我们应当改进现行的市场管理办法,取消过严过死的限制,并且应当在统一的社会主义市场的一定范围内允许国家领导下的自由市场的存在和一定程度的发展,作为国家市场的补充。

陈云在党的八大发言中提出:"至于生产计划方面,全国工农业产品的主要部分是按照计划生产的,但是同时有一部分产品是按照市场变化而在国家计划许可范围内自由生产的。计划生产是工农业生产的主体,按照市场变化而在国家计划许可范围内的自由生产是计划生产的补充。"①关于流通领域,他在《要使用资方人员》中在肯定我国商业是有计划的、实行的是计划经济、商业是计划经济的一部分的同时明确提出:"今后重要物资如粮食、布匹还要统购、实行计划分配。有些供不应求的热销货也要实行计划分配。其余的则可以自由选购。实行这种方法是否会出毛病呢?毛病可能会有一些,因为这是一件新的事情,以前没有实行过。既要实行计划经济,管好市场,反对投机倒把,又不要把市场搞死。不走这条路,我们又找不到其他更好的路。我看要试一下,摸索一个时期,也许可能从中找出一条好的出路来。"②这样,在社会主义的统一市场里,国家市场是它的主体,但是附有一定范围内国家领导的自由市场。这种自由市场,是在国家领导之下,作为国家市场的补充,因为它是社会主义统一市场的组成部分。

随后,1957年4月27日,刘少奇在上海市委召开的干部大会上的讲话中再

---

① 《陈云文选》(第三卷),人民出版社,1995年,第13页。
② 《陈云文选》(一九四九——一九五六年),人民出版社,1984年,第333页。

第三编　社会主义建设的探索与曲折发展中党的经济思想

次进一步阐发了有关改进计划经济问题:"社会主义经济的特点是有计划性,是计划经济,但是实际社会经济活动包括各行各业、各个方面,有几千种、几万种、几十万种,国家计划不可能计划那么几千、几万、几十万种,只能计划那么多少类,结果就把社会经济生活搞得简单了,呆板了。"导致计划性把多样性、灵活性搞掉了。"如何使我们的社会主义经济同时具有这样几个特点:既有计划性,又有灵活性,这就要利用自由市场。"[①]同年5月7日,他又同中央党校负责人说:"研究社会主义经济,还要特别注意一个问题,就是使社会主义经济既要有计划性,又要有多样性和灵活性。苏联在这方面的教训是值得我们注意的。他们只有社会主义的计划性,只讲究计划经济,搞得呆板,没有多样性、灵活性。"他还指出:"我们一定要比资本主义经济搞得更要多样,更要灵活。如果我们的经济还不如资本主义的灵活性、多样性,而只有呆板的计划性,那还有什么社会主义的优越性呢?"[②]

可见,刘少奇、陈云等人已认识到了计划经济体制下全民所有制生产、流通的不足,特别是商业独占市场带来的封闭性、狭隘性、多环节性等弊病。灵活性、多样性的获得只有靠发挥市场机制的作用,从而主张开放国家领导的自由市场,用商品经济下的市场机制手段,来克服这些弊病。

党的一些领导人还已明确认识到价值规律在社会主义社会一定的范围内对生产的调节作用。周恩来在党的八大提出:"要在适当的范围内,更好地运用价值规律,来影响那些不必要由国家统购包销的、产值不大的、品种繁多的工农业产品的生产,以满足人民多样的生活需要。"[③]

[①] 《刘少奇年谱(一八九八——一九六九)》(下卷),人民出版社,1996年,第399页。
[②] 《党的文献》,1988年第6期,第36页。
[③] 《新华半月刊》,1956年第20期,第45页。

四、改革劳动制度

新中国成立初期,党实行了"包下来"的劳动用工政策,对所接收的官僚资本主义企业的职工和国民党政府的军政人员都给予生活照顾,并适当安排工作。这对稳定社会秩序,迅速恢复生产、促进革命胜利起了很大作用。

然而当人民政权逐步巩固以后,这种"包下来"的做法却并未改变。到1956年"包"的范围已扩大到公私合营企业职工,城镇退伍军人,大、中、专、技校毕业生,等等。1957年3月劳动部又明文规定编制人员不得任意辞退,从而逐步形成了我国国营、集体企业的人员能进不能出、统包统配,俗称为"铁饭碗"的固定工制度。在这一制度下,企业没有用人权,无权辞退不合格员工、分流多余人员,成为无法流动的死水一潭,从而给生产、经营管理带来了种种困难,妨碍了生产力的提高和国民经济的发展。

刘少奇觉察到这种劳动制度的弊端后,从1956年起即开始考虑进行改革,认为固定工制度弊病很大,造成了一些工人产生依赖思想,认为反正有了"铁饭碗","干不干,两斤半",没有责任心、进取心、竞争心,不努力钻研技术。因此,他提倡实行固定工与合同工并存的两种劳动制度,并指出合同工制度就比较灵活,订合同,规定期限,企业需要,干得又好,合同可以继续订;企业不需要了,工人可以另找工作,企业不背包袱。合同工为了续订合同,就得努力工作,学习技术,有上进心,这就调动了工人的生产积极性。他还根据我国农村劳动力多、许多工业生产行业是以劳务为主和季节性生产的特点,提倡多用临时工、季节工、轮换工,推行亦工亦农的劳动制度。这些设想对于改变我国劳动制度中的不合理状况有着重要价值。

党的八大前后对中国社会主义经济建设道路的探索,虽然在总体上未

第三编　社会主义建设的探索与曲折发展中党的经济思想

能突破传统的计划经济的窠臼,但是在探索中产生的许多思想则为我们留下了宝贵的思想财富。然而不久,由于指导思想产生了失误、出现了"左"的思潮长期泛滥的局面,党未能将这些思想贯彻和坚持下去。其中不少观点还被当成"修正主义"遭到批判,直至党的十一届三中全会以后这些思想才得以重新发扬光大。

第八章 "大跃进"和国民经济调整时期的经济思想

第一节 社会主义建设总路线、"大跃进"和人民公社化运动

从1957年上半年开始，中国共产党对中国社会主义建设道路的探索产生了偏差。在政治上，将反右派斗争扩大化，随后又提出无产阶级和资产阶级、社会主义道路和资本主义道路的矛盾仍是国内主要矛盾的错误命题，改变了党的八大对国内主要矛盾的正确提法。在经济上，急于求成的思想急剧膨胀，提出了"社会主义建设总路线"，发动了国民经济"大跃进"和人民公社化运动。被称为"三面红旗"的这三者，充满着"左"的经济思想。

第三编　社会主义建设的探索与曲折发展中党的经济思想

一、"大跃进"思想的形成

"大跃进"等"左"的思想的产生,绝非偶然。这是中国共产党自社会主义改造以来对一些经济、政治问题的认识产生偏差的结果。

(一)急于求成,超英赶美

改变中国贫穷落后的面貌、建设一个伟大的社会主义强国,一直是中国共产党人奋斗的目标。毛泽东等党的领袖长期为中国的现状感到焦虑不安。如1954年6月毛泽东在《关于中华人民共和国宪法草案》的讲话中关于"现在我们能造什么?"之问;1955年10月29日,毛泽东在资本主义工商业社会主义改造问题座谈会上的讲话中再次发振聋发聩之语:"现在,我国又不富,也不强,还是一个很穷的国家。我国是个大国,但不是富国,也不是强国。飞机也不能造,大炮也不能造,坦克也不能造,汽车也不能造,精密机器也不能造,许多东西我们都不能造,现在才开始学习制造。我们还是一个农业国。在农业国的基础上,是谈不上什么强的,也谈不上什么富的。"[①]"现在我们不像样子嘛,要受人欺负。我们这么大一个国家,吹起来牛皮很大,历史有几千年,地大物博,人口众多,但是一年才生产二百几十万吨钢,现在才开始造汽车,产量还很少,实在不像样子。所以,全国各界,包括工商界、各民主党派在内,都要努力,把我国建设成为一个富强的国家。我们在整个世界上应该有这个职责。世界上四个人中间就有我们一个人,这么不争气,那不行,我们一定要争这一口气。"[②]由此可见,其焦虑心态溢于言表。

为此,中国共产党发出在几个五年计划之内把中国建设成为一个工业

[①] 《毛泽东文集》(第六卷),人民出版社,1999年,第495页。

[②] 同上,第500页。

化的、具有高度现代文明程度的伟大的国家的号召,并把赶超美国作为奋斗的具体目标。毛泽东说:"我们的目标是要赶上美国,并且要超过美国。美国只有一亿多人口,我国有六亿多人口,我们应该赶上美国。"对所需时间,毛泽东则讲得很谨慎,但预留了提前的希冀。他赞同李富春所说赶上美国需要一百年的意见,又提出:"究竟要几十年,看大家努力,至少是五十年吧,也许七十五年,七十五年就是十五个五年计划。哪一天赶上美国,超过美国,我们才吐一口气。"①

社会主义改造和第一个五年计划的顺利实施,使得中国共产党对前途充满了胜利的信心。毛泽东估计只需要1956年一年就可以实现农业的半社会主义合作化,到1959年或1960年就可以基本完成合作社由半社会主义向全社会主义的转变。所以对资本主义工商业的社会主义改造也应当争取提前完成,并进一步认为,中国工业化的规模和速度,科学、文化、教育、卫生等项事业发展的规模和速度,已经不能完全按照原来所想的那个样子去做了,都应当适当地扩大和加快。

受苏联当时提出的"15年赶上美国"的口号的影响,1957年11月18日,毛泽东在莫斯科各国共产党、工人党代表会议的讲话中首次提出了15年赶上英国的主张:"我国今年有了520万吨钢,再过5年,可以有1000万到1500万吨钢;再过5年,可以有2000万到2500万吨钢;再过5年,可以有3500万到4000万吨钢。"②他又说:"赫鲁晓夫同志告诉我们,15年后,苏联可以超过美国。我也可以讲,15年后我们可能赶上或者超过英国。因为现在英国年产2000万吨钢,再过15年,可能爬到年产3000万吨钢,中国呢,再过15年可以是4000万吨,岂不

---

① 《毛泽东文集》(第六卷),人民出版社,1999年,第500页。
② 转引自吕廷煜编:《中华人民共和国历史纪实:艰难探索(1956—1958)》,红旗出版社,1994年,第70页。

第三编 社会主义建设的探索与曲折发展中党的经济思想

超过英国吗？那么在15年后，在我们阵营中间，苏联超过美国，中国超过英国。"①在这里，毛泽东把钢铁产量作为赶英超美的主要指标。

1957年12月，刘少奇在中国工会第八次全国代表大会代表中共中央所作的贺词中，首次公开宣布了15年赶上英国的口号。他说，在15年后，苏联的工农业在最重要的产品的产量方面可能赶上或者超过美国，我们应当争取在同一期间，在钢铁和其他重要工业产品的产量方面赶上或者超过英国。那样，社会主义世界就把帝国主义国家远远抛在后面。李富春在此次代表大会上所作的报告对此解释说，当我国经济三个五年计划或者更多一点的时间建成一个社会主义强国，并且进一步完成第四个五年计划的时候，我国就有可能在钢铁和其他重要工业产品的产量方面赶上或者超过英国。根据大体计算，我国到1972年钢的产量有可能达到4000万吨左右，即比1957年的产量增长6.6倍左右。英国在1956年钢的产量已经达到2100万吨左右，但是根据英国工业发展速度慢、资源有限和市场难以扩大甚至缩小的情况，即使抛开它必然要发生的经济萧条和经济危机不说，它在1972年钢的产量也不易达到我国同年的水平。而在煤炭、机床、水泥、化学肥料等工业品的产量方面，15年后我国肯定能够超过英国的水平。在15年后把我国的工业从现在远远落后于英国的状况改变为赶上或者超过英国的状况，这是我国工人阶级和全体人民一个伟大的光荣的而且是十分艰巨的任务。此后，这一赶超目标不断被加码、提前。

"超英赶美"口号的提出，在当时极大地鼓舞了渴望富强的中国人民建设社会主义的热情。但是这个目标并不符合当时的实际和经济发展规律，超越了当时生产力水平所提供的可能，必然会给中国经济发展带来消极影响。

---

① 中共中央文献研究室编：《建国以来毛泽东文稿》（第六册），中央文献出版社，1992年，第635页。

(二)把阶级斗争和两条道路斗争作为推动经济发展的动力

这与当时的政治形势发展紧密联系。1957年的反右斗争以扩大化而告结束,毛泽东从中得出两个理论认识:

第一,关于社会主义社会主要矛盾。在1957年10月9日召开的党的八届三中全会上,毛泽东提出:"无产阶级和资产阶级的矛盾,社会主义道路和资本主义道路的矛盾,毫无疑问,这是当前我国社会的主要矛盾。"[1]由此认为我们还必须继续进行政治思想上的社会主义革命,以求获得整个社会主义革命的全面胜利,从而改变了党的八大关于三大改造完成后我国国内主要矛盾的正确提法,即人民对于建立先进的工业国的要求同落后的农业国的现实之间的矛盾,人民对于经济文化迅速发展的需要同当前经济文化不能满足人民需要状况之间的矛盾。

第二,必须加强社会主义物质基础。毛泽东在《一九五七年夏季的形势》中指出:"必须懂得,在我国建立一个现代化的工业基础和现代化的农业基础,从现在起,还要十年至十五年。只有经过十年至十五年的社会生产力的比较充分的发展,我们的社会主义的经济制度和政治制度,才算获得了自己的比较充分的物质基础(现在,这个物质基础还很不充分),我们的国家(上层建筑)才算充分巩固,社会主义社会才算从根本上建成了。"[2]这两个认识使毛泽东越来越明确:阶级斗争、两条道路斗争是全力推进经济发展的动力,从而大力开展这种斗争。

1956年上半年,我国经济继1953年后再次出现了冒进现象。有些部门和地方急于求成,企图把在七年内或者十二年内才能够做完的事情,在三五年

---

[1] 中共中央文献研究室编:《毛泽东年谱(一九四九——一九七六)》(第三卷),中央文献出版社,2013年,第223页。

[2] 中共中央文献研究室编:《建国以来毛泽东文稿》(第六册),中央文献出版社,1992年,第549~550页。

第三编　社会主义建设的探索与曲折发展中党的经济思想

甚至一两年内完成。对此,1956年5月中共中央提出了既反对保守又反对冒进,即在综合平衡中稳步前进的方针,并在1956年6月20日《人民日报》社论《要反对保守主义,也要反对急躁情绪》中向全国人民进行了阐述,党的八大又将此作为经济建设的指导方针。在6月召开的一届全国人大三次会议和7月召开的国务院会议上,周恩来、陈云等人皆对冒进倾向进行批评。在11月召开的党的八届二中全会上,周恩来在《一九五七年度国民经济发展计划和财政预算的控制数字》的报告中,进一步分析了冒进的错误和后果,提出了1957年经济建设应实行"保证重点,适当收缩",制定了积极而又稳妥可靠的发展计划,得到了包括毛泽东在内的全体成员的一致同意。遵循这一方针,1957年国民经济实现健康发展。

但是经过反右斗争,毛泽东对"反冒进"由原先的赞同转向了反对。在1957年9月至10月召开的党的八届三中全会上,毛泽东批评"反冒进"说:去年这一年扫掉了几个东西,一个是扫掉了多、快、好、省,还扫掉农业发展纲要四十条,还扫掉了促进委员会,认为共产党的各级党委会"应当是促进委员会"。因为我们总的方针,总是要促进的。[1]在1958年1月召开的南宁会议(九省二市书记会议)上,毛泽东再一次从政治问题的高度严厉批评"反冒进",称"反冒进"是方针性的错误,是非马克思主义的,冒进是马克思主义的。"反冒进"没有摆对一个指头与九个指头的关系,不弄清楚这个比例关系就是资产阶级的方法。

在1958年3月的成都会议上,毛泽东重新印发了为《中国农村的社会主义高潮》所写的按语并写了一个说明:"一九五五年是在生产关系的所有制方面

---

[1] 参见中共中央文献研究室编:《毛泽东年谱(一九四九——一九七六)》(第三卷),中央文献出版社,2013年,第223页。

取得基本胜利的一年,在生产关系的其他方面以及上层建筑的某些方面即思想战线方面和政治战线方面,则或者还没有基本胜利,或者还没有完全胜利,还有待于尔后的努力。我们没有预料到一九五六年国际方面会发生那样大的风浪,也没有预料到一九五六年国内方面会发生打击群众积极性的'反冒进'事件。这两件事,都给右派猖狂进攻以相当影响。由此得到教训:社会主义革命和社会主义建设都不是一帆风顺的,我们应当准备对付国际国内可能发生的许多重大困难。"[1] 4月,毛泽东在汉口会议上又批评"稳妥派""观潮派",说"所谓稳当可靠,实际上,既不稳当又不可靠,我们这样大的国家,老是稳、慢,就会出大祸。对稳当派有个办法,到一定到时候就提出新的口号,不断提出新口号,使他无法稳"[2]。与批"反冒进"相联系,毛泽东等中共领导此时还批判了民主人士张奚若、陈铭枢在整风中向中共提的"好大喜功、急功近利、鄙视既往、迷信将来"的意见,认为"我们就是要好大喜功——好六万万人之大,喜社会主义之功;就是要急功近利;不轻视过去不行,我们总是把希望寄托在将来"。由此,党在经济工作的指导思想上实际上接受了盲目冒进而放弃了在综合平衡中积极稳步发展的实事求是的方针,并形成了只准反右、不准反"左"的标准,从而进一步推动了"大跃进"的"左"的错误的发展。

(三)"不断革命"与"不平衡"论

长期的革命斗争特别是新中国成立后的一连串斗争,使毛泽东萌生了不断革命的思想。1958年1月,由其主持制订的《工作方法六十条(草案)》第二十一条称:

---

[1] 中共中央文献研究室编:《毛泽东年谱(一九四九——一九七六)》(第三卷),中央文献出版社,2013年,第318页。

[2] 同上,第335~336页。

第三编　社会主义建设的探索与曲折发展中党的经济思想

不断革命。我们的革命是一个接一个的。从一九四九年在全国范围内夺取政权开始,接着就是反封建的土地改革,土地改革一完成就开始农业合作化,接着又是私营工商业和手工业的社会主义改造。社会主义三大改造,即生产资料所有制方面的社会主义革命,在一九五六年基本完成。接着又在去年进行政治战线上和思想战线上的社会主义革命,这个革命在今年七月一日以前可以基本上告一段落。但是问题没有完结,今后一个相当长的时期内每年都要用鸣放整改的方法继续解决这一方面的问题。现在要来一个技术革命,以便在十五年或者更多一点的时间内赶上和超过英国。①

他认为这样做的好处是:我们的革命和打仗一样,在打了一个胜仗之后,马上就要提出新任务。这样就可以使干部和群众经常保持饱满的革命热情,减少骄傲情绪,想骄傲也没有骄傲的时间。新任务压来了,大家的心思都用在如何完成新任务的问题上面去了。

与"不断革命论"密切关联的是"不平衡"论。毛泽东在南宁会议上大力批判"消极平衡论",用平衡、不平衡的哲学观点进一步批评"反冒进",认为我们的计划工作又平衡又不平衡,平衡是相对的,不平衡是绝对的,净讲平衡、不打破平衡是不行的。《工作方法六十条(草案)》第二十二条说:"不平衡是普遍的客观规律。从不平衡到平衡,又从平衡到不平衡,循环不已,永远如此,但每一循环都进到高的一级。不平衡是经常的,绝对的;平衡是暂时的,相对的,我国现在经济上平衡和不平衡的变化,是在总的量变过程中许多部分的质

---

① 《毛泽东文集》(第七卷),人民出版社,1999年,第349~350页。

变。"①《人民日报》1958年2月28日据此发表了《打破旧的平衡,建立新的平衡》的社论,认为不平衡并不可怕,是正常的现象,平衡才是特殊的现象,不这样理解,就是形而上学,并抨击"反冒进"是一些人被这种"跃进所造成的国民经济迅速发展中的不平衡状态惊呆了,给当时正在蓬勃发展的群众高潮泼了一瓢冰水"。社论最后号召说:"为了我国社会主义建设事业的胜利,我们必须反对庸俗的平衡论,或均衡论,反对消极的平衡方法。从庸俗的平衡论的思想束缚中解放出来,我们也就敢于跃进了。"

"不断革命论"主张一种状态刚确立就急于打破它,一个阶段刚到来尚立足便急于向新的更高阶段前进。"不平衡"论则有意打破平衡,人为制造不平衡以促进"不断革命",这种不停顿、在某一方面某一阶段快速发展的结果必然是脱离实际,给经济社会造成巨大损失,成为"无产阶级专政下的继续革命"理论的先声。

(四)不切实际的"破除迷信,解放思想"

当时,毛泽东不断提倡要破除迷信,敢想、敢说、敢干。其所指谓的"迷信"包括:

第一,迷信马克思主义。在党的八大二次会议上毛泽东说,对于马克思主义经典著作要尊重,但不要迷信,马克思主义本身就是创造出来的,不能抄书照搬,我们的同志怕马克思,以为马克思住在很高的楼上,要搭很长的梯子才能爬上楼去。我看,楼下的不要怕楼上的人。列宁说的、做的,许多东西都超过了马克思,我们做的也有许多超过了马克思,我们的实践超过了马克思,所以后来有地方领导人大写"超过马克思"的文章。

第二,迷信苏联经验。1958年3月,在成都会议上,毛泽东讲话说:"搬苏

---

① 《毛泽东文集》(第七卷),人民出版社,1999年,第352~353页。

第三编 社会主义建设的探索与曲折发展中党的经济思想

联的很多,害人不浅。""苏联的经验只能择其善者而从之,其不善者不从之。"他又强调:"经济教育工作教条主义主要表现在重工业、计划工作、银行工作、统计工作,特别是重工业和计划方面。因为我们不懂,完全没有经验(银行还有点),横竖自己不晓得,勘测、设计、施工、成套安装等等,只好照搬。统计工作几乎是抄苏联的。"①

第三,迷信称之为"教授"的知识分子。1958年5月18日,毛泽东对辽宁安东机器厂试制成功一台三十马力的拖拉机的材料,以"卑贱者最聪明,高贵者最愚蠢"的题目批示道:"科学、技术发明大都出于被压迫阶级,即是说,出于那些社会地位较低、学问较少、条件较差,在开始时总是被人看不起,甚至受打击、受折磨、受刑戮的那些人。""如果能够有系统地证明这一点,那就将鼓舞很多小知识分子、很多工人和农民、很多新老干部打掉自卑感,砍去妄自菲薄,破除迷信,振奋敢想、敢说、敢做的大无畏创造精神,对于我国七年赶上英国,再加上八年或者十年赶上美国的任务,必然会有重大的帮助。"②由此,进一步引申为"外行领导内行是一个普遍的规律"③。

在党的八大二次会议上,毛泽东概括了"破除迷信,解放思想"的主旨:"不要妄自菲薄,看不起自己。我们中国被帝国主义压迫了一百多年。它们总是宣传那一套:要服从洋人。封建主义又宣传那一套:要服从孔夫子。对外国人来说,我们不行。对孔夫子来说,我们也不行。""总之,这都是迷信,一切迷信都要打破。""我们的同志不要被大学问家、权威、名人吓到。要敢想、敢说、敢做。""劳动人民蕴藏着的创造性、积极性很丰富,过去就是上层建筑——党和

---

① 转引自陈夕总主编:《中国共产党与156项工程》,中共党史出版社,2015年,第492~493页。
② 中共中央文献研究室编:《毛泽东年谱(一九四九——一九七六)》(第三卷),中央文献出版社,2013年,第352页。
③ 中共中央文献研究室编:《毛泽东传》(1949—1976),中央文献出版社,2003年,第818页。

政府不提倡,或提倡不够,压制住了,没有爆发出来。现在开始看见劳动人民、六亿人口的这种创造性。去冬今春才开始爆发出来。我们现在的办法就是揭盖子,破除迷信,让劳动人民的积极性都爆发出来。"最后把他的讲话归纳为:"破除迷信,不要怕教授,不要怕马克思。"[①]从而将这一思潮推向了高潮。

"破除迷信,解放思想"虽然有其合理部分,但在当时的语境下实际具有特殊、错误的内涵。由于指导思想上的"左",此时"破除迷信"具体所指的内容则相当程度地背离了现实状况,实际上变为"破除科学",废弃知识,否定经济发展的正常经验和客观规律,否定不可违背的种种制约关系,否定必要的规章制度,抛弃"一五"计划期间行之有效的理性的有计划、按比例、求平衡的方法和秩序,解除发动"大跃进"的一切思想障碍,代之以盲目蛮干的"敢想敢干",从而将一般意义上完全正确的"破除迷信,解放思想"异化,陷入主观唯心主义唯意志论的泥淖。

上述错误思想是相互促进、交错发展,由此"大跃进"等"左"的思想得以形成并一度统治了全党。

二、社会主义建设总路线的提出

社会主义建设总路线(简称"总路线")在一定意义上说是批判"反冒进"等"左"的行为的直接产物。

在开展第一个五年计划建设时,周恩来、薄一波提出了经济发展要"多""快""好"。对此,毛泽东完全同意。1955年12月5日,刘少奇传达了毛泽东在关于反右倾保守的谈话,其中提出要反对右倾思想,反对保守主义,提早完成社

---

① 中共中央文献研究室编:《毛泽东传》(1949—1976),中央文献出版社,2003年,第816~817页。

第三编 社会主义建设的探索与曲折发展中党的经济思想

会主义工业化和社会主义改造,各项工作均又快、又多、又好,更多、更好、更快地进到社会主义。后来李富春又补充了一个"省"字,也得到了毛泽东的好评。1956年元旦,《人民日报》发表了《为全面地提早完成和超额完成五年计划而奋斗》的社论,首次公开提出:"在工业、文教事业的面前,就摆着一个问题:要又多、又快、又好、又省地发展自己的事业。必须又多又快,才能赶上国家和人民的需要;必须要好,要保证质量,反对不合格的粗制滥造;必须要省,要用较少的钱办较多的事,以便用可以积累起来的财力来办好一切应该办而且可以办的事情。""这四条要求是互相结合而不可分的。"1月14日,周恩来在《关于知识分子问题的报告》中也提出,为了又多、又快、又好、又省地发展社会主义建设,必须依靠工人、农民和知识分子。

此后,随着批判右倾和批判"反冒进"的深入,毛泽东更进一步从政治上强调多、快、好、省的意义。1957年10月,毛泽东在党的八届三中全会上批评"反冒进"时又提出:"做事情,至少有两种方法:一种,达到目的比较慢一点,比较差一点;一种,达到目的比较快一点,比较好一点。一个是速度问题,一个是质量问题。不要只考虑一种方法,经常要考虑两种方法。"[①]要研究苏联正、反两方面经验,少犯错误,把苏联走过的弯路避开,比苏联搞的速度更要快一点,比苏联的质量更要好一点。1958年元旦,《人民日报》发表的《乘风破浪》的社论首次提出了"鼓足干劲,力争上游"的口号,认为"形势的巨大变化是人们未曾预料的。如果我们善于接受教训,就必须彻底纠正那种落后于客观实际的思想状态,就必须鼓足干劲,力争上游,充分发挥革命的积极性创造性,扫除消极、怀疑、保守的暮气"。同时又提出了要又多、又快、又好、又省地进行各项建设工作。2月3日,《人民日报》发表的《鼓起干劲,力争上游》的

---

① 中共中央文献研究室编:《毛泽东年谱(一九四九——一九七六)》(第三卷),中央文献出版社,2013年,第222页。

社论,将鼓起干劲力争上游与多快好省联系起来:"鼓起革命干劲,打破一切右倾保守思想,力争上游,又多又快又好又省地进行社会主义建设吧!"毛泽东对此很欣赏并将"鼓起"改为"鼓足",说鼓足干劲力争上游的口号很好,反映了人民的干劲,干劲用"鼓足"二字比较好,比"鼓起"好,真理有量的问题。到3月的成都会议上,毛泽东正式提出了"鼓足干劲、力争上游,多快好省地建设社会主义"的总路线。5月召开的党的八大二次会议正式通过了这条总路线。

"鼓足干劲、力争上游,多快好省地建设社会主义"的总路线的基本点是:调动一切积极因素,正确处理人民内部矛盾;巩固和发展社会主义的全民所有制和集体所有制,巩固无产阶级专政和无产阶级的国际团结;在继续完成经济战线、政治战线和思想战线上的社会主义革命的同时,逐步实现技术革命和文化革命;在重工业优先发展的条件下,工业和农业同时并举;在集中领导、全面规划、分工协作的条件下,中央工业和地方工业同时并举,大型企业和中小型企业同时并举,通过这些,尽快地把我国建设成为一个具有现代工业、现代农业和现代科学文化的伟大的社会主义国家。

无疑,"总路线"关于我国经济建设的总体战略目标,反映了当时广大人民群众迫切要求改变经济文化落后状况的普遍愿望,这是值得肯定的。但是"总路线"的核心问题集中反映了当时"左"的思想。

第一,"总路线"实际上强调的是不切实际的高速度。刘少奇在代表中央所作的报告中说:"建设速度的问题,是社会主义革命胜利后摆在我们面前的最重要的问题。我们的革命就是为了最迅速地发展社会生产力。我国经济本来很落后,我国的外部还有帝国主义,只有尽可能地加快建设,才能尽快地巩固我们的社会主义国家,提高人民的生活水平。"他批评了以下这些看法:"提高建设速度,会使人们'过于紧张',宁可慢一点好","执行多快好省的方针会

第三编　社会主义建设的探索与曲折发展中党的经济思想

造成浪费","执行多快好省的建设方针,会在各个生产部门之间,在财政的收入和支出之间,造成不平衡"等观点,指出"那些反对提高建设速度、反对多快好省这个方针的批评,都是站不住脚的"。①可见,高速度是总路线的根本着眼点。对此,《人民日报》1958年6月21日社论《力争高速度》作了明确的阐述:"用最高的速度来发展我国的社会生产力,实现国家工业化和农业现代化,是总路线的基本精神。它像一根红线,贯穿在总路线的各个方面。如果不要求高速度,当然没有什么多快好省的问题;那样,也就不需要鼓足干劲,也就无所谓力争上游了。因此可以说,速度是总路线的灵魂。""'快',这是多快好省的中心环节","快"能够促成"多""好""省","使我国工业在十五年或者更短的时间内,在钢铁和其他主要工业产品的产量方面赶上和超过英国;使我国农业在提前实现全国农业发展纲要的基础上,迅速地超过资本主义国家"。

第二,片面强调人的主观能动性。在生产力落后、物质技术条件差的客观条件下追求建设的高速度,唯一能依靠的力量是广大群众的努力,所以"总路线"十分强调发挥人的主观能动性,通过"鼓足干劲"来"力争上游"。刘少奇在报告中说,为了摆脱贫穷落后受侵略的被动局面,"几万万人鼓起干劲,满怀信心地投入热烈的劳动和斗争中,这是我们应当双手欢迎的一种革命的常规"。这种"紧张"完全没有什么可怕。他根据毛泽东的观点强调:"难道我们能够不好六亿人民之大,喜社会主义之功吗?难道我们应当好小喜过,绝功弃利,安于落后,无为而治么?""机器是要人来创造和发动的,物质资料生产是要经过人的努力才能实现的。事在人为,人民群众的主观能动性是一个伟大的动力。"《人民日报》1958年5月29日发表的《把总路线的红旗插遍全国》的社论,则把广大群众在全民整风和建设高潮中已经表现出的破除迷信、解放

---

① 中国人民解放军国防大学党史党建政工教研室编:《中共党史教学参考资料》(第22册),1986年,第440~441页。

思想、敢想敢说、敢作敢为的风格称作实现"总路线"的关键。该报另一篇社论《力争高速度》也认为,不鼓足干劲,不力争上游,善跑的兔子也会因为半路睡大觉而落在乌龟的后面。同样,如果我们精神上不紧张起来,不坚持不断革命的方针,我们的任何有利条件也不会自动地起作用。而且不是东风压倒西风,就是西风压倒东风,积极的因素不发展,消极的因素就必然发展。这种夸大主观能动性作用的观念,把主观能动性视为决定一切的力量,必然产生主观唯心主义倾向和不顾实际的蛮干作风。

对于这条"总路线",1981年党的十一届六中全会通过的《关于建国以来党的若干历史问题的决议》指出:"其正确的一面是反映了广大人民群众迫切要求改变经济文化落后状况的普遍愿望,其缺点是忽视了客观的经济规律。"盲目追求高速度和过分强调主观能动性,正是忽视客观经济规律的具体表现。随后的实践进一步证明其是一条不切实际、急于求成的路线,成为引发社会主义建设中"左"的错误的直接肇端。

三、国民经济的"大跃进"

(一)"大跃进"的发动

"大跃进"的发动,是与"反右倾"紧密联系在一起的。周恩来在党的八大和党的八届二中全会的报告中,总结我国"一五"计划期间经济建设的经验和教训时,对"二五"计划的制订提出若干要求:①应该根据需要和可能,合理地规定国民经济的发展速度,把计划放在既积极又稳妥可靠的基础上,以保证国民经济比较均衡地发展。②在编制长期计划的时候应该保留一定的后备力量,使计划比较可靠。③应该使重点建设和全面安排相结合,以便国民经济各部门能够按比例地发展。④党的八大的建议和农业四十条,是规定

第三编　社会主义建设的探索与曲折发展中党的经济思想

了每年进度指标的,这两个文件经过我们研究以后觉得可以修改。上不去,就不能勉强。否则把别的都破坏了,钱也浪费了,最后还得退下来。可惜的是,上述设想很快就被批为"右倾保守"思想。

在党的八届三中全会上,在毛泽东批判了"反冒进"后,党内再次开展了反右倾斗争。1957年11月13日《人民日报》发表的《发动全民,讨论四十条纲要,掀起农业生产的新高潮》的社论批评说,有些人害了右倾保守的毛病,像蜗牛一样爬行得很慢,他们不了解在农业合作化以后,我们就有条件也有必要在生产战线上来一个大的跃进。这是符合客观规律的,1956年的成绩充分反映了这种跃进式发展的正确性。有保守思想的人,因为不懂得这个道理,不了解合作化以后农民群众的伟大的创造性,所以他们认为农业发展纲要草案是"冒进了",把正确的跃进看成了"冒进"。号召开展全民大讨论,动员全国力量,万众一心地行动起来,掀起个规模巨大的农业生产建设的高潮。"大跃进"一词由此产生。毛泽东对此十分欣赏,称这是个伟大的发明,"跃进"一词代替了"冒进"一词,剥夺了"反冒进"的口号。他在对社论的批语中,建议把一号博士头衔赠给发明"跃进"这个伟大口号的那一位(或者几位)科学家。

随着南宁会议等对"反冒进"批判的深入,发动"大跃进"的步伐也越来越快。南宁会议提出各省市自治区的地方工业产值在五年至十年内超过当地的农业产值,各地在五至八年内实现农业发展纲要四十条,苦战三年使大部分地区的面貌基本改观的要求。《工作方法六十条(草案)》提出适当压缩农业生产合作社的消费,以便增加积累,准备生产"大跃进"。1958年2月2日《人民日报》又根据南宁会议精神正式宣称:我们国家现正面临着一个全国"大跃进"的新形势,工业建设和工业生产要"大跃进",农业生产要"大跃进",文教卫生事业也要"大跃进"。次日该报又发表社论《鼓起干劲,力争上游》,认为跃进是一种有实际可能性的前进,不同于通常的前进,是在有利的革命形势下,在群众运动的高潮中,千方百计,打破常规,采取新的方法或者新的技术,以比通常快得多的速度,迈大步的前进。经过这些动员,"大跃进"的思想开始在全国广泛传播开来。

"大跃进"的正式发动,是从不断提高经济建设指标开始的。在《工作方法六十条(草案)》中,毛泽东提出搞生产计划的"三本账"的主张。中央两本账:一本是必成的计划,这一本公布;另一本是期成的计划,这一本不公布。地方也有两本账:第一本就是中央的第二本,这在地方是必成的;第二本在地方是期成的,即第三本账。评比以中央的第二本账为标准。其方法是根据"积极平衡论",先定第一本账组织第一个平衡,同时放手发动群众,挖掘潜力,突破第一本账的收支指标,打破第一个平衡,编制第二本账,组织第二个平衡。这是对斯大林所授编制"五年计划"方法(见前)的运用和发展,从而为指标层层加码开了先河。对年度计划也相应地改成了"倒过来"的方法,即由过去立足于上年的实际情况制订下年计划,改为从十五年超英赶美的需要出发来确定各个五年计划的指标,再分配每年产量指标。显然,这是一种凭主观意志办事、不顾实际情况的方法。

根据南宁会议的决定,1958年2月召开的一届全国人大五次会议通过的1958年的经济指标规定了工业生产总值(含手工业)为747.47亿元,比1957年增长15.1%,其中发电量增长18%,煤炭增长17.2%,生铁增长24.1%,钢增长19.2%,水泥增长14.5%,木材增长9.4%,机床增长7.4%。农副业生产值为688.3亿元,比1957年增长6.1%,其中粮食增长5.9%,棉花增长6.7%。财政收入为332亿元,比1957年增长7.7%。基本建设为145.7亿元,比1957年增长17.8%。

如此大的增长幅度完成起来已相当紧张,但是在成都会议上这些指标

第三编　社会主义建设的探索与曲折发展中党的经济思想

又被大幅度提高。1958年3月21日会议通过的《关于1958年计划和预算第二本账的意见》决定,将上述指标作为中央的第一本账的同时又制定了第二本账。第二本账规定:工业总产值(含手工业)为903.8亿元,比1957年增长33%,其中钢增长35.5%,生铁增长35.5%,煤炭增长30.1%,发电量增长29.3%,木材增长18.9%,水泥增长51%,机床增长98.6%。农副业为754.4亿元,比1957年增长16.2%,其中粮食增长16.6%,棉花增长24.8%。财政收入为372亿元,比1957年增长20.7%。基本建设为175亿元,比1957年增长41.5%。为实现这第二本账采取的对策是:落实毛泽东的花三成力量搞中央的大工业,花七成力量搞地方的中小型工业的指示,大力发展地方工业。国家经委报告提出,地方工业要在全国一百八十多个专区两千多个县遍地开花,实现"机器到处响,工厂遍城乡"。

与之相应的是,"超英赶美"的时间被缩短。成都会议认为,只要我们贯彻执行主席所指示的方针,继续发扬革命干劲,我国社会主义工业化的速度就可能比苏联更快一些,我们就可以掌握时机,在比十五年更短的时间内赶过英国。会议通过《关于发展地方工业问题的意见》又把地方工业产值赶超农业产值的期限从五至十年改为五至七年,并进一步要求在七年内(争取在五年内)基本上实现农业机械化和半机械化。

在1958年4月15日广州会议期间,毛泽东写了《介绍一个合作社》,提出:"由此看来,我国赶上英美不需要从前所想的那样长的时间了,二十五年或者更多一点时间也就够了"。同时,在给刘少奇、邓小平、周恩来、陈云、胡乔木、吴冷西的信中解释说:"十年可以赶上英国,再有十年可以赶上美国,说'二十五年或者更多一点时间赶上英美'是留了五年到七年的余地的。'十五年赶

411

上英国'的口号仍不变。"①

　　1958年5月5日至23日,党的八大二次会议在北京召开。这次会议正式改变了党的八大一次会议关于社会主义三大改造完成后国内主要矛盾的提法,正式通过了社会主义建设总路线,进一步对"反冒进"等"右倾思潮"进行批判。同时,各工业部门的党组在大会期间皆向中央和毛泽东写了关于本部门贯彻成都会议精神赶超英美计划的报告,无一不再次提高指标、缩短赶超时间,如冶金部等提出5年或稍长一点时间赶上和超过英国,15年或稍多一点时间赶上和超过美国,到1972年钢的年产量达1.2亿吨。轻工业部提出造纸业要在1962年和1972年分别赶上、超过英国和美国。纺织工业部提出在1962年棉纱、棉布产量超过美国。化工部提出化肥产量5年超过美国居世界第一。煤炭部提出煤产量2年超英,10年超美。作为这些设想的汇总,李富春在会上所作的《赶上英国,再赶上美国第二个五年是关键》的发言中,提出了初步设想的第二个五年计划工农业生产主要指标。其必成数(第一本账)、期成数(第二本账)及比1957年增长百分比是:工业总产值为2300亿元和2900亿元,增长200%至300%,其中钢增长367.8%和461.4%,原煤增长192.3%和223.1%,发电量增长365.8%和469.4%,车床增长328.6%和435.7%,棉纱增长204.9%和247.9%,棉布增长204.8%和242.6%。农副业总产值为1200亿元和1370亿元,增长80%和110%,其中粮食增长61.2%和89.2%,棉花增长98.2%和128.7%,等等。如以每年平均增率计算,远远超过了原定的年度指标,被认为是古今中外从来都没有过的高速度。李富春认为,只要完成这第二本账,我国就完全有可能在1962年或更多点时间内和在1972年或更多一点时间内,在钢铁或其他主要工业产品产量方面分别赶过上和超过英国、美国。其间毛泽东多次发表赶超看

---

① 中共中央文献研究室编:《毛泽东传》(1949—1976),中央文献出版社,2003年,第811页。

第三编 社会主义建设的探索与曲折发展中党的经济思想

法,5月8日的讲话说:"我看十五年赶上英国,赶上美国,差不多。照李富春同志的话,稍微多一点时间,比如二十年,那是尽够的。但这个不发表,十五年赶上英国的口号不要变。""不要改变我们的口号,不要加上一个什么十五年或者二十年赶上美国。但是高级干部、全国代表大会代表应当知道这个方向。"①5月18日毛泽东在《卑贱者最聪明,高贵者最愚蠢》的批语中,正式提出了"我国七年赶上英国,再加八年或者十年赶上美国"的目标。

党的八大二次会议以后,经济指标仍不断被提高,赶超英美的时间也一再提前。李富春代表国家计委、经委、财政部等向中央提交《第二个五年计划要点》并提出,现在看以钢铁为主的几种主要工业品的产量,有可能不用三年赶上和超过英国,全国农业发展纲要有可能三年基本实现。第二个五年计划的任务是:提前完成全国农业发展纲要,建成基本上完整的工业体系,五年超过英国,十年赶上美国,大大推进技术革命和文化革命,为在十年内赶上世界上最先进的科学技术水平打下基础。毛泽东于6月17日批示,认为是一个很好的文件,值得认真一读,可以大开眼界。同日,薄一波代表国家经委党组向中央政治局作了《两年超过英国》的报告,提出只要在1959年钢产量达到2500万吨,就在钢产量上超过英国了。6月22日,毛泽东对薄一波的这个报告批示说:"超过英国,不是十五年,也不是七年,只需要两年到三年,两年是可能的。这里主要是钢。只要一九五九年达到两千五百万吨,我们就在钢的产量上超过英国了。"②

农业部也不甘落后,于1958年6月中旬向中央政治局提出了1962年粮食8500亿斤、棉花8000万担的新的第二本账,皆比党的八大二次会议所定的第

---

① 中共中央文献研究室编:《毛泽东传》(1949—1976),中央文献出版社,2003年,第816~817页。
② 中共中央文献研究室编:《毛泽东年谱(一九四九——一九七六)》(第三卷),中央文献出版社,2013年,第373页。

二本账翻了一番。

此时毛泽东对工业的跃进、提前赶超英美已深信不疑,但对农业特别是粮食仍保持着一定的审慎态度。他对农业部关于新的第二本账的报告的批示中说:"粮食、钢铁、机械是三件最重要的事。有了这三件,别的也就会有了。三件中,粮食及其他农产品是第一件重要的事,我们应当十分注意农业问题。"[1]这表明粮食问题是毛泽东发动"大跃进"的一大顾虑。

然而各地粮食高产的消息很快使毛泽东放了心。在"高指标,批右倾"的高压氛围中,各地农村出现了严重的虚报高产的浮夸风,当时称之为"放卫星"。小麦产量各地由开始的亩产一两千斤,上升到四五千斤。1958年7月12日,《人民日报》报道河南省西平县城关镇和平农业社第四队小麦亩产7320斤,7月18日又报道了该县猛进农业社小麦亩产为7201斤。水稻产量也高得惊人,如6月26日传出江西贵溪早稻亩产2340斤,完全脱离了当时的实际水平。华东四省一市6月召开的农业协作会议宣布,小麦比去年增产73.5亿斤,增长了57%。7月23日,农业部发表夏收粮食公报,称夏粮比上年增产413亿斤,增长69%。同时又估算早稻总产量比上年增加400亿斤,达800亿斤,全年产量将达10000亿斤。中共中央为防止夸大将此压缩1/3,宣布估计全年产量将达6000亿至7000亿斤,但实际上全年产量只有4000亿斤。

(二)全民动员大炼钢铁

农业生产的浮夸和产量的虚报使毛泽东、党中央误认为粮食问题已经解决,可以放手抓工业,特别是钢铁的"跃进"了。1958年6月19日,毛泽东与冶金部部长王鹤寿谈钢铁指标,"开始是六百万吨,第二本账是七百万吨,第三

---

[1] 中共中央文献研究室编:《毛泽东年谱(一九四九——一九七六)》(第三卷),中央文献出版社,2013年,第374页。

第三编　社会主义建设的探索与曲折发展中党的经济思想

本账是八百万吨,争取九百万吨。我说你索性翻一番,那么拖拖拉拉的干什么? 王鹤寿同志就很有劲,布置了"①。

1958年8月17日至30日,中共中央政治局北戴河扩大会议通过的关于1959年计划和第二个五年计划问题的决定提出了更高的指标,规定1959年粮食产量达8000亿斤到10000亿斤,钢产量达到2700万吨,争取3000万吨。认为达到这些指标后,我国在钢铁和其他主要工业产品的产量除电力等少数几种以外,都将超过英国,还提出在"二五"期间要建立全国和各大区的完整的工业体系,各省也要建立相当的工业基础。这是一次全面发动"大跃进"的动员会议。

会议通过的《中共中央政治局扩大会议号召全党全民为生产一千零七十万吨钢而奋斗》的公报,号召全党和全国人民用最大的努力为在1958年生产1070万吨钢,即比1957年的产量535万吨增加一倍而奋斗,集中反映了盲目"跃进"、急于求成的思想。对此,毛泽东曾犹豫过,因当时已是8月,但只生产了400万吨钢,要在4个月内完成700万吨钢的生产任务其艰难可想而知,乃引用李商隐的"夕阳无限好,只是近黄昏"来表达了这种忧虑,但最后仍下了完成目标的决心。为了实现这个不现实的任务,北戴河会议以后全国掀起了"以钢为纲,带动一切"的全民"大跃进"高潮,主要措施有:

第一,全力保钢。中央先后四次召开电话会议,号召各级党委、各级政府全力抓钢铁生产,将其置于一切工作的首位,从省到乡第一书记要亲自挂帅,亲临现场指挥,制订每月、每周、每天的钢铁生产、煤炭生产、交通运输计划,并把执行结果报告中央。安排生产计划时允许挤掉一些东西以保证钢铁生产。《人民日报》1958年9月5日发表社论《全力保证钢铁生产》提出:当钢铁工

---

① 中共中央文献研究室编:《毛泽东传》(1949—1976),中央文献出版社,2003年,第825页。

业的发展与其他工业的发展在设备、材料、动力、人力等方面发生矛盾的时候，其他工业应该主动放弃或降低自己的要求，让路给钢铁工业先行。就是说要不惜牺牲其他工业发展以求全力保证完成钢铁生产指标。

第二，大搞群众运动。《人民日报》1958年9月1日发表社论《立即行动起来，完成把钢产量翻一番的伟大任务》，号召全党全民行动起来鼓足干劲苦战四个月完成这一伟大任务。全国广大工人、农民、干部学生、城市居民纷纷响应这一号召，开展了轰轰烈烈的全民大炼钢铁运动。运动分为"大洋群"和"小土群"两种：前者是指在原有的大中型钢铁企业发动群众突击生产，后者指动员非钢铁企业的广大群众"土法上马"炼铁炼钢。"大洋群"片面强调发挥群众的作用而忽视现代企业特点，否定尊重客观规律、科学技术和遵守规章制度的必要性，片面追求产量、盲目拼设备、不顾质量与安全、不计经济效果，使整个企业陷于混乱状态；"小土群"则是这场运动的主要特征：由于原有钢铁企业生产能力有限，新建的设备尚无法形成生产能力，遂沿用战争年代人民战争的办法，动员群众建小高炉、土高炉进行土法炼铁、炼钢。一时间小、土高炉遍及城乡，最多时参加者达9000万人，同时还动员群众找矿、采矿、运输、采煤、发电、造机器以配合大炼钢铁。

第三，不断追加基本建设投资，扩大基建规模。1958年基建投资总额原定为145亿元，后追加为175亿元，7月又追加35亿元，北戴河会议又确定预支1959年的投资10.5亿元，国家共投资221亿元，加上地方投资，1958年全国基建实际投资达267亿元，比1957年增长97%，约为"一五"计划期间基建投资总额的一半，但因战线过长，效益极差。

第四，商业、银行无条件支援钢铁的翻番、工业跃进，为之提供物资、贷款，收购产品。经过这样的突击蛮干，钢铁产量不断上升，钢以1月至8月平均产量为100，则9月为178，10月为341，11月为440；生铁以8月份产量为100，则

9月为198,10月为1042。12月19日,中央正式宣布提前12天完成生产1070万吨钢的任务,年底宣布1958年钢产量为1108万吨,生铁产量为1369万吨。然而其中合格的钢只有800万吨,不合格的土铁达416万吨。也就是说,实际上未能达到预定目标。

实践证明,大炼钢铁不仅造成了人力、物力、财力的巨大浪费,还妨害了国民经济各部门自身的正常运转,破坏了国民经济的比例关系,使得工业和交通运输、轻工业、重工业中原材料工业和加工工业、燃料动力工业与其他工业之间比例关系严重失调,基本建设、工业发展超过了国民经济特别是农业的承受能力,为大炼钢铁抽调大批农村壮劳力更严重影响了农业生产,加上"人民公社化""共产风"的影响,整个国民经济开始陷于混乱之中。

四、农村人民公社化运动

农村人民公社化运动是"大跃进"时期的又一项重要运动。如果说钢产量翻番等"跃进"是在生产力方面的盲动,那么人民公社化运动则是在所有制升级、生产关系变革上的蛮干。

人民公社化的"大",直接萌发于盲目追求农业社的规模的思想。1955年农业合作化加快步伐时,毛泽东就认为大社有诸多优点,曾在《大社的优越性》的按语中说:"现在办的半社会主义的合作社,为了易于办成,为了使干部和群众迅速取得经验,二三十户的小社为多。但是小社人少地少资金少,不能进行大规模的经营,不能使用机器。这种小社仍然束缚生产力的发展,不能停留太久,应当逐步合并。有些地方可以一乡为一个社,少数地方可以几乡为一个社,当然会有很多地方一乡有几个社的。不但平原地区可以办大社,山区也可以办大社。"①在其他按语中又提出初级社向高级社转变可以同时将小社转为大社。可见毛泽东的观点是,大社更有利于生产力的发展,合作社的规模应大大扩充。

但是毛泽东的这一想法并不符合当时实际。1956年至1957年初农村普遍办起高级社以后出现了不少社员闹退社、分社的现象,一个重要原因就是许多高级社规模偏大、管理困难、平均主义严重,社员的生产、生活均受到严重影响。鉴于这一情况,中共中央在1957年9月14日发布了《中共中央关于整顿农业生产合作社的指示》和《中共中央关于做好农业合作社生产管理工作的指示》,决定对合作社规模进行适当调整,指出:"合作社和生产队的组织,要力求便于经营管理和发挥社员集体劳动的积极性。为此它们的组织规模大小,应该照顾地区条件、经济条件、居住条件和历史条件,容许有各种差别,而不应该千篇一律。"②除少数确实办好了的大社以外,对规模过大而又没有办好的社均应根据社员要求,适当调整、分小。同时提出今后社的组织规模,一般以百户以上的村为单位,实行一村一社。一些过小的相隔很近的自然村,可以几村办一社。过大的自然村可以一村一社,也可以一村数社。山区三两户的小村庄可以组织合作小组,也可以入社后在经济上自负盈亏。强调农业生产合作社实行社、队两级管理,生产队是合作社的基本生产单位,一般以二十户左右为适宜,自负盈亏。村和生产队的组织规模确定了之后,应该宣布在今后十年内不予变动。

中共中央这两个指示坚持了实事求是的原则,受到了农民的拥护和欢迎,各地贯彻后很快稳定了形势。所以邓子恢在1958年2月总结道:"一年来

---

① 中央办公厅:《〈中国农村的社会主义高潮〉选本》,人民出版社,1956年,第391页。
② 中共中央文献研究室编:《建国以来重要文献选编》(第十册),中央文献出版社,2011年,第488页。

第三编 社会主义建设的探索与曲折发展中党的经济思想

全国经验证明,社过大是不适合于农业生产分散性这个特点,也与我们目前农业生产的技术水平和干部的管理水平不相称的,从而对生产管理,对社内团结都是不利的。""把社和队的规模划小,把领导层次改为两级制是完全必要的。"①

但是毛泽东并没有放弃建大社的观点,急剧膨胀的"大跃进"的盲动气氛又强化了这种主张。1958年3月,成都会议根据毛泽东的意见通过的《中共中央关于把小型的农业合作社适当地合并为大社的意见》再次主张并社,其理由是:我国农业正在迅速地实现农田水利化,并将在几年内逐步实现耕作机械化。在这种情况下,农业合作社如果规模过小,在生产的组织和发展方面势必将发生许多不便。为了适应农业生产和文化革命的需要,在有条件的地方把小型的农业合作社有计划地、适当地合并为大型的合作社是必要的。4月8日,中共中央政治局批准了这一决定,正式抛弃了半年多前维持合作社适当的小规模的正确决定。由此,各地农村开始了小社并大社的工作。这就为人民公社奠定了"大"的基础。

1958年7月1日,陈伯达在北京大学大会上所作的《在毛泽东同志的旗帜下》的演讲中传达:毛泽东同志说,我们的方向应该逐步地有次序地把工(工业)、农(农业)、商(交换)、学(文化教育)、兵(民兵,即全民武装)组成为一个大公社,从而构成我国社会的基本单位。在这样的公社里面,工业、农业和交换是人们的物质生活;文化教育是反映这种物质生活的人们的精神生活;全民武装是为着保卫这种物质生活和精神生活,在全世界上人剥削人的制度还没有彻底消灭以前,这种全民武装是完全必要的。毛泽东的这番话十分完整地勾画出了人民公社消灭社会分工的封闭性体系的特征。

---

① 《新华月报》,1958年第2号。

1958年8月6日,毛泽东视察了河南省新乡县七里营乡已成立的全国第一个人民公社,参观了其中的托儿所、"幸福院"、食堂、工厂。8月9日,毛泽东视察山东时又指出了办大社的优越性。当时任山东省委书记处书记的谭启龙汇报说历城县北园乡准备办大农场时,毛泽东说还是办人民公社好,好处是可以把工、农、商、学、兵合在一起,便于领导。这一指示很快传遍全国。

　　1958年8月29日,中共中央政治局北戴河扩大会议通过了《中共中央关于在农村建立人民公社问题的决议》。该决议认为,建立人民公社是形势发展的必然趋势:主要基础是我国农业不断的跃进和农民越来越高的政治觉悟;农产品产量成倍、几倍、十几倍、几十倍地增长,更加促进了人们的思想解放;大规模的农田基本建设和农村工业发展皆要求有更多的劳动力投入;在农田基本建设和争取丰收的斗争中打破社界、乡界、县界的大协作,组织军事化、行动战斗化、生活集体化,以及公共食堂、幼儿园等提高了农民的共产主义觉悟和集体主义思想。所有这些都说明几十户、几百户的单一的农业生产合作社已不能适应形势发展的要求。在目前形势下,建立农林牧副渔全面发展、工农商学兵互相结合的人民公社,是指导农民加速社会主义建设,提前建成社会主义并逐步过渡到共产主义所必须采取的基本方针。

　　关于社的组织规模,该决议提出目前一般以一乡一社、两千户左右较为合适。一些地方也可以组成六七千户的社,也不反对万户以上的大社。人民公社进一步发展的趋势是以县为单位组成联社。所以现在就应对人民公社的分布进行以县为单位的规划,明确规定要实行政社合一,乡党委就是社党委,乡人民委员会就是社务委员会。

　　该决议要求在并社、转社中应该以共产主义精神去教育干部和群众,承认原来合作社与合作社之间的公共财产、债务等差别,但不要采取算细账、找平补齐的办法,不要去斤斤计较小事。这就为"一平二调"的"共产风"提供了

第三编 社会主义建设的探索与曲折发展中党的经济思想

根据;提出自留地要变为集体经营,零星果树暂时仍归私有,过些时候再处理即再归集体,股份基金拖一二年,彻底消除私有经济的残余,提高公有程度。

关于人民公社的所有制,该决议一方面认为目前还是采用集体所有制为好,不要忙于改为全民所有制,但另一方面又认为三四年或五六年内就可以完成这种过渡。也不必忙于改变原有的分配制度,仍实行按劳分配,但又认为在条件成熟的地方可以改行工资制。总之,人民公社将是建成社会主义和逐步向共产主义过渡的最好的组织形式,将发展成为未来共产主义社会的基层单位。看来,共产主义在我国的实现,已经不是什么遥远将来的事情了。我们应该积极地运用人民公社的形式,摸索出过渡到共产主义的具体途径。这就为超越阶段向共产主义过渡提供了根据。

该决议勾画了人民公社"一大二公"的本质特点。所谓大,首先指人民公社的规模比农业生产合作社大:初级社一般为数十户,高级社一般为一二百户,而人民公社一般都在四五千户以上。其次指人民公社经营的范围比农业生产合作社大。初级社、高级社一般以从事农业生产为主,而人民公社则是工农商学兵五位一体的社会基层组织。所谓"公",一是人民公社与农村基层政权组织合而为一;二是国家把农村中原属于全民所有制的银行、商店和其他企业下放给了公社管理,使人民公社集体所有制经济增添了若干全民所有制的成分;三是人民公社把社员的自留地、家庭副业、家禽家畜等收归社有,进一步消除所谓"生产资料私有制"的残余;四是人民公社大搞公共食堂、学校、幼儿园、托儿所、"幸福院"等免费的公共福利事业,实行工资制和主要生产资料供给制相结合的分配制度。如毛泽东1958年8月30日在北戴河中央政治局扩大会议所说:"人民公社的特点是两个,一为大,一为公。我看是叫大公社。人多,地多,综合经营,工农商学兵,农林牧副渔,这些就是大。大,这个东西可了不起,人多势众,办不到的事情就可以办到。公,就比合作社更要社会主义,把资本主义的残余,比如自留地、自养牲口,都可以逐步取消,有些已经在取消了。办公共食堂、托儿所、缝纫组,全体劳动妇女可以得到解放。"[1]这种集体生活、集体劳动、集中统一领导的经济单位适应了"大跃进"的需要,是搞"大跃进"的很好的组织形式,因此这又如毛泽东曾说过的,公社是跃进的产物。

在中央的号召下,全国迅速掀起办人民公社的热潮。1958年9月30日中央农村工作部宣布,截至当月底,全国已基本实现人民公社化,共建人民公社23384个,加入农户112174651户,占总农户的90.4%,每社平均4797户。5000户以上、一两万户的公社也为数不少。河南、吉林等13个省,已有94个县以县为单位建立了县人民公社或县联社。

农村人民公社化运动导致了农村中"共产风、浮夸风、瞎指挥风、强迫命令风、干部特殊化风""五风"盛行。

"共产风"主要内容是"一平二调",即在公社范围内实行平均分配、贫富拉平,公社无偿地调用社员、生产队的劳动力、资金和财产,兴办公共食堂,实行供给制和半供给制。如1958年9月14日公开发表的《河南省遂平县卫星人民公社试行简章(草稿)》即规定各农业社合并为公社后应将一切公有财产交给公社,多者不退,少者不补。原来债务除少量用于当年度生产周转者自行清理外,全归公社负责偿还,社员应交出全部自留地、私有房基、牲畜、林木归公社所有,折价作为本人投资,只可以留下小量的家畜、家禽。公社实行集中领导、分级管理,以生产大队作为管理生产进行经济核算的单位。盈亏由社统负责,实行工资制和粮食无偿供给制,以生产队为单位组织公共食堂。这一简章作为典范公布以后,各地均按此仿行。

---

[1] 中共中央文献研究室编:《毛泽东年谱(一九四九——一九七六)》(第三卷),中央文献出版社,2013年,第425页。

第三编　社会主义建设的探索与曲折发展中党的经济思想

"共产风"的进一步发展是提前向共产主义过渡。作为试点的河北省徐水县(现徐水区)提出了从1958年下半年起开始过渡、到1963年进入共产主义社会的规划。1958年9月15日,徐水县人民总公社(后改称"徐水人民公社")成立,实行县社合一和县一级的统一经济核算。9月起,干部取消薪金改为按级别发给二至八元的津贴;社员取消按劳取酬,总社对全县人民实行吃饭、穿衣、住房、医疗等"15包"的免费供给制。全国大部分地区步子虽没有这么大,但也大多实行了"吃饭不要钱"的粮食供给制。毛泽东9月中旬视察安徽时提出:吃饭不要钱,既然一个社能办到,其他有条件的公社也能办到。既然吃饭可以不要钱,将来穿衣服也就可以不要钱了。"一平二调"极大戕害了群众利益、挫伤了其生产积极性,"向共产主义过渡"的鲁莽行动不仅在现实中碰了壁,而且使集体经济遭受了严重的损失。

"浮夸风"也愈演愈烈。9月18日,《人民日报》报道广西环江县红旗人民公社中稻亩产十三万四百三十四斤十两四钱。8月26日,该报报道甘肃康县窑坪乡和平农业社马铃薯亩产十万六千三百七十八斤八两。农业部10月发表公报称早稻总产量八百七十多亿斤,比1957年增产百分之一百二十六,比"一五"期间稻谷增产总数多一百二十多亿斤;春小麦总产量一百多亿斤,比1957年增长百分之六十三,比原先估产的九十亿斤提高了十多亿斤。刘少奇认为,这样再过几年就可以实行土地三分之一种粮食,三分之一植树,三分之一休闲。浮夸有时竟然发展到了认为可凭主观意志为所欲为的地步。8月27日,《人民日报》刊登了《人有多大胆,地有多大产》的文章,说山东寿张县一亩地要产五万斤、十万斤以至几十万斤红薯,要产一两万斤玉米谷子,这样高的指标当地干部和群众讲起来很平常,一点儿也不神秘。一般的社也是八千斤、七千斤,提五千斤指标的已经很少。至于亩产一两千斤,根本没人提了。"人有多大胆,地有多大产"与"不怕做不到,只怕想不到"这两个口号同时甚嚣尘上。

为达到根本不能实现的高产,各级干部脱离实际进行瞎指挥。一些典型的"增产"措施是:其一用"大水大肥"猛浇猛灌;其二深翻,掘地三尺;其三密植,如过去谷子每亩只留苗三万多株,现在基本不间苗,一般在十万株左右,丰产田二十万株到二十六万株。这些完全无视科学和自然规律的"创举",结果只能是减产而不是增产。

五、"破除资产阶级法权"

在"大跃进"、人民公社化运动掀起的"提前向共产主义过渡"的"狂想曲"中,"破除资产阶级法权(现称'资产阶级权利')"是一段"华彩乐章"。

1958年8月19日,毛泽东着眼于资产阶级法权的弊端,特别是对革命传统的危害,提出要破除资产阶级法权,认为争地位、级别,要加班费,脑力劳动者工资多、体力劳动者工资少等都是资产阶级思想的残余。"各取所值"是法律规定的,也是资产阶级的东西。将来坐汽车要不要分等级?不一定要有专车,对老年人、体弱者,可以照顾一下,其余的就不要分等级了。8月21日,毛泽东又说,所有制解决以后资产阶级的法权制度还存在,如等级制度、领导与群众的关系。要考虑取消薪水制、恢复供给制问题。过去搞军队,没有薪水,没有星期天,没有八小时工作制,上下一致,官兵一致,军民打成一片,成千成万地调动起来,这种共产主义精神很好。过去实行供给制,过共产主义生活,二十二年战争都打胜了,为什么建设共产主义不行呢?资产阶级的法权制度已被相当地破坏了,但还不彻底,要继续搞。不要马上提倡废除工资制度,但是将来要取消,恢复供给制好像"倒退",其实"倒退"就是进步,因为进城后后退了。现在要恢复进步,要把六亿人民带成共产主义作风。人民公社大协作,自带工具、粮食,工人敲锣打鼓,不要计件工资,这些都是共产主义的萌芽,是对资产阶级法权的破坏。

必须指出,马克思在《哥达纲领批判》中把社会主义条件下个人消费品的按劳分配所体现的平等权利也称作资产阶级权利,是就它"通行的是调节商品等价交换的同一原则"而言。在这里,"一种形式的一定量的劳动可以和另一种形式的同量劳动交换"也是一种平等权利,但这并不意味着按劳分配是资本主义的。在马克思看来,尽管等量劳动相交换的平等权利即资产阶级权利是旧社会的痕迹,但"共产主义社会第一阶段,在它经过长久的阵痛刚刚从资本主义社会里产生出来的形态中,是不可避免的。权利永远不能超出社会的经济结构以及由经济结构所制约的社会的文化发展"[①]。这意味着,对社会主义条件下存在的"资产阶级法权"不能过早地否定、破除和取消。而当时提出的要"破除资产阶级"、恢复供给制,实际上为刮"共产风"构建了又一理论基础。

第二节 对社会主义经济规律认识和对"大跃进"、人民公社化运动错误的初步纠正

一、学习、借鉴《苏联社会主义经济问题》《政治经济学教科书》

违背经济发展客观规律的"大跃进"和人民公社化运动在实践中必然受挫,临近1958年末,已显示其弊端的若干征兆使党对存在的"左"的错误及其

[①] 《马克思恩格斯选集》(第三卷),人民出版社,1972年,第11~12页。

危害性有所觉察。从1958年11月起,党中央召开了一系列会议,开始对"左"的错误进行初步纠正,其中包括:1958年11月先后召开的中央工作会议(第一次郑州会议)、政治局扩大会议(武昌会议)和党的八届六中全会,1959年2月的政治局扩大会议(第二次郑州会议)、3月的政治局扩大会议(上海会议)和4月的党的八届七中全会、7月的政治局扩大会议(庐山会议)的前半段。而其中一项重要措施是读书,从理论上弄清是非。

在第一次郑州会议上,毛泽东给中央、省、地、县四级党委委员写信,建议大家阅读斯大林的《苏联社会主义经济问题》和《马恩列斯论共产主义社会》,要求联系中国社会主义革命和经济建设去读这两本书,使自己获得一个清醒的头脑,以利于指导我们伟大的经济工作,因为现在很多人有大堆混乱思想,读这两本书就有可能给以澄清,并建议广大干部还要读苏联编的《政治经济学教科书》。毛泽东身体力行,在这次会议上即和与会同志一起阅读和讨论《苏联社会主义经济问题》,在阅读过程中联系中国革命和建设的实际提出了若干精辟见解。

在武昌会议上毛泽东指出,苏联《政治经济学教科书》第三版也要看。为了我们的事业和当前的工作来研究政治经济学,比平时我们离开实际专门看书要好得多。在1959年7月庐山会议开幕的讲话中他又指出,有鉴于去年许多领导同志对于社会主义经济问题还不大了解,不懂得经济发展规律,有鉴于现在工作中还有事务主义,应当好好读书,要读《政治经济学教科书》第三版。但庐山会议的后期转变为反右倾斗争,冲击了读书的安排。是年冬,党中央重新强调学习《苏联社会主义经济问题》《政治经济学教科书》,毛泽东、刘少奇、周恩来等人先后组织了读书小组,边读边议,发表了许多谈话,对社会主义经济的若干问题有了新的认识,从而为随后纠正"大跃进""人民公社化运动""左"的错误作了理论储备。

第三编　社会主义建设的探索与曲折发展中党的经济思想

（一）关于社会主义经济规律

"大跃进"、人民公社化运动的错误归根到底是无视和违反了社会主义经济规律，因此毛泽东在读书时特别注重研究这一问题。

毛泽东赞成斯大林关于经济规律客观性的论述，认为客观规律是独立于人们的意识之外，和人们的主观认识相对立的。但是人们通过实践认识了客观规律，就能够熟练地运用这些规律、驾驭这些规律，达到改造客观世界的目的。"社会主义经济规律是客观的必然性，要研究它。搞社会主义有两条路线，一条是轰轰烈烈、高高兴兴，一条是冷冷清清、慢慢吞吞。凡是主观、客观条件许可能够办到的事，就要鼓足干劲、力争上游、多快好省地去办；主观客观条件不许可的事，就不要勉强去办。"[1]对"大跃进"时的唯意志论开始有所批评，并对党的八大二次会议通过的社会主义建设总路线也采取谨慎态度，我们提出的这一套是不是符合我国的社会主义经济规律，是否就是这些，是否还会栽跟头，都还需要继续在实践中得到检验。时间要几年，或要十年，甚至更长。在充分肯定斯大林"不能把我们的年度计划和五年计划跟国民经济有计划、按比例发展的客观经济规律混为一谈"的观点时，毛泽东提出，我们的计划工作是否研究了、掌握了、熟练地运用了客观规律的要求呢？看来，还不能说我们过去是完全正确地计划生产的，不能说我们过去的计划完全反映了客观规律的要求，不能说我们的计划工作过去已经认真研究了、充分掌握了、熟练运用了客观规律。毛泽东认为，客观过程的发展是不断前进的，人们对客观过程发展的认识也是不断提高的，客观过程中的矛盾，不发展到一定时候，没有充分暴露出来，还不能完全反映到人们的头脑中来，因此人们也就不能很好地认识它、理解它。

---

[1] 中国人民解放军国防大学党史党建政工教研室：《中共党史教学参考资料》（第22册），1986年编，第561页。

(二)关于社会主义商品生产

"大跃进"和人民公社化运动中"左"的思想的一个突出表现是,否认商品生产和等价交换、刮"共产风"。当时党内某些人,在理论上明确主张废除商品和货币。毛泽东在读《苏联社会主义经济问题》和《政治经济学教科书》时,对这些错误看法进行了一定程度的厘清。

关于商品生产存在的原因,毛泽东赞成斯大林用"两种公有制并存"的观点加以解释,认为由于存在着全民所有制和集体所有制,商品交换就是不可避免的:"在我们这里,劳动、土地及其他生产资料统统都是集体农民的,是人民公社集体所有的。因此,产品也是集体所有的。我们国家能够调拨的产品,只是全民所有制企业生产的产品。在这种情况下,人民公社的集体农民,只愿意用他们生产的商品来换取他们需要的商品。所有权还在他们那里,你不给他东西,不给他货币,不用买卖的形式同他们进行交换,他们就不愿意把东西让给你",只有当一切生产资料都归国家所有了,只有当社会产品大为丰富了,而中央组织有权支配一切产品的时候,才有可能使商品经济不必要而消失。相反,只要两种所有制没有变成单一的社会主义全民所有制,商品生产就还不可能废除,商品交换也还不可能废除。刘少奇在读《政治经济学教科书》时对商品生产的原因提出了另一种观点,认为如果没有两种所有制了,也恐怕还需要有商品。因为有些消费需要按劳分配,消费资料有价值,生产资料也要按价值计算。只要不取消按劳分配,商品生产就不能取消。

对斯大林生产资料不是商品的观点,毛泽东不同意,认为生产资料在我们这里还有一部分是商品。刘少奇也强调,生产资料要按价值计算,是社会主义商品。后来刘少奇在指导生产资料流通改革时又明确提出,物资工作就是市场,是生产资料的市场,物资部门实际上是商业部门。

针对那种认为人民公社经济主要是自然经济,只应自给自足,不应搞商

第三编 社会主义建设的探索与曲折发展中党的经济思想

品生产的观点,毛泽东指出,人民公社应该按照满足社会需要的原则,有计划地从两方面发展生产,既要大大发展直接满足本公社需要的自给性生产,又要尽可能广泛地发展为国家、为其他公社所需要的商品性生产。通过商品交换,既可以满足社会日益增长的需要,又可以换回等价物资,满足公社生产上和社员日益增长的需要,否则工人、农民皆无法生活。他还指出,京、津、沪郊区农村比较富裕,是因为这些地方商品生产、商品交换比较发达。

针对有人把商品生产等同于资本主义的观点,毛泽东指出,这些人没有区分社会主义商品生产和资本主义商品生产的本质差别,不懂得在社会主义制度下利用商品生产的重要性,不懂得社会主义的现阶段价值、价格和货币在商品生产和商品流通中的积极作用,认为不能孤立地看商品生产,要看它与什么经济相联系。商品生产和资本主义相联系是资本主义商品生产,商品生产和社会主义相联系则是社会主义的商品生产。在社会主义条件下,商品生产不像在资本主义条件下漫无节制和包罗一切。我国已经把生产资料的资本主义所有制变成了全民所有制,把资本家从商品生产和商品流通中排挤了出去,占统治地位的是国家和人民公社,这同资本主义的商品生产和商品流通有本质的区别。他认为,中国原来是商品生产很不发达的国家,很需要有一个发展商品生产的阶段,否则公社货币收入很少,很难有钱分给社员。有些人主张现在就消灭商品生产,实行产品调拨这种观点是错误的,是违反客观规律的。

对社会主义社会的价值规律及其作用,毛泽东赞同斯大林的观点,认为我国还存在商品生产,价值规律还起作用,但价值规律对商品生产不起调节指挥的作用,即决定性的作用,起决定作用的是计划。毛泽东特别强调要在等价交换和经济核算方面利用价值规律:"所有的经济单位(包括国营企业和集体企业)都要利用价值规律作为经济核算的工具,以便不断地改善经营

429

管理工作合理地进行生产和扩大再生产,以利于逐步过渡到共产主义。"①在读《政治经济学》教科书时,毛泽东又从社会主义社会基本矛盾的角度指出,社会主义的商品生产、价值规律等现在是适合于生产力发展的要求的。

(三)关于向共产主义过渡的条件

针对当时存在的"可以立即进入共产主义"的"左"的思想,毛泽东从社会主义商品生产和价值规律问题出发,论述了存在着由集体所有制过渡到全民所有制,然后再由社会主义社会过渡到共产主义社会"两个过渡"的观点:在两种所有制存在的时期,必须经过商品生产和商品交换去引导农民大力发展社会生产,在条件具备的时候过渡到全民所有制,这是第一个过渡。还有第二个过渡,即从单一的社会主义全民所有制过渡到单一的共产主义全民所有制,从各尽所能、按劳分配过渡到各尽所能、按需分配。

毛泽东着重总结了第一个过渡的经验教训,认为北戴河会议关于用三四年或五六年或更多时间,实现人民公社由集体所有制过渡到社会主义全民所有制的设想的时间可能短了,徐水县宣布的已实现了的全民所有制实际上最多也只是大集体所有制,与全民所有制还是根本不同的,因为"要调拨的东西,必须无条件地调拨,才能算是全民所有制。不能服从全国的调拨,不能算是全民所有制",所以人民公社如果没有完成公社工业化、农业工厂化,产品就不能丰富,就不可能直接调拨,也就不可能实现从集体所有制到全民所有制的过渡。他强调指出,决不能把集体所有制同全民所有制混同起来,否则就没有一个从集体所有制过渡到全民所有制的任务了,就没有奋斗目标了。

关于第二个过渡,毛泽东着重指出要发展社会生产力,"两种所有制存在,是商品生产的主要前提,但商品生产的命运,最终和社会生产力的水平有

---

① 《毛泽东文集》(第七卷),人民出版社,1996年,第434页。

密切关系。因此,即使是过渡到了单一的社会主义全民所有制,如果产品还不很丰富,某些范围内的商品生产和商品交换仍然有可能存在"。他强调生产力水平是决定社会主义商品生产存在的根本条件,认为斯大林提出的关于社会主义向共产主义过渡的三个先决条件是基本正确的。这三个条件是:必须确实保证整个社会生产的不断增长,生产资料的增长要占优先地位;把集体农庄所有制提高到全民所有制的水平,用逐渐过渡的办法使产品交换制来代替商品流通,使中央政权或别的社会中心能掌握社会生产的全部产品以利于社会;必须把社会的文化发展到足以保证社会一切成员全面发展他们的体力和智力。

毛泽东指出,这三个条件中最主要的是第一条。这几条的基本点就是要极大地增加生产资料和消费资料,发展社会生产,发展社会生产力。但他又认为这几条存在着缺点:没有讲一个政治条件,没有讲用一套什么办法来实现这三个条件。而如果没有政治挂帅,没有定期的整风运动,没有逐步破除资产阶级法权的斗争,没有办工业、农业、文化的群众运动,没有几个同时并举,这三个条件是不容易达到的。

毛泽东批评斯大林没有找到适当的形式解决如何从集体所有制向全民所有制过渡、如何从社会主义向共产主义过渡的办法,他的一些做法是不正确的,如不提倡共产主义的因素,割裂轻、重工业,不重视农业,片面地、过分地强调生产资料的优先增长,不足够重视消费资料的增长,未缩小三大差别反而扩大了三大差别等。由此毛泽东再一次肯定人民公社的意义:相比之下,我们有了人民公社,将加快我国社会主义建设的速度,并且将成为我国农村由集体所有制过渡到全民所有制的最好形式,由社会主义过渡到共产主义的最好形式。

(四)关于农业、轻工业、重工业的关系

鉴于苏联片面发展重工业、忽视轻工业和农业,给人民生活带来困难的错误,毛泽东在《关于正确处理人民内部矛盾的问题》中指出:"发展工业必须和发展农业同时并举",并认为这是中国工业化的道路。在党的八大二次会议上他提出"工农业并举"等一系列并举是中国建设社会主义的新的路线。鉴于"大跃进"冲掉了这些"并举",毛泽东此时又重申工农业并举的"两条腿走路"的方针,指出苏联过分强调发展重工业,直到现在,他们的商品供应还很紧张,使人民不能从建设中看到长远利益和当前利益的结合。这是两条腿走路,一条腿长,一条腿短;而我们工农业并举,看来行之有效。在读《政治经济学教科书》时,毛泽东针对"农、轻、重"提出后存在的一些不同看法,仍从工农业并举的角度阐述这个方针,认为所谓"并举"并不否认重工业优先增长,不否认工业发展快于农业,同时并举也不是要平均使用力量。

毛泽东阐发的上述一系列观点有力地批判否认商品生产、等价交换、急于过渡等"左"倾思想,厘清了许多错误认识,对当时纠正"左"的错误起了很大作用,为中国社会主义经济理论做出了重要贡献。但是对一些问题的认识,如对商品生产和价值规律的认识,仍停留在传统的思想水平上,没有完全跳出斯大林的窠臼:

第一,"穷是动力"。在《论十大关系》中毛泽东说过,我们国家一为穷,二为白,"穷就要革命,富的革命就困难"。"大跃进"开始以后,这句话被推向"越穷越革命"的极端。在武昌会议上有人认为,农民在富得很快、收入超过工人以后,人民公社由集体所有制向全民所有制过渡就很难,因而提出脱离实际的"趁穷过渡可能有利些"的观点。毛泽东在读《政治经济学教科书》时对此予以肯定,称"穷是中国跃进的动力"这句话讲得很对。因为穷就要革命,富了,事情就不妙了。中国现在不富,将来富了,也一定会发生问题。如此,贫穷成为社会主义发展的良药。

第二,对物质刺激原则的批评。《政治经济学教科书》强调了社会主义阶段要重视物质刺激的积极作用。毛泽东在评论时虽然也承认物质鼓励和精神鼓励都是社会主义的重要原则,但认为教科书所说"对劳动物质刺激会使生产增加"的观点是把物质刺激片面化、绝对化,批评教科书强调个人物质利益,实际上是最近视的个人主义。称关于产品分配问题,教科书写得最不好,要重新写,换一种写法,应当强调艰苦奋斗、扩大再生产、共产主义前途,把国家利益、集体利益放在第一位,不能把个人利益放在第一位。

第三,对价值规律作用的轻视。毛泽东虽然承认了价值规律的作用,但仍把它同社会主义经济规律对立起来,认为我们搞"大跃进"就不是根据价值规律的要求而是根据社会主义经济的基本规律,根据我国扩大再生产的需要来搞的。如果单从价值规律的观点来看,"大跃进"就必然得出"得不偿失"的结论,就必然把大办钢铁当成无效劳动,但从整体、长远来看,是非常值得的。他坚持主张通过群众运动来办工、农业和文化。

这些观点对我国后来的经济发展产生过不小的消极影响,表明其对社会主义经济建设的某些认识没有从根本上转变,仍然在一定程度上坚持"大跃进""人民公社"的错误,必然导致对"左"倾错误的纠正不会彻底。但是这也主要由于受到历史条件的限制,无须苛责。

二、对人民公社的整顿

1958年11月10日,毛泽东在第一次郑州会议上提出,什么叫建成社会主义?要不要画一条线?他明确指出,大线是社会主义与共产主义,小线是集体所有制与全民所有制,认为人民公社是实行两个过渡的产物:目前是社会主义到共产主义的过渡,即社会主义集体所有制到全民所有制的过渡,将来是社会主义全民所有制到共产主义全民所有制的过渡。这一观点对澄清当时的混乱思想、遏制严重泛滥的共产风具有积极意义。毛泽东还批判了人否定商品生产的错误观点,在11月9日的讲话中强调,现在还是要将商品生产、商品交换、价值法则来作为一种有用的工具。我们国家是个商品生产不发达的国家,现在又很快进入了社会主义,社会主义的商品生产、商品交换还是要发展这是肯定的,有积极作用。这些思想实际是整顿人民公社的纲领。1958年11月召开的党的八届六中全会通过的毛泽东主持起草的《关于人民公社若干问题的决议》即贯彻了这些思想。

针对那种混淆集体所有制与全民所有制界限、社会主义与共产主义界限、急于向全民所有制过渡和向共产主义过渡的错误思想,该决议指出,由农业生产合作社到人民公社的转变,由社会主义的集体所有制到社会主义的全民所有制的过渡,由社会主义到共产主义的过渡,这些是互相联系而又互相区别的几种过程。首先,农业生产合作社变为人民公社使原有的集体所有制扩大了和提高了,并带上了若干全民所有制的成分,但这并不等于已将农村中的集体所有制变成了全民所有制。要在全国农村实现全民所有制还需要一段相当长的时间。其次,由社会主义的集体所有制变为社会主义的全民所有制,并不等于由社会主义变为共产主义。农业生产合作社变为人民公社,更不等于由社会主义变为共产主义。由社会主义变为共产主义,比由社会主义的集体所有制变为社会主义的全民所有制,需要经过更长得多的时间。企图过早地否定按劳分配的原则代之以按需分配的原则,企图在条件不成熟时勉强进入共产主义,无疑是一个不可能成功的空想。

该决议指出,两个过渡都必须以一定程度的生产力发展为基础。我国现在的生产力发展水平毕竟很低,苦战三年加上再努力若干年,全国经济面貌

第三编 社会主义建设的探索与曲折发展中党的经济思想

会有一个很大的改变,但那时离全国高度工业化、农业机械化、电气化的目标还将有一段不小的距离,离社会产品大大丰富、劳动强度大大减轻、劳动时间大大缩短的目标还有更长的一段距离。而没有这些就谈不到进入共产主义。热心于共产主义事业就必须首先热心于发展生产力,大力实现社会主义工业化的计划,而不应当无根据地宣布农村人民公社"立即实行全民所有制""立即进入共产主义"等,那样做不仅是轻率的表现,而且将大大降低共产主义在人民心目中的标准,使共产主义伟大理想受到歪曲和庸俗化,助长小资产阶级的平均主义倾向,不利于社会主义建设的发展。在由社会主义向共产主义过渡的问题上,既不能在社会主义阶段上停步不前,也不能陷入超越社会主义阶段而跳入共产主义阶段的空想。

针对那种在过早地进入共产主义的同时,企图过早地取消商品生产和商品交换,过早地否定商品、价值、货币、价格的积极作用的错误,该决议强调,在今后一个必要的历史时期内人民公社的商品生产,国家和公社、公社和公社之间的商品交换,必须有一个很大的发展。继续发展商品生产和继续保持按劳分配的原则,对于发展社会主义经济是两个重大的原则问题,必须在全党统一认识。

该决议明确宣布社员个人所有的生活资料和在银行、信用社的存款永归社员所有。社员可以保留宅房的零星树木、小农具、小工具、小家畜、家禽等,也可以继续经营一些家庭小副业,从而消除了要把个人的消费财产拿来重分的误解。这些规定对于纠正"共产风"等"左"的错误有着重要意义。但该决议未正确解决人民公社内部的所有制管理体制问题,仍坚持将管理区或生产大队作为经济核算单位,由公社统一负责盈亏,并称赞公共食堂、供给制、吃饭不要钱等错误做法,表明纠"左"还不彻底。

第二次郑州会议进一步触及了人民公社化运动错误的一些实质性问题。

第一,人民公社所有制。毛泽东认为,由于所有制关系未搞清,目前人民公社产生了一个尖锐的矛盾,与农民的关系在一些事情上存在着一种紧张状态,指出目前公社所有制除了由公社直接所有的部分以外,还存在着生产大队(管理区)所有制和生产队所有制,而生产队所有制在几年内还是整个公社所有制的基础。要基本上消灭三级所有制之间的区别,把三级所有制基本上变为一级所有制,即由不完全的公社所有制发展为完全的、基本上单一的公社所有制,需要公社有更强大的经济力量,需要各个生产队的经济发展水平大体趋于平衡。党的八届六中全会决议写明了集体所有制过渡到全民所有制和社会主义过渡到共产主义所必须经过的发展阶段,但是没有写明公社的集体所有制也需要有一个发展过程,这是一个缺点,因为那时还认识不到这个问题。这样下面的同志也就把公社、生产大队、生产队三级所有制之间的区别模糊了,实际上否认了目前还存在于公社中并且具有极大重要性的生产队(或者生产大队,大体上相当于原来的高级社)的所有制,而这就不可避免地要引起广大农民的不满和反对。

毛泽东还对《经济消息》第9期所载的《是缺粮问题,还是思想问题》一文写了批语,认为由基本的队有、部分的社有制,到基本的社有、部分的队有制,这是一个由小集体所有制(队有)到大集体所有制(社有)的逐步发展过程。不认识这个客观真理,不可能根本解决问题,不能说服人。他在讲话中也承认在生产关系的改进方面、在公社所有制问题方面前进得过远了一点,因而提出"公社应当实行权力下放、三级管理、三级核算,并且以队的核算为基础"。这说明党开始认识到了公社化这种生产关系的变革不适应农村生产力的发展水平,犯了超前的错误。

第二,强调等价交换,反对"一平二调"的"共产风"。毛泽东指出,"人民公社化运动"中刮起的"共产风"主要内容有三条:一是穷富拉平;二是积累

第三编　社会主义建设的探索与曲折发展中党的经济思想

太多,义务劳动太多;三是"共"各种"产"。这在某种范围内实际上造成了一部分人无偿占有别人劳动成果的情况。究其思想根源,主要是误认社会主义为共产主义,误认按劳分配为按需分配,误认集体所有制为全民所有制,否认价值法则,否认等价交换。因此,在公社范围内实行贫富拉平,平均分配,对生产队的某些财产无代价地上调,银行方面也把许多农村中的贷款一律收回。这种"一平、二调、三收款"引起农民的很大恐慌。毛泽东回顾历史说:"我们对于民族资产阶级这样的剥削阶级所采取的政策,尚且如此(指和平改造、赎买政策),那么,我们对于劳动人民的劳动成果,又怎么可以无偿占有呢?同志们,价值法则依然是客观存在的经济法则,我们对于社会产品,只能实行等价交换,不能实行无偿占有。违反这一点终究是不行的。"①他强调要妥善地、坚决地纠正这些倾向,克服平均主义,改变权力、财力、人力过分集中于公社一级的状态。在人民公社内部实行等价交换、按劳分配的原则,公社在统一决定分配的时候要适当积累、合理调剂,要承认队和队、社员和社员的收入有合理的差别,穷队和富队的伙食和工资应当有所不同。

上海会议通过的《关于人民公社的十八个问题》规定的主要原则有:

第一,确认生产队为基本核算单位,生产队下面的生产小队是包产单位,并明确规定生产小队有部分的所有制和一定的管理权限。

第二,认真清理人民公社建立以来的各种账目,将各级无偿调用的公私财物结算清楚,如数归还或作价归还。第二次郑州会议时,毛泽东曾主张清"共产风"时不算旧账,此时则改变了这一看法,3月10日他在《关于山西省五级干部会议情况报告》的批注中即提出旧账一般要算,"算账才能实行那个客观存在的价值法则。这个法则是一个伟大的学校。只有利用它,才有可能教

---

① 严文:《纠"左"第起步——从几次会议看毛泽东为纠正"左"倾错误提出的一些思想和主张》,《党的文献》,1990年第4期。

437

会我们的几千万干部和几万万人民,才有可能建设我们的社会主义和共产主义。否则一切都不可能。对群众不能解怨气。对干部,他们将被我们毁坏掉,有百害而无一利"[①]。4月3日,他又在《关于对湖北省麻城县五级干部会议情况的报告》的批注中写道:"算账才能团结;算账才能帮助干部从贪污浪费的海洋中拔出身来,一身清净;算账才能教干部学会经营管理方法;算账才能教会五亿农民自己管理自己的公社,监督公社的四级干部只许办好事、不许办坏事,实现群众的监督,实现认真(真正的)民主集中制。"[②]

第三,银行从公社收回的贷款凡未到期而收回的,应一律退回。原高级社或私人所欠贷款原则上是谁欠谁还,已从公社统一扣还的,应当追回。

第四,公社公积金和公益金的提取应考虑当地的生产水平和生活水平,使社员的收入比上一年有适当的增加。

第五,人民公社的劳动力用于农、林、牧、副、渔业生产方面的一般不应少于80%,而经常用于工厂生产等方面的不能超过20%。城市和工矿区应停止向农村招工,把可以缩减的临时工退回农村。

第六,分配制度方面为体现按劳分配的原则,工资制应把评工记分和评定工资级别结合起来,有利于调动社员的劳动积极性。供给制必须有所限制,以约束二流子和懒汉。对丧失劳动能力的老人和没有劳动能力的儿童,仍实行供给制待遇。

1959年4月29日,毛泽东在给省、地、县、社、队、小队各级干部的一封信中提出了六个问题:①包产一定要落实,不要管上级规定的指标,高指标吹牛而已,实在办不到,有何益处呢? ②密植问题,不可太稀,不可太密,不能愈密愈好。③节约粮食,"要十分抓紧,按人定量,忙时多吃,闲时少吃,忙时吃干,闲

[①②] 《从第一次郑州会议到庐山会议前期毛泽东纠正"左"倾错误的文献十四篇(一九五八年十一月—一九五九年四月)》,《党的文献》,1990年第4期。

时半干半稀,杂以番薯、青菜、萝卜、瓜豆、芋头之类"。每年一定要把收割、保管、吃用三件事抓得很紧很紧。④播种面积多,实行广种薄收与少种多收的高额丰产田并举的方针。⑤农业的根本出路在于机械化,十年之内予以解决。⑥讲真话,"包产能包多少,就讲能包多少,不讲经过努力实在做不到而又勉强讲做得到的假话。收获多少,就讲多少,不可以讲不合实际情况的假话。各项增产措施实行八字宪法,每项都不可讲假话","许多假话是上面压出来的,使下面很难办。因此,干劲一定要有,假话一定不可讲"。毛泽东的这封信表明了他对浮夸风及其产生的危害的担忧,主张采取实事求是的态度。

同年5月和6月,中共中央又几次发出了关于社员私养家禽、家畜、自留地等问题的指示,规定对猪和家禽实行集体喂养和社员个人喂养并重的方针;恢复自留地制度,不超过也不少于每人平均占有土地面积的5%;增大社员利用房前屋后、水边路旁的零星闲散土地种植庄稼、树木,谁种谁收,不征公粮、不派统购任务。明确提出,这种大集体中小私有在一个长时期内是必要的,允许其存在实际是保护社员在集体劳动时间以外的劳动果实,并不是发展资本主义。1959年夏收期间,中共中央又发出了《关于人民公社夏收分配的指示》,具体规定:实行少扣多分的原则,使90%以上的社员收入有所增加;认真执行包产、包工、包成本的三包责任制和奖惩制度;继续推行工资制与供给制相结合的制度。

经过努力,中国共产党刹住了人民公社化运动中的"一平、二调"的"共产风",使人民公社的所有制和分配制度向后退了一大步,在一定程度上适应了生产力的水平。虽然未能彻底清算片面追求"一大二公"的"左"的指导思想,但在一定程度上缓解了当时与农村、农民极端紧张的关系。

三、调整经济指标

在纠正人民公社化运动的"左"的错误的同时,中央逐步对过高的经济指标进行了调整。

在1958年11月21日至27日的武昌会议上,毛泽东就压缩工农业生产的高指标问题指出,我们在这一次唱个低调,把脑筋压缩一下,把空气变成固体空气。先少搞一点,如果还有余力,情况顺利,再加一点。这有点泼冷水的味道,是右倾机会主义了。以钢为纲,带动一切,究竟什么指标为好?北戴河会议定1959年产钢2700万吨至3000万吨,那是建议性的,这次要决定。钢2700万吨,我赞成,3000万吨,我也赞成,问题是办到办不到?有没有根据?去年535万吨,都是好钢,今年翻一番,1070万吨,是冒险的计划。结果6000万人上阵,别的都让路,搞得很紧张。2700万吨到3000万吨既然难以办到,我们是不是可以用另外一种办法,把指标降低,只翻一番,不翻两番?把盘子放低一些,很有必要,经济工作要越搞越合乎实际,一定要讲实话,破除迷信不要把科学破除了。①随后召开的党的八届六中全会通过的《关于1959年国民经济计划的决议》根据毛泽东的讲话精神对1959年的主要计划指标作了调整,钢由2700万至3000万吨降为1800万至2000万吨(公布数字为1100万至1800万吨),生铁由4000万吨降为2900万吨,机床由30万台降为13万台,基本建设投资总额由500亿元降为360亿元。但钢、煤、粮、棉四大指标仍比非常浮夸的1958年产量估计数还要提高百分之四五十,并坚持要赶上和超过英国。因此,到1959年初,党一面纠正人民公社问题上的错误,另一面却在为以实现四大指标为

---

① 转引自谢春涛等主编:《中国共产党的历程》(第2卷),河南人民出版社,2001年。

中心的1959年继续"大跃进"而奋斗。农业、工业方面的浮夸、瞎指挥之风仍方兴未艾。

在1959年4月的党的八届七中全会上,毛泽东又提出作计划要留有余地,多谋善断。全会通过的1959年国民经济计划草案只是略为降低了粮、棉以外一些农产品的指标,基本建设投资总额由360亿元减为260亿至280亿元,限额以上项目由1500个减为1000个左右,钢只是对内提出要好钢1650万吨,其余指标未变,未突破四大指标的框架,并且规定的增长速度要超过1958年的增长速度。

党的八届七中全会以后,党中央仍然力图继续压缩高指标。毛泽东给各级干部的党内通信中提出反对讲假话,不提做不到的指标,同时又委托陈云研究经济计划指标,特别是钢铁指标。5月11日,陈云在中央政治局会议上提出,钢材的可靠指标可以初步定为900万吨,钢的生产指标就是1300万吨,相应的铁的指标为2000万吨。为此,陈云论述了"退"和"进"的关系:"为着退到可靠的阵地,站稳以后再前进,我们的生产和建设必须实事求是地进行有计划的安排,同时要使广大干部和群众懂得,站稳以后的前进是更踏实的前进,不致因此而泄气。"①陈云认为,要实现这一目标,第一要强调改进质量。第二既要保证钢铁、煤炭、电力、机械、运输这些重点的生产和建设,又要照顾石油、化工、重要建材和市场迫切需要的轻工业品。否则不仅国民经济各部门不能互相协调地向前发展,而且重点本身发展也难以得到可靠保证,强调"我们必须依据有计划按比例的原则办事"。第三既要照顾当前、明年的生产,又要考虑长远利益,为未来的生产发展早作筹备。

陈云提出的钢铁生产指标得到了中央的同意,1959年6月13日中共中央

---

① 《陈云文选》(一九五六——一九八五年),人民出版社,1986年,第127页。

发布了《关于调整一九五九年主要物资分配和基本建设计划的紧急指示》,批准了国家计委党组的《关于一九五九年主要物资分配和基本建设计划调整方案的报告》,决定在削减钢和钢材产量的同时,将原煤由3.8亿吨降到3.4亿吨,铜由11万吨降到9万吨,铝由8万吨降到7万吨,水泥由1300万吨降到1100万吨,木材由4600万立方米降为3800万立方米。这些物资分配计划的调整原则是:①尽可能地安排好重工业、轻工业、农业之间应有的比例关系,注意解决轻工业和市场的迫切需要。②先照顾生产维修的需要,后照顾基本建设的需要。③在工业生产中,先满足维修和配件、备品的需要,后考虑主机制造的需要。④在基本建设中,既要照顾重点,也要兼顾一般的要求。⑤保证出口和援外的需要。⑥尽可能地留有余地,适当地充实库存。

围绕着压缩高指标,中共中央又采取了一系列措施,这些措施既有经济的,又有行政的,主要有:积极安排日常必需品和副食品生产,大力压缩社会购买力,控制粮油销量,加强企业管理,清理财政信贷资金,开始收回下放过头的权力。这些措施在当时收到了成效。

从1958年11月起至1959年庐山会议前期,中国共产党对纠正人民公社化运动、"大跃进"中的"左"倾错误的态度是真诚的,认识是逐步提高的,措施是得力的,效果也是显著的。但是由于党的指导思想是在坚持肯定"三面红旗"的正确性的前提下来纠"左"的,因而不可能从根本上纠正"左"的错误。

四、庐山会议由纠"左"转向反右

为了进一步总结"大跃进"、人民公社化运动的经验教训,继续纠正"左"的错误,从1959年7月2日起,中共中央在庐山举行政治局扩大会议。毛泽东

第三编 社会主义建设的探索与曲折发展中党的经济思想

于6月29日和7月2日两次发表谈话,着重对"大跃进"的有关经济问题进行了阐述。

庐山会议一开始是纠"左"。毛泽东在肯定"大跃进"成绩的基础上,总结了经验教训,认为十五年内主要工业产品的数量赶上和超过英国的口号还应坚持,但把好几年的指标要在一年达到是去年做的一件蠢事。国民经济过去安排计划是重、轻、农,这个关系要反一下,提农、轻、重。这是首次提出这一顺序,并认为陈云的"先安排好市场,再安排基建"的意见是对的。要把衣、食、住、用、行五个字安排好,这是六亿五千万人民安定不安定的问题。对于综合平衡,认为"大跃进"的重要教训和主要缺点是没有搞平衡,在整个经济中,平衡是个根本问题。有了综合平衡,才能有群众路线。他指出了三个重要平衡:农业本身的农、林、牧、副、渔之间的平衡,工业内部的平衡,工业和农业的平衡。整个国民经济的比例关系,是在这些基础上的综合平衡。对于体制问题,认为有些半无政府主义,四权过去下放多了一些,快了一些,造成混乱。要强调一下统一领导、集权问题,要适当收回下放的权力。关于公共食堂,要积极办好,按人定量,分粮到户,自愿参加,节余归己,吃饭基本上要钱。在这几个原则下把食堂办好,不要一哄而散,不要搞垮了,保持20%也好。粮食"定产定购定销"这"三定"看来非恢复不可,三年不变。增产部分征四留六,有灾的减,自留地不征税。对去年总的估计是:有伟大成绩,有不少问题,前途是光明的,缺点只是一、二、三个指头的问题。他还提倡中央至地委干部要读《政治经济学教科书》第三版,给县社干部编三本书:一本是好人好事,一本是坏人坏事,一本是中央从去年到现在的各种指示文件,限十天读完,还要考试。

7月10日,毛泽东在庐山会议组长会上讲话中指出,"大跃进"中最大的问题就是夸大。使我们被动的问题是不应该把四大指标公布,自己设一个菩萨自己拜。他认为从全局来说还是九个指头和一个指头的问题。从具体事实来说,确实有些得不偿失,总的来说,不能说得不偿失。毛泽东的讲话,贯穿着一个精神:"大跃进"等取得的成绩是主要的,缺点是第二位的。应在充分肯定成绩的前提下,纠正"左"的错误,进一步统一思想。在毛泽东的引导下,与会者经过认真讨论,对许多问题发表了自己的看法,总结了若干经验教训,在一定程度上批判了"大跃进"、人民公社化运动中的"左"的错误,开了一个名副其实的"神仙会"。

彭德怀在庐山会议期间对"左"的问题进行了深入分析,在发言中提出了尖锐的批评。他公开批评"大跃进"、人民公社化运动是"左"。称从北戴河会议以后搞了个"左"的东西,全民办钢铁这个口号究竟对不对?全民办工业限额以下搞了一万三千多个,现在怎么办?每个协作区、省要搞个工业体系,不是一两个五年计划的事情。认为人民公社办早了些,高级社的优越性刚发挥,还没有充分发挥,就公社化,而且未经过试验,如果试上一年再搞就好了。居民点上半年才修好,下半年就拆,把战略口号当成当年的行动口号。还说北戴河会议不批判"吃饭不要钱",结果普遍推广了。农村四个月不供油,事实上办不到,这完全是主观主义。彭德怀进一步指出反"左"反右总是"左"的难纠正,右的比较好纠正,"左"的一来,压倒一切,许多人不敢讲话,由此论证了要发扬民主问题。

7月14日,彭德怀鉴于会上有些问题未认识透,担心问题不解决将影响国民经济发展,因而向毛泽东写了一封信,进一步阐述自己意见。彭德怀的信分为两部分:前半部分肯定1958年"大跃进"的成绩;后半部分是重心所在,基本精神是希望通过总结经验教训来指导今后工作。认为1958年的基本建设有些项目过急过多了些,分散了一部分资金,推迟了一部分必成项目,由于对此体会不深,认识过迟,因此1959年不仅没有把步伐放慢一点,加以适当控制,而且继续"大跃进",这就使不平衡现象没有得到及时调整,还增

第三编　社会主义建设的探索与曲折发展中党的经济思想

加了新的暂时的困难。这不仅批评了1958年"大跃进"的错误,而且说明1959年继续"跃进"也是错误的。

彭德怀还指出当时面临的突出矛盾是由于比例失调而引起各方面的紧张。这种情况的发展已影响工农之间、城市各阶层之间和农民各阶层之间的关系,因此也是具有政治性的。

彭德怀认为,党对社会主义建设工作不熟悉,没有完整的经验,处理经济建设中的问题时,总还没有像处理炮击金门、平定西藏叛乱等政治问题那样得心应手。党的思想方法和工作作风中的问题,一是浮夸风气较普遍地滋长起来,因而脑子发热,不够实事求是,更为严重的是相当长的时间中不容易得到真实情况。二是小资产阶级的狂热性,使我们容易犯"左"的错误。在其影响下,许多人总想一步跨进共产主义,把本来需要几年或者十几年才能达到的要求变成一年或者几个月就要做到的指标。过早否定等价变换法则,轻易否定一些经济法则和科学规律,以为只要提出政治挂帅就可以代替一切等。这些都是"左"的倾向,纠正这些"左"的现象,一般要比反掉右倾保守思想还要困难。"小资产阶级狂热性"问题的提出击中了当时"左"的错误的要害。按此思想演绎必然要从本质上否定"大跃进"、人民公社化运动等"左"倾的运动,虽然他自己对此并未意识到。

彭德怀的观点得到了黄克诚、周小舟、张闻天等人的赞同,他们都发表了一些类似的意见。其中张闻天的发言从理论上对"左"的错误进行的批判,最为系统、深刻,富于理论色彩。他认为在思想方法上,"大跃进"犯了主观主义片面性错误;在政治和经济的关系上,夸大了政治作用,忽视和违背了客观经济规律;主张坚持贯彻按劳分配,取消吃饭不要钱,改为社会保险,认为"社会主义并不一定要采取供给制、公共食堂这种办法"[①]。他强调要加强民主集中

[①] 《张闻天选集》,人民出版社,1985年,第497页。

制,发扬党内民主作风,不能听到反对意见,就扣帽子。同时批评了当时对彭德怀信的种种非难。

彭德怀等人的意见远远超出了毛泽东纠"左"的范围。在毛泽东的主持下,庐山会议发生了由纠"左"向反右的逆转,错误地将他们打成了向党进攻的右倾机会主义分子,随后召开的党的八届八中全会把反右倾斗争推向了全国。"左"的思潮更加泛滥起来。从1959年9月开始到1960年,党再次发动新的"跃进":制定了新的更高的不切实际的高指标;重搞群众性的炼铁、炼钢、采煤的"小洋群""小土群";大办城市人民公社,普遍推行城乡公共食堂化等。这些违背客观规律的行动使得国民经济重大比例关系进一步严重失调,陷入极大的困难境地。

第三节　国民经济调整的方针和措施

由于遭遇严重自然灾害及苏联撕毁合同的国际压力,国民经济进入1959—1961年的三年困难时期。严峻的经济、社会形势使一心为人民谋福祉的中国共产党人直面现实,将工作中心转入国民经济的调整,中央召开的一系列会议,包括著名的党的八届九中会议、扩大的中央工作会议("七千人大会")、"西楼会议"等,将调整步步推向深入。调整国民经济的过程实质上是纠正错误的过程,必然伴随着思想上的反思和对经验教训的总结。在此期间,党中央领导人认真总结了"大跃进"、人民公社化运动的教训,从思想路线上重新强调坚持实事求是,提倡调查研究,正视存在的困难,在一定程度上承认错误的人为原因甚至承认一些地方是"三分天灾七分人祸",作了批评和自我批评,承担了责任,在此基础上对中国社会主义经济建设的规律

第三编　社会主义建设的探索与曲折发展中党的经济思想

进行了新的探索,党对中国社会主义经济建设的探索在许多方面又有了新的认识。

一、"八字方针"的提出

面对"大跃进"所造成的国民经济各项主要比例的全面失调和全国性经济紧张的局面,党中央在对经济建设方针进行反思的基础上寻求摆脱困境的出路。1960年6月,中共中央在上海召开扩大会议,毛泽东在讲话中提出了若干新看法:其一,要求把产品质量放到第一位,称1958年、1959年讲数量,今年要讲质量、规格、品种,要求各省、市、自治区在公布数字时要少一点。其二,重新探索社会主义发展的客观规律。认为我国的社会主义革命和建设已经有了十年的经验,已经懂得不少东西,但是我们对于社会主义建设时期的革命和建设还有一个很大的盲目性,还有一个很大的未被认识的必然王国。我们要去研究它,从其中找出它的固有的规律,以便利用这些规律为社会主义革命和建设服务。这一认识说明党的指导思想在向实事求是的正确方向转变。随后毛泽东及中共中央大力提倡在全党开展调查研究。

同年7月、8月,中共中央在北戴河召开工作会议期间接到了苏联撕毁合同、撤走专家的消息。这对当时已经出现的经济困难更是雪上加霜。鉴于苏联背信弃义的举动,会议初步讨论了压缩基本建设、对经济进行调整的问题。毛泽东在会上特别强调了农业问题,要求力争秋收多打粮食,多给农民自由,田边屋后给一点自留地。8月13日,周恩来在政协形势报告会上传达了北戴河会议精神,明确讲了要对国民经济进行调整。8月下旬李富春提出应以"调整、巩固、提高"的方针来安排1961年国民经济计划控制数字。随后周恩来在国家计委的汇报中提出加上"充实"二字,从而完整形成了"八字方针"。9月30日中共中央在批转国家计委党组《关于1961年国民经济计划控制数字的报告》的批语中指出,1961年我们要把农业放在首位,使各项生产、建设事业在发展中得到调整、巩固、充实和提高。"八字方针"的提出,表明中央领导部门已经从"大跃进"主观空想回归到对国民经济进行调整的实事求是的立场。

1960年12月至1961年1月,中央为准备党的八届九中全会而召开中央工作会议。毛泽东在会上再次强调要缩短工业战线,拉长农业战线,重申了"以农业为基础,工业为主导"的基本思想,不久中央正式把它作为发展国民经济的基本方针。

1961年1月中旬,党的八届九中全会正式通过了"调整、巩固、充实、提高"的"八字方针",我国的经济发展进入了调整时期。

二、农村所有制关系的调整

早在二次郑州会议和庐山会议前期,毛泽东等中央领导人已看到了农村人民公社化运动中存在的盲目改变生产关系的问题。到1960年中央北戴河会议,毛泽东意识到这是生产关系变动过快造成的消极后果,从而提出了农村人民公社的所有制关系和以生产大队为基本核算单位的三级所有制至少五年不变的主张,在集体所有制占优势的前提下要有部分的个人所有制,总要给每个社员留点自留地,多少一定要给他们一点,使社员能够种菜、喂猪、喂鸡喂鸭。10月中旬,《中共中央转发湖北省委和福建省委两个文件的重要批示》指出:"纠正一平二调的'共产风',纠正强迫命令、浮夸和某些干部特殊化的作风,坚持以生产队(指生产大队——引者注)为基础的公社三级所有制,是彻底调整当前农村中社会主义生产关系的关键问题,是在公社中贯彻实行社会主义按劳分配原则的关键问题。"这表明中央和毛

第三编 社会主义建设的探索与曲折发展中党的经济思想

泽东对于农村工作中的错误认识有所深化,把纠正的重点放到了调整生产关系的问题上。

1961年3月,毛泽东主持制定了《农村人民公社工作条例(草案)》(简称《农业六十条(草案)》)及其修正草案,随后在调查研究的基础上进一步提出把基本核算单位下放到生产小队而不是生产大队的建议,指出分配权不放到生产队,"农、林、牧、副、渔的大发展仍受束缚,群众的积极性仍然要受影响"。"在这个问题上,我们过去过了六年之久的糊涂日子(一九五六年高级社成立时起),第七年应该清醒过来了吧。"[①]针对有人认为基本核算单位下放到生产队是倒退的观点,毛泽东说这不是倒退,是前进。不是讲底子薄吗? 主要是生产队底子薄,要使生产队薄变厚,要发展生产力,就要以生产队为核算单位。1962年2月13日,中共中央发布《关于改变农村人民公社基本核算单位问题的指示》,规定了以生产队为基础的三级所有制,奠定了以后二十多年农村经济管理体制的基本模式,实际上使我国农业生产的经营规模回到了合作化时期初级社的水平。对于毛泽东和中央大部分领导人来说,这是一个很大的思想转变,初步认识到脱离生产力发展水平、人为地拔高生产关系是违背客观规律的。

1961年安徽、湖南、河南,以及浙江、陕西、甘肃、贵州等地的农村出现了包产到户的做法。对此党内存在着不同的看法,不少人担心其不符合社会主义原则,会造成两极分化,是在发展资本主义;但是也有一部同志本着实事求是的精神,主张作具体研究,对不同地区的情况、农业生产的经营管理体制不搞一刀切。1962年6月,邓小平说,责任田是新生事物,可以再试试看。他

[①] 《关于纠正农村工作中"左"倾错误的文献选载》(一九六〇年六月—一九六一年十二月),《党的文献》,1992年第3期。

449

还提出了著名的"猫论":"不管是黄猫、黑猫,在过渡时期,哪一种方法有利于恢复,就用哪一种方法。我赞成认真研究一下,分田或者包产到户,究竟存在什么问题,因为相当普遍。你说不好,总要有答复。对于分田到户,要认真调查研究一下。群众要求,总有道理,不要一口否定。"① 7月,邓小平在《怎样恢复农业生产》一文中再次阐明了他的主张:"生产关系究竟以什么形式为最好,恐怕要采取这样一种态度,就是哪种形式在哪个地方能够比较容易比较快地恢复和发展农业生产,就采取哪种形式;群众愿意采取哪种形式,就应该采取哪种形式,不合法的使它合法起来。""照我个人的想法,可能是多种多样的形式比较好。"②中央农村工作部部长邓子恢也主张农村经济实行责任制,在很多场合讲了此举的必要性,并进一步提出要包工包产,责任制和产量相结合,劳动与最终成果相联系。

三、农业为基础、工业为主导

在纠正"大跃进"的错误时中央认识到"以钢为纲"片面发展钢铁,其结果是挤压了农业、轻工业,造成了国民经济比例的严重失调,人民生活水平大大下降。毛泽东在庐山会议前期总结教训比较中苏两国发展道路时指出,苏联对发展重工业过分强调,对发展轻工业和农业一向不重视。生产资料优先增长的规律是一切社会扩大再生产的共同规律,斯大林把这个规律具体化为优先发展重工业。斯大林的缺点是过分强调了重工业的优先增长,结果在计划中把农业忽略了。所以安排国民经济要以"农、轻、重"为序,我们把这

---

① 余展:《六十年代初我国部分地区农村实行包产到户生产责任制到实践与经验》,《党的文献》,1992年第4期。

② 《邓小平文选》(一九三八——一九六五年),人民出版社,1983年,第305~306页。

第三编　社会主义建设的探索与曲折发展中党的经济思想

个规律具体化为在优先发展重工业的条件下,工农业同时并举。我们实行的几个同时并举,以工农业同时并举为最重要。搞十大关系时就提两条腿走路,可是没有很好执行。过去是重、轻、农、商、交,现在强调把农业搞好,次序改为农、轻、重、交、商。这样并不违反马克思主义,这样还是优先发展生产资料,因为农业中也有生产资料,"农、轻、重问题,把重放在第三位,放它四年,不提口号,不作宣传"。不久中央根据毛泽东的这一思想提出了"以农业为基础,以工业为主导"发展国民经济的总方针。

1961年,周恩来在二届人大常委会第三十七次会议上对此重点进行说明:"社会主义国家的建设,当然是优先发展重工业,发展主导方面,但是不能忽视我们的基础。""如果不把农业生产增长起来,工业生产就没有巩固的基础。"他从五个方面论述了农业对工业的制约问题:农民能够供应多少商品粮给城市和经济作物区,能够提出多少劳动力到城市办工业、交通、文教等,能够生产多少工业原料,能够提供给工业多大的市场,能够提供多少人来发展运输。按马克思的观点来说,集中的一句话就是农村能够供应多少商品粮给城市,就能够办多大的工业。因此,我们必须重视农业,搞商品粮,这样才能更好地打好我们的工业基础。

究竟如何发展农业?1962年7月,刘少奇提出了创造中国式的大农业的思想:"发展农业,使农业过关,使粮食过关,只能是大农业。历史经验证明,大农业才能发展农业生产,才能使农业过关。""小农经济是不能使农业过关的。"现在有美国的资本主义大农业的经验,有苏联社会主义大农业的经验,"还要创造我们中国的经验。我们不能照抄美国,也不能照抄苏联,我们有我们中国的特殊情况"。[1]这一思想提出了中国农业现代化的方向,是对以农业为基础、

---

[1] 《刘少奇选集》(下卷),人民出版社,1985年,第462页。

以工业为主导方针的深化,因而具有深远的指导意义。

四、平衡财政经济

20世纪60年代初,我国的财政经济出现严重困难,其表现就是陈云指出的农业连年大减产,"肚子里缺少油水,身上缺少衣着,这都是农业减产直接带来的后果";已经摆开的基本建设规模超过了国家财力、物力的可能性,同现在的工农业生产水平不相适应;钞票发得太多,通货膨胀,一方面支出钞票多,另一方面农业、轻工业减产,国家掌握的商品少,这两方面不能平衡;城市的钞票大量向乡村转移,投机倒把在发展;城市人民的生活水平下降,吃的、穿的、用的都不够,物价上涨,实际工资下降很多。[①]

为了克服财政经济方面的困难,1962年,中央决定恢复中央财经小组,由陈云任组长,李富春任副组长,统一管理财经工作。陈云在2月26日国务院各部委党组成员会议上,具体提出了平衡财政经济的主要措施,包括:

第一,把十年经济规划分为两个阶段:前一个阶段(从1960年算起,大体上要五年)为恢复阶段,后一个阶段是发展阶段。两个阶段的主要任务不同。恢复阶段的主要任务是克服困难,恢复农业,恢复工业,争取财政经济情况的根本好转。这一阶段类似于"非常时期",为此要有应付非常时期的办法,一是要有更多的集中统一,二是一切步骤要稳扎稳打。恢复是为了发展。有了前一阶段的恢复,才有后一阶段的发展。这样划分以后,就可以避免又想发展又要下马,想扩大规模又要"精兵简政"的矛盾状况,有利于克服财政经济的困难。

---

① 参见《陈云文选》(一九五六——一九八五年),人民出版社,1986年,第183~189页。

第三编　社会主义建设的探索与曲折发展中党的经济思想

第二,减少城市人口,"精兵简政"。要精简职工,不单是来自农村的人,还有一部分城市的人,减下来后都要作适当的安排,让家在农村的职工回家吃饭,在家匀着吃,比较好办,总比从农村征购粮食拿到城市里来供给他们要容易得多。

第三,争取一切办法制止通货膨胀:一是严格管理现金,节约现金支出;二是尽可能增产人民需要的生活用品,回笼货币;三是增加几种高级商品,商品品种要少,回笼货币要多;四是坚决同投机倒把活动作斗争。

第四,尽力保证城市人民的最低生活需要。

第五,把一切可能的力量用于农业增产。"增加农业生产,解决吃、穿问题,保证市场供应,制止通货膨胀,在目前是第一位的问题。"计划机关的主要注意力应该从工业、交通方面转移到农业增产和制止通货膨胀方面来,并且要在国家计划里得到体现,把这些事情摆到头等重要的位置。

第六,从短线出发进行平衡和压缩基建规模。

在3月7日的中央财经小组会议上,陈云不仅重申了上述六条措施,还进一步强调了综合平衡问题及相应的压缩基建规模问题。他指出:"所谓综合平衡,就是按比例;按比例,就平衡了。""按比例是客观规律,不按比例就一定搞不好。"并举例说生产一百万吨钢就要相应地有近五万吨有色金属,在有色金属中又要有一定比例的铜、铅、锌,缺一样都不行,数量少了也不行。因此,"搞经济不讲综合平衡,就寸步难移"[1]。

综合平衡是从短线出发还是从长线出发?陈云指出,过去几年基本上是按长线搞平衡,这样做最大的教训就是不能平衡。结果建设项目长期拖延,工厂半成品大量积压,造成严重浪费。在这方面这几年的教训已经够多了。

---

[1]　《陈云文选》(一九五六——一九八五年),人民出版社,1986年,第202页。

所以"按短线搞综合平衡,才能有真正的平衡"。所谓"按短线平衡"就是当年能够生产的东西加上动用必要的库存、再加上切实可靠的进口,使供求相适应。坚决反对那种只顾生产不管协调平衡的做法。这样做表面上某些产品产量很高,但实际上由于得不到配套或者超出了市场需求,那就只能是一堆半成品或者是积压在仓库里浪费资金,不利于国民经济的发展。按短线平衡,计划指标必然要低一点。但"只要综合平衡了,指标低一点也不怕。看起来指标低一点,但是比不切实际的高指标要好得多,可以掌握主动,避免被动。以短线来搞综合平衡,实质上就是建设规模要与国力相适应"。这一思想不仅指导着国民经济调整的顺利进行,而且对我国社会主义建设具有长远的指导意义。

基建规模同现在的工农业生产水平不相适应,是造成国民经济比例失调的主要原因之一。陈云深入分析了基建规模过大,农业负担不了、工业也负担不了的状况,指出新中国成立以来粮食紧张已经有过四次,其中三次是因为城市人口增加得过快,也就是盲目地扩大了建设规模。最近几年工业建设的大发展是建立在1958年生产七千亿斤粮食、七千万担棉花的错误估计上的。现在这样大的建设规模,不仅在农业遇到灾荒的时期负担不了,即使在正常年景也维持不了。建设规模不仅要同农业生产相适应,还要同原有的工业基础相适应。现在的工业情况是工人增加得太多了,产量却增加得不多。工业产品不论从数量、质量、品种、规格来看都不能满足各个方面的需要。因此,基本建设项目就不得不一批一批下马,工厂半成品就不能不大量积压。为此要大力压缩基建规模,要准备对重工业、基本建设的指标"伤筋动骨"。重点是"伤筋动骨"这四个字,要痛痛快快地下来,不要拒绝"伤筋动骨"。根据中央的这一决定,基建规模退到了与国民经济生产水平基本相适应的地步,保证了国民经济恢复任务的完成。

第三编 社会主义建设的探索与曲折发展中党的经济思想

五、"四个现代化目标"的提出

将中国建设成为强大的社会主义现代化国家,是中国共产党人矢志不渝的目标。早在1954年一届全国人大一次会议上,周恩来在《政府工作报告》中即宣布要建设强大的现代化的工业、现代化的农业、现代化的交通运输业和现代化的国防。当国民经济的调整初见成效后,中共中央即重新酝酿继续推进现代化进程的战略。1963年毛泽东对《关于工业发展问题(初稿)》写了一段批语:

> 我国从十九世纪四十年代起,到二十世纪四十年代中期,共计一百零五年时间,全世界几乎一切大中小帝国主义国家都侵略过我国,都打过我们,除了最后一次,即抗日战争,由于国内外各种原因以日本帝国主义投降告终以外,没有一次战争不是以我国失败、签订丧权辱国条约而告终。其原因:一是社会制度腐败,二是经济技术落后。现在,我国社会制度变了,第一个原因基本解决了;但还没有彻底解决,社会还存在着阶级斗争。第二个原因也已开始有了一些改变,但要彻底改变,至少还需要几十年时间。如果不在今后几十年内,争取彻底改变我国经济和技术远远落后于帝国主义国家的状态,挨打是不可避免的……我们应当以有可能挨打为出发点来部署我们的工作,力求在一个不太长久的时间内改变我国社会经济、技术方面的落后状态,否则我们就要犯错误。[①]

这段铿锵有力、掷地有声的话表明了党当时的危机意识和实现现代化的

[①] 《毛泽东文集》(第八卷),人民出版社,1999年,第340~341页。

坚强决心。

关于发展部署,邓小平主持、周恩来等参加制定的《关于工业发展问题(初稿)》(简称"初稿")提出,"要在一个不太长的历史时期内把我国建设成为一个农业现代化、工业现代化、国防现代化和科学技术现代化的伟大的社会主义国家"。设想"在三年过渡之后,我们的工业发展可以按两步来考虑:第一步,搞十年,建立一个独立的、完整的工业体系,使我国工业大体上赶上世界先进水平;第二步,再用十年,使我国工业走在世界最前列"。①

中共中央对此的决策有如下特点:

第一,审慎态度。毛泽东将"初稿"所提的两个"十年"都改为"十五年",将"走在世界最前列"改为"接近世界的先进水平"。②以留有余地和确保成功。

第二,强调基础。1963年7月3日,毛泽东在听取中央政治局讨论《关于第二个五年计划后两年的调整计划和计划执行情况的报告》《关于一九六一年和一九六二年国家决算草案的报告》情况汇报时提出,不要马上搞第三个五年计划。从1963至1965年再搞三年调整,把三年作为过渡年,基本上调整,也有发展,然后在这个基础上搞五年计划或十年计划。③ 1964年5月11日、12日在审议第三个五年计划时,毛泽东说:"没有坐稳,没有站稳,是要跌跤子的。两个拳头——农业、国防工业,一个屁股——基础工业,要摆好。"④

第三,重视科学技术。为了调整和发展国民经济,党的领导人提出了依靠、加强、发展我国科学技术的思想。1963年12月16日,毛泽东指出:"现在生

---

① 转引自张晋藩等编:《国史大辞典》,黑龙江人民出版社,1992年,第505页。
② 中共中央文献研究室编:《毛泽东年谱(一九四九——一九七六)》(第五卷),中央文献出版社,2013年,第252页。
③ 参见中共中央文献研究室编:《毛泽东年谱(一九四九——一九七六)》(第五卷),中央文献出版社,2013年,第236页。
④ 中共中央文献研究室编:《毛泽东年谱(一九四九——一九七六)》(第五卷),中央文献出版社,2013年,第348~349页。

第三编　社会主义建设的探索与曲折发展中党的经济思想

产关系是变了,就要提高生产力。不搞科学技术,生产力无法提高。科学研究有实用的,还有理论的。要加强理论研究,要有专门人搞,不搞理论是不行的。要培养一批懂得理论的人才,也可以从工人、农民中间来培养。""给科学家的稿费可以高一点;每年购买外国书刊的经费四百万美元不算多,可以用一千万美元。"[1] 1964年5月,再次要求"工业上要从外国引进一些尖端技术"[2]。

对于依靠科技,周恩来也作了许多深刻的论述:

第一,我国要建立的独立的工业体系必须具有现代技术水平。他说:我们要建立一个独立的工业体系,这是大家都承认的,但是到底是什么内容?什么范围?什么水平?我们所要求的独立的工业体系,要求比以前更加先进。时代不同了,我们不能满足于照抄老的。现在是60年代的工业水平了,是原子,电子,喷气这样的水平了。[3]

第二,科学技术现代化对社会主义建设具有重大意义。1963年初,中央在上海召开科学技术工作会议,讨论制定十年科学规划。周恩来在会上深刻地指出:"我们要实现农业现代化、工业现代化、国防现代化和科学技术现代化,把我们祖国建设成为一个社会主义强国,关键在于实现科学技术的现代化。"[4]这个观点,摒弃了1954年只将工业、农业、交通运输、国防列入现代化目标的认识,厘清了科技对现代化的作用和关系,大大提升了现代化的科学内涵。周恩来之所以把科技现代化作为四个现代化的关键,不仅认清了工

---

[1] 中央文献研究室编:《毛泽东年谱(一九四九——一九七六)》(第五卷),中央文献出版社,2013年,第295页。
[2] 同上,第348页。
[3] 参见《周恩来经济文选》,中央文献出版社,1993年,第425页。
[4] 《在上海举行的科学技术工作会议上周总理阐述科学技术现代化的重大意义》,《人民日报》,1963年1月31日。

业、农业、国防的现代化离不开科技的现代化，而且看到当代科技出现了加速度发展的趋势。他指出，在几千年封建社会里，技术上没有什么发展。资本主义制度出现后技术变化较大。如果说过去是十年一变化，那么现在可能是五年、三年一变。在第二次世界大战以后的十七年中，原子、电子、超音速等，其发展速度比过去任何时候都快，比过去一个世纪还快，可以说是日新月异。如果不重视科技的现代化，工业、农业、国防肯定要落后，四个现代化也就无法实现。

第三，科学技术发展的方针。周恩来提出："我们不能走世界各国技术发展的老路，跟在别人后面一步一步地爬行。我们必须打破常规，尽量采用先进技术，在一个不太长的历史时期内，把我国建设成为社会主义的现代化的强国"[①]，为此主要依靠自力更生，但是要使经济技术达到现代化的水平，也需要进行国际间的合作。在具体做法上要求要把"外国一切好的经验，好的技术，都要吸收过来，为我所用"。在上述思想指导下，1962年到1966年我国同西方国家谈判成交的成套设备项目大约有二十余项，引进了一批石油、化工、冶金、电子等技术设备，提高了我国的生产能力和技术水平，不仅促进了国民经济的恢复，而且为国民经济的新发展打下了基础。

经过深入细致研究，在1964年12月21日至1965年1月4日召开的第三届全国人民代表大会第一次会议上，周恩来在《政府工作报告》中宣布，调整国民经济的任务已基本完成，工农业生产已经全面高涨，整个国民经济已经全面好转，并将进入一个新的发展时期。1965年继续完成调整未完成的任务，并为从1966年开始的第三个五年计划作好准备，"今后发展国民经济的主要任务，总的说来，就是要在不太长的历史时期内，把我国建设成为一个具有现代

[①] 《毛泽东著作选读》（下册），人民出版社，1986年，第356页。

第三编 社会主义建设的探索与曲折发展中党的经济思想

农业、现代工业、现代国防和现代科学技术的社会主义强国,赶上和超过世界先进水平。为了实现这个伟大的历史任务,从第三个五年计划开始,我国的国民经济发展,可以按两步来考虑:第一步,建立一个独立的比较完整的工业体系和国民经济体系;第二步,全面实现农业、工业、国防和科学技术的现代化,使我国经济走在世界的前列"①。"四个现代化"的目标和"两步走"的战略正式公布,极大地鼓舞了全国人民,引领中国向未来不断前进。

在国民经济调整时期,党中央一些领导人纠正"大跃进"、人民公社化运动错误的决心很坚定,提出了若干正确的、富有远见的思想,采取了一系列有力措施,取得了从1962年起国民经济开始好转,至1964年调整任务胜利完成的良好效果。然而在此期间,党对经济工作,甚至整个社会主义建设上的"左"的指导思想并未得到根本批判和纠正。这就为"左"的错误再次抬头提供了条件。

就在继续调整的关键时刻,1962年9月24日至27日党的八届十中全会及为其作准备的8月召开的北戴河中央工作会议"重提阶级斗争",毛泽东提出了"党在社会主义历史阶段基本路线",认为在无产阶级革命和无产阶级专政的整个历史时期,在由资本主义过渡到共产主义的整个历史时期,存在着无产阶级和资产阶级之间的阶级斗争,存在着社会主义和资本主义两条道路的斗争。被推翻的反动统治阶级不甘心于灭亡,他们总是企图复辟。同时,社会上还存在着资产阶级的影响和旧社会习惯势力,存在着一部分小生产者的自发的资本主义倾向,在人民中,还有一些没有受到社会主义改造的人,他们人数不多,只占人口的百分之几,但一有机会就企图离开社会主义道路,走资本主义道路。在这种情况下,阶级斗争是不可避免的。这种阶级斗

---

① 《周恩来选集》(下册),人民出版社,1984年,第439页。

争是错综复杂的、曲折的、时起时伏的,有时甚至是很激烈的。这种阶级斗争不可避免地要反映到党内来。国外帝国主义的压力和国内资产阶级影响的存在,是党内产生修正主义思想的社会根源。

这些观点进一步发展了党从1957年以来在阶级斗争问题上的错误思想,使党和国家的工作重点始终不能真正转移到社会主义经济建设上去。"包产到户"等调整、探索成果被作为"单干风""小生产的自发资本主义倾向""修正主义"遭到批判。党的八届十中全会后,党内"以阶级斗争为纲"的错误思想在与调整经济、建设"四化"的正确主张的不断博弈中进一步发展并且占据了主导地位,最终以爆发"文化大革命"为结果而彻底打断了党对社会主义经济建设道路的正常探索。

第四节　党内经济学家对社会主义经济理论的探索

在中共中央领导人探索中国社会主义经济建设道路的同时,一些党的经济理论工作者也努力在理论上从事此项工作,由于历史的原因,其中不少人命运坎坷,然而无论是"居庙堂"还是"临草泽"甚至"陷囹圄",他们为了党和人民的利益仍坚持真理,不忘初心,做出了重要贡献。这一时期经济理论界探讨的问题主要有:社会主义制度下的商品生产问题,关于价值规律及其作用的研究,社会主义商品流通和货币理论,社会主义物质利益和按劳分配理论,社会主义经济核算和经济效果问题,生产力理论,等等。这些探讨在不同程度上针对当时我国社会主义经济的缺陷、工作的失误、不正确的经济观点,提出了许多具有创造性的主张和建议,丰富了党在这一

第三编　社会主义建设的探索与曲折发展中党的经济思想

时期的经济思想。

一、顾准的"经济核算"思想

1957年,顾准在《经济研究》第2期发表了《试论社会主义制度下的商品生产和价值规律》,对社会主义经济的商品生产、价格、价值、价值规律、货币进行了系统研究,第一次提出了要在社会主义社会实行市场经济。

顾准认为,存在单一的全民所有制和集体所有制,这是当时研究我国社会主义经济问题的出发点。社会主义社会的生产是商品生产。他批驳了当时流行的"社会主义社会不存在商品生产"和"只有社会主义两种所有制之间交换或所有权真正转移时才是商品生产"这两种错误观点,更指出,社会主义社会之所以存在商品生产的"原因是经济核算制度的存在"而"不是两种所有制并存的结果。两种所有制之间的交换,是不能拿来与私有商品生产者之间的交换类比"。

顾准提出了"社会主义经济必须进行核算"这一意义深远的命题,否定了那种认为"社会主义社会可以直接用劳动时间来衡量产品所消耗的劳动量以彻底消灭价值范畴"的观点,论证了经济核算的必要性:因为在实行了广泛社会分工的社会主义生产中,每个企业都是一个核算单位,每个生产企业在核算过程中都要确切知道支付的货币工资、转移进来与转移出去的生产资料的价格等数据,从而决定了必须进行核算和利用货币来核算产品的价格。对于经济计划与经济核算的关系,提出经济计划也必须用经济核算来补足。所以从宏观上看,"社会主义经济是计划经济与经济核算的矛盾统一体;在这个经济体系内,强调哪一方面,都会否定另一方面"。社会主义生产只有实行计划经济才能避免生产的无政府状态,但只有同时实行经济核算才能广泛动员群众的积极性,提高劳动生产力,在计划不能细致规定的地方自动调节生产、分配、产品转移与消费之间的关系,提供再生产的根据。"生产规模愈大,分工愈细,经济核算制度就愈为必要",他称社会主义经济是经济核算的计划经济。

社会主义经济也必须利用货币作为进行核算的主要工具,即使是在单一的全民所有制内也是如此,"社会主义的货币首先是一种公共价值尺度,货币具有价值,是因为其发行流通过程,是与产品的生产分配过程相始终的","缺乏这个公共的价值尺度,这个实行广泛分工的社会化生产中,全部核算体系是建立不起来的"。

价值规律在社会主义经济中发挥不替代的作用:它通过经济计划调节全部经济生活,在客观上制约着经济,并通过经济计划调节全部经济生活,支配着价格的运动,价格则是生产与消费之间联系的纽带,既调节生产,也调节流通,既调节消费资料的生产与流通,也调节生产资料的生产与转移过程。"某类产品生产不足,可以提供价格到它的价值水平之上,以刺激其生产。某类产品生产的数量超过它的正常需要时,可以减低价格到它的价值以下,以扩大它的消费等等。从生产与消费间的关系来说,价格政策可以是使两者从不平衡达到平衡的手段。"那种认为"谁企图用价值规律来解释社会主义中的经济现象,谁就是违背马克思主义"的观点是极其错误的教条主义的表现。

顾准论证了社会主义市场的不可替代性:正是有了经济核算,经济计划就不能取代市场,更不能消灭商品生产中的经济核算。只有实行了经济核算制度才能广泛动员群众的积极性,提高劳动生产率,自动调节生产、分配、产品转移与消费之间的关系、劳动者的报酬等。即使在单一制的全民所有制中也同样需要利用商品、价值、货币等经济范畴,需要有市场。

第三编　社会主义建设的探索与曲折发展中党的经济思想

二、孙冶方的价值规律理论和国家与企业分权理论

早在20世纪50年代中期,当很多人把苏联经验奉为"金科玉律"照搬照抄之时,孙冶方就觉察出苏联斯大林模式的某些弊端,于1956年发表了《把计划和统计放在价值规律的基础上》的著名文章。1958年,当全国处在"大跃进"的热潮之际,孙冶方尖锐地指出,社会主义政治经济学受到了唯心论和形而上学的毒害。1959年,他又针对"大跃进"在经济方面的错误发表了《论价值》《要用历史观点来认识社会主义社会的商品》等,进一步阐明了其对价值规律的认识。调整国民经济期间,孙冶方深刻反省"大跃进"在理论上的失误,在调查研究基础上进一步撰写了大量研究报告和论文,提出的重要观点约有:

(一)把计划建立在价值规律的基础上

在深入研究马克思主义原著和社会主义经济的现实之后,孙冶方提出了把计划放在价值规律的基础上的重要观点,认为"不仅在不同所有制之间的商品交换,要讲等价交换,要尊重价值法则;就是在全民所有制内部,各部门之间,各国营企业之间的产品交换,也要讲等价交换,也要尊重价值法则"[①]。因为即使在社会主义或共产主义社会里,我们仍然必须计算产品的社会平均必要劳动量。否定了或者是低估了价值规律在社会主义经济中的作用,事实上也便是否定了计算社会平均必要劳动量的重要性,等于否定了改造落后企业的必要。因此,"我们应该肯定地说,通过社会平均必要劳动量的认识和计算来推进社会主义社会生产力的发展——价值规律的这个重大作用——在我们社会主义经济中非但不应该受到排斥,而且应该受到更大重视"。

[①] 孙冶方:《社会主义经济的若干理论问题》,人民出版社,1979年,第328页。

针对"价值规律在社会主义社会只是在商品流通范围内起一定的调节作用"的观点,孙冶方却认为,各生产部门间(包括生产资料生产部门和生活资料生产部门间)的联系或比例关系归根到底是价值的比例关系,在这里如果不讲等价交换,不尊重价值法则,就会破坏国民经济的按比例发展。因此,价值规律在社会主义社会乃至共产主义社会,还起着"劳动时间的调节和社会劳动在各类不同生产间的"分配的作用。他一再指出,其所说的在社会主义和共产主义社会起作用的价值规律,并不是一般人们所理解的商品价值规律,不是那个以价格围绕价值波动并通过这种波动来影响生产的价值规律,而是"指价值实体本身的规律,即马克思所说的集体生产的首要经济规律——劳动时间节约规律"。这个规律即使在共产主义社会也还要起作用,因为人们仍有必要计算各种产品所消耗的社会必要劳动量,力求以最小的劳动消耗取得最大的使用价值。价格必须符合价值,坚持等价交换,并按反映价值的价格进行核算,考核企业经济效益。

孙冶方在提出上述价值规律观点的同时明确地提出:"我们可以肯定说,价值规律同国民经济的计划管理不是互相排斥的,同时也不是两个各行其是的并行的规律。国民经济的有计划按比例发展必须是建立在价值规律的基础上才能实现"[①],所以那些无视价值规律、光凭主观意图行事的经济政策和经济计划,到头来就是打乱了一切比例关系,妨碍了国民经济的迅速发展。主观主义的强调计划,其结果只是使计划脱离了实际。因此,只有把计划放在价值规律的基础上才能使计划成为现实的计划,才能充分发挥计划的效能。如果离开了马克思主义的劳动价值学说,离开了等价交换原则,离开了价值法则来谈所谓的"有计划按比例"规律,将其绝对化、使之凌驾于一切之上,

---

① 《孙冶方文集》(第4卷),人民出版社,2018年,第66页。

第三编　社会主义建设的探索与曲折发展中党的经济思想

那么结果则会走到"有计划按比例"发展规律的反面,走到了破坏计划和比例失调的道路。

(二)国家与企业的权限划分

从党的八大前后到20世纪60年代初,党中央觉察到了经济管理体制方面的问题,曾多次试图改革经济体制。但是这种改革始终局限在中央与地方的责权大小的问题上,没有取得突破性进展。如何走出这一"怪圈"? 60年代初,孙冶方提出了计划经济体制中的分权理论,一针见血地指出,经济管理体制的中心问题首先不是中央与地方的关系问题,而是作为国民经济细胞,作为独立核算单位的企业的权力、责任及其与国家的关系,也即企业的经营管理权问题。应该研究作为一个独立核算企业它应有多大责任,国家才能调动其积极因素,全面地把国家交给它的担子挑起来。首先是明确责任,然后是交权力。有了责任,有了权力,才能调动积极性。在这里,问题的核心是要划分国家与企业各自应有的责权。为此,他提出了"国家管大权,企业管小权"的模式。属于扩大再生产范围内的事就是国家管的"大权",属于简单再生产范围以内的事是企业应管的"小权",而将此两种生产的界限划分为简单再生产与扩大再生产的区别,不在于固定资产的实物数量是否超过原来的规模,而在于资金,即资金是原来的规模还是有新的投资。简言之,有没有追加投资就是简单再生产和扩大再生产的唯一界线。这种区分方法一方面能解决好国民经济的平衡;另一方面又使企业明确了在自己的职权范围内应承担的责任,即在不要求国家追加投资的情况下主动地扩大生产能力,在保住原有资金价值量的同时尽可能使其增殖,从而为提高资金效率、提高劳动生产率开辟了广阔的道路。

为了进一步明确企业在简单再生产范围内的权限,孙冶方专门论述了折旧基金的性质,强调折旧基金是补偿基金,是简单再生产资金,理应全部交给企业管。现行企业管理制度最大的缺点恰恰就在于国家对于新的投资控制过松,而对于不需要国家新投资,只需要通过技术改革、设备更新来实现的扩大再生产又控制过严,一直把折旧基金作为扩大再生产资金来管理使用,这就大大地限制了技术进步和生产力的发展,限制了企业的积极性和首创精神。因此,必须改变现行分配固定资产更新基金的办法,把企业固定资产的全部折旧存入企业在建设银行所开的账户上,在计划机关、主管业务部门和银行分头监督下由企业支用。这样就抓住了国家与企业分权的关键所在。

关于分权以后国民经济计划同微观经济的衔接方式,孙冶方认为应该是全国的扩大再生产计划自上而下编制(即指令性计划),全国的简单再生产计划应该在合同制基础上自下而上编制(即指导性计划)。这是因为生产使用价值的具体劳动过程是生产者(企业)自己的事,国家多管了不但会陷入琐碎,还会把微观经济管死。而价值是无差别的人类劳动的凝结,具有等质性和社会性,国家应该也只能借助于这一具有社会属性的价值范畴进行统一的计划管理,这样才能做到宏观控制而微观也不管死。在具体操作上,孙冶方提出了"先订合同、后计划"的设想:简单再生产,首先由供产销三方根据其横向的经济联系自主地签订经济合同。销售部门按需订购,生产企业按销定产,物资供应部门以供保产,从而使各自的需要得到满足。在扩大再生产领域,他设想国家在批准每一个企业动工兴建以前必须签订有法律保证的四个合同,使得投产日期、设备供应、动力和原材料供应以及产品销售都有合同保障。在这样的基础上,全国的扩大再生产计划必然能够准确地反映社会生产能力和真实的社会需求水平,从而大大提高计划的科学性和权威性,真正做到管而不死、活而不乱。

孙冶方的经济思想提出后引起了经济理论界的巨大反响和热烈讨论,但是未被中央决策部门接受。相反,60年代中期由于阶级斗争扩大化思潮的影响而一直被作为"修正主义经济理论"受到批判。直到党的十一届三中全会以后才得到了平反,并为党中央所重视与汲取。

三、张闻天的按照客观经济规律进行社会主义经济建设的思想

张闻天在1961年11月分配到中国科学院经济研究所当特约研究员。在此期间参加了孙冶方主持的《社会主义经济论》的初稿审阅、讨论,撰写了大量读书笔记和文稿,对中国社会主义经济建设的诸多理论问题进行了深入探讨,提出了若干系统深邃、富有理论色彩的真知灼见。

张闻天在《在庐山会议上的发言》《关于社会主义和共产主义的要点》中反复指出:"领导经济建设,不懂或不熟悉经济规律是不行的。"这些规律包括价值规律及其自发作用、按比例、均衡发展等方面。"中国的经济建设有其特殊性,但是普遍规律在我国的建设中同样起作用。问题在于要使普遍规律同我们的实际相结合,使马列主义理论得到发展。否认普遍规律是不对的。我们一定要研究、认识和掌握运用客观经济规律。"[1]对许多东西我们缺乏常识,因此不能随便把原有的东西推翻,更不能随便吹牛。生产技术措施没有科学依据光用土办法蛮干不行,蛮干是要死人的。一切要经过试验,试验确实成功了再推广不迟。但实验室里成功的还不等于在生产中也已成功。赶超世界水平之类的话要谨慎,的确比人家高明再讲也不迟,而且以自己不讲、让人家替我们讲为有利。[2]党和国家对国民经济作用虽大,但这并不等于说党和国家可以违反社会主义经济规律而为所欲为。党和国家不能无视、取消

---

[1] 《张闻天文集》(第四卷),中共党史出版社,1995年,第333页。
[2] 参见《张闻天文集》(第四卷),中共党史出版社,1995年,第333~334页。

或改变客观经济规律。党的一切政策等等都必须根据客观规律来制定,都必须和客观经济规律发展的主要趋向相一致。党必须善于利用和驾驭这些规律为共产主义服务。党和国家愈能正确地认识这些规律,熟练地运用它们,它们就愈能顺利地建设社会主义、愈能从"必然王国"进入"自由王国"。社会主义同主观主义、唯意志论不相容。①

按经济规律办事,就要处理好主观、客观的关系,反对夸大主观能动性。他指出:"我们的经济活动,总是受经济规律约束的。所以我们一定要按经济规律办事,不能光凭主观愿望,光凭政治上的要求。单靠提几句政治口号,那是空的。"②政治挂帅不能替代经济规律,"领导经济要政治挂帅,这是对的。但是光政治挂帅还不行,还要根据客观经济规律办事,客观经济规律不能否定,只能利用它来为我们服务。经济有经济的规律,它于政治、军事的规律不一样。但是,搞经济工作,不按照客观经济规律办事,同样是要吃亏的"③。"对于主观和客观、精神和物质关系的了解有片面性。有一个时期,把主观能动性强调到荒谬的程度。干劲虽大,但是强调得过了分,还反对讲条件,这就造成了主观主义。这是违反马列主义哲学的基本原理的。有良好的愿望是好的,但是还要考虑实际可能。"④

张闻天所讲的"按经济规律办事"的另一个方面是强调要实行综合平衡,认为这是社会主义国民经济运行规律的基本要求,强调必须注意研究和把握平衡与不平衡之间的关系,在不平衡运动中求得平衡,推动社会主义国民经济的健康发展。一切生产计划应服从于经济规律,一切符合经济规律的计划都必须严格执行,按比例循序渐进,不能"冒进"和人为地"跃进"。按经济

---

① 参见《张闻天文集》(第四卷),中共党史出版社,1995年,第394页。
②③ 《张闻天文集》(第四卷),中共党史出版社,1995年,第331页。
④ 同上,第330页。

第三编 社会主义建设的探索与曲折发展中党的经济思想

规律办事就要实行经济核算。

关于社会主义社会的主要矛盾和任务,张闻天坚持党的八大的论断,反对把社会主义社会的主要矛盾说成是无产阶级与资产阶级、社会主义道路与资本主义道路之间的矛盾,提出社会主义社会的主要矛盾在于生产力发展不足,不能满足日益增长的社会和个人的需要。他在1961年8月15日至17日政治经济学笔记《当前的主要矛盾已不再是阶级矛盾》中提出:"社会主义的基本矛盾,基本规律,其本质应是一个东西:不断发展的生产与不断提高的需要之间的矛盾的统一。基本上是统一的(生产上为了满足需要),但有矛盾(生产不能满足需要)。这种矛盾统一,是生产力与生产关系的矛盾统一的表现形式。"他认为,生产资料社会主义改造完成后,无产阶级和资产阶级之间的矛盾已经基本解决:

> 我国的情况是,在从一九四九年到一九五七年的时间内,社会的基本矛盾是两个阶级、两条道路的斗争,但在一九五八年后,就不能这样说了。同资产阶级思想残余的斗争是长期的,但不能说今后两种阶级、两条道路的斗争还是社会主义的基本矛盾。
>
> ……
>
> 把社会主义的基本矛盾,说成是两个阶级(资产阶级、无产阶级)和两条道路的矛盾,说在社会主义发展过程中,这一矛盾贯彻始终,这是否把阶级矛盾与斗争扩大化了?把社会主义建设问题上许许多多不同的意见,都看成两个阶级、两条道路的斗争,就必然要乱戴帽子,任意开展斗争了。"双百"方针当然也不可能实现了。①

---

① 《张闻天文集》(第四卷),中共党史出版社,1995年,第359~361页。

张闻天提出"发展生产力,提高人民生活水平,是社会主义建设中的首要任务"[1],即"以最少的劳动消耗,取得最大的经济效果",建立"社会主义物质基础",以此改善人民生活福利,同资本主义国家在物质生活水平上进行竞赛。特别是社会主义革命完成后尤其如此,要一心进行社会主义建设,将解决生产和需要之间的矛盾作为基本任务。"在无产阶级专政下,继续进行社会主义革命,归根到底,就是为了大幅度地提高生产力,发展社会主义经济。"[2]

张闻天不断抨击当时流行的批判"唯生产力论""利润挂帅论""物质刺激论"等"左"的思想。1961年8月2日,他在笔记中论证为什么发展生产力、提高人民生活水平是社会主义建设中的首要任务时指出:"这里需要认清关于生产力、生产关系和上层建筑的辩证关系:革命——改变生产关系——大大发展生产力——再改变生产关系。""现在生产关系中的所有制不用改变,应是更加完善;现在生产关系中的分配也不用改变,也应更加完善。需要经常调整的,是人与人的关系,特别是领导与被领导、中央与地方、个别与全体,国家、个人与集体的关系。而这一切也是为了有利于发展生产。"[3]由于"现在的社会主义生产关系,基本上适合于生产力发展的需要,因此,当前的任务是利用社会主义生产关系来充分发展生产力"[4]。这关系人心向背、人民民主专政的巩固、共产主义的声誉、向共产主义过渡。在《无产阶级专政下的政治和经济》中,他说:"如果政治上说得袅袅动听,而经济却搞得一塌糊涂,那样的政治,还硬要叫群众举手称颂,群众怎么能不产生厌恶情绪呢?"[5]"社会主义革命的目的,巩固无产阶级专政的目的,就是为了发展社会主义经济,满足人民群众

---

[1] 《张闻天社会主义论稿》,中共党史出版社,1995年,第133页。
[2] 《张闻天选集》,人民出版社,1985年,第590页。
[3] 《张闻天文集》(第四卷),中共党史出版社,1995年,第347页。
[4] 同上,第382页。
[5] 同上,第493页。

第三编　社会主义建设的探索与曲折发展中党的经济思想

日益增长的物质文化生活的需要。它只有这样一个目的,而不能有别的目的。我们共产党人以实现共产主义为崇高理想。但是,共产主义是在高度发展的社会生产力的基础上才能建成的。如果不去努力提高社会生产力和人民群众的生活,而一味醉心于'共产主义'的高调,那么,共产主义就只能被糟蹋成画饼充饥的魔术。这当然是对崇高的共产主义事业的莫大污辱!"①

在社会主义的生产关系与生产力基本适应的情况下,社会主义生产关系的调整和变革必须适应生产力的发展。张闻天认为:"把社会主义生产关系看做僵化不变的东西,和把社会主义生产关系看做可以任意调整的东西,都是把生产关系同生产力脱离,都是不对的。生产关系调整的是否合适,要看它是否促进了生产力的发展,增加了物质生产。"②"不能把不断改变生产关系当做拜物教。没有生产力的一定程度的发展,生产关系是不能任意变更的。过早改变生产关系(如共产风)会破坏生产力,不利于社会主义的建设。"③所以他肯定包产到户,在《关于包产到户值得研究》中指出包产到户是集体经济和经济责任制性质,从产品和土地所有权来看属于集体经济的单干,而非个体经济。

张闻天认为价值、价值规律这些范畴"仍然可以而且必须利用"。计划与市场共同调节是总发展趋势,应利用市场和计划两个手段调节社会主义经济。1962年4月至6月,张闻天到江苏、浙江、上海、湖南进行调查研究,7月向中央提交了《关于集市贸易等问题的一些意见》。他提出:"谁能够更好地利用物资,利用市场,谁就能得到更大的好处",要树立大市场、大流通、大贸易观点,扩大市场主体构成、商品品种、地域范围,允许多种经营包括非公有制

---

① 《张闻天文集》(第四卷),中共党史出版社,1995年,第494页。
② 《张闻天选集》,人民出版社,1985年,第534~535页。
③ 同上,第521页。

经济成分,建立全国统一的城乡商品交流市场。在国家的领导下,加强集市贸易管理,包括法律、经济和国家调节控制。价格调整原则要尊重价值规律,按照市场行情变化及时调整工农业产品的比价,充分发挥价值规律和供求规律的调节作用,搞活经济,促进国民经济的发展。不能因投机倒把而取缔市场行为,商人没有不搞一点投机倒把的,禁止一切投机倒把就等于取缔小商小贩。不应采取简单行政措施将其管死,而要采取适当经济措施加以诱导和利用。只要学会文明经商的本领,资本主义自发势力并不可怕。工业品可实行较高价格出售,从商品提价中拿出一部分补贴城市职工的工资。尊重、维护农民,农副产品交易是农民的权利,在向农民明确规定必须完成一类物资的征购和二类物资的派购任务的同时,又须明确宣布农民完成其交售任务后,有在集市上按照市场价格自由出卖农副产品包括粮棉油在内的权利。[①]

党的理论工作者与党的中央领导层对中国社会主义经济建设的探索相互辉映、相得益彰,共同构建起中国社会主义经济建设理论的基础。

---

① 参见《张闻天文集》(第四卷),中共党史出版社,1995年,第429~437页。

第九章 党在"文化大革命"期间的经济思想

第一节 "文化大革命"中党内"左"的经济思想和政策

1966年至1976年间发生的"文化大革命"是一场由领导者错误发动,被反革命集团利用,给党和国家带来严重灾难的内乱。林彪、江青反革命集团利用所窃取的权力,把毛泽东晚年的一些思想向"左"的方向恣意发挥,推向了极端。"文化大革命"时期国民经济遭到严重破坏,主要是林彪、江青反动集团推行极"左"思想和政策造成的。其间党内"左"的思想(包括"左"的经济思想)占据了主导地位,使党对中国社会主义建设道路的探索进一步误入了歧途。

由于"文化大革命"时期党的工作重点是进行"革命",经济问题被极端边缘化,有关经济思想只能从零散的文件和方针政策中反映出来,甚至对有些观点根本没有什么论述,而是表现在具体的经济活动中。我们只有对这一切进行系统分析,才能大体窥见此时党的经济思想的概貌和"左"的实质。

一、"政治决定一切"思想的恶性膨胀

在我国社会主义建设事业中,如何处理政治与经济的关系,始终是一个关系党的工作重点究竟落实到何处、怎样进行经济建设的重要问题。

在我们党坚持"以阶级斗争为纲",特别是"大跃进"急于求成的战略受挫、国民经济调整初步完成以后,党的一些领导人开始更加强调政治对经济等各项工作的决定性作用。随着"文化大革命"序幕的拉开,党在政治与经济关系问题上的失误越来越严重。1966年元旦,中共中央机关刊物《红旗》杂志发表的题为"政治是统帅、是灵魂"的社论提出:"政治工作同经济工作相比,政治工作占第一位","不突出政治,生产、技术、业务就必然不能过硬","现在我们的根本任务,就是要把社会主义革命进行到底,不断推进社会主义建设"。这段论述包含了两个重要观点:政治对生产、技术、业务起着根本的决定作用;党的主要任务是进行社会主义革命,经济建设事实上则被放在次要地位。1966年2月3日至4月5日,《解放军报》也连续发表了《永远突出政治》等六篇社论,大力宣扬"政治决定一切"的历史唯心主义观点。

"文化大革命"开始后,这种错误的经济思想进一步恶性膨胀,集中表现为所谓批判"唯生产力论"。这一谬论最早由康生提出。1966年12月,在林彪主持的政治局扩大会议上,康生提出经济基础方面的修正主义更值得重视,必须批判"唯生产力论",认为"不问政治,不看路线,单纯抓生产,这本身就是修正主义,就是'唯生产力论'"。1967年1月,康生在中央党校谈所谓党内

第三编 社会主义建设的探索与曲折发展中党的经济思想

十次路线斗争时又说:"刘少奇有这样一种理论,这个理论总起来就是'唯生产力论'。什么是'唯生产力论',就是讲这样一个理论,生产力没有发展到足够的水平的时候,那么没有条件实现社会主义,要实现社会主义就要走一段资本主义道路,使资本主义经济大大发展,使农村富农经济大大发展,然后再走社会主义道路。"在这里,康生撇开了基本政治制度不同的前提而杜撰了一个荒谬的公式:发展生产力等于走资本主义道路,等于"唯生产力论"。

1969年4月,林彪所作的由张春桥、姚文元起草的党的九大报告批判了刘少奇"大肆吹嘘修正主义的唯生产力论,妄图把中国引向资本主义道路"的"修正主义思想",从而肯定了康生的观点。此后,批判"唯生产力论"便成了批判以刘少奇为代表的"资产阶级反动路线"的一项重要内容,1971年《人民日报》《红旗》《解放军报》发表的《纪念中国共产党五十周年》宣称,刘少奇一伙"在社会主义改造基本完成后提出国内的主要矛盾是先进的社会主义制度同落后的社会生产力之间的矛盾","这是伯恩施坦考茨基的'唯生产力论'在新形势下的翻版。这是资产阶级同无产阶级进行阶级斗争的一种手段"。

当时报刊上批判"唯生产力论"的文章连篇累牍。除强词夺理的套话外,一个"理论"就是认为社会主义制度虽然已建立起来了,但在各方面都还带有它脱胎出来的那个旧社会的痕迹,因此需要考虑决定实行"一长制"还是实行党委集体领导,是搞"专家路线"还是大搞群众运动,是搞"物质刺激""利润挂帅"还是政治挂帅、思想领先,是对工人群众实行管、卡、压还是实行"两参一改三结合"(即"干部参加生产劳动,工人参加企业管理,改革企业中不合理的规章制度,在技术改革中实行企业领导干部、技术人员、工人三结合的原则),等等。由此得出的结论是:如果看不到我国社会主义生产关系还很不完善的一面,误认为生产关系的问题已经完全解决了,只要埋头生产就行了,其结果不但生产力的发展必然会受到阻碍,社会主义还会和平演变为资本主义。

另一个理由就是认为只有进行革命(包括变革生产关系),只有实现人的思想革命化,才能促进生产力的发展。而发展生产力"只能靠政治挂帅,只能靠用先进思想武装起来的人民群众"。"人的思想搞好了,生产就可以发展。"还有文章称:"有了革命化的人,才有革命化的企业,才有生产和建设的飞跃发展。"路线对了,"没有设备可以制造出设备,没有人才可以培养出人才,不会生产的可以很快学会生产,落后可以变先进。路线错了,设备再好,专家再多,厂子再大,也不能为社会主义服务"。

上述观点一度左右了党的经济工作,特别是1976年"四人帮"在所谓的"批邓、反击右倾翻案风"中将对"唯生产力论"的批判推到了极端,竟然提出了"宁要社会主义的草,不要资本主义的苗","宁要社会主义低速度,不要资本主义高速度"等荒谬至极的论调。1976年,江青集团的写作班子梁效发表的一篇文章则宣称,实现四个现代化"只是为实现我们党的基本纲领而应该完成的一项任务",但"不是我们党的根本任务"。如果埋头搞生产搞建设,不讲阶级斗争,不讲革命,"那么发展起来的经济、生产和四个现代化,都会变成压迫、奴役无产阶级和劳动人民的物质力量"。[①]

对"唯生产力论"的批判,搞乱了人们的思想,使人们不敢抓生产、搞生产,诱导社会深陷于无休止的政治运动,这是造成"文化大革命"时期国民经济停滞不前的重要原因之一。

[①] 转引自孙建军、张国华:《共和国经济大决策》(第4卷),中国经济出版社,1999年,第283页。

二、"五七指示"勾画的自然经济模式

毛泽东发动"文化大革命"的初衷是：通过这场政治文化方面的革命，防止资本主义复辟，寻求中国自己的建设社会主义的道路。那么什么是其心目中的社会主义社会呢？他在1966年5月7日写给林彪的信即"五七指示"中进行了勾勒：

> 只要在没有发生世界大战的条件下，军队应该是一个大学校，即使在第三次世界大战的条件下，很可能也成为一个这样的大学校，除了打仗以外，还可做各种工作，第二次世界大战的八年中，各个抗日根据地，我们不是这样做了吗？这个大学校，学政治、学军事、学文化。又能从事农副业生产。又能办一些中小工厂，生产自己需要的若干产品和与国家等价交换的产品。又能从事群众工作，参加工厂农村的社教四清运动；四清完了，随时都有群众工作可做，使军民永远打成一片。又要随时参加批判资产阶级的文化革命斗争。这样，军学、军农、军工、军民这几项都可以兼起来。但要调配适当，要有主有从，农、工、民三项，一个部队只能兼一项或两项，不能同时都兼起来。这样，几百万军队所起的作用就是很大的了。
>
> 同样，工人也是这样，以工为主，也要兼学军事、政治、文化。也要搞四清，也要参加批判资产阶级。在有条件的地方，也要从事农副业生产，例如大庆油田那样。
>
> 农民以农为主（包括林、牧、副、渔），也要兼学军事、政治、文化，在有条件的时候也要由集体办些小工厂，也要批判资产阶级。
>
> 学生也是这样，以学为主，兼学别样，即不但学文，也要学工、学农、

学军,也要批判资产阶级。学制要缩短,教育要革命,资产阶级知识分子统治我们学校的现象,再也不能继续下去了。

商业、服务行业、党政机关工作人员,凡有条件的,也要这样做。①

"五七指示"提出的社会各行业皆以一业为主,兼顾其他的主张,实际上是一种企图取消社会分工的思想。1968年2月4日《人民日报》发表的题为"人民公社的胜利和'超越阶段'论的破产"的文章,引用了陈伯达已在1958年7月1日公布的毛泽东的一段话:"我们的方向,应该逐步地有次序地把工(工业)、农(农业)、商(交换)、学(文化教育)、兵(民兵即全民武装)组成一个大公社,从而构成我国社会的基本单位。"这一语录进一步诠释了"五七指示"关于减少、取消社会分工,建立自给自足自然经济的观点。

这种自给自足的思想在"文化大革命"中又与当时的战备要求相结合,产生了自我封闭的观念,把党的自力更生的方针歪曲成了万事不求人的错误方针。此前1964年5月11日毛泽东在听取第三个五年计划关于国防工业建设设想时说:"我看还是小而全,小而全比大而不全好,大而不全就要浪费。并且小咧,就有可能比较全。"②1970年制定的《第四个五年计划纲要(草案)》遂提出:在全国建立十个经济协作区,每个协作区都要建设冶金、国防、机械、燃料动力、化学等工业,同时建设比较强大的农业、轻工业和比较发达的交通运输业。还要求各省、自治区尽快做到粮食、油料自给有余,各地都要建立自己的小煤矿、小钢铁厂、小有色金属厂矿、小化肥、小电站、小水泥厂和小机械厂,

---

① 中共中央文献研究室编:《建国以来毛泽东文稿》(第十二册),中央文献出版社,1998年,第53~54页。

② 中共中央文献研究室编:《毛泽东年谱(一九四九——一九七六)》(第五卷),中央文献出版社,2013年,第348页。

第三编 社会主义建设的探索与曲折发展中党的经济思想

一般轻工业品尽可能做到自给,江南各省、区力争在1972年做到煤炭自给。这种不顾各地实际情况片面要求自给的方针,使我国的经济建设出现了大量的重复建设、效率低下的项目和企业。自我封闭的观念在对外关系上则表现为闭关自守,不参与国际的经济交流,以"既无内债,又无外债"为荣,其结果是导致了中国经济发展缓慢,与发达国家的差距拉大。

"五七指示"也反映了重生产、轻流通、轻视商品经济的思想。在"文化大革命"中江青等人将这一思想推到了极端,提出既然商品生产和发达的商品流通是资本主义产生的历史前提,那么社会主义社会存在的商品流通也必然会产生资本主义和资产阶级。为此,必须对商品流通加以限制,采取了取消农村集市贸易等方法,造成了商业萎缩、市场萧条、供应更加紧张的局面。

三、农村中"割资本主义尾巴"和"以粮为纲"的片面发展

在"文化大革命"时期,党在农业方面的"左"的经济政策突出地表现在"割资本主义尾巴"上。所谓"资本主义尾巴"是指,强行取消农村中残存的人民公社社员的个体经济,包括家庭副业、自留地(自留树)、自养禽畜等,以及在此基础上形成的集市贸易。

党的八届十中全会提出了"党在社会主义历史阶段的基本路线"以后,在农村防止资本主义复辟成了毛泽东关注的焦点之一。列宁在苏维埃政权初期提出的"小生产是经常地每日每时地,自发地和大批地产生着资本主义和资产阶级"的论断,被教条主义地搬用到已进入社会主义社会的中国,农村社员的个体经济便被看成产生资本主义的温床,因而被当作"资本主义尾巴"来割除。在"文化大革命"即将正式开始前的1966年5月,林彪在中央政治局会

议上的讲话中提出:社员把一筐粪送到集体地里还是送到自留地里,这是走资本主义还是走社会主义道路的表现。1969年《红旗》杂志第9期刊登的《深入进行农村两条路线斗争教育——浙江德清县下高桥大队的调查报告》说:"要把一斤粮食,一把竹笋,一个鸡蛋卖给谁,卖什么价格,都提到走什么道路的角度来认识。"在这样的指导思想下,各地农村纷纷开展"割资本主义尾巴"的斗争,残存的个体经济一次次受到沉重打击。

山西省昔阳县大寨大队原本是农业生产上自力更生、艰苦奋斗的模范,但在"文化大革命"中一步步发展成了"割资本主义尾巴""反修防修"的典型。大寨提出的口号是"堵不死资本主义的路,就迈不开社会主义的步"。大寨的领导人规定的"三不搞"的"资本主义"的内涵是:一不搞开窑采煤的副业,不能把资本主义从地下放出来;二不搞外购原料、多销产品的加工副业;三不搞外出揽工的副业,即不仅仅是农村个体经济,而且集体经济中所有沾钱带商的现象都有资本主义之嫌,任何改善生活的做法都不是社会主义,从而进一步扩大了打击范围。大寨"堵资本主义的路"经验的推广,促进了全国农村"割资本主义尾巴"的狂潮的恶性发展。

继割"资本主义尾巴"之后,"以粮为纲"的方针和口号也给农村集体经济发展带来了致命的伤害。

自从20世纪50年代中期以来,我国粮食生产长期徘徊,特别是三年困难时期缺粮导致的悲剧阴影使党极端重视粮食问题。同时,在阶级斗争扩大化思想的影响下,在认识上又形成了"发展粮食是社会主义,而发展副业就有可能走上资本主义道路"的思维,因为粮食作为国家统购统销的物资,余粮必须卖给国家,这是支援社会主义建设,但副业产品乃是非国家控制、可以由社员自由买卖的商品,这会使一些社员不安心集体生产,走上发财致富的道路。因此,虽然"五七指示"规定的"农"还包括林、牧、副、渔,尽管党在很多文件中都讲了要重视副业生产,如1970年2月全国计划会议拟定的《第四个五年计划纲要(草案)》提出农业要"以粮为纲,全面发展"的方针。这一方针本身来说仿佛既保证了重点又兼顾了一般,十分全面,但在实际贯彻时,各地则在"社会主义与资本主义两条道路斗争"的考量下片面地发展粮食,丢弃全面发展,成为"以粮为纲,一网打尽"。片面地强调发展粮食,不仅压抑了林、牧、副、渔,而且在很多地方还严重地破坏了生态环境和自然资源,反过来又极大地妨碍了粮食生产,形成了一种恶性循环,成为导致深度贫困的重要原因。

四、以战备为中心的经济布局

以战备为中心的经济思想的形成,是当时党对国际形势估计的结果。

20世纪60年代以来,由于国际形势的风云变化,如中苏关系恶化,蒋介石集团策动"反攻大陆"而引发的海峡两岸关系的进一步紧张,印度挑起中印边境冲突,美国入侵印度支那地区而形成的巨大威胁,使得中共中央认为存在着"帝、修、反"联合入侵大陆的现实危险,必须加强战备,捍卫国家主权。作出的一个重大战略部署是:将全国按地域分成一至三线三部分,"一线"是指沿海和东北地区;"三线"是指国家的战略后方,即西南、西北内陆地区,主要包括川、黔、滇、陕、甘、青、宁、豫、鄂、湘、晋等省区;"二线"则是介于一线、三线中间的省区,建设重点则是加强"三线"。

1964年8月20日,毛泽东在北戴河听取薄一波关于计划工作的汇报时指出,要准备帝国主义可能发动侵略战争。"现在沿海搞这么大,不搬家不行。你搞到二线也好嘛!二线包括湘西、鄂西、豫西、山西、陕西、江西、吉林、内蒙,四川、云南、贵州是三线,都可以搬去嘛!要好好地研究、吸取斯大林的经验教训,一不准备工事,二不准备敌人进攻,三不搬家,这就是教训。沿海各省都要搬家,不仅工业交通部门,而且整个的学校、科学院、设计院,都要搬家。迟搬不如早搬。"①

毛泽东的指示迅速得到了落实,根据同月召开的中央书记处会议的决策,党的经济建设转移到了以战备为中心上来。1965年,国民经济计划的指导思想定为争取时间,大力建设战略后方,防备帝国主义发动侵略战争。同样,编制国民经济发展的第三个五年计划的指导思想,也从原先的均衡发展重点解决群众"吃、穿、用",调整为积极备战、加快内地建设和以国防工业为中心。

毛泽东提出的"备战、备荒、为人民"的口号实际强调的是"备战"。从战备的角度出发,中央集中力量加快以钢铁、能源、交通、国防为重点的三线建设。所有新项目全置于三线,包括四川攀枝花钢铁基地,重庆常规武器基地,成昆、川黔、滇黔三条铁路等大型重点项目,在人力、物力、财力上给予充分保证,"好人好马到三线"。与此同时,对一线、二线工业采取了"停、缩、搬、分、帮"等措施。停,就是在一线、二线停建一切新开项目;缩,就是压缩一线、二线正在建设的项目;搬,就是将一线、二线的若干企事业单位搬迁到三线;分,就是将一线、二线的有些企事业单位一分为二或一分为三,部分地搬迁到内地;帮,就是一线、二线从技术、设备、人员等方面对三线企业进行对口帮助。并要求各省都要建立自己的战略后方的"小三线"。三线建设随即在全国展开,但由于"文化大革命"的爆发,特别是所引发的1967年、1968年社会秩序的严重混乱,三线建设也受到严重影响,许多原定要完成的项目未得完成。

1969年春,中苏在东北珍宝岛地区发生了较大规模的武装冲突。紧张的形势促使中央进一步强化了备战思想。中共中央强调要立足"大打、早打",

---

① 中共中央文献研究室编:《毛泽东年谱(一九四九——一九七六)》(第五卷),中央文献出版社,2013年,第391页。

第三编　社会主义建设的探索与曲折发展中党的经济思想

尽快地建立三线战略大后方,并且再次大幅度增加了用于三线建设的投资。林彪等更提出"要用打仗的观点观察一切,检查一切,落实一切",导致了军工生产的盲目扩大,国防战备费比1968年增加了34%,引起了国民经济比例的严重失调。1970年2月15日至3月21日,国务院召开全国计划会议制定1970年国民经济计划,并着手研究第四个五年计划。会议把对付国外敌人的突然袭击和大规模入侵当作压倒一切的中心任务,提出编制第四个五年计划的指导思想是"以阶级斗争为纲,狠抓战备,促进国民经济的新飞跃"。会议要求集中力量建设大三线战略后方,建立"不同水平、各有特点、各自为战、大力协同"的经济协作区,初步建立我国独立的、比较完整的工业体系和国民经济体系,与帝修反争时间、抢速度。这一计划不仅继续坚持了以备战为中心的经济建设方针,也包含了急于求成的思想。

以备战为中心的经济建设,特别是三线建设是当时形势使然的未雨绸缪之举,在一定程度上改变了我国的宏观工业布局,培育了一批新的骨干企业,从长远来看,对中国经济和社会发展产生了积极而深远的影响。

然而由于对战争危险性估计过于严重、决策仓促,执行中既不考虑投资的经济效益,更不考虑经济建设的规律,项目地点的选择不是出于内在经济要求,而是出于备战的考量,因而强调要"靠山、分散、隐蔽";为了抢时间争速度,许多项目边勘察、边设计、边施工,当年定点、当年勘察、当年设计、当年施工、当年投产,造成了严重的质量问题和巨大的浪费。当1970年至1972年三线建设全面展开后,国民经济再次出现了严重的比例失调。与此同时,随着我国在外交战线取得了一系列重大成就,中央对国际局势的估计趋向缓和。以这些因素为契机,这一以备战为中心的经济建设思想开始发生转变。

五、急于求成的建设规划

"文化大革命"时期,党在经济建设的指导思想上的又一个失误是,重新犯了1958年"大跃进"时期的急于求成的错误。两者的区别在于:"大跃进"时期以超英赶美为目标,"文化大革命"时期则以与帝修反抢时间、作好战争准备为要求;"大跃进"时期以全民大炼钢铁为主要表现形式,"文化大革命"时期则以建设"大三线"的重工业基地为代表。

1968年底,国务院组织编制的1969年国民经济计划,在展现"文化大革命"的成果和向党的九大、国庆20周年献礼的思想影响下,提出了脱离实际的高指标。计划规定,1969年工业总产值要比上年增长15%,工业主要产品均要提前一年全部完成第三个五年计划的指标,其中钢产量要求比上年增长77%。执行结果是,1969年工农业总产值比1968年虽有较大的增长,但与1966年相比增长不大;其中主要工农业产品产量除石油、煤炭等少数几种外,大部分还没有达到1966年的水平。中央对这个结果并不满意。

1970年2月,国务院召开的全国计划会议在"以阶级斗争为纲,狠抓战备,促进国民经济的新飞跃"思想指导下,制定了1970年度国民经济计划和《第四个五年计划纲要(草案)》。由于当时中央一心希望国民经济有一个新飞跃,因此第四个五年计划和1970年、1971年度计划贯彻了急于求成的指导思想,突出地体现在三线的基本建设和对钢铁产量的高指标上面。

"四五"计划纲要要求集中力量加快内地战略后方的建设,力争在1972年基本建成一个门类比较齐全、工农业协调发展的强大后方,规定了一些重要产品要达到的指标,强调要高速度地发展钢铁工业。毛泽东曾经预言,我国经过第四个五年计划就可以有3500万吨到4000万吨钢。纲要以此为据,要

第三编　社会主义建设的探索与曲折发展中党的经济思想

求1975年钢产量一定要达到这个指标,要求批判各种各样的右倾保守思想,充分发挥地方的积极性,大家动手办钢铁,凡有煤有铁的地方,都要有计划地建立自己的中小钢铁厂,导致基本建设投资不断增大、经济再次严重失衡的局面。尽管周恩来采取了一系列措施进行整饬并得到一定成效,但不久江青一伙在全国范围内开展矛头直指周恩来的"批林批孔"运动,使刚有转机的各项工作又遭遇了新的挫折。

"文化大革命"时期急于求成经济思想的出现,并不标志着党的工作重点转向经济建设,相反,它是适应着"左"的政治要求而提出来的。急于求成实质上只是一种主观愿望,这种依靠行政下达、政治动员等手段来实现的各项高指标的计划,脱离了客观经济规律的要求,与"大跃进"一样,必然再次造成经济工作的实际挫折。

"文化大革命"给党和国家带来的巨大灾难,对经济冲击最为严重的分别是1966—1968年的"打倒一切""全面夺权""全面内战"、1974年的"批林批孔"、1976年的"批邓、反击右倾翻案风"运动。造成的危害集中表现在以下三方面:

第一,经济领导或管理机构瘫痪或半瘫痪。在"文化大革命"初期在"打倒一切"的思潮影响下,许多干部被打倒、受迫害,经济领导机构实际处于瘫痪或半瘫痪状况,正常的指挥、运行系统、秩序被破坏殆尽,形势极度混乱。原有计划无法执行,新的计划如1967年、1968年两年的年度计划无法制订,成为我国自建立计划经济体制以来罕见的没有国民经济计划的年份,经济活动实际上处于无政府状态。"批林批孔""批邓、反击右倾翻案风"使国民经济再次处于严重混乱之中。

第二,行之有效的一整套规章制度被否定、废弃。如生产责任制、质量检查制等被当作"修正主义的管、卡、压"加以批判;党委领导下的厂长负责制、总工程师对技术工作的负责制被诬为"取消党的领导""专家治厂",实行资产阶级专政;按劳分配的一系列办法被说成是"物质刺激"的修正主义,造成了企业管理紊乱、劳动纪律松弛、产品质量下降、生产大幅度滑坡等严重问题。

第三,交通运输阻塞。由于上述两方面原因,加之派性的影响,"文化大革命"时期的交通运输一直很不正常。特别是1967年的"全面内战"、1974年的派性恶性膨胀造成铁路干线中断、港口货物积压的严重局面。国民经济大动脉梗塞,进一步加剧经济形势的恶化,直接严重影响了广大人民群众的生活。

第二节 党内正确思想对"左"的经济思想的抵制

面对"文化大革命"的破坏,以周恩来、邓小平为代表的一批党的干部在毛泽东的支持下,力挽狂澜,在极其困难的条件下对"左"的错误进行抵制、纠正,最大限度减少了国民经济的损失,发挥了中流砥柱的作用。在此过程中形成的若干观点,也成为党的经济思想的特殊组成部分。

一、周恩来对"左"的经济思想的抵制与批判

在"文化大革命"发动前夕,周恩来正按照在四届人大一次会议宣布的实现"四个现代化"的纲领,全力以赴领导国民经济建设。他在许多场合表示,鉴于国家一穷二白的状态尚未摆脱,工农业都比较落后,我们还需要集中力量和时间大力发展生产;过去,时间已经被我们耽误了,因此今后要快抓,不能慢,时不我待。1966年3月,中央决定成立北方八省(市、自治区)农业小组,周恩来担任组长,以期推动北方农业和整个国民经济的发展。

在"文化大革命"发生后,在当时的特殊条件下,周恩来不可能从全局

第三编　社会主义建设的探索与曲折发展中党的经济思想

上、根本上去抵制和纠正政治、经济领域中的"左"的错误,但他除了竭尽全力保护经济工作干部外,更利用各种机会努力去纠正局部的和具体的"左"倾错误,尽量减少经济损失。

第一,指令补订1967年、1968年缺失的年度计划。1968年12月,周恩来批准召开全国计划会议。但因会议搞"大批判"而未得制订1969年的经济发展计划。经过周恩来努力,全国计划座谈会于1969年2月16日至3月24日召开,主要讨论1969年的国民经济计划。

第二,维护国家经济生活正常运行和基本秩序。周恩来坚决反对林彪、江青团伙的"停产闹革命"、搞乱国家经济生活的图谋,多次在接见群众组织的讲话中反复强调搞好工农业生产对于社会主义建设和人民生活的重要意义,要求广大工人、农民、科研人员、企业干部落实毛泽东提出的"抓革命、促生产"的指示,坚守工作岗位,在八小时以外搞"文化大革命",把革命干劲用到生产和科研工作中去。1966年9月,根据周恩来的意见,中央发出了《关于抓革命促生产的通知》,要求各企事业单位的职工坚守岗位,红卫兵不要进入工矿企业、科研单位串联,保证生产、建设、科研、市场、收购等工作的正常进行。对于那些已经开展"文化大革命"的企事业单位,该通知提出在党委统一领导下组成分别抓革命和抓生产、抓业务的两个班子,明确规定职工的文化革命,放在业余时间去搞。1967年初,"文化大革命"进入"夺权"阶段后,在此狂澜中周恩来强调,国家的财政大权造反派不仅不能夺取,全部监督也不行。[①]1967年3月,他亲笔起草电文,向全国推广北京怀柔县(现怀柔区)成立"抓革命、促生产第一线指挥部"的经验,要求各地动员一切力量狠抓农业及其增产

---

① 参见中共中央文献研究室编:《周恩来年谱(一九四九——一九七六)》(下卷),中央文献出版社,1997年,第128页。

措施以及工业、交通、财贸等方面的工作。

在1967年春夏开始的"全面内战"时期,全国各地武斗频繁,许多厂矿停工停产,生产建设损失严重。周恩来对此忧心如焚,尽可能采取措施,以减少经济损失,恢复正常生产,特别对大庆油田等重点企业,更不遗余力地进行保护。周恩来坚决地驳斥称,不搞生产,不搞建设,人民吃什么用什么,靠什么搞革命?随后,中央决定对鞍钢实行军管,以保证生产的进行。1969年4月,针对飞机生产质量事故问题,周恩来再次强调"合理的规章制度应该保留",尖锐地指出,规章制度"一概取消是不符合毛泽东思想的,是不尊重科学的"。"有些人要把一切规章制度砸烂,这是极左思潮。"[①]

1971年林彪事件发生以后,毛泽东对"文化大革命"的看法有所改变,主持中央日常工作的周恩来抓住这个契机,对极左思潮展开批判,着力纠正经济领域中的"左"的错误。

第一,整顿工业企业。在1971年12月中央召开全国计划会议期间,周恩来在听取国家计委汇报时指出,现在我们的企业乱得很,要整顿。根据这一精神,会议制订的《一九七二年全国计划会议纪要》和《关于坚持统一计划,加强经济管理的决定》,提出了整顿企业的若干措施,明确规定企业要恢复和健全包括岗位责任制、考勤制、技术操作规程、质量检验制、设备管理和维修、安全生产制、经济核算制七项制度,抓产量、品种、质量、原材料燃料动力消耗、劳动生产率、成本、利润七项指标。尽管由于张春桥等人的反对,这两个文件未能正式下发,但企业的整顿工作已逐步开启。

第二,纠正农村"左"的经济政策。在周恩来的主持下,1971年12月中共中央作出关于农村人民公社分配问题的指示,重申必须兼顾国家、集体和个

---

① 《周恩来选集》(下卷),人民出版社,1984年,第462页。

第三编　社会主义建设的探索与曲折发展中党的经济思想

人三者利益,坚持按劳分配原则,并提出学习大寨要从实际出发,不能硬搬照套;要注意农业的全面发展,不能把党的政策允许的多种经营当作资本主义去批判。决定适当放宽农村经济政策,在保证集体经济占绝对优势的前提下,允许农民个人经营少量自留地和家庭副业,允许生产队拥有因地制宜种植的灵活性。1973年初,全国计划会议上批判了强令扩社并队、没收自留地、砍除家庭副业等做法。这些措施在一定程度上否定了长期以来在农村肆行的若干"左"的行为,保护了农民的利益,推动了农业的发展。

第三,维护国民经济的平衡。在急于求成思想的煽动下,1970年计划安排的国家预算内基本建设投资为288亿元,在执行中更一再突破原定计划,追加投资50亿元;同时加上地方的自筹资金追加投入,1970年基建投资比1969年猛增了109亿元;启动的大中型项目比原定计划多增296个;积累率由1969年的23.2%提高到32.9%。基本建设规模过大,内地建设过快过急所造成的能源、交通、原材料的紧张,在1970年底已开始呈现出来。

在1971年12月召开的全国计划会议上,周恩来针对1970年"大膨胀"造成的"三个突破"严厉指出:"职工人数突破了五千万人,工资支出突破了三百亿元,粮食销量突破了八百亿斤,这'三个突破',给国民经济个方面带来一系列问题,不注意解决,就会犯错误。"[①]但由于经济建设中的主观主义和急于求成的"左"的思想的影响继续存在和经济运行的惯性,1971年的基本建设规模继续扩大,指标过高过急,加之经济管理体制向地方盲目变动,1971年底国民经济再次出现了职工人数、工资总额、粮食销售和货币发行量继续突破了原计划的情况。1972年,经济失调的状况仍未能改变,在原材料的平衡上仍留下了

---

① 中共中央文献研究室编:《周恩来年谱(一九四九——一九七六)》(下卷),中央文献出版社,1997年,第500页。

不小的缺口,基本建设规模的安排超出了国力实际许可范围,出现与历史上的较好水平相比工业利税少收一百亿元、工业流动资金多占用一百亿元、基本建设尾巴拖长一百亿元的"三个一百亿"问题。[①]周恩来在非常困难的情况下采取措施来解决这些问题,降低过高指标。1972年10月12日,经国务院批准,国家计委和财政部、农林部在北京召开了加强经济核算,扭转企业亏损会议。会议批判了"政治可以冲击其他""三年不算账钱也跑不到外国去"等谬论。根据周恩来的指示,会议重新肯定"政治挂帅要挂到业务上,挂到生产上,政治工作要结合经济工作一道去做"的原则,制定了关于加强经济核算、实现经济平衡的一系列措施。

1973年1月,全国计划会议检查和总结了前两年的工作,讨论了"四五"计划纲要的调整问题,降低了某些生产指标,特别是把钢产量指标从1975年要达到3500万至4000万吨下调为3000万吨。这个指标尽管仍然偏高,但使1973年的计划和经济调整取得了主动权。1973年2月,国家计委根据周恩来的指示起草了《关于坚持统一计划,加强经济管理的规定》,进一步肃清无政府主义和极左思潮的流毒,克服在生产建设上存在的盲目性和无组织无纪律的现象。

周恩来在抵制"文化大革命"的"左"的错误对经济建设的破坏的斗争中,实际也阐明了自己关于社会主义经济建设的一些基本思想,在1973年2月听取计委汇报时的讲话、插话是其集中体现:

第一,国民经济要按比例发展。这是周恩来一贯的思想,即使在"文化大革命"这样的非常时期仍然坚持。针对当时的情况,周恩来十分痛心地说:

---

① 参见中共中央文献研究室编:《周恩来年谱(一九四九——一九七六)》(下卷),中央文献出版社,1997年,第580页。

第三编　社会主义建设的探索与曲折发展中党的经济思想

"国民经济要按比例发展,但现在根本没有比例!"①职工人数、工资总额、粮食销售、货币发行"四突破"是"确实没有'王法'了"。要对国民经济进行调整,实现有计划按比例的发展。强调中央和地方都要压缩基本建设战线,不许乱上基建项目;还要整顿地方五小工业,发展五小工业要有个范围,不能跟大厂争原料,变成自由发展,这样才能保证国民经济按比例地发展。

第二,坚持按劳分配制度。针对"文化大革命"对按劳分配制度的破坏,周恩来说,现在是四个一样(即"干多干少一个样,干好干坏一个样,会干不会干一个样,干与不干一个样"),不利于调动职工积极性。必须改变这种平均主义的倾向,实行必要的奖励制度。

第三,要学习外国的长处,发展对外贸易。周恩来始终密切关注着世界经济、技术的发展,一贯主张中国要学习外国的长处,发展对外贸易,引进国外先进的技术设备。谈到出国考察问题时他指出:"不敢谈人家的长处,也不敢谈我们的短处,这是不符合毛泽东思想的。有些人自己不懂,又随便给人家戴帽子。出国参观、考察,就是为了学习人家的长处。"② 1972年10月,在接见李政道谈到与发达国家的差距时,他直言不讳说:"我们整个工业水平和技术水平还不行。""在生产上比日本差三十年,我们现在不了解这方面的情况,白纸一张。"③他对"左"的闭关自守和夜郎自大的思想进行了抨击。1973年初,国家计委根据周恩来的指示提出了从国外进口四十三亿美元的成套设备和单机的报告。报告获得批准后,周恩来为此接见了美国大通曼哈顿银行董事长戴维·洛克菲洛,探讨了发展两国贸易的办法,并提出:"我们希望在平等互利和

---

① 《周恩来经济文选》,中央文献出版社,1993年,第638页。
② 中共中央文献研究室编:《周恩来年谱(一九四九——一九七六)》(下卷),中央文献出版社,1997年,第580页。
③ 同上,第559、558页。

互通有无的基础上进行贸易。""你们的设备可以供应我们的需要,我们有些商品可以供应你们市场的需要。"①

1975年1月,第四届全国人民代表大会召开,周恩来抱病在会上所作的《政府工作报告》重申了在三届全国人大一次会议提出的实现"四个现代化"的目标:第一步在1980年前建成一个独立的比较完整的工业体系和国民经济体系;第二步在本世纪内,全面实现农业、工业、国防和科学技术的现代化,使我国国民经济走在世界前列。他再次指出了必须坚持的基本经济方针:继续执行以农业为基础、工业为主导的方针和一系列两条腿走路的政策;按照农、轻、重的次序安排国民经济计划;坚持自力更生为主,争取外援为辅;认真学习外国的好经验,也一定要研究外国的坏经验,引以为戒。报告反映了中国亿万人民的共同愿望,激发了全党全国人民与江青集团斗争、投身于社会主义经济建设的热情。

周恩来的上述思想对于厘清当时的思想混乱,动员人民群众抵制"左"的错误,减轻造成的经济损失,具有重要的意义。

二、邓小平关于整顿经济的思想

邓小平在林彪事件后复出,再次受到毛泽东的赏识和信用而被委以重任。在四届全国人大一次会议闭幕后,邓小平在毛泽东、周恩来支持下,全面主持中央和国务院的日常工作。他坚定拥护和继续实行周恩来等人抵制"文化大革命"的"左"的错误的正确路线,在各个领域,特别是在经济领域大力进行了雷厉风行的整顿,努力把遭到严重破坏的国民经济拉向正轨。

---

① 《周恩来经济文选》,中央文献出版社,1993年,第644~645页。

第三编 社会主义建设的探索与曲折发展中党的经济思想

1974年,江青一伙操纵的"批林批孔"运动再次对国民经济造成了严重的影响。原定的国民经济计划没有完成,许多重要产品产量有较大幅度的下降。面对如此局面,毛泽东也感到不满,提出"无产阶级'文化大革命'已经八年。现在以安定团结为好。全党全军要团结"。11月,他在听取李先念汇报1974年经济计划执行情况时说,明年要把国民经济搞上去。毛泽东的这些指示为邓小平1975年经济整顿创造了一个较为有利的条件。邓小平抓住这个有利时机,提出以毛泽东的"学习无产阶级专政理论""促进安定团结""把国民经济搞上去""三项指示为纲",顺应党心民心,果断地在全国各个方面进行了大刀阔斧的整顿。从1975年2月开始,首先从当时严重混乱的工业交通,特别是铁路运输着手,此后整顿工作逐渐在经济、科技、文艺、教育、军事各个领域次第展开。在整顿过程中,邓小平发表了一系列的讲话,主持、指导制订了《论全党全国各项工作的总纲》《关于加快工业发展的若干问题》《关于科技工作的几个问题》(即《科学院工作汇报提纲》)等重要文件,这些讲话和文件集中体现了邓小平在这一时期批判"文化大革命"的"左"的错误、整顿发展我国社会主义经济的思想,主要包括以下八个方面内容:

(一)重申党和国家奋斗的总目标

上述文件开宗明义提出,总目标就是四届全国人大一次会议提出的我国今后二十五年国民经济发展的宏伟任务:第一步在1980年以前建成一个独立的比较完整的工业体系和国民经济体系;第二步在本世纪内全面实现农业、工业、国防和科学技术的现代化,使我国国民经济走在世界前列。各项工作都必须围绕这一目标开展,要把国民经济搞上去,大力发展社会生产力。邓小平明确提出,现在有一个大局,全党要多讲。大局就是要把我国建成一个"四个现代化"的社会主义强国。"全党全国都要为实现这个伟大目标而奋斗。这就是大局。"在如何看待革命与生产的关系上,针对"文化大革命"中流行的"政治决定论"观点,邓小平说:"听说现在有的同志只敢抓革命,不敢抓生产,说什么'抓革命保险,抓生产危险',这是大错特错的。"①

《论全党全国各项工作的总纲》指出:"革命就是解放生产力,革命就是促进生产力的发展。我们中国共产党人,要对革命负责,也要对生产负责。要从自己头脑中清除那些'抓革命保险,抓生产危险'、'革命非常重要,生产无关紧要'、'抓革命吃得开,抓生产活倒霉'的糊涂观念。""我们一些同志至今还是用形而上学来对待政治和经济、革命和生产的关系,总是把这政治和经济互相割裂开来,把革命和生产互相割裂开来,只讲政治,不讲经济,只讲革命,不讲生产,一听到要抓好生产,搞好经济建设,就给人家戴上'唯生产力论'的帽子,说人家搞修正主义。这种观点是根本站不住脚的。"并不无讽刺地说:"一个地方、一个单位的生产搞得很坏,而硬说革命搞得很好,那是骗人的鬼话。那种认为抓好革命,生产自然会上去,用不着花力气去抓生产的看法,只有沉醉在点石成金一类童话中的人才会相信。"②并引用列宁的"政治教育的成果,只有用经济的改善来衡量"和毛泽东的"中国一切政党的政策及其实践在中国人民中所表现的作用的好坏、大小,归根到底,看它对于中国人民的生产力是否有帮助及其帮助之大小,看它是束缚生产力的,还是解放生产力的"话,作为区别真假马克思主义、正确和错误路线、真假干社会主义的标准,实际已提出了用实践检验上层建筑变革正确与否的标准问题。《关于加快工业发展的若干问题》特别强调了发展社会生产力,文件指出:"不注意生产,不努力搞好生产,把生产放在可有可无,可重可轻的地位,也是要不得的。没有社会生产力的强大发展,社会主义制度是不能充分巩固的,决不能把革命统帅

---

① 《邓小平文选》(第二卷),人民出版社,1994年,第4页。
② 中共中央党校中共党史教研室编:《中共党史学习文献简编(社会主义革命时期)》,中共中央党校出版社,1985年,第311、309、310、312页。

下搞好生产当作'唯生产力论'和'业务挂帅'来批判。"①

把发展国民经济作为全党全国的大局,其实质是要把党和国家的工作重心由抓阶级斗争为主,转移到抓"四个现代化"建设、发展生产力上来。这是邓小平这一时期经济思想的核心,整个经济整顿工作都是在这一思想指导下开展的。

(二)尊重经济规律,有计划、按比例,进行综合平衡

《论全党全国各项工作的总纲》要求"用心研究我国社会主义建设的客观规律","安排好各个经济部门的比例关系,进行综合平衡,做出统一的国家计划,付之执行"。②《关于加快工业发展的若干问题》专门写了"统一计划"这一节,提出"要保证工业和整个国民经济高速度按比例地发展,实现今后十年的奋斗目标,必须加强国家的统一计划"。要"搞好计划的综合平衡。着重安排好农、轻、重的比例关系,积累和消费的比例关系,经济建设和国防建设的比例关系,生产维修和基本建设所需材料、设备的比例关系,以及'骨头'和'肉'的比例关系,等等"。"计划的制订,要有客观依据,做到积极可靠,留有充分的余地。"③并强调计划要有严肃性,要充实和健全、加强计划、统计工作和机构。

(三)以农业为基础,为农业服务

邓小平总结了新中国成立以来正反两方面的经验教训,在部署加快工业发展的同时强调指出,工业越发展,越要重视农业。《论全党全国各项工作的总纲》阐述,按比例发展的前提是按照农、轻、重的次序把农业放在第一位。《关于加快工业发展的若干问题》提出:"农业是国民经济的基础。没有农业的大发展,就不可能有工业的大发展,所有工业部门,都要牢固树立以农业为基

---

① 《评〈关于加快工业发展的若干问题〉》,人民出版社,1976年,第37页。
② 中共中央党校中共党史教研室编:《中共党史学习文献简编(社会主义革命时期)》,中共中央党校出版社,1985年,第312页。
③ 《评〈关于加快工业发展的若干问题〉》,人民出版社,1976年,第45~46页。

础的思想,更好地为农业服务,巩固工农联盟。"国民经济计划,不论是全国的,还是地方的都必须按此序列安排。同时,邓小平把农业放在第一位的着重点又落实在要实现农业现代化,"帮助农民掌握现代的科学技术"[1]上,这一远见卓识指出了我国农业发展的根本方向。

(四)加强科学研究,采用先进技术

《关于科技工作的几个问题》第一次公布了长期被忽视或故意隐蔽马克思主义的一个重要思想:"科学技术也是生产力",并提出"科研要走在前面,推动生产向前发展"。如果我们在科学技术上没有一个大的飞跃,就难以实现两步走的宏伟目标,"没有现代化的科学技术,也就不可能有工业、农业、国防的现代化"。[2]邓小平更直言不讳地称科研落后是拖了整个国家发展的腿。《关于加快工业发展的若干问题》指出:"世界上工业落后的国家赶上工业先进的国家,都是靠采用最先进的技术。我们也要这样做。每个部门,每个行业,都要了解世界上的先进水平,订出赶超的规划和措施。"[3]邓小平认为,加强企业的科学研究工作,这是多快好省地发展工业的一个重要途径。《关于加快工业发展的若干问题》遂提出,大中型企业要有自己的研究试验机构;小企业要在市的范围内由几个单位联合起来,成立必要的研究试验机构。

发展科学技术不仅要自力更生,而且必须虚心地学习外国一切先进的、优良的东西,有计划有重点地引进国外的先进技术、先进设备,"讲自力更生,又不能变成闭关自守,变成排外"。要加强理论研究,认识其重要性,"我们有不少生产技术过不了关,重要原因之一就是缺乏理论研究和基础性工作"。

---

[1] 《评〈关于加快工业发展的若干问题〉》,人民出版社,1976年,第46、47页。
[2] 胡维佳主编:《中国科技政策资料选辑(1949—1995年)》(中),山东教育出版社,2006年,第645、649页。
[3] 《评〈关于加快工业发展的若干问题〉》,人民出版社,1976年,第50页。

第三编　社会主义建设的探索与曲折发展中党的经济思想

处理好理论研究、应用研究的关系,"不能把理论研究与'三脱离'等同起来。不能认为只有应用研究是国家的需要,理论研究同样也是国家的需要"①。邓小平更由此忧心忡忡地认为,危机可能发生在教育部门,把整个现代化水平拉住了,因此要对教育进行整顿和改革。

(五)扩大对外经济交流,反对闭关自守

"文化大革命"时期"左"的经济思想的一个根源就是小生产的自然经济思想,理所当然受到当年留学欧洲、早就具有现代化眼光的邓小平的否定。与反对科技领域闭关自守一样,在《关于加快工业发展的若干问题》中,他明确指出:"我们要坚持独立自主,自力更生,反对洋奴哲学、爬行主义,但是不能夜郎自大,闭关自守,拒绝学习外国的好东西。"②

怎样才能更多地引进新技术新设备?邓小平提出可以采用补偿贸易的方式,千方百计地增加出口,多出口石油、工艺美术品等传统出口产品,换点高精、尖的技术和设备回来,加速工业技术改造,提高劳动生产率。他认为补偿贸易好处很多,可以增加出口,可以带动煤炭工业技术改造,可以容纳劳动力。《关于加快工业发展的若干问题》提出,要尽快提高工矿产品在出口物资中的比例,每个工业部门都要研究国际市场的需要,积极增产能够出口而换汇率高的产品。为了加快我国煤炭、石油开发,可以在平等互利的条件下按照国际贸易中延期付款、分期付款等通行做法,同国外签订长期合同,固定几个生产点由外资供应现代化的成套设备,然后用我们生产出的产品偿还。③

---

① 胡维佳主编:《中国科技政策资料选辑(1949—1995)》(中),山东教育出版社,2006年,第647页。
② 《评〈关于加快工业发展的若干问题〉》,人民出版社,1976年,第51页。
③ 参见《评〈关于加快工业发展的若干问题〉》,人民出版社,1976年,第52页。

不仅如此,邓小平还明确地反对对内的自我封闭,批判当时严重存在的各部门各地区盲目追求"小而全""大而全"的自给自足型经济。《关于加快工业发展的若干问题》指出:"要打破行业界限,地区界限,搞好社会主义协作。""要反对都想自搞一套,万事不求人的错误思想。"①

(六)整顿企业管理,建立必要的规章制度

针对"文化大革命"批判并取消了企业原来的一套规章制度,造成了企业管理的无政府状态,严重影响了企业正常生产的状况,邓小平在1975年的多次讲话中都反复强调要整顿企业管理,建立必要的规章制度等问题。《论全党全国各项工作的总纲》强调:"要把国民经济搞上去,各行业、各部门、各单位都要建立和健全必要的严格的规章制度。"②《关于加快工业发展的若干问题》提出:"要注意抓好工业的整顿工作,采取切实有效的措施,解决工业管理和企业管理中存在的某些乱和散的问题"③,与当时严重存在的资产阶级派性作坚决斗争,在整顿和加强领导班子的同时整顿企业管理,严格规章制度。措施主要有:在党委统一领导下建立独立、强有力的生产管理指挥系统和机构,搞好计划、技术、劳动、财务管理;重申必须恢复和健全1972年全国计划会议提出的岗位责任制等七项制度(见前),《论全党全国各项工作的总纲》和《关于加快工业发展的若干问题》都一再强调,"责任制,是企业规章制度的核心"④。"生产管理和规章制度,什么时候都需要,一万年也要。"没有严格的责任制,生产只能打乱仗,要把建立责任制作为整顿企业管理的重要一环,每件工作、每个岗位、每个人都要有明确职责:所有企业都要完成产量、品种、质量、

---

① 《评〈关于加快工业发展的若干问题〉》,人民出版社,1976年,第48~49页。
②④ 中共中央党校中共党史教研室编:《中共党史学习文献简编(社会主义革命时期)》,中共中央党校出版社,1985年,第313页。
③ 《评〈关于加快工业发展的若干问题〉》,人民出版社,1976年,第37页。

原材料、燃料和动力消耗、成本、利润、流动资金占用八项指标,把质量、品种、规格放在第一位;所有企业都要以产量多、质量好、消耗低、积累多为光荣;改善劳动组织,做好编制定员劳动定额,减少非生产人员和脱产人员,凡是不应当脱产的人员一律回到生产岗位,凡是应当业余进行的各种活动都不准占用生产时间。①

(七)走挖潜、革新、改造的新路,实现内涵式发展

长期以来囿于计划经济体制主张的外延式发展路径的束缚,党内一直存在着重建设、轻效益的思想,总以为只有新项目不断地启动,才标志着社会主义建设事业蒸蒸日上、日新月异,故对上项目、建新厂、争投资积极性很高,而对原有企业的挖潜、改造、更新却不重视。因为盲目扩大基建投资而引起的我国经济建设几次比例失调,给经济健康发展造成了严重影响。针对这种片面地重视外延的扩大再生产、忽视内涵扩大再生产的状况,《关于加快工业发展的若干问题》明确提出:"当前的任务,就是要把已有的工业基础充分利用起来,通过技术革新、技术改造,通过合理组织,分工协作,使它们不断地发展壮大。"②认为这样做比建设新项目投资省、见效快、收效大,今后工业生产的增长应当主要靠发挥现有企业的作用,而不是靠新建,这是一条必须遵循的重要方针。要批判那种不愿意利用现有基础,不肯在挖潜上下功夫,动不动就搞新建的错误思想和做法。针对"文化大革命"中基建规模居高不下的状况,强调"要打歼灭战","要采取果断措施,定出一套严格的管理制度"来解决这一问题。③所有基本建设项目和投资要围绕国家今后五年、十年的奋斗目标统一纳入国家计划,按照国家的物力、财力和人力的可能来安排。不能超

---

① 参见《评〈关于加快工业发展的若干问题〉》,人民出版社,1976年,第37、41~43页。
② 《评〈关于加快工业发展的若干问题〉》,人民出版社,1976年,第48页。
③ 同上,第49页。

越这种齐头并进的可能。"所有建设工程,都要严格按基建程序办事,没有设计,没有安排好设备,不能列入年度计划,不能施工。""从地质勘探、设计、施工到验收,都要建立严格的规章制度和责任制。"①

(八)坚持按劳分配原则

从"国民经济大跃进"开始按劳分配即被视为资产阶级法权,在"批林批孔"期间更因毛泽东认为这"与旧社会差不多"而进一步受到批判,从而严重挫伤了广大职工的工作积极性。邓小平针对这种错误做法认为,按劳分配在社会主义建设中始终是一个很大的问题。他明确反对那种不分差别的平均主义做法,要求根据每个人的贡献大小、技术高低、能力强弱、劳动轻重来规定工资待遇,这样才能调动人们的积极性。《关于加快工业发展的若干问题》指出:"限制资产阶级法权,决不能脱离现阶段的物质条件和精神条件,否定按劳分配,不承认必要的差别,搞平均主义。平均主义不仅现在不行,将来也是行不通的。"从而在理论上澄清了"左"的思想制造的混乱,为资产阶级法权的客观正当性进行了"正名",并进一步阐述坚持按劳分配的意义:"各尽所能,按劳分配,不劳动者不得食,是社会主义原则。在现阶段,它是基本适合生产力发展要求的,必须坚决实行。不分劳动轻重,能力强弱,在分配上都一样,不利于调动广大群众的社会主义积极性。"②在坚持按劳分配的基础上,《论全党全国各项工作的总纲》《关于加快工业发展的若干问题》都强调,要关心群众物质生活,帮助解决困难,在发展生产的基础上逐步改善其生活水平。

综上可知,邓小平在1975年实行各项工作整顿过程中提出的一系列经济思想具有继往开来的特点:不仅继承了原有计划经济体制中合理的传统理念,对于纠正"文化大革命"的"左"的错误、减轻其对经济造成的损失发挥了

---

① 《评〈关于加快工业发展的若干问题〉》,人民出版社,1976年,第50页。
② 同上,第52~53页。

第三编　社会主义建设的探索与曲折发展中党的经济思想

重要作用,而且实际开启了随后中国社会主义经济建设道路新的探索的先河,成为未来中国特色社会主义理论的先声。虽然由于"批邓反击右倾翻案风"的开展,这些思想遭到批判、被迫中断继续实施,但其意义则永载史册。

"文化大革命"所犯的严重错误,给中国社会主义建设造成了严重的损失,令人无比惋惜、痛心。在十年动乱中,中国共产党仍然得到人民的拥护,中国社会主义的基本制度仍然保持,国家主权凛然不受侵犯,外交工作取得突破,社会主义建设仍然在艰难中推进,包括第三、四个五年计划的主要指标得以基本实现,工农业总产值指数有所增长,重大基本建设(如南京长江大桥、西南工业基地与交通线)和高科技(包括国防)的成功、成就,等等。其中最值得称道的有:1960年11月5日,仿制的第一枚导弹发射成功;1964年10月16日,第一颗原子弹爆炸成功,使中国成为第五个有原子弹的国家;1967年6月17日,第一颗氢弹空爆试验成功;1970年4月24日第一颗人造卫星发射成功,使中国成为第五个发射人造卫星的国家。中国的"两弹一星"是在20世纪下半叶中华民族创建的辉煌伟业。但这一切绝非"左"的路线鼓吹的"文化大革命"取得的"丰硕成果",恰恰相反,是党的广大干部和人民群众抵制"文化大革命"破坏的结果。正如《关于建国以来党的若干历史问题的决议》所说:"如果没有'文化大革命',我们的事业会取得大得多的成就。"而在这一艰难岁月中形成的经济思想及各种得失教训,则成为党的经济思想发展的特殊财富。

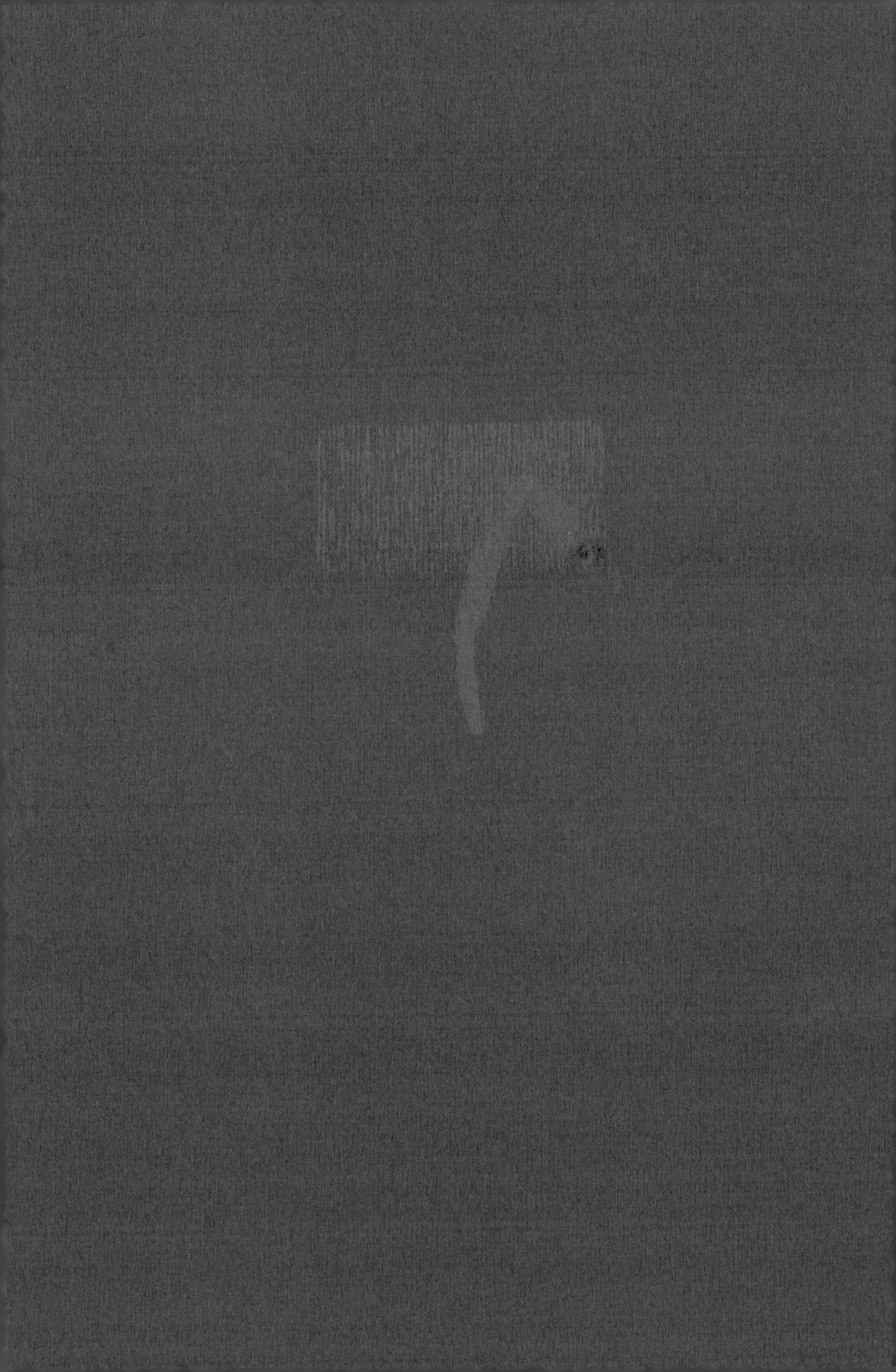

中宣部2020年主题出版重点出版物
天津市重点出版扶持项目

中国共产党百年经济思想史论

· 下册 ·

洪银兴 杨德才 等著

天津出版传媒集团

天津人民出版社

第四编
改革开放时期党的经济思想

1978年底,党的十一届三中全会胜利召开。全会毅然抛弃"以阶级斗争为纲"这个不适用于社会主义社会的"左"的错误方针,作出了改革开放的伟大决策,决定把党和国家的工作重心转移到经济建设上来,从而实现了政治路线的拨乱反正,担负起开创建设有中国特色社会主义大业的伟大历史使命。

继党的十一届三中全会恢复解放思想、实事求是、实践是检验真理唯一标准的马克思主义思想路线以后,1982年召开的党的十二大,提出"把马克思主义的普遍真理同我国的具体实际结合起来,建设有中国特色的社会主义"的思想。1987年召开的党的十三大比较系统地论述了我国社会主义初级阶段的理论，明确概括了党的"一个中心、两个基本点"的基本路线。这是对建设有中国特色社会主义理论的丰富和发展。坚持这条基本路线，是建设有中国特色社会主义事业取得胜利的根本保证。

1992年召开的党的十四大明确指出，我国经济体制改革确定什么样的目标模式，是关系整个社会主义现代化建设全局的一个重大问题。这个问题的核心，是正确认识和处理计划与市场的关系。党的十四大在党的历史上第一次明确提出了建立社会主义市场经济体制的目标模式。把社会主义基本制度和市场经济结合起来，建立社会主义市场经济体制，这是中国共产党的一个伟大创举。大会还确立了邓小平建设有中国特色社会主义理论在全党的指导地位。

1997年召开的党的十五大系统阐述了邓小平理论的历史地位和指导意义，指出作为毛泽东思想的继承和发展的邓小平理论，是指导中国人民在改革开放中胜利实现社会主义现代化的正确理论。邓小平理论围绕"什么是社会主义、怎样建设社会主义"这个根本问题，第一次比较系统地初步回答了中国社会主义建设的一系列基本问题。党的十五大还进一步阐述了社会主义初级阶段理论，明确提出了党在这个阶段的基本纲领。大会指出，建设有中国特色社会主义的经济、政治和文化的基本目标、基本政策，有机统一，不可分割，构成党在社会主义初级阶段的基本纲领。

2002年党的十六大确立了"三个代表"重要思想在全党的指导地位，明确指出："开创中国特色社会主义事业新局面，必须高举邓小平理论伟大旗帜，坚持贯彻'三个代表'重要思想。……始终做到'三个代表'，是我们党的立党

第四编　改革开放时期党的经济思想

之本、执政之基、力量之源。"①

2012年党的十八大又确立了科学发展观在全党的指导地位，明确指出："科学发展观是马克思主义同当代中国实际和时代特征相结合的产物，是马克思主义关于发展的世界观和方法论的集中体现，对新形势下实现什么样的发展、怎样发展等重大问题作出了新的科学回答,把我们对中国特色社会主义规律的认识提高到新的水平，开辟了当代中国马克思主义发展新境界。科学发展观是中国特色社会主义理论体系最新成果，是中国共产党集体智慧的结晶,是指导党和国家全部工作的强大思想武器。科学发展观同马克思列宁主义、毛泽东思想、邓小平理论、'三个代表'重要思想一道,是党必须长期坚持的指导思想。"②

从1978年底党的十一届三中全会召开到2012年11月党的十八大召开的三十多年间,我国经济社会发展发生了翻天覆地的巨变,所有这一切都归功于党的正确领导、归功于党的理论创新。中国共产党基于中国国情而持续不断地供给出指导经济社会发展的新理论、新方法,是我国经济社会发展取得巨大成功的重要保证。胡锦涛在党的十八大报告中指出："在改革开放三十多年一以贯之的接力探索中，我们坚定不移高举中国特色社会主义伟大旗帜，既不走封闭僵化的老路、也不走改旗易帜的邪路。中国特色社会主义道路,中国特色社会主义理论体系,中国特色社会主义制度,是党和人民九十多年奋斗、创造、积累的根本成就,必须倍加珍惜、始终坚持、不断发展。"③

---

① 《江泽民文选》(第三卷),人民出版社,2006年,第536页。
②③ 《中国共产党第十八次全国代表大会文件汇编》,人民出版社,2012年,第7、11页。

505

第十章 党的十一届三中全会和改革开放的序幕

第一节 党在思想路线上的拨乱反正

马克思主义的思想路线,是正确的经济思想和政策形成的基础,是革命和建设事业取得胜利的首要保证。中国共产党把工作重点转向经济建设的思想和实践,是以思想路线上的拨乱反正作为先导的。党的十一届三中全会及其前后,党进行了指导思想上拨乱反正的艰巨斗争,确定了正确的思想路线,坚持解放思想,实事求是,从而为实现党的工作重点的转移作了充分的思想理论准备,排除了巨大的思想障碍。

第四编　改革开放时期党的经济思想

一、真理标准问题大讨论

　　1976年10月"四人帮"被一举粉碎后,形势的发展对党进行思想路线上的拨乱反正提出了迫切要求。在历经了十年内乱的苦难后,人心思治,医治这十年给党和国家带来的极其严重的创伤,实行党的工作重点转移,集中精力一心一意进行经济建设,已是党心、军心、民心所向。然而要实现党的工作重点转移,集中精力进行经济建设,就必须摒弃"以阶级斗争为纲"的错误方针和所谓"无产阶级专政下继续革命"的理论;而要做到这一点,就必须对"文化大革命"和它以前的"左"倾错误进行全面清理。对于党的错误,包括毛泽东所犯的错误在内,有没有马克思主义的勇气进行自我批评,能不能实事求是地、历史地、正确地进行这种自我批评,这些要求人们解放思想,冲破个人崇拜,破除个人迷信,恢复和确立实事求是的马克思主义思想路线,也就是说,首先要进行思想路线上的拨乱反正。

　　在围绕拨乱反正所展开的思想路线斗争中,一个重要的问题现实地提到了人们的面前:究竟是以多年来被人们奉为天经地义的领袖的"语录"作为检验真理的标准,还是以实践作为检验真理的标准?如果继续奉行"语录标准""领袖标准",那就不可能有一条实事求是的马克思主义的思想路线,就只能继续奉行"以阶级斗争为纲""无产阶级专政下继续革命"等整套错误理论和政策,就谈不上党的工作重点向经济建设的转移;如果坚持以实践作为检验真理的标准,那就要摒弃非马克思主义的思想路线,就有可能从根本上否定给党、国家和人民造成严重灾难的一切"左"的错误理论和政策,把党的工作重点转移到为人民造福的经济建设上来,实现伟大的历史性的转折。

　　在这种情况下,1978年5月11日《光明日报》发表了《实践是检验真理的唯一标准》一文,立即震动了全国,一场关于真理标准问题的大讨论旋即掀起。

这场关于真理标准问题的大讨论,其实质,如邓小平所说,实际上是要不要解放思想的争论,是个思想路线问题,是个政治问题,是个关系党和国家的前途和命运的问题。坚持真理的实践标准,反对和否定"两个凡是"[①],是对毛泽东思想科学体系的真正维护、继承和坚持,是真正的举旗。首先,毛泽东思想是一个完整的科学体系,如果毛泽东的每一句话都要照办,都要作为检验真理的标准,那就会把毛泽东思想割裂开来,使它受到歪曲和损害。正确的态度应该是学习和运用它的立场、观点和方法,也就是学习和运用它的科学体系。其次,毛泽东思想是经过长期历史考验形成的科学理论体系,它与毛泽东晚年所犯的错误是有严格区别的。因为毛泽东晚年犯了错误,就企图否认毛泽东思想的科学价值、否认毛泽东思想对我国革命和建设的指导作用,或者反过来对毛泽东的言论采取教条主义态度,以为凡是毛泽东说过的话都是不可移易的真理,甚至不愿实事求是地承认并且还在新的实践中坚持毛泽东晚年所犯的错误,这样两种态度都是错误的。坚持真理的实践标准,反对和否定"两个凡是",正是避免了这样两种错误态度,既肯定经过了长期实践检验的毛泽东思想的科学真理,又摒弃已被实践检验是错误的毛泽东晚年的一些言行,因而这实际上是对毛泽东思想科学体系的真正继承。最后,毛泽东思想科学体系的精髓是实事求是,马克思主义思想路线的根本点是实事求是,毛泽东很早就提出反对本本主义,他一贯强调要纠正脱离实际情况的本本主义。可见坚持实践标准,反对和否定"两个凡是",实际上又是对毛泽东思想科学体系的真正坚持。

在真理标准问题的讨论过程中,邓小平等老一辈无产阶级革命家给予

---

① 1977年2月7日,"两报一刊"发表了社论《学好文件抓住纲》,提出了"两个凡是",即"凡是毛主席作出的决策,我们都坚决拥护;凡是毛主席的指示,我们始终不渝地遵循"。

了坚决的支持,并领导了这场讨论。早在真理标准讨论前,邓小平就旗帜鲜明地反对"两个凡是"的错误方针,多次指出"两个凡是"不符合马克思主义,违反毛泽东思想的科学体系。

1977年3月的中央工作会议召开后不久,邓小平在1977年4月10日写给党中央的信中提出:"必须世世代代地用准确的完整的毛泽东思想来指导我们全党、全军和全国人民。"[1]所谓"准确""完整",就是强调要把毛泽东思想作为一个科学的理论体系看待,强调着重掌握贯穿其中的科学观点和科学方法,而不是搞断章取义和"句句是真理"。"准确的完整的毛泽东思想"概念的提出,为批判"两个凡是"提供了有力的理论武器。

1977年7月召开的党的十届三中全会,恢复了邓小平的职务。他在全会闭幕时发言,进一步阐述了完整地、准确地理解毛泽东思想的问题,强调不能够只从个别词句来理解毛泽东思想,要善于学习、掌握和运用毛泽东思想的体系来指导我们的各项工作,这样才不至于割裂、歪曲毛泽东思想。

在毛泽东逝世一周年之际,聂荣臻、徐向前、陈云、张鼎丞等老一辈革命家纷纷撰文纪念。他们在文章中响应邓小平的主张,强调要用科学的态度对待毛泽东思想。聂荣臻指出,我们的一切正确思想,归根结底,只能从实践中来,从实际经验中来,并且必须回到实践中去,通过实践的检验。陈云也写道,实事求是不是一个普通的作风问题,而是马克思主义唯物主义的根本思想路线问题。[2]

在真理标准问题讨论刚刚兴起时,引起了巨大反响,同时受到许多批评和指责,在这个关键时刻,邓小平再次挺身而出,热情支持并指导这场讨论。

---

[1]《邓小平文选》(第二卷),人民出版社,1994年,第38~39页。
[2] 参见中共中央文献研究室、邓小平研究组编著:《领袖画传系列:邓小平》,辽宁人民出版社,2018年,第347~359页。

1978年6月2日,邓小平在全军政治工作会议上发表重要讲话,着重阐述了实事求是是毛泽东思想的出发点、根本点的问题。他批评有些同志天天讲毛泽东思想,却往往忘记、抛弃甚至反对毛泽东的实事求是、一切从实际出发、理论与实践相结合这样一个马克思主义的根本观点、根本方法。"不但如此,有的人还认为谁要是坚持实事求是,从实际出发,理论和实践相结合,谁就是犯了弥天大罪。他们的观点,实质上是主张只要照抄马克思、列宁、毛泽东同志的原话,照抄照转照搬就行了。要不然,就说这是违反了马列主义、毛泽东思想,违反了中央精神。他们提出的这个问题不是小问题,而是涉及到怎么看待马列主义、毛泽东思想的问题。"[1]他强调,马列主义、毛泽东思想的基本原则,我们任何时候都不能违背,这是毫无疑问的。但是一定要和实际相结合,要分析研究实际情况,解决实际问题。他号召人们打破精神枷锁,"使我们的思想来个大解放"[2]。

7月21日,邓小平同中宣部部长谈话,严肃指出,不要再"下禁令""设禁区"了,不要再把刚刚开始的生动活泼的政治局面向后拉。8月19日,邓小平在接见文化部负责人时说,《实践是检验真理的唯一标准》,我说这是马克思主义的文章,是驳不倒的。我在全军政治工作会议上讲了,同意这个观点和文章。

9月中旬,邓小平在东北地区视察工作时,又针对"两个凡是"指出:"凡是毛泽东同志圈阅的文件都不能动,凡是毛泽东同志做过的、说过的都不能动,这是不是叫高举毛泽东思想的旗帜呢?不是!这样搞下去,要损害毛泽东思想。"[3]

12月中旬,在中央工作会议闭幕会上,邓小平又进一步提出了和"两个凡是"针锋相对的方针:"解放思想,开动脑筋,实事求是,团结一致向前看",并

---

[1] 《邓小平文选》(第二卷),人民出版社,1994年,第114页。
[2] 同上,第119页。
[3] 《邓小平文选》(第二卷),人民出版社,1994年,第126页。

在高度评价和肯定了实践是检验真理的唯一标准问题的讨论后,尖锐地指出:"一个党,一个国家,一个民族,如果一切从本本出发,思想僵化,迷信盛行,那它就不能前进,它的生机就停止了,就要亡党亡国。"[1]

这场讨论作为伟大的思想解放运动,宣传了辩证唯物主义的思想路线,打破了个人崇拜和教条主义的严重束缚,打碎了多年来林彪、"四人帮"给人们设置的精神枷锁,为党恢复和制定正确的思想路线打下了坚实的理论基础。而有了正确的思想路线,方能有正确的政治路线。党的十一届三中全会在真理标准问题讨论取得重大成果的基础上,重新确立了实事求是的马克思主义的思想路线,并与此同时进行了政治路线上的拨乱反正,确定把党的工作重点由"以阶级斗争为纲"转向经济建设。

二、按劳分配理论讨论

邓小平在1975年8月18日《关于工业发展的几点意见》中就批评了当时劳动报酬制度中的平均主义倾向,他说:"这在社会主义建设中始终是一个很大的问题","所谓物质鼓励,过去并不多。人的贡献不同,在待遇上是否应当有差别?同样是工人,但有的技术水平比别人高,要不要提高他的级别、待遇?技术人员的待遇是否也要提高?如果不管贡献大小、技术高低、能力强弱、劳动轻重,工资都是四五十块钱,表面上看来似乎大家是平等的,但实际上是不符合按劳分配原则的,这怎么能调动人们的积极性?"[2]

1977年春,在"两个凡是"错误方针出台的同时,理论界连续发起了关于按劳分配理论的讨论。4月13日至14日,国家计委经济研究所、中国社会科学

---

[1] 《邓小平文选》(第二卷),人民出版社,1994年,第143页。

[2] 同上,第30页。

院经济研究所、北京市委党校、北京大学等三十多个在京单位的一百多位理论工作者参加了第一次全国按劳分配理论讨论会。同年6月22日、23日,第二次按劳分配理论讨论会召开,近百个在京单位的四百多位理论工作者参加,先后有二十多人在会上发言。1977年10月25日至11月1日第三次按劳分配理论讨论会在北京举行,继续对按劳分配理论进行深入讨论。参加讨论会的除了一百三十五个在京单位的五百多人外,还有来自二十三个省、市、自治区一百二十多个单位的二百八十余人。

对按劳分配理论讨论得到了1977年7月恢复工作的邓小平的大力支持。国务院政治研究室的同志撰写了《贯彻执行按劳分配的社会主义原则》一文,并送邓小平审阅。

邓小平对《贯彻执行按劳分配的社会主义原则》这篇文章给予了高度评价和充分肯定,并对文章的修改提出了重要的指导性意见。1978年3月28日,在与国务院政治研究室负责同志的谈话中,邓小平指出:"国务院政治研究室起草的《贯彻执行按劳分配的社会主义原则》这篇文章我看了,写得好,说明了按劳分配的性质是社会主义的,不是资本主义的。有些地方还要改一下,同当前按劳分配中存在的实际问题联系起来。"①

邓小平说:"我们一定要坚持按劳分配的社会主义原则。按劳分配就是按劳动的数量和质量进行分配。根据这个原则,评定职工工资级别时,主要是看他的劳动好坏、技术高低、贡献大小。政治态度也要看,但要讲清楚,政治态度好主要应该表现在为社会主义劳动得好,做出的贡献大。处理分配问题如果主要不是看劳动,而是看政治,那就不是按劳分配,而是按政分配了。总之,只能是按劳,不能是按政,也不能是按资格。""贯彻按劳分配原则有好多事情要

---

① 《邓小平文选》(第二卷),人民出版社,1994年,第101页。

做。有些问题要经过调查研究,逐步解决。有些制度要恢复起来,建立起来。总的是为了一个目的,就是鼓励大家上进。"[1]

按劳分配原则涉及广大人民群众的切身利益,邓小平旗帜鲜明地支持这一原则,为党的工作重心转移到经济建设上奠定了坚实的基础。

《贯彻执行按劳分配的社会主义原则》一文,于1978年5月5日以"特约评论员"的名义在《人民日报》发表,使按劳分配的名誉得到了正式的恢复。

这一时期在按劳分配问题上进行拨乱反正取得了重大成果,概括起来有以下三个方面:①明确了按劳分配的性质。这是社会主义的分配原则,不但不会产生资产阶级,而且是最终消灭一切剥削形式的重要条件。②肯定了按劳分配的作用。它体现了精神鼓励和物质鼓励相结合,体现了国家、集体和个人三方利益相结合,是促进社会主义生产发展的重要因素,而平均主义是小生产的产物,是小资产阶级的空想社会主义。③承认了按劳分配的多种形式。工资、工分、奖金、津贴等。

1977年到1978年,《人民日报》发表的有关按劳分配的文章有十多篇。按劳分配变得理直气壮,但奖金的名分始终未得到明确恢复。1978年3月12日,《人民日报》发表了《开滦煤矿实行按劳分配政策获得良好效果》,肯定了开滦煤矿的按劳分配方式,在全国煤炭系统推广按劳分配制度没有了阻力。开滦煤矿坚持按劳分配,但从来没敢明确提出恢复奖金,因为大多数人反对"奖金挂帅"。

1978年5月7日国务院发出了《关于实行奖励和计件工资制度的通知》:"实行奖励和计件工资制度,是关系到企业生产和职工切身利益的大事。各地区和各部门要加强领导,认真总结过去的经验,依靠广大群众,有计划、有

---

[1] 《邓小平文选》(第二卷),人民出版社,1994年,第101~102页。

步骤地进行,不要一哄而起。"通知中还规定了实行奖励的具体条件:"生产工人的奖励条件,应当根据增加生产,提高质量,降低消耗等确定。一般的可以实行优质低耗的超产奖,有的也可以在降低消耗和完成产量指标的条件下,实行质量奖或其他奖励。车间、科室管理干部的奖励条件,除了完成本职工作要求外,还必须全面完成本车间或企业八项经济技术指标。随同生产工人直接参加生产的工段长等干部,可以和工人实行同样的奖励制度,企业党政主要领导干部不实行奖励制度。"

1977年3月3日至16日,全国计划工作会议在北京召开。会议讨论了1977年的国民经济计划,通过了国家计委向中央政治局提出的《关于1977年国民经济计划几个问题的汇报提纲》,回顾了"文化大革命"中党同"四人帮"在经济领域进行的重大斗争,并针对当时经济领域存在的思想混乱,提出了要不要坚持党的领导,要不要各尽所能、按劳分配,要不要引进新技术,要不要坚持计划经济等十个问题。

1977年8月,党的十一大报告提出:"对于广大人民群众,在思想教育上大力提倡共产主义劳动态度,在经济政策上则要坚持实行各尽所能、按劳分配的社会主义原则,并且逐步扩大集体福利。要在发展生产的基础上,逐步改善人民生活。"[①]

1978年2月26日召开的第五届全国人民代表大会第一次会议上的《政府工作报告》中,提出"坚持各尽所能、按劳分配原则,逐步改善人民生活":"在整个社会主义历史阶段,必须坚持不劳动者不得食,各尽所能、按劳分配的原则。在分配上,既要避免高低悬殊,也要反对平均主义,实行多劳多得,少劳少得。干多干少、干好干坏、干和不干都一样,不利于调动广大群众的积极性。所

---

① 《中国共产党第十一次全国代表大会上的政治报告》,http://cpc.people.com.cn/GB/64162/64168/64563/65449/4526445.html。

有社队都要认真执行定额管理、评工记分制度,实行男女同工同酬。国营企业职工工资实行以计时为主、计件为辅,计时加奖励的制度,并对劳动强度大、劳动条件差的工种实行岗位津贴。在社会主义劳动竞赛中,要把精神鼓励和物质鼓励结合起来,以精神鼓励为主,物质鼓励为辅。"①

1978年12月13日,邓小平在"解放思想,实事求是,团结一致向前看"的讲话中批评了过分重视精神鼓励而忽视物质利益的错误。他指出:"为国家创造财富多,个人的收入就应该多一些,集体福利就应该搞得好一些。不讲多劳多得,不重视物质利益,对少数先进分子可以,对广大群众不行,一段时间可以,长期不行。革命精神是非常宝贵的,没有革命精神就没有革命行动。但是,革命是在物质利益的基础上产生的,如果只讲牺牲精神,不讲物质利益,那就是唯心论。"②

理论是行动的指南。党从马克思主义基本原理出发,结合中国的实际,为"按劳分配"正名,推动了经济领域的思想解放。尽管这是马克思主义的老命题,但在经历多年"以阶级斗争为纲"和政治压倒一切的混乱局面之后,这个命题的重申也在客观上带有"拨乱"的实际作用。

三、解放思想,实事求是,团结一致向前看

1978年11月10日至12月15日,中共中央工作会议在北京召开。会议开始以后,先就中央政治局根据邓小平建议提出的把全党的工作重点转移到社会主义现代化建设上来的问题,进行了认真的讨论。11月12日,陈云在东北组发

---

① 《在第五届全国人民代表大会第一次会议上的政府工作报告》,http://www.gov.cn/test/2008-03/10/content_915512.htm。

② 《邓小平文选》(第二卷),人民出版社,1994年,第146页。

言,表示同意中央关于工作重点转移的决定,但也坦诚地指出:"干部和群众对党内是否安定团结是有所顾虑的……对有些遗留的问题,影响大或者涉及面很广的问题,是需要由中央考虑和作出决定的。"①对此,与会者群起响应,如聂荣臻、康克清、谭震林、王震、胡耀邦等很多同志一致赞同,提出要把历史遗留的、当前存在的大是大非问题搞清楚。根据实际情况,中央政治局常委会也决定放手让大家充分讨论。于是,会议原定议题就发生了变化,转向了揭露"左"倾错误、批评"两个凡是"、澄清历史真相、平反冤、假、错案等,要求把党的工作重点转移到现代化建设上来。就参会者非常关心的解放思想、历史遗留问题、改革开放、经济发展等情况,邓小平决定就这些重大问题谈谈看法。他亲拟了约五百字的"讲话提纲",大致内容有:①解放思想,开动机器;②发扬民主,加强法制;③向后看为的是向前看;④克服官僚主义、人浮于事;⑤允许一部分先好起来;⑥加强责任制,搞几定;⑦新的问题。②

1978年12月13日,邓小平在闭幕会上作了题为"解放思想,实事求是,团结一致向前看"的重要讲话。讲话围绕全党工作重点的转移,着重讲了解放思想、发扬民主、向前看、研究和解决新问题四个方面的内容,提出了一系列重大的原则和政策。

关于解放思想,邓小平指出:"只有思想解放了,我们才能正确地以马列主义、毛泽东思想为指导,解决过去遗留的问题,解决新出现的一系列问题。"③"不打破思想僵化,不大大解放干部和群众的思想,四个现代化就没有希望。"④

---

① 《陈云文选》(第三卷),人民出版社,1995年,第151页。
② 参见陈良飞:《韩钢谈珍贵手稿的发现:邓小平亲拟中央工作会议讲话提纲》,https://www.thepaper.cn/newsDetail_forward_1262367_1。
③ 《邓小平文选》(第二卷),人民出版社,1994年,第141页。
④ 同上,第143页。

第四编　改革开放时期党的经济思想

针对人们最为关注的真理标准讨论问题,邓小平再次给予了高度的评价。他明确指出:"关于实践是检验真理的唯一标准问题的讨论,实际上也是要不要解放思想的争论。大家认为进行这个争论很有必要,意义很大。从争论的情况来看,越看越重要。一个党,一个国家,一个民族,如果一切从本本出发,思想僵化,迷信盛行,那它就不能前进,它的生机就停止了,就要亡党亡国。这是毛泽东同志在整风运动中反复讲过的。只有解放思想,坚持实事求是,一切从实际出发,理论联系实际,我们的社会主义现代化建设才能顺利进行,我们党的马列主义、毛泽东思想的理论也才能顺利发展。从这个意义上说,关于真理标准问题的争论,的确是个思想路线问题,是个政治问题,是个关系到党和国家的前途和命运的问题。"①

关于民主问题,邓小平指出:"解放思想,开动脑筋,一个十分重要的条件就是要真正实行无产阶级的民主集中制。""当前这个时期,特别需要强调民主。"②因为就全党、全国来看,许多人还不是那么敢讲话。好的意见不那么敢讲,对坏人坏事不那么敢反对,这种状况不改变,就不能叫大家解放思想,开动脑筋,也无法实现四个现代化。同时他强调:"为了保障人民民主,必须加强法制。必须使民主制度化、法律化,使这种制度和法律不因领导人的改变而改变,不因领导人的看法和注意力的改变而改变。"③

关于向前看,邓小平指出:"这次会议,解决了一些过去遗留下来的问题,分清了一些人的功过,纠正了一批重大的冤案、错案、假案。这是解放思想的需要,也是安定团结的需要。目的正是为了向前看,正是为了顺利实现全党工作重心的转变。"④他强调,凡是过去搞错了的东西,统统应该改正;对过去

---

① 《邓小平文选》(第二卷),人民出版社,1994年,第143页。
② 同上,第144页。
③ 同上,第146页。
④ 同上,第147页。

遗留的问题,应当解决好。但是不可能也不应该要求解决得十分完满。要大处着眼,可以粗一点,每个细节都弄清是不可能的,也没必要。

关于研究和解决新问题,邓小平指出:"要向前看,就要及时地研究新情况和解决新问题,否则我们就不可能顺利前进。各方面的新情况都要研究,各方面的新问题都要解决,尤其要注意研究和解决管理方法、管理制度、经济政策这三方面的问题。"①他还针对经济管理体制中存在的一系列问题,向全党郑重提出了改革的呼吁。他说:"如果现在再不实行改革,我们的现代化事业和社会主义事业就会被葬送。"②

邓小平的这篇讲话,不仅提出并回答了中央工作会议与会者关注的事涉历史转折的一系列根本问题,为中央工作会议作了总结,而且为党的十一届三中全会提供了指导思想,因而它实际上成为党的十一届三中全会的主题报告。

四、允许一部分人收入先多一些

党的十一届三中全会召开前的两年,"两个凡是"的错误方针,导致政治上、思想上的混乱难以消除,经济社会的发展举步维艰,出现了"在徘徊中前进"的局面,引起人民群众的不满。

邓小平在不同场合追问,人民生活水平得不到改善叫优越性吗?不优越叫什么社会主义呢?1978年9月,他在东北三省视察时③,走一路讲一路,给出

---

① 《邓小平文选》(第二卷),人民出版社,1994年,第149页。
② 同上,第150页。
③ 1978年9月13日至20日,邓小平在视察本溪、大庆、哈尔滨、长春、沈阳、鞍山、唐山、天津等地时所发表的一系列重要谈话,被称为"北方谈话"。

了明确的答案:"我们太穷了,太落后了,老实说对不起人民";"社会主义制度优越性的根本表现,就是能够允许社会生产力以旧社会所没有的速度迅速发展,使人民不断增长的物质文化生活需要能够逐步得到满足";"我们一定要根据现在的有利条件加速发展生产力,使人民的物质生活好一些,使人民的文化生活、精神面貌好一些"。①

邓小平"北方谈话"的一个突出话题,就是按劳分配,破除平均主义,先让一部分人富裕起来。在长春,邓小平说:"不管大中小企业,搞得好的要奖励,不能搞平均主义,要鼓励先进。"②他在听取鞍山市委负责同志汇报时说:"合格的管理人员、合格的工人,应该享受比较高的待遇,真正做到按劳分配。这个并不是资产阶级的,平均一百元、二百元的工资,变不成资本家。这会不会打击其他人的积极性?讲怪话的会有,但可以刺激大家努力向上。"邓小平又进一步指出:"发展经济工人要增加收入,这样才能反过来促进经济发展。农业也是一样,增加农民收入,反过来也会刺激农业发展,巩固工农联盟……我们要在技术上、管理上都来个革命,发展生产,增加职工收入。"③在天津,他说:"毛主席讲过先让一部分人富裕起来。好的管理人员也应该待遇高一点,不合格的要刷下来,鼓励大家想办法。讲物质刺激,实际上就是要刺激。"④

1978年12月13日,邓小平在"解放思想,实事求是,团结一致向前看"的讲话中指出,在经济政策上,"要允许一部分地区、一部分企业、一部分工人农

---

① 毛胜:《不忘改革开放的初心》,http://dangshi.people.com.cn/n1/2018/1225/c85037-30485524.html。
② 中共中央文献研究室编:《邓小平年谱》(一九七五——一九九七)(上),中央文献出版社,2004年,第378页。
③ 《邓小平文选》(第二卷),人民出版社,1994年,第130页。
④ 中共中央文献研究室编:《邓小平年谱》(一九七五——一九九七)(上),中央文献出版社,2004年,第387页。

民,由于辛勤努力成绩大而收入先多一些,生活先好起来,影响左邻右舍,带动其他地区、其他单位的人们向他们学习,使整个国民经济不断地波浪式地向前发展,使全国各族人民都能比较快地富裕起来"[1]。这是一个能够影响和带动整个国民经济的大政策。

第二节 党的工作重点转向经济建设

1978年12月18日,在具有历史转折意义的党的十一届三中全会上形成了以邓小平为核心的第二代中央领导集体,重新确立了解放思想、实事求是的思想路线,果断地停止了"以阶级斗争为纲"的错误口号,把党和国家工作重点转移到社会主义现代化建设上来,作出了实行改革开放的战略决策,实现了新中国成立以来党和国家历史上具有深远意义的伟大转折,开创了社会主义现代化建设的新时期。

一、党的十一届三中全会的重大决策

全会决定,鉴于中央在二中全会以来的工作进展顺利,全国范围的大规模地揭批林彪、"四人帮"的群众运动已经基本上胜利完成,全党工作的着重点应该从1979年转移到社会主义现代化建设上来。会议指出,这对于实现国民经济三年、八年规划和二十三年设想,实现农业、工业、国防和科学技术的现代化,巩固我国的无产阶级专政,具有重大的意义。中国共产党所提出的

---

[1] 《邓小平文选》(第二卷),人民出版社,1994年,第152页。

新时期的总任务,反映了历史的要求和人民的愿望,代表了人民的根本利益。我们能否实现新时期的总任务,能否加快社会主义现代化建设,并在生产迅速发展的基础上显著地改善人民生活,加强国防,这是全国人民最为关心的大事,对于世界的和平和进步事业也有十分重大的意义。实现四个现代化,要求大幅度地提高生产力,也就必然要求多方面地改变同生产力发展不适应的生产关系和上层建筑,改变一切不适应的管理方式、活动方式和思想方式,因而是一场广泛、深刻的革命。①

为了迎接社会主义现代化建设的伟大任务,会议回顾了新中国成立以来经济建设的经验教训。会议认为,毛泽东1956年总结我国经济建设经验的《论十大关系》报告中提出的基本方针,既是经济规律的客观反映,也是社会政治安定的重要保证,仍然保持着重要的指导意义。实践证明,保持必要的社会政治安定,按照客观经济规律办事,我们的国民经济就高速度地、稳定地向前发展,反之,国民经济就发展缓慢甚至停滞倒退。现在,我们实现了安定团结的政治局面,恢复和坚持了长时期行之有效的各项经济政策,又根据新的历史条件和实践经验,采取一系列新的重大的经济措施,对经济管理体制和经营管理方法着手认真的改革,在自力更生的基础上积极发展同世界各国平等互利的经济合作,努力采用世界先进技术和先进设备,并大力加强实现现代化所必需的科学和教育工作。②

会议指出,现在我国经济管理体制的一个严重缺点是权力过于集中,应该有领导地大胆下放,让地方和工农业企业在国家统一计划的指导下有更多的经营管理自主权;应该着手大力精简各级经济行政机构,把它们的大部分

---

①② 参见《中国共产党第十一届中央委员会第三次全体会议公报》,中国共产党历次全国代表大会数据库:http://cpc.people.com.cn/GB/64162/64168/64563/65371/4441902.html。

职权转交给企业性质的专业公司或联合公司;应该坚决实行按经济规律办事,重视价值规律的作用,注意把思想政治工作和经济手段结合起来,充分调动干部和劳动者的生产积极性;应该在党的一元化领导之下,认真解决党政企不分、以党代政、以政代企的现象,实行分级分工分人负责,加强管理机构和管理人员的权限和责任,减少会议公文,提高工作效率,认真实行考核、奖惩、升降等制度。采取这些措施,才能充分发挥中央部门、地方、企业和劳动者个人四个方面的主动性、积极性、创造性,使社会主义经济的各个部门各个环节普遍地蓬勃地发展起来。

因为农业这个国民经济的基础,这些年来受了严重的破坏,目前就整体来说还十分薄弱。会议指出,目前必须集中主要精力把农业尽快搞上去,必须首先调动我国几亿农民的社会主义积极性,必须在经济上充分关心他们的物质利益,在政治上切实保障他们的民主权利。

党的十一届三中全会后的历届党中央领导核心,对其伟大意义和影响都给予了高度评价。1998年12月18日,江泽民在党的十一届三中全会20周年纪念大会上的讲话中指出:"十一届三中全会是建国以来我党历史上具有深远意义的伟大转折。它是一个光辉的标志,表明中国从此进入了社会主义事业发展的新时期。实践证明,全会以来党确立的基本理论、基本路线、基本纲领和一系列方针政策是完全正确的。十一届三中全会的伟大意义和深远影响,已经和正在随着实践的发展越来越充分地显示出来,并将贯穿于建设有中国特色社会主义事业的全部进程。"

2008年12月18日,胡锦涛在党的十一届三中全会30周年纪念大会上的讲话中指出:"党的十一届三中全会标志着我们党重新确立了马克思主义的思想路线、政治路线、组织路线,标志着中国共产党人在新的时代条件下的伟大觉醒,显示了我们党顺应时代潮流和人民愿望、勇敢开辟建设社会主义新路的坚强决心。"

2018年12月18日,习近平在庆祝改革开放40周年大会上的讲话中指出,党的十一届三中全会是在党和国家面临何去何从的重大历史关头召开的。当时,世界经济快速发展,科技进步日新月异,而"文化大革命"十年内乱导致我国经济濒临崩溃的边缘,人民温饱都成问题,国家建设百业待兴。党内外强烈要求纠正"文化大革命"的错误,使党和国家从危难中重新奋起。邓小平指出:"如果现在再不实行改革,我们的现代化事业和社会主义事业就会被葬送。"习近平指出,我们党作出实行改革开放的历史性决策,是基于对党和国家前途命运的深刻把握,是基于对社会主义革命和建设实践的深刻总结,是基于对时代潮流的深刻洞察,是基于对人民群众期盼和需要的深刻体悟。改革开放是我们党的一次伟大觉醒,正是这个伟大觉醒孕育了我们党从理论到实践的伟大创造。改革开放是中国人民和中华民族发展史上一次伟大革命,正是这个伟大革命推动了中国特色社会主义事业的伟大飞跃![1]

二、国民经济"调整、改革、整顿、提高"方针的提出和实施

粉碎"四人帮"后,濒于崩溃的国民经济进行了两年多的恢复和发展,取得了很大的成绩,国民经济停滞、倒退的局面已经迅速扭转,工农业总产值和财政收入大幅度增加,长期以来没有得到什么改善的人民生活也开始有所改善,出现了国民经济全面恢复发展的好势头。但由于"四人帮"长期干扰破坏,国民经济中还存在不少问题。一些重大的比例失调状况没有完全改变过来,

---

[1] 参见习近平:《在庆祝改革开放40周年大会上的讲话》,http://www.xinhuanet.com/2018-12/18/c_1123872025.htm。

生产、建设、流通、分配中的一些混乱现象没有完全消除,城乡人民生活中多年积累下来的一系列问题有待妥善解决。

当时国民经济重大比例失调主要表现在:①农业和工业的比例严重失调。我国农业长期落后,发展缓慢,远不能适应人口增长、工业发展和人民生活改善的需要,许多地方农民口粮不足,国家不得不花大量外汇进口粮食及其他农产品。②轻、重工业的比例严重失调。在整个基本建设投资中,1978年重工业占55.7%,而轻工业只占5.7%,还低于"四五"期间的水平。轻工业长期落后,重要轻工产品市场供应紧张,不能满足人民的需要,在出口方面也缺乏竞争能力。③燃料动力工业同其他工业之间的比例严重失调。由于燃料动力紧缺,大批工厂经常处于停工半停工状态。在燃料动力和原材料严重不足的情况下,加工工业还在盲目发展。全国机械工业的加工能力,超过了可能提供的钢材数量的三四倍。另外,交通运输的紧张情况也没有得到缓和。④积累和消费的比例严重失调。1977年、1978年积累率过高,且在基本建设中,同人民生活直接相关的建设没有跟上去,"骨头"和"肉"的关系没有处理好。⑤劳动就业问题十分严重,已成为一个突出的社会问题。

为此,党的十一届三中全会提出,必须在这几年中认真地逐步地解决这些问题,切实做到综合平衡,以便为迅速发展奠定稳固的基础。根据这一指导思想,中国共产党制定和实施了国民经济"调整、改革、整顿、提高"的"八字方针"。这是党在作出工作重点转移和改革开放重大战略决策之后所采取的第一项重大战略措施。

党的十一大重申了加快实现四个现代化的奋斗目标,同时也提出了不切实际的现代化建设奋斗目标和过高要求,要求到1980年,建成我国独立的比较完整的工业体系和国民经济体系,农业基本实现机械化,把全国三分之一的企业建成大庆式企业,三分之一的县建成大寨县。在《1976年到1985年发展国民经济十年规划纲要(草案)》中提出:到1985年,粮食产量要达到4亿吨,钢产量要达到6000万吨,原油产量达到2.5亿吨;从1978年到1985年,国家要续建和新建120个大型项目,其中,有10个大钢铁基地,9个有色金属基地,8个煤炭基地,10个大油田,30个大电站,6条铁路新干线和5个重要港口,在全国形成14个实力雄厚的大型重工业基地,全国的基本建设投资相当于过去28年的总和。如此浩大的建设规模和增长速度,如此被拔高的指标严重脱离了国家的财力、物力和技术力量,是不自量力的盲目冒进。

1979年3月21日至23日,中共中央政治局讨论国民经济调整问题。陈云、邓小平在会上作了重要讲话。陈云提出,我们搞四个现代化,要讲实事求是。先要把"实事"搞清楚。现在比例失调的情况相当严重,最好有三年的调整时间。调整的目的就是要达到按比例,能够比较按比例地进行。邓小平指出,现在的中心任务是调整,要有决心,东照顾、西照顾不行。过去提以粮为纲,以钢为纲,是到该总结的时候了。一个国家的工业水平,不光决定于钢,要把钢的指标减下来,搞一些别的。谈农业,只讲粮食不行,要农、林、牧、副、渔并举。会议同意国家计委修改和调整1979年国民经济计划的意见,并决定用三年时间调整国民经济。4月5日,中共中央召开工作会议。李先念作了题为"关于国民经济调整问题"的讲话。会议针对国民经济比例严重失调的情况,将"调整、改革、整顿、提高"的方针(即新"八字方针")正式确立下来,明确提出集中3年时间搞好整个国民经济的调整工作。提出了以下主要任务:坚决地、逐步地把各方面严重失调的比例关系基本上调整过来,使整个国民经济真正纳入有计划、按比例健康发展的轨道;积极而又稳妥地改革工业管理和经济管理体制;充分发挥中央、地方、企业和职工的积极性;继续整顿好现有企业,建立健全良好的生产秩序和工作秩序;通过调整、改革和整顿,大大提高管理水平和技术水平,更好地按照客观经济规律办事,使我国的现代化事业真正能够脚踏实地地稳步地前进。①

为全面贯彻"调整、改革、整顿、提高"的新"八字方针",党中央国务院采取了一系列政策措施:①调整工农业比例关系,集中精力把农业搞上去;②调整轻重工业比例关系,加快轻纺工业的发展;③调整燃料动力、运输、原材料工业与其他工业比例关系;④坚决压缩基建规模,使基建规模同钢材、水泥、木材、设备和资金的供应可能相适应;⑤调整积累与消费比例关系,提高国民收入中的消费基金比重,切实改善人民生活;⑥改革不合理的经济管理体制;⑦整顿企业,增产节约,提高企业管理水平和科技水平。

经过1979年和1980年贯彻执行"调整、改革、整顿、提高"的新"八字方针",国民经济一些重要的比例关系开始逐步协调,表现在:①农业增产,市场结构有所改变;②工业稳步增长,结构有所改善;③市场供应增加,对外贸易有较大增长;④基建规模有所控制,投资结构有了调整;⑤国民收入稳步增长,人民生活水平有所提高。②

但是在发展中,两年国民经济调整仍然出现一些新问题和困难,如基建规模仍然过大、出现巨额财政赤字和物价上涨、工业改组整顿较慢等。根据这种情况,党中央于1980年12月再次召开了中央工作会议,提出了进一步调整的任务。在初步调整和进一步调整期间,出台了一系列的有关新"八字方针"的政策措施。这一时期经济调整的政策措施,也大体上反映了这一阶段党的经济思想。其中对于积累与消费比例关系的调整,会议提出:离开生产讲生活,这是不对的;生产发展了,人民得不到应有的物质利益,也是不行的。必须在发展生产和提高劳动生产率的条件下,保证城乡人民的生活水平有所

---

① 参见中共中央文献研究室编:《三中全会以来重要文献选编》(上卷),人民出版社,1982年,第119页。

② 参见沈立人主编:《中国经济·重大决策始末》,江苏人民出版社,1999年,第328~329页。

提高,争取在两三年内,把积累率降到30%以下,相应提高国民收入中消费基金的比重。同时,党中央又提出,由于我们国家还比较困难,改善生活的步子还不可能太大,只能逐步来。这就是被陈云归纳为"一要吃饭,二要建设"[①]的著名方针。党在调整积累和消费比例关系的过程中,正是遵循了这一基本方针,因而收到了好的成效。

第三节　中国农村的改革

党的十一届三中全会重新分析了我国所处的历史阶段,在解放思想、实事求是的思想路线指导下,立足中国现实国情,以经济建设为中心,进行经济体制改革。党的十一届三中全会后,经济体制改革开始起步,而首先突破的,是在中国农村。几十年来中国农村改革如果要用一个词语来形容的话,那就是"波澜壮阔"。[②]

一、集中主要精力把农业搞上去

党的十一届三中全会以前,由于"左"的错误影响及其他原因,我国农业生产发展速度缓慢,农村经济落后,农民生活长期得不到根本改善,甚至还有相当一部分地区温饱问题都没有解决。

---

① 中共中央文献研究室编:《陈云传》,中央文献出版社,2005年,第1616页。
② 中国农村改革的进程跌宕起伏,中国共产党对农村改革作出了众多的思想、理论准备,以及制度和政策安排,本节尝试尽量不限于本章的时间限制,叙述从1978年到党的十八大之前农村改革的主要方面。

1978年12月召开的党的十一届三中全会认真讨论了农业问题,系统总结了我国农业发展的历史经验和教训,同意将《中共中央关于加快农业发展若干问题的决定(草案)》和《农村人民公社工作条例(试行草案)》发到各省、市、自治区讨论和试行。全会认为,全党目前必须集中主要精力把农业尽快搞上去,因为农业这个国民经济的基础,这些年来受了严重的破坏,目前就整体来说还十分薄弱。只有大力恢复和加快发展农业生产,逐步实现农业现代化,才能保证整个国民经济的迅速发展,才能不断提高全国人民的生活水平。为此目的,必须首先调动我国几亿农民的社会主义积极性,必须在经济上充分关心他们的物质利益,在政治上切实保障他们的民主权利。从这个指导思想出发,全会提出了当前发展农业生产的一系列政策措施和经济措施。

　　1979年9月28日,党的十一届四中全会通过了《中共中央关于加快农业发展若干问题的决定》指出:"我国农业近二十年来的发展速度不快,它同人民的需要和四个现代化的需要之间存在着极其尖锐的矛盾。从一九五七年到一九七八年,全国人口增长三亿,非农业人口增加四千万,耕地面积却由于基本建设用地等原因不但没有增加,反而减少了。因此,尽管单位面积产量和粮食总产量都有了增长,一九七八年全国平均每人占有的粮食大体上还只相当于一九五七年,全国农业人口平均每人全年的收入只有七十多元,有近四分之一的生产队社员收入在五十元以下,平均每个生产大队的集体积累不到一万元,有的地方甚至不能维持简单再生产。""农业发展速度不加快,工业和其他各项建设事业就上不去,四个现代化就化不了。我国农业问题的这种严重性、紧迫性,必须引起全党同志的充分注意。"[①]

---

① 中共中央文献研究室编:《三中全会以来重要文献选编》(上),人民出版社,1982年,第165~166页。

二、农村家庭联产承包责任制的产生

党的十一届三中全会以后,党直接支持和引导了一场伟大的农业经营体制改革。这场改革的直接操作者和受益者是亿万农民,而在改革实践中,党的农村改革的思想也不断丰富、成熟。

(一)扩大农民经营自主权

党的十一届三中全会所确立的"调动我国几亿农民的社会主义积极性,必须在经济上充分关心他们的物质利益,在政治上切实保障他们的民主权利"[①]的指导思想,在《中共中央关于加快农业发展若干问题的决定》中具体化为发展农业的二十五项政策措施。在这些政策措施中,十分引人注目的是对人民公社传统经营体制的一些"松动",如要求扩大生产队自主权,使人民公社的基本核算单位都有权因时因地制宜地进行种植,有权决定增产措施,有权决定经营管理方法,有权分配自己的产品和现金,有权抵制任何领导机关和领导人的瞎指挥。这些政策调整无疑有助于维护和发展社队集体经济,为农村经营体制的改革开了先河。

(二)因势利导,因地制宜,分类指导

我国广大农村,地域辽阔,各地区差别很大,生产力发展极不平衡。因此,农村集体经济的具体形式和经济管理形式,应当根据各地实际情况出发来选择,并具有多样性和灵活性,不能"一刀切"。邓小平1980年在谈到农村政策时说:"从当地具体条件和群众意愿出发,这一点很重要。我们在宣传

---

① 中共中央文献研究室编:《三中全会以来重要文献选编》(上),人民出版社,1982年,第7页。

上不要只讲一种办法,要求各地都照着去做。"①

党的十一届四中全会通过的《关于加快农业发展若干问题的决定》提出,执行各尽所能、按劳分配原则,可以按定额记工分,可以按时记工分加评议,也可以在生产队统一核算和分配的前提下,包工到作业组,联系产量计算劳动报酬,实行超产奖励。同时,鼓励和扶持农民经营家庭副业,增加个人收入,活跃农村经济。有了中央的"可以、可以、也可以"的绿灯,各种形式的生产责任制很快就恢复和发展起来了。开始有联产的,也有不联产的。而联产承包中主要是包产到组,包产到户的很少。

限于当时的历史条件和全党的认识水平,《关于加快农业发展若干问题的决定》中同时规定"不许分田单干。除某些副业生产的特殊需要和边远山区、交通不便的单家独户外,也不要包产到户"。值得注意的是,这一提法,对包产到户并没有提"不许"只提了"不要",这在程度上是有区别的。同时,对某些特殊情况又"网开一面",可以包产到户。

事实上,在党的十一届四中全会前,有些地方就借此大胆地把包产到组推进到包产到户、包干到户。安徽肥西县的山南区,是全国最早推行包产到户的区。1978年12月,凤阳县的小岗村,在实行包产到户时,支部书记还召开秘密会,十八位农民每个人摁手印保证不说出去。实行包产到户后,无论凤阳小岗村还是肥西的山南区,产量都大幅度提高。但是与此同时,从县里到省里都引发了激烈的争论。有的人主张全面推开,有的人主张坚决取缔。省委领导人亲自调查研究,决定不宣传,也不取缔,继续试验。

邓小平一了解这个情况便热情地肯定了这一新生事物。邓小平在1980年5月31日的谈话中,专门讲到凤阳、肥西这两个县的做法,他认为很好,不会

---

① 《邓小平文选》(第二卷),人民出版社,1994年,第316页。

第四编　改革开放时期党的经济思想

影响集体经济,他还谈到关键是要发展生产力,"只要生产发展了,农村的社会分工和商品经济发展了,低水平的集体化就会发展到高水平的集体化,集体经济不巩固的也会巩固起来"①。邓小平还就发展生产力方面具体地讲了四条:第一,机械化水平提高了;第二,管理水平提高了,积累了经验,有了一批具备相当管理能力的干部;第三,多种经营和农村商品经济大大地发展了;第四,集体收入增加而且在整个收入中的比重提高了。具备了这四个条件,目前包产到户的地方,形式就会有发展变化。这种转变不是自上而下的,不是行政命令的,而是生产发展本身必然提出的要求。邓小平认为"现在农村工作中的主要问题还是思想不够解放"②。在关键时刻,邓小平及时肯定了包产到户的经验,这不仅对全党思想解放起了重大作用,而且也有力地指导了农村改革实践,使农村改革向前不断推进。

1980年,党中央认为包产到户虽然过去是个禁区,现在应该放开来搞,不仅可以联产到组,还可以包产到户。但考虑到许多省思想不通,就召开了各省委书记座谈会来讨论,并在9月15日发了75号文件,即《关于进一步加强和完善农业生产责任制的几个问题》。这个文件正式有限度地肯定了包产到户。所谓有限度,是指"在那些边远山区和贫困落后地区……可以包产到户,也可以包干到户,并在一个较长时间内保持稳定。就这种地区的具体情况看,实行包产到户,是联系群众,解决温饱问题的一种必要措施"。"在一般地区不必实行包产到户",而应"把主要精力放在进一步巩固和发展集体经济"。最重要的是,这一文件对包产到户给予了定性的肯定,认为"在生产队领导下实行的包产到户是依存于社会主义经济,而不脱离社会主义轨道的,没有什么复辟资

---

① 《邓小平文选》(第二卷),人民出版社,1994年,第315页。
② 同上,第315~317页。

本主义的危险,因而并不可怕"。①尽管政策上对"包产到户"仅是有限度的允许,但是由于"包产到户"的性质得到基本肯定,由非法变成合法,这就避开了当时上上下下关于"阳关道"与"独木桥"的争论,因而文件一传达,"包产到户"和"包干到户"便在许多地方如雨后春笋般地推广开来,从此农民放开了手脚。这时人们争论的焦点又集中到"包干到户等责任制是不是社会主义集体经济的责任制"上。

1982年元旦,我们党历史上第一个农村工作1号文件,即《全国农村工作会议纪要》正式发布。文件突破了传统的"三级所有、队为基础"的体制框架,第一次明确指出:"目前实行的各种责任制,包括小段包工定额计酬,专业承包联产计酬,联产到劳,包产到户、到组,包干到户、到组,等等,都是社会主义集体经济的生产责任制。"强调"不论采取什么形式,只要群众不要求改变,就不要变动"。文件还指出:"它不同于合作化以前的小私有的个体经济,而是社会主义农业经济的组成部分;随着生产力的发展,它将会逐步发展成更为完善的集体经济。"②

1号文件指出,健全与完善农业生产责任制的工作,仍应按照中共中央印发的《关于进一步加强和完善农业生产责任制的几个问题》的文件精神,坚持因地制宜分类指导的原则。不同形式的承包,都有它在一定地点和条件下的适应性和局限性,即使在一个生产队内,也可以因生产项目、作业种类不同而采取多种形式。各级领导干部在指导群众确定生产责任制形式时,一定要下苦功夫向实践学习,向群众学习,尊重群众的创造精神,真正做到因队制宜。切不可凭主观好恶硬推、硬扭,重复"一刀切"的错误,也不可撒手不管,任其

---

① 中共中央文献研究室编:《三中全会以来重要文献选编》(上),人民出版社,1982年,第507~508页。

② 1982年中央1号文件:《全国农村工作会议纪要》,http://www.ce.cn/cysc/ztpd/08/ncgg/ngr/200809/24/t20080924_16903498.shtml。

自流。①

这样,包产到户又进一步发展到包干到户,而且包干到户从贫困地区扩展到经济发达地区。到1982年底,全国农村集体经济基本核算单位95%以上都实行了"包干到户",从此,包产到户、包干到户从治穷的权宜之计变成了一个体制的改革和创新,人民公社"三级所有,队为基础"的集体统一经营体制被家庭承包责任制所取代。

包产到户、包干到户,把农户的经济利益与农户的劳动成果直接对接起来,取得了意想不到的效果。尤其是"大包干"以其简明的外形与精深的内核吻合了农业生产的特点、农业生产力的水平和农户的意愿,从而使农业经营找到了比较适宜的实现形式。

(三)统分结合、双层经营的经营体制

1982年中央1号文件就提出了联产承包的基本原则,即"宜统则统,宜分则分,通过承包把统和分协调起来"。

"统分结合,双层经营"是农村集体经济理论的重大突破,首先,突破了原来认为集体所有的合作经济,只能由集体统一经营、集体劳动的思想,明确土地等生产资料所有权与使用权可以适当分开、合作经济的组织和职能可以分解,从而使以土地为对象的农业合作经济得以分解为相互依存的两个层次,即集体层次和家庭层次。其次,在双层经营体制下,将集体公有的土地使用权交给承包户,从而使生产者与经营者相一致,不仅克服了旧体制下农民与土地等生产资料相分离的状况,而且从根本上解除了对劳动者种种不必要的约束。实行包干到户,自然而然地把家庭层次的劳动组织形式和分配方式统一起来,实际上就等于将土地承包的责权利融于一体,使承包者所得与其劳

---

① 参见1982年中央1号文件:《全国农村工作会议纪要》,http://www.ce.cn/cysc/ztpd/08/ncgg/ngr/20 0809/24/t20080924_16903498.shtml。

动的成果直接挂钩，从而实现了过去集体统一经营体制下长期未能实现的"多劳多得"。

1982年12月31日，中共中央政治局讨论通过的《当前农村经济政策的若干问题》（也即1983年中央1号文件），从理论和实践的高度全面评价和肯定了家庭联产承包责任制。文件指出："党的十一届三中全会以来，我国农村发生了很多重大变化。其中，影响最深远的是，普遍实行了多种形式的农业生产责任制，而联产承包制又越来越成为主要形式。联产承包制采取了统一经营与分散经营相结合的原则，使集体优越性和个人积极性同时得到发挥。这一制度的进一步完善和发展，必将使农业社会主义合作化的具体道路更加符合我国的实际。""这是在党的领导下我国农民的伟大创造，是马克思主义农业合作化理论在我国实践中的新发展。""联产承包责任制和各项农村政策的推行，打破了我国农业生产长期停滞不前的局面，促进农业从自给半自给经济向着较大规模的商品生产转化，从传统农业向着现代农业转化。这种趋势，预示着我国农村经济的振兴将更快到来。"文件还要求党和政府的各个部门，各级领导干部："思想更解放一点，改革更大胆一点，工作更扎实一点，满腔热情地、积极主动地为人民服务，为基层服务，为生产服务。"①

（四）家庭联产承包责任制在改革中进一步完善

农村家庭联产承包责任制是中国农村改革的第一步，对于旧的体制的打破大大地激发了农业生产力的发展，随着改革的持续推进，家庭联产承包责任制也进一步完善。

一是在法律上确认土地承包经营权。1986年第6届全国人大常委会第十六次会议，通过《中华人民共和国土地管理法》，第一次以法律的形式确立了

---

① 《当前农村经济政策的若干问题》，http://www.cctv.com/special/C22314/20081009/105096.shtml。

家庭联产承包责任制,明确规定"农民集体所有的土地由本集体经济组织的成员承包经营,土地承包经营权受法律保护"。1993年第八届全国人大第一次会议,又正式将"家庭联产承包责任制"写进宪法修正案,取消了"农村人民公社",确认"家庭联产承包为主的责任制"的法律地位:"第八条 农村中的家庭联产承包为主的责任制和生产、供销、信用、消费等各种形式的合作经济,是社会主义劳动群众集体所有制经济。参加农村集体经济组织的劳动者,有权在法律规定的范围内经营自留地、自留山、家庭副业和饲养自留畜。"使之成为国家的一项基本经济制度。

二是明确承包期限。承包期限直接影响土地收入,为了鼓励农民对土地投资克服掠夺性经营,1984年第三个中央1号文件对土地承包期明确规定,延长十五年不变,同时规定生产周期长的和开发性的项目,如果树、林木、荒山、荒地等,承包期应当更长一些。在延长承包期以前,群众有调整土地要求的,可以本着"大稳定,小调整"的原则,经过充分商量,由集体统一调整。1997年中共中央明确将土地承包期再延长三十年。这个期限规定,土地承包期的延长,也就意味着农民家庭对承包地的投入所产生的收益归自己,大大提高了农民对承包地投资的积极性。解决了改革初期承包期过短、土地调整频繁的问题,鼓励农民增加投资,培养地力,实行集约经营。

三是土地规模经营。小块土地经营达不到规模经济,实现规模经济的路径,一方面推进股份合作制,另一方面允许土地经营权流转。1984年,第三个中央1号文件提出,鼓励土地逐步向种田能手集中,社员在承包期内因无力耕种或转营他业而要求不包或少包土地的,可以将土地交给集体统一安排,也可以经集体同意,由社员自找对象协商转包。1994年,《中共中央、国务院关于1994年农业和农村工作的意见》指出,按照建立社会主义市场经济体制的目标,进一步深化农村改革的一个内容是"引导农村股份合作制健康发展"①。股份合作制目前在农村已相当普遍,正在引起农村经济组织形式和经营方式的创新,应给予高度重视。要积极扶持,正确引导,总结经验,逐步规范。发展股份合作制,要尊重农民的意愿,不要一哄而起,不要层层下达指标。对股份合作制以外的其他形式的经济组织,只要有利于发展经济,也要给予支持。不能将股份合作制作为一种单纯的集资方式,而要把注意力放在清晰产权关系、转变经营机制、形成有效的资产积累制度上。在调查研究的基础上,探索规范股份合作制的方法和途径。

1998年10月12日至14日,党的十五届三中全会召开,对三农问题进行了深入研究,认为农业、农村和农民问题是关系我国改革开放和现代化建设全局的重大问题。完成党的十五大确定的我国跨世纪发展的宏伟任务,必须进一步加强农业的基础地位,保持农业和农村经济的持续发展,保持农民收入的稳定增长,保持农村社会的稳定。我国改革率先从农村突破,在改革开放20周年之际,面对亚洲金融危机的冲击和经济全球化的挑战,这次会议集中研究农业和农村问题是适时和必要的。会议审议通过了《中共中央关于农业和农村工作若干重大问题的决定》。该决定提出大力推进改革创新,加强农村制度建设"完善土地承包经营权权能,依法保障农民对承包土地的占有、使用、收益等权利。加强土地承包经营权流转管理和服务,建立健全土地承包经营权流转市场,按照依法自愿有偿原则,允许农民以转包、出租、互换、转让、股份合作等形式流转土地承包经营权,发展多种形式的适度规模经营。有条件的地方可以发展专业大户、家庭农场、农民专业合作社等规模经营主体"②。

---

① 《中共中央、国务院关于1994年农业和农村工作的意见》,http://www.110.com/fagui/law_2476.html。

② 《中共中央关于推进农村改革发展若干重大问题的决定》,http://zqb.cyol.com/content/2008-10/20/content_2395576.htm。

所谓统分结合的双层经营体制，一层是实行联产承包、生产经营，建立家庭承包经营的分散经营层次，另一层是对一些不适合农户承包经营或农户不愿承包经营的生产项目和经济活动，诸如某些大型农机具的管理使用，大规模的农田基本建设活动，植保、防疫、制种、配种，以及各种产前、产后的农业社会化服务，某些工副业生产等，由集体统一经营和统一管理的统一经营层次。这种统分结合的经营体制有效地解决了农业经营的社会服务问题，而且这些专业化服务本身也具有规模经济。随着多种经营的开展和联产承包制的建立，农村中大批承包专业户和自营专业户等商品生产者的出现，充分利用零散的资金和劳动力，促进了生产的专业分工和多样化的经济联合，体现了新型合作经济的优越性。

三、农村管理体制改革

我国的人民公社是在1958年"大跃进"时期建立的，到20世纪60年代初确定为"三级所有、队为基础"的制度。人民公社既是农、林、牧、副、渔五业并举，"一大二公"的集体经济单位，又是工、农、商、学、兵五位一体，政社合一的农村基层政权组织。人民公社生产管理方式的特点是统一经营、统一分配，政府对绝大多数农产品实行按计划地统购、统派，对资金和农业生产资料实行按计划地分配。这种生产管理方式的实质就是"大呼隆""大锅饭"，集体经济组织失去了发展经济的活力。按行政区划实行的"政社合一""三级所有"制度还使得每个公社实际上成为一个自给自足的自然经济组织。

家庭联产承包责任制的普遍推行和各项农村经济政策的实施，酝酿着农村管理体制的重大变革。改革"政社合一"和"三级所有、队为基础"的人民公社管理体制，成为农村改革进一步深入发展的必然要求。

党的十一届三中全会以后,人民公社管理体制直接受到了改革浪潮的冲击,农民群众中自发发展起来的包产到户,从根本上动摇了高度集中的人民公社体制。1979年8月以后,四川的广汉、新都等县,甘肃的古浪县、文县石坊公社等,先后进行了人民公社制度的改革试点。其中比较彻底的改革措施是取消人民公社管理委员会,成立乡政府,取消生产大队,改设行政村,建立乡、村两级政权。1982年12月,第五届全国人民代表大会第五次会议通过的新宪法,明确规定乡政府为农村的基层政府,是一级政权,这就为重建乡政府提供了法律依据。同年12月31日,中共中央政治局通过的《当前农村经济政策的若干问题》明确提出,人民公社的体制,要从两方面进行改革。这就是实行生产责任制,特别是联产承包责任制,实行政社分设。根据政社分设的原则,把人民公社中属于政权的那部分职权分出去,建立乡政府,乡政权对各级经济组织进行行政领导;设立村民委员会行使原来大队的行政职能,取消大队的经济职能。这样,就使农村各级合作经济组织真正成为独立核算、自负盈亏的企业,达到了党、政、企分开的目标。

1983年10月,中共中央、国务院颁发了《关于实行政社分开,建立乡政府的通知》,要求全国一律改人民公社为政社分设,建立乡(镇)政府作为基层政权,同时普遍成立村民委员会作为群众性自治组织。1984年1月1日,中共中央在《关于1984年农村工作的通知》中重申,政社分设以后,农村经济组织应根据生产发展的需要,在群众自愿的基础上设置,形式与规模可以多样化,不要自上而下强制推行某一种模式。为了完善统一经营和分散经营相结合的体制,一般应设置以土地公有为基础的地区性合作经济组织。这种组织,可以叫合作社、经济联合社或群众选定的其他名称;可以以村(大队和联队)为范围设置,也可以以生产队为单位设置;可以同村民委员会分立,也可以一套班子、两块牌子。以村为范围设置的,原生产队的资产不得平调,债权、债务要妥善处理。

到1985年春,基本完成了人民公社政社分开、建立乡政府的工作。这一工作的完成标志着农村人民公社体制的正式终结。

四、乡镇企业的兴起

我国乡镇企业(当时称社队企业)从20世纪50年代开始诞生,几经周折,发展不快。党的十一届三中全会之后,在改革、开放、搞活方针指导下,乡镇企业才得到了合法地位,异军突起,成为振兴农村经济的重要力量,在发展农村商品经济中显示出巨大作用。它不仅成为农村经济的重要支柱,而且是整个国民经济的一个重要组成部分。

1979年7月3日,国务院发布了新中国成立以来第一个有关社队企业发展的文件《国务院关于发展社队企业若干问题的规定(试行草案)》,指出了发展社队企业的重大意义,对社队企业的发展方针、经营范围等许多重大问题,第一次作出了明文规定。

该规定指出,社队企业发展了,首先可以更好地为发展农业生产服务,可以壮大公社和大队两级集体经济,为农业机械化筹集必要的资金;同时也能够为机械化所腾出来的劳动力广开生产门路,充分利用当地资源,发展多种经营,增加集体收入,提高社员生活水平;还能够为人民公社将来由小集体发展到大集体、再由大集体过渡到全民所有制逐步创造条件。公社工业的大发展,既可以为社会提供大量的原材料和工业品,加速我国工业的发展进程,又可以避免工业过分集中在大中城市的弊病,是逐步缩小工农差别和城乡差别的重要途径。

为促进社队企业有一个更大发展,1979年9月28日,中共中央《关于加快农业发展若干问题的决定》提出,凡是符合经济合理的原则,宜于农村加工的农副产品,要逐步由社队企业加工。城市工厂要把一部分宜于在农村加工的产品或零部件,有计划地扩散给社队企业经营,支援设备,指导技术。对社队企业的产、供销要采取各种形式,同各级国民经济计划相衔接,以保障供销渠道能畅通无阻。在这一思想指导下,社队企业开始迅猛发展。到1980年,全国社队企业有143万个,总收入614亿元,社队企业收入在公社三级经济收入中的比重上升到34%。

随着社队企业的逐步发展,我们党对社队企业的认识也越来越深刻。1981年5月,国务院《关于社队企业贯彻国民经济调整方针的若干规定》详细阐述了社队企业的地位和发展问题。文件指出,社队企业对于利用和发展地方资源,安排农村剩余劳动力,巩固壮大集体经济,增加社员收入有明显效果;对于逐步改变农村和农业的经济结构,支援农业发展,促进小集镇建设,起了积极作用;对于发展商品生产,活跃市场,扩大出口,增加国家财政收入也做出了贡献。社队企业已成为农村经济的重要组成部分,符合农村经济综合发展的方向。针对社队企业发展中存在的问题,文件提出,从宏观经济的要求出发,根据社队企业的特点和存在的问题,进行认真的调整和整顿。

1983年的中央1号文件,对社队企业又进一步作出明确规定,现有社队企业"不但是支持农业生产的经济力量,而且可以为农民的多种经营提供服务,应在体制改革中认真保护,勿使削弱,更不得随意破坏分散。社队企业也是合作经济,必须努力办好,继续充实发展"。

1984年3月,中央转发《关于开创社队企业新局面的报告》,在转发这个文件的中央通知中,明确把社队企业改称为乡镇企业,并指出,乡镇企业是一个综合体,它包括乡村企业、部分社员联营的合作企业、其他形式的合作工业和个体企业。中央充分肯定了乡镇企业的地位和作用,指出乡镇企业是

第四编　改革开放时期党的经济思想

多种经营的重要组成部分,是农业生产的重要支柱,是广大农民群众走向共同富裕的重要途径,是国营企业的重要补充,是国家财政收入新的重要来源,是国民经济的一支重要力量。乡镇企业的发展有利于"以工补农",有利于促进农村发展专业承包,有利于促进集镇的发展。近年来,乡镇企业的发展速度超过了整个国民经济发展的平均速度,显示出它特有的生命力。中央通知要求"各级党委和政府对乡镇企业要在发展方向上给予积极引导,按照国家有关政策进行管理,使其健康发展。对乡镇企业要和国营企业一样,一视同仁,给予必要的扶持"。中央这一通知,为乡镇企业的发展在舆论上、方向上、方针政策上创造了前所未有的良好条件。

乡镇企业在短短几年时间内为我国农村克服耕地有限、劳力过多、资金短缺的困难,构建符合中国国情的现代工业化道路,找到了一条有效的途径。到1987年,乡镇企业从业人数已达到8805万人,产值达到4764亿元,第一次超过农业总产值。1998年,乡镇企业不仅成为提升农民收入、农村工业化以至农业现代化的重要力量,这一具有中国特色的产业组织形式,也已发展成为中国经济的重要组成部分。1998年当年,全国乡镇企业为包括进城务工农民工在内的12537万人提供就业岗位,而且平均工资超过4000元,比1978年翻了4番。也在这一年,全国乡镇企业实现增加值为22186亿元,占当年国内生产总值的比重达27.9%。上交国家税金1583亿元,占全国税收总额的 20.4%。[①]

随着乡镇企业的成长壮大,为提高企业竞争能力和规模效益,中央及相关部委相继出台了若干鼓励政策。1996年10月,第一部规范乡镇企业发展的法律《中华人民共和国乡镇企业法》出台,标志着发展乡镇企业有法可依,保障了乡镇企业的合法权益。

---

① 参见洪银兴、杨德才等:《新中国经济史论》,经济科学出版社,2019年,第185页。

20世纪80年代之后,以东部沿海地区的一些市镇为代表,在发展中逐渐形成了苏南模式、温州模式、珠江模式、晋江模式等多种形式,每一种模式都与当地产业基础、治理特点和禀赋传统密切相关。

1983年邓小平视察苏、浙等地时,江苏省的领导所描述的社队企业发展给江苏农民带来生活巨变的事实,给邓小平留下了深刻的印象,邓小平后来用"异军突起"四个字作了肯定。①

乡镇企业的发展一举打破了历史上长期形成的"农村搞农业,城市搞工业"的这种城乡分割的二元结构。农村工业化的兴起使各种生产要素在城乡之间、区域之间广泛流动并重新组合,使中国城乡之间经济的关联度从来没有像如今这样紧密,一个工农结合、城乡结合、城乡一体化发展的崭新格局在神州大地出现了。这就是邓小平高度评价的:"农村改革中,我们完全没有预料到的最大收获就是乡镇企业发展起来了。"②

五、农村工业化和城镇化

乡镇企业由于根植于农村,农村工业化打破了以往城市发展工业、农村发展农业的传统格局。农民一定程度离开农业,在附近乡镇或乡村地区的非农产业企业工作,即所谓"离土不离乡"的工业化,是中国基层政府和农民自发进行的一大创造。在上述四种主要的乡镇企业发展模式中,当时最为典型的有苏南模式和温州模式。两者的共同点都是农民在乡镇办企业,不同点在于苏南地区的乡镇企业更多地保有集体经济成分,而温州地区则多为家庭

---

① 参见《邓小平文选》(第三卷),人民出版社,1993年,第24、238页。
② 《邓小平文选》(第三卷),人民出版社,1993年,第236~243页。

私有制经济。两地的乡镇企业在后续发展中都进行了改制,或者是股份制,或者是股份合作制。但无论如何,农村工业化的发展思路,在中国现代化进程中都具有深远的历史性意义。

中国的工业化,无论过去城市工业的发展,还是现在农村工业的发展,都受资金短缺的限制。过去发动工业化,在相当程度上靠抽调农业部门的资金(借助工农业产品价格"剪刀"差)。现在发动农村工业化,靠的是吸引农业剩余劳动力。农业剩余劳动力通过进入乡镇企业转入非农产业,实际上替代了一部分发展非农产业所需要的资金。按照现代发展理论的视角,劳动力从边际生产率相对较低的农业部门转向边际生产率较高的非农产业部门,是消除二元经济的结构性调整。这一过程在中国的农村工业化背景下表现为,在不增加城市部门就业和公共服务压力的同时,实现了工业化和农业生产效率的同步提升。

中国农民创造了具有中国特色的农村工业化模式。1984年的中央1号文件肯定了越来越多的农村人口"转入小工业和小集镇服务业"的历史进步性,既可促进农业生产向深度广度进军,也为改变人口和工业的布局创造条件。

乡镇企业立足于农村,服务农业,充分利用农村资源,以国家产业政策和市场需求为导向,推进与城市工业的联合和合作,在我国正在形成城乡一体化的体系。正因为如此,现在在规划产业结构时,有必要将城市工业和农村工业作为统一体来规划。1989年党的十三届五中全会通过的《中共中央关于进一步治理整顿和深化改革的决定》指出:"按照调整、整顿、改造、提高的方针,积极引导乡镇企业健康发展";"按照国家产业政策引导效益好的企业积极发展,下决心关停并转消耗高、质量差、污染严重以及与大企业争原料、争能源而效益又很差的乡镇企业",以促进乡镇企业改进经营管理、提高技术和效益,从而持续释放活力。

20世纪80年代中期,乡镇企业的异军突起,不仅发动了农村工业化,而且创造了离土不离乡的城镇化道路。在"两权分离"的家庭联产承包责任制和乡镇企业兴起的共同带动下,越来越多的农村居民脱离耕地经营,转入小工业和小集镇从事工业和服务业生产。发展乡镇企业,一方面为农村剩余劳动力的转移提供渠道,另一方面能够给予农村富余劳动力以"离土不离乡"的方式,就地建设小城镇,从而创造了不进入现有城市的中国特色城镇化道路。

1979年,党的十一届四中全会通过的《中共中央关于加快农业发展若干问题的决定》指出,"有计划地发展小城镇建设和加强城市对农村的支援",并明确"这是加快实现农业现代化,实现四个现代化,逐步缩小城乡差别、工农差别的必由之路"。由此,我国的城市化由被压制转为逐步松动和放开,改革前控制城市人口增长和城乡分割的制度被鼓励小城镇发展所取代。1980年全国城市规划会议进一步提出"控制大城市规模,合理发展中等城市,积极发展小城市"的城市发展总方针。同时,为了鼓励城镇发展,国务院分别于1984年和1986年两次修改了城镇建制标准,将设镇标准降为不足两千人时也可以建镇,将设市非农业人口由十万人降为六万人。小城镇的发展和城市化方面的制度创新和政策创新,为形成后来的以城市群为主体,大中小城市和小城镇协调发展的中国特色城市化道路和城镇格局奠定了坚实的基础。

1984年,中央1号文件开始了对原先农村户籍制度的首次根本性调整。从1984年开始,政府允许务工、经商、办服务业的农民自理口粮到集镇落户;1985年公安部颁发《关于城镇人口管理的暂行规定》,将"农转非"内部指标定在每年百分之二;1994年国家取消户口按照商品粮为标准划分农业户口和非农业户口的"二元结构",而以居住地和职业划分农业与非农业人口。

第四编　改革开放时期党的经济思想

1992年,邓小平发表的南方谈话以及党的十四大的召开,确立了我国社会主义市场经济体制改革的总目标,标志着我国改革开放进入了新的发展阶段。1993年党的十四届三中全会通过的《中共中央关于建设社会主义市场经济体制若干问题的决定》指出,"我国农村经济的发展,开始进入以调整结构、提高效益为主要特征的新阶段",必须"引导乡镇企业适当集中,充分利用和改造现有小城镇,建设新的小城镇"。这一决定表明中央开始从制度、体制上调整我国的城镇化发展方针。

1998年,党的十五届三中全会指出,发展小城镇"有利于乡镇企业相对集中,更大规模地转移农业富余劳动力"。从发展现实看,乡镇企业及其生产经营所依托的小城镇,是中国具体国情下的工业化进程中农村剩余劳动力转移的重要渠道。乡镇企业赋予农村居民"离土不离乡"的就业选择,创造更多的工业就业岗位,提高了农民的经济收益,吸引了大批农民流入。

2000年,中央出台第一个有关城镇化的专门文件,即《中共中央、国务院关于促进小城镇健康发展的若干意见》,对发展小城镇的原则、机制作出了政策指导。同年10月,党的十五届五中全会把实施城镇化战略第一次正式列入国民经济中长期发展计划,再次强调"发展小城镇是推进我国城镇化的重要途径"。并且对大城市和中小城市的态度更加积极,对大城市,由"控制"改为"发挥"其辐射带动作用;对中小城市,由"合理发展"改为"积极发展"。从空间框架到组织制度,基本实现了"十五""十一五"规划提出的"走符合我国国情的大中小城市和小城镇协调发展的多样化城镇化道路"的城镇化愿景。

2002年,党的十六大评价,"农村富余劳动力向非农产业和城镇转移,是工业化的现代化的必然选择",再次明确强调"走中国特色的城镇化道路",进一步要求发展小城镇要"同发展乡镇企业和农村服务业结合起来",消除不利于城镇化发展的体制和政策障碍,"引导农村劳动力合理有序流动",并且首次提出"统筹城乡经济社会发展"的战略思想,将对城镇化和城乡关系的认识推向了一个新的高度。

2006年,党的十六届六中全会通过的《中共中央关于构建社会主义和谐社会若干重大问题的决定》提出,"贯彻工业反哺农业、城市支持农村和多予少取放活的方针",并"积极稳妥地推进城镇化,发展壮大县域经济",从统筹城乡发展、以工促农的角度丰富了城镇化的内涵。2008年10月,党的十七届三中全会通过《关于推进农村改革发展若干重大问题的决定》,提出始终将"构建新型工农、城乡关系"作为加快推进现代化的重大战略,要求统筹工业化、城镇化和农业现代化建设,并要求"放宽中小城市落户条件,使在城镇稳定就业和居住的农民有序转变为城镇居民",从保障进城农民权益方面推动城镇化向高质量发展。

20世纪90年代之后,我国出现了大规模的农村剩余劳动力跨地区流动现象,即离土又离乡。其原因有:一方面,以乡镇企业为主的就地转移模式吸纳能力已近饱和,远远无法满足数亿农业剩余劳动力的就业需求;另一方面,随着经济体制改革的中心转移到城市,东南沿海城市的对外开放,加速了工业化进程。

顺应这种城市化的新趋势,2008年,党的十七届三中全会决定,统筹城乡社会管理,推进户籍制度改革,放宽中小城市落户条件,使在城镇稳定就业和居住的农民有序转变为城镇居民,建立促进城乡经济社会发展一体化制度,推动流动人口服务和管理体制创新。

第四编　改革开放时期党的经济思想

六、对农产品流通体制改革的探索

党的十一届三中全会以后，在农业生产领域推行联产承包责任制的同时，党中央还本着循序渐进的原则，逐步推进农产品流通体制的改革。

在总结前几年农产品流通政策改革的基础上，1982年12月31日，中共中央政治局通过了《当前农村经济政策的若干问题》，初次系统阐述了流通体制改革的指导思想和调整购销政策的具体措施。文件指出，我们现在正进入城乡社会主义商品生产大发展的时期，为了搞活商品流通，促进商品生产的发展，要坚持"计划经济为主、市场调节为辅"的方针，调整购销政策，改革国营商业体制，放手发展合作商业，适当发展个体商业。实现以国营商业为主导，多种商业经济形式并存。要打破城乡分割和地区封锁，广辟流通渠道。[①]

具体措施主要有：一是调整农副产品购销政策。对重要农副产品实行统购派购是完全必要的，但品种不宜过多。今后，对关系国计民生的少数重要农产品，继续实行统购派购；对农民完成统派购任务后的产品（包括粮食，不包括棉花）和非统购派购产品，应当允许多渠道经营。国营商业要积极开展议购议销业务，参与市场调节。供销社和农村其他合作商业组织，可以灵活购销。农民私人也可以经营。购销价格可以有升有降。二是对某些紧俏商品实行统派购时，一般不要采取全额收购的做法。凡是能够确定收购基数的，都要定出基数，几年不变，以便给生产者留有一定的产品处理权。三是发展合作商业。着手拟定供销社体制改革的具体方案。四是农村个体商业和各种服务业，经营灵活、方便群众，应当适当加以发展，并给予必要扶持。允许农

[①] 参见《当前农村经济政策的若干问题》，http://www.cctv.com/special/C22314/20081009/105096.shtml。

547

民个人或合伙进行长途贩运。五是国营商业要根据农民日益增长的需要,大力组织工业品下乡。六是农村流通领域放宽政策以后,要注意对农民进行国家、集体、个人利益"三兼顾"的教育。

农业的出路还是融入市场(当时称为"商品经济")。1984年的中央1号文件,是改革初期第三个以农业为主题的中央1号文件。文件提出"在稳定和完善生产责任制的基础上,提高生产力水平,发展商品生产,抓好商品流通",并强调:"由自给性经济向较大规模商品生产转化,是不可逾越的必然过程"[1]。1985年,中央第四个1号文件,即《关于进一步活跃农村经济的十项政策》发布,其中心内容是调整农村产业结构,取消三十年来农副产品统购派购的制度,对粮、棉等少数重要产品采取国家计划合同收购的新政策。这也标志着我国农村已进入商品经济发展的新阶段。

1992年,社会主义市场经济被确定,除粮食外其他农产品市场体系不断建立,农贸市场和农产品批发市场发挥越来越重要的作用。具有历史性标志的是,伴随改革的推进,粮票开始退出历史舞台,凭票供应农产品的时代结束。

2004年是农产品流通体制改革的关键一年。当年5月,国务院发布《关于进一步深化粮食流通体制改革的意见》(粮食流通体制改革总体方案),该意见按照粮食生产、流通四个"有利于"的原则,决定国家全面放开粮食收购和销售市场,实行购销多渠道经营。并且为保护种粮农民利益,在总结前期试点省市经验的基础上,全面建立对种粮农民的直接补贴制度。这是农产品流通体制改革深入新举措,在减少直至取消合同收购基础上实现粮食购销市场化和市场主体多元化。

---

[1] 《关于一九八四年农村工作的通知》,http://www.ce.cn/cysc/ztpd/08/gg/1984/zcbj/200811/24/t20081124_17478432_1.shtml。

第四编　改革开放时期党的经济思想

2005年第七个1号文件《中共中央国务院关于进一步加强农村工作提高农业综合生产能力若干政策的意见》要求,坚持"多予少取放活"的方针,稳定、完善和强化各项支农政策。① 2008年,党的十七届三中全会通过的《中共中央关于推进农村改革发展若干重大问题的决定》,进一步明确为坚持工业反哺农业、城市支持农村和"多予少取放活"方针。

"多予少取放活"最根本的是增加农民收入,其路径主要有两个方面:首先是价格保护,其次是减免直至取消农业税。从2001年起,我国各地开始减免农业税,2006年中央1号文件提出全面取消农业税,②终结了延续两千六百多年农民种田交税的历史,标志着在我国农业税从此退出历史舞台,是具有划时代意义的一件大事,九亿中国农民因此而受益。

---

① 参见《中共中央国务院关于进一步加强农村工作提高农业综合生产能力若干政策的意见》,中国农网,http://www.farmer.com.cn/2020/02/12/99848285.html。
② 参见《中共中央国务院关于推进社会主义新农村建设的若干意见》,中国农网,http://www.farmer.com.cn/zt2018/1hao/ljwj/201802/t20180205_1355146.htm。

第十一章　市场化改革和社会主义市场经济体制的确立

中国的经济改革走的是一条在市场化改革基础上发展社会主义市场经济的道路。中国共产党在改革之初就确立了我国所处的历史方位和初级阶段基本路线，形成对社会主义本质新的认识，把社会主义市场经济体制作为我国经济体制改革的目标。我国经济体制改革是市场化改革推动的。

第一节　对社会主义本质和社会主义初级阶段的认识

一、对社会主义本质的新认识

在马克思主义经典作家看来，只有消灭私有制，才能解放和发展生产

第四编 改革开放时期党的经济思想

力,才能解放全人类。在从资本主义向共产主义过渡阶段的社会主义社会中,建立起与公有制相适应的计划经济这种新的资源配置模式,从而避免或克服资本主义社会生产的无政府状态。概括起来,经典的社会主义社会的主要特征有:生产资料的公有制、资源配置的计划经济模式、分配方式上按劳分配,等等。不过,在世界社会主义运动中建立起的社会主义社会的国家几乎是生产力水平落后的国家,这些社会主义国家注重从生产关系和上层建筑的角度来规定社会主义的本质,强调公有制、计划经济和按劳分配等。其实,这就背离了马克思主义唯物史观所揭示的生产关系一定要适合生产力状况、上层建筑一定要适合经济基础状况这一人类社会发展基本规律。

新中国成立后我们开始社会主义建设初期,中国共产党偏重从生产关系和政治上层建筑方面来认识和界定社会主义,试图以马克思主义经典作家对社会主义的设想进行实践。1956年,随着生产资料私有制的社会主义改造基本完成,我国进入了社会主义建设阶段,从此中国共产党领导中国人民开始了对社会主义的艰辛探索。由于我们急于改变中国"一穷二白"的状况,片面强调人的主观能动性,忽视经济社会发展规律,导致"左"的思想蔓延。主要表现在:在生产资料的社会主义所有制方面,追求"一大""二公""三纯";在按劳分配方面,逐步趋向平均主义;在经济管理体制和运行机制方面,采取以指令性计划为主的高度中央集权的体制。"大跃进""人民公社化运动"的相继发生,使社会主义建设事业出现失误、导致损失。正是由于这条路线在实践中遭受到了挫折,党的十一届三中全会后,我们充分吸取教训,恢复并完善初级阶段基本路线。

党的十一届三中全会决定把全党的工作重心转移到经济建设上来,作出了改革开放的重大战略决策,随即,又针对拨乱反正过程中出现的错误思潮,旗帜鲜明地强调必须坚持社会主义道路、坚持人民民主专政、坚持中国共产党的领导、坚持马列主义毛泽东思想。这说明党的十一届三中全会以来的路线已经包含着基本路线的主要内容。1979年3月,在党的理论工作务虚会上邓小平说:"我们从实践上和理论上,都批判了'四人帮'那种以极左面目出现的主张普遍贫穷的假社会主义。我们坚持了社会主义公有制和按劳分配的原则……也就是说,我们坚持了科学社会主义。"① 1985年3月,全国科技工作会议上邓小平强调:"一个公有制占主体,一个共同富裕,这是我们所必须坚持的社会主义的根本原则。"② 1985年8月,邓小平又指出:"社会主义有两个非常重要的方面,一是以公有制为主体,二是不搞两极分化。"③在1986年9月与美国记者华莱士谈话时,邓小平特别强调指出:"社会主义财富属于人民,社会主义的致富是全民共同致富。社会主义原则,第一是发展生产,第二是共同致富。"④ 1990年12月,邓小平在同几位中央负责同志谈话时指出:"社会主义最大的优越性就是共同富裕,这是体现社会主义本质的一个东西。"⑤直至1992年南方谈话,邓小平对社会主义本质作了全面而深刻的理论概括。他指出:"社会主义的本质,是解放生产力,发展生产力,消灭剥削,消除两极分化,最终达到共同富裕。"⑥

邓小平关于社会主义本质的论述,恢复了马克思主义唯物史观,将发展生产力提高到社会主义本质的地位,突破单纯从生产关系和上层建筑界定社会主义本质的传统认识,使社会主义本质内容成为生产力和生产关系相统一的有机整体,从解放生产力与发展生产力两个方面规定社会主义本质的内容

---

① 《邓小平文选》(第二卷),人民出版社,1994年,第165页。
② 《邓小平文选》(第三卷),人民出版社,1993年,第111页。
③ 同上,第138页。
④ 同上,第172页。
⑤ 同上,第364页。
⑥ 同上,第373页。

和任务。强调从消灭剥削、消除两极分化的根本原则出发,破除了把计划等配置资源的具体手段当作社会主义本质的传统观念,将社会主义的本质、根本原则同社会主义的具体制度、运行机制、资源配置方式严格区别开来。明确从社会主义生产的目的和社会主义所追求的价值目标出发,把"共同富裕"作为社会主义本质的内容和社会主义所追求的根本价值目标,从而突破了社会主义"贫穷论"的错误观念,将发展生产力与共同富裕有机结合起来。邓小平从生产力的高度来认识什么是社会主义,揭示了社会主义所具有的最基本的特质,把对社会主义的认识提高到一个新水平。

二、对我国社会主义发展阶段的判断

社会主义初级阶段的判断是中国特色社会主义理论体系的基本内容,为整个理论体系提供了总依据,奠定了理论基石。社会主义初级阶段的判断反映了我国最大国情,是党和国家制定路线方针政策的根本立足点。

马克思根据当时的历史条件,在《哥达纲领批判》一书中对未来社会的发展阶段作了一些探索性的设想。他说:"刚刚从资本主义社会产生出来的共产主义社会的第一阶段,是不可避免的。"[1]马克思把资产阶级统治被推翻以后的社会发展阶段划分为两个阶段:第一阶段叫共产主义社会的低级阶段,即社会主义社会,第二阶段叫共产主义社会的高级阶段。列宁在《共产主义运动中的"左"派幼稚病》一书中,把无产阶级夺取政权后的社会发展分为四个阶段,即"最初阶段""低级阶段""中级阶段""高级阶段"[2],最初阶段相当于过渡时期,低级阶段和中级阶段是社会主义的两个发展阶段,高级阶

---

[1] 《马克思恩格斯文集》(第四卷),人民出版社,2009年,第435页。
[2] 《列宁选集》(第四卷),人民出版社,2012年,第154页。

段指的是共产主义社会。列宁在社会发展阶段的探索中还明确使用了"初级形式的社会主义"[1]、"完全的社会主义"[2]、"发达社会主义"[3]等概念,这说明他发展了马克思对社会发展阶段的认识。毛泽东在1957年12月至1960年2月期间评阅苏联《政治经济学教科书》社会主义部分时指出,社会主义社会是一个不断发展的过程,从进入社会主义到建成社会主义是个历史阶段,社会主义这个阶段又可分为两个阶段:第一阶段是"不发达社会主义",第二阶段是"比较发达社会主义"。[4]由于受到"左"的思想影响,毛泽东的这一思想没有付诸实践。

党的十一届三中全会之后不久,邓小平在《坚持四项基本原则》的讲话中强调:"过去搞民主革命,要适合中国情况,走毛泽东同志开辟的农村包围城市的道路。现在搞建设,也要适合中国情况,走出一条中国式的现代化道路。"[5]适合中国情况,就是要认清中国国情。中国国情的特点有两个:一是"底子薄","现在中国仍然是世界上很贫穷的国家之一。中国的科学技术力量很不足"[6],二是"人口多,耕地少",党的十一届六中全会通过的《关于建国以来党的若干历史问题的决议》提出,"我们的社会主义制度还是处于初级的阶段"[7],"我们过去在经济工作中长期存在的'左'倾错误的主要表现,就是离开了我国国情,超越了实际的可能性"[8]。这是在党的文献中第一次提出关于社

---

[1] 《列宁选集》(第四卷),人民出版社,2012年,第92页。
[2] 《列宁全集》(第34卷),人民出版社,1986年,第65页。
[3] 《列宁全集》(第38卷),人民出版社,1986年,第113页。
[4] 参见《毛泽东文集》(第八卷),人民出版社,1999年,第116页。
[5] 《邓小平文选》(第二卷),人民出版社,1994年,第163页。
[6] 同上,第164页。
[7] 中共中央文献研究室编:《三中全会以来重要文献选编》(下),中央文献出版社,2011年,第166~167页。
[8] 同上,第168页。

第四编　改革开放时期党的经济思想

会主义发展阶段的判断。

党的十二大报告再一次确认"我国的社会主义社会现在还处在初级发展阶段",并以"物质文明还不发达"作为这个阶段的根本特征。①之后,随着改革开放的展开,党对社会主义的再认识,对社会主义初级阶段的认识也不断深入。党的十二届三中全会通过的关于经济体制改革的决定,尽管没有直接论述社会主义初级阶段,却提出了"商品经济的充分发展,是社会经济发展的不可逾越的阶段,是实现我国经济现代化的必要条件"②的重大判断,为社会主义初级阶段理论的形成奠定了一块基石。

党的十二届六中全会通过的《关于社会主义精神文明建设指导方针的决议》指出:"我国还处在社会主义的初级阶段,不但必须实行按劳分配,发展社会主义的商品经济和竞争,而且在相当长历史时期内,还要在公有制为主体的前提下发展多种经济成分,在共同富裕的目标下鼓励一部分人先富裕起来。"③不仅准确使用了"社会主义初级阶段"的提法,还指明了这个阶段是一个"相当长的历史时期"。

党的十三大报告第一次系统地阐述了社会主义初级阶段的理论。"我国正处在社会主义初级阶段。这个论断,包括两层含义:第一,我国社会已经是社会主义社会,我们必须坚持并且不能离开社会主义;第二,我国的社会主义还处在初级阶段,我们的一切工作都必须从这个实际出发,而不能超越这个阶段。"④简单地说,社会主义初级阶段理论的基本主张是,我国的社会主义依然是不发达的社会主义,对于不发达的社会主义,解放和发展生产力当然

---

① 中共中央文献研究室编:《十二大以来重要文献选编》(上),中央文献出版社,2011年,第22页。
② 同上,第8~9页。
③ 中共中央文献研究室编:《十二大以来重要文献选编》(下),中央文献出版社,2011年,第127页。
④ 中共中央文献研究室编:《十三大以来重要文献选编》(上),中央文献出版社,2011年,第8~9页。

是第一要务。党的十四大在概括邓小平理论九个方面的主要内容时,把社会主义初级阶段理论放在第二位。报告强调,这是该理论体系的立论依据、重要基础,并明确指出:"这是一个至少上百年的很长的历史阶段,制定一切方针政策都必须以这个基本国情为依据,不能脱离实际,超越阶段。"[①]

党的十五大再次对我国社会主义初级阶段理论的实质、历史方位、基本特征、根本任务及其与改革、发展、稳定的关系作了新的系统概括和阐述,丰富和发展了社会主义初级阶段理论。突出地体现在五个方面:一是重新强调我国"最大实际就是中国处于并将长期处于社会主义初级阶段。我们讲要搞清楚'什么是社会主义、怎样建设社会主义',就必须搞清楚什么是初级阶段社会主义,在初级阶段怎样建设社会主义"[②]。二是针对讲社会主义初级阶段就是倒退、搞资本主义等错误认识,明确提出,我们的社会主义初级阶段理论,"没有离开社会主义,而是在脚踏实地建设社会主义,使社会主义在中国真正活跃和兴旺起来,广大人民从切身感受中更加拥护社会主义"[③]。改革进入攻坚阶段后,"我们解决种种矛盾,澄清种种疑惑,认识为什么必须实行现在这样的路线和政策而不能实行别样的路线和政策,关键还在于对所处社会主义初级阶段的基本国情要有统一认识和准确把握"[④]。三是进一步阐明了社会主义初级阶段的实质及其发展过程中的基本特征。四是进一步阐述了社会主义初级阶段的主要矛盾、根本任务及其解决方针,"社会主义的根本任务是发展生产力。在社会主义初级阶段,尤其要把集中力量发展社会生产力摆在首要地位"[⑤]。"发展是硬道理,中国解决所有问题的关键在于依靠自己的发

[①] 中共中央文献研究室编:《十四大以来重要文献选编》(上),中央文献出版社,2011年,第9页。
[②][③][④] 中共中央文献研究室编:《十五大以来重要文献选编》(上),中央文献出版社,2011年,第12页。
[⑤] 同上,第14页。

展。"[1]并且提出正确处理改革、发展、稳定三者的关系,即发展是目的,改革是动力,稳定是前提,强调"把改革的力度、发展的速度和社会可以承受的程度统一起来,在社会政治稳定中推进改革、发展,在改革、发展中实现社会政治稳定"[2]。使三者在整体上相互协调、相互促进。五是第一次明确提出社会主义初级阶段的经济、政治、文化基本纲领,并深入阐述基本理论、基本路线和基本纲领之间的辩证关系。[3]

三、初级阶段的基本路线

党的基本路线是指党在一定历史时期指导全局的总任务、总方针、总政策的集中概括,是党的指导思想和基本理论的集中体现,是党在一定历史时期全部实践的指南和依据。

党在社会主义初级阶段基本路线,从党的十一届三中全会萌芽到党的十三大正式提出,历经九年时间。党对初级阶段基本路线的认识不是凭空而生、一蹴而就的,而是经历了一个认识深化、思想转变的过程。

党的十一届三中全会在端正党的思想路线的基础上,果断停止了"以阶级斗争为纲"的口号,决定"把全党工作的着重点和全国人民的注意力转移到社会主义现代化建设上来"[4]。作出了改革开放的重大战略决策,提出要为生产力的发展相应变革同生产力不相适应的生产关系和上层建筑。这是个伟大的转折,从根本上为中国共产党提出一条正确的基本路线奠定了基础。

---

[1] 中共中央文献研究室编:《十五大以来重要文献选编》(上),中央文献出版社,2011年,第14~15页。
[2] 同上,第15页。
[3] 参见中共中央文献研究室编:《十五大以来重要文献选编》(上),中央文献出版社,2011年,第15~17页。
[4] 中共中央文献研究室编:《三中全会以来重要文献选编》(上),中央文献出版社,2011年,第3~4页。

1979年9月,党的十一届四中全会指出:"现在我们的任务,就是团结全国各族人民,调动一切积极因素,同心同德,鼓足干劲,力争上游,多快好省地建设现代化的社会主义强国。"[①]接着,邓小平又进一步强调:"这是第一次比较完整地表述了我们现在的总路线。这就是当前最大的政治。"[②] 1982年9月,邓小平在党的十二大开幕词中明确指出:"我们的现代化建设,必须从中国的实际出发。……把马克思主义的普遍真理同我国的具体实际结合起来,走自己的道路,建设有中国特色的社会主义,这就是我们总结长期历史经验得出的基本结论。"[③]这是中国共产党正式提出了"建设有中国特色的社会主义"的历史性命题。党的十二大确定了为全面开创社会主义现代化建设而奋斗的纲领,强调在以经济建设为中心的同时要坚定不移地实行对内搞活、对外开放的经济政策。大会提出了新时期总任务,即"团结全国各族人民,自力更生,艰苦奋斗,逐步实现工业、农业、国防和科学技术现代化,把我国建设成为高度文明、高度民主的社会主义国家"[④]。

1987年10月,党的十三大在作出"我国正处在社会主义初级阶段"的科学论断的基础上,制定了党建设有中国特色的社会主义的基本路线,即"领导和团结全国各族人民,以经济建设为中心,坚持四项基本原则,坚持改革开放,自力更生,艰苦创业,为把我国建设成为富强、民主、文明的社会主义现代化国家而奋斗"[⑤]。党的十三大对党的基本路线的概括比以往任何一次都更加完整、准确。党在社会主义初级阶段的基本路线是一个整体。它立足我国正处于并将长期处于"社会主义的初级阶段"这一基本国情,以"建设有中国特

---

① 中共中央文献研究室编:《三中全会以来重要文献选编》(上),中央文献出版社,2011年,第180页。
② 同上,第274页。
③ 中共中央文献研究室编:《十二大以来重要文献选编》(上),中央文献出版社,2011年,第2页。
④ 同上,第11页。
⑤ 中共中央文献研究室编:《十三大以来重要文献选编》(上),中央文献出版社,2011年,第13页。

色的社会主义"为旗帜和主题,以"把我国建设成为富强、民主、文明的社会主义现代化国家"为总任务和总目标,以"以经济建设为中心"为实现社会主义现代化总体目标的根本途径,以"坚持四项基本原则"为实现社会主义现代化总体目标的根本保证,以"坚持改革开放"为实现社会主义现代化总体目标的强大动力,以中国共产党为实现社会主义现代化总体目标的坚强领导核心,以"全国各族人民"为实现社会主义现代化总体目标的基本依靠力量,以"自力更生,艰苦创业"为实现社会主义现代化总体目标的基本立足点和精神力量。这几个方面相互联系、相互贯通,构成了一个有机整体,全面规划和解决了在社会主义初级阶段"怎样建设社会主义"等一系列基本问题。

第二节 市场取向的经济改革思想

一、市场取向的经济改革思想的形成

我国经济体制改革是从对传统计划体制调整开始的,并且在不排斥市场机制、肯定市场作用的前提下以市场为取向的改革。

党的十一届三中全会公报指出:"现在我国经济管理体制的一个严重缺点是权力过于集中,应该有领导地大胆下放,让地方和工农业企业在国家统一计划的指导下有更多的经营管理自主权;应该着手大力精简各级经济行政机构,把它们的大部分职权转交给企业性的专业公司或联合公司;应该坚决实行按经济规律办事,重视价值规律的作用,注意把思想政治工作和经济手段结合起来,充分调动干部和劳动者的生产积极性;应该在党的一元化领

导之下,认真解决党政企不分、以党代政、以政代企的现象,实行分级分工分人负责,加强管理机构和管理人员的权限和责任,减少会议公文,提高工作效率,认真实行考核、奖惩、升降等制度。采取这些措施,才能充分发挥中央部门、地方、企业和劳动者个人四个方面的主动性、积极性、创造性,使社会主义经济的各个部门各个环节普遍地蓬蓬勃勃地发展起来。"[1]这几个方面的改革实际上已经有了市场取向改革的思想。在坚持社会主义道路的前提下,为经济体制改革迈出了具有决定意义的一步。

党的十一届三中全会后,我国经济体制改革的序幕逐渐拉开,而农村成为改革的先锋。1979年9月,党的十一届四中全会通过的《中共中央关于加快农业发展若干问题的决定》,将包产到户以制度的形式确定了下来。当经济体制改革在农村中率先实现突破后,国有企业也紧随其后,进行了以扩大自主权为目的的改革。同期,集体经济和个体经济也都得到了恢复和发展,以公有制为主体、多种所有制结构共同发展的框架逐步形成。

在从农村到城市改革的不断推进中,我国经济体制改革的制度构建也开始了探索历程。1979年6月,五届全国人大二次会议上的《政府工作报告》指出,要逐步建立起计划调节与市场调节相结合的体制,以计划调节为主,同时重视市场调节的作用。1981年6月,党的十一届六中全会通过的《关于建国以来若干历史问题的决议》指出,必须在公有制基础上实行计划经济,同时发挥市场调节的辅助作用。同年11月,五届全国人大四次会议上的《政府工作报告》指出,我国经济体制改革的基本方向应当是,在坚持实行社会主义计划经济的前提下,发挥市场调节的辅助作用,国家在制订计划时要充分考虑和运用价值规律。1982年9月,党的十二大报告指出:"我国在公有制基础上实行

---

[1] 中共中央文献研究室编:《三中全会以来重要文献选编》(上),中央文献出版社,2011年,第6页。

计划经济。有计划的生产和流通,是我国国民经济的主体。同时,允许对于部分产品的生产和流通不作计划,由市场来调节,也就是说,根据不同时期的具体情况,由国家统一计划划出一定的范围,由价值规律自发地起调节作用。这一部分是有计划生产和流通的补充,是从属的、次要的,但又是必要的、有益的。国家通过经济计划的综合平衡和市场调节的辅助作用,保证国民经济按比例地协调发展。"[1]"正确贯彻计划经济为主、市场调节为辅的原则,是经济体制改革中的一个根本性问题。我们要正确划分指令性计划、指导性计划和市场调节各自的范围和界限。"[2]尽管当时对市场的认识有很大的局限性,但是已经开始不再排斥市场机制,明确肯定市场调节的作用。

在计划管理上根据不同情况采取不同的形式,将计划分为指令性计划和指导性计划两种类型。无论是实行指令性计划还是指导性计划都要自觉利用价值规律,运用价格、税收、信贷等经济杠杆引导企业实现国家计划的要求,给企业以不同程度的自主权。企业可以根据市场供求的变化灵活地自行安排生产。这些认识都是对传统计划经济理论的突破,一定程度上打破了计划经济的理论教条,标志着计划体制逐步松动、市场机制开始萌发。

二、市场取向经济体制改革的推进

经济体制改革的初期实际上形成了计划和市场的双轨体制:国有企业在扩权中获得产品自销权,从而开辟了物资流通的"第二轨道"——计划外轨道;市场流通体制改革,形成了最初的市场价格和市场竞争,逐步形成双

---

[1] 中共中央文献研究室编:《十二大以来重要文献选编》(上),中央文献出版社,2011年,第18~19页。
[2] 同上,第19~20页。

轨制价格;国有企业计划外生产逐步扩大,为非国有制和非公有制的发展提供了生存空间。中国经济初步形成体制内与体制外两种经济并存,计划内与计划外"双轨制"运行的格局。①

1982年9月,党的十二大提出的"计划经济为主、市场调节为辅"改革原则,虽然打破了长期以来将计划与市场视为水火不相容的传统认识,但是这一提法实际上仍强调计划经济的基础性作用,认为市场机制仅仅具有从属的补充作用。在对计划与市场关系探索的过程中,真正具有突破意义的是1984年10月,党的十二届三中全会通过的《中共中央关于经济体制改革的决定》提出:"改革计划体制,首先要突破把计划经济同商品经济对立起来的传统观念,明确认识社会主义计划经济必须自觉依据和运用价值规律,是在公有制基础上的有计划的商品经济。商品经济的充分发展,是社会经济发展的不可逾越的阶段,是实现我国经济现代化的必要条件。只有充分发展商品经济,才能把经济真正搞活,促使各个企业提高效率,灵活经营,灵敏地适应复杂多变的社会需求,而这是单纯依靠行政手段和指令性计划所不能做到的。同时还应该看到,即使是社会主义的商品经济,它的广泛发展也会产生某种盲目性,必须有计划的指导、调节和行政的管理,这在社会主义条件下是能够做到的。因此,实行计划经济同运用价值规律、发展商品经济,不是互相排斥的,而是统一的,把它们对立起来是错误的。"②这是在党的文件中首次将商品经济作为社会主义经济运行的基础框架。"有计划的商品经济"的提出是在社会主义经济理论上实现的一次重大突破,是经济体制改革目标探索中的一个重大理论创新,为全面展开经济体制改革提供了新的理论指导。邓小平对此

---

① 参见萧冬连:《1978—1984年中国经济体制改革思路的演进——决策与实施》,《当代中国史研究》,2004年第5期。
② 中共中央文献研究室编:《十二大以来重要文献选编》(中),中央文献出版社,2011年,第56页。

第四编　改革开放时期党的经济思想

给予很高评价,认为这个决定是马克思主义基本原理和中国社会主义实践相结合的政治经济学。①

1987年2月,邓小平在一次谈话中再次谈到了计划和市场的问题。他有针对性地指出:"为什么一谈市场就说是资本主义,只有计划才是社会主义呢?计划和市场都是方法嘛。只要对发展生产力有好处,就可以用。它为社会主义服务,就是社会主义的;为资本主义服务,就是资本主义的。好像一谈计划就是社会主义,这也是不对的,日本就有一个企划厅嘛,美国也有计划嘛。我们以前学苏联的,搞计划经济。后来又讲计划为主,现在不要讲这个了。"②根据邓小平的这一思想,同年10月召开的党的十三大,在有计划商品经济理论的基础上,对社会主义市场机制问题进行了新的概括和说明。党的十三大报告指出:"社会主义有计划商品经济的体制,应该是计划与市场的内在统一的体制。在这个问题上需要明确几个基本观念:第一,社会主义商品经济同资本主义商品经济的本质区别,在于所有制基础不同……第二,必须把计划工作建立在商品交换和价值规律的基础上……第三,计划和市场的作用范围都是覆盖全社会的。新的经济运行机制,总体上说应当是'国家调节市场,市场引导企业'的机制。"③党的十三大提出的"国家调节市场,市场引导企业"的机制,是对有计划商品经济理论的一个重大发展。

党的十三大关于社会主义商品经济改革目标的确立,掀起了我国新一轮的改革热潮。国有经济实施了以企业承包经营责任制为特征的改革,进一步提高国有企业自主权,利用市场引导企业,增强国有企业活力。在国有经济改革的同时,国家也继续推进集体经济的改革。进一步完善适应社会主商

---

① 参见刘树成、吴太昌主编:《中国经济体制改革30年研究》,经济管理出版社,2008年,第4页。
② 《邓小平文选》(第三卷),人民出版社,1993年,第203页。
③ 中共中央文献研究室编:《十三大以来重要文献选编》(上),中央文献出版社,2011年,第23页。

品经济运行机制的改革,如市场导向的经营机制、自负盈亏的风险机制、优胜劣汰的竞争机制、多劳多得的分配机制等。与此同时,非公有制经济在政策的支持下也得到了较快的发展。以公有制为主体、多种所有制经济共同发展的框架愈发清晰,现代市场体系、宏观经济管理体制改革都在稳步推进,市场化取向改革得到了全面发展。

第三节 社会主义市场经济的确认和社会主义市场经济的基本框架

一、社会主义市场经济体制的确认

1992年1月18日至2月21日,邓小平去武汉、深圳、珠海、上海等地视察调研,沿途就一系列重大问题发表了极为重要的谈话(被称为"南方谈话")。邓小平的南方谈话明确地回答了当时困扰和束缚人们思想的许多重大理论问题。他指出,计划经济不等于社会主义,资本主义也有计划;市场经济不等于资本主义,社会主义也有市场。计划和市场都是经济手段。计划多一点还是市场多一点,不是社会主义与资本主义的本质区别。上述精辟论断,从根本上解除了把计划经济和市场经济看作是社会基本制度范畴的思想束缚,使我们在计划与市场关系问题上的认识有了新的重大突破。

邓小平的南方谈话对推进市场化改革提出了明确方向。他强调"一个中心、两个基本点"的路线不能改变,认为改革开放迈不开步子的要害是姓"资"姓"社"的问题。他说:"改革开放迈不开步子,不敢闯,说来说去就是怕

第四编　改革开放时期党的经济思想

资本主义的东西多了,走了资本主义道路。要害是姓'资'还是姓'社'的问题。"①邓小平提出了"三个有利于"作为改革开放的标准。判断改革开放的标准,不是姓"资"姓"社",而是应该主要看是否有利于发展社会主义社会的生产力,是否有利于增强社会主义国家的综合国力,是否有利于提高人们的生活水平。他还提出经济发展要抓住机会,力争几年上一个台阶。他指出:"抓住时机,发展自己,关键是发展经济。我们必须加快发展,如果我们不发展或发展太慢,老百姓一比较就有问题了。所以,能发展就不要阻挡,有条件的地方要尽可能搞快点,只要讲效益,讲质量,就没有什么可以担心的。低速度就等于停步,甚至等于后退。"②邓小平的南方谈话不仅解除了萦绕在人们心头的许多困惑,而且也指明了中国经济体制改革的最终目标是建立社会主义市场经济体制。

1992年10月,党的十四大明确提出,我国经济体制改革的目标是建立社会主义市场经济体制,这次会议就我国建立社会主义市场经济体制的若干重大问题进行了全面阐述。

第一,我国经济体制改革的目标是建立社会主义市场经济体制。我国经济体制改革确定什么样的目标模式,是关系整个社会主义现代化建设全局的一个重大问题。这个问题的核心是正确认识和处理计划与市场的关系。

第二,我们要建立的社会主义市场经济体制,就是要使市场在社会主义国家宏观调控下对资源配置起基础性作用,使经济活动遵循价值规律的要求,适应供求关系的变化;通过价格杠杆和竞争机制的功能,把资源配置到效益较好的环节中去,并给企业以压力和动力,实现优胜劣汰;运用市场对各种

---

① 《邓小平文选》(第三卷),人民出版社,1993年,第372页。
② 同上,第375页。

经济信号反应比较灵敏的优点,促进生产和需求的及时协调。同时也要看到市场有其自身的弱点和消极方面,必须加强和改善国家对经济的宏观调控。我们要大力发展全国的统一市场,进一步扩大市场的作用,并依据客观规律的要求,运用好经济政策、经济法规、计划指导和必要的行政管理,引导市场健康发展。

第三,社会主义市场经济体制是同社会主义基本制度结合在一起的。在所有制结构上,以包括全民所有制和集体所有制经济的公有制为主体,个体经济、私营经济、外资经济为补充,多种经济成分长期共同发展,不同经济成分还可以自愿实行多种形式的联合经营。国有企业、集体企业和其他企业都进入市场,通过平等竞争发挥国有企业的主导作用。在分配制度上,以按劳分配为主体,其他分配方式为补充,兼顾效率与公平。运用包括市场在内的各种调节手段,既鼓励先进,提高效率,合理拉开收入差距,又防止两极分化,逐步实现共同富裕。在宏观调控上,我们社会主义国家能够把人民的当前利益与长远利益、局部利益与整体利益结合起来,更好地发挥计划和市场两种手段的长处。国家计划是宏观调控的重要手段之一。

第四,建立和完善社会主义市场经济体制是一个长期发展的过程,是一项艰巨复杂的社会系统工程。既要做持久的努力,又要有紧迫感;既要坚定方向,又要从实际出发,区别不同情况,积极推进。在建立社会主义市场经济体制的过程中,计划与市场两种手段相结合的范围、程度和形式,在不同时期、不同领域和不同地区可以有所不同。要大胆探索,敢于试验,及时总结经验,促进体制转换的健康进行。建立社会主义市场经济体制,涉及我国经济基础和上层建筑的许多领域,需要有一系列相应的体制改革和政策调整,必须抓紧制定总体规划,有计划、有步骤地实施。

二、社会主义市场经济体制的基本框架

1993年11月,党的十四届三中全会通过了《中共中央关于建立社会主义市场经济体制若干问题的决定》,标志着我国社会主义市场经济体制的基本框架基本形成。

第一,建立现代企业制度。这是发展社会化大生产和市场经济的必然要求,是国有企业改革的方向。现代企业制度的基本特征是,产权明晰、权责明确、政企分开、管理科学。企业中的国有资产所有权属于国家,企业拥有全部法人财产所有权,成为享有民事权利、承担民事责任的法人实体;企业以其全面法人财产,依法自主经营,自负盈亏,照章纳税,对出资者承担资产保值增值的责任;出资者按投入企业的资本额享有所有者的权益,即资产收益、重大决策和选择管理者等权利,并以其投入企业的资本额对企业债务负有有限责任;企业以提高劳动生产率和经济效益为目的,按市场需求组织生产经营,政府不干预企业生产经营。企业在市场竞争中优胜劣汰;建立科学的企业领导体制和组织管理制度,调节所有者、经营者和职工之间的关系,形成激励和制约相结合的经济机制。国有大中型企业是国民经济的支柱,推进现代企业制度,对于提高经营管理水平和竞争能力具有重要意义。

第二,完善市场体系。发挥市场机制在资源配置中的基础性作用,必须完善市场体系。着重发展生产要素市场,规范市场行为,打破地区、部门的分割和封锁,反对不正当竞争,创造平等竞争的环境,形成统一、开放、竞争、有序的大市场。同时,推进价格改革,建立主要由市场形成价格的机制。发展市场中介组织,发挥其服务、沟通、公证、监督作用。改善和加强对市场的管理和监督。建立正常的市场进入、市场竞争和市场交易秩序,保证公平交易、平

等竞争,保护经营者和消费者的合法权益。

第三,建立健全宏观经济调控体系。转变政府职能,科学规划设立政府机构,建立健全宏观经济调控体系,是建立社会主义市场经济体制的迫切要求。政府管理经济的职能,主要是制定和执行宏观调控政策,搞好基础设施建设,创造良好的经济发展环境。政府管理经济主要运用经济手段、法律手段和必要的行政手段。宏观调控的主要任务是保持经济总量的基本平衡,促进经济结构的优化,引导国民经济持续、稳定、健康发展,推动社会全面进步。宏观调控主要采取经济手段,加快财税、金融、投资和计划体制改革,建立计划、金融、财政之间相互配合和制约的机制,加强对经济运行的综合协调。合理划分中央与地方经济管理权限,发挥中央和地方的两个积极性。宏观经济调控权必须集中在中央。

第四,建立合理的收入分配制度。个人收入分配要坚持按劳分配为主体、多种分配方式并存的制度,体现效率优先、兼顾公平的原则,劳动者的个人劳动报酬要引入竞争机制,打破平均主义,实行多劳多得,合理拉开差距。鼓励一部分地区一部分人通过诚实劳动和合法经营先富起来,提倡先富带动和帮助后富,逐步实现共同富裕。建立适应企业、事业单位和行政机关各自特点的工资制度与正常的工资增长机制。国家依法保护法人和居民的一切合法收入和财产,鼓励城乡居民储蓄和投资,允许属于个人的资本等生产要素参与收益分配。逐步建立个人收入应税申报制度,依法强化征管个人所得税,适时开征遗产税和赠与税。通过分配政策和税收调节,避免由于少数人收入畸高形成两极分化。

第五,建立多层次的社会保障体系。社会保障体系包括社会保险、社会救济、社会福利、优抚安置和社会互助、个人储蓄积累保障。社会保障政策要统一,管理要法制化。社会保障水平要与中国社会生产力发展水平和各方面的承受能力相适应。城乡居民的社会保障办法应有区别。发展商业性保险,作为社会保险的补充。按照社会保障的不同类型确定其资金来源和保障方式,建立统一的社会保障管理结构。

党的十五大进一步明确了我国经济体制改革的重点,主要内容有:其一,调整和完善所有制结构。以公有制为主体、多种所有制经济共同发展,是中国社会主义初级阶段的一项基本经济制度。提出要全面认识公有制经济的含义,公有制实现形式可以而且应当多样化,非公有制经济是中国社会主义市场经济的重要组成部分。其二,加快推进国有企业改革。建立现代企业制度是国有企业改革的方向,要按照"产权明晰、权责明确、政企分开、管理科学"的要求,对国有大中型企业实行规范的公司制改革,使企业成为适应市场的法人实体和竞争主体。把国有企业改革同改组、改造、加强管理结合起来,要着眼于搞好整个国有经济,抓好大的,放活小的,对国有企业实施战略性改组,积极推进国有企业各项配套改革。其三,完善分配结构和分配方式。坚持按劳分配为主体、多种分配方式并存的制度,把按劳分配和按生产要素分配结合起来。其四,充分发挥市场机制作用,健全宏观调控体系。要加快国民经济市场化进程,继续发展各类市场,着重发展资本、劳动力、技术等生产要素市场,完善生产要素价格形成机制。

第四节 所有制结构调整和国企改革

一、坚持公有制为主体及其内涵

党的十五大明确了个体、私营等非公有制经济是社会主义市场经济的重要组成部分,并提出"公有制经济不仅包括国有经济和集体经济,还包括混合所有制经济中的国有成分和集体成分……公有资产占主体,不仅要有量的优势,更要注重质的提高。国有经济起主导作用,主要表现在控制力上"[1]。党的十五大首次提出"基本经济制度"概念,第一次提出:"公有制为主体、多种所有制经济共同发展,是我国社会主义初级阶段的一项基本经济制度。"[2] 1999年3月,九届全国人大二次会议通过的《中华人民共和国宪法修正案》提出:"国家在社会主义初级阶段,坚持公有制为主体、多种所有制经济共同发展的基本经济制度。"[3]这是宪法第一次明确我国在社会主义初级阶段的基本经济制度。

坚持公有制为主体,必须全面分析、正确认识公有制经济的科学内涵。党的十五大报告对"公有制为主体"赋予了新含义:公有制经济不仅包括国有经济和集体经济,还包括混合所有制经济中的国有成分和集体成分。公有制的主体地位主要体现在:公有资产在社会总资产中占优势;国有经济控制

---

[1] 中共中央文献研究室编:《十五大以来重要文献选编》(上),中央文献出版社,2011年,第18页。
[2] 同上,第17页。
[3] 同上,第711页。

国民经济命脉,对经济发展起主导作用。但是就全国而言,有的地方、有的产业可以有所差别。公有资产占优势,要有量的优势,更要注重质的提高。国有经济起主导作用,主要体现在控制力上。要从战略上调整国有经济布局,对关系国民经济命脉的重要行业和关键领域,国有经济必须占支配地位。在其他领域,可以通过资产重组和结构调整,以加强重点,提高国有资产的整体质量。只有坚持公有制为主体,国家控制国民经济命脉,国有经济的控制力和竞争力得到增强,在这个前提下,国有经济比重减少一些,不会影响我国的社会主义性质。

公有制为主体的新含义,是改革开放以来马克思主义政治经济学的创新性成果,突破了传统公有制经济就是国有经济和集体经济的局限性,为大力发展股份制等现代企业的资本组织形式,实现投资主体的多元化扫除了思想上的障碍。公有制主体地位理论的创新,阐明了如何理解公有制主体地位的四个重要关系:在社会总资产中,公有资产与其他资产的关系;在国民经济发展中,国有经济的作用与其他经济作用的关系;公有经济与其他经济成分的比例在不同地区、不同企业之间的关系;公有经济的质量与数量的关系。其核心是要对公有制的主体地位进行具体的、科学的分析,不能作教条主义的理解。

坚持公有制为主体,多种所有制经济共同发展,这两个方面缺一不可,它们共同构成了社会主义初级阶段基本经济制度的科学内涵。坚持公有制为主体,是这一基本经济制度的核心、灵魂,它表征着社会主义的性质,多种所有制经济共同发展是这一基本经济制度的重要内容,它表征着初级阶段的特点。

第一,公有制为主体是社会主义制度的基础,是社会主义的一条根本原则,正如邓小平说过的:"社会主义有两个非常重要的方面,一是以公有制为主体,二是不搞两极分化。""我们的改革,坚持公有制为主体,又注意不导致两极分化,这就是坚持社会主义。"①"在改革中我们始终坚持两条根本原则:一是以社会主义公有制经济为主体,一是共同富裕。有计划地利用外资,发展一部分个体经济,是服从于发展社会主义经济这个总要求的。鼓励一部分地区、一部分人先富裕起来,也是为了带动越来越多的人富裕起来,达到共同富裕的目的。"②我国现行宪法中明确规定:"中华人民共和国的社会主义经济制度的基础是生产资料的社会主义公有制。"③

第二,坚持公有制为主体,是为了更好更快地发展生产力。公有制为主体,适应社会主义初级阶段基本国情,最迫切的任务莫过于努力消除传统所有制结构和公有制实现形式不合理对生产力的羁绊,大胆地利用一切反映社会化生产规律的经营方式和组织形式,尽快地发展社会生产力。新中国尤其是改革开放以来的成就,正是在坚持公有制为主体的基础上取得的。

第三,坚持和完善公有制为主体,是消灭剥削,最终达到共同富裕的必要条件和前提。社会主义要求消灭剥削,逐步实现共同富裕,在社会主义制度条件下,人民要当国家的主人,当生产资料的主人,也要成为劳动成果如何支配的主人。社会主义的核心就在于,重要生产资料的资产收益及重要产业和行业的经营收益为国家所掌控,有利于增强国家再分配的调节能力,能够消除资本主义制度条件下分配不平等和贫富差距的现象。公有制经济在防止两极分化中承担着重要职能。

第四,坚持和完善公有制为主体,是实现社会主义国家整体利益、社会利益和长远利益的保证,有利于实现社会整体利益与局部利益、长远利益与目

---

① 《邓小平文选》(第三卷),人民出版社,1993年,第138页。
② 同上,第142页。
③ 《中华人民共和国宪法》,法律出版社,2018年,第6页。

前利益的结合。国家可以通过国有经济的控制、主导作用,更好地实施宏观调控政策,调控国民经济运行。更有利于国家实现充分就业、供需平衡的宏观调控目标,更有利于经济的持续、平稳运行。坚持以公有制为主体,让国有经济更好地发挥支配和主导作用,是我国应对国际经济挑战,保持市场经济平稳健康发展的现实的、必然的选择。国家可以通过国有经济的控制、主导作用,更好地实现经济发展战略。

公有制经济的性质体现在所有权的归属上,坚持公有制的性质,从根本上说就是坚持国家和集体对生产资料的所有权。现实中公有制需要通过很多具体的形式来实现,即采取怎样的经营方式和组织形式。公有制的性质与公有制的实现形式是两个不同层次的问题。公有制的实现形式可以而且应当多样化。党的十五大报告明确指出:"公有制实现形式可以而且应当多样化。一切反映社会化生产规律的经营方式和组织形式都可以大胆利用。要努力寻找能够极大促进生产力发展的公有制实现形式。股份制是现代企业的一种资本组织形式,有利于所有权和经营权的分离,有利于提高企业和资本的运作效率,资本主义可以用,社会主义也可以用。不能笼统地说股份制是公有还是私有,关键看控股权掌握在谁手中。国家和集体控股,具有明显的公有性,有利于扩大公有资本的支配范围,增强公有制的主体作用。"[1]这是中国共产党第一次全面系统地阐述社会主义公有制实现形式多样化的理论,提出了"公有制实现形式"的新概念,指出公有制可以存在多样化的实现形式,区分了公有制和公有制实现形式,明确指出了要积极探索促进生产力发展的多种公有制实现形式,实现了公有制深层次问题的重大突破。

---

[1] 中共中央文献研究室编:《十五大以来重要文献选编》(上),中央文献出版社,2011年,第18~19页。

二、发展多种所有制经济及其路径

(一)公有制经济的市场化改革

改革单一公有制,就是要突破"一大二公三纯"的传统观念,对公有制实现形式进行积极探索。改革开放以来,我国公有制经济改革是在坚持公有制为主体的前提下,通过农村土地制度和实现形式改革、乡镇企业的民营化改革、国有经济的战略性调整和产权制度改革等路径来实现的。

我国市场化改革是从农村集体经济打开突破口的,农村集体经济改革是从土地制度改革开始的。1978年12月,党的十一届三中全会后,我国经济改革从农村基本经营体制开始,废除人民公社体制,实行政社分开,实行家庭联产承包责任制,发展乡镇企业,初步形成和基本确立了家庭联产承包责任制度,农村改革取得突破性进展。

党的十一届三中全会关注如何突破农村单一土地制度和生产经营制度,提出"社员自留地、家庭副业和集市贸易是社会主义经济的必要补充部分,任何人不得乱加干涉"[①]。1982年1月,中国共产党第一个关于农村工作的1号文件就把包产到户、包干到户等视为社会主义集体经济的生产责任制。1983年开始在全国广大农村全面推行。此后,不断稳固和完善家庭联产承包责任制。我国家庭联产承包责任制实现了土地所有权与使用权的分离,鼓励农民发展多种经营,释放出我国农村经济发展的活力。家庭联产承包责任制的建立极大地推动了农村生产力的发展,归根结底就是因为改革后的生产关系既适应了我国农村生产力比较落后的一面,又有利于发挥已经形成的

[①] 中共中央文献研究室编:《三中全会以来重要文献选编》(上),中央文献出版社,2011年,第7页。

社会化生产手段的应用。

农村改革不仅产生了家庭联产承包责任制,还催生出乡镇企业。有的地区的乡镇企业一开始就是以家庭为单位的私人企业(如温州),也有最初以集体经济为主建立的企业(如苏南)。随着经济体制改革的深入和市场经济的发展,几乎所有乡镇企业都通过改制实现了民营化。在农村经营组织逐步放松管制的情况下,乡镇企业异军突起,成群、成片地涌现出来,并且迅速地成长壮大,成为促使我国农村经济增长的主导力量和我国改革开放后经济保持高速增长的重要支撑。1984年3月发布的《中共中央、国务院转发农牧渔业部和部党组〈关于开创社队企业新局面的报告〉的通知》提出:"乡镇企业已经成为国民经济的一支重要力量,是国营经济的重要补充。"[①]乡镇企业已经成为突破我国二元经济结构、促使我国经济快速发展的重要推动力量。不过随着乡镇企业的发展,与市场经济不相适应的乡镇企业产权制度不断凸显出来,规模越大的乡镇企业产权制度的束缚越明显。因此,20世纪90年代我国乡镇企业开始了以产权制度为核心的改革,简单地说就是改制,其本质就是进行乡镇企业所有权结构调整。在集体资本退出的同时,企业所有权从集体手中转移到企业管理人员的手中。这一所有权性质的改变,其实就是乡镇企业的民营化。乡镇企业经过改制,个体私营企业和混合型企业成为乡镇企业的主体,成为我国个体私营企业形成、发展的重要组成部分。

国有企业改革始终是我国经济体制改革的中心环节。改革开放四十多年来,国有企业改革从20世纪80年代初的"放权让利"改革到"两权分离"基础上的经营承包制改革,到股份制改革基础上构建"产权清晰、权责明确、政企分开、管理科学"的现代企业制度,再到混合所有制分类改革,循序渐进、不断

[①] 中共中央文献研究室编:《十二大以来重要文献选编》(上),中央文献出版社,2011年,第376页。

深入。

党的十五大在对公有制为主体内含界定的基础上,强调要调整国有经济布局,明确提出:"国有经济起主导作用,主要体现在控制力上。要从战略上调整国有经济布局。对关系国民经济命脉的重要行业和关键领域,国有经济必须占支配地位。在其他领域,可以通过资产重组和结构调整,以加强重点,提高国有资产的整体质量。"[1]随着国有企业改革的深入,以公有制为主体的含义也在不断深化。公有制经济不只是指公有制企业,也包括公有资本,包括国有资本和集体资本。相应的公有制为主体,也不只是指公有制企业在数量上为主体,还指公有资本在社会总资本中占优势,国有经济控制国民经济的命脉。随着经济体制改革的推进,虽然公有经济占总产值比例不断下降,非公有经济的比例则快速增长,非公有企业在数量上占有优势,但公有资本仍然保持着主体地位,国有经济仍然控制着国民经济命脉。

党的十六大之后,现代企业制度建设继续完善,国有资产管理体制改革进一步深化。党的十六届三中全会通过的《中共中央关于完善社会主义市场经济体制若干问题的决议》提出:"完善国有资产管理体制,深化国有企业改革。"[2]国有资产管理方式的变化和资本市场的改革使我国的国有企业改革进入一个新的阶段。国有资产管理体制改革是经济体制改革中的深层次改革,但这种改革不是改变国有资产的产权属性,而是改进国有资产运行的实现形式,目的是促使公有制企业增强自主经营、自负盈亏、自我约束、自我完善的能力,更好地发挥公有制经济的优势和主导地位。

(二)非公有制经济的兴起与发展

农村土地制度和实现形式改革、乡镇企业的民营化改革、国有经济的战

---

[1] 中共中央文献研究室编:《十五大以来重要文献选编》(上),中央文献出版社,2011年,第18页。
[2] 中共中央文献研究室编:《十六大以来重要文献选编》(上),中央文献出版社,2011年,第467页。

第四编　改革开放时期党的经济思想

略性调整和产权制度改革,有效促进了多种所有制经济的发展。个体和私营经济从无到有发展壮大起来,境外资本和企业也陆续进入中国,20世纪90年代非公有制经济进入快速发展期,形成非公有制经济蓬勃发展的态势。

　　改革开放之初,中国的私营企业几乎消失殆尽。1978年以后,随着农村率先实行家庭联产承包责任制为集体所有制的改革打开了缺口,城市个体私营经济在政策引导下逐渐发展起来。1979年2月,我国改革开放后召开的第一次全国工商管理局长会议提出"恢复和发展"个体经济,并将其看作是公有制经济的有益补充,到1979年底,我国个体工商户达到31万个。1987年初,中国共产党在《关于把农村改革引向深入的决定》中首次提出,采取"允许存在,加强管理,兴利抑弊,逐步引导"[1]十六字方针,促进社会主义公有制条件下私营经济的发展。1987年11月,党的十三大充分肯定社会主义初级阶段个体和私营经济发展的必要性,"对于城乡合作经济、个体经济和私营经济,都要继续鼓励它们发展"[2]。这些非公有制经济"是公有制经济必要的有益的补充"[3]。并且强调在社会主义条件下,私营经济"必然同占优势的公有制经济相联系,并受公有制经济的巨大影响"[4]。党的十四大提出,在公有制为主体的前提下多种经济成分长期共同发展。党的十四届三中全会把坚持以公有制为主体、多种经济成分共同发展作为党和国家的一项方针确定下来。党的十五大把坚持以公有制为主体、多种经济成分共同发展作为我国的一项基本经济制度确立下来,保证公有制为主体,保证多种所有制经济共同发展。党的十六大提出坚持"两个毫不动摇",这是对公有制为主体、多种所有制经济共同发展的加强。可见,我国个体经济和私营经济是在党的引导下从无到有发展起来的,是在以

---

[1] 中共中央文献研究室编:《十二大以来重要文献选编》(下),中央文献出版社,2011年,第178页。
[2][3][4] 中共中央文献研究室编:《十三大以来重要文献选编》(上),中央文献出版社,2011年,第27页。

公有制为主体的前提下壮大起来的,这是我国社会主义所有制结构和形式的重要特征。

随着个体私营经济的恢复和发展,境外资本和企业逐步进入中国,经历了20世纪80年代初探、90年代快速发展,以及进入21世纪后战略调整的过程。邓小平曾经明确指出:"我们吸收外资,允许个体经济发展,不会影响以公有制经济为主体这一基本点。相反地,吸收外资也好,允许个体经济的存在和发展也好,归根到底,是要更有力地发展生产力,加强公有制经济。"[①]党的十三大提出"中外合资企业合作经营企业和外商独资企业,也是我国社会主义经济必要的和有益的补充"[②],是公有制为主体前提下非公有制经济的重要形态。外资、外企资本和企业纷纷进入中国,呈现多元化的趋势。中国利用外资的结构逐渐优化,利用外资的方式不断创新。外资、外企进入的产业出现了主要由投资工业生产逐步向服务业和农业领域拓展。跨国公司直接投资促进了其对中国的技术支持,提高了相关行业整体的技术水平,推动了中国国内企业加快自主创新的步伐。同时,外资、外企的进入推动了中国出口结构的改善,带动了国内关键领域和配套产业生产能力的形成。

三、国有企业的市场化改革

国有企业作为政府参与经济活动的微观主体,是划分政府与市场边界的关键连接点,国有企业改革是促进经济市场化的关键。只有坚持国有企业改革,才能坚持公有制主体地位,才能有效发挥国有经济的主导作用。从根

---

① 《邓小平文选》(第三卷),人民出版社,1993年,第149页。
② 中共中央文献研究室编:《十三大以来重要文献选编》(上),中央文献出版社,2011年,第18页。

本上来说,就是要继续探索公有制与市场经济结合的有效途径,既体现市场经济的一般规律,又体现社会主义制度的根本要求。

在社会主义市场经济形成发展的过程中,我国国企改革历经了以下三个阶段:

(一)国有企业放权让利的改革探索阶段(1978—1984年)

党的十一届三中全会后,中央政府颁布了一系列扩大企业自主权的文件,率先推动了国有企业在经营权层面的改革,1979年4月,试点工业企业扩大到一百家,另有四十家商业企业开展扩大经营管理自主权试点。[1]同年7月,国务院印发《关于扩大国营工业企业经营管理自主权的若干规定》《关于国营企业实行利润留成的规定》等五个文件,用以指导改革,并要求地方和部门再选择一些企业进行试点。1983年4月,国务院批转了财政部《关于全国利改税工作会议的报告》和《关于国有企业利改税试行办法》,实行第一步利改税,把部分实现利润改为所得税。1984年9月,国务院批转财政部《关于国营企业推行利改税第二步改革的报告》,改变企业利润上缴形式,国家对国有企业实现利润分别征收所得税和调节税。为国企改革进一步引入市场机制和实现制度创新开启了探索之路。[2]1984年5月10日,国务院颁发了《关于进一步扩大国营工业企业自主权的暂行规定》,明确规定了自主权划分为十个方面。1985年,国务院又批转了国家经委、国家体改委制定的《关于增强大中型国营企业活力若干问题的暂行规定》的通知,作了十四条规定,要求继续扩大企业自主权。

---

[1] 参见《改革开放30年中国工业大事记》(1978—1980),《中国工业报》,2009年8月9日。
[2] 参见国家发展改革委经济体制与管理研究所:《改革开放三十年:从历史走向未来》,人民出版社,2008年,第19页。

（二）两权分离为基础的经营承包制阶段（1985—1992年）

1984年10月，党的十二届三中全会通过的《中共中央关于经济体制改革的决定》提出，过去国家对企业管得过多过死的一个主要原因，就是把全民所有同国家机构直接经营企业混为一谈，根据马克思主义的理论和社会主义的实践，所有权和经营权是可以适当分开的。1986年9月，中共中央、国务院颁布了搞活全民所有制工业企业的三个条例（《全民所有制工业企业厂长工作条例》《中国共产党全民所有制工业企业基层组织工作条例》和《全民所有制工业企业职工代表大会条例》），把厂长（经理）负责制作为企业的一项基本经营制度。1986年12月，国务院发布了《关于深化企业改革增强企业活力的若干规定》，提出全民所有制大中型企业要实行多种形式的经营承包责任制。

从1987年起，承包经营责任制成为国有制企业的主要经营形式。其基本特征是：包死上缴利润基数，确保上交，超收多留，欠收自补。承包经营责任制形式多样，主要有：①两保一挂（一保上缴税利，二保批准的技术改造项目，工资总额和实现税利挂钩）；②上缴利润递增包干；③上缴利润基数包干，超收分成；④微利亏损企业的利润包干或亏损包干；⑤行业投入产出包干。

1988年2月，国务院又发布了《全民所有制工业企业承包经营责任制暂行条例》，进一步规范企业经营承包制。1992年，国务院发布的《全民所有制工业企业转换经营机制条例》，根据《中华人民共和国企业法》的精神对企业经营自主权作出具体规定。国务院批转的国家体改委关于1989年经济体制改革要点提出了在承包制中强化企业的竞争机制、风险机制和自我约束机制的具体内容：所承包的企业和需要重新签订承包合同的企业，都要引入竞争机制，实行公开招标，优选经营者和承包方案。积极推行全员风险抵押承包,企业亏损时,应用抵押金补偿。打破地区、部门和所有制界限,推进企业承包企业。

(三)建立现代企业制度(1993—2002年)

1993年3月,八届全国人大一次会议通过的《中华人民共和国宪法修正案》对国有制企业地位的法律条文作了几处重要修改。其中包括:将"国营经济"改为"国有经济";将"国营企业在服从国家的统一领导和全面完成国家计划的前提下,在法律规定的范围内,有经营管理的自主权"改为"国有企业在法律规定的范围内有权自主经营"。[①]这种修改表明,国家不直接经营企业,企业自主经营有了宪法的保障。

1993年11月,党的十四届三中全会通过的《中共中央关于建立社会主义市场经济体制若干问题的决定》,明确提出要推动国有企业逐步建立产权明晰、权责明确、政企分开、管理科学的现代企业制度。1995年9月,党的十四届五中全会明确指出:"要着眼于搞好整个国有经济,通过存量资产的流动和重组,对国有企业实施战略性改组。"[②]党的十五大的报告进一步强调要调整国有经济布局,明确指出,国有经济起主导作用,主要体现在控制力上。要从战略上调整国有经济布局。对关系国民经济命脉的重要行业和关键领域,国有经济必须占支配地位。在其他领域,可以通过资产重组和结构调整,以加强重点,提高国有资产的整体质量。2002年11月,党的十六大报告提出深化国有体制改革的重大任务,明确要求中央和省、直辖市、自治区,两级政府设立国有资产管理机构,成立专门的国有资产管理机构,改变部门分割行使国有资产所有者职能。

[①] 中共中央文献研究室编:《十四大以来重要文献选编》(上),中央文献出版社,2011年,第182页。
[②] 中共中央文献研究室编:《十四大以来重要文献选编》(中),中央文献出版社,2011年,第481页。

(四)深化国有企业改革阶段(2002—2012年)

2003年10月,党的十六届三中全会通过的《中共中央关于完善社会主义市场经济体制若干问题的决定》提出:"推行公有制的多种有效实现形式。坚持公有制的主体地位,发挥国有经济的主导作用。积极推行公有制的多种有效实现形式,加快调整国有经济布局和结构。要适应经济市场化不断发展的趋势,进一步增强公有制经济的活力,大力发展国有资本、集体资本和非公有资本等参股的混合所有制经济,实现投资主体多元化,使股份制成为公有制的主要实现形式。需要由国有资本控股的企业,应区别不同情况实行绝对控股或相对控股。完善国有资本有进有退、合理流动的机制,进一步推动国有资本更多地投向关系国家安全和国民经济命脉的重要行业和关键领域,增强国有经济的控制力。其他行业和领域的国有企业,通过资产重组和结构调整,在市场公平竞争中优胜劣汰。发展具有国际竞争力的大公司大企业集团。继续放开搞活国有中小企业。以明晰产权为重点深化集体企业改革,发展多种形式的集体经济。"[1]党的十七大报告指出:"坚持和完善公有制为主体、多种所有制经济共同发展的基本经济制度,毫不动摇地巩固和发展公有制经济,形成各种所有制经济平等竞争、相互促进的新格局。"[2]对国有经济进行战略性调整,要坚持有进有退、有所为有所不为的原则。在涉及国家安全和国民经济命脉的行业、重大基础设施和重要矿产资源领域、提供重要公共产品和服务的行业,国有经济要起控制作用和占主导地位;其他竞争性行业的国有企业应该通过资产重组和结构调整,在市场公平竞争中优胜劣汰,而不是简单退出。

关于国有经济的地位和作用,我国宪法第七条明确指出,国有经济即社

---

[1] 中共中央文献研究室编:《十七大以来重要文献选编》(上),中央文献出版社,2011年,第466页。
[2] 中共中央文献研究室编:《十六大以来重要文献选编》(上),中央文献出版社,2011年,第20页。

会主义全民所有制经济,是国民经济中的主导力量。国家保障国有经济的巩固和发展。具体地说:一是以国有经济为主导是人民利益的根本保证。二是以国有经济为主导是实现共同富裕的基本前提。三是以国有经济为主导是进行宏观经济调控、推进生产力发展的根本要求。四是以国有经济为主导是全球化条件下实现自主发展的重要保障。五是以国有经济为主导是保障国家主权安全和经济安全的必然要求。可见,国有经济承担着保证国家主权和经济安全的特殊职能。

第五节 要素参与收入分配和收入分配体制改革

一、社会主义分配制度的形成

收入分配制度是经济社会发展中的一项基础性制度安排,是社会主义市场经济的重要组成部分。收入分配制度和分配结构直接决定一个社会的基本利益关系及社会成员之间的利益关系。社会主义初级阶段的基本经济制度是公有制为主体、多种所有制共同发展,与此相应,就有多种分配方式,公有制为主体决定了按劳分配必须为主体。这是社会主义以公有制为主体在分配上的体现。

马克思认为,生产决定分配,"分配关系和分配方式只是表现为生产要素的背面","分配结构完全决定于生产的结构。分配本身就是生产的产物"。[①]

[①] 《马克思恩格斯文集》(第八卷),人民出版社,2009年,第19页。

"生产的要素是这样分配的,那么自然就产生现在这样的消费资料的分配"①。因此,不同的所有制形式和经济成分决定着不同的分配方式。

按劳分配是马克思在《哥达纲领批判》中作为代替资本主义之后的共产主义第一阶段的重要特征提出的,是社会主义分配制度的基本原则。马克思认为,资本主义生产方式被否定之后,会经过社会生产力水平超越资本主义制度能够包容的生产力水平的社会主义社会这样一个过渡阶段,与此相适应,生产资料社会共同占有制代替了资本主义私有制,社会经济运行中有计划生产代替了盲目的市场竞争。这样的生产关系和经济运行的特点,决定了社会主义公有制条件下的按劳分配方式。马克思说:"在一个集体的、以生产资料公有制为基础的社会中,生产者不交换自己的产品,用在产品上的劳动,在这里也不表现为这些产品的价值,不表现为这些产品所具有的某种物的属性,因为这时,同资本主义社会相反,个人的劳动不再经过迂回曲折的道路,而是直接作为总劳动的组成部分存在着。"②当然,由于社会主义社会是从资本主义社会脱胎而来的,"每一个生产者,在作了各项扣除以后,从社会领回的,正好是他给予社会的。他给予社会的,就是他个人的劳动量……他以一种形式给予社会的劳动量,又以另一种形式全部领回来"③。

根据马克思的相关论述,我们坚持社会主义按劳分配原则应该注意以下三个问题:一是按劳分配有别于共产主义高级阶段的分配方式。社会主义社会生产力还达不到共产主义高级阶段的水平,按劳分配也不同于共产主义高级阶段的"各尽所能、按需分配"④的分配方式。二是按劳分配还不可能成为我国社会主义单一分配方式。我国是在经济文化落后的基础上建立起社会主义

---

①④ 《马克思恩格斯文集》(第三卷),人民出版社,2009年,第436页。
② 同上,第433~434页。
③ 同上,第434页。

第四编　改革开放时期党的经济思想

社会的,对马克思所说的共产主义第一阶段的社会主义社会而言,我们处于第一阶段的初级阶段,还不能实行单一的按劳分配方式。三是按劳分配与劳动价值论不存在直接的逻辑关联。马克思在《哥达纲领批判》中论述社会主义按劳分配问题时,恰恰认为社会主义不再存在商品生产,劳动不再形成价值,也就不会用劳动价值论去说明按劳分配。

我国分配制度是在社会主义建设中不断探索、逐步形成的。党的十一届三中全会在把工作重点转移到社会主义现代化建设上来的同时,第一次正式提出了克服平均主义。会议在讨论农业问题时强调:"各级经济组织必须认真执行按劳分配的社会主义原则,按照劳动的数量和质量计算报酬,克服平均主义;社员自留地、家庭副业和集市贸易是社会主义经济的必要补充部分,任何人不得乱加干涉。"[1] 1979年9月,党的十一届四中全会通过的《中共中央关于加快农业发展若干问题的决定》指出:"人民公社各级经济组织必须认真执行各尽所能、按劳分配的原则,多劳多得,少劳少得……加强定额管理,按照劳动的数量和质量付给报酬,建立必要的奖惩制度,坚决纠正平均主义。可以按定额记工分,可以按时记工分加评议,也可以在生产队统一核算和分配的前提下,包工到作业组,联系产量计算劳动报酬,实行超产奖励。"[2] 1981年底召开的全国农村工作会议明确提出,目前实行的各种责任制,包括小段包工定额计酬,专业承包联产计酬,联产到劳,包产到户、到组,包干到户、到组,等等,都是社会主义集体经济的生产责任制。[3] 1983年发行的中央1号文件指出,要通过实行生产责任制,特别是联产承包制,以及实行政社分设来改

---

[1]　中共中央文献研究室编:《三中全会以来重要文献选编》(上),中央文献出版社,2011年,第7页。
[2]　同上,第162页。
[3]　参见中共中央文献研究室编:《三中全会以来重要文献选编》(下),中央文献出版社,2011年,第364页。

革人民公社的体制。①此后,农村家庭联产承包责任制开始向全国推广,以人民公社和生产队为单位的统一的生产经营逐渐被以农户家庭为单位的分散的生产经营所取代。

1984年,我国经济体制改革的重点开始逐步由农村转向城市。1984年10月,党的十二届三中全会通过的《中共中央关于经济体制改革的决定》明确规定,企业职工工资和奖金同企业经济效益挂钩;在企业内部,扩大职工工资的差距,拉开档次,充分体现"多劳多得、少劳少得";国家机关、事业单位工资同本人肩负的责任和劳绩密切联系起来。②1987年10月,党的十三大明确了收入分配制度改革的方向:"社会主义初级阶段的分配方式不可能是单一的。我们必须坚持的原则是,以按劳分配为主体,其他分配方式为补充。"③这种新分配方式的提出,标志着社会主义初级阶段分配原则的形成。同时,党的十三大也对多种分配方式的内容进行了初步说明,不仅包括个体劳动收入,还包括企业分红、非劳动收入等。1993年11月,党的十四届三中全会通过的《中共中央关于建立社会主义市场经济体制若干问题的决定》,第一次提出了"坚持以按劳分配为主体、多种分配方式并存的制度"④,在公平和效率的选择上,突破了以前的兼顾效率与公平,首次提出了效率优先、兼顾公平的原则。同时,该决定也提出建立适应企业、事业单位和行政机关各自特点的工资制度与正常的工资增长机制,并要求制订最低工资标准。另外,该决定还进一步提出:"国家依法保护法人和居民的一切合法收入和财产,鼓励城乡居民储蓄和投资,

---

① 参见中共中央文献研究室编:《十二大以来重要文献选编》(上),中央文献出版社,2011年,第221页。

② 参见中共中央文献研究室编:《十二大以来重要文献选编》(中),中央文献出版社,2011年,第63页。

③ 中共中央文献研究室编:《十三大以来重要文献选编》(上),中央文献出版社,2011年,第28页。

④ 中共中央文献研究室编:《十四大以来重要文献选编》(上),中央文献出版社,2011年,第465页。

允许属于个人的资本等生产要素参与收益分配。"①这是党的文件第一次提到"生产要素参与分配",不过仅仅是针对个人收入而言,并且仅仅提到了资本一种生产要素。1996年3月召开的全国人大八届四次会议通过的《中华人民共和国国民经济和社会发展"九五"计划和2010年远景目标纲要》,对收入分配的内容进行了深化,提出"坚持和完善按劳分配为主体,多种分配方式并存的分配制度。深化企业工资收入分配制度的改革,发挥市场竞争机制的调节作用,建立企业自我调节、自我约束的分配机制,形成工资收入增长与劳动者生产率、经济效益提高相适应的关系。进一步完善适应行政机关和事业单位各自特点的工资制度,以及正常的工资增长机制。规范和完善其他分配形式,土地、资本、知识产权等生产要素,按有关规定,公平参与收益分配"②。

党的十五大确立了以公有制为主体、多种所有制经济共同发展是我国社会主义初级阶段的一项基本经济制度。为了更好地激励其他经济成分的发展,在收入分配问题上,在继续坚持按劳分配为主体,多种分配形式并存的制度的同时,第一次明确提出了在收入分配的实践中要"把按劳分配和按生产要素分配结合起来"的分配政策,首次使用并明确了"按生产要素分配"的地位,进一步提出"允许和鼓励资本、技术等生产要素参与收益分配"③,创造性地解决了生产要素在社会主义市场经济条件下能不能参与收入分配的问题。

1999年宪法修正案提出:"国家在社会主义初级阶段,坚持公有制为主体、多种所有制经济共同发展的基本经济制度,坚持按劳分配为主体、多种分配方式并存的分配制度。"④从宪法上对我国的收入分配制度进行了确认。

---

① 中共中央文献研究室编:《十四大以来重要文献选编》(上),中央文献出版社,2011年,第465页。
② 中共中央文献研究室编:《十四大以来重要文献选编》(中),中央文献出版社,2011年,第814页。
③ 中共中央文献研究室编:《十五大以来重要文献选编》(上),中央文献出版社,2011年,第21页。
④ 同上,第711页。

二、按劳分配是社会主义利益实现的基本方式

按劳分配作为社会主义初级阶段的基本分配原则,是社会主义初级阶段的生产力和生产关系共同决定的。按劳分配是指,凡是有劳动能力的人都应尽自己的能力为社会劳动,社会以劳动作为分配个人消费品的尺度,按照劳动者提供的劳动数量和质量分配个人消费品,等量劳动获取等量报酬,多劳多得,少劳少得,不劳不得。在按劳分配条件下,每个人都享有按等量劳动获取等量产品的平等权利,这种权利是历史发展迄今为止最能体现广大劳动者主体地位的分配原则,按劳分配是社会主义公有制的产物,又是社会主义公有制的实现,是对剥削制度的根本否定,是历史的一大进步。在个人消费品分配领域实行按劳分配原则,是由社会主义社会的客观经济条件和我国的分配制度实际决定的。这个原则对调动劳动者的社会主义积极性,建设社会主义,具有重大作用。

新中国成立后,伴随着社会经济制度的变革,我国的收入分配制度也经历了深刻的演变和发展。1956年,我国社会主义改造的完成意味着基本上消灭了生产资料私有制,实行全面的生产资料公有制。与此相应,在收入分配上实行单一的按劳分配,典型形式是城市中的"八级工资制"和农村中的"工分制"。"文化大革命"中对收入分配的恶劣影响就是按劳分配被"四人帮"践踏,产生平均主义分配,干多干少一个样,干好干坏一个样,压抑和束缚了群众建设社会主义的积极性。改革开放后,中国共产党对按劳分配理论进行了正本清源,打破平均主义"大锅饭",逐步形成了与社会主义公有制实现形式创新和所有制结构改革相适应的按劳分配为主体、多种分配方式并存的制度。1978年12月,党的十一届三中全会就着手打破平均主义,恢复和贯彻按

劳分配原则。我国分配体制改革先是通过恢复按劳分配打破平均主义"大锅饭"的收入分配体制,后来明确各种生产要素按贡献参与收入分配,从而形成按劳分配为主体、多种分配方式并存的分配制度。①

按劳分配是社会主义公有制经济及其利益实现的基本方式,本质上是社会主义社会劳动者主人翁地位及其权利的重要体现。坚持按劳分配主体地位,既是我国坚持以公有制为主体的必然要求,也是社会主义社会以人民为中心发展思想、实现收入合理分配的根本保障,更是防止两极分化、实现共同富裕的必然需要。共同富裕是社会主义的本质要求,是我国社会主义建设的根本目标。按劳分配是由社会主义公有制决定的,在社会主义社会生产资料归全体社会成员共同所有,全体劳动者对生产资料的占有是平等的,这就为避免出现两极分化、实现共同富裕提供了制度基础。

按劳分配不是平均分配,而是要求劳动者的报酬应与其付出的劳动量成正比,多劳多得,少劳少得,也就是劳酬一致。马克思说:"这种平等的权利,对不同等的劳动来说是不平等的权利。它不承认任何阶级差别,因为每个人都像其他人一样只是劳动者,但是它默认,劳动者的不同等的个人天赋,从而不同等的工作能力,是天然特权。所以就它的内容来讲,它像一切权利一样是一种不平等的权利……但是这些弊病,在经过长久阵痛刚刚从资本主义社会产生出来的共产主义社会第一阶段,是不可避免的。"②正因为如此,改革开放一开始,中国共产党就重新恢复了社会主义按劳分配原则,打破与单一公有制相应的平均主义分配方式。并且尽管全体劳动者对于生产资料的占有是平等的,但由于社会主义市场经济条件下公有制实现形式的多样化,必然会产生劳动者在生产资料具体占有形式上的差别,相应地引起劳动生产率

---

① 参见洪银兴:《社会主义基本经济制度的创新和优势》,《红旗文稿》,2020年第1期。
② 《马克思恩格斯文集》(第三卷),人民出版社,2009年,第435页。

的差别,从而导致不同形式的公有制经济出现劳动成果和经济效益的差别,这种差别也会反映到个人收入分配上。

其实,上述个人收入分配上的差别恰恰是按劳分配具有的激励作用的体现,不仅不会导致贫富悬殊、两极分化,反而能够形成全体社会成员实现共同富裕的外部动力,这也是社会主义社会持续发展的基本动力。因此,在社会主义初级阶段,由社会主义制度特征所决定,即使是多种生产要素参与收入分配,也要坚持按劳分配为主体。即使是参与收入分配的各种非劳动要素对财富创造的贡献在增大,也要保障处于生产一线的劳动者收入的增长。这是社会主义经济制度的现实体现。

三、坚持按劳分配和按要素分配相结合

共同富裕是指在生产力不断发展的基础上,全体社会成员按照社会主义公平与正义的原则共同分享经济社会的发展成果。共同富裕是社会主义的本质要求、根本原则和最终目标。"共同富裕"不是传统意义上的"均富""共富"思想,而是消除两极分化、真正实现人的全面发展的"共同富裕"。

邓小平认为,"社会主义最大的优越性就是共同富裕,这是体现社会主义本质的一个东西"[1];"社会主义的特点不是穷,而是富,但这种富是人民共同富裕"[2];"一个公有制占主体,一个共同富裕,这是我们所必须坚持的社会主义的根本原则"[3]。他指出,"社会主义原则,第一是发展生产力,第二是共同致富",实现共同富裕的物质基础是大力发展生产力,即"整个社会主义历

---

[1] 《邓小平文选》(第三卷),人民出版社,1993年,第364页。
[2] 同上,第265页。
[3] 同上,第111页。

史阶段的中心任务是发展生产力"。①在共同富裕的实现路径上,他反复强调:"我们允许一些地区、一些人先富起来,是为了最终达到共同富裕,所以要防止两极分化。"②他还指出:"一部分地区、一部分人可以先富起来,带动和帮助其他地区、其他的人,逐步达到共同富裕。"③

自党的十五大提出把按劳分配与按要素分配结合起来的论断之后,按生产要素分配方式成为我国分配制度的基本内容。按劳分配作为社会主义的分配原则,只存在于完全的公有制经济中。私营、外资企业则是按生产要素贡献分配。④新中国成立七十多年,特别是改革开放四十多年我国经济发展的实践证明,在社会主义初级阶段,分配制度不能太纯、分配方式不应单一。只有把按劳分配与按要素分配结合起来,才能最大限度地形成资源开发和资本积累的动力机制,加快社会生产力发展,推进共同富裕进程。

改革开放以来,我国个体和私营等非公有制经济快速发展,已经和公有制经济一起成为社会主义市场经济的重要组成部分和我国经济社会发展的基础。我国社会主义所有制结构已由单一公有制转变为以公有制为主体、多种所有制经济共同发展。与此相适应,我国的分配方式也由过去单一的按劳分配转变为按劳分配为主体、多种分配方式并存,资本、技术和管理等生产要素按贡献参与分配,初步形成了与社会主义市场经济相适应的收入分配制度。要素参与分配,从总体上说是符合发展社会生产力这个社会主义本质要求的。由于多种要素充分发挥作用而增加了社会财富,劳动者绝对收入也较前明显增加。这也是符合劳动者利益的。资本、劳动力、技术、管理等各个要素按贡献取得参与分配,相对于单一的按劳动贡献来分配,劳动报酬的份额下

---

① 《邓小平文选》(第三卷),人民出版社,1993年,第254~255页。
② 同上,第195页。
③ 同上,第149页。
④ 参见卫兴华:《关于中国特色社会主义政治经济学的一些新思考》,《经济研究》,2017年第12期。

降是无疑的。而且生产要素的报酬分别在各自的生产要素市场上决定着各种要素的市场供求关系,客观地体现在要素价格比例上。各种生产要素参与收入分配的体制安排,使劳动、资本、技术、管理等创造财富的活力充分迸发。

当然,即便是各种非劳动生产要素对收入增加做出了较大贡献,也不能因此而降低劳动报酬在收入分配中应占的比重。这里关注的是处于生产一线的直接劳动者的报酬。采用按生产要素分配方式,不应回避由此引起的收入分配差距拉大的问题。由于不同的利益主体对资本、技术等生产要素占有的差别,按生产要素分配方式在拉大收入差距方面的作用具有更大的力度、更广的影响。就我国实际情况而言,社会主义市场经济仍在不断发展完善中,市场机制发育还不够成熟,各种经济关系还在不断理顺,市场秩序也在逐步规范。因而客观存在着收入差距拉大甚至两极分化的趋势。所以党的十五大报告提出把按劳分配与按要素分配结合起来的同时,强调"规范收入分配,使收入差距趋向合理,防止两极分化"[①]。之后,始终强调扩大中等收入者的比重、提高低收入者的收入水平、扭转收入分配差距扩大的趋势。这表明中国共产党对采用按要素分配方式可能出现的收入分配差距拉大现象具有足够的认识。

在社会主义市场经济条件下,各种要素所有者都是社会主义建设者,按要素分配受到以公有制为主体特别是以按劳分配为主体的制约,具有不同于资本主义按要素分配的性质。一方面,坚持按生产要素分配不能动摇、削弱按劳分配的主体地位,否则就会在分配制度上偏离社会主义方向;另一方面,坚持按劳分配为主体不能阻碍、束缚按生产要素分配,否则就会在资源配置上影响市场机制决定性作用的发挥。因此,必须努力实现按劳分配与按生产要素分配长期共存、优势互补、互相促进、相得益彰。

---

① 中共中央文献研究室编:《十五大以来重要文献选编》(上),中央文献出版社,2011年,第21页。

第十二章　经济发展的中国道路

经济发展的中国道路，是一代代中国共产党人在将马克思主义基本原理同中国社会主义建设实践相结合的过程中，不断探索、不断总结出来的。经济发展的中国道路，不仅解决了经济发展的动力、目标等根本问题，而且也解决了影响经济发展的体制、机制等制度问题，从而开辟了我国经济发展的广阔前景，推动着我国经济向着又好又快的方向持续迈进。

第一节　"发展才是硬道理"的思想

党的十一届三中全会以后，如何让中国发展起来的问题成为中国社会最大的问题。在邓小平理论中，发展问题占有十分突出的地位，他提出了"发展才是硬道理"[①]的著名论断，进一步丰富了马克思主义的发展观，极大地推

[①]　《邓小平文选》（第三卷），人民出版社，2008年，第377页。

动着我国改革开放和社会主义现代化建设的进程。

一、转向以经济建设为中心的思想

1978年,党的十一届三中全会作出了将我国的中心工作转移到经济建设上来的重要战略部署,从此,紧紧围绕经济建设这个中心不动摇就成为我国改革开放后的总路线。1980年1月,邓小平在分析当时形势和任务的讲话中指出:"总路线……是一个长期的任务。如果发生大规模战争,要打仗,只好停一停了。除了发生这种情况,我们一定要按照这条路线专心致志地、始终如一地干下去。近三十年来经过几次波折,始终没有把我们的工作着重点转到社会主义建设这方面来,所以,社会主义优越性发挥得太少,社会生产力的发展不快、不稳、不协调,人民的生活没有得到多大的改善。十年的"文化大革命",更使我们吃了很大的苦头,造成很大的灾难。现在要横下心来,除了爆发大规模战争外,就要始终如一地、贯彻始终地搞这件事,一切围绕着这件事,不受任何干扰。就是爆发大规模战争,打仗以后也要继续干,或者重新干。我们全党全民要把这个雄心壮志牢固地树立起来,扭着不放,'顽固'一点,毫不动摇。"①

(一)转向以经济建设为中心同对社会主义本质的认识相关

早在1978年9月,邓小平就指出:"我们是社会主义国家,社会主义制度优越性的根本表现,就是能够允许社会生产力以旧社会所没有的速度迅速发展,使人民不断增长的物质文化生活需要能够逐步得到满足。按照历史唯物主义的观点来讲,正确的政治领导的成果,归根结底要表现在社会生产力

---

① 《邓小平文选》(第二卷),人民出版社,2008年,第248~249页。

第四编　改革开放时期党的经济思想

的发展上,人民物质文化生活的改善上。如果在一个很长的历史时期内,社会主义国家生产力发展的速度比资本主义国家慢,还谈什么优越性？我们要想一想,我们给人民究竟做了多少事情呢？我们一定要根据现在的有利条件加速发展生产力,使人民的物质生活好一些,使人民的文化生活、精神面貌好一些。"①

邓小平特别指出:"社会主义必须大力发展生产力,逐步消灭贫困,不断提高人民的生活水平……因此,我强调提出,要迅速地坚决地把工作重点转移到经济建设上来。"②他还说:"社会主义的首要任务是发展生产力,逐步提高人民的物质和文化生活水平。贫穷不是社会主义,社会主义要消灭贫穷。不发展生产力,不提高人民的生活水平,不能说是符合社会主义要求的。"③

邓小平反复强调:"马克思主义最注重发展生产力"④,"马克思主义历来认为,社会主义要优于资本主义,它的生产发展速度应该高于资本主义"⑤。"马克思主义的基本原则就是要发展生产力。马克思主义的最高目的就是要实现共产主义,而共产主义是建立在生产力高度发展的基础上的。社会主义是共产主义的第一阶段,是一个很长的历史阶段。社会主义的首要任务是发展生产力,逐步提高人民的物质和文化生活水平。"⑥他指出,物质生产资料的生产是一切社会生存和发展的基础,生产力的发展水平是社会进步的重要标志,所以要真正坚持社会主义制度,"最根本的是要发展社会生产力"⑦。因此,"在社会主义国家,一个真正的马克思主义政党在执政以后,一定要致力于发

---

① 《邓小平文选》(第二卷),人民出版社,2008年,第128页。
② 《邓小平文选》(第三卷),人民出版社,2008年,第10~11页。
③⑥　同上,第116页。
④　同上,第63页。
⑤ 《邓小平文选》(第二卷),人民出版社,2008年,第312页。
⑦ 《邓小平文选》(第三卷),人民出版社,2008年,第149页。

展生产力,并在这个基础上逐步提高人民的生活水平"①。

1982年10月,邓小平指出:"要一心一意搞建设。国家这么大,这么穷,不努力发展生产,日子怎么过? 我们人民的生活如此困难,怎么体现出社会主义的优越性?"②1984年6月,他在会见外国友人时又一次指出:"社会主义阶段的最根本任务就是发展生产力,社会主义的优越性归根到底要体现在它的生产力比资本主义发展得更快一些、更高一些,并且在发展生产力的基础上不断改善人民的物质文化生活。如果说我们建国以后有缺点,那就是对发展生产力有某种忽视。社会主义要消灭贫穷。贫穷不是社会主义,更不是共产主义。"③

1987年4月,邓小平指出:"搞社会主义,一定要使生产力发达,贫穷不是社会主义。我们坚持社会主义,要建设对资本主义具有优越性的社会主义,首先必须摆脱贫穷……只有到了下世纪中叶,达到了中等发达国家的水平,才能说真的搞了社会主义,才能理直气壮地说社会主义优于资本主义"④。在邓小平看来,马克思主义最基本的原则就是要发展生产力,社会主义的本质内容和首要任务就是要发展生产力,所以讲马克思主义,讲坚持社会主义,首先就要讲大力发展生产力,否则就违背了马克思主义理论,就不能真正坚持社会主义。他反复强调:"坚持社会主义的发展方向,就是肯定社会主义的根本任务是发展生产力,逐步摆脱贫穷,使国家富强起来,使人民生活得到改善。没有贫穷的社会主义。社会主义的特点不是穷,而是富,但这种富是人民共同富裕。"⑤

---

① 《邓小平文选》(第三卷),人民出版社,2008年,第28页。
② 同上,第10页。
③ 同上,第65~66页。
④ 同上,第225页。
⑤ 同上,第264页。

第四编　改革开放时期党的经济思想

1992年春,邓小平在南方谈话中明确指出,解放和发展生产力是社会主义的本质要求。邓小平指出:"社会主义的本质,是解放生产力,发展生产力,消灭剥削,消除两极分化,最终实现共同富裕。"①这段言简意赅的表述,包含着深邃的理论内容,是社会主义本质理论的重大突破,极大地解放了人们的思想,为中国社会"一心一意搞建设,聚精会神谋发展"扫除了思想上的重重障碍。

改革开放以后,中国所走的社会主义道路,不是从本本出发的,而是有明显的中国特色。"因为在中国建设社会主义这样的事,马克思的本本上找不出来,列宁的本本上也找不出来。"②所以中国要想发展,必须走出一条适合自己的道路。

(二)把马克思主义同中国实际结合起来走自己的路

邓小平指出:"中国革命的成功,是毛泽东同志把马克思列宁主义同中国的实际相结合,走自己的路。现在中国搞建设,也要把马克思列宁主义同中国的实际相结合,走自己的路。……把马克思主义列宁主义的基本原理同中国实际相结合,走自己的路。这是我们吃了苦头总结出来的经验。"③他说:"我们的原则是把马克思主义同中国的实践相结合,走中国自己的道路,我们叫建设有中国特色的社会主义。"④为此,他明确指出,中国共产党的思想路线"就是坚持马克思主义,坚持把马克思主义同中国实际相结合,也就是坚持毛泽东同志说的实事求是,坚持毛泽东同志的基本思想"。因此,中国共产党人从长期革命和建设实践中摸索出一条真理,即"马克思主义必须是同中

---

① 《邓小平文选》(第三卷),人民出版社,2008年,第373页。
② 同上,第260页。
③ 同上,第95页。
④ 同上,第135页。

国实际相结合的马克思主义,社会主义必须是切合中国实际的有中国特色的社会主义"。①

邓小平指出,如果"一切从本本出发,思想僵化,迷信盛行,那它就不能前进,它的生机就停止了,就要亡党亡国"。只有"解放思想,坚持实事求是,一切从实际出发,理论联系实际,我们的社会主义现代化建设才能顺利进行,我们党的马列主义、毛泽东思想的理论才能顺利发展"。②

1985年8月,邓小平在会见非洲客人时指出:"我们总结了几十年搞社会主义的经验。社会主义是什么,马克思主义是什么,过去我们并没有完全搞清楚……在社会主义建设方面,我们的经验有正面的,也有反面的,正反两方面的经验都有用。"③1987年4月,他再次指出:"一九七八年底我们党的十一届三中全会,非常严肃和认真地总结了建国后的近三十年的经验。在这个基础上,我们提出了现在的一系列政策,主要是改革和开放,对内开放和对外开放;提出了我们的根本路线,就是把工作重点转到建设上来,不受任何干扰,一心一意、坚定不移地搞社会主义现代化建设。"他还说:"中国搞现代化,只能靠社会主义,不能靠资本主义。历史上有人想在中国搞资本主义,总是行不通。我们搞社会主义虽然犯过错误,但总的说来,改变了中国的面貌。我们既有'左'的干扰,也有右的干扰,但最大的危险还是'左'。"④

(三)中国发展要走自己的路必须坚持独立自主自力更生

邓小平说:"我们搞的现代化,是中国式的现代化;我们建设的社会主义,是有中国特色的社会主义。我们主要是根据自己的实际情况和自己的条件,以

---

① 《邓小平文选》(第三卷),人民出版社,2008年,第62~63页。
② 《邓小平文选》(第二卷),人民出版社,2008年,第143页。
③ 《邓小平文选》(第三卷),人民出版社,2008年,第137~139页。
④ 同上,第228~229页。

自力更生为主。"①独立自主自力更生,是新中国成立以来一直坚持的一个基本方针。邓小平把它提到了走自己的发展道路的高度来认识。他说:"中国的事情要按中国的情况来办,要依靠中国人自己的力量来办,独立自主,自力更生,无论过去、现在和将来,都是我们的立足点。中国人民珍惜同其他国家和人民的友谊和合作,更加珍惜自己经过长期奋斗而得来的独立自主权利。任何外国不要指望中国做他们的附庸,不要指望中国会吞下损害我国利益的苦果。"②

二、发展是中国解决所有问题的关键

在作出改革开放战略部署前后,邓小平冷静地分析了当时的国际局势,把中国前途与世界潮流联系起来,强调了发展问题对当时中国的极端重要性和紧迫性。他反复强调:"中国解决所有问题的关键是要自己的发展"③,"要善于把握时机来解决我们的发展问题"④,而中国的发展问题,其"核心是经济建设,它是解决国际国内问题的基础"⑤。

1984年10月,邓小平在中央顾问委员会第三次全体会议上的讲话指出:"物质是基础,人民的物质生活好起来,文化水平提高了,精神面貌会有大变化。我们对刑事犯罪活动的打击是必要的,今后还要继续打击下去,但是只靠打击并不能解决根本问题,翻两番,把经济搞上去才是真正治本的途径。当然我们总还要做教育工作,人的工作,那是永远不能少的。但经济发展是个基础,在这个基础上工作就好做了。如果实现了翻两番,那时会是个什么

---

① 《邓小平文选》(第三卷),人民出版社,2008年,第29页。
②⑤ 同上,第3页。
③ 同上,第265页。
④ 同上,第365页。

样的政治局面？我看真正的安定团结是肯定的。"①

1985年6月，邓小平在军委扩大会议上的讲话指出："先把经济搞上去，一切都好办。现在就是要硬着头皮把经济搞上去，就这么一个大局，一切都要服从这个大局。"② 1987年6月，他再次强调："中国的主要目标是发展，是摆脱落后，使国家的力量增强起来，人民的生活逐步得到改善。"③

1980年1月，邓小平提出了20世纪80年代三件大事：一是反对霸权主义、维护世界和平，二是台湾回归祖国、实现祖国统一，三是加紧经济建设。他说："三件事的核心是现代化建设。这是我们解决国际问题、国内问题的最主要的条件。一切决定于我们自己的事情干得好不好。我们在国际事务中起的作用的大小，要看我们自己经济建设成就的大小。如果我们国家发展了，更加兴旺发达了，我们在国际事务中的作用就会大。现在我们在国际事务中起的作用并不小，但是，如果我们的物质基础、物质力量强大起来，起的作用就会更大。"④ 1984年10月，他再次指出："中国是个大国，又是个小国。所谓大国就是人多，土地面积大。所谓小国就是中国还是发展中国家，还比较穷，国民生产总值人均不过三百美元……中国的经济发展水平现在还比较低，同我们这样一个人多地大的国家的地位不相称。"⑤中国必须要发展起来，不断增强自身维护世界和平的能力与实力。

1985年3月，邓小平在会见日本人士时指出："中国的发展对世界、对亚太地区的和平和稳定都是有利的……坦率地说，我们这一角力量是很薄弱的……实际上是个小国，是不发达国家或叫发展中国家。如果说中国是一个和平力

---

① 《邓小平文选》（第三卷），人民出版社，2008年，第89页。
② 同上，第129页。
③ 同上，第244页。
④ 《邓小平文选》（第二卷），人民出版社，2008年，第240~241页。
⑤ 《邓小平文选》（第三卷），人民出版社，2008年，第94页。

第四编　改革开放时期党的经济思想

量、制约战争的和平力量的话,现在这个力量还小。等到中国发展起来了,制约战争的和平力量将会大大增强。"①只有"国家的力量真正强大起来了,中国在国际上的影响也会大不同了。所以要埋头苦干,艰苦奋斗"②。1985年6月,他又指出:"搞社会主义,中心任务就是发展社会生产力。一切有利于发展社会生产力的方法,包括利用外资和引进先进技术,我们都采用。这是个很大的试验,是书本上没有的。"③

邓小平在提出发展是硬道理的科学论断同时提出了"三个有利于"的标准。邓小平在南方谈话中指出:"判断的标准,应该主要看是否有利于发展社会主义社会的生产力,是否有利于增强社会主义国家的综合国力,是否有利于提高人民的生活水平。"④这实际上就是生产力标准。在这里,邓小平坚持了根本任务和根本标准的一致性。社会主义的根本任务是解放和发展生产力,这就决定了检验我们工作的标准只能是生产力标准。坚持这个标准就可以使全党和全国人民更好地坚持以经济建设为中心,更好地坚持解放思想、实事求是的思想路线,更好地吸收和借鉴当今世界一切文明成果。只有这样,我们才能促进中国特色的社会主义健康发展。邓小平指出:"现在的问题是要注意争取时间,该上的要上……老是在一些具体问题上试点,几年解决不了几个问题,这就太慢了。"⑤

按照"三个有利于"标准来发展生产力,就应该鼓励人民群众大胆地试、大胆地闯。1992年,邓小平在南方谈话中指出:"改革开放胆子要大一些,敢于试验,不能像小脚女人那样。看准了的,就大胆地试,大胆地闯……没有一

---

① 《邓小平文选》(第三卷),人民出版社,2008年,第105页。
② 同上,第89页。
③ 同上,第130页。
④ 同上,第372页。
⑤ 同上,第25页。

点闯的精神,没有一点'冒'的精神,没有一股气呀、劲呀,就走不出一条好路,走不出一条新路,就干不出新的事业。"[1]

按照"三个有利于"标准来发展生产力,就应该尊重群众的首创精神。邓小平指出:"农村改革中好多东西,都是基层创造出来的,我们把它拿来加工提高作为全国的指导。"[2]事实上,改革开放以后我国许多成功的、可复制的发展经验都是群众的智慧、集体的智慧;我们的许多经验和做法是在尊重群众首创精神的基础上总结概括出来的。因此,相信群众,依靠群众,尊重群众的首创精神,本身就是坚持促进生产力发展的"三个有利于"标准。

三、科学技术是第一生产力的论断

早在1978年,邓小平就在全国科学大会开幕式上的讲话中指出:"科学技术是生产力,这是马克思主义历来的观点……科学技术作为生产力,越来越显示出巨大的作用。""社会生产力有这样巨大的发展,劳动生产率有这样大幅度的提高,靠的是什么?最主要的是靠科学的力量、技术的力量。""科学技术正在成为越来越重要的生产力。"[3]

1982年9月,党的十二大报告指出:"四个现代化的关键是科学技术的现代化。"要通过大力发展教育来提高全民族的科学文化水平,"在今后二十年内,一定要牢牢抓住农业、能源和交通,教育和科学这几个基本环节,把它们作为经济发展的战略重点"。

1987年10月,党的十三大报告指出:"现代科学技术和现代化管理是提

---

[1] 《邓小平文选》(第三卷),人民出版社,2008年,第372页。
[2] 同上,第382页。
[3] 《邓小平文选》(第二卷),人民出版社,2008年,第87~88页。

高经济效益的决定性因素,是使我国经济走向新的成长阶段的重要支柱";"科学技术进步和管理水平的提高,将在根本上决定我国现代化建设的进程,是关系民族振兴的大事"。因此,要"把发展科学技术和教育事业放在首要位置,使经济建设转到依靠科技进步和提高劳动者素质的轨道上来"。

1988年9月,邓小平说:"马克思讲过科学技术是生产力,这是非常正确的,现在看来这样说可能不够,恐怕是第一生产力。"[1]为什么只说科学技术是生产力已经不够了呢?按照邓小平自己的解释:"我说科学技术是第一生产力。近一二十年来,世界科学技术发展得多快啊!高科技领域的一个突破,带动一批产业的发展。我们自己这几年,离开科学技术能增长得这么快吗?要提倡科学,靠科学才有希望。"[2]"从长远看,要注意教育和科学技术。否则,我们已经耽误了二十年,影响了发展,还要再耽误二十年,后果不堪设想。"[3]他由此提出"科学技术是第一生产力"的论断。

党中央提出"科学技术是第一生产力",并不是偶然的,而是基于对历史教训的反思、现实发展的思考和未来发展的前瞻,是一个经过长期酝酿、深思熟虑而最终升华出来的科学结论,是对马克思"科学技术是生产力"理论的继承发展和创新。

四、处理好发展、改革、稳定的关系

党的十四大在全面分析国内外形势的基础上,把"抓住机遇、深化改革、扩大开放、促进发展、保持稳定"作为全党和全国工作的指导方针。

---

[1] 《邓小平文选》(第三卷),人民出版社,2008年,第275页。
[2] 同上,第377~378页。
[3] 同上,第274~275页。

改革是发展的动力。1985年3月,邓小平在会见外宾时提出:"改革是中国的第二次革命。"①这是因为革命与改革都是为了促进生产力的发展,都是为了破除阻碍生产力发展的束缚。只有改革,才能解决生产力发展过程中新出现的各种问题,为生产力发展开辟出广阔空间。邓小平说:"我们所有的改革都是为了一个目的,就是扫除发展社会生产力的障碍。""改革的性质同过去的革命一样,也是为了扫除发展社会生产力的障碍,使中国摆脱贫穷落后的状态。从这个意义上说,改革也可以叫革命性的变革。"②因此,"改革是中国发展生产力的必由之路"③。

1992年春,邓小平在南方谈话中指出:"革命是解放生产力,改革也是解放生产力。推翻帝国主义、封建主义、官僚资本主义的反动统治,使中国人民的生产力获得解放,这是革命,所以革命是解放生产力。社会主义基本制度确立以后,还要从根本上改变束缚生产力发展的经济体制,建立起充满生机和活力的社会主义经济体制,促进生产力的发展,这是改革,所以改革也是解放生产力。过去,只讲在社会主义条件下发展生产力,没有讲还要通过改革解放生产力,不完全。应该把解放生产力和发展生产力两个讲全了。"④

发展是改革的目的。邓小平说:"一切问题的最终解决,都要看经济的发展。""抓住时机,发展自己,关键是发展经济。"⑤邓小平强调,加快发展,是建设中国特色社会主义理论的重要组成部分。发展经济是一切工作的中心,改革、维护稳定都要有坚实的物质基础和良好的经济条件。因此,我们始终要把加快发展摆在十分突出的地位,抓住机遇,立足现实,促进经济既好又快地发

---

① 《邓小平文选》(第三卷),人民出版社,2008年,第113页。
② 同上,第134~135页。
③ 同上,第136页。
④ 同上,第370页。
⑤ 同上,第375、377页。

第四编　改革开放时期党的经济思想

展。邓小平说:"发展太慢也不是社会主义。"因为发展太慢不利于增强综合国力,不利于实现人民的共同富裕,难以体现社会主义的优越性。因此,要"争取一个比较满意的发展速度","凡是能够积极争取的发展速度,还是积极争取"。邓小平说:"能发展就不要阻挡,有条件的地方要尽可能搞快点,只要是讲效益,讲质量,搞外向型经济,就没有什么可以担心的。"①

稳定是改革和发展的前提。无论改革还是发展都需要有一个稳定的社会环境作保障。邓小平认为:"只有稳定,才能有发展。"②他反复强调:"中国的问题,压倒一切的是需要稳定。没有稳定的环境,什么都搞不成,已经取得的成果也会失掉。"③他还说:"中国要摆脱贫困,实现四个现代化,最关键的问题是需要稳定。"④

稳定是加快改革和经济发展的前提条件。只有稳定,改革才能顺利进行,经济发展才有可靠的保证。邓小平指出,要达到我们的目标,需要什么条件呢?"第一条,需要政局稳定。……中国发展的条件,关键是要政治稳定。第二条,就是现行的政策不变……一个是政局稳定,一个是政策稳定,两个稳定。不变也就是稳定。"⑤这就是说,中国要发展,必须有稳定的政治环境。他说:"中国的主要目标是发展,是摆脱落后,使国家的力量增强起来,人民的生活逐步得到改善。要做这样的事,必须有安定的政治环境。没有安定的政治环境,什么事情都干不成。"⑥"稳定压倒一切。"⑦

经济发展,除了要有稳定的国内环境,还要有和平的国际环境。邓小平

---

① 《邓小平文选》(第三卷),人民出版社,2008年,第375页。
② 同上,第357页。
③ 同上,第284页。
④ 同上,第348页。
⑤ 同上,第216~217页。
⑥ 同上,第244页。
⑦ 同上,第331页。

说:"中国要实现自己的发展目标,必不可少的条件是安定的国内环境与和平的国际环境。"①邓小平深刻分析了我国面临的国际挑战和大好机遇,认为要争取和平的国际环境,必须做到两条:一是要奉行独立自主的和平外交政策,主张用和平谈判的方式,以"一国两制""共同开发"的办法去解决国际争端,正确处理国际矛盾;二是要在国际事务中高举反对霸权主义、维护世界和平的旗帜。

第二节 对外开放的基本国策

当今世界是开放的世界、彼此依存的世界,经济全球化已成为当今世界经济发展的潮流和趋势,经过多年实践,我们党把实行对外开放作为我国长期坚持的基本国策,作为加快社会主义现代化建设的战略措施。

一、对外开放基本国策的提出

改革开放以前,一方面是由于帝国主义对我国的封锁,我们只能实行局部的、仅对社会主义国家开放的政策;另一方面是受"左"的思想的干扰,基本上割断了与世界各国的经济联系。

1978年3月,邓小平在全国科学大会开幕式上的讲话中说:"任何一个民族、一个国家,都需要学习别的民族、别的国家的长处,学习人家的先进科学技术。我们不仅因为今天科学技术落后,需要努力向外国学习,即使我们的

---

① 《邓小平文选》(第三卷),人民出版社,2008年,第360页。

第四编　改革开放时期党的经济思想

科学技术赶上了世界先进水平,也还要学习人家的长处。"这表明了他主张对外开放并且要长期开放的战略思想。

根据邓小平的建议,党的十一届三中全会确定了我国实行对外开放、对内搞活经济的重大战略方针。全会指出,要"在自力更生的基础上积极发展同世界各国平等互利的经济合作,努力采用世界先进技术和先进设备"。

1981年11月,五届全国人大四次会议通过的政府工作报告指出,要坚持对外开放政策,增强我国自力更生的能力。"我们要利用两种资源,首先是国内资源,其次是国际资源;开拓两个市场,首先是国内市场,其次是国际市场;学会两套本领,一是管理国内经济的本领,二是开展对外经济贸易的本领。"①

1984年6月,邓小平同一些日本客人谈话时指出,现在的世界是开放的世界。中国在历史上落后,就是因为闭关自守。他说:"建国以后,人家封锁我们,在某种程度上我们也还是闭关自守,这给我们带来了一些困难。还有一些'左'的政策,给我们带来了一些灾难,特别是'文化大革命'。总之,三十几年的经验是,关起门搞建设是不行的,发展不起来。"在这次谈话中,他还说:"从对外关系来说,就是要进一步实行开放政策。"同年10月,党的十二届三中全会通过的《中共中央关于经济体制改革的决定》,明确"把对外开放作为长期的基本国策,作为加快社会主义现代化建设的战略措施"。

邓小平明确指出:"关起门来搞建设是不能成功的,中国的发展离不开世界。当然,像中国这样大的国家搞建设,不靠自己不行,主要靠自己,这叫做自力更生。但是,在坚持自力更生的基础上,还需要对外开放,吸收外国的

---

① 中共中央文献研究室编:《三中全会以来重要文献选编》(下),人民出版社,1982年,第960页。

资金和技术来帮助我们发展。"①邓小平也清醒地认识到,"从发达国家取得资金和先进技术不是容易的事情。有那么一些人还是老殖民主义者的头脑,他们企图卡住我们穷困的脖子,不愿意我们得到发展"。因此,他说:"我们一方面实行开放政策,另一方面仍坚持建国以来毛泽东主席一贯倡导的自力更生为主的方针。必须在自力更生的基础上争取外援,主要依靠自己的艰苦奋斗。"②并且,他十分自信地说:"我们相信会成功的。我们不靠上帝,而靠自己努力,靠不断总结经验,坚定地前进。"③

1985年4月,邓小平在会见外宾时指出:"对外开放具有重要意义,任何一个国家要发展,孤立起来,闭关自守是不可能的,不加强国际交往,不引进发达国家的先进经验、先进科学技术和资金,是不可能的。"④

1986年9月,党的十二届六中全会通过的《中共中央关于社会主义精神文明建设的指导方针》对对外开放作了更全面的说明,指出"对外开放作为一项不可动摇的基本国策,不仅适用于物质文明建设,而且适用于精神文明建设"。在坚决摒弃资本主义一切丑恶腐朽的东西的同时,"必须下大决心用大力气,把当代世界各国包括资本主义发达国家的先进的科学技术、具有普遍适用性的经济行政管理经验和其他有益文化学到手,并在实践中加以检验和发展。不这样做就是愚昧,就不能实现现代化"⑤。

党的十三大报告又把坚持对外开放,作为社会主义初级阶段应当确立的具有长远意义的指导方针。1989年以后,邓小平多次提醒全党,不能因为有西方坏的影响进来,就否定改革开放,"切不要把中国搞成一个关闭性的国

---

① 《邓小平文选》(第三卷),人民出版社,2008年,第78~79页。
② 《邓小平文选》(第二卷),人民出版社,2008年,第405~406页。
③ 《邓小平文选》(第三卷),人民出版社,2008年,第118页。
④ 同上,第117页。
⑤ 中共中央文献研究室编:《十二大以来重要文献选编》(下),人民出版社,1988年,第1177页。

家",他明确指出:"我们的一些基本提法,从发展战略到方针政策,包括改革开放,都是对的",不是开放得过头,而是"开放得还不够"。[1]邓小平反复强调指出:"建设一个国家,不要把自己置于封闭状态和孤立地位。要重视广泛的国际交往,同什么人都可以打交道,在打交道的过程中趋利避害。用我们的话讲,叫对外开放。"[2]"中国要谋求发展,摆脱贫穷和落后,就必须开放。开放不仅是发展国际间的交往,而且要吸收国际的经验。"[3]

党的十四大报告提出:"进一步扩大对外开放","对外开放的地域要扩大,形成多层次、多渠道、全方位开放的格局",并指出"利用外资的领域要拓宽",积极开拓国际市场,促进对外贸易多元化,发展外向型经济。

1993年11月,党的十四届三中全会通过的《中共中央关于建立社会主义市场经济体制若干问题的决定》指出:"坚定不移地实行对外开放政策,加快对外开放步伐,充分利用国际国内两个市场、两种资源,优化资源配置。积极参与国际竞争与国际经济合作,发挥我国经济的比较优势,发展开放型经济,使国内经济与国际经济实现互接互补",提出"实行全方位开放","引导对外开放向高层次、宽领域、纵深化方向发展"。为此,"进一步改革对外经济贸易体制,建立适应国际经济通行规则的运行机制";"积极引进外来资金、技术、人才和管理经验。改善投资环境和管理办法,扩大引进规模,拓宽投资领域,进一步开放国内市场。创造条件对外商投资企业实行国民待遇,依法完善对外商投资企业的管理。引导外资重点投向基础设施、基础产业、高新技术产业和老企业的技术改造,鼓励兴办出口型企业。发挥我国资源和市场的比较优势,吸引外来资金和技术,促进经济发展"。

---

[1] 中共中央文献研究室编:《十三大以来重要文选编》(上),人民出版社,1991年,第540页。
[2] 《邓小平文选》(第三卷),人民出版社,2008年,第260页。
[3] 同上,第266页。

党的十五大进一步明确"对外开放是一项长期的基本国策",提出"要以更加积极的姿态走向世界,完善全方位、多层次、宽领域的对外开放格局,发展开放型经济,增强国际竞争力,促进经济结构优化和国民经济素质提高"。

2002年,在我国已经加入世界贸易组织的背景下,党的十六大报告指出:"适应经济全球化和加入世贸组织的新形势,在更大范围、更广领域和更高层次上参与国际经济技术合作和竞争,充分利用国际国内两个市场,优化资源配置,以开放促改革促发展。"

2007年,党的十七大报告继续强调对外开放是我国的基本国策。报告指出:"坚持对外开放的基本国策,把'引进来'和'走出去'更好结合起来,扩大开放领域,优化开放结构,提高开放质量,完善内外联动、互利共赢、安全高效的开放型经济体系,形成经济全球化条件下参与国际经济合作和竞争新优势。"

二、对外开放的内容和原则

1982年1月,胡耀邦在中央书记处会议上的讲话中,提出了六个对外开放问题:"第一,要善于吸引国外资金;第二,要正确引进国外先进科学技术;第三,要大力发展国际劳务合作;第四,要大力促进国内产品进入国际市场;第五,要正确掌握对外经济援助;第六,要正确处理对外关系中政治和经济的关系。"[1]这六个问题涉及了对外开放的主要原则、主要内容和形式。

胡耀邦说,利用外资的方式大体有三种:一是吸引直接投资,包括合资

---

[1] 中共中央文献研究室编:《三中全会以来重要文献选编》(下),人民出版社,1982年,第1047页。

经营、合作经营、合作开发、补偿贸易,以及加工装配等;二是争取外国政府和国际金融组织提供的中长期、中低利贷款,以及各种名目的开发基金,救济基金等;三是一般商业贷款。其中吸引直接投资是最重要的方式。它有两大好处:一是同投资者的利益直接挂钩,共担风险;二是可以更好地学习外国的先进技术和经营管理经验。为了有效地吸引直接投资,需要一套开明的方针:一是大中小项目一起上,以中小为主;二是欢迎外国资本家、华侨资本家和港澳、台湾资本家一起来;三是适当放宽政策,让他们有利可图。胡耀邦赞成陈云的意见,对一般商业贷款一定要谨慎,要吸取东欧国家债台高筑的教训。

对于如何正确引进国外先进技术,胡耀邦说,路子宽广,不要理解得太狭窄。这方面的内容大致包括五大项:一是先进设备或部件,二是新型和优质的材料,三是新的原理、数据和配方,四是新的工艺和科学的操作规程,五是先进的经营管理方法。

1987年3月,六届全国人大五次会议的政府工作报告指出,利用国外各种资金,吸引外商在我国举办中外合资、合作企业或独资企业,是实行对外开放的重要内容,也是补充国内资金不足、增加出口创汇能力、提高我国技术和管理水平的重要途径。总结我们自己的经验和借鉴国外的经验,利用外资必须把握三条原则:"第一,借外债的总额要有控制,外债结构要合理,要同自己的偿还能力和消化能力相适应;第二,一定要用在生产建设上,重点是出口创汇企业、进口替代企业和技术先进的企业;第三,利用外资要讲求经济效益,创造的纯收入,无论如何不能统统花掉,一定要留足及时还本付息的部分。"

1987年10月,党的十三大报告重点谈了两个问题:出口创汇与利用外资。关于出口创汇,报告指出:"出口创汇能力的大小,在很大程度上决定着我国对外开放的程度和范围,影响着国内经济建设的规模和进程。必须根据国际市场的需要和我国的优势,积极发展具有竞争力、见效快、效益高的出口产业和产品,大力提高出口商品的质量,合理安排出口商品结构,多方位地开拓国际市场,以争取出口贸易较快地持续增长。同时,积极发展旅游业,发展劳务出口和技术出口,努力增加非贸易外汇收入。进口的重点要放在引进先进技术和关键设备上。凡是适宜于国内生产的重大设备和其他产品,要努力提高产品质量和性能,做到立足于国内。积极发展替代进口产品的生产,采取必要的政策和措施,加快国产化进程。为了更好地扩大对外贸易,必须按照有利于促进外贸企业自负盈亏、放开经营、工贸结合、推行代理制的方向,坚决地有步骤地改革外贸体制。"关于利用外资,报告指出:"对于国外资金的利用,要根据偿还能力和国内资金、物资配套能力,保持适当的规模和合理的结构,大力提高外资使用的综合经济效益。"

为了促进对外贸易的发展,1993年11月,党的十四届三中全会通过的《中共中央关于建立社会主义市场经济体制若干问题的决定》提出了推行外贸改革方向,"加速转换各类企业的对外经营机制,按照现代企业制度改组国有对外经贸企业,赋予具备条件的生产和科技企业对外经营权,发展一批国际化、实业化、集团化的综合贸易公司"。该决定还提出了改革进出口管理制度、完善出口退税制度、降低关税水平等促进贸易发展的措施。

党的十五大报告提出,要"以提高效益为中心,努力扩大商品和服务的对外贸易,优化进出口结构。坚持以质取胜和市场多元化战略,积极开拓国际市场。进一步降低关税总水平,鼓励引进先进技术和关键设备。深化对外经济贸易体制改革,完善代理制,扩大企业外贸经营权,形成平等竞争的政策环境。积极参与区域经济合作和全球多边贸易体系";在利用外资方面,"积极合理有效地利用外资。有步骤地推进服务业的对外开放。依法保护外商投资企业的权益,实行国民待遇,加强引导和监管。鼓励能够发挥我国比较优势的对外投资。更好地利用国内国外两个市场、两种资源。完善和实施涉外经济贸易的法律法规。正确处理对外开放同独立自主、自力更生的关系,维护国家经济安全"。

2001年12月,历经16年艰苦谈判,中国正式成为世界贸易组织成员。为适应其要求并推动中国开放型经济发展,我国进行了一系列的改革。例如,2004年修订的《中华人民共和国对外贸易法》完成了外贸经营权由审批制向登记备案制的转变,指出:"从事货物进出口或者技术进出口的对外贸易经营者,应当向国务院对外贸易主管部门或者其委托的机构办理备案登记。"取消外贸经营权审批促进了国有企业、外商投资企业和民营企业多元化外贸经营格局的形成。截至2010年,中国加入世界贸易组织的所有承诺全部履行完毕。中国认真履行承诺的实际行动得到世界贸易组织大多数成员的肯定。2006年、2008年和2010年,中国政府接受了世界贸易组织的三次贸易政策审议。世界贸易组织所倡导的非歧视、透明度、公平竞争等基本原则已经融入中国的法律法规和有关制度。市场意识、开放意识、公平竞争意识、法治精神和知识产权观念等在中国更加深入人心,推动了中国经济进一步开放和市场经济体制进一步完善。

三、发展经济特区和沿海开放战略的实施

邓小平是创办经济特区的倡导者和主要决策者。1979年4月,他在听取中共广东省委主要负责人的汇报后说,可以划出一块地方叫作特区。陕甘宁就是特区嘛。中央没有钱,要你们自己搞,杀出一条"血路"。他说:"名字叫经

济特区,搞政治特区就不好了。"①

同年7月,党中央国务院决定对广东、福建两省的对外经济活动实行"特殊政策、灵活措施",允许其试办出口特区,并决定在广东的深圳、珠海两市试办经济特区。1980年5月,中央在总结深圳、珠海试办经济特区的基础上,又明确提出建立汕头、厦门两个特区。1980年8月,全国人大常委会正式通过并颁布《广东省经济特区条例》,经过几年努力,特区的建设和改革取得了显著的成就。

1984年2月,邓小平视察了深圳、珠海、厦门3个经济特区,充分肯定了经济特区取得的成绩。他在视察期间题了一些词,在深圳的题词是:"深圳的发展和经验证明,我们建立经济特区的政策是正确的。"在珠海的题词是:"珠海经济特区好。"在厦门的题词是:"把经济特区办得更快些、更好些。"回到北京后,他同几位中央领导说:"我们建立特区,实行开放政策,有个指导思想要明确,就是不是收,而是放。"他指出:"特区是个窗口,是技术的窗口,管理的窗口,知识的窗口,也是对外政策的窗口"②,形象且深刻地概括了经济特区的功能和作用。他还考虑怎样进一步开放的问题,提出:除现在的特区之外,可以考虑再开放几个点,增加几个港口城市,如大连、青岛。有些地方不叫特区,但可以实行特区的某些政策。这样做,肯定是利多弊少。我们还要开发海南岛,如果能把海南岛的经济发展起来,那就是很大的胜利。

1984年4月,中共中央和国务院决定,进一步开放大连、秦皇岛、天津、烟台、青岛、连云港、南通、上海、宁波、温州、福州、广州、湛江、北海14个沿海城市和海南岛,并在其中一些城市划出一块地区兴办经济技术开发区。

1984年5月,六届全国人大二次会议的《政府工作报告》明确提出,开放14个沿海港口城市和海南岛以及原有的4个经济特区,"在沿海联成一线,形成

---

① 《邓小平文选》(第三卷),人民出版社,2008年,第239页。
② 同上,第51~52页。

第四编　改革开放时期党的经济思想

我国对外开放的前沿地带。这样,既可以加快这些地区经济的发展,又可以在吸收先进技术、推广科学管理经验、传递经济信息、培养输送人才等方面,支援和带动内地,有力地促进我国社会主义现代化事业的发展"[1]。

1985年2月,中央决定将长江三角洲、珠江三角洲和闽南厦漳泉三角地区的51个市、县开辟为沿海经济开放区。

1985年8月,邓小平在会见日本客人时说,特区经济要从内向转到外向。"现在还是刚起步,所以好的产品、能出口的产品不多。只要深圳没有做到这一步,它的关就还没有过,还不能证明它的发展是很健康的。"[2]邓小平的讲话指明了特区经济发展的方向,这也是我国通过开放、走向世界,参与国际经济的道路。

1986年3月,六届全国人大四次会议审议通过的《关于第七个五年计划的报告》中指出,努力增加出口,创造更多的外汇,是更大规模扩展对外经济贸易与技术交流的基础和关键。发展外向型经济,提高出口创汇能力,是关系对外开放前途的重大战略问题,因为创汇能力决定着对外经济贸易和技术交流的范围和程度,制约着国内经济建设的规模和进程。而发展外向型经济、创造更多的外汇,最根本的是要采取适应国际市场需求和符合我国国情的战略。报告指出,要坚持把提高出口产品质量放在首位,要努力改善出口商品的结构,要进一步改善出口商品的生产布局,要积极开拓国际市场,在继续巩固和发展已有市场的同时,进一步面向世界各国和各地区,做到出口市场多元化。特别是经济特区、沿海开放城市和开放地带在出口创汇方面要发挥更大的作用,经济特区要朝着建立外向型经济的目标前进。[3]

---

[1]　中共中央文献研究室编:《十二大以来重要文献选编》(上),人民出版社,1986年,第449页。
[2]　《邓小平文选》(第三卷),人民出版社,2008年,第133页。
[3]　参见中共中央文献研究室编:《十二大以来重要文献选编》(中),人民出版社,1986年,第943~944页。

党的十三大报告提出:"必须继续巩固和发展已初步形成的'经济特区——沿海开放城市——沿海经济开发区——内地'这样一个逐步推进的开放格局。从国民经济全局出发,正确确定经济特区、开放城市和地区的开发与建设规划,着重发展外向型经济,积极开展同内地的横向经济联合,以充分发挥它们在对外开放中的基地和窗口作用。"自此以后,发展外向型经济战略得以确立,此后一直得到贯彻实施且从未改变。

1988年3月,七届人大一次会议上的政府工作报告指出:"必须继续扩大对外开放,加快发展沿海地区外向型经济,积极参加国际交换和竞争,以沿海经济的繁荣带动整个国民经济的发展。"报告在强调充分利用劳动力资源丰富和成本较低的优势,扩大劳动密集型产品出口的同时,也提出要扩大劳动与技术密集型产品的加工出口;在强调利用沿海农村劳动力优势和现有乡镇企业的基础上,发展外向型企业和创汇农业的同时,也强调发挥沿海城市国营大中型企业在增加出口创汇中的骨干作用,从而丰富了发展外向型经济的内容。

1988年3月,中央决定将沿海经济开放区扩展到北方沿海的辽东半岛、山东半岛及其他沿海的一些市、县。紧接着在4月又作出了举办海南经济特区的决定。至此,我国的对外开放区域从沿海个别地区和少数城市,扩展到了中国大陆的广大沿海地区。

1990年4月,中央批准建立上海浦东新区,决定以上海浦东新区开发开放为龙头,开放长江沿岸城市,逐步把浦江两岸建成中国继沿海以后的又一条大的开放带。开发开放上海浦东新区,是20世纪90年代中国扩大对外开放最具有战略意义的事件。

1992年初,邓小平再次视察了深圳、珠海等南方城市,充分肯定了特区在改革开放和建设中取得的成就。他说:"8年过去了,这次来看,深圳、珠海特区和其他一些地方,发展得这么快,我没有想到,看了以后,信心增加了。"当谈到办经济特区的问题时,邓小平说,对办特区,从一开始就有不同意见,担心是不是搞资本主义。深圳的建设成就,明确地回答了那些有这样那样担心的人。特区姓"社"不姓"资"。从深圳的情况看,公有制是主体,外商投资只占四分之一,就是外资部分,我们还可以从税收劳务等方面得到益处嘛!多搞点"三资"企业,不要怕。只要我们头脑清醒,就不怕。我们有优势,有国营大中型企业,有乡镇企业,更重要的是政权在我们手里。有的人认为,多一分外资,就多一分资本主义,"三资"企业多了,就是资本主义的东西多了,就是发展了资本主义。这些人连基本常识都没有。

1992年,邓小平的南方谈话发表后,对外开放的思想进一步深入人心,各地纷纷通过各种形式吸引外资、技术,建立经济开发区,中国掀起了新一轮对外开放的热潮。

沿海地区的对外开放,不仅直接促进了自身经济的快速发展,而且对全国的改革开放、经济建设和区域经济发展都产生了重大影响和巨大的推动作用。沿海开放地区发挥了内引外联的功能,成为连接内地与国际市场的枢纽。

1992年,中央又提出进一步开放沿边城市,形成对周边的开放格局。先后开放了东北的黑河、绥芬河、珲春、满洲里、二连浩特;在西南、西北又开放了云南的瑞丽、畹町、河口和广西的凭祥、东兴及新疆的伊宁、塔城、博乐等边境城市口岸,积极发展和拓宽与独联体、东欧、中亚、中东和东南亚各国的经济贸易关系。这样,沿边开放带形成了。

1992年7月,中央决定开放重庆、岳阳、武汉、九江、芜湖5个长江沿岸城市,从而形成了以上海浦东开发开放为龙头的长江流域开放带。在沿边城市陆续开放的同时,为了加快内陆省区的发展,缩小与沿海地区的差距,充分发挥内陆中心城市的辐射和带动作用,中央于1993年及时地开放了合肥、南昌、长沙、成都、郑州、太原、西安、兰州、西宁、贵阳、银川等省会城市。同时又把沿海沿边省份的4个省会城市哈尔滨、长春、呼和浩特和石家庄作为开放城市,享受沿海开放城市的优惠政策。

"四沿"地区和内陆省会城市的对外开放,在全国形成一个横贯东西南北中的目字形的经络,使广大中西部、内地、边疆都能得到对外开放之益。这样,我国到20世纪90年代中期就形成了全方位、多层次、宽领域的对外开放格局。

第三节 现代化建设的战略部署和小康社会建设

实现现代化是近代以来中国人民梦寐以求的夙愿。新中国成立前夕,党的七届二中全会就提出了把我国由农业国变为工业国,实现国家现代化的构想。新中国成立以后,不论是在改革开放之前的30年里还是在改革开放之后的几十年里,努力把我国建设成为现代化强国的目标一直没有改变过。

一、"三步走"发展战略

早在1964年底的三届人大一次会议上,周恩来根据毛泽东的提议,在政府工作报告中提出:一定要在本世纪内,把我国建设成为一个具有现代农业、现代工业、现代国防和现代科学技术的强国。1975年,在四届人大一次会议上,周恩来又重申了这个宏伟任务。

1979年2月,邓小平在同来访的日本首相大平正芳谈话中指出:我国到

第四编　改革开放时期党的经济思想

本世纪末要实现翻两番,使国民生产总值达到1万亿美元,按当时人口增长到12亿左右计算,人均国民生产总值达到800美元,使人民生活达到小康水平。在这个基础上再发展30年到50年,力争接近世界发达国家水平,[1]这是我们党分步走实现现代化的最初构想。

党的十二大提出了党在新的历史时期的总任务。根据邓小平的倡议,大会正式提出:从1981年到20世纪末的20年力争使全国工农业的总产值翻两番,即由1980年的7100亿元增加到2000年的2.8万亿元左右,使人民生活达到小康水平。这样,党的十二大就把20世纪末的奋斗目标由先前的实现现代化改为了实现小康。大会还实事求是地根据我国经济发展的基础确定了分两步走实现小康的战略部署:前10年(即80年代)主要是打好基础、积蓄力量,创造条件;后10年(即90年代)要进入一个新的经济振兴时期。

1987年1月、4月,邓小平在分别会见津巴布韦和捷克斯洛伐克两国总理时把20世纪末翻两番,达到小康水平,明确为是第一个目标。在此基础上又提出了现代化建设的第二个目标,即到21世纪中叶,使人民有一个中等生活水平,达到中等发达国家水平。[2]同样,在1987年4月,邓小平在会见西班牙客人时明确提出了"分三步走"实现现代化的发展战略。[3]

1987年10月,党的十三大系统阐述了"三步走"的发展战略部署:第一步,实现国民生产总值比1980年翻一番,解决人民的温饱问题,这个任务已经基本实现;第二步,到20世纪末,使国民生产总值再增长一倍,即达到人均1000美元,人民生活达到小康水平;第三步,到21世纪中叶,人均国民生产总值达到中等发达国家水平,即人均4000美元,人民生活比较富裕,基本实现现代

---

[1] 参见邓小平:《建设有中国特色的社会主义》(增订本),人民出版社,1990年,第65~66页。
[2] 参见《邓小平文选》(第三卷),人民出版社,2008年,第224页。
[3] 同上,第226页。

619

化。然后在这个基础上继续前进。从"两步走"到"三步走",充分体现了党对我国国情和发展战略认识的深化。

1997年,我国在提前实现了"三步走"战略的第一步和第二步战略目标之后,该年9月召开的党的十五大把"三步走"战略的第三步进一步具体化,提出了三个阶段性目标,即21世纪的第一个十年,实现国民生产总值比2000年翻一番,使人民的小康生活更加富裕,形成比较完善的社会主义市场经济体制;再经过十年的努力,到建党一百周年时,使国民经济更加发展,各项制度更加完善;到21世纪中叶新中国成立一百周年时,基本实现现代化,建成富强民主文明的社会主义国家。

"三步走"的发展战略,把我国社会主义现代化建设的目标具体化为切实可行的步骤,为实现现代化明确了发展方向。"三步走"发展战略,是一个由低到高,一步一个台阶,步步向前迈进的三部曲,是一个循序渐进、互相衔接的发展战略步骤。"三步走"发展战略是对国内外现代化发展历史经验的深刻总结,是对现代化客观规律的正确认识和反映,是我国社会主义现代化建设的行动纲领。

二、全面建设小康社会

1979年12月,邓小平在会见日本首相大平正芳时第一次使用"小康"来描述中国式的现代化。他说:"我们要实现四个现代化,是中国式的现代化。我们的四个现代化的概念,不是像你们那样的现代化的概念,而是'小康之家'。到本世纪末,中国的四个现代化即使达到了某种目标,我们的国民生产总值人均水平也还是很低的。要达到第三世界中比较富裕一点的国家的水平,比如国民生产总值人均一千美元,也还得付出很大的努力。就算达到那样的水平,同西方来比,也还是落后的。所以,我只能说,中国到那时也还是一个小康的状态。"① 1984年,他进一步补充说:"国民生产总值人均达到八百美元,就是到本世纪末在中国建立一个小康社会。"②

全面建设小康社会作为党和国家到2020年的奋斗目标,是2002年召开的党的十六大提出来的。党的十六大通过了《全面建设小康社会,开创中国特色社会主义事业新局面》的大会报告。该报告根据全面开创中国特色社会主义事业新局面的要求,在深刻分析党和国家面临的新形势新任务的基础上,提出了全面建设小康社会的奋斗目标。在21世纪头二十年,集中力量,全面建设惠及十几亿人口的更高水平的小康社会,使经济更加发展、民主更加健全、科教更加进步、文化更加繁荣、社会更加和谐、人民生活更加殷实。这是实现现代化建设第三步战略目标必经的承上启下的发展阶段,也是完善社会主义市场经济体制和扩大对外开放的关键阶段。经过这个阶段的建设,再继续奋斗几十年,到21世纪中叶基本实现现代化,把我国建设成富强民主文明的社会主义国家。

党的十六大提出的全面建设小康社会的目标具体包括:①在优化结构和提高效益的基础上,国内生产总值到2020年力争比2000年翻两番,综合国力和国际竞争力明显增强。基本实现工业化,建成完善的社会主义市场经济体制和更具活力、更加开放的经济体系。城镇人口的比重较大幅度提高,工农差别、城乡差别和地区差别扩大的趋势逐步扭转。社会保障体系比较健全,社会就业比较充分,家庭财产普遍增加,人民过上更加富足的生活。②社会主义民主更加完善,社会主义法制更加完备,依法治国基本方略得到全面落实,人民

---

① 《邓小平文选》(第二卷),人民出版社,2008年,第237页。
② 同上,第54页。

的政治、经济和文化权益得到切实尊重和保障。基层民主更加健全,社会秩序良好,人民安居乐业。③全民族的思想道德素质、科学文化素质和健康素质明显提高,形成比较完善的现代国民教育体系、科技和文化创新体系、全民健身和医疗卫生体系。人民享有接受良好教育的机会,基本普及高中阶段教育,消除文盲。形成全民学习、终身学习的学习型社会,促进人的全面发展。④可持续发展能力不断增强,生态环境得到改善,资源利用效率显著提高,促进人与自然的和谐,推动整个社会走上生产发展、生活富裕、生态良好的文明发展道路。

党的十七大报告《高举中国特色社会主义伟大旗帜,为夺取全面建设小康社会新胜利而奋斗》明确提出:全面建设小康社会是党和国家到2020年的奋斗目标,是全国各族人民的根本利益所在。报告强调指出:"我们已经朝着十六大确立的全面建设小康社会的目标迈出了坚实步伐,今后要继续努力奋斗,确保到2020年实现全面建成小康社会的奋斗目标。"

党的十七大对我国的发展提出了新的更高要求:①增强发展协调性,努力实现经济又好又快发展。转变发展方式取得重大进展,在优化结构、提高效益、降低消耗、保护环境的基础上,实现人均国内生产总值到2020年比2000年翻两番。社会主义市场经济体制更加完善。自主创新能力显著提高,科技进步对经济增长的贡献率大幅上升,进入创新型国家行列。居民消费率稳步提高,形成消费、投资、出口协调拉动的增长格局。城乡、区域协调互动发展机制和主体功能区布局基本形成。社会主义新农村建设取得重大进展。城镇人口比重明显增加。②扩大社会主义民主,更好保障人民权益和社会公平正义。公民政治参与有序扩大。依法治国基本方略深入落实,全社会法制观念进一步增强,法治政府建设取得新成效。基层民主制度更加完善。政府提供基本公共服务能力显著增强。③加强文化建设,明显提高全民族文明素质。社会主义核心价值体系深入人心,良好思想道德风尚进一步弘扬。覆盖全社会的公共文化服务体系基本建立,文化产业占国民经济比重明显提高、国际竞争力显著增强,适应人民需要的文化产品更加丰富。④加快发展社会事业,全面改善人民生活。现代国民教育体系更加完善,终身教育体系基本形成,全民受教育程度和创新人才培养水平明显提高。社会就业更加充分。覆盖城乡居民的社会保障体系基本建立,人人享有基本生活保障。合理有序的收入分配格局基本形成,中等收入者占多数,绝对贫困现象基本消除。人人享有基本医疗卫生服务。社会管理体系更加健全。⑤建设生态文明,基本形成节约能源资源和保护生态环境的产业结构、增长方式、消费模式。循环经济形成较大规模,可再生能源比重显著上升。主要污染物排放得到有效控制,生态环境质量明显改善。生态文明观念在全社会牢固树立。

党的十八大根据国内外形势的新变化,鲜明地提出了到2020年实现全面建成小康社会的宏伟目标。为了确保全面建成小康社会,党中央提出要不失时机深化重要领域改革,坚决破除一切妨碍科学发展的思想观念和体制机制弊端,以构建系统完备、科学规范、运行有效的制度体系。第一,要加快完善社会主义市场经济体制,完善公有制为主体、多种所有制经济共同发展的基本经济制度,完善按劳分配为主体、多种分配方式并存的分配制度,更大程度、更广范围地发挥市场在资源配置中的决定性作用,完善宏观调控体系,完善开放型经济体系,推动经济更有效率、更加公平、更可持续发展。第二,加快推进社会主义民主政治制度化、规范化、程序化,从各层次各领域扩大公民有序政治参与,实现国家各项工作法治化。第三,加快完善文化管理体制和文化生产经营机制,基本建立现代文化市场体系,健全国有文化资产管理体制,形成有利于创新创造的文化发展环境。第四,加快形成科学有效的社会管理体制,完善社会保障体系,健全基层公共服务和社会管理网络,建立确保社会既充满活力又和谐有序的体制机制。第五,加快建立生态文明制度,健全国土空间开发、资源节约、生态环境保护的体制机制,推动形成人与自然和谐发展现代化建设新格局。

从"两步走"战略到"三步走"战略、从全面建设小康社会到全面建成小康社会,是改革开放以来中国特色社会主义发展的战略安排。这个发展战略不仅清晰地、科学地前瞻着中国未来发展的前景,而且也激励着、指引着中国人民奋发向前的方向。正是在这样一个发展战略的指引下,中国特色社会主义事业不断向前发展,取得了一个又一个胜利。

第四节 "三个代表"重要思想

"三个代表"重要思想是以江泽民同志为主要代表的中国共产党人,在对新发展阶段的国际局势和党的历史方位作出科学判断,对党的历史经验进行科学总结并结合建设中国特色社会主义伟大实践的基础上提出来的,是指导中国特色社会主义建设与发展的重要思想。正如江泽民所指出的:"'三个代表'要求,是根据我们党的性质、宗旨和历史经验、现实需要提出来的,也是为了在新的时期新的实践中更好地全面落实毛泽东思想、邓小平理论关于党的建设的要求提出来的,是我们党的立党之本、执政之基、力量之源,是我们加强新时期党的建设的基本方针。"[①]

---

① 《江泽民文选》(第三卷),人民出版社,2006年,第128~129页。

第四编　改革开放时期党的经济思想

一、"三个代表"重要思想的形成

"三个代表"重要思想是一个完整的思想体系,主要是来回答和解决"建设什么样的党、怎样建设党"这个重大问题的。"三个代表"重要思想经历了一个从酝酿形成到逐步深化的过程,是中国共产党人在理论和实践上不断探索和开拓的结果。江泽民说:"我提出这个问题,是经过了长时期思考的。在实行改革开放和发展社会主义市场经济的条件下,建设什么样的党、怎样建设党,是一个重大现实问题,直接关系到我们党和国家的前途命运。党的十四届四中全会和十五大提出的党的建设的新的伟大工程,就是回答这个问题的。"①

2000年2月,江泽民在广东考察工作时,从全面总结党的历史经验和如何适应新形势新任务的要求出发,首次对"三个代表"进行了较为全面的阐述。他说:"总结我们党七十多年的历史,可以得出一个重要结论,这就是:我们党所以赢得人民的拥护,是因为我们党在革命建设、改革的各个历史时期,总是代表着中国先进生产力的发展要求,代表着中国先进文化的前进方向,代表着中国最广大人民的根本利益,并通过制定正确的路线方针政策,为实现国家和人民的根本利益而不懈奋斗。人类又来到一个新的世纪之交和新的千年之交。在新的历史条件下,我们党如何更好地做到这'三个代表',是一个需要全党同志特别是党的高级干部深刻思考的重大课题。"② 5月,江泽民在上海主持召开江苏、浙江、上海党建工作座谈会时讲话强调指出:"始

---

① 《江泽民文选》(第三卷),人民出版社,2006年,第44页。
② 同上,第2页。

625

终做到'三个代表'是我们党的立党之本、执政之基、力量之源。"①

2001年7月1日，江泽民在庆祝中国共产党成立80周年大会上的讲话中全面阐述了"三个代表"重要思想的科学内涵和基本内容。他指出"三个代表"重要思想"是统一的整体,相互联系,相互促进。发展先进的生产力,是发展先进文化实现最广大人民根本利益的基础条件。人民群众是先进生产力和先进文化的创造主体,也是实现自身利益的根本力量。不断发展先进生产力和先进文化,归根到底都是为了满足人民群众日益增长的物质文化生活需要,不断实现最广大人民的根本利益"②。

2002年5月31日,江泽民在中共中央党校省部级干部进修班毕业典礼上深刻阐述了"三个代表"重要思想的内在联系,提出"贯彻'三个代表'要求,关键在坚持与时俱进,核心在保持党的先进性,本质在坚持执政为民",深刻地揭示了"三个代表"重要思想作为完整理论体系的内在的逻辑联系。

2002年11月,江泽民在党的十六大报告中,全面阐述了"三个代表"重要思想形成的时代背景、历史地位、精神实质和指导意义。他着重指出："'三个代表'重要思想是对马克思列宁主义、毛泽东思想和邓小平理论的继承和发展,反映了当代世界和中国的发展变化对党和国家工作的新要求,是加强和改进党的建设、推进我国社会主义自我完善和发展的强大理论武器,是全党集体智慧的结晶,是党必须长期坚持的指导思想。"③

"三个代表"重要思想可以集中概括为：中国共产党必须始终代表中国先进生产力的发展要求,代表中国先进文化的前进方向,代表中国最广大人民的根本利益。

---

① 《江泽民文选》(第三卷),人民出版社,2006年,第15页。
② 同上,第280~281页。
③ 同上,第536页。

第四编　改革开放时期党的经济思想

一是始终代表中国先进生产力的发展要求。人类社会的发展,就是先进生产力不断取代落后生产力的历史进程。江泽民指出:"社会主义的根本任务是发展社会生产力,增强社会主义国家的综合国力,使人民的生活日益改善,不断体现社会主义优于资本主义的特点。……社会主义现代化必须建立在发达生产力的基础之上。我们为实现现代化而奋斗,最根本的就是要通过改革和发展,使我国形成发达的生产力。"[1]科学技术是第一生产力,而且是先进生产力的集中体现和主要标志。大力推动科技进步和创新,不断用先进科技改造和提高国民经济,努力实现我国生产力发展的跨越,是中国共产党代表中国先进生产力发展要求必须履行的重要职责。

二是始终代表中国先进文化的前进方向。江泽民指出:"在当代中国,发展先进文化,就是发展有中国特色社会主义的文化,就是建设社会主义精神文明",而"坚持什么样的文化方向,推动建设什么样的文化,是一个政党在思想上精神上的一面旗帜"。[2]大力发展社会主义先进文化,必须牢牢把握先进文化的前进方向,建设社会主义精神文明,不断满足人民群众日益增长的精神文化需求,不断丰富人民的精神世界,增强人民的精神力量。发展社会主义先进文化,就是发展面向现代化、面向世界、面向未来的,民族的、科学的、大众的社会主义文化。加强文化建设,必须"以科学的理论武装人,以正确的舆论引导人,以高尚的精神塑造人,以优秀的作品鼓舞人"[3]。

三是始终代表中国最广大人民的根本利益。2001年7月1日,江泽民在庆祝中国共产党成立80周年大会上的讲话中指出:"全心全意为人民服务,立党为公,执政为民,是我们党同一切剥削阶级政党的根本区别。任何时候我们都

---

[1]《江泽民文选》(第三卷),人民出版社,2006年,第274页。
[2] 同上,第276~277页。
[3] 同上,第277页。

必须坚持尊重社会发展规律与尊重人民历史主体地位的一致性,坚持为崇高理想奋斗与为最广大人民谋利益的一致性,坚持完成党的各项工作与实现人民利益的一致性。八十年来我们党进行的一切奋斗,归根到底都是为了最广大人民的利益。"①

二、体现"三个代表"重要思想的经济发展思想

"三个代表"重要思想中包含有十分丰富的经济发展思想。这些经济发展思想,是中国共产党经济思想的重要组成部分。

(一)发展是党执政兴国的第一要务

"三个代表"重要思想高度重视发展的重要性,提出"发展是党执政兴国的第一要务"重要理论。江泽民指出:"发展是硬道理,这是我们必须始终坚持的一个战略思想。对这个问题,不仅要从经济上看,而且要从政治上看。二十多年来,我们党的路线方针政策得到全体人民的拥护,我们经得起国际国内各种风浪的考验,我国的国际威望和影响不断提高,都与我国社会生产力的迅速发展、综合国力的显著增强和人民生活的不断改善密切相关。继续解决我国经济社会生活中存在的矛盾,提高我们抵御各种风险的能力,实现第三步战略目标,要靠发展;解决台湾问题,完成祖国统一大业,要靠发展;反对霸权主义和强权政治,履行我们维护世界和平和促进各国共同发展的国际责任,不断增强我国在国际事务中的作用,也要靠发展。"他还指出:"像我国这样一个发展中大国,能不能解决好发展问题,直接关系人心向背、事业兴衰。离开发展,坚持党的先进性、发挥社会主义制度的优越性和实现民富

---

① 《江泽民文选》(第三卷),人民出版社,2006年,第279页。

第四编　改革开放时期党的经济思想

国强就无从谈起。为此,一要抓住时机,加快发展;二要保持实实在在、没有水分、可持续的发展,使经济、社会、生态环境全面发展;三要实现物质文明和精神文明的协调发展。"①

只有紧紧抓住发展这个执政兴国的第一要务,党才能实现历史使命和奋斗目标。只有发展,才能实现全面建设小康社会的宏伟目标;也只有发展,才能增强我国的综合国力,实现中华民族的伟大复兴。

(二)人才资源是第一资源

人才问题,是一个关系到党和国家兴旺发达和长治久安的大问题。江泽民说:"人才资源是第一资源。"②他又说:"创新的关键在人才。"③因此,实施人才战略,加强人才队伍建设,开发好人力资源和人才资源,就成为我国经济发展中一个极其重要的问题,关系到我国经济发展的速度、质量及总体水平。为此:

第一,要确立人才资源是第一资源的思想,克服见物不见人和重使用轻培养的倾向。要树立全面的人才观,克服人才单位、部门所有的狭隘观念。要广纳贤才、知人善任,既重视有所成就的人才,也关注具有潜能的人才;既重视国内人才,也积极吸引海外人才;既重视国有企事业单位的人才,也要把民营科技企业的专门人才和受聘于外资企业的专门人才纳入视野。

第二,要形成更为灵活的人才管理体制。要落实用人单位的自主权,增强企业科技创新和吸纳人才的主体地位。发挥高校、科研机构在知识创新和人才培养方面的作用。加强人才中介机构和科技服务组织在人才开发中的作用。要形成开放、灵活的人才市场配置机制,打破单位、部门壁垒,鼓励人

---

① 《江泽民文选》(第三卷),人民出版社,2006年,第118页。
② 同上,第319页。
③ 《江泽民文选》(第二卷),人民出版社,2006年,第133页。

才合理流动,培育并形成与其他要素市场相贯通的人才市场,建立人才结构调整与经济结构调整相协调的动态机制。发挥市场配置人才资源的决定性作用。

第三,要营造符合人才成长特点的环境。尊重知识、尊重人才,是党的知识分子政策的核心。创造宽松和谐的环境,有利于创新人才的涌现。营造一种尊重特点、鼓励创新、信任理解的良好环境,减少人才探索、创新的后顾之忧,是成功创新的重要条件。信任是人才发挥作用、激发创新能力的重要条件。信任是最大的尊重和爱护。

第四,要进一步做好党的知识分子工作。各级党委要充分认识知识分子工作的重要性,党政主要负责同志要亲自抓知识分子工作,真正交几位知心的专家朋友,认真听取他们的意见和建议。党政有关部门要各司其职、密切配合,建立统分结合、协调高效的合作机制,充分调动各方面的积极性,把力量凝聚起来,把优势集成起来,把政策协调起来,形成合力,切实做好工作。

(三)加快建立社会主义市场经济体制

1992年6月,江泽民根据邓小平南方谈话精神,明确提出:"加快经济体制改革的根本任务,就是要尽快建立社会主义市场经济体制。而建立新经济体制的一个关键问题,是要正确认识计划和市场问题及其相互关系,就是要在国家宏观调控下,更加重视和发挥市场在资源配置中的作用。"[①]

党的十四大正式把建立社会主义市场经济体制确立为我国经济体制改革的目标。党的十四大报告指出,社会主义市场经济体制是同社会主义基本制度结合在一起的。第一,在所有制结构上,以公有制包括全民所有制和集体所有制经济为主体,个体经济、私营经济、外资经济为补充,多种经济成分

---

① 《江泽民文选》(第一卷),人民出版社,2006年,第198页。

长期共同发展,不同经济成分还可以自愿实行多种形式的联合经营。国有企业、集体企业和其他企业都进入市场,通过平等竞争发挥国有企业的主导作用。第二,在分配制度上,以按劳分配为主体,其他分配方式为补充,兼顾效率与公平。运用包括市场在内的各种调节手段,既鼓励先进,促进效率,合理拉开收入差距,又防止两极分化,逐步实现共同富裕。第三,在宏观调控上,把当前利益与长远利益、局部利益与整体利益结合起来,更好地发挥计划和市场两种手段的长处。国家计划是宏观调控的重要手段之一,重点是合理确定国民经济和社会发展的战略目标,搞好经济发展预测、总量调控、重大结构与生产力布局规划,集中必要的财力物力进行重点建设,综合运用经济杠杆,促进经济更好更快地发展。

1993年,党的十四届三中全会通过的《关于建立社会主义市场经济体制若干问题的决定》,勾画了建立社会主义市场经济体制的蓝图和基本框架。到20世纪末,我国初步建立了社会主义市场经济体制。江泽民强调指出:"我们搞的是社会主义市场经济,'社会主义'这几个字是不能没有的,这并非多余,并非画蛇添足,而恰恰相反,这是画龙点睛。所谓'点睛',就是点明我们的市场经济的性质。"[①]

第五节　科学发展观

科学发展观是以胡锦涛同志为主要代表的中国共产党人,通过对21世纪初国际国内发展形势的分析,在准确把握世界发展趋势、认真总结我国发

---

① 江泽民:《论社会主义市场经济》,中央文献出版社,2006年,第203页。

展经验、深入分析我国发展阶段性特征的基础上提出来的。

一、科学发展观的形成和内涵

2002年11月,党的十六大召开,胡锦涛当选为中共中央总书记。2003年初,非典疫情迅速蔓延。2003年7月,胡锦涛在全面总结抗击非典斗争经验时明确指出:"我们要更好坚持全面发展、协调发展、可持续发展的发展观,更加自觉地坚持推动社会主义物质文明、政治文明、精神文明协调发展,坚持在经济社会发展的基础上促进人的全面发展,坚持促进人与自然的和谐。"[①] 2003年10月,党的十六届三中全会通过的《中共中央关于完善社会主义市场经济体制若干问题的决定》指出:"坚持以人为本,树立全面、协调可持续的发展观,促进经济社会和人的全面发展。"[②]胡锦涛在此次会议上明确指出:"树立和落实全面发展、协调发展、可持续发展的科学发展观,对于我们更好坚持发展才是硬道理的战略思想具有重大意义。树立和落实科学发展观,这是二十多年改革开放实践的经验总结,是战胜非典疫情给我们的重要启示,也是推进全面建设小康社会的迫切要求。"[③]这是中国共产党的文件中第一次提出科学发展观。

2004年3月,胡锦涛在中央人口资源环境座谈会上发表重要讲话,深刻阐明了科学发展观提出的背景、意义,明确界定了"以人为本""全面发展""协调发展""可持续发展"的深刻内涵和基本要求,并对如何树立和落实科学发展观提出了明确的要求,标志着科学发展观的形成。同年5月,胡锦涛在

[①] 《胡锦涛文选》(第二卷),人民出版社,2016年,第67页。
[②] 中共中央文献研究室编:《十六大以来重要文献选编》(上),中央文献出版社,2011年,第465页。
[③] 《胡锦涛文选》(第二卷),人民出版社,2016年,第104页。

第四编　改革开放时期党的经济思想

江苏考察工作时指出:"科学发展观总结了二十多年来我国改革开放和现代化建设的成功经验,揭示了经济社会发展的客观规律,反映了我们党对发展问题的新认识。科学发展观对整个改革开放和现代化建设都具有重要指导意义。只有贯彻落实好科学发展观,才能确保全面建成小康社会、基本实现现代化。"①同年9月,党的十六届四中全会通过的《中共中央关于加强党的执政能力建设的决定》,把树立和落实科学发展观作为提高党的执政能力的重要内容。

2005年10月,党的十六届五中全会通过的《中共中央关于制定国民经济和社会发展第十一个五年规划的建议》强调,要坚定不移地以科学发展观统领经济社会发展全局,坚持以人为本,转变发展观念、创新发展模式、提高发展质量,把经济社会发展切实转入全面协调可持续发展的轨道。胡锦涛在会上指出:"要抓住发展机遇、破解发展难题,把全面建设小康社会和社会主义现代化事业推向前进,关键是要坚持以科学发展观统领经济社会发展全局。科学发展观,凝结着我们几代共产党人带领人民群众建设中国特色社会主义的心血,也反映了多年来世界各国发展的经验教训。因此我们说,科学发展观是指导发展的世界观和方法论的集中体现,是我们推动经济社会发展、加快推进社会主义现代化必须长期坚持的重要指导思想。'十一五'时期是改革发展的关键时期,也是贯彻落实科学发展观的关键时期。我们要增强贯彻落实科学发展观的自觉性和坚定性,全面把握贯彻落实科学发展观的目标要求,建立健全贯彻落实科学发展观的制度、体制、机制,切实把科学发展观贯穿于经济社会发展全过程、落实到经济社会发展各个环节,切实把经济社会

---

① 《胡锦涛文选》(第二卷),人民出版社,2016年,第174页。

发展转入以人为本、全面协调可持续发展的轨道。"①

2007年10月,党的十七大对科学发展观的理论定位、理论依据、理论内涵作了全面阐述。党的十七大报告明确指出:"科学发展观,是对党的三代中央领导集体关于发展的重要思想的继承和发展,是马克思主义关于发展的世界观和方法论的集中体现,是同马克思列宁主义、毛泽东思想、邓小平理论和'三个代表'重要思想既一脉相承又与时俱进的科学理论,是我国经济社会发展的重要指导方针,是发展中国特色社会主义必须坚持和贯彻的重大战略思想。"②

党的十七大报告指出:科学发展观,第一要义是发展,核心是以人为本,基本要求是全面协调可持续,根本方法是统筹兼顾。实际上,这是对科学发展观主要内涵的高度概括。

(一)发展是科学发展观的第一要义

发展是硬道理,是我们党执政兴国的第一要务,也是科学发展观的第一要义。科学发展观所讲的发展具有丰富的内涵,包括经济发展、政治发展、文化发展、社会发展和人的自身发展等诸多内容,但经济发展是最重要的,是其他诸方面发展的基础。树立和落实科学发展观,必须始终把经济建设放在中心位置,聚精会神搞建设,一心一意谋发展。

胡锦涛指出:"只有坚持以经济建设为中心,不断增强综合国力,才能为抓好发展这个党执政兴国的第一要务、为全面协调发展打下坚实的物质基础。只有坚持以经济建设为中心,不断增强综合国力,才能更好地解决前进道路上的矛盾和问题,胜利实现全面建设小康社会和社会主义现代化的宏伟

---

① 《胡锦涛文选》(第二卷),人民出版社,2016年,第364~365页。
② 同上,第622页。

第四编 改革开放时期党的经济思想

目标。"① 2007年12月,胡锦涛继续指出:"我们必须始终牢记,发展是解决中国所有问题的关键,发展对于全面建设小康社会、加快推进社会主义现代化,对于开创中国特色社会主义事业新局面、实现中华民族伟大复兴具有决定性意义。只有紧紧抓住和搞好发展,才能从根本上把握人民的愿望,把握社会主义现代化建设的本质,把握我们党执政兴国的关键。"②

(二)以人为本是科学发展观的核心

以人为本是科学发展观的核心,集中体现了马克思主义历史唯物论的基本原理,体现了我们党全心全意为人民服务的根本宗旨和推动经济社会发展的根本目的。

以人为本,就是以最广大人民的根本利益为本。以人为本,从经济上说就是我们的一切生产发展都要以满足人民群众日益增长的物质文化需要为目的。2006年4月,胡锦涛在美国耶鲁大学发表演讲时指出:"我们坚持以人为本,就是要坚持发展为了人民、发展依靠人民、发展成果由人民共享,关注人的价值、权益和自由,关注人的生活质量、发展潜能和幸福指数,最终是为了实现人的全面发展。"③

2007年12月,胡锦涛在新进中央委员会的委员、候补委员学习贯彻党的十七大精神研讨班上的讲话中再次指出:"我们提出以人为本的根本含义,就是坚持全心全意为人民服务,立党为公、执政为民,始终把最广大人民根本利益作为党和国家工作的根本出发点和落脚点,坚持尊重社会发展规律和尊重人民历史主体地位的一致性,坚持为崇高理想奋斗和为最广大人民谋利益的一致性,坚持完成党的各项工作和实现人民利益的一致性,坚持发展为了人

---

① 中共中央文献研究室编:《十六大以来重要文献选编》(上),中央文献出版社,2005年,第851页。
② 《胡锦涛文选》(第三卷),人民出版社,2016年,第3页。
③ 《胡锦涛文选》(第二卷),人民出版社,2016年,第438页。

635

民、发展依靠人民、发展成果由人民共享。"[1]

(三)全面协调可持续是科学发展观的基本要求

全面协调可持续是科学发展观的基本要求。全面协调可持续中的"全面"是指发展要有全面性、整体性,不仅经济发展,而且各个方面都要发展;"协调"是指发展要有协调性、均衡性,各个方面、各个环节的发展要相互适应、相互促进;"可持续"是指发展要有持久性、连续性,不仅当前要发展,而且要保证长远发展。

胡锦涛指出:"贯彻落实全面协调可持续的基本要求,必须按照中国特色社会主义事业总体布局,全面推进经济建设、政治建设、文化建设、社会建设,促进现代化建设各个环节、各个方面相协调,促进生产关系和生产力、上层建筑和经济基础相协调。必须坚持生产发展、生活富裕、生态良好的文明发展道路,建设资源节约型、环境友好型社会,实现速度和结构质量效益相统一、经济发展与人口资源环境相协调,使人民在良好生态环境中生产生活,实现经济社会永续发展。"[2]坚持协调发展,就是保证中国特色社会主义各个领域相互协调,相互促进,共同发展。坚持可持续发展,就是要处理好人与自然的和谐相处问题,建设生态文明,实现经济发展和人口、资源、环境相协调,以兼顾到代际的永续发展。

(四)统筹兼顾是科学发展观的根本方法

胡锦涛指出:"统筹兼顾是我们在中国这样一个十几亿人口的发展中大国治国理政的重要历史经验,是我们处理各方面矛盾和问题必须坚持的重大战略方针,也是我们党一贯坚持的科学有效的工作方法。……只有坚持统筹兼顾,我们才能真正处理好我国这样一个十几亿人口的发展中大国的改革发

---

[1] 《胡锦涛文选》(第三卷),人民出版社,2016年,第4页。
[2] 同上,第6页。

第四编　改革开放时期党的经济思想

展稳定问题,真正处理好全体人民根本利益和各方面利益问题,真正把全体人民和各方面积极性、主动性、创造性充分发挥出来,为推进党和国家事业形成广泛共识、集聚强大力量。特别是要看到,在我国改革发展关键阶段,经济体制深刻变革,社会结构深刻变动,利益格局深刻调整,思想观念深刻变化。在这样的情况下,我们要推动科学发展、促进社会和谐,必须更加自觉地运用统筹兼顾的根本方法,正确反映和兼顾不同方面利益。"①

为了实现统筹兼顾,在经济社会发展过程中,必须正确认识和妥善处理中国特色社会主义事业中的重大关系,统筹城乡发展、区域发展、经济社会发展、人与自然和谐发展、国内发展和对外开放,统筹中央和地方关系,统筹个人利益和集体利益、局部利益和整体利益、当前利益和长远利益,充分调动各方面积极性。必须站在国家安全和发展战略全局的高度,统筹经济建设和国防建设,在全面建设小康社会进程中实现富国和强军的统一。必须统筹国内国际两个大局,树立世界眼光,加强战略思维,努力营造良好国际环境。

二、加快转变经济发展方式的思想

1995年,党的十四届五中全会明确提出实行两个根本性转变的要求:一是经济体制从传统的计划经济体制向社会主义市场经济体制转变,二是经济增长方式从粗放型向集约型转变。这是第一次提出增长方式转变问题。自此以后,转变经济增长方式问题受到了各方面的关注。2002年,党的十六大提出了"新型工业化"的概念,其内涵就是:科技含量高、经济效益好、资源消耗低、环境污染少、人力资源优势得到充分发挥的新型工业化道路。这是转

---

① 《胡锦涛文选》(第三卷),人民出版社,2016年,第7页。

变经济增长方式的体现。

胡锦涛指出:"实现国民经济又好又快发展,关键要在加快转变经济发展方式、完善社会主义市场经济体制方面取得重大进展。"[1]"加快经济发展方式转变是贯彻落实科学发展观,推动科学发展,促进社会和谐的迫切要求。"[2]加快转变经济发展方式、实现又好又快发展,是科学发展观最核心的经济发展思想。2010年2月,胡锦涛在省部级主要领导干部专题研讨班上,就经济发展方式转变作了全面而深刻的论述,提出"加快经济发展方式转变是我国经济领域的一场深刻变革,关系改革开放和社会主义现代化建设全局"[3]。

(一)加快推进经济结构调整

调整经济结构,对加快经济发展方式转变具有决定性意义,也是提升国民经济整体素质的根本途径。我国经济结构调整的重点工作有:

一是要加快调整国民收入分配结构,坚持和完善按劳分配为主体、多种分配方式并存的分配制度,初次分配和再分配都要处理好效率和公平的关系,再分配要更加注重公平,建立企业职工工资正常增长机制和支付保障机制,适时提高最低工资标准和平均工资水平,着力提高低收入者收入,增加居民财产性收入,规范分配秩序,逐步提高居民收入在国民收入分配中的比重和劳动报酬在初次分配中的比重,努力提高最终消费率,为扩大内需、增强消费特别是居民消费对经济增长的拉动作用奠定坚实基础。

二是要加快调整城乡结构,把破除城乡二元结构、统筹城乡发展作为激发经济社会发展活力的重要引擎,实施统筹城乡发展的方针政策,建立以工

---

[1] 《胡锦涛文选》(第二卷),人民出版社,2016年,第546页。
[2] 《胡锦涛文选》(第三卷),人民出版社,2016年,第341~342页。
[3] 同上,第342页。

促农、以城带乡长效机制,推动城乡规划一体化、产业布局一体化、基础设施建设一体化、公共服务一体化,促进公共资源在城乡之间均衡配置、生产要素在城乡之间自由流动,形成城乡经济社会发展一体化新格局。

三是要加快推进城镇化,坚持走中国特色城镇化道路,按照统筹规划、合理布局、完善功能、以大带小的原则,促进大中小城市和小城镇科学定位、协调发展,把加强中小城市和小城镇发展作为推进城镇化的重点,把解决符合条件的农业转移人口逐步在城镇就业和落户作为推进城镇化的重要任务,加强基础设施建设,提高基本公共服务能力,增强吸纳人口、发展产业、聚集资源、活跃市场的功能,提高城镇综合承载能力,壮大县域经济,提升城镇化发展质量和水平,挖掘和释放我国最雄厚的需求潜力。

四是要加快调整区域经济结构和国土开发空间结构,继续实施西部大开发、东北地区等老工业基地振兴、中部地区崛起、东部地区率先发展的区域发展总体战略,加大对中西部地区、东北地区的支持力度,加大对革命老区、民族地区、边疆地区、贫困地区的支持力度,鼓励东部地区在转变经济发展方式和提升经济国际竞争力上取得更大突破,把实现区域间基本公共服务均等化作为调整区域经济结构的核心,把建立体现区域特色和比较优势的产业体系作为调整区域经济结构的关键,把形成区域经济优势互补、良性互动的机制作为调整区域经济结构的保障,推动主体功能区建设,提高区域资源配置效益和可持续发展能力,缩小区域发展差距,逐步形成主体功能区定位清晰和人口、经济、资源、环境相协调的国土开发格局,全面推动区域协调发展。[①]

推进产业结构调整是加快经济发展方式转变的重要途径和主要内容,对推动经济从粗放型增长转变为集约型增长、实现全面协调可持续发展具有重

---

① 参见《胡锦涛文选》(第三卷),人民出版社,2016年,第344~345页。

大意义。产业结构调整的重点是适应需求结构变化趋势，优化三次产业结构，加快产业结构升级。

一是要加快推进传统产业技术改造，鼓励企业使用新技术、新工艺、新材料、新设备，加快产业信息系统建设，大力推动信息化和工业化融合推广集成制造、敏捷制造、柔性制造、精密制造等先进制造，实现重点产业合理布局、集约发展，推动传统产业优化升级。

二是要加快发展战略性新兴产业，把发展战略性新兴产业作为产业结构优化升级的重点，找准国际产业发展新方向，科学制定规划，明确发展重点，强化政策支持，加大资金投入，加快发展新能源、节能环保、新材料、新医药、生物育种、信息网络、新能源汽车等产业，加强空间、海洋、地壳深部研究和资源开发利用工作，着力培育新的经济增长点。

三是要加快发展服务业，把发展服务业作为推进产业结构调整的突破口，坚持市场化、产业化、社会化发展方向，调整不适应服务业发展的体制机制，促进服务业拓宽领域、增强功能、优化结构，提高供给能力和水平，发展面向民生、面向生产、面向农村的服务业，发展服务贸易，加快构建充满活力、特色突出、优势互补的服务业发展格局，充分发挥服务业对加快经济发展方式转变的重要作用。

四是发展文化产业。加快公共文化服务体系建设，坚持把发展公益性文化事业作为保障人民基本文化权益的主要途径，构建覆盖全社会的公共文化服务体系。加快发展经营性文化产业，实施重大文化产业项目带动战略，加快文化产业基地和区域性特色文化产业群建设，打造有自主知识产权、有市场影响的文化品牌，培育新的文化业态，着力构建传输快捷、覆盖广泛的文化传播体系，培育一批有实力、有竞争力的文化骨干企业和一批战略投资者，壮大我国文化产业整体实力。加快开拓文化市场，建立健全门类齐全的文化产品市场和文化要素市场,繁荣城乡文化市场,加快培育大众性文化消费市场,创新文化产品和服务,加强对外文化交流和对外文化贸易,推动文化产品和服务出口,拓展国际文化市场,增强中华文化在国际上的竞争力和影响力。

(二)加快推进自主创新

加快经济发展方式转变,根本出路在于自主创新。要紧紧跟上世界经济技术发展潮流,紧紧抓住新一轮世界科技革命带来的战略机遇,更加注重自主创新,谋求经济长远发展主动权,形成长期竞争优势,为加快经济发展方式转变提供强有力的科技支撑。

一是要加快提高自主创新能力,坚定不移走中国特色自主创新道路,坚持自主创新、重点跨越、支撑发展、引领未来的方针,把增强自主创新能力作为科学技术发展的战略基点和调整经济结构、转变经济发展方式的中心环节来抓,把增强自主创新能力作为国家战略贯彻到现代化建设各个方面。要全面实施国家中长期科学和技术发展规划纲要,抓紧落实国家重大科技专项,深入实施知识创新和技术创新工程,加强基础研究和战略高新技术研究,推进原始创新、集成创新和引进消化吸收再创新,着力解决制约经济社会发展的重大科技问题,力求突破更多关键技术、获得更多自主知识产权,造就一批拥有核心技术和自主品牌、具有国际竞争力的企业,确保我国尽快进入创新型国家行列。

二是要加快科技成果向现实生产力转化,坚持科技为经济社会发展服务的方向,促进科技与经济更紧密结合,有效引导和支持创新要素向企业集聚,促进科技支撑和产业振兴、企业创新相结合,促进重大技术和产品推广应用,加快产业共性技术研发推广应用,抓紧建设一批特色产业基地,培育一批战略性新兴产业,推动产业规模优势转化为创新能力优势。

三是要加快科技体制改革,推进国家创新体系建设,加快建立以企业为主体、以市场为导向、产学研相结合的技术创新体系,使技术创新体系、知识创新体系、国防科技创新体系、区域创新体系、科技中介服务体系协调统一,着力解决影响自主创新的体制机制障碍,集聚科技进步和自主创新的整体合力,形成推动自主创新的强大激励。

四是要加快建设宏大的创新型科技人才队伍,全面贯彻尊重劳动、尊重知识、尊重人才、尊重创造的方针,实施人才强国战略,以建设创新型国家的需要为基准,遵循创新型科技人才成长规律,用事业凝聚人才,用实践造就人才,用机制激励人才,用法制保障人才,推进创新团队建设,大力培养创新型人才和领军人才,造就数以亿计的高素质劳动者、数以千万计的专门人才、一大批拔尖创新人才。

(三)加快推进农业发展方式转变

农业是安天下、稳民心的战略产业。虽然我国农业产值在国内生产总值中的比重有所降低,但农业在国民经济中的基础地位没有变,依然是衣食之源、发展之本。必须坚持走中国特色农业现代化道路,以确保国家粮食安全、增加农民收入、实现可持续发展为目标,加强农业的基础地位,推进农业发展方式转变,大幅提高农业综合生产能力,大幅降低农业生产经营成本,大幅增强农业可持续发展能力,全面提高农业现代化水平,扎实推进社会主义新农村建设。

一是要加快构建粮食安全保障体系,形成供给稳定、储备充足、调控有力、运转高效的粮食安全保障体系,稳定粮食播种面积,加大实施粮食战略工程力度,推进国家粮食核心产区和后备产区建设,加强农田水利建设,加快中低产田改造,优化品种结构,着力提高单产和品质。

二是要加快构建现代农业产业体系,按照保障粮食等主要农产品供给和发挥比较优势的要求搞好产业布局规划,科学确定区域农业发展重点,形成优势突出和特色鲜明的产业带,引导加工、流通、储运设施建设向优势产区聚集,培育与生态保护、休闲观光、文化传承等密切相关的循环农业、特色农业、乡村旅游业和农村第二、第三产业,发挥农业多种功能,提高产业竞争能力和农业整体效益。

三是要加快推进农业科技创新,促进农业技术集成化、劳动过程机械化、生产经营信息化,以节地、节水、节肥、节药、节种、节能、资源综合循环利用和农业生态环境保护为重点,研发和推广应用农业节约型技术,减少农业面源污染和农业废弃物资源性利用等环保技术,促进农业可持续发展。

四是要加快推进农业经营体制机制创新,在毫不动摇坚持以家庭承包经营为基础、统分结合的双层经营体制的前提下,推动家庭经营向采用先进科技和生产手段的方向转变,推动统一经营向发展农户联合与合作和形成多元化、多层次、多形式经营服务体系的方向转变,增强集体组织服务功能,发展各种类型的农民专业合作组织,加快建设覆盖全程、综合配套、便捷高效的农业社会化服务体系,为推进农业专业化分工、规模化生产、集约化经营提供信息、技术、金融等全方位服务。

(四)加快推进生态文明建设

良好生态环境是经济社会可持续发展的重要条件,也是一个民族生存和发展的根本基础。加强生态环境保护,既是转变经济发展方式的必然要求,也是转变经济发展方式的重要着力点,还是扩大内需、拉动经济增长的重要途径。为此,必须深刻认识加快生态文明建设的重要性和紧迫性,痛下决心,下大气力,始终坚持和全面落实节约资源和保护环境的基本国策,深入实施可持续发展战略,大力推进资源节约型、环境友好型社会建设,坚持根据自然环境承载能力和承受能力规划经济社会发展,坚决杜绝先污染后治理、先破坏后恢复、边治理边污染、边恢复边破坏的现象,推动整个社会走上生产发展、生活富裕、生态良好的文明发展道路。

一是要加快推进节能减排,严格落实节能减排目标责任制,严格实施排放总量控制、排污许可和环境影响评价制度,强化节能减排指标约束,加快企业节能降耗技术改造,加强节能减排重点工程建设,全面推行清洁生产和节能技术,抓紧淘汰落后生产能力,实行强制性淘汰消耗高、污染重、技术落后的工艺、设备及产品制度,深入开展节能减排全民行动。

二是要加快污染防治,提高全民族环保意识和责任,加大污染物排放控制力度,重点控制工业污染物排放,加强水污染、大气污染、固体废物污染防治,加快重点流域、重点区域、重点城市环境治理,全面治理工业污染、生活垃圾和污水污染、农业面源污染,加快环境基础设施建设,完善环境监管制度,健全环境监管体系,加大环境执法力度。

三是要加快建立资源节约型技术体系和生产体系,坚持资源开发和节约并重、把节约放在首位的方针,研究开发资源节约集约使用技术,完善土地资源、水资源、重要矿产资源有偿使用制度,发展循环经济、绿色经济、低碳经济,推进节能节水节材节地,合理有效使用资源,提高资源利用率和生产率,推动全社会形成节约能源资源和保护生态环境的生活方式和消费模式。

四是要加快实施生态工程,强化对水源、土地、森林、草原、海洋、生物等自然资源的生态保护,继续推进天然林保护、退耕还林、退牧还草、水土流失治理、湿地保护、荒漠化石漠化治理等生态工程,加强自然保护区、重要生态功能区、海岸带等的生态保护,开展植树造林,不断改善生态环境。

(五)加快推进经济社会协调发展

发展社会事业、做好保障和改善民生工作,既是实现发展成果由人民共享、促进社会和谐稳定的必然要求,也是扩大国内需求、拉动经济增长的重要动力。没有社会发展和经济发展方式转变相协调,没有相应的教育、就业、社会保障等制度相配套,加快经济发展方式转变也难以实现。

一是要加快提高教育现代化水平,按照面向现代化、面向世界、面向未来的要求,适应经济社会发展特别是转变经济发展方式、建设创新型国家的需要,合理配置教育资源,全面推进素质教育,更新教育观念,创新培养模式,推进教育改革,优化教育结构,促进义务教育均衡发展,加快普及高中阶段教育,扩大职业教育规模,提高高等教育质量,增强教育对经济社会发展和人的全面发展的适应性。

二是要加快实施扩大就业的发展战略,实施更加积极的就业政策,完善就业机制,扩大就业规模,优化就业结构,创新就业模式,强化公共就业服务,健全面向全体劳动者的职业技能培训制度,培养适应产业结构优化升级的技能型劳动者,按照产业结构升级要求调整就业结构,实现经济增长和就业增长相互促进、经济结构和就业结构相互适应。

三是要加快社会保障体系建设,加大财政对社会保障的投入力度,建立覆盖城乡居民的社会保障体系,落实医药卫生体制改革方案,加强覆盖城乡居民的公共卫生服务体系、医疗服务体系、医疗保障体系、药品供应保障体系建设,加大对低收入群众的帮扶救助力度,继续搞好扶贫开发,加强廉租住房等保障性住房建设,稳步提高社会保障水平,有序提升社会保障统筹层次,增强人们消费意愿,提高居民消费水平和能力。

四是要加快发展面向民生的公益性社会服务,加大政府对公益性社会服务的投入力度,加强基本公益性社会服务设施建设,加大对公益性社会服务机构的扶持力度,提高公益性社会服务供给能力和水平,发挥公益性社会服务在加快经济发展方式转变方面的重要作用。

(六)加快推进对外经济发展方式转变

改革开放以来,我国进出口贸易快速发展,但是我国对外贸易也积累了一些结构性矛盾,需要通过加快推进对外经济发展方式转变来加以克服或解决。

一是要加快调整出口贸易结构,在稳步扩大我国出口所占世界份额的基础上,积极推动出口贸易从规模速度型向质量效益型转变,立足于以质取胜,优化出口产品结构,促进加工贸易转型升级,鼓励劳动密集型产品提高质量、改进工艺、增加附加值,支持拥有自主知识产权、自主品牌的机电产品和高新技术产品出口,提高中小企业开拓国际市场能力,推动市场多元化,开拓辐射力大的新兴市场,努力促进出口稳步回升。

二是要加快调整进口贸易结构,发挥进口贸易在推动经济结构调整中的作用,加强进口政策和产业政策协调互动,优化进口产品结构,推动进口市场多元化,扩大先进技术、关键设备和零部件进口,促进节能降耗环保产品进口,推动我国企业自主创新和产业结构优化升级,完善重要进口资源储备体系,增强我国巨大市场规模吸引力,提升我国在大宗战略资源国际市场上的话语权。

三是要加快提高利用外资质量和水平,创新利用外资方式,把利用外资同推动产业升级结合起来,把利用外资同促进区域经济协调发展结合起来,鼓励外商投资现代农业、高新技术产业、先进制造业、清洁能源、节能环保产业、服务业特别是现代服务业,参与传统产业优化升级,鼓励跨国公司同国内研发机构和企业开展研发合作。

四是要加快实施"走出去"战略,健全相应的政策促进体系、服务保障体系、风险控制体系,培育和发展我国跨国公司,支持有实力的企业建立国际经营网络、扩大市场份额、在国际市场上打出品牌,推动国际能源资源互利合作,促进对外劳务合作规范发展,积极推动自由贸易区建设,促进贸易和投资自由化便利化,有效化解国际贸易争端。

胡锦涛指出:"加快经济发展方式转变,既是一场攻坚战,也是一场持久战,必须通过坚定不移深化改革来推动。经济发展方式转变滞后是多方面因素造成的,但最大症结在于体制机制不合理。如果没有体制上的重大突破,就难以实现经济发展方式根本性转变。我们要坚持社会主义市场经济的改革方向,提高改革决策科学性,增强改革措施协调性,深化经济体制、政治体制、文化体制、社会体制以及其他各方面体制改革,努力在重要领域和关键环节实现改革的新突破,着力构建充满活力、富有效率、更加开放、有利于科学发展的体制机制,形成有利于加快经济发展方式转变的制度安排,推动全国上下齐心协力加快经济发展方式转变,努力促进经济社会又好又快发展。"①

---

① 《胡锦涛文选》(第三卷),人民出版社,2016年,第357页。

第十三章 宏观调控机制的改革

随着计划经济体制转向社会主义市场经济体制,中国的宏观调控机制也不断改革和完善。其主要特征就是从通过指令性计划的直接调控演变为通过市场机制的间接调控。在这个进程中,还包括了众多领域的改革,如国有经济、财税体制、金融体制的改革,等等。

第一节 从直接调控转向间接调控

我国在20世纪50年代中期建立了高度集中的计划经济体制,完全排斥商品经济,排斥市场调节。国家对于经济的干预是运用指令性计划和高度集中统一的行政手段来进行的,是直接而具体地控制企业的产供销、人财物,而不是通过经济机制发生作用,因而也只有"控"而没有"调"。这种经济体制长期束缚了生产力的发展。党的十一届三中全会以后,经济体制改革从商品经济理论发端,计划经济体制被商品经济理论打开缺口。宏观调控机制相应发生变革。

一、基于计划和市场关系改革的调控

1978年开始的中国改革的最初浪潮冲破的理论教条，就是承认了社会主义条件下存在商品关系的必然性，也就肯定了价值规律对生产的调节作用。1979年2月，李先念在一次会议上说："我同陈云同志谈，他同意，在计划经济前提下，搞点市场经济作补充。""计划经济和市场经济相结合，以计划经济为主。市场经济是补充，不是小补充，而是大补充。"紧接着，陈云在1979年3月8日的一份提纲——《计划与市场问题》中对这种体制作了阐述，"六十年来无论苏联或中国的计划工作制度中出现的缺点：只有有计划按比例这一条，没有在社会主义制度下还必须有市场调节这一条"。"整个社会主义时期经济必须有两个部分：①计划经济部分（有计划按比例的部分）；②市场调节部分（即不作计划，让它根据市场供求的变化进行生产，即带有'盲目'调节的部分）。第一部分是基本的主要的；第二部分是从属的、次要的，但又是必需的"。[①]

在现实的经济运行中如何体现计划经济为主、市场调节为辅？1979年4月，李先念在中央工作会议上的讲话中作了具体说明："可以考虑对关系到国计民生的重要产品由国家统一计划，统一规定价格，统一进行分配，其他产品由企业根据市场的供求情况自行确定生产数量，允许自产自销，价格有的由国家规定，有的根据市场供求关系允许在一定幅度内浮动，企业之间可以进行竞争。国家计划的编制，要认真进行供产销的综合平衡，并且要自觉

[①] 《陈云文选》（第三卷），人民出版社，1995年，第245页。

运用价值规律来调节生产,以求得最好的经济效果,使之符合国民经济按比例发展的客观要求。按照市场关系进行的生产,也要受国家的计划指导,国家要利用经济立法、经济政策、税收、信贷、价格等经济手段,对市场进行调节,使得它们也能够符合按比例发展的要求。"①

1979年11月26日,邓小平会见美国不列颠百科全书出版公司编委会副主席吉布尼和加拿大麦吉尔大学东亚研究所主任林达光等时讲道:"说市场经济只存在于资本主义社会,只有资本主义的市场经济,这肯定是不正确的。社会主义为什么不可以搞市场经济,这个不能说是资本主义。我们是计划经济为主,也结合市场经济,但这是社会主义的市场经济。""社会主义也可以搞市场经济。同样地,学习资本主义国家的某些好东西,包括经营管理方法,也不等于实行资本主义。这是社会主义利用这种方法来发展社会生产力。"②

1980年1月16日,邓小平在中共中央召集的干部会议上作了题为"目前的形势和任务"的讲话,他指出我们在发展经济方面,正在寻求一条合乎中国实际的,能够快一点、省一点的道路,其中包括扩大企业自主权和民主管理,发展专业化和协作,"计划调节和市场调节相结合"③。

同年9月,国务院经济体制改革办公室起草的《关于经济体制改革的初步意见》指出,"我国经济体制改革的原则和方向应当是:在坚持生产资料公有制占优势的条件下,按照发展商品经济和促进社会化大生产的要求,自觉运用价值规律","把单一的计划调节,改为在计划指导下,充分发挥市场调节的作用"。④ 1981年11月11日召开的五届人大四次会议,就计划经济为主、市场

---

① 中共中央文献研究室编:《三中全会以来重要文献选编》(上),人民出版社,1982年,第141页。
② 《邓小平文选》(第二卷),人民出版社,1994年,第236页。
③ 同上,第247页。
④ 柳红:《两份初步意见的背后》,新浪财经,http://finance.sina.com.cn/roll/20090206/23545827587.shtml。

第四编　改革开放时期党的经济思想

调节为辅的思想作了部署,"根据企业在国计民生中所占地位的不同,根据企业所有制的不同,根据企业产品的重要性和种类、规格的多少不同,可以分别实行不同的管理方法。大体上有四种类型:一是按照国家指令性计划进行的。这是关系国家经济命脉的骨干企业或关系国计民生的主要产品,它们的产值占工农业总产值的大部分,但品种不是很多。二是按市场变化而在国家计划许可的范围内生产的。这是品种繁多的小商品,分散在许多小企业和个体劳动者中生产,不可能也不便于统一计划管理,它们的产值只占工农业总产值的小部分。在这两大类之间,还有两类产品和企业。一类是大部分按国家计划生产,小部分由企业自行组织生产,这一类基本上接近前一类,但又有所不同;另一类是大部分由企业按照市场变化组织生产,小部分按照国家计划进行生产,这一类基本上接近后一类,但也有所不同"[①]。

1982年9月,党的十二大报告《全面开创社会主义现代化建设的新局面》不仅明确指出计划经济为主、市场调节为辅,而且把这一原则具体化为国家下达指令性指标的指令性计划、主要运用经济杠杆保障其实现的指导性计划和国家不作计划的市场调节三种管理方式。其中,指令性计划和指导性计划均属于计划调节的范围,市场调节是计划调节的补充。

1984年10月,党的十二届三中全会通过的《中共中央关于经济体制改革的决定》明确指出,商品经济的充分发展是社会经济发展不可逾越的阶段,并确认,社会主义经济"是在公有制基础上的有计划商品经济","实行计划经济同运用价值规律,发展商品经济,不是互相排斥的,而是统一的"。"有计划的商品经济"的提出是社会主义经济理论的重大突破和重大理论创新,为全面开展经济体制改革提供了理论指导。

---

① 《第五届全国人民代表大会第四次会议上的政府工作报告》,http://www.npc.gov.cn/wxzl/gongbao/2000-12/06/content_5328237.htm。

1987年10月,党的十三大提出:社会主义有计划的商品经济体制,应该是计划与市场内在统一的体制。"新的经济运行机制,总体上来说应当是'国家调节市场,市场引导企业'的机制。"

1989年11月,党的十三届五中全会通过的《中共中央关于进一步治理整顿和深化改革的决定》进一步把建立计划经济同市场调节相结合的经济运行机制明确为"改革的核心问题"。

1992年10月,党的十四大正式提出:"我国经济体制改革的目标是建立社会主义市场经济体制。"

二、从直接转向间接的宏观调控的思路

在富起来的时代,我们党对社会主义经济特征认识发展的轨迹是:非商品经济—存在商品关系的计划经济—有计划的商品经济—社会主义市场经济。与此相应,对经济运行机制认识发展的轨迹是:排斥市场体制的计划调节—计划经济为主、市场调节为辅—国家调节市场,市场引导企业—市场在国家宏观调控下对资源配置起基础性作用。在上述理论的指导下,我国在改革实践中,一直以市场为取向,逐步从直接调控为主向间接调控为主过渡。[①]

(一)1985年开始的对"经济过热"的宏观调控

1981—1983年,国民经济发展比较平稳,国民收入分别比上年增长4.9%、8.3%和9.8%。到1984年,为了提前实现翻番目标,出现了经济过热现象。1984年,我国工农业总产值突破1万亿元,在1979年到1983年平均每年递增7.9%的基础上,比上年增长14.2%(国内生产总值增长率为13.5%)。"除了

[①] 汪同三:《改革开放以来历次宏观调控及其经验教训》,《新金融》,2005年第7期;张明龙、张琼妮:《我国宏观调控及其政策变迁纵向考察》,《中外企业家》,2016年第13期。

能源、交通、原材料供应仍然紧张,产业结构和产品结构还不够合理,预算外固定资产投资规模偏大以外,比较突出的问题是,去年下半年特别是第四季度对信贷基金和消费基金管理不严,货币发行量多了一些,再加上乱涨价等不正之风的影响,致使部分商品价格上涨。"①

1985年3月第六届全国人民代表大会第三次会议上的《政府工作报告》提出:必须坚持实事求是、稳步前进的方针,坚决防止盲目追求和比赛增长速度的现象。"切实加强和完善宏观经济的有效控制和管理,为今后的改革打下较好的基础。"②

这次宏观调控先后在三方面进行紧缩:1985年4月,中国人民银行调整了部分存款和贷款的利率;控制固定资产投资规模,后两年内使固定资产总规模保持在当年的水平;中国人民银行关于全面开展信贷检查。

在此次宏观调控中,国内生产总值增长率和通货膨胀率均有所下降。但是由于当时经济体制改革的滞后,宏观调控手段以"硬"为主,调控并不彻底,以致很快出现反弹。

(二)1988年开始的"硬着陆"式的宏观调控

1985年到1986年的宏观调控没有遏制住过高的固定资产投资增速,从1984年到1987年,固定资产投资增速分别为28.2%、28.8%、22.7%和21.5%,1988年反弹至25.4%。国内生产总值增长率由1984年的15.2%下降到了1986年的8.8%;通货膨胀率由1985年的9.3%下降到了1986年的6.5%。但是1988年国内生产总值增长率又回升到11.3%,而通货膨胀率上升到了18.8%这一历史最高水平。

---

①② 《在第六届全国人民代表大会第三次会议上的政府工作报告》,http://www.gov.cn/test/2008-03/21/content_925584.htm。

针对1988年出现的高通货膨胀问题,1988年9月26日召开的党的十三届三中全会确定,1989年、1990两年"改革和建设的重点突出地放到治理经济环境和整顿经济秩序上来"。必须在坚持改革、开放总方向的前提下,认真治理经济环境和整顿经济秩序。治理经济环境,主要是压缩社会总需求,抑制通货膨胀;整顿经济秩序,就是要整顿目前经济生活中特别是流通领域中出现的各种混乱现象。在这两方面都要采取坚决有力的措施。治理经济环境,整顿经济秩序,必须同加强和改善新旧体制转换时期的宏观调控结合起来,必须同努力增加农副产品、适销的轻纺产品,以及能源原材料等方面的有效供给结合起来。

1988年9月25日,国务院发出了进行税收、财务、物价大检查的通知,并采取了一系列措施进行宏观调控。由于种种原因,宏观调控使工业增长速度得到了一定控制,投资项目得到了一定清理,但是通货膨胀仍在加剧。在1989年3月召开的七届人大二次会议上,《政府工作报告》提出的六项目标的前三项:一是消除通货膨胀,把发展速度降到比较合理的水平。二是遏制通货膨胀,使1989年物价上涨幅度明显低于1988年。三是压缩固定资产投资规模,使它同国力承担的可能相适应;控制消费基金的过快增长,使它同国民收入的增长相适应。

1989年11月,党的十三届五中全会通过了《中共中央关于进一步治理整顿和深化改革的决定》,该决定提出"用三年或者更长一点的时间,基本完成治理整顿任务"。治理整顿的主要目标是:逐步降低通货膨胀率,使全国零售物价上涨幅度逐步下降到10%以下;扭转货币超经济发行的状况,逐步做到当年货币发行量与经济增长的合理需求相适应;努力实现财政收支平衡,逐步消灭财政赤字;在着力提高经济效益、经济素质和科技水平的基础上,保持适度的经济增长率,争取国民生产总值平均每年增长5%至6%;改善产业

第四编　改革开放时期党的经济思想

结构不合理状况,力争主要农产品生产逐步增长,能源、原材料供应紧张和运力不足的矛盾逐步缓解;进一步深化和完善各项改革措施,逐步建立符合计划经济与市场调节相结合原则的,经济、行政、法律手段综合运用的宏观调控体系。

这次全会强调指出,无论是治理整顿期间还是治理整顿任务完成之后,都必须始终坚持长期持续、稳定、协调发展经济的方针,这是总结我国四十年的经济建设得出的最重要的经验教训。我们任何时候都必须坚持从我国的基本国情出发,牢固树立持续、稳定、协调发展的指导思想,坚决防止片面追求过高的发展速度,始终把不断提高经济效益放到经济工作的首要位置上来。

这次全会还要求"治理整顿必须抓住四个重要环节。一是继续压缩社会总需求,坚持执行紧缩财政和信贷的方针,解决好国民收入超额分配的问题,下决心过几年紧日子。二是大力调整产业结构,增加有效供给,增强经济发展后劲。特别是要迅速在全党全国造成一个重视农业、支援农业和发展农业的热潮,齐心合力把农业搞上去,确保粮食、棉花等主要农产品的稳定增长。三是认真整顿经济秩序,继续下大力量清理整顿各种公司特别是流通领域的公司,克服生产、建设、流通、分配领域的严重混乱现象。四是深入开展增产节约、增收节支运动,下功夫改进企业的经营管理,挖掘内部潜力,提高科技水平,走投入少、产出多、质量高、效益好的经济发展路子"[①]。

由于把当时的形势估计得相当严重,因而"一刀切"的现象十分普遍,造成1990年初开始出现了"硬着陆"的迹象。1989年和1990年国内生产总值增长率只有4.19%和3.91%,投资增长率分别为-7.2%和2.4%,产品库存积压,资金流通不畅,失业人数增多。

[①]《中国共产党第十三届五中全会公报》,共产党新闻网,http://cpc.people.com.cn/GB/64162/64168/64566/65388/4441852.html。

655

(三)1993—1996年"软着陆"式的宏观调控

1992年到1993年上半年,投资需求和消费需求双膨胀,社会总需求超过总供给,经济全面过热。出现的新的较为严峻的矛盾和问题主要有:第一,货币投放过量,金融秩序混乱;第二,投资需求和消费需求都出现膨胀的趋势;第三,财政困难加剧;第四,由于工业增长速度越来越快,基础设施和基础工业的"瓶颈"制约进一步强化,供需矛盾突出;第五,出口增长乏力、进口增长过快,国家外汇结存下降较多;第六,物价上涨越来越快,通货膨胀呈加速之势。在1993—1994年,全社会固定资产投资增长率曾高达61%,居民消费价格指数上涨曾高达24%,这些数字都创了改革开放以来的最高值。

1993年6月24日,中共中央国务院发布的《关于当前经济情况和加强宏观调控的意见》(以下简称《意见》)指出:我国经济在继续大步前进中,也出现了一些新的矛盾和问题,某些方面的情况还比较严峻。在解决问题时,要切实贯彻在经济工作中要抓住机遇,加快发展,同时要注意稳妥,避免损失,特别要避免大的损失的指导思想,把加快发展的注意力集中到深化改革、转换机制、优化结构、提高效益上来。《意见》提出了"严格控制货币发行,稳定金融形势""坚决纠正违章拆借资金"等16条加强和改善宏观调控的措施。这就是著名的"宏观调控16条"。主要涉及以下内容:

当前的宏观经济环境已经绷得很紧,有些矛盾和问题还在继续发展,如果不抓住时机,进一步深化改革,抓紧实施宏观调控措施,势必导致社会供需总量严重失衡,通货膨胀进一步加剧,甚至会引起经济大的波动,影响社会安定。[1]

在解决问题时,要着眼于加快改革步伐。必须采用新思路、新办法,从加

---

[1] 参见中共中央国务院《关于当前经济情况和加强宏观调控的意见》,https://www.shui5.cn/article/71/133637.html。

第四编　改革开放时期党的经济思想

快新旧体制转换中找出路,把改进和加强宏观调控、解决经济中的突出问题,变成加快改革、建立社会主义市场经济体制的动力。解决问题主要运用经济办法,也要采取必要的行政手段和组织措施。要强化间接调控,更多地采取经济手段、经济政策和经济立法。通过加强宏观调控,既能有效解决当前经济问题,又有利于继续增强微观经济活力和市场机制作用的充分发挥。

中共中央国务院决定采取16条措施加强和改善宏观调控:严格控制货币发行,稳定金融形势;坚决纠正违章拆借资金;灵活运用利率杠杆,大力增加储蓄存款;坚决制止各种乱集资;严格控制信贷总规模,强化中央银行对全社会信贷总规模的宏观调控;专业银行要保证对储蓄存款的支付;加快金融改革步伐,强化中央银行的金融宏观调控能力;投资体制改革要与金融体制改革相结合;限期完成国库券发行任务;进一步完善有价证券发行和规范市场管理;改进外汇管理办法,稳定外汇市场价格;加强房地产市场的宏观管理,促进房地产业的健康发展;强化税收征管,堵住减免税漏洞;对在建项目进行审核排队,严格控制新开工项目;积极稳妥地推进物价改革,抑制物价总水平过快上涨;严格控制社会集团购买力的过快增长。

1995年9月,江泽民在党的十四届五中全会闭幕时的讲话《正确处理社会主义现代化建设中的若干重大关系》中,指出要处理好"市场机制和宏观调控的关系"。其主要内容包括:

充分发挥市场机制的作用和加强宏观调控,都是建立社会主义市场经济体制的基本要求,二者缺一不可,绝不能把它们割裂开来,甚至对立起来。单纯强调这一面、轻视或者忽视另一面,都不利于改革和发展大业。必须认识到我国社会主义市场经济体制是同社会主义基本制度结合在一起的,既可以发挥市场经济的优势,又可以发挥社会主义制度的优越性,在处理市场机制和宏观调控、当前发展和长远发展、效率和公平等关系方面,应该比西方国家做得更好和更有成效。

要使我国经济富有活力和效率,必须充分发挥市场机制的作用,这是改革开放以来所积累的重要经验。目前,我国市场发育还不成熟,必须加快市场体系的培育和发展。凡是应当由市场调节的经济活动,要进一步放开放活,激发经济活力。特别是竞争性产业,应主要由市场配置资源,基础性产业也要引入市场竞争机制。同时要看到,市场也存在着自发性、盲目性和滞后性的一面,国家必须对市场活动加以正确的指导和调控。我国是发展中的大国,又处在经济体制转轨、产业结构升级和经济快速发展的时期,加强和改善宏观调控尤为重要。要加快健全和完善宏观调控体系,主要运用经济、法律的手段,并辅之以必要的行政手段,抑制通货膨胀,实现经济总量平衡和结构优化。经验证明,微观经济越放开,市场化的进程越快,就要求宏观调控越有力和灵活有效。加强和改善宏观调控,要有必要的集中和相应的手段。[①]

1996年11月,中共中央、国务院召开的经济工作会议认为,经过近三年的努力,以治理通货膨胀为首要任务的宏观调控基本上达到预期目的。

这一次宏观调控尽管初期采取较多行政手段,以治理当时混乱的金融秩序,但后期更多地运用紧缩的货币供应、利率杠杆、从紧的财政政策,以及财税体制改革等,以达到控制总需求的目的。这期间虽然也是对投资和消费实行全面紧缩,但为"适度从紧",使国内生产总值增长速度由1992年14.2%降到1997年的8.8%,消费者物价指数年上涨率由1994年的24.1%降到1997年的2.8%,成功实现了"软着陆"。

党的十五大报告中明确指出:"宏观调控的主要任务,是保持经济总量平衡,抑制通货膨胀,促进重大经济结构优化,实现经济稳定增长。宏观调控主

---

① 参见《江泽民文选》(第一卷),人民出版社,2006年,第467~468页。

要运用经济手段和法律手段。"①

(四)1997—2002年运用需求管理刺激经济

1997年后,受亚洲金融危机影响,我国出现了通货紧缩现象,1998年又遭遇新中国成立以来严重的洪涝灾害。面对经济增长减速、通货紧缩和失业上升的压力,中央决定适时调整宏观经济政策,由适度从紧转向适度扩张,把扩大内需和降低失业率作为宏观调控的主要目标,及时提出采取更加有利的财政政策,刺激国内有效需求加大,拉动经济增长。

这一次宏观调控初期,政府首先选择以货币政策为主的调控政策安排,但是效果不佳。1998年7月中旬,党中央、国务院在听取国家计委工作汇报的基础上,形成了中央12号文件,进一步提出采取更加有力的措施,推行更加积极的财政政策,加大基础设施建设力度,大力拓展消费领域,继续扩大国内消费需求。其中主要措施是:把全社会固定资产投资增长幅度从原来的10%调整为15%以上,主要用于加强农林水利、铁路、公路、通信、环保、城市基础设施建设,并集中力量增加粮库、农村和城市电网、城市经济适用住房及生态环境等方面的建设投资。为了落实建设资金,由中央财政发行1000亿元十年期国债,补充和增加基础设施建设项目资本金,同时吸引银行贷款1000亿元左右。

到2000年,中国经济出现重要转机,国内生产总值增长率恢复到8.49%,推动我国经济进入新一轮上升周期。

(五)2002—2007年的结构性宏观调控

2002年,中国在加入世界贸易组织以后经济发展进入新阶段,宏观经济进入新一轮增长期,基本保持了"高增长、低通胀"的良好势头。

---

① 《江泽民文选》(第二卷),人民出版社,2006年,第23页。

2002年下半年开始,由于投资的过快增长,带动了生产资料的上涨,以至于造成了局部经济过热。针对国内出现了部分行业投资增长过快,物价上涨压力增大等问题,为了保持经济平稳较快发展,防止大起大落,2003年下半年中国政府再次采取了加强宏观调控的措施。此次宏观调控有以下特点:一是预见性强,措施及时。早在2003年6月至9月,国家就从规范房地产发展、土地管理、提高存款准备金率等方面相继采取了措施。二是有紧有宽,措施灵活。密切跟踪经济形势,采取渐进的方式,在保护投资和经济增长中正常的合理部分的同时,逐步解决部分行业投资过热等问题。同时采取减免农业税、增加对农民的补贴等措施,调动了农民种粮积极性,使耕地面积扩大,粮食产量明显回升。三是以科学发展观为指导。

2003年10月14日,党的第十六届三中全会通过了《中共中央关于完善社会主义市场经济体制若干问题的决定》。该决定提出继续改善宏观调控,加快转变政府职能。从三个方面进一步改革和完善:

一是完善国家宏观调控体系。进一步健全国家计划和财政政策、货币政策等相互配合的宏观调控体系。国家计划明确的宏观调控目标和总体要求,是制定财政政策和货币政策的主要依据。财政政策要在促进经济增长、优化结构和调节收入方面发挥重要功能,完善财政政策的有效实施方式。货币政策要在保持币值稳定和总量平衡方面发挥重要作用,健全货币政策的传导机制。重视人口老龄化趋势等因素对社会供求的影响。完善统计体制,健全经济运行监测体系,加强各宏观经济调控部门的功能互补和信息共享,提高宏观调控水平。

二是转变政府经济管理职能。深化行政审批制度改革,切实把政府经济管理职能转到主要为市场主体服务和创造良好发展环境上来。加强国民经济和社会发展中长期规划的研究和制定,提出发展的重大战略、基本任务和

第四编 改革开放时期党的经济思想

产业政策,促进国民经济和社会全面发展,实现经济增长与人口资源环境相协调。加强对区域发展的协调和指导,积极推进西部大开发,有效发挥中部地区综合优势,支持中西部地区加快改革发展,振兴东北地区等老工业基地,鼓励东部有条件地区率先基本实现现代化。完善政府重大经济社会问题的科学化、民主化、规范化决策程序,充分利用社会智力资源和现代信息技术,增强透明度和公众参与度。

三是深化投资体制改革。进一步确立企业的投资主体地位,实行谁投资、谁决策、谁收益、谁承担风险。国家只审批关系经济安全、影响环境资源、涉及整体布局的重大项目和政府投资项目及限制类项目,其他项目由审批制改为备案制,由投资主体自行决策,依法办理用地、资源、环保、安全等许可手续。对必须审批的项目,要合理划分中央和地方权限,扩大大型企业集团投资决策权,完善咨询论证制度,减少环节,提高效率。健全政府投资决策和项目法人约束机制。国家主要通过规划和政策指导、信息发布及规范市场准入,引导社会投资方向,抑制无序竞争和盲目重复建设。[①]

2004年,我国的国内生产总值增长率上升为9.5%,物价平稳,实现了低通货膨胀下的经济高速增长。在这种情况下,中央提出2005年实行稳健的财政政策和稳健的货币政策,是符合我国当时经济形势的发展变化和宏观调控的客观需要的,是又一次科学的相机抉择。稳健财政政策的主要措施概括起来,就是十六个字:控制赤字、调整结构、推进改革、增收节支。同时上调法定存款准备金率。

---

① 参见《中共中央关于完善社会主义市场经济体制若干问题的决定》,中国共产党新闻网,http://cpc.people.com.cn/GB/64162/64168/64569/65411/4429165.html。

(六)2008—2012年全球金融危机背景下的宏观调控

2008年全球金融危机对中国产生传导式冲击,从2008年第一季度到2009年第一季度,连续五个季度,15个月经济增长速度下降。

在这种情况下,2009年3月5日召开的第十一届全国人民代表大会第二次会议《政府工作报告》提出:扩内需、保增长。坚持把扭转经济增速下滑趋势作为宏观调控最重要的目标,把扩大国内需求作为促进经济增长的长期战略方针和根本着力点,增加有效需求,加强薄弱环节,充分发挥内需特别是消费需求拉动经济增长的主导作用。

以应对国际金融危机、促进经济平稳较快发展为主线,统筹兼顾,突出重点,全面实施促进经济平稳较快发展的一揽子计划。大规模增加政府投资,实施总额4万亿元的两年投资计划,其中中央政府拟新增1.18万亿元,实行结构性减税,扩大国内需求;大范围实施振兴产业规划,提高国民经济整体竞争力;大力推进自主创新,加强科技支撑,增强发展后劲;大幅度提高社会保障水平,扩大城乡就业,促进社会事业发展。

《政府工作报告》提出:要坚持灵活审慎的调控方针,提高宏观调控的应变能力和实际效果,尽快扭转经济增速下滑趋势,保持经济平稳较快发展。积极扩大国内需求特别是消费需求,增强内需对经济增长的拉动作用。具体措施如下:

第一,实施积极的财政政策。一是大幅度增加政府支出,这是扩大内需最主动、最直接、最有效的措施。安排中央财政赤字7500亿元,地方发行2000亿元债券。二是采取减税、退税或抵免税等多种方式减轻企业和居民税负,促进企业投资和居民消费,增强微观经济活力。初步测算,2009年可减轻企业和居民负担约5000亿元。三是优化财政支出结构。继续加大对重点领域投入,严格控制一般性开支,努力降低行政成本。

第二,实施适度宽松的货币政策。货币政策要在促进经济增长方面发挥更加积极的作用。一是改善金融调控。保证货币信贷总量满足经济发展需求,广义货币增长17%左右,新增贷款5万亿元以上。二是加强产业、贸易、土地、投资、就业政策与财政、货币政策的一致性和协调性,形成调控合力。

这一次宏观调控以4万亿投资计划为标志,实行的是"大水漫灌"式的刺激需求政策,虽然有效地控制了经济下滑的势头,但也使后来的经济造成了产能过剩之类的结构性问题。

第二节 财税体制改革

党的十一届三中全会以后,中国沿着市场化的方向,探索建立社会主义市场经济体制的道路,财税体制改革的目标是建立适应资源配置方式转变、适应与政府职能转换的现代财税制度。经过改革,一个与社会主义市场经济体制相适应的财政税收体制逐渐建立起来,从建设型财政向公共财政转变和发展。

一、财政包干制和利改税

从1980年开始,我国开始通过放权让利来调整中央和地方的分配关系,实行财政包干的预算管理体制。

1980年实行"划分收支、分级包干"的财政体制,即通常所说的"分灶吃饭"的财政体制;1985年实行"划分税种、核定收支、分级包干"的财政体制,即分税"分级包干"的财政体制;1988年实行多种形式(如收入递增包干办法、总额分成办法、总额分成加增长分成办法、上解额递增包干办法、定额补助办法)的财政"大包干"体制。

改革使地方拥有了较多的财权和财力,调动了地方发展经济的积极性,增强了经济的活力,但是也造成了权力过于分散和地方权力过大等弊病,带来了很多矛盾和问题。长期以来,国有企业采取利润上缴的方式,改革开始以后,企业采取利润包干等多种形式的经济责任制。从1983年开始分两步进行"利改税"的改革。

1983年实施的第一步"利改税"是以开征国有企业所得税为主要内容进行的。对不同规模的国有企业采取不完全相同的征税办法:对有营利的国有大、中型企业,按照55%的比例税率征收所得税,税后利润一部分上缴国家,一部分按国家核定的留利水平留给企业;对有营利的小型国有企业,按照八级超额累进税率征收所得税,税后利润自负盈亏,但对于税后利润较多的企业,按固定数额再上交一部分利润,或由国家再收取一定的承包费。总的来说,第一步"利改税"仅仅是对所得税的改革,且实行的是"税利并存",因此可以说这是一次不彻底的"利改税"。

1984年10月,国务院决定进行第二步"利改税",从税利并存过渡到完全以税代利。企业在以税收形式上缴后,余下部分均留在企业。第二步"利改税"是一次全方位的税制改革。

"利改税"是为了适应当时的改革开放政策而进行的一次真正意义上的税制改革,通过"利改税",我国建立起了以流转税和所得税为主体税种的新的税制格局。通过"利改税",一方面,税收的财政贡献得以充分发挥。根据国家统计局数据:在1984年至1993年的国家财政收入总量中,税收的贡献度年均超过98%,税收开始成为财政收入最重要的来源。另一方面,税收对经济活动的调节作用也得到充分发挥。利改税制度实施以后,国家与企业(特别是国有企业)之间的分配关系开始通过税收手段进行规范,企业税后利润可以根据市场需要进行投资和资源配置。①

二、建立与市场经济体制相适应的财政税收体制

1989年6月,新一任中央领导集体上任之后提出要理顺中央与地方的财政分配关系,逐步提高"两个比重",改变财政收支过于分散的局面,并逐步明确了实行分税制的改革方向。

1989年9月29日,江泽民在庆祝中华人民共和国成立40周年大会上的讲话中指出:"在治理整顿期间,更要强调适当集中,逐步提高国家财政收入在国民收入中的比重,提高中央财政收入在国家财政收入中的比重。中央不掌握必要的财力,就不可能保证重点建设和治理整顿任务的实现。必须加强中央的权威,反对分散主义,以利于领导国民经济持续、稳定、协调发展。"②

1989年11月9日,党的十三届五中全会通过的《中共中央关于进一步治理整顿和深化改革的决定》提出,要进一步深化和完善改革,改变财政包干体制,"改革的方向不是回到统收统支,但要有助于兴利除弊,有助于适当提高中央财政的集中程度"③。

1990年12月30日,党的十三届七中全会审议通过的《中共中央关于制定国民经济和社会发展十年规划和"八五"计划的建议》明确指出,要"改革财政税收体制,建立稳定的和规范化的财政税收制度"。"改革的方向是在划清中央和地方事权范围的前提下实行分税制。"④

---

① 参见洪银兴、杨德才等:《新中国经济史论》,经济科学出版社,2019年,第294页。
② 中共中央文献研究室编:《十三大以来重要文献选编》(中),中央文献出版社,1991年,第620页。
③ 同上,第702页。
④ 同上,第1409页。

1992年10月,党的十四大正式确立了社会主义市场经济体制的改革目标。在党的十四大报告中,江泽民明确指出,要"统筹兼顾国家、集体、个人三者利益,理顺国家与企业、中央与地方的分配关系,逐步实行利税分流和分税制"[①]。

1993年11月,党的十四届三中全会通过的《中共中央关于建立社会主义市场经济体制若干问题的决定》明确了"积极推进财税体制改革"的方向,并提出了改革的三个重点:一是把现行地方财政包干制改为在合理划分中央与地方事权基础上的分税制,建立中央税收和地方税收体系;二是按照统一税法、公平税负、简化税制和合理分权的原则,改革和完善税收制度;三是改进和规范复式预算制度。

1994年的工商税制改革确定了市场经济条件下我国税收制度的基本格局,在此后的十几年间,结合国内、国外客观经济形势的变化,国家又在取消农业税、内外资企业所得税合并、增值税的转型等方面进行了补充和完善。

(一)分税制

1993年12月15日,国务院发布《关于实行分税制财政管理体制的决定》,决定从1994年1月1日起改革现行地方财政包干体制,对各省、自治区、直辖市及计划单列市实行分税制财政管理体制。至此,分税制财政管理体制改革正式出台。

分税制改革的主要内容可以用"三分一返一转还"来概括:明确中央与地方事权的划分、明确中央与地方收入划分、分设中央和地方两套税务机构、中央财政对地方财政税收返还数额的确定、确定过渡时期的转移支付办法和一般性转移支付办法。

分税制财政管理体制改革的确立,突破了以往"放权让利"思路的束缚,

---

① 《江泽民文选》(第一卷),人民出版社,2006年,第229页。

第四编　改革开放时期党的经济思想

走上了转换机制、制度创新之路。从重构适应社会主义市场经济体制的财政体制及其运行机制入手,在改革内容与范围的取舍上,既包含有利益格局的适当调整,更注重新型财税体制的建立,着重财税运行机制的转换。①

(二)全面取消农业税

1958年,我国颁布了农业税条例,牧区后来根据授权开征牧业税。1983年国务院发布了《关于农林特产收入征收农业税的若干规定》。1994年1月30日国务院又发布实施了《关于对农业特产收入征收农业税的规定》,确定对农业特产收入征收农业税,即农业特产农业税,简称农业特产税。1994年工商税制改革取消"产品税",农业特产税将原来征收产品税的"农林牧水"部分合并,扩大了征税范围。

为了切实减轻农民负担,中央决定从2000年开始在农村开展农村税费改革。在农村税费改革过程中,已经根据"减轻、规范、稳定"的原则对农(牧)业税和农业特产税进行了调整,同时也明确在五年内将逐步取消农业税。2005年12月29日十届全国人大常委会第十九次会议通过从2006年1月1日起废止农业税条例的草案。2006年3月14日,十届全国人大四次会议通过决议,庄严宣布在全国范围内彻底取消农业税。

(三)内外资企业所得税的合并

随着我国社会主义市场经济体制的建立和完善,特别是我国加入世贸组织之后,企业所得税"内外有别"的税制模式开始不再适应市场经济发展的要求。2007年3月16日,十届全国人大五次会议审议通过了《中华人民共和国企业所得税法》。这是我国税制现代化建设进程中的一件大事,是适应我国社会

---

① 参见高培勇:《从"放权让利"到"公共财政"——中国财税改革30年》,《光明日报》,2008年11月6日。

主义市场经济发展进程的一项制度创新,是我国社会主义市场经济制度走向成熟的重要标志。随着2008年1月1日该法的正式实施,我国结束了企业所得税法律制度对内外资分立的局面,逐步建立起一个规范、统一、公平、透明的企业所得税法律制度。2011年,经国务院批准,财政部、国家税务总局联合下发营业税改增值税试点方案。

三、建立公共财政框架体系

1998年末,全国财政工作会议正式提出要积极创造条件建立公共财政框架,从而财税体制改革集中于以支出管理改革为重心的公共财政框架体系构建。

2000年10月20日,在省部级干部财政专题研究班开班式上,时任国务院副总理李岚清说,财政工作进一步贯彻落实好"三个代表"重要思想,关键在于建立适应社会主义市场经济要求的公共财政框架,按照"一是吃饭、二要建设"的原则,在努力促进先进生产力的发展和增加财政收入的前提下,将财政支出主要用于维护国家机器正常运转和满足最广大人民群众的物质文化等社会公共需要,不断提高国家的综合实力和人民群众的生活水平。

李岚清强调,建立公共财政框架,必须树立新的理财观念,基本思路可用十六个字来概括:"比例适当,集散有度,收支合理,使用得当"。所谓"比例适当",就是财政收入占国内生产总值的比例和中央财政收入占国家财政收入的比例要适当。目前中国这"两个比例"明显偏低,必须下大力气,切实理顺财政分配秩序,积极组织财政收入。所谓"集散有度",就是国家财权财力的集中和分散要有度。财权财力过于集中,不利于发挥地方和企业的积极性;财权财力过于分散,不利于国家集中必要的财力办一些大事和对经济运行实施有效的宏观调控,也难以通过转移支付促进经济不发达地区的发展。目前中国财权财力过于分散,再加上以费挤税、自收自支、小金库林立,许多地方基层机构臃肿、人员膨胀。有的地方为了养人就多收费,收费多了又多养人,如此恶性循环,进一步加重了农民、企业和社会的负担。这种情况必须扭转。所谓"收支合理",就是财政收入要以税收为主体,辅之以少量必要的规费;财政支出要贯彻"一是吃饭、二要建设"的原则。所谓"使用得当",就是要千方百计地节约资金,使用好资金,充分提高财政资金的使用效益。

李岚清指出,加快建立公共财政体制,重点在两个方面:一是预算管理体制改革。要实行国际通行的国库集中收付制度,加强对政府财政性资金的统一调度和管理,从根本上改变过去财政资金分散管理,部门、单位多头开户等混乱局面。大力推进部门预算改革,提高预算的完整性和科学性,提高资金分配的透明度,同时缩短预算批复时间。二是税收体制改革。要按照社会主义市场经济体制的要求,对税制进行补充和完善。当务之急是进一步加强税收征管制度改革,建立起基础管理扎实、征管手段先进、征管查相分离、寓执法于服务之中的现代税收征管制度。同时要有步骤地实行费改税的改革,杜绝各种乱收费现象。

在实践中,建立公共财政框架的改革举措主要有:

一是2000年开始的部门预算改革。第一,改革预算编制形式,初步实现了"一个部门一本预算";第二,改革预算编制方法,按照基本支出和项目支出编制部门预算;第三,深化"收支两条线"的改革,初步实现综合预算;第四,规范了预算编制程序,初步建立起财政部和中央内部的预算编制规程。

二是2001年"收支两条线"改革的进一步深化。2001年底,国务院办公厅转发了《财政部关于深化收支两条线改革,进一步加强财政管理意见的通知》,以综合预算编制为出发点,以预算外资金管理为重点和难点,以强调收支脱钩为中心,以国库管理制度改革为保障,明确提出进一步深化"收支两条线"改革的步骤与相关措施,成为新时期加强财政资金管理方面的纲领性文件。以这个文件为指导,2002年财政部进一步加大和深化了"收支两条线"管理工作。

三是2003年政府采购制度的全面实施。2003年1月1日,政府采购法正式实施,我国政府采购制度进入了全面推行阶段。政府采购制度实施以来,对于规范政府采购行为,加强财政支出管理,提高政府采购资金的使用效益,保护政府采购当事人的合法权益,维护国家利益和社会公共利益,促进廉政建设均发挥了重要作用。

四是2001年国库管理制度的配套改革。根据党中央、国务院的要求,借鉴国际先进经验,结合我国实际情况,财政部会同中国人民银行制定了《财政国库管理制度改革方案》。2001年2月28日,国务院第95次总理办公会议原则上同意改革方案,并决定从2001年起在中央实施改革试点,"十五"期间在中央和地方全面实施国库集中收付制度。

2003年10月14日,党的十六届三中全会通过的《中共中央关于完善社会主义市场经济体制若干问题的决定》对"完善财税体制"提出了两个任务:一是分步实施税收制度改革。按照简税制、宽税基、低税率、严征管的原则,稳步推进税收改革。改革出口退税制度。统一各类企业税收制度。增值税由生产型改为消费型,将设备投资纳入增值税抵扣范围。完善消费税,适当扩大税基。改进个人所得税,实行综合和分类相结合的个人所得税制。实施城镇建设税费改革,条件具备时对不动产开征统一规范的物业税,相应取消有关收费。在统一税政的前提下,赋予地方适当的税政管理权。创造条件逐步实现城乡税制统一。二是推进财政管理体制改革。健全公共财政体制,明确各级政府的财政支出责任。进一步完善转移支付制度,加大对中西部地区和民

第四编　改革开放时期党的经济思想

族地区的财政支持。深化部门预算、国库集中收付、政府采购和收支两条线管理改革。清理和规范行政事业性收费,凡能纳入预算的都要纳入预算管理。改革预算编制制度,完善预算编制、执行的制衡机制,加强审计监督。建立预算绩效评价体系。实行全口径预算管理和对有负债的有效监控。加强各级人民代表大会对本级政府预算的审查和监督。①

2007年10月,党的十七大提出继续深化财税体制改革,以促进宏观调控体系的完善。党的十七大报告指出:"围绕推进基本公共服务均等化和主体功能区建设,完善公共财政体系。深化预算制度改革,强化预算管理和监督,健全中央和地方财力与事权相匹配的体制,加快形成统一规范透明的财政转移支付制度,提高一般性转移支付规模和比例,加大公共服务领域投入。完善省以下财政体制,增强基层政府提供公共服务能力。实行有利于科学发展的财税制度,建立健全资源有偿使用制度和生态环境补偿机制。"②

第三节　金融体制改革

新中国成立七十多年来,在中国共产党的领导下,金融业坚持以人民为中心,服务经济建设和社会发展大局,取得了历史性成就。新中国成立之初,百废待兴,金融业筹集社会资金,支持国民经济恢复重建。改革开放后,金融业的活力和潜力得到极大释放,迎来大发展大繁荣时期。到党的十八大之前,我国基本建构了与社会主义市场经济体制相适应的现代金融体系。

---

① 参见《中共中央关于完善社会主义市场经济体制若干问题的决定》,中国共产党新闻网,http://cpc.people.com.cn/GB/64162/64168/64569/65411/4429165.html。
② 《胡锦涛文选》(第二卷),人民出版社,2016年,第633页。

一、金融体制改革目标的初步确立

我国金融体系具有"大一统"的特征。1979年3月18日,《人民日报》发表题为"全党要十分重视提高银行的作用"的社论。文中强调,人民银行是国民经济的一个综合部门,是党和国家管理经济的重要杠杆之一,要求各级党委都要支持银行的工作,充分尊重银行工作的自主权。明确提出,银行管理体制的改革,应当有利于银行对各项经济活动实行有效的促进和监管,有利于本身的经济核算,有利于银行干部的稳定。①

1979年10月4日,中共省、市、自治区委员会第一书记座谈会在北京召开。邓小平发表了《关于经济工作的几点意见》的讲话,他指出:"这不是个简单的财政集中分散的问题。必须把银行真正办成银行。"②

在这一思想的指导下,中国金融改革从银行业改革起步。1978年2月,五届全国人大第一次会议决定,中国人民银行总行从财政部独立划出。1983年9月17日国务院发布了《关于中国人民银行专门行使中央银行职能的决定》,正式宣布了中央银行制度的确立。从1979年起,陆续恢复建立中国农业银行、中国银行、中国建设银行、中国工商银行等国有专业银行。1994年,成立国家开发银行、中国进出口银行、中国农业发展银行三家政策性银行,承接四大国有专业银行原来的政策性业务,四大国有专业银行开始真正向商业银行转变,多层次银行体系逐步形成。

1984年,党的十二届三中全会通过了《关于经济体制改革的决定》,提出

---

① 参见《全党要十分重视提高银行的作用》,《人民日报》,1979年3月18日。
② 《邓小平文选》(第二卷),人民出版社,1994年,第200页。

第四编　改革开放时期党的经济思想

把经济体制改革从农村扩展到城市,明确了要建立社会主义有计划商品经济新体制。该决定提出,在改革价格体系的同时,还要进一步完善税收体制,改革财政体制和金融体制。"越是搞活经济,越要重视宏观调节,越要善于在及时掌握经济动态的基础上综合运用价格、税收、信贷等经济杠杆,以利于调节社会供应总量和需求总量、积累和消费等重大比例关系,调节财力、物力和人力的流向,调节产业结构和生产力的布局,调节市场供求,调节对外经济往来,等等。"①

党的十二届三中全会召开以后,根据《关于经济体制改革的决定》要求,国务院成立了金融体制改革研究小组。

1986年2月,中国人民银行理事会全体会议确定了金融体制改革的四个主要目标:建立强有力的、灵活自如的、分层次的金融宏观调控和调节体系;建立以银行信用为主体,多种渠道、多种形式、多种信用工具聚集和融通资金的信用体系;建立以中央银行为领导,国家银行为主体,多种金融机构并存和分工协作的社会主义金融组织体系;建立金融机构的现代化管理体系。

1992年10月,党的十四大召开。党的十四大报告指出,建立社会主义市场经济体制,要认真抓好几个相互联系的重要环节。其中之一是加快市场体系的培育。继续大力发展商品市场特别是生产资料市场,"积极培育包括债券、股票等有价证券的金融市场"②。

1993年11月,中国共产党第十四届中央委员会第三次全体会议通过的《关于建立社会主义市场经济体制若干问题的决定》,作出了加快金融体制改革的决定。其中对央行、政策性银行、商业银行提出了大刀阔斧的改革思想。

---

①　中国共产党第十二届三中全会《关于经济体制改革的决定》,中国共产党新闻网,http://cpc.people.com.cn/GB/64162/64168/64565/65378/4429522.html。

②　《江泽民文选》(第一卷),人民出版社,2006年,第229页。

具体表现如下:

第一,中国人民银行作为中央银行,在国务院领导下独立执行货币政策,从主要依靠信贷规模管理,转变为运用存款准备金率、中央银行贷款利率和公开市场业务等手段,调控货币供应量,保持币值稳定;监管各类金融机构,维护金融秩序,不再对非金融机构办理业务。银行业与证券业实行分业管理。组建货币政策委员会,及时调整货币和信贷政策。按照货币在全国范围流通和需要集中统一调节的要求,中国人民银行的分支机构为总行的派出机构,应积极创造条件跨行政区设置。

第二,建立政策性银行,实行政策性业务与商业性业务分离。组建国家开发银行和进出口信贷银行,改组中国农业银行,承担严格界定的政策性业务。

第三,发展商业性银行。现有的专业银行要逐步转变为商业银行,并根据需要有步骤地组建农村合作银行和城市合作银行。商业银行要实行资产负债比例管理和风险管理。规范与发展非银行金融机构。

第四,中央银行按照资金供求状况及时调整基准利率,并允许商业银行存贷款利率在规定幅度内自由浮动。改革外汇管理体制,建立以市场为基础的有管理的浮动汇率制度和统一规范的外汇市场。逐步使人民币成为可兑换的货币。

第五,实现银行系统计算机网络化,扩大商业汇票和支票等结算工具的使用面,严格结算纪律,提高结算效率,积极推行信用卡,减少现金流通量。[1]

1993年12月,国务院又作出了《关于金融体制改革的决定》,提出要把国有专业银行办成真正的商业银行。

---

[1] 参见《关于建立社会主义市场经济体制若干问题的决定》,http://www.people.com.cn/item/20years/newfiles/b1080.html。

二、金融市场体系建设和发展

(一)资本市场建设

改革开放以来,我国金融市场从无到有稳步发展,并伴随着经济体制转轨,逐步建立了功能相互补充、交易场所多层次、交易产品多样化的金融市场体系,配置资源和服务实体经济的能力持续增强。

1981年,我国重新发行国债,结束了开始于20世纪50年代末的长达二十年的"无债"时代。1982年,为满足信贷资金之外的生产资金需求,企业债券开始发行。

1984年,我国第一只股票公开发行。1990年,上海证券交易所和深圳证券交易所先后成立,标志着我国股票集中交易市场正式形成。股票市场发展的同时也带来了争论,其核心问题是"姓资姓社"的问题。一方面全国各地出现了股份制改革热潮,自发地发行股票并进行交易;另一方面对股份制改革又存在政治担忧,从理论界到实际部门争论越来越大。在股票市场面临存废选择的关键时刻,1992年邓小平到南方视察,他明确指出:"证券、股市,这些东西究竟好不好,有没有危险,是不是资本主义独有的东西,社会主义能不能用?允许看,但要坚决地试。看对了,搞一两年对了,放开;错了,纠正,关了就是了。关,也可以快关,也可以慢关,也可以留一点尾巴。怕什么,坚持这种态度就不要紧,就不会犯大错误。"[1]邓小平的讲话击中要害,实际上是对股份制和股票市场进行了肯定,解决了长期争论不休的"姓资姓社"问题,决定了中国资本市场的命运。

---

[1] 陈锡添:《东方风来满眼春——邓小平同志在深圳纪实》,《人民日报》,1992年3月31日。

1993年11月,党的十四届三中全会通过的《中共中央关于建立社会主义市场经济体制若干问题的决定》第一次提出了"资本市场"这个概念,这是重大的理论突破,对股票市场、债券市场等资本市场的发展具有深远的历史意义。该决定明确提出:"大力发展资本和其他要素市场。积极推进资本市场的改革开放和稳定发展,扩大直接融资。建立多层次资本市场体系,完善资本市场结构,丰富资本市场产品。规范和发展主板市场,推进风险投资和创业板市场建设。积极拓展债券市场,完善和规范发行程序,扩大公司债券发行规模。大力发展机构投资者,拓宽合规资金入市渠道。建立统一互联的证券市场,完善交易、登记和结算体系。"

从1979年恢复国内保险业务开始,保险市场不断发展壮大,逐步建立了由保险公司、保险中介机构、再保险公司、保险资产管理公司等市场主体组成的保险市场体系,形成了覆盖人寿保险、财产保险、医疗保险、再保险、农业保险等多领域的产品体系,在风险分担、服务民生、促进经济发展等方面发挥了重要作用。

(二)利率市场化改革

1993年12月,国务院《关于金融体制改革的决定》提出,我国利率改革的长远目标是:建立以市场资金供求为基础,以中央银行基准利率为调控核心,由市场资金供求决定各种利率水平的市场化利率体系。党的十四届三中全会通过的《中共中央关于建立社会主义市场经济体制若干问题的决定》提出,中央银行按照资金供求状况及时调整基准利率,并允许商业银行存贷款利率在规定幅度内自由浮动。在党的十六届三中全会通过的《中共中央关于完善社会主义市场经济体制若干问题的决定》进一步明确要"稳步推进利率市场化,建立健全由市场供求决定的利率形成机制,中央银行通过运用货币政策工具引导市场利率"。

利率市场化改革按照"先外币后本币、先大额后小额、先长期后短期、先贷款后存款"的思路,有序扩大存贷款利率浮动范围,到2015年10月完全放开了存贷款利率管制。2019年8月,完善贷款市场报价利率形成机制,促进贷款利率"两轨并一轨"。利率市场化改革的深入推进,为货币政策调控框架逐步从数量型为主向价格型为主转型奠定了基础。

(三)人民币汇率形成机制改革

1993年11月,党的十四届三中全会通过的《关于建立社会主义市场经济体制若干问题的决定》提出,要"改革外汇管理体制,建立以市场为基础的有管理的浮动汇率制度和统一规范的外汇市场,逐步使人民币成为可兑换货币",为改革指明了方向。1993年12月25日,国务院发布《关于金融体制改革的决定》,该决定提出改革外汇管理体制,协调外汇政策和货币政策。

随着中国正式加入世界贸易组织,人民币汇率制度和外汇管理体制进入新一轮改革。2003年10月,党的十六届三中全会通过的《中共中央关于完善社会主义市场经济体制若干问题的决定》提出,完善人民币汇率形成机制,保持人民币汇率在合理、均衡水平上的基本稳定,在有效防范风险的前提下,有选择、分步骤地放宽对跨境资本交易活动的限制,逐步实现资本项目可兑换。

三、金融改革不断深化

党的十六届三中全会通过的《中共中央关于完善社会主义市场经济体制若干问题的决定》对进一步深化金融改革作出了全面、稳健的安排和部署:

一是深化金融企业改革。商业银行和证券公司、保险公司、信托投资公司等要成为资本充足、内控严密、运营安全、服务和效益良好的现代金融企业。选择有条件的国有商业银行实行股份制改造,加快处置不良资产,充实资本金,创造条件上市。深化政策性银行改革,完善金融资产管理公司运行机制,鼓励社会资金参与中小金融机构的重组改造。在加强监管和保持资本金充足的前提下,稳步发展各种所有制金融企业。完善农村金融服务体系,国家给予适当政策支持。通过试点取得经验,逐步把农村信用社改造成为农村社区服务的地方性金融企业。

二是健全金融调控机制。稳步推进利率市场化,建立健全由市场供求决定的利率形成机制,中央银行通过运用货币政策工具引导市场利率。完善人民币汇率形成机制,保持人民币汇率在合理、均衡水平上的基本稳定。在有效防范风险前提下,有选择、分步骤地放宽对跨境资本交易活动的限制,逐步实现资本项目可兑换。建立和完善统一、高效、安全的支付清算系统。改进中央银行的金融调控,建立健全货币市场、资本市场、保险市场有机结合,协调发展的机制,维护金融运行和金融市场的整体稳定,防范系统性风险。

三是完善金融监管体制。依法维护金融市场公开、公平、有序竞争,有效防范和化解金融风险,保护存款人、投资者和被保险人的合法权益。健全金融风险监控、预警和处置机制,依法严格实行市场退出制度。强化金融监管手段,防范和打击金融犯罪。增强监管信息透明度并接受社会监督。处理好监管和支持金融创新的关系,鼓励金融企业探索金融经营的有效方式。建立健全银行、证券、保险监管机构之间,以及同中央银行、财政部门的协调机制,提高金融监管水平。①

自2006年12月11日起,以银行业为代表的中国金融业兑现加入世界贸易

---

① 参见《中共中央关于完善社会主义市场经济体制若干问题的决定》,中国政府网,http://www.gov.cn/gongbao/content/2003/content_62494.htm。

组织的全部开放承诺,长期处于政策保护之下的中国金融机构开始与国际金融同行正式进入竞争态势,同时,国内金融业的各项改革也面临转折期的关键节点。金融业在国民经济发展全局中发挥着越来越重要的作用。

2007年1月19日,第三次全国金融工作会议召开。①会议指出,2002年以来金融工作取得显著成绩,金融业迅速发展壮大,金融改革迈出重大步伐,金融各项功能进一步发挥,金融领域对外开放稳步扩大,金融监管和法制建设明显加强,整个金融业发生了历史性变化,在经济社会发展中发挥重要的支撑和促进作用。但是金融领域仍存在不少矛盾和问题,主要是金融体系不健全,金融结构不合理,金融企业公司治理和经营机制不完善,国际收支不平衡加剧,金融风险隐患还不少。对此,必须高度重视,采取有力措施加以解决。会议还特别强调,中国金融改革发展面临新的形势,金融业处在一个重要转折期,也处在一个重要发展期。必须进一步增强做好金融工作的紧迫感和责任感,努力把金融改革发展推向新阶段,全面深化金融改革,促进金融业持续健康安全发展,为实现国民经济又好又快发展和构建社会主义和谐社会做出更大贡献。

2007年1月23日,胡锦涛主持召开中共中央政治局会议,研究部署金融改革发展工作。会议强调,今后一个时期金融工作的总体要求是:以邓小平理论和"三个代表"重要思想为指导,全面落实科学发展观,坚持以金融改革开放和科技进步为动力,着力推进现代金融体系和制度建设,着力提升金融创新能力和服务水平,着力提高金融运行效率和金融企业经营效益,着力加强金

---

① 全国金融工作会议,是为保证宏观金融政策的稳定性和金融改革的持续性而作出的一项重大制度安排。一般五年召开一次,第一次、第二次金融工作会议分别于1997年11月、2002年2月召开。1997年适逢亚洲金融危机爆发,会议决定央行自身管理体制变革,并成立四大资产管理公司,处理从国有四大行剥离的不良资产,同时对金融业实行分业监管。

融调控和监管,着力维护金融稳定和安全,显著增强我国金融业的综合实力、竞争力和抗风险能力,促进经济社会全面协调可持续发展,充分发挥金融对全面建设小康社会、加快推进社会主义现代化的重要作用。会议还强调,今后一段时期金融工作的主要任务是:进一步推动金融业持续健康发展,不断满足经济社会日益增长的多样化金融需求;进一步优化金融结构,完善多层次金融市场体系和城乡、地区金融布局,加大对"三农"、中小企业和欠发达地区金融支持力度;进一步深化各类金融企业改革,完善公司治理,强化内部管理,加快转换经营机制;进一步完善金融服务功能和调控机制,促进国民经济平稳较快发展;进一步推进金融业对外开放,学习借鉴国外先进金融管理经验和技术,增强在扩大开放条件下我国金融业发展能力和竞争能力;进一步健全金融法制,依法强化金融监管,促进金融安全高效稳健运行。[①]

2007年10月,党的十七大提出要继续深化金融体制改革,以促进宏观调控体系的完善。党的十七大报告明确指出:"推进金融体制改革,发展各类金融市场,形成多种所有制和多种经营形式、结构合理、功能完善、高效安全的现代金融体系。提高银行业、证券业、保险业竞争力。优化资本市场结构,多渠道提高直接融资比重。加强和改进金融监管,防范和化解金融风险。完善人民币汇率形成机制,逐步实现资本项目可兑换。深化投资体制改革,健全和严格市场准入制度。"

[①] 参见张静:《胡锦涛主持政治局工作会议,部署金融改革发展工作》,中国经济网,http://www.ce.cn/xwzx/gnsz/szyw/200701/23/t20070123_10188877.shtml。

第五编
中国特色社会主义进入新时代党的经济思想

2012年11月，党的十八大胜利召开，习近平当选为中共中央总书记。2017年10月，习近平总书记在党的十九大报告中指出："经过长期努力，中国特色社会主义进入了新时代，这是我国发展新的历史方位。……这个新时代，是承前启后、继往开来、在新的历史条件下继续夺取中国特色社会主义伟大胜利的时代，是决胜全面建成小康社会、进而全面建设社会主义现代化强国的时代，是全国各族人民团结奋斗、不断创造美好生活、逐步实现全体人民共同富裕的时代，是全体中华儿女勠力同心、奋力实现中华民族伟大复兴中国梦的时代，是我国日益走近世界舞台中央、不断为人类作出更大贡献的时代。"

中国特色社会主义进入新时代以后,我国社会主要矛盾发生了重大变化,转化为人民日益增长的美好生活需要和不平衡不充分的发展之间的矛盾。根据马克思主义理论,社会主要矛盾的变化是关系全局的历史性变化,对党和国家工作提出了新要求。我们党必须依据这些新变化新要求适时调整相关政策制度,提出新方法新理论,以确保我国经济社会发展稳中向好、行稳致远。

习近平新时代中国特色社会主义思想就是在中国特色社会主义建设实践中发展起来的、用以指导新时代中国特色社会主义建设事业的最新理论。习近平新时代中国特色社会主义思想,是对马克思列宁主义、毛泽东思想、邓小平理论、"三个代表"重要思想、科学发展观的继承和发展,是马克思主义中国化最新成果,是党和人民实践经验和集体智慧的结晶,是中国特色社会主义理论体系的重要组成部分,是全党全国人民为实现中华民族伟大复兴而奋斗的行动指南,必须长期坚持并不断发展。

习近平新时代中国特色社会主义思想博大精深,涉及经济政治、社会民生、科技国防、外贸外交等方方面面。就经济思想方面而言,既涉及新时代的发展目标及其实施举措,也涉及社会主义基本经济制度的进一步完善;既涉及新发展理念和高质量发展,又涉及开放发展和新发展格局的构建。习近平新时代中国特色社会主义思想成为新时代中国特色社会主义事业取得不断发展进步的重要指南与重要保证。

2013年11月,党的十八届三中全会作出全面深化改革的重大决定,明确提出要对经济体制、政治体制、文化体制、社会体制和生态文明体制进行全面深化改革。目标是国家治理体系和治理能力现代化。其中,经济体制改革是全面深化改革的重点,其主要包括:第一,经济体制改革的核心问题是如

第五编　中国特色社会主义进入新时代党的经济思想

何处理好政府和市场的关系,使市场在资源配置中起决定性作用和更好地发挥政府作用;第二,坚持和完善基本经济制度,加快完善现代市场体系、宏观调控体系、开放型经济体系,加快转变经济发展方式,加快建设创新型国家,推动经济更有效率、更加公平、更可持续发展;第三,以经济建设为中心,发挥经济体制改革牵引作用,推动生产关系同生产力、上层建筑同经济基础相适应,推动经济社会持续健康发展。

中国特色社会主义进入新时代之后,中国经济也呈现新常态特征。2014年5月,习近平在河南考察期间说:"中国发展仍处于重要战略机遇期,我们要增强信心,从当前中国经济发展的阶段性特征出发,适应新常态,保持战略上的平常心态。"新常态经济特征主要表现在三个方面:经济中高速增长、经济结构不断优化和创新驱动经济增长。

2015年10月,习近平在党的十八届五中全会上强调指出,我国要破解发展难题,厚植发展优势,必须牢固树立并切实贯彻创新、协调、绿色、开放、共享的发展理念,认为这是关系我国发展全局的一场深刻变革。他还强调指出,必须推进供给侧结构性改革,以促进我国经济发展方式的根本性转变。

习近平在党的十九大报告中指出,我国经济已由高速增长阶段转向高质量发展阶段,正处在转变发展方式、优化经济结构、转换增长动力的攻关期,建设现代化经济体系是跨越关口的迫切要求和我国发展的战略目标。必须坚持质量第一、效益优先,以供给侧结构性改革为主线,推动经济发展质量变革、效率变革、动力变革,提高全要素生产率,着力加快建设实体经济、科技创新、现代金融、人力资源协同发展的产业体系,着力构建市场机制有效、微观主体有活力、宏观调控有度的经济体制,不断增强我国经济创新力和竞争力。

党的十九大以来,习近平就高质量发展、供给侧结构性改革、乡村振兴战略、社会主义基本经济制度的更加完善,以及构建以国内大循环为主体、国内国际双循环相互促进的新发展格局等重大发展问题发表了一系列重要讲话。这些重要讲话是新时代中国共产党最为重要的经济思想。

第十四章 "两个一百年"奋斗目标及其实现路径

为了确保"两个一百年"奋斗目标的实现，党中央不仅明确了新时代所要解决的发展问题，即新时代我国社会的主要矛盾，而且也提出了经济社会发展中所要重点解决的战略问题，即三大攻坚战（防范化解重大风险、精准脱贫、污染防治）、乡村振兴和高质量发展等。"两个一百年"奋斗目标的提出，标志着中国经济已经逐步从站起来、富起来时代迈向强起来的新时代。

第一节 "两个一百年"奋斗目标的提出

2012年11月，党的十八大提出"两个一百年"奋斗目标："在中国共产党成立一百年时全面建成小康社会"，"在新中国成立一百年时建成富强民主文明和谐的社会主义现代化国家"。①党的十八大以后,面对发展的新形势,以习近平同志为核心的党中央更加细化了实现"两个一百年"奋斗目标的步骤,从而更加坚定了人民实现"两个一百年"奋斗目标的信心。

一、全面建成小康社会

1987年,邓小平从我国人口多、底子薄的国情出发,设计了分"三步走"基本实现现代化的宏伟蓝图:第一步,从1981年到1990年国民生产总值翻一番,解决人民的温饱问题;第二步,从1991年到20世纪末使国民生产总值再增长一倍,人民生活达到小康水平;第三步,到21世纪中叶人均国民生产总值达到中等发达国家水平,人民生活比较富裕,基本实现现代化。

2002年,党的十六大明确提出,到21世纪中叶我国基本实现现代化。而21世纪头20年,则要集中力量,全面建设惠及十几亿人口的更高水平的小康社会,使经济更加发展、民主更加健全、科教更加进步、文化更加繁荣、社会更加和谐、人民生活更加殷实。

2012年,党的十八大明确提出要"确保到2020年实现全面建成小康社会宏伟目标"②。2014年12月,习近平在江苏调研时首谈"四个全面":"全面建成小康社会、全面深化改革、全面依法治国、全面从严治党",其中全面建成小康社会排在第一位,是处于引领地位的战略目标。更为重要的是,将全面建成小康社会定位为"实现中华民族伟大复兴中国梦的关键一步"。2015年10月,习近平指出:"到2020年全面建成小康社会,是我们党向人民、向历史作出的庄严承诺。'十三五'时期与实现全面建成小康社会奋斗目标的时间节

---

①② 《中国共产党第十八次全国代表大会文件汇编》,人民出版社,2012年,第15页。

点高度契合,'十三五'规划是全面建成小康社会收官的规划。今后5年党和国家各项任务,归结起来就是夺取全面建成小康社会决胜阶段的伟大胜利,实现第一个百年奋斗目标。"[1]

2017年10月,习近平在党的十九大报告中指出:"从现在到2020年,是全面建成小康社会决胜期。"他还指出:"从十九大到二十大,是'两个一百年'奋斗目标的历史交汇期。我们既要全面建成小康社会、实现第一个百年奋斗目标,又要乘势而上开启全面建设社会主义现代化国家新征程,向第二个百年奋斗目标进军。"[2]

全面建成小康社会的核心在全面。2018年到2020年,是全面建成小康社会的决胜阶段,必须围绕"抓重点、补短板、强弱项"的重点任务,下大气力解决全面建成小康社会的重点难点问题。习近平指出:"全面建成小康社会,强调的不仅是'小康',而且更重要的也是更难做到的是'全面'。'小康'讲的是发展水平,'全面'讲的是发展的平衡性、协调性、可持续性。如果到2020年我们在总量和速度上完成了目标,但发展不平衡、不协调、不可持续问题更加严重,短板更加突出,就算不上真正实现了目标,即使最后宣布实现了,也无法得到人民群众和国际社会认可。"[3]

全面小康,覆盖的领域要全面,是五位一体全面进步。全面小康社会要求经济更加发展、民主更加健全、科教更加进步、文化更加繁荣、社会更加和谐、人民生活更加殷实。要在坚持以经济建设为中心的同时,全面推进经济建设、政治建设、文化建设、社会建设、生态文明建设,促进现代化建设各个环节、各个方面协调发展,不能长的很长、短的很短。

---

[1]《习近平谈治国理政》(第二卷),外文出版社,2017年,第71页。
[2] 习近平:《决胜全面建成小康社会 夺取新时代中国特色社会主义伟大胜利——在中国共产党第十九次全国代表大会上的报告》,人民出版社,2017年,第27~28页。
[3]《习近平谈治国理政》(第二卷),外文出版社,2017年,第78页。

全面小康,覆盖的人口要全面,是惠及全体人民的小康。全面建成小康社会突出的短板主要在民生领域,发展不全面的问题在很大程度上也表现在不同社会群体民生保障方面。要按照人人参与、人人尽力、人人享有的要求,坚守底线、突出重点、完善制度、引导预期,注重机会公平,着力保障基本民生。

全面小康,覆盖的区域要全面,是城乡区域共同发展的小康。习近平强调:"没有农村的全面小康和欠发达地区的全面小康,就没有全国的全面小康。"[1]努力缩小城乡区域发展差距,是全面建成小康社会的一项重要任务。城市和乡村、不同区域承担的主体功能不同,不能只用国内生产总值来衡量发展水平。缩小城乡区域发展差距,也不能仅仅看作缩小国内生产总值总量和增长速度的差距,而应该是缩小居民收入水平、基础设施通达水平、基本公共服务均等化水平、人民生活水平等方面的差距。

二、建设社会主义现代化强国的蓝图

党的十九大开启了全面建设社会主义现代化国家的新征程,绘就了从2020年到21世纪中叶分两个阶段建设社会主义现代化的蓝图,使第二个百年奋斗目标变得更加坚实、可行。

(一)第一个阶段

从2020年到2035年,在全面建成小康社会的基础上,再奋斗15年,基本实现社会主义现代化。我国经济实力、科技实力大幅度跃升,跻身创新型国家前列;人民平等参与、平等发展的基本权利得到充分保障,法治国家、法治政府、法治社会基本建成,各方面制度更加完善,国家治理体系和治理能力

---

[1] 中共中央宣传部:《习近平总书记系列重要讲话读本(2016年版)》,学习出版社、人民出版社,2016年,第60页。

现代化基本实现;社会文明程度达到新的高度,国家文化软实力显著增强,中华文化影响更加广泛深入;人民生活更为宽裕,中等收入群体比例明显提高,城乡区域发展差距和居民生活水平差距显著缩小,基本公共服务均等化基本实现,全体人民共同富裕迈出坚实步伐;现代社会治理格局基本形成,社会充满活力又和谐有序;生态环境根本好转,美丽中国目标基本实现。

2019年10月,党的十九届五中全会通过的《中共中央关于制定国民经济和社会发展第十四个五年规划和二〇三五年远景目标的建议》,对2035年远景目标有了更加丰富的描述。该建议指出:到2035年基本实现社会主义现代化,到21世纪中叶把我国建成富强民主文明和谐美丽的社会主义现代化强国。展望2035年,我国经济实力、科技实力、综合国力将大幅跃升,经济总量和城乡居民人均收入将再迈上新的大台阶,关键核心技术实现重大突破,进入创新型国家前列;基本实现新型工业化、信息化、城镇化、农业现代化,建成现代化经济体系;基本实现国家治理体系和治理能力现代化,人民平等参与、平等发展权利得到充分保障,基本建成法治国家、法治政府、法治社会;建成文化强国、教育强国、人才强国、体育强国、健康中国,国民素质和社会文明程度达到新高度,国家文化软实力显著增强;广泛形成绿色生产生活方式,碳排放达峰后稳中有降,生态环境根本好转,美丽中国建设目标基本实现;形成对外开放新格局,参与国际经济合作和竞争新优势明显增强;人均国内生产总值达到中等发达国家水平,中等收入群体显著扩大,基本公共服务实现均等化,城乡区域发展差距和居民生活水平差距显著缩小;平安中国建设达到更高水平,基本实现国防和军队现代化;人民生活更加美好,人的全面发展、全体人民共同富裕取得更为明显的实质性进展。

(二)第二个阶段

从2035年到2050年,在基本实现现代化的基础上,再奋斗15年,把我国建设成为富强民主文明和谐美丽的社会主义现代化强国。

物质文明、精神文明、社会文明、生态文明全面提升,实现国家治理体系和治理能力现代化,成为综合国力和国际影响力领先的国家,全体人民共同富裕基本实现,全国人民享有更加幸福安康的生活。

从全面建成小康社会到基本实现现代化,再到全面建成社会主义现代化强国,是新时代中国特色社会主义发展的战略安排。稳步推进的现代化蓝图体现了高质量开启现代化进程的要求。

第一,全面建成小康社会目标同开启现代化相衔接。全面建成小康社会包含国内生产总值和人民收入的数量翻番指标,但更为重要的是为开启现代化建设所要推进的基础性建设。其中包括转变经济发展方式取得重大进展,经济结构明显优化,实现更高质量、更有效率、更加公平、更可持续的发展。科技进步对经济增长的贡献率大幅上升,进入全球创新国家和人才强国行列。对外开放水平进一步提高,形成更高层次的开放型经济,使我国经济深度融入全球经济。经济体制改革在重点领域和关键环节取得决定性成果,形成系统完备、科学规范、运行有效的制度体系,使各方面制度更加成熟、更加定型。

第二,体现在现代化目标中的以人民为中心的发展观。现在世界上的现代化国家都是资本主义发达国家。中国推进的现代化需要明确社会主义定位。邓小平当年提出从温饱到小康的概念就是以人民的切身感受来衡量发展水平。新时代的现代化,也是以人民的获得感来衡量现代化的水准。其中包括:一是居民生活水平在现代化的第一阶段表现为,人民生活更为宽裕,中等收入群体比例明显提高;在现代化的第二阶段表现为,人民将享有更加幸福安康的生活。这里用宽裕和幸福安康同小康对应体现人民获得感的提升。二是基本公共服务,在全面建成小康社会时均等化水平稳步提高,教育、

第五编　中国特色社会主义进入新时代党的经济思想

文化、社保、医疗、住房等公共服务体系更加健全基础上,基本公共服务均等化基本实现。三是共同富裕程度。在全面建成小康社会时收入分配差距缩小、社会保障全民覆盖的基础上,现代化的第一阶段城乡区域发展差距和居民生活水平差距显著缩小,全体人民共同富裕迈出坚实步伐;在现代化的第二阶段,全体人民共同富裕基本实现。

第三,现代化由量转向质。通常所说的现代化指的是落后国家追赶发达国家的进程。新时代推进的现代化设定的目标是建成富强民主文明和谐美丽的社会主义现代化强国,这个现代化目标定位明显有别于甚至高于发达的资本主义国家。在现代化进程中虽然包含对发达国家的学习和追赶,但不只是在发达国家之后亦步亦趋,与其说是追赶,不如说是赶超。就经济现代化的内容来说,中国特色社会主义现代化是新型工业化、信息化、城镇化、农业现代化同步的现代化。其中每一个方面的现代化都有新时代的特征。就新型工业化来说,一方面,传统意义上降低农业比重的工业化任务基本完成;另一方面,现代化要求服务业尤其是现代服务业比重进一步提高。这意味着新型工业化不是一般的工业化,而是新型工业现代化,以发展先进制造业为重点。就信息化来说,信息化就是当今的科技现代化,掌握信息化最前沿的科技。这涉及两个方向:一是针对制造业的信息化,二是针对服务业的信息化。[①]主要内容是推动互联网、大数据、人工智能和实体经济深度融合。就城镇化来说,转移农业人口意义上城镇化已基本到位,城镇化进一步提升有两大新内容:一是市民化意义上的城镇化,进入城镇的转移人口享受平等的市民权利。二是城镇城市化,处于广大农村的城镇具有城市功能,实现城乡深度融合发展。就农业现代化来说,我国的农业现代化仍然是四化同步的短板。党的十九大提

---

① 参见《二十国集团创新增长蓝图》,《人民日报》,2016年9月6日。

出乡村振兴战略,目标是直接以农业、农民和农村为现代化对象,实现农业强、农村美、农民富。

第四,现代化的中国道路。西方发达国家当年推进现代化时处于工业文明时代,资源环境的供给相对宽松,它们可以无所顾忌、无障碍地高排放并掠夺国外资源来支持其粗放方式的现代化。由此产生的后果就是习近平所说的,"从工业文明开始到现在仅三百多年,人类社会巨大的生产力创造了少数发达国家的西方式现代化,但已威胁到人类的生存和地球生物的延续"[1]。新时代的现代化是在生态文明时代的现代化,已经没有先行国家当时的那种资源、环境。因此,中国的现代化道路是绿色发展的道路,所要建设的现代化是人与自然和谐共生的现代化,既要创造更多物质财富和精神财富以满足人民日益增长的美好生活需要,也要提供更多优质生态产品以满足人民日益增长的优美生态环境需要。按此要求,创新就成为现代化的第一动力,不仅在2020年成为创新型国家,还要在2035年跻身创新型国家前列。

第二节 新时代的社会主要矛盾

党的十九大报告指出:"中国特色社会主义进入新时代,中国社会主要矛盾已经转化为人民日益增长的美好生活需要和不平衡不充分的发展之间的矛盾。"[2]这是当代中国共产党人对中国特色社会主义进入新时代以后中国社会主要矛盾作出的重大判断和最新论述。

---

[1] 习近平:《之江新语》,浙江人民出版社,2013年,第119页。
[2] 习近平:《决胜全面建成小康社会 夺取新时代中国特色社会主义伟大胜利——在中国共产党第十九次全国代表大会上的报告》,人民出版社,2017年,第11页。

第五编　中国特色社会主义进入新时代党的经济思想

一、新时代社会主要矛盾的提出

新中国成立后,我国社会主要矛盾经历了重大变化,我们党对主要矛盾的认识也经历了反复和曲折。自新中国成立以来,中国社会主要矛盾随着时代发展经历了三次重要变化。

1952年6月,毛泽东在中共中央《关于民主党派工作的决定(草稿)》的批语中指出:"在打倒地主阶级和官僚资产阶级以后,中国内部的主要矛盾即是工人阶级与民族资产阶级的矛盾,故不应再将民族资产阶级称为中间阶级。"[①]在随后开始的社会主义改造过程中,新中国的经济政治活动实际上都是紧紧围绕这个主要矛盾来展开的。

1956年9月,党的八大召开,会议通过的《中国共产党第八次全国代表大会关于政治报告的决议》对当时中国社会的主要矛盾有了一个全新的认识,明确表述为:"我们国内的主要矛盾,已经是人民对于建立先进的工业国的要求同落后的农业国之间的矛盾,已经是人民对于经济文化迅速发展的需要同当前经济文化不能满足人民需要的状况之间的矛盾。这一矛盾的实质,在我国社会主义制度已经建立的情况下,也就是先进的社会主义制度同落后的社会生产力之间的矛盾。"[②]

然而随着1957年的"反右"运动以及其后的一系列政治运动(尤其是"文化大革命"的发生),党的八大关于社会主要矛盾的规定没有被坚持。中国社会的主要矛盾事实上仍然被表述为无产阶级与资产阶级之间的矛盾。1962

---

① 《毛泽东文集》(第六卷),人民出版社,1999年,第231页。
② 《中国共产党第八次全国代表大会关于政治报告的决议》,人民出版社,1957年,第4页。

年10月,党的八届十中全会重提阶级斗争,并且把"整个过渡时期"无产阶级同资产阶级的矛盾始终是社会的主要矛盾的论点进一步延伸到"整个社会主义历史阶段"。后来逐渐形成了一个"以阶级斗争为纲"的路线,发展到极端就是犯了"文化大革命""这一全局性、长时间的'左'倾严重错误"。①

1978年底,党的十一届三中全会作出了以经济建设为中心、全党工作重点转移到社会主义现代化建设上来的重要决定。1979年3月,邓小平在理论务虚会上联系中心任务回答了我国社会主要矛盾问题:"至于什么是目前时期的主要矛盾,也就是目前时期全党和全国人民所必须解决的主要问题或中心任务,由于三中全会决定把工作重点转移到社会主义现代化建设方面来,实际上已经解决了。我们的生产力发展水平很低,远远不能满足人民和国家的需要,这就是我们目前时期的主要矛盾,解决这个主要矛盾就是我们的中心任务。"②

1981年6月,党的十一届六中全会通过的《关于建国以来党的若干历史问题的决议》第一次明确指出,"我们的社会主义制度还是处于初级的阶段",并且明确提出:"在社会主义改造基本完成以后,我国所要解决的主要矛盾,是人民日益增长的物质文化需要同落后的社会生产之间的矛盾。党和国家工作的重点必须转移到以经济建设为中心的社会主义现代化建设上来,大大发展社会生产力,并在这个基础上逐步改善人民的物质文化生活。"

1982年9月,党的十二大确认了《关于建国以来党的若干历史问题的决议》关于中国社会主要矛盾的提法,并载入了党章总纲。后来,党的十三大、十四大、十五大、十六大、十七大基本上都沿用了这个提法。2012年11月,党的十八大提出了"三个没有变",即"我国仍处于并将长期处于社会主义初级阶

---

① 李慎明:《正确认识中国特色社会主义新时代社会主要矛盾》,《红旗文稿》,2018年第5期。
② 《邓小平文选》(第二卷),人民出版社,1994年,第182页。

段的基本国情没有变,人民日益增长的物质文化需要同落后的社会生产之间的矛盾这一社会主要矛盾没有变,我国是世界最大发展中国家的国际地位没有变"。这样,自改革开放以来直到2012年党的十八大召开,我国社会的主要矛盾的表述始终是人民日益增长的物质文化需要同落后的社会生产之间的矛盾。

2017年10月,党的十九大将我国社会的主要矛盾表述为人民日益增长的美好生活需要和不平衡不充分的发展之间的矛盾。这标志着我国社会的主要矛盾发生了重大转化,为此,我国社会的经济建设、经济结构、生产服务等都需要作出重大调整。习近平指出:"中国社会主要矛盾已经转化为人民日益增长的美好生活需要和不平衡不充分的发展之间的矛盾。以前我们要解决'有没有'的问题,现在则要解决'好不好'的问题。我们要着力提升发展质量和效益,更好满足人民多方面日益增长的需要,更好促进人的全面发展、全体人民共同富裕。"[①]由"有没有"到"好不好"的重大变化,恰恰是我国改革开放以来经济社会不断发展的结果。

党的十九大对我国社会主要矛盾的重要阐述,是以习近平同志为核心的党中央基于对我国改革开放以来经济社会不断发展结果的准确分析和科学总结。事实上,党的十八大以后,习近平已数次提到人民对美好生活的追求和我国发展的不平衡等问题。

2012年11月,刚刚当选为中共中央总书记的习近平在同中外记者见面时指出:"我们的人民热爱生活,期盼有更好的教育、更稳定的工作、更满意的收入、更可靠的社会保障、更高水平的医疗卫生服务、更舒适的居住条件、更优美的环境,期盼孩子们能成长得更好、工作得更好、生活得更好。人民对美好

---

① 《习近平谈治国理政》(第三卷),外文出版社,2020年,第133页。

生活的向往,就是我们的奋斗目标。"①

2013年11月,习近平在党的十八届三中全会第二次全体会议上的讲话中指出:"全面深化改革必须着眼创造更加公平正义的社会环境,不断克服各种有违公平正义的现象,使改革发展成果更多更公平惠及全体人民。如果不能给老百姓带来实实在在的利益,如果不能创造更加公平的社会环境,甚至导致更多不公平,改革就失去意义,也不可能持续。"②

2015年10月,习近平在党的十八届五中全会第二次全体会议上的讲话中指出:"我国经济发展的'蛋糕'不断做大,但分配不公问题比较突出,收入差距、城乡区域公共服务水平差距较大。在共享改革发展成果上,无论是实际情况还是制度设计,都还有不完善的地方。为此,我们必须坚持发展为了人民、发展依靠人民、发展成果由人民共享,作出更有效的制度安排,使全体人民朝着共同富裕方向稳步前进,绝不能出现'富者累巨万,而贫者食糟糠'的现象。"③

与此同时,习近平还就我国经济社会发展过程中出现的发展不平衡不协调问题、生态环境问题等发表了一系列重要讲话。习近平指出:"我国发展不协调是一个长期存在的问题,突出表现在区域、城乡、经济和社会、物质文明和精神文明、经济建设和国防建设等关系上。在经济发展水平落后的情况下,一段时间的主要任务是要跑得快,但跑过一定路程后,就要注意调整关系,注重发展的整体效能,否则'木桶效应'就会愈加显现,一系列社会矛盾会不断加深。为此,我们必须牢牢把握中国特色社会主义事业总体布局,正确处理发展中的重大关系,不断增强发展整体性。"他还指出:"我国资源约束趋紧、环境污染严重、生态系统退化的问题十分严峻,人民群众对清新空气、干净饮

---

① 《习近平谈治国理政》,外文出版社,2014年,第4页。
② 同上,第96~97页。
③ 《习近平谈治国理政》(第二卷),外文出版社,2017年,第200页。

水、安全食品、优美环境的要求越来越强烈。为此,我们必须坚持节约资源和保护环境的基本国策,坚定走生产发展、生活富裕、生态良好的文明发展道路,加快建设资源节约型、环境友好型社会,推进美丽中国建设,为全球生态安全作出新贡献。"[①]

二、新时代社会主要矛盾的内涵

党的十九大报告关于我国社会主要矛盾的表述,符合当前我国国情,是对中国特色社会主义的与时俱进,是对马克思主义中国化、时代化、大众化的重大理论创新。新时代社会主要矛盾的提出,意味着社会供给与人民需求之间的矛盾发生了重大转换,且发展不平衡不充分这一社会供给侧端的问题已成为制约满足人民美好生活需要的最重要因素。

第一,从"物质文化需要"转换为"美好生活需要",这不仅意味着人们需求的内容和范畴有所拓展,也意味着人们需求的层次有所提升。就人民需求的范畴而言,人民不再单纯地只注重物质文化需求的满足,对平等公正、民主法治、政治参与、生态环境等方面的需求也不断增长。就人民需求的层次而言,一方面,表现为人民在基本的物质生活、精神文化、教育需求和公共服务需求得到满足后,对与吃穿住行相关的物质生活的品类、质量等提出了更高的要求,同时,还希望能享受到更优质、更高水平的教育、医疗与养老服务,以及更丰富的精神文化享受等。另一方面,还表现为除生理、安全需求之外,人民对社会归属、尊重、自我实现等高层次的需求也不断增长;人们对享受、发展等高层次的需求也不断增加。正如党的十九大报告所指出的,广大

[①] 中共中央文献研究室编:《习近平关于社会主义经济建设论述摘编》,中央文献出版社,2017年,第22~23页。

人民群众"不仅对物质文化生活提出了更高要求,而且在民主、法治、公平、正义、安全、环境等方面的要求日益增长"①。"人民日益增长的美好生活需要"这一新的表述,准确地表达了人们在改革开放以来取得重大成就的基础上,在经济、政治、文化、社会、生态和党的建设等各个领域,都充满了对未来生活的美好希冀。

第二,"不平衡发展"主要是指我国经济社会发展过程中出现的各区域、各领域及不同主体间的不平衡发展。我国的不平衡发展具体体现在以下四个方面:一是区域间发展的不平衡,这既体现为东、中、西部等不同区域在发展速度、发展水平上的不平衡,也体现为同一区域内部的不平衡发展。二是城乡间发展的不平衡。我国长期实行重城市轻农村、重工业轻农业的发展战略,以及城乡二元分割的发展体制,导致城乡之间在发展速度、发展层次和发展结构上存在严重的不平衡。尤其是偏远的农村地区、边疆地区和少数民族地区,其经济发展、公共服务水平、基础设施、文化娱乐等远远落后于城市地区、发达地区。三是产业间发展的不平衡。我国产业的不平衡发展,是与我国长期实施的非平衡产业政策有关系的。农业、服务业(尤其是生产者服务业)发展水平落后于制造业的状况制约着我国经济结构的转型升级。四是各群体在收入、财富和发展资源等方面的不平衡,主要表现为贫富差距的不断扩大、阶层流动相对固化,以及代际之间的不公平发展等。

第三,"不充分发展"主要是指发展水平不够高、发展质量不够好。其一,发展的动力和后劲不充分。主要表现为创新能力不强。创新是引领发展的第一动力。由于创新性不强,我国企业创造新产业、引领未来发展的能力较弱,我国一些产业还处于全球价值链的中低端。经过改革开放以来的努力,虽然我国科技整体水平有了明显提高,正处在从量的增长向质的提升转变的重要

---

① 习近平:《决胜全面建成小康社会　夺取新时代中国特色社会主义伟大胜利——在中国共产党第十九次全国代表大会上的报告》,人民出版社,2017年,第11页。

第五编　中国特色社会主义进入新时代党的经济思想

时期,一些重要领域跻身世界先进行列,但正如习近平所指出的:"我国创新能力不强,科技发展水平总体不高,科技对经济社会发展的支撑能力不足,科技对经济增长的贡献率远低于发达国家水平,这是我国这个经济大个头的'阿喀琉斯之踵'。"①其二,发展的内涵不充分。即经济发展的质量和效益不高或不好。长期以来,在经济发展方面,我们追求的主要是速度、规模、产值等,致使经济采取了一种粗放发展的模式,再加上创新性不强,致使生产供给出来的产品总体上质量还不是很高,抑制了人们的消费欲望和购买冲动,制约着我国经济的健康协调发展。

2015年12月,习近平在中央经济工作会议上明确指出:"推动经济发展,要更加注重提高发展质量和效益。衡量发展质量和效益,就是投资有回报、产品有市场、企业有利润、员工有收入、政府有税收、环境有改善,这才是我们要的发展。"②其三,一些发展要素在发展上很不充分,存在着被"边缘化"的现象。社会系统是由诸多要素构成的统一体,这些要素主要包括经济、政治、文化、社会、生态等,只有它们的相互促进、整体联动,才能推动社会的全面进步。但长期以来,我们在实践中普遍把经济建设的"中心论"变成了"唯一论"或"至上论",一些地方只重视经济建设,从而造成了其他要素或领域被"边缘化"甚至被损害的现象。③

我国社会主要矛盾已经转化为"人民日益增长的美好生活需要和不平衡不充分的发展之间的矛盾"这一新的重大提法表明,新时代我们既要着力深化供给侧结构性改革,不断提高我国社会生产力发展水平,又要不断深化体制机制改革,确保社会公平和正义。这无论从理论还是实践,都将对我国今

---

①　中共中央文献研究室编:《习近平关于社会主义经济建设论述摘编》,中央文献出版社,2017年,第21~22页。
②　同上,第91~92页。
③　参见邱耕田:《准确认识发展不平衡不充分问题》,《大众日报》,2018年1月5日。

后的经济社会发展产生重大影响。

习近平关于中国特色社会主义新时代社会主要矛盾的论断,对我国的经济社会建设及实现"两个一百年"奋斗目标有极其重要的指导意义。习近平指出:"我国社会主要矛盾的变化是关系全局的历史性变化,对党和国家工作提出了许多新要求。"[1]科学把握新时代社会主要矛盾,有利于促进我国经济社会更好更快发展。

第一,始终以人民为中心,不断满足和实现人民日益增长的美好生活需要。新时代的社会主要矛盾对"人民日益增长的美好生活需要"的强调,鲜明地体现了以人民为中心的发展思想。以人为本,既是对人性的尊重,更是对广大人民的尊重。人不是抽象的,而是现实的,历史的创造者不是某个人、某些人,而是广大人民群众。这就是为什么人的问题,是检验一个政党、一个政权性质的试金石的重要原因。全心全意为人民服务,不断满足人民群众对美好生活的向往是中国共产党矢志不渝的奋斗目标。习近平指出:"检验我们一切工作的成效,最终都要看人民是否真正得到了实惠,人民生活是否真正得到了改善,这是坚持立党为公、执政为民的本质要求,是党和人民事业不断发展的重要保证。"[2]坚持以人民为中心的发展,不仅要注重人民群众需求满足的状况,而且还要尊重人民主体地位,调动人民积极性主动性,发挥人民首创精神,保障人民各项权益,促进全体人民共同参与发展。在社会生产力显著进步的基础上,要让改革发展成果更多、更公平地惠及全体人民,更好地满足全体人民日益增长的美好生活需要,从而促进人的全面发展。习近平指出:"要坚持以人民为中心的发展思想,把增进人民福祉、促进人的全面发展、朝着

---

[1] 习近平:《决胜全面建成小康社会 夺取新时代中国特色社会主义伟大胜利——在中国共产党第十九次全国代表大会上的报告》,人民出版社,2017年,第11页。

[2] 中共中央文献研究室编:《习近平关于社会主义经济建设论述摘编》,中央文献出版社,2017年,第19页。

第五编　中国特色社会主义进入新时代党的经济思想

共同富裕方向稳步前进作为经济发展的出发点和落脚点。这一点,我们任何时候都不能忘记,部署经济工作、制定经济政策、推动经济发展都要牢牢坚持这个根本立场。"①

第二,牢牢坚持党的基本路线,通过发展推动社会主要矛盾的不断解决。党的十九大报告明确指出:"必须认识到,我国社会主要矛盾的变化,没有改变我们对我国社会主义所处历史阶段的判断,我国仍处于并将长期处于社会主义初级阶段的基本国情没有变,我国是世界最大发展中国家的国际地位没有变。"这是正确把握中国特色社会主义新时代社会主要矛盾的十分重要的前提条件。我们应当清醒地认识到,虽然我国社会主要矛盾发生了变化,但我国仍处于并将长期处于社会主义初级阶段,并是世界上最大的发展中国家。我国社会主要矛盾发生了变化,只是社会主义初级阶段在发展过程中呈现了新的阶段性特征。这一基本国情决定了党的基本路线仍然没有过时,所以党的十九大报告强调:"全党要牢牢把握社会主义初级阶段这个基本国情,牢牢立足社会主义初级阶段这个最大实际,牢牢坚持党的基本路线这个党和国家的生命线、人民的幸福线。"②要推动新时代社会主要矛盾的解决,必须始终坚持发展、坚持高质量发展。党的十九大报告还指出:"发展是解决我国一切问题的基础和关键,发展必须是科学发展。""实现'两个一百年'奋斗目标、实现中华民族伟大复兴的中国梦,不断提高人民生活水平,必须坚定不移把发展作为党执政兴国的第一要务,坚持解放和发展社会生产力,坚持社会主义市场经济改革方向,推动经济持续健康发展。"③习近平指出:"坚持解放

---

① 中共中央文献研究室编:《习近平关于社会主义经济建设论述摘编》,中央文献出版社,2017年,第31页。
② 习近平:《决胜全面建成小康社会　夺取新时代中国特色社会主义伟大胜利——在中国共产党第十九次全国代表大会上的报告》,人民出版社,2017年,第12页。
③ 同上,第21、29~30页。

和发展社会生产力。我们党执政,就是要带领全国各族人民持续解放和发展社会生产力,不断改善人民生活。……我们要从社会主义初级阶段这个最大国情出发,坚持以经济建设为中心不动摇,坚持中国特色社会主义事业总体布局,坚持科学发展,努力实现更高质量、更有效率、更加公平、更可持续的发展,不断满足人民日益增长的物质文化需求。任何束缚和阻碍社会生产力发展的言行,都是违背社会主义本质要求的,都要坚决反对,排除各种干扰。各级领导干部要继续深化对共产党执政规律、社会主义建设规律、人类社会发展规律的认识,特别是要主动研究社会主义初级阶段社会生产力发展规律、生产关系适应生产力发展的规律,提高解放和发展社会生产力的自觉性、主动性。"[1]习近平反复强调:"发展是人类社会永恒的主题。……作为一个拥有十三亿多人口的世界最大发展中国家,发展是解决中国所有问题的关键,也是中国共产党执政兴国的第一要务。"[2]

第三,始终抓住新时代主要矛盾不放,着力解决好发展不平衡不充分的问题。人民日益增长的美好生活需要和不平衡不充分的发展之间的矛盾,绝不是短期内能轻易解决的。社会主要矛盾既然起着领导和决定的作用,它必然贯穿于经济社会发展的方方面面、党和国家各项工作的方方面面,因此在实际工作中,必须找准"五位一体建设"和党的建设不同领域中发展不平衡不充分的相关表现,有针对性地通过变革存量制度、供给增量制度来逐步解决不平衡不充分的发展问题。[3]党的十九大报告特别指出了我国经济社会发展过程中存在的不足和面临的困难挑战,其"主要是发展不平衡不充分的一

---

[1] 中共中央文献研究室编:《习近平关于社会主义经济建设论述摘编》,中央文献出版社,2017年,第10页。

[2] 同上,第14页。

[3] 参见李慎明:《正确认识中国特色社会主义新时代社会主要矛盾》,《红旗文稿》,2018年第5期。

些突出问题尚未解决,发展质量和效益还不高,创新能力不够强,实体经济水平有待提高,生态环境保护任重道远;民生领域还有不少短板,脱贫攻坚任务艰巨,城乡区域发展和收入分配差距依然较大,群众在就业、教育、医疗、居住、养老等方面面临不少难题;社会文明水平尚需提高;社会矛盾和问题交织叠加,全面依法治国任务依然繁重,国家治理体系和治理能力有待加强;意识形态领域斗争依然复杂,国家安全面临新情况;一些改革部署和重大政策措施需要进一步落实;党的建设方面还存在不少薄弱环节"[1]。这些困难与挑战恰恰是我国在各个领域急需认识和解决的问题。

第三节 三大攻坚战

2017年10月,习近平在十九大报告中提出:"要坚决打好防范化解重大风险、精准脱贫、污染防治的攻坚战,使全面建成小康社会得到人民认可、经得起历史检验。"[2]这是"三大攻坚战"首次提出。2018年3月,提请十三届全国人大一次会议审议的政府工作报告进一步提出:"抓好决胜全面建成小康社会三大攻坚战。要分别提出工作思路和具体举措,排出时间表、路线图、优先序,确保风险隐患得到有效控制,确保脱贫攻坚任务全面完成,确保生态环境质量总体改善。"防范化解重大风险、精准脱贫、污染防治,是我国经济由高速增长阶段转向高质量发展阶段后,必须迈过的三道关口,直接关系着我国全面建成小康社会、高质量发展和"两个一百年"奋斗目标的实现。

---

[1] 习近平:《决胜全面建成小康社会 夺取新时代中国特色社会主义伟大胜利——在中国共产党第十九次全国代表大会上的报告》,人民出版社,2017年,第9页。

[2] 同上,第27~28页。

一、防范化解重大风险

防范化解重大风险,在三大攻坚战中居于首位。自党的十八大召开以来,习近平总书记着眼于实现中华民族伟大复兴,统筹国际国内两个大局、发展安全两件大事,作出了防范化解重大风险的重要论述。

(一)防范化解重大风险与总体国家安全观的提出

2013年1月,习近平在新进中央委员会委员、候补委员学习贯彻党的十八大精神研讨班上的讲话中明确提出:"我们的事业越前进、越发展,新情况新问题就会越多,面临的风险和挑战就会越多,面对的不可预料的事情就会越多。我们必须增强忧患意识,做到居安思危。"[①]

为了防范化解重大风险,2014年4月,习近平在新成立的中央国家安全委员会的第一次会议上指出,成立国家安全委员会,是推进国家治理体系和治理能力现代化、实现国家长治久安的迫切要求,是全面建成小康社会、实现中华民族伟大复兴中国梦的重要保障。在这次讲话中,他首次提出并论述了总体国家安全观,指出总体国家安全观是包括政治安全、国土安全、军事安全、经济安全、文化安全、社会安全、科技安全、信息安全、生态安全、资源安全、核安全十一种安全为一体的国家安全体系。他强调,贯彻落实总体国家安全观,必须既重视外部安全,又重视内部安全;既重视国土安全,又重视国民安全;既重视传统安全,又重视非传统安全;既重视发展问题,又重视安全问题,发展是安全的基础,安全是发展的条件;既重视自身安全,又重视共

[①] 《习近平谈治国理政》,外文出版社,2014年,第23页。

第五编　中国特色社会主义进入新时代党的经济思想

同安全。①

2018年4月,习近平在十九届中央国家安全委员会第一次会议上指出:"前进的道路不可能一帆风顺,越是前景光明,越是要增强忧患意识,做到居安思危,全面认识和有力应对一些重大风险挑战。要聚焦重点,抓纲带目,着力防范各类风险挑战内外联动、累积叠加,不断提高国家安全能力。"②

2019年1月,习近平在省部级主要领导干部坚持底线思维着力防范化解重大风险专题研讨班上发表重要讲话,他深刻分析了要防范化解政治、意识形态、经济、科技、社会、外部环境、党的建设七个领域的重大风险,强调:"面对波谲云诡的国际形势、复杂敏感的周边环境、艰巨繁重的改革发展稳定任务,我们必须始终保持高度警惕,既要高度警惕'黑天鹅'事件,也要防范'灰犀牛'事件;既要有防范风险的先手,也要有应对和化解风险挑战的高招;既要打好防范和抵御风险的有准备之战,也要打好化险为夷、转危为机的战略主动战。"③

2020年9月,习近平在全国抗击新冠肺炎疫情表彰大会上发表重要讲话。在这次讲话中,他又提到了"要重视生物安全风险,提升国家生物安全防御能力"④,从而把生物安全作为国家总体安全的重要组成部分。

(二)防范化解重大风险的应对之策

1. 要坚持党对国家安全工作的绝对领导

坚持党对国家安全工作的绝对领导,是我国防范化解重大风险的最重要

---

① 参见《中央国家安全委员会第一次会议召开 习近平发表重要讲话》,http://www.gov.cn/xinwen/2014-04/15/content_2659641.htm。
② 《习近平谈治国理政》(第三卷),外文出版社,2020年,第217页。
③ 同上,第219~220页。
④ 习近平:《在全国抗击新冠肺炎疫情表彰大会上的讲话》,http://cpc.people.com.cn/GB/http://cpc.people.com.cn/n1/2020/1015/c64094-31893514.html。

保证。2018年4月,习近平在十九届中央国家安全委员会第一次会议上明确指出:"要加强党对国家安全工作的集中统一领导,正确把握当前国家安全形势,全面贯彻落实总体国家安全观,努力开创新时代国家安全工作新局面,为实现'两个一百年'奋斗目标、实现中华民族伟大复兴的中国梦提供牢靠安全保障。""要加强党对国家安全工作的绝对领导,实施更为有力的统领和协调。"[1]

早在2015年2月,习近平在省部级主要领导干部学习贯彻十八届四中全会精神全面推进依法治国专题研讨班上的讲话中就强调:"党政军民学、东西南北中,党是领导一切的……党的领导是做好党和国家各项工作的根本保证,是我国政治稳定、经济发展、民族团结、社会稳定的改变点,绝对不能有丝毫动摇。"他还指出:"我国社会主义政治制度优越性的一个突出特点是党总揽全局、协调各方的领导核心作用,形象地说是'众星捧月',这个'月'就是中国共产党。在国家治理体系的大棋局中,党中央是坐镇中军帐的'帅',车马炮各展其长,一盘棋大局分明。如果中国出现了各自为政、一盘散沙的局面,不仅我们确定的目标不能实现,而且必定会产生灾难性后果。"[2]

2019年10月,党的十九届四中全会系统概括了中国特色社会主义制度体系,把坚持党的领导制度作为国家的根本领导制度,并把它摆在我国国家治理体系的统摄性地位。

2. 增强忧患意识,防范化解各种风险

增强忧患意识,防范化解各种风险,是我们党治国理政的一个重大原则。党的十八大以来,习近平多次强调"中华民族伟大复兴,绝不是轻轻松松、敲锣打鼓就能实现的"[3],强调"'备豫不虞,为国常道'。……越是取得成绩的时

---

[1] 《习近平谈治国理政》(第三卷),外文出版社,2020年,第218页。
[2] 中共中央文献研究室编:《习近平关于社会主义民主政治建设论述摘编》,中央文献出版社,2017年,第31~32页。
[3] 《习近平谈治国理政》(第三卷),外文出版社,2020年,第225页。

第五编　中国特色社会主义进入新时代党的经济思想

候,越是要有如履薄冰的谨慎,越是要有居安思危的忧患,绝不能犯战略性、颠覆性错误"①。

2018年1月,习近平在新进中央委员会委员、候补委员和省部级主要领导干部学习贯彻习近平新时代中国特色社会主义思想和党的十九大精神研讨班上的讲话中指出,"天下之祸不生于逆,生于顺",我们正处在大有可为的历史机遇期,越是在这种时候越要保持清醒头脑,坚持底线思维,把各种风险挑战考虑清楚,做好应对最坏情况的准备,做到防患于未然。

2019年1月,在省部级主要领导干部坚持底线思维,着力防范化解重大风险专题研讨班开班式的讲话中,习近平强调:要坚持底线思维,强化风险意识,常观大势、常思大局,科学预见形势发展走势和隐藏其中的风险挑战,做到未雨绸缪。

2019年11月,习近平进一步指出:"当今世界正经历百年未有之大变局,国际形势复杂多变,改革发展稳定、内政外交国防、治党治国治军各方面任务之繁重前所未有,我们面临的风险挑战之严峻前所未有。"②面对国际国内风险动荡源和风险点增多的严峻挑战,必须要有强烈的忧患意识,居安思危、未雨绸缪、沉着应对,以打赢重大风险防范化解攻坚战。

2019年1月,习近平指出:"防范化解重大风险,是各级党委、政府和领导干部的政治职责,大家要坚持守土有责、守土尽责,把防范化解重大风险工作做实做细做好。"③

---

① 《习近平谈治国理政》(第三卷),外文出版社,2020年,第73页。
② 习近平:《关于〈中共中央关于坚持和完善中国特色社会主义制度　推进国家治理体系和治理能力现代化若干重大问题的决定〉的说明》,《人民日报》,2019年11月6日。
③ 《习近平在省部级主要领导干部坚持底线思维着力防范化解重大风险专题研讨班开班式上发表重要讲话强调　提高防控能力着力防范化解重大风险　保持经济持续健康发展社会大局稳定》,《人民日报》,2019年1月22日。

2019年2月,习近平在讲话中指出:"人民是我们执政的最大底气。党和国家事业发展的一切成就,归功于人民。只要我们紧紧依靠人民,就没有战胜不了的艰难险阻,就没有成就不了的宏图大业。"① 要有效破解风险防范这一时代难题,中国共产党必须发挥战斗堡垒的核心作用,成为打赢防范化解重大风险这场伟大斗争的主心骨,更要紧紧依靠人民群众,让人民群众积极参与到这场斗争之中,充分调动人民群众参与风险防范的积极性、主动性和创造性,凝聚起人民群众的无穷智慧和磅礴力量,最终取得防范化解重大风险攻坚战的胜利。

3. 要不断提高防范化解风险挑战的能力

能否打赢防范化解重大风险攻坚战,关键取决于我们党是否具有克服、战胜和驾驭风险的高超本领。只有具备了防范化解重大风险的能力,才能把风险控制在合理范围之内,化险为夷。

2017年10月,习近平在党的十九大报告中明确提出我们党要"增强驾驭风险本领"②的重要思想。具体而言,首先,要具有敏锐洞察风险的本领,"有草摇叶响知鹿过、松风一起知虎来、一叶易色而知天下秋的见微知著能力"③。其次,要具有科学研判风险的本领,"要加强对各种风险源的调查研判,提高动态监测、实时预警能力,推进风险防控工作科学化、精细化,对各种可能的风险及其原因都要心中有数、对症下药、综合施策,出手及时有力,力争把风险化解在源头,不让小风险演化为大风险,不让个别风险演化为综合风险,不让局部风险演化为区域性或系统性风险,不让经济风险演化为社会政治风

---

① 习近平:《在二〇一九年春节团拜会上的讲话》,《人民日报》,2019年2月4日。
② 习近平:《决胜全面建成小康社会 夺取新时代中国特色社会主义伟大胜利——在中国共产党第十九次全国代表大会上的报告》,人民出版社,2017年,第69页。
③ 《习近平在中央党校(国家行政学院)中青年干部培训班开班式上发表重要讲话强调 发扬斗争精神增强斗争本领 为实现"两个一百年"奋斗目标而顽强奋斗》,《人民日报》,2019年9月4日。

第五编　中国特色社会主义进入新时代党的经济思想

险,不让国际风险演化为国内风险"[1]。最后,要具有科学谋划风险的本领。习近平强调,要具有全局意识和战略眼光,进行统筹谋划、科学部署,"果断决策,善于引导群众、组织群众,善于整合各方力量、科学排兵布阵,有效予以处理"[2]。

习近平尤其重视防范系统性金融风险问题。在党的十九大报告中,他就指出:"健全货币政策和宏观审慎政策双支柱调控框架,深化利率和汇率市场化改革。健全金融监管体系,守住不发生系统性金融风险的底线。"[3]在2017年7月召开的全国金融工作会议上,习近平强调,金融是国家重要的核心竞争力,金融安全是国家安全的重要组成部分,金融制度是经济社会发展中重要的基础性制度。防止发生系统性金融风险是金融工作的永恒主题。提出的防范金融风险的思路包括:坚定深化金融改革,要加强金融监管协调、补齐监管短板;加强互联网金融监管,强化金融机构防范风险主体责任;设立国务院金融稳定发展委员会,强化人民银行宏观审慎管理和系统性风险防范职责。2019年2月,中共中央政治局就完善金融服务、防范金融风险举行第十三次集体学习。习近平主持学习时强调,要深化对国际国内金融形势的认识,正确把握金融本质,深化金融供给侧结构性改革,平衡好稳增长和防风险的关系,精准有效处置重点领域风险,深化金融改革开放,增强金融服务实体经济能力,坚决打好防范化解包括金融风险在内的重大风险攻坚战,推动我国金融业健康发展。

---

[1] 《习近平谈治国理政》(第二卷),外文出版社,2017年,第82页。
[2] 《习近平在省部级主要领导干部坚持底线思维着力防范化解重大风险专题研讨班开班式上发表重要讲话强调　提高防控能力着力防范化解重大风险　保持经济持续健康发展社会大局稳定》,《人民日报》,2019年1月22日。
[3] 习近平:《决胜全面建成小康社会　夺取新时代中国特色社会主义伟大胜利——在中国共产党第十九次全国代表大会上的报告》,人民出版社,2017年,第34页。

二、脱贫攻坚

党的十八大以来,以习近平同志为核心的党中央高度重视扶贫、脱贫工作,脱贫攻坚作为三大攻坚战之一被提到了极其重要的位置,成为我国全面建成小康社会必须解决的重大问题。

(一)"脱贫攻坚"的提出

改革开放以来,党中央就高度重视我国经济社会发展中长期存在的贫困问题。2011年12月,中共中央国务院印发的《中国农村扶贫开发纲要(2011—2020年)》提出的总体目标是:到2020年,稳定实现扶贫对象不愁吃、不愁穿,保障其义务教育、基本医疗和住房。贫困地区农民人均纯收入增长幅度高于全国平均水平,基本公共服务主要领域指标接近全国平均水平,扭转发展差距扩大趋势。"两不愁三保障"扶贫标准被正式提出。

党的十八大以来,我国扶贫、脱贫工作进入快车道。2012年12月,习近平在河北省阜平县考察时指出:"全面建成小康社会,最艰巨最繁重的任务在农村、特别是在贫困地区。没有农村的小康,特别是没有贫困地区的小康,就没有全面建成小康社会。……要提高对做好扶贫开发工作重要性的认识,增强做好扶贫开发工作的责任感和使命感。……深入推进扶贫开发,帮助困难群众特别是革命老区、贫困山区困难群众早日脱贫致富,到二〇二〇年稳定实现扶贫对象不愁吃、不愁穿,保障其义务教育、基本医疗、住房,是中央确定的目标。我们要加大投入力度,把集中连片特殊困难地区作为主战场,把稳定解决扶贫对象温饱、尽快实现脱贫致富作为首要任务,坚持政府主导,坚持统筹发展,注重增强扶贫对象和贫困地区自我发展能力,注重解决制约发展的突出问题,努力推动贫困地区经济社会加快发展。"①在这里,习近平再次重申了"两不愁三保障"的扶贫标准。

2013年11月,习近平在湖南湘西十八洞村实地考察时提出了"精准扶贫"的重大战略思想,并坚决推动精准扶贫、精准脱贫政策落地见效、生根发芽。

2015年6月,习近平在贵州召开部分省区市党委主要负责同志座谈会的讲话中,第一次提出"六个精准"基本要求。他指出:"切实做到精准扶贫。扶贫开发贵在精准,重在精准,成败之举在于精准。各地都要在扶持对象精准、项目安排精准、资金使用精准、措施到户精准、因村派人(第一书记)精准、脱贫成效精准上想办法、出实招、见真效。要坚持因人因地施策,因贫困原因施策,因贫困类型施策,区别不同情况,做到对症下药、精准滴灌、靶向治疗,不搞大水漫灌、走马观花、大而化之。"②

2015年10月,习近平在减贫与发展高层论坛上首次提出"五个一批"的脱贫措施,为打通脱贫"最后一公里"开出破题药方。他指出:"我们坚持分类施策,因人因地施策,因贫困原因施策,因贫困类型施策,通过扶持生产和就业发展一批,通过易地搬迁安置一批,通过生态保护脱贫一批,通过教育扶贫脱贫一批,通过低保政策兜底一批。我们广泛动员全社会力量,支持和鼓励全社会采取灵活多样的形式参与扶贫。"③

2015年10月,党的十八届五中全会审议通过了《中共中央关于制定国民

---

① 中共中央文献研究室编:《习近平关于社会主义经济建设论述摘编》,中央文献出版社,2017年,第209页。

② 黄超:《习近平再谈精准扶贫:我正式提出就是在十八洞村》,http://politics.people.com.cn/n1/2016/0308/c1024-28182678.html。

③ 中共中央文献研究室编:《习近平关于社会主义经济建设论述摘编》,中央文献出版社,2017年,第212页。

经济和社会发展第十三个五年规划的建议》,会议提出"实施脱贫攻坚工程,实施精准扶贫、精准脱贫",第一次提出"脱贫攻坚"这个重要概念。习近平指出:"这次五中全会把扶贫攻坚改成了脱贫攻坚,就是说到二〇二〇年这一时间节点,我们一定要兑现脱贫的承诺。"①

2015年11月,中央扶贫开发工作会议在北京召开,审议通过《中共中央国务院关于打赢脱贫攻坚战的决定》,决定把精准扶贫、精准脱贫作为基本方略,坚持扶贫开发与经济社会发展相互促进,坚持精准帮扶与集中连片特殊困难地区开发紧密结合,坚持扶贫开发与生态保护并重,坚持扶贫开发与社会保障有效衔接,咬定青山不放松,采取超常规举措,拿出过硬办法,举全党全社会之力,坚决打赢脱贫攻坚战。决定明确提出:"到2020年,稳定实现农村贫困人口不愁吃、不愁穿,义务教育、基本医疗和住房安全有保障。实现贫困地区农民人均可支配收入增长幅度高于全国平均水平,基本公共服务主要领域指标接近全国平均水平。确保我国现行标准下农村贫困人口实现脱贫,贫困县全部摘帽,解决区域性整体贫困。"②该决定成为指导我国脱贫攻坚的纲要性文件。习近平在这次会议上发表了重要讲话,他指出:"党的十八届五中全会从实现全面建成小康社会奋斗目标出发,明确到二〇二〇年我国现行标准下农村贫困人口实现脱贫,贫困县全部摘帽,解决区域性整体贫困。……全面建成小康社会、实现第一个百年奋斗目标,农村贫困人口全部脱贫是一个标志性指标。……小康不小康,关键看老乡,关键看贫困老乡能不能脱贫。全面建成小康社会,是我们对全国人民的庄严承诺,必须实现,而且必须全面

---

① 中共中央文献研究室编:《习近平关于社会主义经济建设论述摘编》,中央文献出版社,2017年,第213页。
② 《中共中央国务院关于打赢脱贫攻坚战的决定》,http://www.gov.cn/xinwen/2015-12/07/content_5020963.htm。

实现,没有任何讨价还价的余地。不能到了时候我们说还实现不了,再干几年。也不能到了时候我们一边宣布全面建成了小康社会,另一边还有几千万人生活在扶贫标准线以下。如果是那样,必然会影响人民群众对全面小康社会的满意度和国际社会对全面小康社会的认可度,也必然会影响我们党在人民群众中的威望和我们国家在国际上的形象。我们必须动员全党全国全社会力量,向贫困发起总攻,确保到二〇二〇年所有贫困地区和贫困人口一道迈入全面小康社会。"[①]

习近平结合我国贫困群众生活的实际,提出的"两不愁三保障"标准、"六个精准"基本要求、"五个一批"脱贫措施,为我国脱贫攻坚工作提供了基本遵循。在习近平关于扶贫工作一系列重要论述的指引下,我国脱贫攻坚工作取得了举世瞩目的伟大成就,贫困人口大幅减少,数量由2012年底的9899万人锐减到2019年底的551万人,同时贫困发生率由2012年的10.2%下降到2019年底的0.6%,贫困地区的落后面貌得到根本改善,贫困群众的收入水平得到显著提升,贫困群众的自主脱贫能力得到明显增强,贫困群众的幸福指数大大提升。

(二)"精准扶贫"的思路

扶贫、脱贫要想获得预期效果,必须因地制宜地采取针对性措施,所以扶贫、脱贫的方法和思路就显得尤为重要。

第一,要按照三个"紧紧扭住"来开展扶贫工作。习近平指出,抓扶贫工作,"一是要紧紧扭住发展这个促使贫困地区脱贫致富的第一要务,立足资源、市场、人文旅游等优势,因地制宜找准发展路子,既不能一味等靠、无所作

[①] 中共中央文献研究室编:《习近平关于社会主义经济建设论述摘编》,中央文献出版社,2017年,第213~214页。

为,也不能'捡进篮子都是菜',因发展心切而违背规律、盲目蛮干,甚至搞劳民伤财的'形象工程''政绩工程'。二是要紧紧扭住包括就业、教育、医疗、文化、住房在内的农村公共服务体系建设这个基本保障,编织一张兜住困难群众基本生活的安全网坚决守住底线。三是要紧紧扭住教育这个脱贫致富的根本之策,再穷不能穷教育,再穷不能穷孩子,务必把义务教育搞好,确保贫困家庭的孩子也能受到良好的教育,不要让孩子们输在起跑线上"[①]。

第二,要正确处理好"扶持谁""谁来扶"和"怎么扶"的问题。首先要解决好"扶持谁"的问题。习近平指出:"扶贫必先识贫。建档立卡在一定程度上摸清了贫困人口底数,但这项工作要进一步做实做细,确保把真正的贫困人口弄清楚。只有这样,才能做到扶真贫、真扶贫。要提高统计数据质量,既不要遗漏真正的贫困人口,也不要把非贫困人口纳入扶贫对象。要把贫困人口、贫困程度、致贫原因等搞清楚,以便做到因户施策、因人施策。"其次要解决好"谁来扶"的问题。习近平指出:"推进脱贫攻坚,关键是责任落实到人。要加快形成中央统筹、省(自治区、直辖市)负总责、市(地)县抓落实的扶贫开发工作机制,做到分工明确、责任清晰、任务到人、考核到位,既各司其职、各尽其责,又协调运转、协同发力。"最后要解决好"怎么扶"的问题。习近平指出:"开对了'药方子',才能拔掉'穷根子'。要按照贫困地区和贫困人口的具体情况,实施'五个一批'工程",即"发展生产脱贫一批""易地搬迁脱贫一批""生态补偿脱贫一批""发展教育脱贫一批"和"社会保障兜底一批"。[②]

第三,要解决好脱贫过程中"如何退"的问题。所谓"如何退"的问题,实际上就是贫困县、贫困户如何退出贫困建档序列的问题。习近平指出:"精准

[①] 中共中央文献研究室编:《习近平关于社会主义经济建设论述摘编》,中央文献出版社,2017年,第210页。

[②] 同上,第216~221页。

第五编　中国特色社会主义进入新时代党的经济思想

扶贫是为了精准脱贫,目的和手段关系要弄清楚。要加快建立反映客观实际的贫困县、贫困户退出机制,努力做到精准脱贫。"[1]为了实现贫困县、贫困户的正常退出,一是要设定时间表,实现有序退出。贫困县摘帽要和全面建成小康社会进程对表,早建机制、早作规划,每年退出多少要心中有数。既要防止拖延病,又要防止急躁症。二是要留出缓冲期,在一定时间内实行摘帽不摘政策。由于贫困县摘帽后培育和巩固自我发展能力需要有个过程,所以就需要扶上马、送一程,保证贫困县摘帽后各方面扶持政策能够继续执行一段时间。不仅如此,对提前摘帽的贫困县还可以给予奖励,以形成正向激励,保证苦干实干先摘帽的不吃亏。三是要实行严格评估,按照摘帽标准验收。要严格脱贫验收办法,明确摘帽标准和程序,确保摘帽结果经得起检验。要加强对脱贫工作绩效的社会监督,可以让当地群众自己来评价,也可以建立第三方评估机制,以增强脱贫工作绩效的可信度。对玩数字游戏、搞"数字扶贫"的,一经查实,要严肃追责。四是要实行逐户销号,做到脱贫到人。对建档立卡的贫困户要实行动态管理,脱贫了逐户销号,返贫了重新录入,做到政策到户、脱贫到人、有进有出,保证各级减贫任务和建档立卡数据对得上、扶贫政策及时调整、扶贫力量进一步聚焦。对贫困户的帮扶措施,即使销号了也可以再保留一段时间,做到不稳定脱贫就不彻底脱钩。

---

[1] 中共中央文献研究室编:《习近平关于社会主义经济建设论述摘编》,中央文献出版社,2017年,第223页。

三、污染防治

20世纪80年代初,党中央就把保护环境作为基本国策;进入21世纪,又把节约资源作为基本国策。经过几十年的快速发展,我国经济建设取得历史性成就,同时也积累了大量生态环境问题,成为明显的短板,各类环境污染呈高发态势,成为民生之患、民心之痛。随着社会发展和人民生活水平不断提高,人民群众对干净的水、清新的空气、安全的食品、优美的环境等的要求越来越高,生态环境在群众生活幸福指数中的地位不断凸显,环境问题日益成为重要的民生问题。老百姓过去"盼温饱",现在"盼环保";过去"求生存",现在"求生态"。因此,打好污染防治攻坚战就是为了保护自然环境,保护自然环境就是为了保护人类自身。

(一)绿水青山就是金山银山

习近平强调:"我们既要绿水青山,也要金山银山。宁要绿水青山,不要金山银山,而且绿水青山就是金山银山。"[1]绿水青山就是金山银山,既是重要的发展理念,也是推进现代化建设的重大原则。

第一,坚持人与自然和谐共生。习近平指出:"人与自然是生命共同体,人类必须尊重自然、顺应自然、保护自然。人类只有遵循自然规律才能有效防止在开发利用自然上走弯路,人类对大自然的伤害最终会伤及人类自身,这是无法抗拒的规律。我们要建设的现代化是人与自然和谐共生的现代化。"[2]

---

[1] 中共中央宣传部:《习近平总书记系列重要讲话读本》,学习出版社、人民出版社,2014年,第120页。

[2] 习近平:《决胜全面建成小康社会 夺取新时代中国特色社会主义伟大胜利——在中国共产党第十九次全国代表大会上的报告》,人民出版社,2017年,第50页。

第五编　中国特色社会主义进入新时代党的经济思想

习近平关于"人与自然是生命共同体"的论述,阐释了人与自然和谐共生的生态价值观和系统认识论。自然生产力是社会生产力的前提与基础,良好的生态环境是人类文明存在和发展的环境与物质基础。习近平强调,生态兴则文明兴,生态衰则文明衰。这不仅是对文明发展历史规律的深刻总结,更彰显了对人类前途命运的深远把握,从根本上解决了人类文明发展同自然环境恶化之间的矛盾,克服了工业文明的弊端,是人类文明永续发展的必然选择。

第二,要像对待生命一样对待生态环境。保护生态环境关系人民的根本利益和民族发展的长远利益。习近平指出:"环境就是民生,青山就是美丽,蓝天也是幸福。要像保护眼睛一样保护生态环境,像对待生命一样对待生态环境,把不损害生态环境作为发展的底线。"[①]生态环境没有替代品,用之不觉,失之难存。为此,习近平还指出:"良好生态环境是最公平的公共产品,是最普惠的民生福祉。"[②]

第三,保护生态环境就是保护生产力。我国是一个发展中大国,建设现代化国家,走欧美"先污染后治理"的老路显然是行不通的,应探索走出一条环境保护新路。习近平指出:"生态环境保护是功在当代、利在千秋的事业。要清醒认识保护生态环境、治理环境污染的紧迫性和艰巨性,清醒认识加强生态文明建设的重要性和必要性,以对人民群众、对子孙后代高度负责的态度和责任,真正下决心把环境污染治理好、把生态环境建设好,努力走向社会主义生态文明新时代,为人民创造良好生产生活环境。"[③]他还指出:"要正确处理好经济发展同生态环境保护的关系,牢固树立保护生态环境就是保护生

---

① 中共中央宣传部:《习近平总书记系列重要讲话读本(2016年版)》,学习出版社、人民出版社,2016年,第233页。
② 中共中央宣传部:《习近平总书记系列重要讲话读本》,学习出版社、人民出版社,2014年,第123页。
③ 《习近平谈治国理政》(第一卷),外文出版社,2018年,第208页。

产力、改善生态环境就是发展生产力的理念,更加自觉地推动绿色发展、循环发展、低碳发展,决不以牺牲环境为代价去换取一时的经济增长。"①"保护生态环境就是保护自然价值和增值自然资本,就是保护经济社会发展潜力和后劲,使绿水青山持续发挥生态效益和经济社会效益。"②

第四,推动形成绿色发展方式和生活方式。生态环境问题归根到底是发展方式和生活方式问题。要从根本上解决生态环境问题,必须贯彻绿色发展理念,坚决摒弃损害甚至破坏生态环境的增长模式,加快形成节约资源和保护环境的空间格局、产业结构、生产方式、生活方式,把经济活动、人的行为限制在自然资源和生态环境能够承受的限度内,给自然生态留下休养生息的时间和空间。习近平指出:"推动形成绿色发展方式和生活方式,是发展观的一场深刻革命。……要充分认识形成绿色发展方式和生活方式的重要性、紧迫性、艰巨性,把推动形成绿色发展方式和生活方式摆在更加突出的位置。"③

(二)打好污染防治攻坚战

习近平就如何打好污染防治攻坚战发表了一系列重要讲话,提出了极为重要的思想,为夺取污染防治攻坚战的胜利提供了根本指引。

第一,加快构建生态文明体系。为加快解决生态环境问题,必须加快建立健全以生态价值观念为准则的生态文化体系,以产业生态化和生态产业化为主体的生态经济体系,以改善生态环境质量为核心的目标责任体系,以治理体系和治理能力现代化为保障的生态文明制度体系,以生态系统良性循环和环境风险有效防控为重点的生态安全体系。要通过加快构建生态文明体

---

① 《习近平谈治国理政》,外文出版社,2014年,第208~209页。
② 《习近平谈治国理政》(第三卷),外文出版社,2020年,第361页。
③ 《习近平谈治国理政》(第二卷),外文出版社,2017年,第395页。

第五编　中国特色社会主义进入新时代党的经济思想

系,使我国经济发展质量和效益显著提升。

第二,全面推动绿色发展。绿色发展是新发展理念的重要组成部分,是构建高质量现代化经济体系的必然要求。推动绿色发展,目的是为了改变传统的"大量生产、大量消耗、大量排放"的生产模式和消费模式,使资源、生产、消费等要素相匹配相适应,实现经济社会发展和生态环境保护协调统一、人与自然和谐共处。为此,既要加快形成绿色发展方式,又要加快形成绿色生活方式,通过变革生产方式、生活方式,从根本上解决污染问题。

第三,把解决突出生态环境问题作为民生优先领域。习近平指出:"打好污染防治攻坚战,就要打几场标志性的重大战役,集中力量攻克老百姓身边的突出生态环境问题。当前,重污染天气、黑臭水体、垃圾围城、农村环境已成为民心之痛、民生之患,严重影响人民群众生产生活,老百姓意见大、怨言多,甚至成为诱发社会不稳定的重要因素,必须下大气力解决好这些问题。要集中优势兵力,动员各方力量,群策群力,群防群治,一个战役一个战役打,打一场污染防治攻坚的人民战争。"[①]首先,坚决打赢蓝天保卫战是污染防治攻坚战的重中之重;其次,要深入实施水污染防治行动计划,打好水源地保护、城市黑臭水体治理、渤海综合治理、长江保护修复攻坚战;再次,要全面落实土壤污染防治行动计划,推动制定和实施土壤污染防治法。习近平指出:"生态保护和污染防治密不可分、相互作用。其中,污染防治好比是分子,生态保护好比是分母,要对分子做好减法降低污染物排放量,对分母做好加法扩大环境容量,协同发力。"[②]

第四,有效防范生态环境风险。生态环境安全是国家安全的重要组成部分,是经济社会持续健康发展的重要保障。要始终保持高度警觉,防止各类

---

① 《习近平谈治国理政》(第三卷),外文出版社,2020年,第368页。
② 同上,第370页。

生态环境风险积聚扩散,做好应对任何形式生态环境风险挑战的准备;要把生态环境风险纳入常态化管理,系统构建全过程、多层级生态环境风险防范体系;要破解涉环保项目"邻避"问题,着力提升突发环境事件应急处置能力;要健全监管体系,完善监管机制,提升监管能力,确保万无一失。

第五,实行最严格的生态环境保护制度。推进污染防治、建设生态文明,是一场涉及生产方式、生活方式、思维方式和价值观念的革命性变革。实现这样的变革,必须依靠制度和法治。习近平指出:"只有实行最严格的制度、最严密的法治,才能为生态文明建设提供可靠保障。"[1]要深化生态文明体制改革,以构建产权清晰、多元参与、激励约束并重、系统完整的生态文明制度体系,把生态文明建设纳入法治化制度化轨道。要完善经济社会发展考核评价体系,使这套评价体系成为推进生态文明建设的重要导向和约束。要建立责任追究制度,对导致生态环境遭受损坏或破坏的责任者必须追究责任。要建立环保督察工作机制,严格落实环境保护主体责任,完善领导干部目标责任考核制度。

第六,提高环境治理水平。习近平指出:"环境治理是系统工程,需要综合运用行政、市场、法治、科技等多种手段。"[2]要充分运用市场化手段,推进生态环境保护市场化进程,撬动更多社会资本进入生态环境保护领域。要完善资源环境价格机制,将生态环境成本纳入经济运行成本。要采取多种方式支持政府和社会资本合作项目。要坚持资金投入同污染防治攻坚任务相匹配。要加强大气重污染成因研究和治理、环境综合治理重大项目等科技攻关,加快成果转化与应用,为科学决策、环境管理、精准治污、便民服务提供支撑。

---

[1] 中共中央宣传部:《习近平新时代中国特色社会主义思想学习纲要》,学习出版社、人民出版社,2019年,第174页。

[2] 《习近平谈治国理政》(第三卷),外文出版社,2020年,第371页。

要实施积极应对气候变化国家战略,推动和引导建立公平合理、合作共赢的全球气候治理体系。

第四节 乡村振兴战略

农业农村农民问题是关系国计民生的根本性问题,必须始终把解决好"三农"问题作为全党工作重中之重。中国特色社会主义进入新时代以来,党中央先后提出了三权分置、农业供给侧结构性改革、乡村振兴战略等重要思想,为更好地发展"三农"提供了根本指引。

一、农地三权分置

为了推动农地流转,促进更高质量配置利用农地资源,党的十八大以后,党中央首先提出了通过对农民承包地经营权确权进而推进农民承包地"三权分置"的重要思想。

（一）农村土地承包经营权确权

2013年,中央1号文件《关于加快发展现代农业,进一步增强农村发展活力的若干意见》对农村土地承包经营权确权在完善法律制度的基础上提出了时间上的具体要求,提出:全面开展农村土地确权登记颁证工作,用五年时间基本完成农村土地承包经营权确权登记颁证工作,抓紧研究完善相关法律制度从而实现现有土地承包关系稳定和长久不变的具体实现形式。

2014年,中央1号文件对农村土地承包经营权确权登记颁证工作的形式进行了说明,提出:依靠农民群众自主协商的方式解决确权工作中遇到的困难和难题,可采取确权确地和确权确股不确地的两种方式,将确权登记颁证工作经费纳入地方财政预算,中央财政给予补助。2014年11月,中办和国办印发的《关于引导农村土地经营权有序流转发展农业适度规模经营的意见》,要求建立健全农村土地承包经营权登记制度,并提出在充分尊重农民意愿的前提下确权到户到地,也可以确权确股不确地。

2015年,中央1号文件要求扩大土地承包经营权确权登记颁证工作整省推进试点范围,并明确了确权方式,即总体上确权到户,确权确股不确地的范围需要严格掌握。为了进一步贯彻2015年1号文件精神,2015年2月,农业部等六部门联合下发了《关于认真做好农村土地承包经营权确权登记颁证工作的意见》,从统一思想认识、明确总体要求、把握政策原则、抓好重点任务和加强组织领导五个方面对2015年确权登记颁证工作作出了全面部署。

2016年,中央1号文件则把农村土地承包经营权的确权和"三权分置"改革结合在一起,提出继续扩大农村承包地确权登记颁证整省推进试点,依法推进土地经营权有序流转,鼓励和引导农户自愿互换承包地块实现连片耕种,研究制定稳定和完善农村基本经营制度的指导意见,加快推进房地一体的农村集体建设用地和宅基地使用权确权登记颁证,所需工作经费纳入地方财政预算。

根据农业农村部公布信息,到2018年底,全国农村基本完成土地承包经营权的确权登记颁证工作。

在2017年党的十九大上习近平宣布:保持土地承包关系稳定并长久不变,第二轮土地承包到期后再延长三十年。

(二)农村土地三权分置改革

随着工业化和城镇化的深入推进,大量农业和农村剩余劳动力转移到

第五编　中国特色社会主义进入新时代党的经济思想

城市和二、三产业部门,使大量农村土地的承包权和经营权发生了事实上的分离。2016年底,全国拥有承包地的2.3亿农户中,已有近7000万农户部分或全部转移了承包地经营权。经营权转移的实践对在政策上落实严格保护农村土地的所有权和原承包户的利益,并赋予在流转土地上从事经营活动的主体的相应权益提出了迫切要求。

2013年12月,习近平在中央农村工作会议上指出:"完善农村基本经营制度,需要在理论上回答一个重大问题,就是农民土地承包权和土地经营权分离问题。今年7月下旬,我到武汉农村综合产权交易所调研时就提出,深化农村改革,完善农村基本经营制度,要好好研究农村土地所有权、承包权、经营权三者之间的关系。改革前,农村集体土地是所有权和经营权合一,土地集体所有、集体统一经营。搞家庭联产承包制,把土地所有权和承包经营权分开,所有权归集体,承包经营权归农户,这是我国农村改革的重大创新。现在,顺应农民保留土地承包权、流转土地经营权的意愿,把农民土地承包经营权分为承包权和经营权,实现承包权和经营权分置并行,这是我国农村改革的又一次重大创新。这将有利于更好坚持集体对土地的所有权,更好保障农户对土地的承包权,更好用活土地经营权,推进现代农业发展。"①

2014年,中央1号文件提出:"在落实农村土地集体所有权的基础上,稳定农户承包权、放活土地经营权,允许承包土地的经营权向金融机构抵押融资。"这是中央文件首次提出集体所有权、农户承包权和土地经营权相分离的政策思想,是稳定农村土地承包关系并保持长久不变的重大政策探索。同年,中共中央办公厅、国务院办公厅印发《关于引导农村土地经营权有序流转发展农业适度规模经营的意见》,提出:"坚持农村土地集体所有,实现所有权、

---

① 中共中央文献研究室编:《十八大以来重要文献选篇》(上册),中央文献出版社,2014年,第670页。

承包权、经营权三权分置,引导土地经营权有序流转,坚持家庭经营的基础性地位,积极培育新型经营主体,发展多种形式的适度规模经营,巩固和完善农村基本经营制度。""三权分置"的政策规定正式提出,明确了农村土地制度改革的目标指向。

2015年,中央1号文件首次就"三权分置"提出了修改法律法规的要求。[1]同年,中共中央办公厅、国务院办公厅印发了《深化农村改革综合性实施方案》,指出"深化农村土地制度改革的基本方向是:落实集体所有权,稳定农户承包权,放活土地经营权"。至此,"三权分置"正式被确立为深化农村土地制度改革的基本方向。

在明确了关于推进完善三权分置的原则、思路之后,2016年10月30日,中共中央办公厅、国务院办公厅印发了《关于完善农村土地所有权承包权经营权分置办法的意见》,明确指出"将土地承包经营权分为承包权和经营权,实行所有权、承包权、经营权分置并行",并对逐步形成"三权分置"格局、探索农村土地集体所有制的有效实现形式作出了三个方面的重要部署:一是始终坚持农村土地集体所有权的根本地位,明确强调"农村土地农民集体所有,是农村基本经营制度的根本";二是严格保护农户承包权,"稳定现有土地承包关系并保持长久不变";三是加快放活土地经营权,"赋予经营主体更有保障的土地经营权,是完善农村基本经营制度的关键"。2017年10月党的十九大报告再次强调:"巩固和完善农村基本经营制度,深化农村土地制度改革,完善承包地'三权'分置制度。"[2]

---

[1] 2015年1号文件第五部分,第28条关于健全农村产权保护法律制度中明确提出:"抓紧修改农村土地承包方面的法律,明确现有土地承包关系保持稳定并长久不变的具体实现形式,界定农村土地集体所有权、农户承包权、土地经营权之间的权利关系。"

[2] 习近平:《决胜全面建成小康社会 夺取新时代中国特色社会主义伟大胜利——在中国共产党第十九次全国代表大会上的报告》,人民出版社,2017年,第32页。

第五编　中国特色社会主义进入新时代党的经济思想

"三权分置"的提出,是继改革开放初期家庭承包经营制度之后的又一次重大制度创新。一方面,"三权分置"改革有利于落实集体所有权、稳定农户承包权,实现了土地承包关系保持稳定并长久不变,农民利益不受损,持续增加农民财产性收入,让广大农民平等参与现代化进程、共同分享现代化成果,促进农业基础稳固、农村和谐稳定、农民安居乐业。另一方面,"三权分置"改革放活了土地经营权,实现了市场在农村土地资源配置中起决定性作用,引导土地经营权规范有序流转,允许土地经营权向金融机构抵押融资,发展多种形式的农业适度规模经营,不断提高土地产出率、资源利用率、劳动生产率,不断提高农业质量效益和竞争力。

二、农业供给侧结构性改革

进入新的历史阶段,农业的主要矛盾由总量不足转变为结构性矛盾,突出表现为供过于求和供给不足并存,矛盾的主要方面在供给侧。为此,党中央适时提出了深入推进农业供给侧结构性改革的重要思想。

(一)农业供给侧存在的结构性问题

2017年3月全国"两会"期间,习近平在参加四川代表团审议时指出:"我国农业农村发展已进入新的历史阶段,农业的主要矛盾由总量不足转变为结构性矛盾、矛盾的主要方面在供给侧。"农业供给侧结构性矛盾主要表现在两个方面:第一,农作物总量不断增长下的品种结构不匹配问题,主要表现为农产品的生产结构和消费结构不匹配;第二,国内农作物的生产成本不断上升与国际粮食价格下跌共同导致的国内外粮食价格倒挂现象。

第一,粮食品种结构矛盾突出。主要表现是,生产出来的农产品在数量、种类或质量上无法满足市场上的需要。2004—2015年期间,粮食产量每年增加760多亿斤,但是市场短缺的品种没有增产。从表象上看,我国粮食需求总量并不平衡。2015年我国粮食产量是历史最高水平的12429亿斤,2016年为12325亿斤,2017年达到12358亿斤,而这些年国内粮食的消费水平大致在12800亿斤~12900亿斤之间。因此,我国每年有500亿斤~600亿斤的粮食供求缺口需要依靠进口。但是如果分品种看,真正短缺矛盾最突出的是大豆。进入21世纪以来,我国对大豆消费的需求快速增长,供求缺口越来越大。2017年谷物及谷物粉进口511.8亿斤,占粮食进口总量的19.6%,仅为当年国内谷物产量的4.5%;大豆则进口1910.6亿斤,占进口粮食总量的73.1%,为国内大豆产量的6.57倍,创下了历史纪录。总体来看,我国小麦、稻谷、玉米三大谷物自给率为95.5%,国内产需基本平衡。大豆、食用植物油明显缺乏,自给率分别仅为12%和32.2%。[1]

第二,粮食生产成本持续攀升。其原因主要有两个:一是农业生产要素价格的提高。从2008年到2017年,我国稻谷、小麦、玉米三种主粮的平均总成本从562.42元/亩涨到1081.5元/亩,上涨0.92倍,特别是人工、土地、农资价格快速上涨。其中,人工成本占比上涨很快,2008年占总成本的31.1%,2017年达到总成本的39.6%;土地成本上升速度很快,从99.62元/亩上升到215.5元/亩,上涨了1.16倍。[2]国内快速上涨的粮食生产成本导致国内国际市场粮食价格倒挂,国产粮食在价格上缺乏市场竞争力。二是政府的托市收购和临时储备政策导致农产品价格上涨。为保护农民的利益,鼓励农民生产的积极性,确保国家农粮产品的稳定而实施的托市收购和临时储备政策,进一步抬高了农产品的生产成本,提高了农业生产过程中的无效产能。例如,玉米临储价格在2011年、2012年、2013年连续涨价,2014年与2013年持平,达到了2.24元/千克,

---

[1] 参见陈锡文、张征、罗丹:《中国农村改革四十年》,人民出版社,2018年,第330~331页。
[2] 同上,第331页。

与2008年首次执行临时储备政策的1.5元/千克相比,累计增长了49.3%。虽然2015年调整后的临储价格已经降到了2元/千克,但也比最初启动政策时增长了33.3%。

(二)推进农业供给侧结构性改革

农业供给侧结构性改革是指要在确保国家粮食安全的基础上,紧紧围绕市场需求变化,以增加农民收入、保障有效供给为主要目标,以提高农业供给质量为主攻方向,以体制改革和机制创新为根本途径,优化农业产业体系、生产体系、经营体系,提高土地产出率、资源利用率、劳动生产率,促进农业农村发展由过度依赖资源消耗、主要满足量的需求,向追求绿色生态可持续、更加注重满足质的需求转变。

2015年12月,中央农村工作会议首次提出"农业供给侧结构性改革"这一重要理论。会议强调,要着力加强农业供给侧结构性改革,提高农业供给体系质量和效率,使农产品供给数量充足、品种和质量契合消费者需要,真正形成结构合理、保障有力的农产品有效供给。当前,要高度重视去库存、降成本、补短板。加快消化过大的农产品库存量,加快粮食加工转化;通过发展适度规模经营、减少化肥农药不合理使用、开展社会化服务等,降低生产成本,提高农业效益和竞争力;加强农业基础设施等农业供给的薄弱环节,增加市场紧缺农产品的生产。要树立大农业、大食物观念,推动粮经饲统筹、农林牧渔结合、种养加一体、一二三产业融合发展。保障国家粮食安全是农业结构性改革的基本底线,要保稻谷、小麦等口粮,保耕地、保产能,保主产区特别是核心产区的粮食生产,确保谷物基本自给、口粮绝对安全。要充分发挥多种形式农业适度规模经营在结构性改革中的引领作用,农业支持政策要向规模经营主体倾斜,同时要注重让农民分享成果。要完善粮食等重要农产品价格形成机制和收储政策,为农业结构性改革提供动力。"农业供给侧结构性改革"这一崭新表述,通过中国最高级别的"三农"会议,首度进入公众视野。

2016年3月,习近平指出:"新形势下,农业主要矛盾已经由总量不足转变为结构性矛盾,主要表现为阶段性的供过于求和供给不足并存。推进农业供给侧结构性改革,提高农业综合效益和竞争力,是当前和今后一个时期我国农业政策改革和完善的主要方向。要以市场需求为导向调整完善农业生产结构和产品结构,以科技为支撑走内涵式现代农业发展道路,以健全市场机制为目标改革完善农业支持保护政策,以家庭农场和农民合作社为抓手发展农业适度规模经营。"[1]

2017年1月,中央1号文件《关于深入推进农业供给侧结构性改革 加快培育农业农村发展新动能的若干意见》中提出:推进农业供给侧结构性改革,要在确保国家粮食安全的基础上,紧紧围绕市场需求变化,以增加农民收入、保障有效供给为主要目标,以提高农业供给质量为主攻方向,以体制改革和机制创新为根本途径,优化农业产业体系、生产体系、经营体系,提高土地产出率、资源利用率、劳动生产率,促进农业农村发展由过度依赖资源消耗、主要满足量的需求,向追求绿色生态可持续、更加注重满足质的需求转变。推进农业供给侧结构性改革,要坚持新发展理念,协调推进农业现代化与新型城镇化,以推进农业供给侧结构性改革为主线,围绕农业增效、农民增收、农村增绿,加强科技创新引领,加快结构调整步伐,加大农村改革力度,提高农业综合效益和竞争力,推动社会主义新农村建设取得新的进展,力争农村全面小康建设迈出更大步伐。

---

[1] 中共中央党史和文献研究院编:《习近平关于"三农"工作论述摘编》,中央文献出版社,2019年,第93页。

第五编　中国特色社会主义进入新时代党的经济思想

三、乡村振兴战略

进入新时代以后,为了改善农村的生产生活环境,党中央先后提出了建设美丽乡村、实施乡村振兴战略的重要思想。实施乡村振兴战略更是被看作"是关系全面建设社会主义现代化国家的全局性、历史性任务"[1]。

(一)建设美丽乡村

建设美丽乡村是在党的十八大之后提出来的。党的十八大报告指出:"建设生态文明,是关系人民福祉、关乎民族未来的长远大计。面对资源约束趋紧、环境污染严重、生态系统退化的严峻形势,必须树立尊重自然、顺应自然、保护自然的生态文明理念,把生态文明建设放在突出地位,融入经济建设、政治建设、文化建设、社会建设各方面和全过程,努力建设美丽中国,实现中华民族永续发展。"[2]为了深入贯彻党的十八大精神,2013年中央1号文件《中共中央、国务院关于加快发展现代农业进一步增强农村发展活力的若干意见》明确提出:"加强农村生态建设、环境保护和综合整治,努力建设美丽乡村。"自此,美丽乡村建设在中国农村如火如荼地开展起来。

2013年2月,农业部办公厅发布《关于开展"美丽乡村"创建活动的意见》指导性文件,正式组织开展"美丽乡村"创建活动。该意见指出:美丽乡村创建活动,要以促进农业生产发展、人居环境改善、生态文化传承、文明新风培育为目标,从全面、协调、可持续发展的角度,构建科学、量化的评价目标体系,建设一批天蓝、地绿、水净、安居、乐业、增收的"美丽乡村",树立不同类型、不同特点、不同发展水平的标杆模式,推动形成农业产业结构、农民生产生活

---

[1] 《习近平谈治国理政》(第三卷),外文出版社,2020年,第255页。
[2] 《中国共产党第十八次全国代表大会文件汇编》,人民出版社,2012年,第36页。

方式与农业资源环境相互协调的发展模式,加快我国农业农村生态文明建设进程。为此,该意见还提出了美丽乡村创建活动的四大基本原则,分别如下:

(1)以人为本,强化主体。明确并不断强化乡村在创建工作中的主体地位,把农民群众利益放在首位,发挥农民群众的创造性和积极性,尊重他们的知情权、参与权、决策权和监督权,引导发展生态经济、自觉保护生态环境、加快建设生态家园。

(2)生态优先,科学发展。按照人与自然和谐发展的要求,遵循自然规律,切实保护农村生态环境,展示农村生态特色,统筹推进农村生态人居、生态环境、生态经济和生态文化建设。

(3)规划先行,因地制宜。充分考虑各地的自然条件、资源禀赋、经济发展水平、民俗文化差异,差别性制订各类乡村的创建目标,统筹编制"美丽乡村"建设规划,形成模式多样的"美丽乡村"建设格局,贴近实际,量力而行,突出特色,注重实效。

(4)典型引路,整体推进。强化总结提升和宣传发动,向社会推介一批涵盖不同区域类型、不同经济发展水平的"美丽乡村"典型建设模式,发挥示范带动作用,以点带面,有计划、有步骤地引导、推动"美丽乡村"创建工作。同时,鼓励各地自主开展"美丽乡村"创建工作,不断丰富创建模式和内容。

2013年正式启动后,我国的美丽乡村建设稳步推进。一是将美丽乡村建设作为推进生态文明建设和深化社会主义新农村建设的重点工程来抓;二是改革创新乡村规划机制,提高乡村规划的科学性、覆盖率和实用性;三是开展自然环境生态保护,改造人居环境功能;四是传统村落和传统建筑得到有效保护,将有重要保护价值的村落列入中国传统村落名录,实现村村建立档案、编制保护规划,越来越多的融自然、休闲、文化、旅游、养老于一体的美丽村镇正在建设中。①

(二)实施乡村振兴战略

2017年10月,党的十九大报告首次提出"实施乡村振兴战略"。为了贯彻落实十九大精神,2017年12月,中央农村工作会议又首次提出了走中国特色社会主义乡村振兴道路,并提出让农业成为有奔头的产业、让农民成为有吸引力的职业、让农村成为安居乐业的美丽家园的美好远景。习近平指出:"实施乡村振兴战略,首先要按规律办事。在我们这样一个拥有近14亿人口的大国,实现乡村振兴是前无古人、后无来者的伟大创举,没有现成的、可照抄照搬的经验。我国乡村振兴道路怎么走,只能靠我们自己去探索。"②

2018年1月,中央1号文件《中共中央国务院关于实施乡村振兴战略的意见》,对乡村振兴战略的实现步骤进一步明确,指出实施乡村振兴战略"三步走"时间表:到2020年,乡村振兴取得重要进展,制度框架和政策体系基本形成;到2035年,乡村振兴取得决定性进展,农业农村现代化基本实现;到2050年,乡村全面振兴,农业强、农村美、农民富的目标全面实现。

2018年9月,习近平在主持中共中央政治局第八次集体学习时,系统阐述了实施乡村振兴战略的"三总一保障",即乡村振兴战略的总目标是农业农村现代化,乡村振兴战略的总方针是坚持农业农村优先发展,乡村振兴战略的总要求是产业兴旺、生态宜居、乡风文明、治理有效、生活富裕;乡村振兴战略的制度保障是建立健全城乡融合发展体制机制和政策体系。习近平还明确提出:"坚持把实施乡村振兴战略作为新时代'三农'工作总抓手",乡村振兴要坚持乡村全面振兴,抓重点、补短板、强弱项,实现乡村产业振兴、人才振兴、

---

① 参见《砥砺奋进的五年》编写组:《砥砺奋进的五年——从十八大到十九大》,中国统计出版社,2017年,第82页。

② 《习近平谈治国理政》(第三卷),外文出版社,2020年,第259页。

文化振兴、生态振兴、组织振兴,推动农业全面升级、农村全面进步、农民全面发展。"[1]

"产业兴旺、生态宜居、乡风文明、治理有效、生活富裕"这二十个字,反映了乡村振兴战略的丰富内涵。习近平对这个总要求的丰富内涵有十分深刻的阐述,他指出,21世纪初,"我国刚刚实现总体小康,面临着全面建设小康社会的任务,我们党就提出了'生产发展、生活宽裕、乡风文明、村容整洁、管理民主'的社会主义新农村建设总要求,这在当时是符合实际的。现在,中国特色社会主义进入了新时代,社会主要矛盾、农业主要矛盾发生了很大变化,广大农民群众有更高的期待,需要对农业农村发展提出更高要求。产业兴旺,是解决农村一切问题的前提,从'生产发展'到'产业兴旺',反映了农业农村经济适应市场需求变化、加快优化升级、促进产业融合的新要求。生态宜居,是乡村振兴的内在要求,从'村容整洁'到'生态宜居',反映了农村生态文明建设质的提升,体现了广大农民群众对建设美丽家园的追求。乡风文明,是乡村振兴的紧迫任务,重点是弘扬社会主义核心价值观,保护和传承农村优秀传统文化,加强农村公共文化建设,开展移风易俗,改善农民精神风貌,提高乡村社会文明程度。治理有效,是乡村振兴的重要保障,从'管理民主'到'治理有效',是要推进乡村治理能力和治理水平现代化,让农村既充满活力又和谐有序。生活富裕,是乡村振兴的主要目的,从'生活宽裕'到'生活富裕',反映了广大农民群众日益增长的美好生活需要。"[2]

2018年9月,党中央、国务院发布《乡村振兴战略规划(2018—2022年)》,制定了明确的"一个五年加两个十五年"的"三阶段实施方案"。第一阶段,2018—2022年的五年。乡村振兴的制度框架和政策体系基本形成,全面建成

---

[1] 《习近平谈治国理政》(第三卷),外文出版社,2020年,第257~259页。
[2] 同上,第258~259页。

小康社会；乡村振兴的制度框架和政策体系初步健全。第二阶段，2020—2035年的"第一个十五年"，乡村振兴取得决定性进展，农业农村现代化基本实现。农业结构得到根本性改善，农民就业质量显著提高，相对贫困进一步缓解，共同富裕迈出坚实步伐；城乡基本公共服务均等化基本实现，城乡融合发展体制机制更加完善；乡风文明达到新高度，乡村治理体系更加完善；农村生态环境根本好转，生态宜居的美丽乡村基本实现。第三阶段，2035—2050年的"第二个十五年"。针对"第一个十五年"期间实现的"三农"基本现代化进行再提升，在确保食物安全和绿色发展的前提下，全面建成以"农业强、农村美、农民富"为目标的农业发展长效政策体系和制度框架，实现社会主义乡村的全面振兴。

2019年"两会"期间，习近平在参加河南代表团审议时再次就乡村振兴作了重要讲话，明确指出乡村振兴是包括产业振兴、人才振兴、文化振兴、生态振兴、组织振兴的全面振兴，实施乡村振兴战略的总目标是农业农村现代化，总方针是坚持农业农村优先发展，总要求是产业兴旺、生态宜居、乡风文明、治理有效、生活富裕。

为了全面推进乡村振兴战略，党中央提出了具体的发展思路：

第一，提升农业发展质量，培育乡村发展新动能。乡村振兴，产业兴旺是重点。必须坚持质量兴农、绿色兴农，以农业供给侧结构性改革为主线，加快构建现代农业产业体系、生产体系、经营体系，提高农业创新力、竞争力和全要素生产率，加快实现由农业大国向农业强国转变。主要从五个方面提升农业发展质量：一是夯实农业生产能力基础，"深入实施藏粮于地、藏粮于技战略，严守耕地红线，确保国家粮食安全，把中国人的饭碗牢牢端在自己手中"；二是实施质量兴农战略，要求建立健全"质量兴农评价体系、政策体系、工作体系和考核体系"，重点提高基层监管能力；三是构建农村一二三产业融合发展体系,"延长产业链、提升价值链、完善利益链";四是构建农业对外开放新格局,通过优化资源配置、节本增效,从而提升我国农产品的国际竞争力,"扩大高附加值农产品出口";五是促进小农户和现代农业发展有机衔接,"统筹兼顾培育新型农业经营主体和扶持小农户,采取有针对性的措施,把小农生产引入现代农业发展轨道"。可见,农业发展质量的提升是培育乡村发展新动能的必然要求。

第二,推进乡村绿色发展,打造人与自然和谐共生发展新格局。乡村振兴,生态宜居是关键。良好生态环境是农村最大优势和宝贵财富。必须尊重自然、顺应自然、保护自然,推动乡村自然资本加快增值,实现百姓富、生态美的统一。为此,一要统筹山水林田湖草系统治理,二要加强农村突出环境问题综合治理,三要建立市场化多元化生态补偿机制,四要增加农业生态产品和服务供给。

第三,繁荣兴盛农村文化,焕发乡风文明新气象。乡村振兴,乡风文明是保障。必须坚持物质文明和精神文明一起抓,提升农民精神风貌,培育文明乡风、良好家风、淳朴民风,不断提高乡村社会文明程度。这就要求:一要加强农村思想道德建设,二要传承发展提升农村优秀传统文化,三要加强农村公共文化建设,四要开展移风易俗行动。

第四,加强农村基层基础工作,构建乡村治理新体系。乡村振兴,治理有效是基础。必须把夯实基层基础作为固本之策,建立健全党委领导、政府负责、社会协同、公众参与、法治保障的现代乡村社会治理体制,坚持自治、法治、德治相结合,确保乡村社会充满活力、和谐有序。为此,一要加强农村基层党组织建设。二要深化村民自治实践。三要建设法治乡村。坚持法治为本,树立依法治理理念,强化法律在维护农民权益、规范市场运行、农业支持保护、生态环境治理、化解农村社会矛盾等方面的权威地位。增强基层干部法治观念、法治为民意识,将政府涉农各项工作纳入法治化轨道。四要提升乡村德治水平。五要建设平安乡村。

第五,提高农村民生保障水平,塑造美丽乡村新风貌。乡村振兴,生活富裕是根本。要坚持人人尽责、人人享有,按照抓重点、补短板、强弱项的要求,围绕农民群众最关心最直接最现实的利益问题,真抓实干,把乡村建设成为幸福美丽的新家园。这就要求:一要优先发展农村教育事业,二要促进农村劳动力转移就业和农民增收,三要推动农村基础设施提档升级,四要加强农村社会保障体系建设,五要推进健康乡村建设,六要持续改善农村人居环境,持续推进宜居宜业的美丽乡村建设。

此外,党中央还就实施乡村振兴战略从制度体制、农村人才培养等方面进行了部署与推动。

实施"乡村振兴"战略,核心是从根本上解决目前我国农业不发达、农村不兴旺、农民不富裕的"三农"问题。通过牢固树立创新、协调、绿色、开放、共享的五大发展理念,达到生产、生活、生态的"三生"协调,促进农业、加工业、现代服务业的"三业"融合发展,真正实现农业发展、农村变样、农民受惠,最终建成"看得见山、望得见水、记得住乡愁、留得住人"的美丽乡村、美丽中国。

第十五章　新时代的全面深化改革思想

中国经济经过几十年的高速增长，进入新时代时经济发展水平已经迈入了中等收入国家的行列。在这个新的历史节点上，习近平作出了"四个全面"战略部署，全面深化改革是其中的重要方面。对全面深化改革起纲举目张作用的经济体制改革主要有三方面：一是市场对资源配置起决定性作用，二是政府更好地发挥作用的体制安排，三是坚持和完善基本经济制度。全面深化改革是自上而下推进的，需要培育改革动力。惠民生是增强改革动力的重要途径，其路径集中在三个方面：首先是促进公平正义，其次是缩小收入差距，再次是基本公共服务均等化。2019年党的十九届四中全会对社会主义基本经济制度的新表述，提出了将基本经济制度优势转化为治理优势的改革新要求。

第五编　中国特色社会主义进入新时代党的经济思想

第一节　经济体制改革是全面深化改革的重点

一、新时期的发展任务提出了全面深化改革的新要求

经过几十年的改革和发展,我国的国内生产总值总量与美国一起进入超过6万亿美元"俱乐部";人均国内生产总值进入上中等收入国家行列;产业结构不仅改变了农业大国的地位,而且正在接近中等收入国家的标准结构;城市化率进入了城市化中期阶段。在这个新的历史起点上所要解决的发展问题就不是在低收入阶段单纯追求国内生产总值增长的发展要求,而是要通过改革克服进入中等收入阶段后的新矛盾,追求经济社会的全面发展,努力进入高收入国家的行列。

第一,以改革支撑经济发展新常态。面对经济由高速增长转向中高速增长新常态,需要有新的战略思考:其一,中高速增长不是自然形成的,而是需要努力才能达到的。在供给推动力消退的情况下,需要寻求并尽快形成新的推动力。其二,中高速增长不是降低发展的要求,而是要提高发展的质量,这就涉及经济发展方式的转变。支撑经济新常态的关键是产业结构转型升级和实施创新驱动发展战略,其前提是体制的改革。就产业结构转向中高端的转型升级来说,打破低端产业结构的刚性需要改革,尤其是要强化市场的优胜劣汰的选择,与此相关的改革需要解决地方政府对过剩产能、污染产能的保护,以及导致新兴产业胎死腹中的重复建设和重复投资的行为。就实施创新驱动发展战略来说,需要建立激励创新制度。正如习近平所说,如果说创

新是中国发展的新引擎，那么改革就是必不可少的点火器。改革就是要从体制上发挥创新驱动的原动力作用，把创新引擎全速发动起来。促进传统产业改造升级，尽快形成新的经济增长点和驱动力。

第二，以改革跨越"中等收入陷阱"。在世界范围内有相当部分发展中国家在进入中等收入国家发展阶段后就陷入了"中等收入陷阱"，这对我国是一种警示。我国也面临着"中等收入陷阱"的威胁，主要表现在三个方面：一是收入差距过大，二是腐败案件频发，三是环境和生态状况的恶化。这些威胁的根本还在于体制问题，因此跨越"中等收入陷阱"不仅需要发展，更需要经济、政治和社会体制的改革，为跨越"中等收入陷阱"提供制度支撑。

第三，以改革克服城乡二元结构。城乡二元结构的存在是低收入国家的标志，中等收入阶段的发展任务就是要克服这种二元结构从而进入高收入阶段。这也是发展中国家现代化的内容。现代化的短板主要是农业发展的相对滞后。正如习近平所说，即使将来城镇化达到70%以上，还有四五亿人在农村。农村绝不能成为荒芜的农村、留守的农村、记忆中的故园。城镇化要发展，农业现代化和新农村建设也要发展，同步发展才能相得益彰。根据木桶原理，现代化的整体水平最终是由"短板"决定的。在当前我国即将全面建成小康社会并开启基本实现现代化进程的背景下，必须要改变农业、农民和农村发展相对滞后的局面。

二、全面深化改革的目标和任务

2013年11月召开的党的十八届三中全会作出的全面深化改革的决定，明确了全面深化改革目标、任务、重点和步骤。

第一，全面深化改革的总目标是完善和发展中国特色社会主义制度，推

第五编　中国特色社会主义进入新时代党的经济思想

进国家治理体系和治理能力现代化。我国改革的成果可以归结为建立起了中国特色社会主义制度体系,而推进的全面深化改革可以归结为推进国家治理体系和治理能力现代化。它同已经推进并正在完善的中国特色社会主义制度的改革目标是一个整体,共同构成新时期改革的总方向。

第二,到2020年,在重要领域和关键环节改革上取得决定性成果,形成系统完备、科学规范、运行有效的制度体系,使各方面制度更加成熟更加定型。这意味着改革进入由"破"到"立"的阶段。这个阶段的改革不只是摸着石头过河,而且是要求摸着石头过河与顶层设计相结合。

第三,经济体制改革是全面深化改革的重点,核心问题是处理好政府和市场的关系,使市场在资源配置中起决定性作用和更好发挥政府的作用。市场决定资源配置是市场经济的一般规律,健全社会主义市场经济体制必须遵循这条规律,着力解决市场体系不完善、政府干预过多和监管不到位等问题。

第四,必须更加注重改革的系统性、整体性、协同性,加快发展社会主义市场经济、民主政治、先进文化、和谐社会、生态文明,让一切劳动、知识、技术、管理、资本的活力竞相迸发,让一切创造社会财富的源泉充分涌流,让发展成果更多更公平地惠及全体人民。

经济体制改革包含的领域非常广泛,对全面深化改革能起到纲举目张作用的经济体制改革主要包括三个方面:

第一,市场对资源配置起决定性作用。明确市场对资源配置的决定性作用,意味着我国的经济体制改革和市场化进程迈出了新的步伐。改革的主要方向就是要大幅度减少政府对资源的直接配置,推动资源配置依据市场规则、市场价格、市场竞争实现效益最大化和效率最优化。市场配置资源是否有效,关键在于市场体系和市场机制是否完善。由此牵动市场制度的两个方面的改革:一是完善市场体系的改革。我国是从自然经济直接进入计划经济,又从计划经济向市场经济转型的,因此现阶段市场秩序混乱问题较为严重。在这种市场秩序下,市场配置资源决不会有效。与此相应的改革就是要解决由体制和政策的原因所造成的不公平竞争,由地区差距和地方利益所造成的地方保护,由计划经济残余所造成的行政性垄断。二是建设成熟的市场经济的市场体系。相应的改革涉及:建设统一开放竞争有序的市场体系;建设法治化的营商环境;建设统一的城乡市场;实行统一的市场准入和市场化退出制度,等等。就金融体制改革来说,在已有的金融机构建设和金融市场监管改革的基础上,需要根据市场决定资源配置的要求,推进金融市场体系建设,其中包括利率市场化、汇率市场化以及金融机构对民营企业的开放等。

第二,更好发挥政府作用。发展社会主义市场经济,既要发挥市场的作用,也要发挥政府的作用。在市场决定资源配置的条件下,发展仍然需要政府的强力推动。关键是分清政府与市场作用的边界。政府的职责和作用主要是保持宏观经济稳定,加强和优化公共服务,保障公平竞争,加强市场监管,维护市场秩序,推动可持续发展,促进共同富裕,弥补市场失灵。市场对资源配置的决定性作用不能放大到公共资源的配置。与市场配置资源遵循效率原则不同,政府配置公共资源则要遵循公平原则。与市场决定资源配置相适应,政府行为需要遵守一定的规范。政府改革突出在三个方面:一是缩小政府管制的范围;二是建设有限有效政府,只有权力有限、规模有限的政府才可能是有效的政府;三是建立有效的制度约束政府行为,包括对寻租行为、管制行为、官僚主义行为的约束。

第三,坚持和完善基本经济制度。过去,我国基本经济制度改革的重大进展是以民营经济为代表的多种所有制经济得到了迅猛的发展。国有企业总体上已经同市场经济相融合。新阶段坚持和完善基本经济制度改革的任

第五编　中国特色社会主义进入新时代党的经济思想

务,主要涉及以下三个方面:首先,要进一步激发非公有制经济的活力和创造力;其次,混合所有制是基本经济制度的有效实现形式;最后,进一步改革国有企业并完善国有资产管理体制。

党的十九大明确指出:"经济体制改革必须以完善产权制度和要素市场化配置为重点,实现产权有效激励、要素自由流动、价格反应灵活、竞争公平有序、企业优胜劣汰。"[①]概括地说,新时代的经济体制改革目标和任务是,如党的十八届三中全会决定所说的,紧紧围绕使市场在资源配置中起决定性作用深化经济体制改革,坚持和完善基本经济制度,加快完善现代市场体系、宏观调控体系、开放型经济体系,加快转变经济发展方式,加快建设创新型国家,推动经济更有效率、更加公平、更可持续发展。

三、社会主义基本经济制度的新表述

党的十五大提出,"公有制为主体、多种所有制经济共同发展"是社会主义基本经济制度。党的十八大以来,随着我们党对基本经济制度认识的不断深化,党的十九届四中全会通过的《中共中央关于坚持和完善中国特色社会主义制度、推进国家治理体系和治理能力现代化若干重大问题的决定》指出,坚持和完善公有制为主体、多种所有制经济共同发展,按劳分配为主体、多种分配方式并存,社会主义市场经济体制等社会主义基本经济制度。这是我们党对社会主义基本经济制度的新概括,其内涵更为丰富,理论更为成熟,不仅包括所有制,还包括分配制度和经济体制。这是我们党和国家长期探索的成果,是马克思主义政治经济学中国化的创造性成果,是中国特色社

---

① 中共中央文献研究室编:《十九大以来重要文献选编》(上),中央文献出版社,2019年,第23~24页。

会主义政治经济学重大理论创新。

党的十九届四中全会明确的国家治理体系和治理能力现代化涉及制度建设。基本经济制度就是其重要方面。根据马克思主义理论,是社会的基本经济制度的基础。四十多年来,我国市场化改革从中国处于社会主义初级阶段出发推进的生产关系调整也就是重大的制度创新,主要涉及三个方面:一是公有制为主体多种所有制经济共同发展,二是按劳分配为主体多种分配方式并存,三是建立社会主义市场经济体制。党的十九届四中全会明确把这三个创新的制度一起称为社会主义基本经济制度。社会主义基本经济制度的体系创新,反映了我国社会主义基本经济制度从核心范畴向制度体系的拓展。这表明中国特色社会主义经济制度经过四十多年的改革及实践的检验,可以说已经基本定型,但还需要进一步完善,从而使制度优势转化为治理优势。

社会主义基本经济制度是由社会主义的本质决定的。邓小平根据处于初级阶段的社会主义特点指出:"社会主义的本质,是解放生产力,发展生产力,消灭剥削,消除两极分化,最终达到共同富裕。"[1]创新的基本经济制度的内涵充分反映了社会主义的本质要求,从而产生制度优势。一方面,多种所有制经济共同发展,多种分配方式并存和市场经济体制,反映了社会主义初级阶段的社会生产力发展水平,在制度上解放和发展了生产力。另一方面,公有制为主体,按劳分配为主体和社会主义同市场经济结合,反映了社会主义的制度要求,在消除两极分化最终达到共同富裕方面体现社会主义制度的优越性。

党的十九届四中全会不只是明确上述三方面制度构成的基本经济制度,而且明确了社会主义基本经济制度既有解放和发展社会生产力的制度优势,

---

[1] 《邓小平文选》(第三卷),人民出版社,1993年,第373页。

又彰显社会主义优越性的制度优势,必将成为我国建设社会主义现代化强国的制度保证。需要进一步指出的是,这些制度优势虽然已经和正在显示出来。但这些制度的潜力还有很大空间,要充分发挥其优势,一方面基本经济制度方面的创新和改革不能停步,基本经济制度的各个方面还需要进一步完善。尤其是明确了基本经济制度的三个方面是有机的整体,基本经济制度的深化改革和完善就要兼顾整体性和系统性。另一方面需要根据基本经济制度特征和要求完善国家治理体系,从而把制度优势转化为治理优势,以国家治理体系和治理能力现代化来充分发挥基本经济制度的优势。

第二节 进一步完善社会主义市场经济体制

党的十八届三中全会审议通过的《中共中央关于全面深化改革若干重大问题的决定》中明确指出,经济体制改革是全面深化改革的重点,核心问题是处理好政府和市场的关系,使市场在资源配置中起决定性作用和更好发挥政府作用。我国的社会主义市场经济体制已经基本建立,市场配置资源的功能和条件已逐步形成并不断完善。

一、市场对资源配置由基础性作用转向决定性作用

1992年10月,党的十四大在明确我国经济体制改革的目标是建立社会主义市场经济体制的同时,强调"要使市场在社会主义国家宏观调控下对资

源配置起基础性作用"[①]。这一重大理论突破为我国改革开放和经济社会发展奠定了理论基础。

此后,党的历次重要会议都强调市场在资源配置中的基础性作用。2007年10月,党的十七大报告指出,"要深化对社会主义市场经济规律的认识,从制度上更好发挥市场在资源配置中的基础性作用,形成有利于科学发展的宏观调控体系"。这里把市场在资源配置中的基础性作用提升到制度层面,并将其视为宏观调控的重要内容。

随着我国改革开放不断深入,我们党对经济体制改革核心问题的认识,从"正确处理计划与市场的关系"逐步深化到"正确处理政府与市场的关系"。2013年11月,党的十八届三中全会决定首次提出,使市场在资源配置中起决定性作用和更好发挥政府作用,认为"市场决定资源配置是市场经济的一般规律,健全社会主义市场经济体制必须遵循这条规律,着力解决市场体系不完善、政府干预过多和监管不到位问题"[②]。这是我们党在政府和市场关系认识上的一个新突破。把市场在资源配置中的"基础性作用"改变为"决定性作用",肯定了经济体制改革中市场在资源配置方面发挥的重要作用。不仅是对政府和市场关系的新定位,也是对更好发挥政府作用以及充分发挥好市场在资源配置中的决定性作用的新要求,标志着我国进入政府和市场各自作用双提升的新时代。因此,这个重大理论观点有利于进一步在全党全社会树立关于政府和市场关系的正确观念,有利于进一步解放和发展生产力,有利于进一步解放和增强社会活力。

---

① 中共中央文献研究室编:《十四大以来重要文献选编》(上),中央文献出版社,2011年,第16页。

② 中共中央文献研究室编:《十八大以来重要文献选编》(上),中央文献出版社,2018年,第513页。

市场经济作为一种资源配置的方式,有其自身的运行规律和运行机制。正如党的十八届三中全会所指出的,市场配置资源的机制有三个:一是市场规则,二是市场价格,三是市场竞争,并且这三个机制有机结合才能达到预期的使市场在资源配置中实现效率最大化和效益最优化的目标。

价格是市场调节资源配置的信号,是市场经济的核心,包括要素价格和商品价格。市场调节信号是否准确的关键在于市场竞争是否充分和公平,而充分且公平的市场竞争离不开统一市场的建立,因此为了能够使市场在资源配置中真正起到决定性作用,必须要建设统一开放、竞争有序的市场体系,因而也就需要进一步深化改革。党的十八届三中全会决定提出:"凡是能由市场形成价格的都交给市场,政府不进行不当干预。推进水、石油、天然气、电力、交通、电信等领域价格改革,放开竞争性环节价格改革。政府定价范围主要限定在重要公用事业、公益性服务、网络型自然垄断环节,提高透明度,接受社会监督。"[①] 2015年,中共中央、国务院发布了《关于推进价格机制改革的若干意见》。意见提出的基本原则是:坚持市场决定,坚持放管结合,坚持改革创新,坚持稳慎推进。意见还提出,深化重点领域价格改革,充分发挥市场决定价格的作用。

二、更好发挥政府作用

正确处理政府与市场关系的核心在于,市场在资源配置中发挥决定性作用的同时更好发挥政府作用,两者是一个整体。这既是社会主义市场经济特质所在,更是社会主义市场经济优势所在。党的十八届三中全会决定明确

[①] 中共中央文献研究室编:《十八大以来重要文献选编》(上),中央文献出版社,2018年,第517~518页。

提出:"经济体制改革是全面深化改革的重点,核心问题是处理好政府和市场的关系,使市场在资源配置中起决定性作用和更好发挥政府作用。"①

改革开放四十多年来,我国之所以能够成功实现从高度集中的计划经济体制向充满活力的社会主义市场经济体制转型,一条根本经验,就是不断调整处理好政府和市场的关系。社会主义市场经济中的政府不是"守夜人",而是"主导者",充分体现为政府在健全宏观调控、加强市场监管、优化公共服务、保障公平正义、保护生态环境、维护国家安全、促进共同富裕方面的主导作用。②强调市场决定性作用的同时不能忽视政府更好发挥作用,不能简单地理解为"大市场、小政府"或者"强市场、弱政府",而是要在"有为"和"有效"中寻找政府和市场之间的结合点,实现"看得见的手"和"看不见的手"的有机结合、相得益彰。

更好发挥政府作用取决于厘清政府与市场的边界。只有二者关系厘清了,才能从根本上扭转政府越位、错位、缺位问题,保障市场有效运行,弥补市场失灵。习近平指出:"进一步处理好政府和市场关系,实际上就是要处理好在资源配置中市场起决定性作用还是政府起决定性作用。经济发展就是要提高资源尤其是稀缺资源的配置效率,以尽可能少的资源投入生产尽可能多的产品、获得尽可能大的收益。理论和实践都证明,市场配置资源是最有效率的形式。市场决定资源配置是市场经济的一般规律,市场经济本质上就是市场决定资源配置的经济。健全社会主义市场经济体制必须遵循这套规律,着力解决市场体系不完善、政府干预过多和监管不到位问题。"③党的十八届三中

---

① 中共中央文献研究室编:《十八大以来重要文献选编》(上),中央文献出版社,2018年,第513页。

② 参见张宇:《社会主义基本经济制度是党和人民的伟大创造》,《人民日报》,2020年1月10日。

③ 中共中央文献研究室编:《习近平关于全面深化改革论述摘编》,中央文献出版社,2014年,第56页。

全会以来,我们党着重通过界定负面清单内容、推行清单管理来厘清二者关系。党的十八届三中全会决定明确提出,实行统一的市场准入制度,在制定负面清单基础上,各类市场主体可依法平等进入清单之外领域。这体现在2014年6月《国务院关于促进市场公平竞争维护市场正常秩序的若干意见》和2015年10月19日《国务院关于实行市场准入负面清单制度的意见》中。通过实行市场准入负面清单制度,明确政府发挥作用的职责边界,可以进一步深化行政审批制度改革,大幅收缩政府审批范围、创新政府监管方式,促进投资贸易便利化,不断提高行政管理的效率和效能,有利于促进政府运用法治思维和法治方式加强市场监管,推进市场监管制度化、规范化、程序化,从根本上促进政府职能转变。

更好发挥政府作用还要切实转变政府职能。正如习近平所说:"更好发挥政府作用,就是要切实转变政府职能,深化行政体制改革,创新行政管理方式。"[①]必须解决"政府对微观经济运行干预过多过细,宏观经济调节还不完善,市场监管问题较多,社会管理亟待加强,公共服务比较薄弱"[②]等问题。转变政府职能,"实质上要解决的是政府应该做什么、不应该做什么,重点是政府、市场、社会的关系,即哪些事应该由市场、社会、政府各自分担,哪些事应该由三者共同承担"[③]。市场要在资源配置中起决定性作用,但并不是起全部作用,不是说政府就可以无所作为,而是政府必须坚持有所为、有所不为。政府职能转变具体体现在以下五个方面:

第一,要推进"放管服"改革。必须以简政放权为转变政府职能的"先手

---

① 习近平:《论坚持全面深化改革》,中央文献出版社,2018年,第106页。
②③ 中共中央文献研究室编:《习近平关于全面深化改革论述摘编》,中央文献出版社,2014年,第52页。

棋",深化行政审批制度改革,持续发力推进简政放权、放管结合、优化服务,协调推进"放管服"结合,降低制度性交易成本,有效激发市场活力和社会创造力,形成经济发展的持续内生动力。

第二,要维护市场正常竞争秩序。市场在资源配置中起决定性作用后,市场竞争将更趋激烈,政府的监管职能更须强化,做到权责明确、透明高效、公平公正公开。构建统一开放、竞争有序的市场体系,统一市场规则,消除市场封锁与割据,提供公平、有序的市场竞争环境。

第三,要有效调控宏观经济。政府要创新宏观调控方式,综合利用财政政策、货币政策和产业政策等,引导资本、劳动、技术等生产要素合理流动,实现总供给和总需求的平衡,减缓经济周期波动,防范区域性、系统性风险,加强区间调控、定向调控和相机调控,为经济稳定运行提供良好的宏观环境。

第四,要优化公共服务。在市场难以发挥作用的公共产品供给领域,政府要通过供给侧结构性改革,做好基础设施、社会治安、公共卫生等典型公共产品的供给,坚持公平正义,为人民生活提供基本保障,不断提高幸福感和获得感。

第五,要实现持续健康发展。牢固树立保护生态环境就是保护生产力、改善生态环境就是发展生产力的理念,引导个人、企业等树立良好的消费理念和生产理念,实现消费方式和生产方式绿色化,更好地保护和管理好生态环境,实现高速增长向高质量发展的转变。

党的十九大报告提出:"着力构建市场机制有效、微观主体有活力、宏观调控有度的经济体制"[①],这就为新时代加快完善社会主义市场经济体制,进

---

① 中共中央文献研究室编:《十九大以来重要文献选编》(上),中央文献出版社,2019年,第21页。

第五编　中国特色社会主义进入新时代党的经济思想

一步理顺政府和市场的关系提出了明确的要求。在市场决定资源配置和更好发挥政府作用的运行机制中,企业充满活力,市场作用强大,政府宏观调控能力增强。三者相互联系、互为条件。①因此,社会主义市场经济就是要在明确市场和政府作用边界的基础上,既要发挥市场作用,也要发挥政府作用。"我们既要遵循市场规律、善用市场机制解决问题,又要让政府勇担责任、干好自己该干的事。"②凡是市场能发挥作用的,政府要简政放权,该放的权一定要放足、放到位。凡是市场不能有效发挥作用的,政府应切实履行职责,该管的事一定要管好、管到位,管出水平。坚决克服政府职能错位、越位、缺位现象。③这就是有效市场和有为政府的结合。

党的十九大报告强调,要全面实施市场准入负面清单制度,清理废除妨碍统一市场和公平竞争的各种规定和做法。深化商事制度改革,打破行政性垄断,防止市场垄断,加快要素价格市场化改革,放宽服务业准入限制。中央经济工作会议提出,要落实保护产权政策,依法甄别纠正社会反映强烈的产权纠纷案件。这是"定心丸"。广大民营企业家应弘扬企业家精神,落实高质量发展,在全面建设社会主义现代化国家新征程中发挥应有作用。

党的十九届四中全会决定将"社会主义市场经济体制"上升为基本经济制度,是对党的十八届三中全会所提出的"使市场在资源配置中起决定性作用和更好发挥政府作用"、党的十九大报告所提出的"使市场在资源配置中起决定性作用,更好发挥政府作用"的回应。党的十九届四中全会决定提出,建设高标准市场体系,完善公平竞争制度,全面实施市场准入负面清单制度,改革生产许可制度,健全破产制度。强化竞争政策基础地位,落实公平竞

---

① 参见洪银兴:《建设强企业、强市场、强政府的经济运行机制》,《经济学动态》,2020年第1期。
② 习近平:《论坚持全面深化改革》,中央文献出版社,2018年,第316页。
③ 参见习近平:《论坚持全面深化改革》,中央文献出版社,2018年,第106页。

争审查制度,加强和改进反垄断和反不正当竞争执法。健全以公平为原则的产权保护制度,建立知识产权侵权惩罚性赔偿制度,加强企业商业秘密保护。推进要素市场制度建设,实现要素价格市场决定、流动自主有序、配置高效公平。[①]这是我国社会主义市场经济体制改革和完善的具体要求。

为了进一步落实党的十九大、十九届四中全会关于坚持和完善中国特色的社会主义制度、加快推进国家治理体系和治理能力现代化的新的重大战略部署,2020年4月和5月,中共中央连续发布了两个重要的市场化改革文件,《中共中央国务院关于构建更加完善的要素市场化配置体制机制的意见》和《中共中央国务院关于加快完善社会主义市场经济体制的意见》。这是我们党在更高起点、更高层次、更高目标上推进经济体制改革的新要求,也是新时代推进经济体制改革的又一具有标志性意义的重要成果。

三、筑牢社会主义市场经济有效运行的体制基础

我国市场经济本来就因没有经过充分发展而先天不足,后来又经历了相当长时间的排斥市场作用的计划经济,在上述基础上发展起来的市场经济是不成熟的。经过改革开放以来市场化方向的改革实践,虽然我国经济社会发展中的市场作用、市场地位大大增强,但统一竞争、开放有序的市场体制依然存在诸多问题。正如习近平在2013年11月所指出的:"经过二十多年实践,我国社会主义市场经济体制已经初步建立,但仍存在不少问题,主要是市场秩序不规范,以不正当手段谋取经济利益的现象广泛存在;生产要素市场发展滞后,要素闲置和大量有效需求得不到满足并存;市场规则不统

---

① 参见《中共中央关于坚持和完善中国特色社会主义制度 推进国家治理体系和治理能力现代化若干重大问题的决定》,人民出版社,2019年,第20页。

一,部门保护主义和地方保护主义大量存在;市场竞争不充分,阻碍优胜劣汰和结构调整,等等。这些问题不解决好,完善的社会主义市场经济体制是难以形成的。"①

完善社会主义市场经济体制必须强化法治保障。党的十八届四中全会指出,社会主义市场经济本质上是法治经济,市场在资源配置中起决定作用和更好地发挥政府作用,必须以保护产权、维护契约、统一市场、平等交换、公平竞争、有效监管为基本导向来完善社会主义市场经济法律制度。一是有法可依。完善经济领域的法律法规的体系建设,加强对经济发展各项事业的法律制度的供给,依法平等保护私有财产和公有财产,完善保障公平竞争的法治环境。二是依法行权。健全执法司法对市场经济运行的保障机制,最大限度地减少不必要的行政执法的事项,还权于市场,最大限度地放开市场管制,规范行政执法行为。三是依法履职。全面建立行政权力制约和监督机制,实行政府权责的清单制度,进一步健全和完善重大行政决策的程序制度,加强对政府内部权力的制约,防止权力的滥用。

完善社会主义市场经济体制的关键还是要处理好政府和市场的关系。中国的市场化改革取得了很好的成绩,社会主义市场经济体制不断完善。但是还存在着很多很突出的问题,主要反映在市场体系尚不健全,政府和市场的关系没有完全的理顺,市场决定要素配置的范围有限,政府对微观经济的干预仍然过多,市场和社会发挥的作用还不够等方面。坚持社会主义市场经济改革的方向,就是充分尊重市场经济的规律,一方面要加快建立高标准、完善的市场体系,在市场能够高效配置资源的领域,在市场机制可以有效调节的情况下真正让市场发挥作用,让市场主体成为市场竞争的主体,成为配

---

① 《习近平关于全面深化改革论述摘编》,中央文献出版社,2014年,第55~56页。

置资源的主体。另一方面,还是要进一步地转变政府的职能,最大限度减少政府对市场资源的直接配置和对微观经济活动的干预。市场经济的核心是公平竞争,只有竞争公平才能够从根本上破除阻碍要素自由流动的体制机制障碍,才能保证不同的市场主体都能够平等获得市场要素,推动生产要素依据市场规则、市场的价格,通过市场竞争实现效益最大化和效率最优化。

完善社会主义市场经济体制重点在于完善产权制度和要素市场化配置。党的十九大报告专门指出,经济体制改革必须以完善产权制度和要素市场化配置为重点。

四、完善要素市场化配置

党的十九届四中全会强调,推进要素市场制度建设,实现要素价格市场决定、流动自主有序、配置高效公平。根据全会精神,2020年3月出台了《中共中央国务院关于构建更加完善的要素市场化配置体制机制的意见》,对于加快完善社会主义市场经济体制、建设高标准市场体系、推动经济高质量发展具有重要意义。

要素市场化配置是完善社会主义市场经济体制的关键。完善要素市场化配置是深化经济体制改革、建设高标准市场体系的客观要求。经过四十多年改革开放,我国商品市场发育较为充分,商品和服务价格97%以上由市场定价。要素市场建设和改革也取得重要进展,但与商品和服务市场相比,土地、劳动力、资本、技术、数据等要素市场发育相对滞后,市场决定要素配置范围有限、要素流动存在体制机制障碍、新型要素市场规则建设滞后等,影响了市场对资源配置决定性作用的发挥,成为高标准市场体系建设的突出短板。完善要素市场化配置对深化经济体制改革产生长远的基础性影响,对于有效激发各类要素潜能和活力具有重要的现实意义。一方面,完善要素市场化配置是解决经济结构性矛盾、推动高质量发展的根本途径。要素配置扭曲具有很强传导性和扩散性,由此造成一系列经济结构性矛盾和问题。加快要素市场化改革是深化供给侧结构性改革、解决制约全局深层次矛盾的重要突破口。从破除无效供给看,有助于出清市场,释放错配资源;从培育新动能看,有助于生产要素从低质低效领域向优质高效领域流动,支撑实体经济发展,形成协同发展的产业体系。另一方面,完善要素市场化配置是让要素活力竞相迸发的重要保障。要让企业成为独立的市场主体来配置要素资源。在完善政府调节与监管的基础上,抓紧解决要素产权不清晰、市场化交易机制不健全、市场发育不足等问题,形成有效的激励机制,提高要素配置效率和全要素生产率,盘活"沉睡"的要素资源,靠改革来激发要素蛰伏的潜能,使之成为推动经济发展的动能。

市场机制对资源配置的作用首先就要求有一个完整的市场体系,从而使得供求、竞争、价格等市场行为发生互动关系并调节资源的充分流动。可以说,市场经济体制的有效运行,完备的市场体系是其先决条件。市场体系是相互联系的各类市场的有机统一体,不仅包括消费品和生产资料等的商品市场,也包括土地、劳动力、资本、技术、数据等的生产要素市场。各类市场之间存在着相互制约、相互依赖、相互促进的关系。如果某一类市场发育不全、发展滞后,就会影响其他市场的发展和功能发挥,从而影响市场体系的整体效率,并最终影响市场经济机制的作用。市场在资源配置中起决定性作用,前提是要形成统一、竞争、有序、开放的市场体系,这也是社会主义市场经济体制的重要内容和本质要求。

《中共中央国务院关于构建更加完善的要素市场化配置体制机制的意见》首次明确生产要素的范畴为土地、劳动力、资本、技术、数据这五大要素,并对五大要素的市场化配置提出了各具特点的改革要求。土地要素方面,要着力增强土地管理灵活性,灵活产业用地方式,灵活土地计划指标管理,适应经济社会发展需求。劳动力要素方面,要着力引导劳动力要素合理畅通有序流动,畅通落户渠道,畅通职称评审渠道。资本要素方面,要着力完善多层次的资本市场制度,完善股市基础制度建设,完善债券市场统一标准建设。技术要素方面,要着力激发技术供给活力,促进科技成果转化,激活产权激励,激活技术转移机构和技术经理人活力。数据要素方面,着力加快培育数据要素市场,全面提升数据要素价值。将数据作为一种新型生产要素,充分发挥数据对其他要素效率的倍增作用,培育发展数据要素市场,使大数据成为推动经济高质量发展的新动能。必须统筹协调提高五大要素配置的灵活性、协同性、适应性,形成全要素生产力,促进社会生产力极大发展。

《中共中央国务院关于构建更加完善的要素市场化配置体制机制的意见》为从整体上深化要素市场化配置改革明确了基本原则,即市场决定,有序流动;健全制度,创新监管;问题导向,分类施策;稳中求进,循序渐进。推进要素市场化配置,一方面要不断扩大要素市场化配置范围,加快发展要素市场;另一方面,要根据不同要素属性、市场化程度差异和经济社会发展需要,分类施策、循序渐进构建更加完善的要素市场化配置体制机制。生产要素与商品属性不同,例如劳动力要素附着在劳动者个体身上,土地要素天然带有一定公共性,因此要素市场建设不能完全等同于商品市场建设。在推进要素市场化配置过程中,必须处理好政府与市场关系,坚持充分发挥市场决定性作用,更好发挥政府作用,不能一放了之,要从实际出发,做到放管结合,逐步扩大市场决定要素配置范围,健全制度规则,引导各类要素协同向先进生产力集聚。

《中共中央国务院关于构建更加完善的要素市场化配置体制机制的意

第五编　中国特色社会主义进入新时代党的经济思想

见》还提出加快要素价格市场化改革和健全市场运行机制,明确政府对要素价格、市场运行的调节和监管内容。市场虽然是配置要素资源最有效的手段,但现实中在垄断、信息不对称以及外部性等因素的影响下,市场会存在失灵现象,从而导致要素资源低效或无效配置。此时就需要发挥政府的重要作用,有效弥补市场失灵,为市场的有序运行创造良好环境。政府应从以下方面更好地发挥作用,与市场机制形成有机结合:一是加快构建统一开放、竞争有序的要素市场体系,疏通要素流动渠道,保障不同市场主体平等获取生产要素。二是构建由市场主导的要素价格形成机制,政府需要加强对要素价格的管理和监督,做到放活与管好有机结合,提升监管和服务能力,引导市场主体依法合理地行使要素定价自主权。三是要加强各项政策特别是产业政策与竞争政策的协同。各项政策的出台,都不能忽视和动摇竞争政策的基础地位,产业政策应尽快转型为创新政策,为要素市场化配置提供创新引领和创新驱动的导向。四是在健全生产要素由市场评价贡献、按贡献决定报酬的机制,提高劳动报酬在初次分配的比重的同时,政府要发挥在再分配环节的重要作用,实现效率与平等的有机统一。五是健全要素市场运行机制,建立公平、开放、透明的市场规则,完善公平竞争审查制度,把加强要素交易服务体系建设放在突出位置。

2020年5月公布的《中共中央国务院关于新时代加快完善社会主义市场经济体制的意见》对于自然垄断行业的改革,尤其是电、油、气、铁路运输、邮政等进行了新的规范,是非常到位的。同时,继续强调对于包括农村的集体产权制度和居民财产权、民营经济产权保护等产权制度的改革。要素的市场化配置也是改革的成败关键,关键是要通过破除要素自由流动的体制机制障碍来实现资源配置方式的优化和改进。要根据不同要素的属性、市场化程度的差异和经济社会发展的需要,构建更加完善的要素市场化配置的体制机制。

《中共中央国务院关于新时代加快完善社会主义市场经济体制的意见》提出,建设高标准市场体系,全面完善产权、市场准入、公平竞争等制度。

第一,要全面完善产权制度。健全归属清晰、权责明确、保护严格、流转顺畅的现代产权制度,加强产权激励。完善以管资本为主的经营性国有资产产权管理制度,加快转变国资监管机构职能和履职方式。健全自然资源资产产权制度。健全以公平为原则的产权保护制度,全面依法平等保护民营经济产权,依法严肃查处各类侵害民营企业合法权益的行为。落实农村第二轮土地承包到期后再延长三十年政策,完善农村承包地"三权分置"制度。深化农村集体产权制度改革,完善产权权能,将经营性资产折股量化到集体经济组织成员,创新农村集体经济有效组织形式和运行机制,完善农村基本经营制度。完善和细化知识产权创造、运用、交易、保护制度规则,加快建立知识产权侵权惩罚性赔偿制度,加强企业商业秘密保护,完善新领域新业态知识产权保护制度。

第二,全面实施市场准入负面清单制度。推行"全国一张清单"管理模式,维护清单的统一性和权威性。建立市场准入负面清单动态调整机制和第三方评估机制,以服务业为重点试点进一步放宽准入限制。建立统一的清单代码体系,使清单事项与行政审批体系紧密衔接、相互匹配。建立市场准入负面清单信息公开机制,提升准入政策透明度和负面清单使用便捷性。建立市场准入评估制度,定期评估、排查、清理各类显性和隐性壁垒,推动"非禁即入"普遍落实。改革生产许可制度。

第三,全面落实公平竞争审查制度。完善竞争政策框架,建立健全竞争政策实施机制,强化竞争政策基础地位。强化公平竞争审查的刚性约束,修订完善公平竞争审查实施细则,建立公平竞争审查抽查、考核、公示制度,建立健全第三方审查和评估机制。统筹做好增量审查和存量清理,逐步清理废除妨碍全国统一市场和公平竞争的存量政策。建立违反公平竞争问题反映和举报绿色通道。加强和改进反垄断和反不正当竞争执法,加大执法力度,提高违法成本。培育和弘扬公平竞争文化,进一步营造公平竞争的社会环境。

第三节 进一步完善公有制为主体多种所有制经济共同发展的所有制结构

一、从"两个毫不动摇"到"两个都是"和"两个健康"

改革开放以来,我们党明确毫不动摇巩固和发展公有制经济,毫不动摇鼓励、支持、引导非公有制经济发展。党的十八届三中全会通过的《中共中央关于全面深化改革若干重大问题的决定》明确提出,公有制为主体、多种所有制经济共同发展的基本经济制度,是中国特色社会主义制度的重要支柱,也是社会主义市场经济体制的根基。公有制经济和非公有制经济都是社会主义市场经济的重要组成部分,都是我国经济社会发展的重要基础。必须毫不动摇巩固和发展公有制经济,坚持公有制主体地位,发挥国有经济主导作用,不断增强国有经济活力、控制力、影响力。必须毫不动摇鼓励、支持、引导非公有制经济发展,激发非公有制经济活力和创造力。[1]"两个都是"的提出,丰富了"两个毫不动摇",完善了基本经济制度理论。"两个都是"的提出进一步提升了非公有制经济的地位,充分表明了我们党对非公有制经济的认识

---

[1] 参见中共中央文献研究室编:《十八大以来重要文献》(上),中央文献出版社,2014年,第515页。

达到一个新的高度,明确了发展非公有制经济的基本方向。过去我们也讲"非公有制经济是我国社会主义市场经济的重要组成部分",但把公有制经济和非公有制经济并列起来讲还是第一次。这种以党的文件形式来肯定非公有制经济地位是空前的,也为非公有制经济提供了更有力的外部环境和更广阔的发展空间。"两个都是"的提出,对于进一步激发非公有制经济活力和创造力、形成公平竞争的局面具有重要意义。

继提出"两个都是"之后,党的十八届三中、四中、五中全会推出了一系列扩大非公有制企业市场准入、平等发展的改革举措。主要有:鼓励非公有制企业参与国有企业改革,鼓励发展非公有资本控股的混合所有制企业,各类市场主体可依法平等进入负面清单之外领域,允许更多国有经济和其他所有制经济发展成为混合所有制经济,国有资本投资项目允许非国有资本参股,允许具备条件的民间资本依法发起设立中小型银行等金融机构,允许社会资本通过特许经营等方式参与城市基础设施投资和运营,鼓励社会资本投向农村建设,允许企业和社会组织在农村兴办各类事业,等等。

2016年3月4日下午,习近平参加全国政协十二届四次会议民建、工商联界委员联组会时重申,非公有制经济在我国经济社会发展中的地位和作用没有变,我们毫不动摇鼓励、支持、引导非公有制经济发展的方针政策没有变,我们致力于为非公有制经济发展营造良好环境和提供更多机会的方针政策没有变。可以说,已经形成了鼓励、支持、引导非公有制经济发展的政策体系,非公有制经济发展面临前所未有的良好政策环境和社会氛围。

在我国,公有制经济与非公有制经济不是非此即彼、此消彼长、相互对立的关系,而是相辅相成、取长补短、共同进步的关系。在中国特色社会主义进入新时代之际,在全党全国上下力争实现党的十九大制定的各个阶段性目标之时,蓬勃发展的公有制经济必不可少,富有活力和创造力的非公有制

第五编 中国特色社会主义进入新时代党的经济思想

经济同样不可或缺。只有坚持"两个毫不动摇",才能夯实社会主义市场经济体制根基,不被"国进民退"之类站不住脚的声音贻误发展时机。

在深化社会主义市场经济体制改革过程中,公有制经济面临着加快改革步伐、发挥更大作用的考验。为此,要进一步探索基本经济制度的有效实现形式,完善各类国有资产管理体制,改革国有资本授权经营体制,加快国有经济布局优化、结构调整、战略性重组,促进国有资产保值增值,推动国有资本做强做优做大,有效防止国有资产流失。公有制主体地位赋予了国有经济的主导作用,体现了社会主义基本经济制度的根本性质。国有企业是国有经济的载体,国有经济的主导作用是通过国有企业来实现的。

党的十八大以来,习近平反复强调"做强做优做大国有企业"。2016年10月,在全国国有企业党的建设工作会议上习近平同志指出:"如果把国有企业搞小了、搞垮了、搞没了,公有制主体地位、国有经济主导作用还怎么坚持?"[1] 2017年10月,习近平在党的十九大报告中提出:"推动国有资本做强做优做大。"[2] 做强做优做大国有企业和国有资本,就是要夯实公有制主体地位、增强国有经济主导作用,国有企业是公有制为主体、国有经济发挥主导作用的微观主体,没有了具有控制力、影响力、竞争力的国有企业,公有制主体地位、国有经济主导作用就是一句空话。要深化国有企业改革,发展国有资本、集体资本、非公有资本等交叉持股、相互融合的混合所有制经济,加快建设中国特色现代国有企业制度,培育具有全球竞争力的世界一流企业。

对非公有制经济来说,中央鼓励和支持的态度一以贯之,力度还在不断加强。我国非公有制经济从小到大、由弱变强,是在我们党和国家方针政策指引下实现的。我们国家这么大、人口这么多,又处于并将长期处于社会主

---

[1] 中共中央文献研究室编:《十八大以来重要文献选编》(下),中央文献出版社,2018年,第393页。
[2] 中共中央文献研究室编:《十九大以来重要文献选编》(上),中央文献出版社,2019年,第24页。

义初级阶段,要把经济社会发展搞上去,就要各方面齐心协力来干,众人拾柴火焰高。公有制经济、非公有制经济应该相辅相成、相得益彰,而不是相互排斥、相互抵消。改革开放以来,我国非公有制经济快速发展,在稳定增长、促进创新、增加就业、改善民生等方面发挥了重要作用。

国家保护各种所有制经济产权和合法利益,保证各种所有制经济依法平等使用生产要素、公开公平公正参与市场竞争、同等受到法律保护,依法监管各种所有制经济。

改革开放以来,我们党不仅引导非公有制经济健康发展,而且关心非公有制经济人士健康成长。进入新时代,我们党深刻阐明了"两个健康"的辩证关系,非公有制经济人士健康成长是非公有制经济健康发展的前提,非公有制经济健康发展是非公有制经济人士健康成长的基础。有了非公有制经济人士的自信,才能有非公有制企业的自强。既体现了非公有制经济在不同发展阶段对企业及企业家健康要求的变化,又体现了非公有制经济转向高质量发展的新要求。2015年5月,习近平在中央统战工作会议上指出,非公有制经济要健康发展,前提是非公有制经济人士要健康成长。2016年3月4日下午,习近参加全国政协十二届四次会议民建、工商联界委员联组会时,进一步阐述了"两个健康"的内在联系,要求一手抓鼓励支持,一手抓教育引导,既关注非公有制经济人士的思想,也要关注他们的困难,切实增强工作的针对性和实效性。2017年10月,党的十九大报告强调,要构建亲清新型政商关系,促进非公有制经济健康发展和非公有经济人士健康成长。

进入新时代,我们党阐明"两个健康"的辩证关系,既体现了非公有制经济转向高质量发展的新要求,又体现了非公有制经济在不同阶段发展过程中对企业及企业家健康要求的变化。非公有制经济发展的"健康"既表现在发展规模上,更表现在发展质量上;非公有制经济人士成长的"健康"既表现

第五编　中国特色社会主义进入新时代党的经济思想

在个人素质上,更表现在责任担当上。非公有制经济"两个健康"的内在关联性体现在非公有制经济健康发展是非公有制经济人士健康成长的前提基础,非公有制经济人士健康成长是非公有制经济健康发展的动力和保障。在这"两个健康"中,人是决定的因素。有了人的"健康",才能有经济的"健康"。有了非公有制经济人士的自觉和自信,才能有非公有制企业的发展和自强。

坚持"两个健康"必须构建亲清政商关系。为了推动经济社会发展,领导干部同非公有制经济人士的交往是经常的、必然的,也是必须的。这种交往应该为君子之交,要亲商、安商、富商,但不能搞成封建官僚和"红顶商人"之间的那种关系,也不能搞成西方国家大财团和政界之间的那种关系,更不能搞成吃吃喝喝、酒肉朋友的那种关系。党的十九大报告再一次要求要构建亲清政商关系,必将激励广大党政干部勇于担当、积极作为,既帮助民营企业解决发展中遇到的各种困难和问题,又守住底线不以权谋私;同时,也必将激励广大民营企业家做到洁身自好,遵纪守法办企业、光明正大搞经营,为决胜全面建成小康社会、争取新时代中国特色社会主义新胜利做出新贡献。

党的十八届三中全会通过的《中共中央关于全面深化改革若干重大问题的决定》明确提出,国有资本、集体资本、非公有资本等交叉持股、相互融合的混合所有制经济,是基本经济制度的重要实现形式。[①]这意味着公有制经济与非公有制经济由外部并存发展到在同一个企业内部共同发展。混合所有制经济作为基本经济制度的重要实现形式,既与以往的相关论述一脉相承,又结合新时代我国社会主义市场经济发展和完善的客观实际,不仅需要通过所有制结构的改革和完善来实现多种所有制经济更好地共同发展,而且需要微观企业制度上的创新和发展,进而在微观实现形式上更好符合基本经济制

[①] 参见中共中央文献研究室编:《十八大以来重要文献选编》(上),中央文献出版社,2014年,第515页。

度发展要求,从而增强国有经济活力、放大国有资本功能,实现多种所有制经济共同发展、相互促进、共同繁荣。

党的十九大报告提出:"深化国有企业改革,发展混合所有制经济","加快国有经济布局优化、结构调整、战略性重组",鼓励不同产权交叉持股、相互融合问题,从而解决国有资产配置布局和结构仍存在不合理的问题,培育具有全球竞争力的世界一流企业结合起来。发展混合所有制经济,是包括公有资本和非公有制资本放大功能、保值增值、提高竞争力的重要途径,有利于各种所有制资本取长补短、相互促进、共同发展。允许更多国有经济和其他所有制经济发展成为混合所有制经济。国有资本投资项目允许非国有资本参股。允许混合所有制经济实行企业员工持股,形成资本所有者和劳动者利益共同体。

二、完善产权制度

产权制度是财产权利界定、运营、交易、保护的一系列体制和制度,是与社会化大生产和现代市场经济相适应的制度安排。产权制度是社会主义市场经济的基石。

党的十八大以来,通过大力推进产权制度改革,我国基本形成了归属清晰、权责明确、保护严格、流转顺畅的现代产权制度和产权保护法律框架,全社会产权保护意识不断增强,保护力度不断加大。但是,我国产权保护仍然存在一些薄弱环节和问题,如国有产权由于所有者和代理人关系不够清晰,存在内部人控制、关联交易等导致国有资产流失的问题;如利用公权力侵害私有产权、违法查封扣押冻结民营企业财产等现象时有发生;再如知识产权保护不力、侵权易发多发,等等。为此,中共中央、国务院于2016年11月4日发布了《关于完善产权保护制度依法保护产权的意见》重要文件,明确提出产权保护要坚持五大原则,即坚持平等保护、坚持全面保护、坚持依法保护、坚持共同参与和坚持标本兼治。这个文件内容十分丰富,涉及"加强各种所有制经济产权保护""完善平等保护产权的法律制度""妥善处理历史形成的产权案件""严格规范涉案财产处置的法律程序""审慎把握处理产权和经济纠纷的司法政策""完善政府守信践诺机制""完善财产征收征用制度""加大知识产权保护力度""健全增加城乡居民财产性收入的各项制度""营造全社会重视和支持产权保护的良好环境"等。

新时代的经济体制改革必须以完善产权制度为重点,实现产权有效激励。

第一,完善产权界定制度,以"归属清晰"促进产权有效激励。现代产权制度的第一要义是产权"归属清晰",即对产权体系中的诸种权利归属作出明确界定。党的十九大报告对一些产权归属已作出明确界定。关于农村土地制度改革,强调完善承包地"三权"分置制度。对于各方面产权包括全部国土空间的各类自然资源资产产权和知识产权等的归属都需要清晰界定。

第二,完善产权配置制度,以"合理配置"促进产权有效激励。这个问题主要涉及国有企业混合所有制改革,把产权合理配置提高到一个新的水平。

第三,完善产权交易制度,以"流转顺畅"促进产权有效激励。产权"流转顺畅"的目的是通过一定程序的产权运作(交易)使产权各种权能的所有人获得产权收益。党的十九大报告提出"要素自由流动",而产权流动就属于要素自由流动的重要内容。完善此项制度重点在于解决交易前资产评估不准确、交易过程不透明、交易价格不合理、交易后资金不到位等问题,既要有效防止国有资产流失,也要防止有人借机在交易中侵吞民资。此外,自然资源资产有偿使用、农村产权交易流转机制的建立与规范等都需要进一步探索。

第四，完善产权保护制度，以"保护严格"促进产权有效激励。有恒产者有恒心。有效保护产权就是保护人们诚实劳动，保护人们对美好生活的向往，营造公平稳定的社会环境。随着我国中等收入群体扩大、居民财富增加以及技术进步对增长的贡献加大，企业家、城乡居民、科技人才等不同群体对明晰产权权益、加强产权保护的诉求都非常强烈，但目前一些领域产权制度还不健全，一些领域产权保护不力，必须着力完善产权制度，依法全面平等保护各类产权。

针对现实中产权保护不力问题，中共中央、国务院在2016年11月发布了《关于完善产权保护制度依法保护产权的意见》；在2017年9月发布《关于营造企业家健康成长环境弘扬优秀企业家精神更好发挥企业家作用的意见》，都将保护产权制度、完善产权制度摆在十分突出的位置，特别强调依法保护企业家财产权、依法保护企业家创新权益、依法保护企业家自主经营权。2018年11月，习近平在民营企业座谈会上的讲话再次强调要保护企业家人身和财产安全。他指出，对一些民营企业历史上曾经有过的一些不规范行为，要以发展的眼光看问题，按照罪刑法定、疑罪从无的原则处理，让企业家卸下思想包袱，轻装前进。要甄别纠正一批侵害企业产权的错案冤案。[①]

在《关于完善产权保护制度依法保护产权的意见》中，就"加大知识产权保护力度"部分作了如下规定：第一，加大知识产权侵权行为惩治力度，提高知识产权侵权法定赔偿上限，探索建立对专利权、著作权等知识产权侵权惩罚性赔偿制度，对情节严重的恶意侵权行为实施惩罚性赔偿，并由侵权人承担权利人为制止侵权行为所支付的合理开支，提高知识产权侵权成本。第二，建立收集假冒产品来源地信息工作机制，将故意侵犯知识产权行为情况纳入

[①] 参见中共中央文献研究室编：《十九大以来重要文献选编》（上），中央文献出版社，2019年，第680~681页。

企业和个人信用记录,进一步推进侵犯知识产权行政处罚案件信息公开。第三,完善知识产权审判工作机制,积极发挥知识产权法院作用,推进知识产权民事、刑事、行政案件审判"三审合一",加强知识产权行政执法与刑事司法的衔接,加大知识产权司法保护力度。第四,完善涉外知识产权执法机制,加强刑事执法国际合作,加大涉外知识产权犯罪案件侦办力度。第五,严厉打击不正当竞争行为,加强品牌商誉保护。第六,将知识产权保护和运用相结合,加强机制和平台建设,加快知识产权转移转化。推进知识产权保护法律体系建设,在国家层面作出系统性的制度安排,健全以公平为原则的产权保护制度,对于加快完善社会主义市场经济体制具有重大的现实意义。

第四节 进一步完善按劳分配为主体和多种分配方式相结合的收入分配制度

党的十九届四中全会决定把按劳分配为主体、多种分配方式并存提升为基本经济制度,并且要求坚持多劳多得,着重保护劳动所得,增加劳动者特别是一线劳动者劳动报酬,提高劳动报酬在初次分配中的比重。健全劳动、资本、土地、知识、技术、管理、数据等生产要素由市场评价贡献、按贡献决定报酬的机制。分配制度的改革方向与所有制结构的变化相一致,体现了新时代中国特色社会主义生产关系和分配关系的辩证统一。二者相辅相成、相互促进,在基本经济制度框架之下,有利于效率和公平的有机统一。这与马克思主义政治经济学生产关系理论是一致的,在马克思看来,生产决定分配,分配关系和分配方式只是表现为生产要素的背面,分配结构完全决定于生产结构。分配本身就是生产的产物。①不同的所有制形式和经济成分决定着不同的分配方式。按劳分配是社会主义制度基本原则之一,是社会主义公有制的分配形式,也是社会主义劳动者的主人翁地位和权利的实现形式。坚持按劳分配主体地位,既是我国公有制主体地位的必然要求,也是防止两极分化、实现共同富裕的必然需要。

一、在共享发展中实现共同富裕

党的十八大对公平与效率的关系进行了更加明确与科学的阐述,要求初次分配和再分配都要兼顾效率和公平,再分配更加注重公平。同时,提出了"全面建成小康社会"总目标的要求,明确坚持走共同富裕道路,"要坚持社会主义基本经济制度和分配制度,调整国民收入分配格局,使发展成果更多更公平惠及全体人民,朝着共同富裕方向稳步前进",提出"促进人的全面发展、逐步实现全体人民共同富裕"是中国特色社会主义的目标。进入新时代以来,在共享发展理念的引导下,收入分配制度改革也更加注重社会公平正义。面对人民日益增长的美好生活需要和不平衡不充分的发展之间的矛盾,以习近平同志为核心的党中央站在全面建成小康社会、实现中华民族伟大复兴中国梦的历史高度,坚定"人人参与、人人尽力、人人享有"的共享发展理念,不断深化收入分配制度改革,着力构建"发展成果由人民共享"的长效机制。习近平说:"消除贫困、改善民生、实现共同富裕,是社会主义的本质要求。"②从党的十七大提出"发展成果由人民共享",到十八届五中全会提出"共享发展的理念",标志着我们党在共同富裕和共享发展理论与实践上由

---

① 参见《马克思恩格斯文集》(第八卷),人民出版社,2009年,第19页。
② 《习近平在部分省区市党委主要负责同志座谈会上讲话》,《人民日报》,2015年6月20日。

"先富论"向"共富论"再到"共享论"的转变。这一转变是中国特色社会主义经济改革与发展实践经验的历史总结，也是在此基础上中国特色社会主义收入分配理论创新的重大成果。

将共享作为新发展理念之一，对我国缩小收入差距、消除分配不公、防止两极分化具有重要的理论和现实意义。共享发展就是要坚持以人民为中心发展思想，发展成果由人民共享，既要"做大蛋糕"，也要"分好蛋糕"，实现居民收入增长和经济发展同步、劳动报酬增长和劳动生产力提高同步，缩小收入分配差距，实现共同富裕。2016年的中央政治局会议上，将在社会主义实践过程中形成的分配制度称为"社会主义基本分配制度"，进一步表明了收入分配制度的重要性。党的十九大在更加追求社会公平正义的基础上，重视规范收入分配秩序，提出要促进收入分配更合理、更有序的改革思想。此后，立足中国特色社会主义进入新时代的新的历史定位，习近平在党的十九大指出，经过长期努力，中国特色社会主义进入了新时代。这个新时代的鲜明特征之一就是全国各族人民团结奋斗、不断创造美好生活、逐步实现全体人民共同富裕。具体说来，就是要到2035年基本实现社会主义现代化时，全体人民共同富裕迈出坚实步伐，到21世纪中叶把我国建成富强民主文明和谐美丽的社会主义现代化强国时，全体人民共同富裕基本实现。

党的十九届四中全会首次将分配制度上升为基本经济制度，使其成为基本经济制度的要素组成。这一重大理论创新既是对社会主义初级阶段分配制度的充分肯定，也是对基本经济制度的突破性发展，更是对马克思主义分配理论的丰富和完善。以共享发展理念引领我国分配制度改革，有利于更好坚持按劳分配为主体，也有助于克服按要素分配方式拉大收入差距的问题，适应我国社会主要矛盾的转换，在共建共享中更好推动人的全面发展和社会全面进步。

二、坚持按劳分配为主体

党的十九大报告对加快收入分配改革提出了明确、系统的要求：第一，注重解决初次分配中的劳资矛盾，提出"完善政府、工会、企业共同参与的协商协调机制，构建和谐劳动关系。"第二，突出按劳分配原则，提出"坚持按劳分配原则，完善按要素分配的体制机制，促进收入分配更合理、更有序"。第三，突出中等收入群体扩大，"鼓励勤劳守法致富，扩大中等收入群体，增加低收入者收入，调节过高收入，取缔非法收入"。第四，突出居民收入和劳动报酬收入提高，"坚持在经济增长的同时实现居民收入同步增长、在劳动生产率提高的同时实现劳动报酬同步提高。拓宽居民劳动收入和财产性收入渠道"。第五，突出政府职责，强调"履行好政府再分配调节职能，加快推进基本公共服务均等化，缩小收入分配差距"[①]。

党的十九届四中全会决定强调，坚持多劳多得，着重保护劳动所得，增加劳动者特别是一线劳动者劳动报酬，提高劳动报酬在初次分配中的比重。既要不断做大蛋糕，又要分好蛋糕。要鼓励勤劳致富，健全劳动、资本、土地、知识、技术、管理和数据等生产要素按贡献参与分配的机制，健全再分配调节机制，重视发挥第三次分配作用，发展慈善等社会公益事业，扩大中等收入群体，规范收入分配秩序，形成橄榄型的收入分配结构。这里涉及实现共同富裕必须解决好发展与分配的关系问题。习近平强调，发展是基础，经济不发展，一切都无从谈起。……实现全面建成小康社会奋斗目标，仍然要把发展作为第一要务，努力使发展达到一个新水平。发展是硬道理的战略思想

---

① 《中共中央关于坚持和完善中国特色社会主义制度 推进国家治理体系和治理能力现代化若干重大问题的决定》，人民出版社，2019年，第19页。

第五编　中国特色社会主义进入新时代党的经济思想

要坚定不移坚持。当然,我们今天所说的发展是"以提高发展质量和效益为中心"的发展,是"实现更高质量、更有效率、更加公平、更可持续的发展"。针对"分配优先于发展"的主张,习近平说,"社会上有一些人说,目前贫富差距是主要矛盾,因此'分好蛋糕比做大蛋糕更重要',主张分配优先于发展。这种说法不符合党对社会主义初级阶段和我国社会主要矛盾的判断。党的十八大提出准备进行具有许多新的历史特点的伟大斗争,是为了毫不动摇坚持和发展中国特色社会主义,不是不要发展了,也不是要搞杀富济贫式的再分配"[1],而是要在坚持社会主义基本经济制度和分配制度的基础上,"调整收入分配格局,完善以税收、社会保障、转移支付等为主要手段的再分配调节机制"[2],"使全体人民共享改革发展成果,使全体人民朝着共同富裕方向稳步前进"[3]。

以共享发展理念引领我国分配制度改革,有利于更好坚持按劳分配为主体,也有助于克服按要素分配方式拉大收入差距的弊端,适应我国社会主要矛盾的转换,在共建共享中更好推动人的全面发展和社会全面进步。

第五节　进一步完善宏观调控机制

科学有效的宏观调控是社会主义市场经济体制的重要组成部分。创新和完善宏观调控方式,加快构建科学规范、运转高效、实施有力的宏观调控

---

[1]　中共中央文献研究室编:《习近平关于社会主义经济建设论述摘编》,中央文献出版社,2017年,第12页。
[2]　中共中央文献研究室编:《十八大以来重要文献选编》(下),中央文献出版社,2018年,第169页。
[3]　同上,第170页。

体系,是新时代中国特色社会主义市场经济发展的根本要求,是促进经济社会平稳健康发展的强有力制度保障。

一、区间管理与宏观调控新思路

党的十八大以来,面对国内外发展的新形势新任务新挑战,特别是"三期叠加"特定时期的经济下行压力,我们党始终保持战略定力,坚持稳中求进工作总基调,坚持宏观政策要稳、微观政策要活、社会政策要托底的总体思路,不断创新宏观调控思路和方式,保持宏观政策连续性和稳定性,先后创新实施区间调控、定向调控、相机调控,适时适度预调微调,有效地稳定了市场信心和社会预期,有力地促进了经济稳定运行和结构优化升级。

为了新的经济形势变化和贯彻新发展理念,我们党对宏观调控方式进行创新,这就是区间调控和定向调控的提出和实施。2013年,中央提出了"区间调控",要求把握好宏观调控的方向、力度、节奏,使经济运行处于合理区间,守住稳增长、保就业的"下限",把握好防通胀的"上限",在这样一个合理区间内,要着力调结构、促改革,推动经济转型升级。只要经济运行在这一区间,就能保持宏观经济政策的稳定,把工作重点放在调结构、促改革上来,一旦滑出这一区间,则坚决进行相应的调整,防止危及改革发展稳定大局。区间调控的实施对于市场预期的平稳,对于市场主体信心的稳定都起到了极为重要的作用,因为它明确表明政府不会容忍经济滑出合理区间。

2014年,在坚持"区间调控"的基础上提出"定向调控",强调在宏观经济调控上不搞"大水漫灌"、不采取短期强刺激措施,而是抓住重点领域和关键环节,更多依靠改革的办法,更多运用市场的力量,有针对性地实施"喷灌""滴灌"。就是要通过对不同部门、不同群体有针对性的降税、降费、降准、降息,着力解决小微企业、"三农"和新型行业的经营困难,增强它们的活力。这是宏观调控的定向化、精准化,也就是对宏观调控这一常规总量手段赋予的结构工具的内涵;有效规避了传统意义上的总量调控难以有效引导资源流向薄弱环节和区域,容易导致发展不平衡、不稳定的问题,抓住重点领域和关键环节,通过对不同行业和部门、不同区域和群体进行有针对性的减税降费以及降准降息等措施,定向施策、精准发力,以增强其活力。通俗地说,就是一改"大水漫灌"的方式为有针对性地"喷灌""滴灌",以增强宏观调控的精准性。

从"区间调控"到"定向调控"再到"相机调控"灵活运用,集中体现了我们党在创新和完善宏观调控方式上的新探索新实践,促进了经济持续健康发展,避免了大起大落,为提高宏观调控水平、促进经济行稳致远奠定了坚实基础。区间调控和定向调控相结合,不仅对国民经济平稳运行和产业结构优化升级起到了极为重要的作用,还使传统宏观经济理论也取得了重大突破,是党的十八大以来由创新宏观调控思路与方式的实践总结出来的重大理论创新。主要体现在:

第一,拓展了宏观调控目标。区间调控最大的创新点就是形成了"目标+区间"的新调控目标定位。传统经济理论和过去的调控实践大都以某一指标作为宏观调控的目标,通过货币政策和财政政策的松紧来实现这一目标。目标选择上,凯恩斯主义者倾向于经济增长率,货币主义者更倾向于通货膨胀率。实践证明,区间调控优势在于:一是复合目标组成的区间目标代替了单一目标,防止了顾此失彼。例如,由于存在结构性失业和自然性失业,如仅盯住失业率,搞不好会发生通货膨胀;如仅盯住增长率,则当出现滞胀状态时就会进退失据。而区间调控则是把三个重要的宏观经济指标组合起来,分别作为经济运行的"上限"和"下限",这就防止了单一目标可能带来的风险。二是更易于稳定市场主体对政策的预期。现代经济运行不是线性的,常常会在一定范围内波动。用"区间"目标代替"点位"目标,增加了对运行波动的容忍度,增加了宏观政策的稳定度,防止了宏观政策的频繁调整,有利于市场预期的稳定。

第二,提高了宏观调控的精准度。宏观调控思路和方式创新的另一个突出特点,就是形成了"总量+结构"的调控组合,大大提高了宏观调控工具的精准度和效果。传统的宏观经济理论认为,宏观经济调控是总量调控,不管结构,即通过货币政策和财政政策的松紧来影响总需求和总供给的变动,进而实现经济的扩张或收缩。其实,这种宏观调控理念下的总量调控缺乏精准度。而定向调控则是针对国民经济的短板如服务业,以及薄弱环节如"三农"和小微企业,对象明确,发力精准,有针对性地降税、降费、降准、降息。这种"点穴式"调控、"滴灌式"调控,显然比"全身施疗式""大水漫灌式"更为有效。区间调控与定向调控的结合从理论上第一次赋予了宏观调控结构性的内涵。区间调控与定向调控各有侧重,区间调控侧重于稳总量,定向调控侧重于调结构,两者紧密结合,形成稳增长调结构的合力。

区间调控与定向调控相结合而形成的"总量+结构"调控方式,丰富了宏观调控的目标内涵和方式手段,弥补了长期以来宏观调控中只注重总量调控而忽视结构性调控的缺陷,是中国宏观调控实践对宏观调控理论的重大贡献。传统宏观调控方式往往着眼于短期,其宏观政策偏重于总量问题而忽视结构、制度问题,关注价格总水平而忽视资产价格水平变化,这实际上是把潜在增长率因素看成是一个常量。按此思路,虽然在总量上表现比较平稳,但结构性、体制性问题却可能不断积累而愈显突出。结构失调、体制僵化不仅会增加稳增长的困难,甚至会使发展不可持续。经济发展的本质在于结构变化和制度创新。我国经济发展进入新时代,通过调整结构、创新体制,提高经济潜在增长率,是保持经济运行处于合理区间、实现"双中高"目标的重要途径。只有推动结构和制度变革,宏观调控将需求管理与供给管理结合,把与供给管理紧密相关的结构、体制因素纳入宏观调控,特别是把科技创新放在更加突出的位置,大力实施创新驱动战略,形成供需结合、长短结合的"综观"调控思路,我国经济才能行稳致远,从高速增长向高质量发展转变。

二、宏观调控中防范系统性金融风险

党的十八大以来,金融体系复杂度、开放度越来越高,长期累积起来的风险挑战随之而来。加之国内经济周期性、结构性、制度性矛盾叠加,金融领域潜在风险和隐患也在累积,主要表现为结构失衡问题突出,金融体系脆弱性增加。2013年以来,习近平反复强调,金融是国家重要的核心竞争力,金融安全是国家安全的重要组成部分,金融制度是经济社会发展中重要的基础性制度。防范系统性金融风险,维护金融安全,是关系我国经济社会发展全局的一件具有战略性、根本性的大事。这些论述都是对我国经济社会发展实际状况作出的重大科学判断。

我国金融业保持快速发展,社会融资规模存量从2011年的76.7万亿元增加到2017年8月的169.41万亿元,金融业法人机构数量从5.6万家增加到11万家,金融产品日益丰富,金融服务普惠性日益增强,宏观审慎政策框架正在形成,金融守住系统性风险底线的能力不断增强,金融改革发展取得了新的重大成就。与此同时,我国经济运行中一些深层次矛盾和问题、国际政治经济引发的金融市场变化,都会对我国金融安全产生巨大影响。加之我国金融业正处于不断深化改革过程中,金融行业整体竞争力不强,影响金融安全的风险仍然点多面广,金融服务天生具有服务链条长、波及面广、信息不对称的特点,这决定了金融风险具有较强的隐蔽性、复杂性、突发性、传染性,金融安全对国家安全的影响不断凸显。

党的十八大以来,我们党非常关注金融风险问题。党的十八届三中全会提出,宏观调控的六大主要任务之一就是防范区域性、系统性风险;2014年4月25日中央政治局会议提出,"统筹处理好稳增长、促改革、调结构、惠民生、防风险的关系"[①];党的十九大报告提出"守住不发生系统性金融风险的底线"[②];2018年7月中央政治局会议提出的"六稳"中的稳金融的核心就在于防风险;党的十九届四中全会提出的"统筹推进稳增长、促改革、调结构、惠民生、防风险、保稳定"中,"防风险"依然是宏观调控的重要任务之一。2020年5月《中共中央国务院关于新时代加快完善社会主义市场经济体制的意见》也提出"守住不发生系统性金融风险底线"。可见,"区域性、系统性风险""系统性金融风险""一般性风险",一直是党的十八大以来我国经济工作与宏观调控的重要内容之一。对于"防风险"的具体内涵,习近平在党的十八届五中全会二次会议上指出:"我们面临的重大风险,既包括国内的经济、政治、意识形态、社会风险以及来自自然界的风险,也包括国际经济、政治、军事风险等。"[③]

系统性金融风险是一个宏观现象,但说到底与微观经济主体的行为密切相关。微观经济主体通常通过金融机构彼此间形成了"负债—资产—负债"链条,其背后则是"利益-行为"的联动机制。这样的联动机制能够将全社会所有的经济主体,包括个人、企业、中间机构等,连成庞大的网络。一旦微观

---

① 《习近平主持政治局会议:研究经济形势和经济工作》,http://news.12371.cn/2014/04/25/AR-TI1398428019522849.shtml。

② 中共中央文献研究室编:《十九大以来重要文献选编》(上),中央文献出版社,2019年,第24页。

③ 中共中央文献研究室编:《十八大以来重要文献选编》(中),中央文献出版社,2018年,第833页。

层面的金融机构出现信用风险,就会传染和扩散这种风险,引致各相关微观经济主体资产负债表连锁反应,进一步推进不良资产价格的急速下跌,引致金融危机。近些年来,我国在推进混业经营、金融创新等的背景下,金融运行中出现了一系列新的情况。金融产品复杂化,金融各业的合作愈加深化,各类金融机构、非金融机构卷入金融中,导致金融高杠杆现象不时发生。习近平同志深刻指出,防范化解金融风险,特别是防止发生系统性金融风险是金融工作的根本性任务,也是金融工作的永恒主题。要把主动防范化解系统性金融风险放在更加重要的位置,科学防范,早识别、早预警、早发现、早处置,着力防范化解重点领域风险,着力完善金融安全防线和风险应急处置机制。[①]

应对系统性金融风险,主题是防范,关键是主动。既要增强忧患意识,又要保持战略定力,坚持预防为先、标本兼治、稳妥有序、守住底线。所谓系统性的金融风险,实质上就是金融危机。即使某些领域、某些局部出现了一些风险,但只要这些风险在控制下没有相互感染、没有系统化,就能避免系统性风险发生。只有守住不发生系统性金融风险底线,才能保护有效生产力。实体经济是生产力的重要体现,金融危机往往会重创实体经济,从而会影响甚至破坏生产力,必须在遵循市场经济规律的前提下,保护和发展具有先进生产力和竞争优势的企业,通过各种方式逐步恢复、发展生产力。只有守住不发生系统性金融风险底线,才能落实好金融服务实体经济的本质要求,为全面深化改革、为从高速增长向高质量发展的转变提供强有力的金融支持。只有守住不发生系统性金融风险底线,才能落实好以人民为中心的发展思想,实现好、维护好、发展好人民群众的根本利益,为全面建成小康社会、为实现国

---

① 参见中共中央文献研究室编:《十八大以来重要文献选编》(下),中央文献出版社,2018年,第797页。

家现代化提供金融支撑。

在维护金融安全和防范金融风险的关系中,金融监管是重中之重。不断完善金融监管规则,提高金融监管有效性,对金融业健康发展具有至关重要的作用。党的十八大以来,我国金融监管部门不断深化重点领域和关键环节改革,高度重视防控金融风险,采取了一系列强化金融监管举措,有效化解处置了突出风险点,把住发展大势,切实维护了国家金融安全。但也要看到,当前一些市场主体行为出现异化,道德风险明显上升,而金融监管体制机制尚不适应、还不健全;一些金融机构内部违纪违法案件高发频发,金融监管不严密、监管低效甚至无用等问题仍然突出,需要通过金融监管的完善来解决。习近平同志对金融监管非常重视。2015年10月,习近平在《关于〈中共中央关于制定国民经济和社会发展第十三个五年规划的建议〉的说明》中强调:"要坚持市场化改革方向,加快建立符合现代金融特点、统筹协调监管、有力有效的现代金融监管框架,坚守住不发生系统性风险的底线。"[1]并首次就加强金融监管提出"三个统筹",即"统筹监管系统重要金融机构和金融控股公司,尤其是负责对这些金融机构的审慎管理;统筹监管重要金融基础设施,包括重要的支付系统、清算机构、金融资产登记托管机构等,维护金融基础设施稳健高效运行;统筹负责金融业综合统计,通过金融业全覆盖的数据收集,加强和改善金融宏观调控,维护金融稳定"[2]。2017年4月25日下午,习近平在中共中央政治局就维护国家金融安全进行第四十次集体学习时再次强调了"三个统筹",又首次提出"三个确保",即"确保金融系统良性运转,确保管理部门把住重点环节,确保风险防控耳聪目明,形成金融发展和监管强大合力,补齐监管

---

[1][2] 中共中央文献研究室编:《十八大以来重要文献选编》(中),中央文献出版社,2018年,第782页。

短板,避免监管空白"①。"三个统筹"和"三个确保"就是今后我国加强金融监管的重要方针和基本要求。必须加强监管协调,补齐监管短板,做到监管政策、标准、规则和行动有效对接,实现跨行业、跨市场、跨部门金融活动监管的无缝对接,努力做到金融监管流程的全部到位。

三、宏观金融调控方式的创新

宏观金融调控是中央银行的重要职能,是指政府宏观金融管理部门(中央银行)制定规章制度和依据现有的相关法律规定对金融活动进行调节,以满足宏观金融发展和宏观经济运行对金融活动的需求。中国改革开放的四十多年也是宏观调控不断发展、不断完善的四十多年。宏观金融调控机制是全面推动改革开放的一项重要制度,也是推动金融改革以便更好地加快调整国民经济发展方式的一个重要支撑。

定向金融调控是我国宏观金融调控方式的创新。针对新时代我国经济金融运行状况,在坚持宏观调控政策基本取向的基础上,找准靶点,不断创新宏观调控思路和方式,我国主动实施了一系列金融调控措施,在缓解小微企业融资难、引导资金定向投放等方面,精准果断发力。定向调控是实现金融支持实体经济转型升级的重要途径。定向降准可防止市场资金进一步进入产能过剩行业、房地产和地方融资平台等领域,防止产能过剩加剧、房价继续上涨、地方债务攀升,防止融资刚性部门杠杆率的进一步上升。同时,定向降准加大了对"三农"、小微企业等重点领域和薄弱环节的支持力度,将资金更多地配置到实体经济急需支持的领域。这是配合结构调整要求、缓解经济下行

---

① 《习近平主持中共中央政治局第四十次集体学习》,http://www.gov.cn/xinwen/2017-04/26/content_5189103.htm。

压力的重要举措,有助于在"总量稳定"的前提下"优化结构",确保货币政策向实体经济的传导渠道更加顺畅。定向金融调控有利于实现货币金融稳定增长,将在经济转型升级中发挥金融支持作用。具体地说,主要体现在三个方面:一是有利于扩大全社会可贷资金规模,保障市场流动性;二是有利于支持"三农"和小微企业等领域的发展;三是有助于降低企业融资成本。当然,定向金融调控要在货币政策与财政政策、深化改革措施的有机配合中不断完善。

双支柱宏观调控框架构建与完善是宏观金融调控方式的重要创新。党的十九大报告提出,"健全货币政策和宏观审慎政策双支柱宏观调控框架"[①],这是对金融工作提出的一项明确要求。所谓"双支柱",一条是货币政策,另一条是宏观审慎政策,二者有效结合、互为补充。"双支柱"凸显"双作用",一是保持币值稳定,二是维护金融稳定,都是围绕"稳"字做文章,以守住不发生系统性风险的底线,为供给侧结构性改革和经济社会发展营造良好的货币金融环境。健全"双支柱"是党中央反思全球金融危机教训并结合我国国情作出的重要部署。随着我国金融体系的杠杆率、关联性和复杂性不断提升,要更好地将币值稳定和金融稳定结合起来。货币政策主要针对整体经济和总量问题,保持经济稳定增长和物价水平;宏观审慎政策则直接和集中作用于金融体系,着力减缓因金融体系周期波动和跨市场风险传染所导致的系统性金融风险。简单地说,货币政策和宏观审慎政策关注的"点"不同。经济周期和金融周期有可能重叠也有可能背离,只通过关注以物价稳定等为表征的经济周期来实施宏观调控是不够的,只依靠关注经济周期、以消费者物价指数为锚的货币政策并不能完全解决金融周期的问题,传统的单一调控框架存在缺陷,这就使得针对金融周期的宏观审慎政策有了"用武之地"。显然,"双支柱"

---

① 中共中央文献研究室编:《十九大以来重要文献选编》(上),中央文献出版社,2019年,第24页。

第五编　中国特色社会主义进入新时代党的经济思想

不仅对金融调控和经济发展有"利好",更是增加了"利稳",有利于币值稳定和金融稳定。健全与货币政策相互配合的宏观审慎政策框架,不仅能够保持币值稳定,而且能够维护金融系统的稳定。因此,从全球来看,我国在国际上率先开展的宏观审慎政策实践在不少方面具有创新性,突破了传统宏观经济学的相关理论。

宏观金融调控方式创新必须坚持金融回归本源的原则。金融是现代经济的核心,实体经济的稳步发展是金融业健康持续发展的基础,支持和服务实体经济发展则是金融业的生存之本。对于金融脱离实体经济问题,习近平高度重视,多次强调金融要切实服务实体经济。2013年9月,习近平在二十国集团领导人峰会上指出:"要继续加强国际金融市场监管,使金融体系真正依靠、服务、促进实体经济发展。"[1]在2017年全国金融工作会议上,他进一步强调:"金融是实体经济的血脉,为实体经济服务是金融的天职,是金融的宗旨。"[2]金融要"回归本源,服从服务于经济社会发展。金融要把为实体经济服务作为出发点和落脚点,全面提升服务效率和水平,把更多金融资源配置到经济社会发展的重点领域和薄弱环节,更好满足人民群众和实体经济多样化的金融需求"[3]。在党的十九大报告中,习近平再次强调:"深化金融体制改革,增强金融服务实体经济能力,提高直接融资比重,促进多层次资本市场健康发展。"[4]这些论述既是对金融发展一般规律的揭示,也是我国金融改革实践探索的指南,是做好新时代金融工作的根本遵循。

宏观金融调控方式的创新要从构建有效的金融调控体系的角度来展开,

---

[1]　中共中央文献研究室编:《十八大以来重要文献选编》(上),中央文献出版社,2018年,第358~359页。
[2]　习近平:《谈治国理政》(第二卷),外文出版社,2017年,第279页。
[3]　同上,第278~279页。
[4]　中共中央文献研究室编:《十九大以来重要文献选编》(上),中央文献出版社,2019年,第24页。

这也是我国金融治理现代化的必然要求。有效的金融调控体系要有效引导预期和稳定预期,增强投资者信心,防止市场剧烈震荡。同时,还要能够前瞻性逆周期调节,抑制过度投机和泡沫,防止过热或过冷,防止经济金融的周期性巨大波动。这就要求金融调控体系的主体必须在及时、准确、全面掌握经济和市场信息,加强对经济和市场监测、分析和研判的基础上,通过有效的手段和机制,对市场进行前瞻性、灵活性、针对性的调节。为稳定预期和信心,增强金融调控的前瞻性和有效性,金融调控的主体要及时、有效地与市场参与者及社会公众进行对话沟通,加强信息披露,提高政策的透明度,增强政策的公信力。为增强金融调控的合力和效力,避免内耗和干扰,金融调控各部门必须加强信息共享,加强协调配合,包括各自发布的信息和采取的政策措施。总的来说,我国金融治理现代化的主要目标,就是要不断增加金融有效供给,更好满足人民群众对高质量金融服务的需要,坚持服务实体,回归本源,防范风险,确保安全。

第十六章 新发展理念和高质量发展思想

新发展理念和高质量发展思想是新时代中国特色社会主义经济思想的重要内容,也是我们党在新时代的重要经济理论创新。本章主要研究党的十八大以来中国共产党提出的经济新常态、新发展理念、供给侧结构性改革、高质量发展和建立现代化经济体系等经济思想。

第一节 经济新常态

一、经济新常态的提出及其理论界定

从1978年改革开放起到2010年,我国国内生产总值增长率平均9.9%,可以说保持了持续的高速增长。但是从2012年起,我国国内生产总值增速正式

告别9%以上的快速增长,2012年和2013年的增速均为7.7%。面对这种新情况,2013年12月10日,在中央经济工作会议上的讲话中,习近平首次提出"新常态":我们注重处理好经济社会发展各类问题,既防范增长速度滑出底线,又理性对待高速增长转向中高速增长的新常态;既强调改善民生工作,又实事求是调整一些过度承诺;既高度关注产能过剩、地方债务、房地产市场、影子银行、群体性事件等风险点,又采取有效措施化解区域性和系统性金融风险,防范局部性问题演变成全局性风险。

此后,习近平在多次讲话中阐述了"新常态"的内涵,提出了"适应""把握"和引领新常态的要求,要把适应新常态、把握新常态、引领新常态作为贯穿发展全局和全过程的大逻辑。2014年5月10日,习近平在河南考察时指出:"我国发展仍处于重要战略机遇期,我们要增强信心,从当前我国经济发展的阶段性特征出发,适应新常态,保持战略上的平常心态。"①

2014年11月9日,习近平在亚太经合组织工商领导人峰会开幕式上的演讲中指出,中国经济呈现出新常态,有三个主要特点:一是从高速增长转为中高速增长;二是经济结构不断优化升级,第三产业、消费需求逐步成为主体,城乡区域差距逐步缩小,居民收入占比上升,发展成果惠及更广大民众;三是从要素驱动、投资驱动转向创新驱动。新常态将给中国带来新的发展机遇。②

2014年12月9日举行的中央经济工作会议上,习近平详尽分析了中国经济新常态的趋势性变化,并指出:我国经济发展进入新常态,是我国经济发展阶段性特征的必然反映,是不以人的意志为转移的。认识新常态、适应新常

---

① 习近平:《在河南考察时的讲话》,《人民日报》,2014年5月11日。
② 参见中共中央文献研究室编:《习近平关于经济建设的重要文献选编》,中央文献出版社,2017年,第74页。

态、引领新常态,是当前和今后一个时期我国经济发展的大逻辑。①这一论断将新常态提升到国家战略层面。

习近平在2014年中央经济工作会议上用"九看"的思想方法全面分析了经济发展新常态:一是从消费需求看,二是从投资需求看,三是从出口和国际收支看,四是从生产能力和产业组织方式看,五是从生产要素相对优势看,六是从市场竞争特点看,七是从资源环境约束看,八是从经济风险积累和化解看,九是从资源配置模式和宏观调控方式看。这"九看"更准确、更深刻、更全面地认识到新常态是对我国经济发展阶段性特征的高度概括,是对我国经济转型升级的规律性认识,是制定当前及未来一个时期我国经济发展战略和政策的重要依据。

针对新常态,习近平2015年7月15日到18日在吉林调研时强调:"适应和把握我国经济发展进入新常态的趋势性特征,保持战略定力,增强发展自信,坚持变中求新、变中求进、变中突破,走出一条质量更高、效益更好、结构更优、优势充分释放的发展新路,推动我国经济向形态更高级、分工更优化、结构更合理的阶段演进。"②

习近平提出的"新常态"重大战略判断深刻揭示了中国当前经济发展阶段的新变化,准确研判了中国未来一段时期的宏观经济形势,充分展现了党中央高瞻远瞩的战略眼光和决策定力。党的十八届五中全会对新常态作了新的解释。在此背景下,新常态引起了人们的高度关注,成为各界认识和解释中国经济形势的关键词。

---

① 参见中共中央文献研究室编:《十八大以来重要文献选编》,中央文献出版社,2016年,第245页。

② 习近平:《在吉林调研时的讲话》,《人民日报》,2015年7月19日。

二、经济新常态的特征

从战略机遇期视角观察新常态,就不能只是把新常态解释为速度放缓。根据习近平的概括,新常态有三个主要特点:一是从高速增长转为中高速增长,二是经济结构不断优化升级,三是从要素驱动、投资驱动转向创新驱动。

(一)中高速增长速度的新常态

从发展的角度研究新常态,中高速增长反映进入新的发展阶段后的潜在增长率变化。新常态不是不要速度,而是不仅要求实际的增长速度能够达到潜在经济增长率决定的中高速增长,还要使反映现阶段发展水平的潜在经济增长率可持续,甚至要努力使潜在增长率保持在中高速水平。因此,对中高速增长的新常态,需要有新的战略思考:

第一,虽然新常态表现为中高速增长,但经济持续下行决不是新常态。如果速度持续下行,中高速增长不能维持,则可能带来一系列风险。其中包括:产能过剩风险,企业资金链断裂风险,债务违约风险,局部性金融风险,房地产市场和股票市场走势分化引发的风险,以及财政收入增长放缓所产生的地方政府债务风险。基于此,习近平在党的十八届四中全会上的讲话中明确了速度的底线:确保到2020年实现国内生产总值和城乡居民人均收入比2010年翻一番的目标,必须保持必要的增长速度。只有在实体经济止跌并回升,在稳增长实现后,才有条件尽快实现发展方式的转变。

第二,中高速增长不是降低发展的要求,而是提高发展的质量,实现中高速增长的可持续,涉及增长速度基础的转变。这就是习近平在解释增长速度新常态时所科学概括的,发展方式应从规模速度型转向质量效率型。就是说,过去的高速增长是规模速度型的,现在所要转向的中高速增长是质量效率型的。在低收入发展阶段所采取的单纯以高投入谋求高速度的发展方式不能再延续到中等收入发展阶段。

第三,中高速增长不是自然形成的,是需要经过努力才能达到的。它需要一系列发展要素的支撑。因此,经济增长由高速换挡为中高速,尽管可能带来短期的阵痛,但只要在经济结构上、发展动力上形成的支撑要素能够成为常态,就可能凤凰涅槃,带来腾笼换鸟的效果,支持经济的长期稳定增长。

中高速增长成为新常态,与发展战略的常态相关。在低收入阶段谋求高速增长的发展战略常态是高投入、高消耗。如果现在也采取这种发展战略,速度也可能冲到原先的高速增长水平,但这是不可持续的。现在转向中高速增长的新常态,实际上是倒逼改变发展战略,为加快转变经济发展方式提供空间。根据潜在经济增长率的内涵,现在需要从经济结构、技术基础、资源供给的可持续方面推动潜在经济增长率的提高。

(二)经济结构优化升级的新常态

我国经济新常态不只是指转向中高速的速度状态,调结构也成为新常态。结构优化的新常态表现为经济结构调整从增量扩能为主转向调整存量、做优增量并举。

速度的中高速需要结构的中高端支撑。我国现有的经济结构还是低收入发展阶段的结构,与追求高速增长的发展战略相适应。其特征:一是产业结构中制造业尤其是传统制造业比重高,服务业尤其是现代服务业比重过低。二是制造业处于中低端,即使是在高科技制造业中,大部分也处于"微笑曲线"的低端,关键技术和核心技术在国外,其结果是高产值,低附加值。三是产能结构性问题突出,一方面提供满足居民在健康、安全、质量等方面需求的有效供给不足,另一方面过剩产能占用了大量资源,特别是在追求高速增长的格局下,产生了一大批过剩产能。四是在技术结构中,很大部分采用的是高消耗、高污染技术,出现了资源供给不可持续的问题。这些结构性问题可归结为供给侧的结构性问题。

进入中等收入发展阶段,经济增长转向中高速的新常态后,经济结构的再平衡就成为应有之义,也就是在向中高端转型中实现再平衡,涉及四个方面:第一,提高服务业尤其是现代服务业的比重,推动三次产业结构水准进入中高端;第二,以科技含量衡量的产业类型进入中高端,包括发展战略性新兴产业;第三,高科技产品的中国制造环节进入全球价值链的中高端,改变高产值、低收益的状况;第四,各个产业采用新技术,包括信息化、"互联网+""智能化+绿色化"等。

以往的结构调整基本上采取增量结构调整的方式,也就是靠新增投资结构来调节结构。需要发展的就增加投资,不需要发展的就少投资或不投资。这就是所谓的增量扩能方式。这种调整方式的后果是长期形成的过剩产能、污染产能和落后产能得不到淘汰和化解,日积月累,占用了大量的资源,严重拖累产业结构的转型升级。

作为新常态的结构调整与以往的结构调整不同,其要在转型升级中进行结构调整。作为新常态的结构调整是存量结构的调整。经济结构调整从增量扩能为主转向调整存量、做优增量并举。一方面需要着力优胜劣汰,淘汰过剩产能、污染产能、落后产能,同时要通过产业链的调整提高附加值;另一方面需要腾笼换鸟、凤凰涅槃,腾出发展的空间和资源,发展新产业、新业态,使产业结构得到根本性转型和提升。

(三)经济发展动力的新常态

发展动力转换,即发展动力要从主要依靠资源和低成本劳动力等要素投入转向创新驱动。

在低收入阶段,受技术和资本缺乏的限制,物质资源和低成本劳动力相对宽松，经济增长的驱动力的常态是依靠物质资源和低成本劳动力投入，对外开放也主要靠资源禀赋的劳动力和物质资源方面的比较优势。

进入新发展阶段后，资源环境和低成本劳动力供给不可持续造成了经济增长极限。突破这个极限的途径就是我国经济增长的驱动力需要由要素和投资驱动转向创新驱动。这个发展动力就成为新常态。所谓创新驱动就是利用知识、技术、企业组织制度和商业模式等创新要素对现有的资本、劳动力、物质资源等有形要素重新组合，以创新的知识和技术改造物质资本、提高劳动者素质和科学管理。各种物质要素经过新知识和新发明的介入与组合提高了创新能力，成为驱动增长的新动力。创新驱动发展战略对中高速增长的贡献在于研发并采用绿色技术节能减排，实现可持续发展；创新战略性新兴产业，产业攀升价值链中高端，推动产业结构中高端化，增强国家的整体竞争力。

创新驱动的基础是科技进步。作为世界第二大经济体，我国有能力也有必要与发达国家站在同一创新起跑线，占领科技和产业的世界制高点，所参与的国际分工也要由比较优势转向创新支持的竞争优势，实现由引进和跟随创新转到并行创新并在部分领域引领创新的转变。因此，所转向的创新驱动的新常态，突出的是科学新发现及其成果迅速转化为新技术、新产业的创新驱动，由此形成内生性经济增长。相应的体制安排是建设和完善国家创新体系，推动产学研协同创新，建立激励创新的体制机制。

第二节 新发展理念的形成

一、新发展理念的提出

2015年10月29日,习近平在党的十八届五中全会第二次全体会议上的讲话鲜明提出了创新、协调、绿色、开放、共享的发展理念。他指出,这五大发展理念相互贯通、相互促进,是具有内在联系的集合体,要统一贯彻,不能顾此失彼,也不能相互替代,哪一个发展理念贯彻不到位,发展进程都会受到影响。全党同志一定要提高统一贯彻五大发展理念的能力和水平,不断开拓发展新境界。新发展理念符合我国国情,顺应时代要求,对破解发展难题、增强发展动力、厚植发展优势具有重大指导意义。[①]

2016年1月,在省部级主要领导干部学习贯彻十八届五中全会精神专题研讨班开班式上,习近平对贯彻落实新发展理念作出系统阐释、提出明确要求。他强调,新发展理念要落地生根、变成普遍实践,关键在各级领导干部的认识和行动。新发展理念就是指挥棒,要求我们在思想认识、行为做法等方面与之"对表",做到同频共振、知行合一。树立和践行五大发展理念,是关系发展全局的一场深刻变革,意味着对传统发展思路和发展方式的根本转变,也必然伴随着思想的解放、观念的更新。贯彻落实新发展理念,涉及发展观念转变和知识能力提升,也涉及利益关系调整和体制机制创新。要把新发展理念贯穿领导活动全过程,落实到决策、执行、检查各项工作中,努力提高统

---

① 参见《习近平谈治国理政》(第二卷),外文出版社,2018年,第200页。

第五编　中国特色社会主义进入新时代党的经济思想

筹贯彻新发展理念的能力和水平,不断开拓发展新境界。[1]

2016年1月29日,习近平在中共中央政治局第三十次集体学习时强调:"新发展理念就是指挥棒、红绿灯。全党要把思想和行动统一到新发展理念上来,努力提高统筹贯彻新发展理念的能力和水平,对不适应、不适合甚至违背新发展理念的认识要立即调整,对不适应、不适合甚至违背新发展理念的行为要坚决纠正,对不适应、不适合甚至违背新发展理念的做法要彻底摒弃。"[2]

2017年10月,习近平在党的十九大报告中提出了新时代坚持和发展中国特色社会主义的十四条基本方略,其中很重要的一条即"坚持新发展理念"。报告指出,发展是解决我国一切问题的基础和关键,发展必须是科学发展,必须坚定不移贯彻创新、协调、绿色、开放、共享的发展理念。必须坚持和完善我国社会主义基本经济制度和分配制度,毫不动摇巩固和发展公有制经济,毫不动摇鼓励、支持、引导非公有制经济发展,使市场在资源配置中起决定性作用,更好发挥政府作用,推动新型工业化、信息化、城镇化、农业现代化同步发展,主动参与和推动经济全球化进程,发展更高层次的开放型经济,不断壮大我国经济实力和综合国力。[3]

2019年5月,《求是》杂志发表了习近平的重要文章《深入理解新发展理念》,文章提出了深入理解新发展理念的五个"着力":着力实施创新发展驱动,着力增强发展的整体性协调性,着力推进人与自然和谐共生,着力形成对外开放新体制,着力践行以人民为中心的发展思想。

2021年1月11日,省部级主要领导干部学习贯彻党的十九届五中全会精神专题研讨班在中央党校开班,习近平在讲话中指出:新发展理念是一个系统

---

[1] 参见《习近平谈治国理政》(第二卷),外文出版社,2018年,第219页。
[2] 习近平:《在中共中央政治局第三十次集体学习时的讲话》,《人民日报》,2016年1月31日。
[3] 参见中共中央文献研究室编:《十九大以来重要文献选编》,中央文献出版社,2019年,第15页。

的理论体系,回答了关于发展的目的、动力、方式、路径等一系列理论和实践问题,阐明了我们党关于发展的政治立场、价值导向、发展模式、发展道路等重大政治问题。习近平要求"全党必须完整、准确、全面贯彻新发展理念",并从"根本宗旨、问题导向、忧患意识"三方面作了重点部署:一是从根本宗旨把握新发展理念,二是从问题导向把握新发展理念,三是从忧患意识把握新发展理念。"

新发展理念深刻揭示了实现更高质量、更有效率、更加公平、更可持续发展的必由之路,反映了我们党对经济社会发展规律认识的深化,指明了更长时期我国的发展思路、发展方向和发展着力点,具有战略性、纲领性、引领性的特点。

二、新发展理念的科学内涵

习近平提出的创新、协调、绿色、开放、共享五大新发展理念,是基于对中国经济发展实践的理论总结,是对中国特色社会主义经济发展理论的重大创新。

第一,创新是引领发展的第一动力,创新发展的理念推动发展动力理论的创新。世界上新一轮科技和产业革命蓄势待发,重大颠覆性技术不断涌现,谁在创新上先行一步,谁就能拥有发展的主动权。在此背景下提出创新发展的理念,所包含的理论创新可以概括为:①创新是引领发展的第一动力,是发展的基点。②创新是新的发展方式。现阶段所要转向的发展方式不是现成的,需要创新。包括创新驱动产业结构转向中高端,创新驱动生产方式和消费方式,创新驱动绿色化。③创新发展的核心是科技创新。我国的科技创新已经从以跟踪为主转向跟踪和并跑、领跑并存的新阶段。④科技创新

第五编　中国特色社会主义进入新时代党的经济思想

成为产业创新的动力,产业创新需要解决好与科技创新的有效对接,突出科技成果向生产力的转化,采取产学研协同创新方式研发和孵化新技术,形成"大众创新、万众创业"的氛围。

第二,协调是持续健康发展的内在要求,协调发展的理念推动发展结构理论的创新。在由低收入迈向中等收入阶段,为了充分释放生产力,推进工业化和城市化,实施不同区域的发展战略,沿海开放,这些实际上属于不平衡发展战略。进入中等收入阶段后,国民经济不平衡问题突出,需要适时转向协调发展,也就是转向平衡发展,增强发展的整体性。协调发展理念要求产业结构、城乡结构、区域结构以及相应的发展战略趋向均衡。其中包括拉动经济增长的消费、投资和出口"三驾马车"作用的协调,三次产业的协调。

第三,绿色是永续发展的必要条件和人民对美好生活追求的重要体现。习近平指出:"人类社会在生产力落后、物质生活贫困的时期,由于对生态系统没有大的破坏,人类社会延续了几千年。而从工业文明开始到现在仅三百多年,人类社会巨大的生产力创造了少数发达国家的西方式现代化,但已威胁到人类的生存和地球生物的延续。"[1]绿色发展理念强调人与自然和谐共生。它所推动的理论创新就在于:①明确生态和环境也是财富。干净的水,清新的空气,绿色的环境是宝贵财富,青山绿水就是金山银山。②与西方国家当年的道路不同,中国的现代化不仅需要获取更多的物质财富,还要获取更多的生态财富。③推动形成绿色发展方式和生活方式。人类的生产生活方式以最适宜的文明方式影响和介入自然,可以换取自然对生产力的最佳反馈。这正是改善生态环境就是发展生产力理念的体现,较可持续发展理论更进了一步。

---

[1]　习近平:《之江新语》,浙江人民出版社,2013年,第119页。

第四,开放是国家繁荣发展的必由之路。改革开放以来,我国利用经济全球化机遇,发展开放型经济,充分利用国内和国外两种资源,开拓国内和国外两个市场,获得了全球化的红利。但是同其他发展中国家一样,我国是以资源禀赋的比较优势嵌入经济全球化和全球价值链的,处于价值链的中低端。从总体上说,我国处于全球化的从属地位。中国作为世界第二大经济体,开放发展的理念则要求其从世界经济大国地位出发,由经济全球化的从属地位转变为主导地位。相应的开放战略需要调整:一方面进一步提升国际竞争力,提高开放型经济的质量和水平,攀升至全球价值链中高端;另一方面要积极参与并主导全球经济治理。包括通过"一带一路"建设、亚投行等路径积极参与全球经济治理,提高我国在全球经济治理中的制度性话语权,发挥在经济全球化中的主导作用。

第五,共享是中国特色社会主义的本质要求,共享发展的理念体现以人民为中心的发展思想。我国实行了多年的允许一部分人先富起来的大政策,充分释放了发展的活力,同时也伴随收入差距的扩大。在此基础上提出的共享发展理念,就是要在发展中共享,在共享中发展,实现改革和发展成果全民共享、全面共享、共建共享。人民群众分享改革发展的成果,得到看得见的利益,在民生改善中有更多的"获得感"。这是进一步深化改革发展的动力源泉所在。共享发展的基础是共建。人民是共享的主体,也是共建的主体。共享发展不能只指望政府提供,以"互联网+"所提供的分享经济应该成为共享发展的组成部分。

第五编　中国特色社会主义进入新时代党的经济思想

第三节　供给侧结构性改革

一、供给侧结构性改革的提出

2015年11月10日,习近平主持召开中央财经领导小组第十一次会议,研究经济结构性改革和城市工作。习近平指出,推进经济结构性改革,要针对突出问题、抓住关键点;要促进过剩产能有效化解,促进产业优化重组;要降低成本,帮助企业保持竞争优势。[①]要化解房地产库存,促进房地产产业持续发展;要防范化解金融风险,加快形成融资功能完备、基础制度扎实、市场监管有效、投资者权益得到充分保护的股票市场。

2016年1月26日,习近平主持召开中央财经领导小组第十二次会议,研究供给侧结构性改革方案。习近平强调,供给侧结构性改革的根本目的是提高社会生产力水平,落实好以人民为中心的发展思想。要在适度扩大总需求的同时,去产能、去库存、去杠杆、降成本、补短板,从生产领域加强优质供给,减少无效供给,扩大有效供给,提高供给结构适应性和灵活性,提高全要素生产率,使供给体系更好适应需求结构变化。[②]

2017年10月18日,习近平在党的十九大报告中指出,要深化供给侧结构性改革。建设现代化经济体系,必须把发展经济的着力点放在实体经济上,把提高供给体系质量作为主攻方向,显著增强我国经济质量优势。必须坚持

---

① 参见习近平:《中央财经领导小组第十一次会议上的讲话》,《人民日报》,2015年11月11日。
② 参见习近平:《中央财经领导小组第十二次会议上的讲话》,《人民日报》,2016年1月27日。

质量第一、效率优先,以供给侧结构性改革为主线,推动经济发展质量变革、效率变革、动力变革,提高全要素生产率。[①]这是我们党对供给侧结构性改革这条经济发展和经济工作主线的新定位、新要求,充分体现了以习近平同志为核心的党中央以新发展理念为指导、推进供给侧结构性改革的坚定决心和历史担当。

2018年12月21日,中央经济工作会议指出,中国经济运行主要矛盾仍然是供给侧结构性的,必须坚持以供给侧结构性改革为主线不动摇,更多采取改革的办法,更多运用市场化、法治化手段,在"巩固、增强、提升、畅通"八个字上下功夫;要巩固"三去一降一补"成果,增强微观主体活力,提升产业链水平,畅通国民经济循环。[②]

2020年10月,党的十九届五中全会通过的《中共中央关于制定国民经济和社会发展第十四个五年规划和二〇三五年远景目标的建议》强调,"十四五"时期经济社会发展要以深化供给侧结构性改革为主线。提出形成强大国内市场,构建新发展格局。坚持扩大内需这个战略基点,加快培育完整内需体系,把实施扩大内需战略同深化供给侧结构性改革有机结合起来,以创新驱动、高质量供给引领和创造新需求。

二、供给侧结构性改革的内容

供给侧结构性改革是我国进入新时代后推动经济发展的主线。"供给侧结构性改革,说到底最终目的是满足需求,主攻方向是提高供给质量,根本

---

① 参见中共中央文献研究室编:《十九大以来重要文献选编》,中央文献出版社,2019年,第21页。
② 参见《中央经济工作会议在北京举行》,《人民日报》,2018年12月22日。

途径是深化改革。"①

(一)供给侧结构性改革要解决发展本身的问题

与一般调整生产关系的改革不同,供给侧结构性改革是要从结构上解决发展本身的问题。

第一,着力振兴实体经济。实体经济是一国经济的立身之本、财富之源。针对现实中存在的"脱实向虚"现象,供给侧结构性改革着力振兴实体经济,针对实体经济企业经营困难,因负担太重无利可图而投资不足的状况,供给侧结构性改革目标还是要让实体经济发力,其路径是激励足够的对实体经济的投资,给实体经济企业减税降费,在实体经济领域培育发展的新动能,在高质量发展中增强实体经济企业的盈利能力。

第二,解决供给体系的质量和效率问题。其衡量标准就是习近平多次强调的全要素生产率。应该说,经过改革,尤其是市场配置资源,企业的效率、单个要素的生产率,如资本生产率、劳动生产率、土地生产率都有明显提高。但各个要素集合所产生的全要素生产率还不高。这同供给侧的要素配置结构相关。一是资源错配。表现在相当多的资源被束缚在过剩的、受污染的落后产能上,存量结构调整难度大,有效产能投资不足;在物质资本和人力资本的投资比例上,偏重物质资本,忽视人力资本,造成创新能力不足。二是过高的制度性交易成本。难以遏制的重复建设、重复投资,行政性垄断,烦琐的行政审批,地方保护等问题,都将产生高昂的要素配置成本,严重降低全要素生产率。对此,习近平指出的改革目标是"优化现有生产要素配置和组合,提高生产要素利用水平,促进全要素生产率提高,不断增强经济内生增长动力"②。

---

① 中共中央文献研究室编:《习近平关于社会主义经济建设论述摘编》,中央文献出版社,2017年,第115页。

② 同上,第108页。

质量变革、效率变革、动力变革就成为提高全要素生产率的基本途径。

第三,解决有效供给不足和无效产能过剩并存的结构性问题。如习近平所说:"我国供给体系产能十分强大,但大多数只能满足中低端、低质量、低价格的需求。"[①]产品的质量、技术档次、卫生、安全等不适合需求,反映了有效供给的短缺,与此同时又存在无效和低端的产能过剩。无效产能包括过剩产能、落后产能和污染产能。这种结构性矛盾是发展中国家的通病,属于长期问题。这种结构性矛盾反映出现行经济发展方式的症结:进入中等收入阶段后,居民的消费需求开始转型,更为关注健康、安全、卫生等方面的需求;而生产和服务还停留在低收入阶段的供给水平,追求数量,不重视质量,为生产而生产,不能适应进入中等收入阶段以后消费需求的新变化,中高端产品和服务供给不足,不能满足多样化、个性化、高端化需求,势必产生有效供给不足,无效产能过剩,中低端产品过剩等问题。供给侧的这些结构性问题最需要在供给侧结构性改革中得到解决。

第四,解决供给侧的动力不足问题。已有的市场化改革在需求侧产生了市场竞争和市场需求的压力,虽然解决了产权制度的动力问题,但供给侧仍显动力不足。这与激励制度相关。突出表现是企业的高税负、高利息、高社会负担。还有不少企业因高杠杆而面临财务困难,陷入债务困境,其中有不少企业成为所谓的"僵尸企业"。企业分享不到发展的成果也就缺少发展的动力和活力。与需求侧突出的市场选择不同,供给侧则突出经济激励,提供发展的动力。供给侧的激励突出的是对市场主体的激励:一是降低企业税、费、利息和社会负担,降低企业成本,使企业轻装上阵。二是保护企业家财产,激

[①] 中共中央文献研究室编:《习近平关于社会主义经济建设论述摘编》,中央文献出版社,2017年,第113页。

第五编　中国特色社会主义进入新时代党的经济思想

励企业家精神。①

(二)供给侧结构性改革的新任务

从2015年底开始的供给侧改革采取结构性改革方式,针对无效产能去产能、去库存;针对有效供给不足需要补短板;针对企业负担,去杠杆、降成本。成效是显著的。供给侧结构性改革就同发展是硬道理一样,是需要长期实行的发展政策,有着长远的目标。但进入新的发展阶段,供给侧改革会有新的任务。

第一,在去产能、去库存、去杠杆取得明显进展基础上,需要进一步转向培育新动能。这就是在"去"的同时"立"。新动能可以给经济增长带来新的活力、新的动力、新的能量。新动能不仅是经济发展的新引擎,也是改造提升传统动能、促进实体经济蓬勃发展的动力。关于新动能,习近平指出:"既要紧盯经济发展新阶段、科技发展新前沿,毫不动摇地把发展新动能作为打造竞争新优势的重要抓手,又要坚定不移地把破除旧动能作为增添发展新动能、厚植整体实力的重要内容,积极打造新的经济增长极。"②党的十九大明确在现阶段所要培育的新动能主要涉及"在中高端消费、创新引领、绿色低碳、共享经济、现代供应链和人力资本服务等领域"③。实际上,这六大领域的新动能主要是在互联网、大数据、人工智能同实体经济深度融合基础上产生的。

第二,在中美贸易战及新冠肺炎疫情在世界流行从而导致世界经济出现衰退的背景下,我国经济发展同样面临需求不足和经济下行的压力。党中央及时提出"六稳"和"六保"的任务。这时刺激需求,在需求端激发活力就显得非常重要。

---

① 参见洪银兴:《准确认识供给侧结构性改革的目标和任务》,《中国工业经济》,2016年第6期。
② 习近平:《在深入推动长江经济带发展座谈会上的讲话》,《求是》,2019年第17期。
③ 习近平:《决胜全面建成小康社会　夺取新时代中国特色社会主义伟大胜利——在中国共产党第十九次全国代表大会上的报告》,人民出版社,2017年,第16页。

三、供给侧结构性改革的政策

推进供给侧结构性改革需要一系列政策指导和配套,给企业和市场相对稳定的预期。

第一,宏观政策要稳,营造稳定的宏观经济环境。继续实行积极的财政政策和稳健的货币政策,使二者相互配合,协同发力。2015年中央经济工作会议对2016年宏观政策提出的具体要求,释放出为供给侧结构性改革营造稳定的宏观经济环境的重要信号。2015年以来,在党中央、国务院坚强领导下,通过加强定向调控和相机调控,以结构性改革促进结构调整,实施稳定市场的有效措施,新的动能加速孕育形成,就业扩大、收入增长和环境改善给群众带来不少实惠。在此过程中,积极的财政政策和稳健的货币政策功不可没。

第二,产业政策要准,准确定位结构性改革方向。中央经济工作会议提出,着力加强供给侧结构性改革,着力提高供给体系质量和效率,增强经济持续增长动力。这为中国未来的产业结构调整政策指明了方向。第三产业内部结构明显改善,整体水平提升明显,服务领域不断拓展,逐渐成为推动我国经济增长的主要动力之一。金融业与房地产业成为拉动第三产业发展的主要力量;传统服务业占第三产业比例下降,金融保险、计算机服务、物流配送等现代服务业发展迅速;社会化养老、休闲旅游、社区服务等新型服务业越来越受到关注。

第三,微观政策要活,激发企业活力和消费潜力。2015年中央经济工作会议明确提出"微观政策要活",就是要通过完善市场环境、激发市场活力和消费者潜力,放活政策、做活微观经济,充分释放生产消费活力和内部增长潜能,开创经济发展新局面。微观市场主体是社会财富的创造者,是经济发展内生动力的不竭源泉。实现"微观政策要活"政策的重要内容就是要加快简政放权,推动政府职能转变。转变政府职能要以"简政放权、放管结合、优化服务"为基本思路,将该放的放下去,将该管的事管好,将该服务的服务到位,激活微观经济。加大经济领域简政放权力度,简政放权应向小微企业和服务业倾斜,通过社会领域简政放权,降低市场准入门槛。

第四,改革政策要实,加大力度推动改革落地。走进新常态的中国正面临着很多前所未有的新矛盾、新问题和新挑战。进入增长速度换挡期、结构调整阵痛期和前期刺激政策消化期的特殊时期,到了爬坡过坎的紧要关口,所面临的改革任务十分艰巨。化解产能过剩风险、增强结构调整动能、释放创新驱动潜力、保障民生期盼等重点问题,依然需要通过切切实实的改革来加以推动。可以说,不深化改革,发展就难有活力、难有成效、难以可持续;不深化改革,存在的问题就可能更严重,甚至不能完全排除掉入"中等收入陷阱"的风险。改革过去、现在都是中国最大的红利,改革依然是中国发展的最大动力和关键一招。要推动中国经济发展提质增效、行稳致远,必须培育千千万万的改革促进派,坚定不移地推进改革,坚决破除各种利益的藩篱和体制机制的弊端,充分释放改革新红利。

第五,社会政策要托底,守住民生保障的底线。供给侧结构性改革,特别是化解过剩产能等,必然会影响部分群体的就业和收入,但这是必须要过的坎儿,必须要经历的阵痛。所以要更好发挥社会政策稳定器的作用,守住民生底线。特别是要把重点放在兜底上,要保障好人民群众的基本生活和基本公共服务,为结构性改革创造稳定良好的社会环境。就业是民生之本,要从全局高度重视就业问题。要深入实施就业优先战略,真正把促进就业作为经济社会发展的优先目标,选择有利于扩大就业的经济社会发展战略,创造更多就业机会。要实施更加积极的就业政策,要努力推进重点、困难群体就业,加强配套措施改革,全面提高就业能力,提升就业服务能力,加强劳动者的保护措施建设。

第四节 转向高质量发展

一、高质量发展的提出

2017年10月,习近平在党的十九大报告中指出:"我国经济已由高速增长阶段转向高质量发展阶段,正处在转变发展方式、优化经济结构、转换增长动力的攻关期。"[①]这是关于高质量发展的首次表述。我国经济已转向高质量发展阶段的重要判断是根据国际国内环境变化,特别是我国发展条件和发展阶段变化所作出的重大判断。这一论断的本质含义,就是我国经济已经从主要依靠增加物质资源消耗实现的粗放型高速增长,转变为主要依靠技术进步、改善管理和提高劳动者素质实现的集约型增长。

2017年12月18日至20日,习近平在中央经济工作会议上指出:中国特色社会主义进入了新时代,我国经济发展也进入了新时代,基本特征就是我国经济已由高速增长阶段转向高质量发展阶段。高质量发展,是能够很好满足人民日益增长的美好生活需要的发展,是体现新发展理念的发展,是创新成为第一动力、协调成为内生特点、绿色成为普遍形态、开放成为必由之路、共享成为根本目的的发展。推动高质量发展,是保持经济持续健康发展的必然

---

① 中共中央文献研究室编:《十九大以来重要文献选编》,中央文献出版社,2019年,第21页。

第五编　中国特色社会主义进入新时代党的经济思想

要求,是适应我国社会主要矛盾变化和全面建成小康社会、全面建设社会主义现代化国家的必然要求,是遵循经济规律发展的必然要求。推动高质量发展是当前和今后一个时期确定发展思路、制定经济政策、实施宏观调控的根本要求,必须加快形成推动高质量发展的指标体系、政策体系、标准体系、统计体系、绩效评价、政绩考核,创建和完善制度环境,推动我国经济在实现高质量发展上不断取得新进展。①

2019年,党的十九届四中全会指出:"坚持和完善社会主义基本经济制度,推动经济高质量发展","全面贯彻新发展理念,坚持以供给侧结构性改革为主线,加快建设现代化经济体系"。②全面贯彻新发展理念,坚持以供给侧结构性改革为主线,加快建设现代化经济体系,从发展理念、工作主线和经济体系三个层面勾勒出推动经济高质量发展的基本框架。

2020年10月,党的十九届五中全会提出,"十四五"时期经济社会发展要以推动高质量发展为主题,这是根据我国发展阶段、发展环境、发展条件变化作出的科学判断。我们要以习近平新时代中国特色社会主义思想为指导,坚定不移贯彻新发展理念,以深化供给侧结构性改革为主线,坚持质量第一、效益优先,切实转变发展方式,推动质量变革、效率变革、动力变革,使发展成果更好惠及全体人民,不断实现人民对美好生活的向往。在党的十九届五中全会上,习近平强调:"经济、社会、文化、生态等各领域都要体现高质量发展的要求。""十四五"乃至今后更长时期,以推动高质量发展为主题要体现在国家发展的各领域和全过程。

---

① 参见《习近平谈治国理政》(第三卷),外文出版社,2020年,第239页。
② 《中共中央关于坚持和完善中国特色社会主义制度　推进国家治理体系和治理能力现代化若干重大问题的决定》,《人民日报》,2019年11月6日。

二、高质量发展的内涵

推动高质量发展,既是保持经济持续健康发展的必然要求,也是适应我国社会主要矛盾变化和全面建成小康社会、全面建设社会主义现代化国家的必然要求,更是遵循经济规律发展的必然要求。

第一,高质量发展是适应经济发展新常态的主动选择。我国经济发展进入了新常态。在这一大背景下,我们要立足大局、抓住根本,看清长期趋势、遵循经济规律,主动适应把握引领经济发展新常态。要牢固树立正确的政绩观,不被短期经济指标的波动所左右,坚定不移实施创新驱动发展战略,主动担当、积极作为,推动我国经济在实现高质量发展上不断取得新进展。

第二,高质量发展是贯彻新发展理念的根本体现。发展理念是否对头,从根本上决定着发展成效乃至成败。党的十八大以来,以习近平同志为核心的党中央直面我国经济发展的深层次矛盾和问题,提出创新、协调、绿色、开放、共享的新发展理念。只有贯彻新发展理念才能增强发展动力,推动高质量发展。应该说,高质量发展就是能够很好满足人民日益增长的美好生活需要的发展,是体现新发展理念的发展。

第三,高质量发展是适应我国社会主要矛盾转化的必然要求。我国社会主要矛盾已经转化为人民日益增长的美好生活需要和不平衡不充分的发展之间的矛盾。不平衡不充分的发展就是发展质量不高的直接表现。更好满足人民日益增长的美好生活需要,必须推动高质量发展。我们要重视量的发展,但更要解决质的问题,在质的大幅度提升中实现量的有效增长,给人民群众带来更多的获得感、幸福感、安全感。

第四,高质量发展是建设现代化经济体系的必由之路。建设现代化经济体系是跨越关口的迫切要求和我国发展的战略目标。实现这一战略目标,必须坚持质量第一、效益优先,推动经济发展质量变革、效率变革、动力变革,提高全要素生产率,不断增强我国经济创新力和竞争力。归根结底,就是要推动高质量发展。推动高质量发展是当前和今后一个时期确定发展思路、制定经济政策、实施宏观调控的根本要求。遵循这一根本要求,我们必须适应新时代、聚焦新目标、落实新部署,推动经济高质量发展,为全面建成小康社会、全面建设社会主义现代化强国奠定坚实物质基础。

提高商品与服务质量是高质量发展的基础,技术创新是高质量发展的核心,可持续性是高质量发展的最高层次,实现人的发展是高质量发展的终极关怀。据此,高质量发展包括以下内容:

第一,提高效率。一是提高要素配置效率。在要素市场化程度不断提高的基础上,进一步优化要素配置结构,使要素和资源配置到生产效率较高的领域和环节,以提高投入产出效率。二是提高生产和服务效率。通过科技创新和模式创新的方式,提升全要素生产率,使生产体系产出效率更高、生产模式更新、成本控制更好。三是提高市场组织效率。搭建良好的交易平台,形成有效的市场机制,优化制度体系和管理体制,使市场的资源配置能力更强、交易空间更大、竞争效率更高,从而促进市场组织效率的提升和收益增加。

第二,优化经济结构。要从总量扩张转向结构优化,使我国的产业结构、需求结构、城乡区域结构等不断优化。一是优化产业结构,二是优化区域结构,三是优化城乡结构。

第三,培育新动能。一是由依靠要素驱动转向依靠创新驱动,二是从旧制造模式转到新制造模式上来。新制造是以智能化、大数据、互联网为代表的新技术所促成的智能化、大规模、个性化定制生产与服务。三是由投资拉动为主向消费拉动为主转变。党的十九大明确,在现阶段所要培育的新动能主要涉及"在中高端消费、创新引领、绿色低碳、共享经济、现代供应链和人力资本服务等领域"[1]。实际上,这六大领域的新动能主要是在互联网、大数据、人工智能同实体经济深度融合基础上产生的。

第五节 建设现代化经济体系

一、现代化经济体系的提出

现代化经济体系是习近平在党的十九大报告中首次提出的。习近平指出:"我国经济已由高速增长阶段转向高质量发展阶段,正处在转变发展方式、优化经济结构、转换增长动力的攻关期,建设现代化经济体系是跨越关口的迫切要求和我国发展的战略目标。"[2]

2018年1月30日,十九届中央政治局就建设现代化经济体系进行集体学习,习近平在学习时强调:"现代化经济体系,是由社会经济活动各个环节、各个层面、各个领域的相互关系和内在联系构成的一个有机整体。"[3]

建设现代化经济体系是中国特色社会主义进入新时代的背景下我国经济发展的战略目标,紧扣新时代中国社会主要矛盾转化、落实中国特色社会主义经济建设布局的内在要求,是决胜全面建成小康社会、开启全面建设社会主义现代化国家新征程的基本途径,也是适应中国经济由高速增长阶段

---

[1] 习近平:《决胜全面建成小康社会 夺取新时代中国特色社会主义伟大胜利——在中国共产党第十九次全国代表大会上的报告》,人民出版社,2017年,第16页。
[2] 中共中央文献研究室编:《十九大以来重要文献选编》,中央文献出版社,2019年,第21页。
[3] 《习近平谈治国理政》(第三卷),外文出版社,2020年,第200页。

转向高质量发展阶段,优化经济结构、转变经济发展方式、转换经济增长动力和全面均衡发展的迫切需要。现代化经济体系的内容,根据习近平在中央政治局集体学习时的讲话,包括以下七大体系:

第一,建设创新引领、协同发展的产业体系。实现实体经济、科技创新、现代金融、人力资源协同发展,使科技创新在实体经济发展中的贡献份额不断提高,现代金融服务实体经济的能力不断增强,人力资源支撑实体经济发展的作用不断优化。

第二,建设统一开放、竞争有序的市场体系。实现市场准入畅通、市场开放有序、市场竞争充分、市场秩序规范,加快形成企业自主经营公平竞争、消费者自由选择自主消费、商品和要素自由流动平等交换的现代市场体系。

第三,建设体现效率、促进公平的收入分配体系。实现收入分配合理、社会公平正义、全体人民共同富裕,推进基本公共服务均等化,逐步缩小收入分配差距。

第四,要建设彰显优势、协调联动的城乡区域发展体系。实现区域良性互动、城乡融合发展、陆海统筹整体优化,培育和发挥区域比较优势,加强区域优势互补,塑造区域协调发展新格局。

第五,建设资源节约、环境友好的绿色发展体系。实现绿色循环低碳发展、人与自然和谐共生,牢固树立和践行绿水青山就是金山银山理念,形成人与自然和谐发展的现代化建设新格局。

第六,建设多元平衡、安全高效的全面开放体系,发展更高层次开放型经济,推动开放朝着优化结构、拓展深度、提高效益方向转变。

第七,要建设充分发挥市场作用、更好发挥政府作用的经济体制,实现市场机制有效、微观主体有活力、宏观调控有度。

明确建设现代化经济体系对启动现代化进程具有重要意义。过去关于现代化的讨论过于关注国内生产总值的指标，在实践中往往是以抓国内生产总值来推进现代化。而在转向高质量发展的新时代后，现代化就要由高质量发展来支持，相应的，启动现代化就不是简单地规定国内生产总值指标，而是要按照新发展理念，以建设现代化经济体系来推进现代化。

二、现代化经济体系的建设

现代化经济体系是由社会经济活动各个环节、各个层面、各个领域的相互关系和内在联系构成的一个有机整体。从推动现代化进程考虑，现代化经济体系可以概括为三个方面：一是现代化的支撑体系，包括创新引领、协同发展的产业体系，彰显优势、协调联动的城乡区域发展体系，资源节约、环境友好的绿色发展体系。它要求在产业、城乡、区域、生态方面推动现代化。二是现代化的动力体系，包括体现效率、促进公平的收入分配体系，多元平衡、安全高效的全面开放体系。三是现代化的国家治理体系，包括统一开放、竞争有序的市场体系，充分发挥市场作用、更好发挥政府作用的经济体制。很显然，建设现代化经济体系是开启现代化的行动。这是高质量开启现代化建设新征程的关键性战略安排，可以为整个现代化建设进程奠定坚实的基础。

（一）建设现代化的支撑体系

根据党的十九大关于建设富强民主文明和谐美丽的社会主义现代化强国的蓝图，中国的现代化需要产业、区域和生态三足鼎立来支撑。

第一，建设现代化的产业体系。现代化产业体系的建设，归根到底是实体经济的发展。实体经济的发展需要科技创新、现代金融、人力资源协同发展。所谓创新引领，核心是科技创新，要求科技创新在实体经济发展中的贡献份额不断提高，以科技创新引领产业创新。所谓现代金融同实体经济的协同,指的是为实体经济发展创造良好金融环境,疏通金融进入实体经济的渠道,现代金融服务实体经济的能力不断增强。银行和金融市场的现代化必须同产业体系现代化协同。所谓人力资源同实体经济协同,就是要求人力资源支撑实体经济发展的作用不断优化。如果说科学技术是第一生产力,那么人才就是现代化的第一要素。实体经济和人力资源的协同涉及三个方面:一是突出发展更多需要人力资本服务的知识密集型产业领域;二是培育企业家人力资本,激发和保护企业家精神;三是在集聚高端创新创业人才的同时培育知识型、技能型、创新型劳动者大军。

第二,建设现代化的城乡区域体系。现代化的城乡区域体系是针对我国不平衡的城乡区域结构提出来的。一方面彰显城市和发达地区的优势,另一方面城乡区域协调联动发展。就城乡关系来说,城市和农村都实现现代化,才是现代化国家。建设现代化的城乡体系,需要推进乡村振兴战略,其基本路径是城乡发展深度融合。需要通过工业反哺农业、城市反哺农村的路径提升农业和农村的现代化水平。就区域关系来说,在我国这样一个幅员辽阔,各个区域经济社会发展很不平衡的国家,无论是小康社会建设还是现代化建设必然存在有先有后的过程,建设现代化区域体系涉及以下方面:首先,针对尚未达到全面小康水平的经济相对落后的地区着力推进脱贫攻坚,使其同全国其他地区一道进入现代化的起点,共同开启现代化进程。其次,经济发达地区在现代化建设中继续走在前列,彰显优势,为全国的现代化建设探路。再次,各个地区的资源禀赋、文化传统、产业结构存在很大的差异。现代化的区域体系要反映各个地区的比较优势,从而形成各自的现代化特色。最后,根据协调发展的要求,现代化进程中先发地区和后发地区联动发展。

第三,建设现代化的绿色发展体系。现代化的绿色发展体系的基本特征是资源节约、环境友好。我们要建设的现代化是人与自然和谐共生的现代化。

围绕建设现代化的绿色发展体系推进现代化,既要创造更多物质财富和精神财富以满足人民日益增长的美好生活需要,也要提供更多优质生态产品以满足人民日益增长的优美生态环境需要。建设现代化的绿色发展体系就如习近平所指出的:"要从转变经济发展方式、环境污染综合治理、自然生态保护修复、资源节约集约利用、完善生态文明制度体系等方面采取超常举措,全方位、全地域、全过程开展生态环境保护。"[①]

(二)建设现代化的动力体系

现代化的动力来自两个方面:一是由经济利益产生的内在动力,与收入分配体系相关;二是由对外开放带来的外源动力,与对外开放新体系相关。

第一,建设现代化的收入分配体系。现代化的重要标志是居民收入普遍较大幅度提高并且收入差距明显缩小。中国推进的社会主义现代化一开始就明确以人民为中心的定位,在脱贫攻坚任务完成基础上建设体现效率、促进公平的收入分配体系,主要涉及以下两个方面:一是建立以效率为基础的分配体系,以做大"蛋糕"。既要坚持按劳分配为主体,又要完善按要素分配。充分动员和激励各种创造财富的要素参与到现代化进程中来。二是建立促进公平的分配体系。为分好"蛋糕",需要在收入分配体系中建立促进公平分配的机制,不仅要求再分配更讲公平,还要求在初次分配中就处理好公平和效率的关系,建立兼顾公平与效率的收入分配制度。

第二,建设现代化的开放体系。对外开放是发展中国家进行现代化建设的必由之路,既要利用国际国内两个资源两个市场,又要获取国际上科技创新的资源,进行开放式创新。这是现代化的外源动力。就如习近平指出的:"过去40年中国经济发展是在开放条件下取得的,未来中国经济实现高质量发展

---

① 习近平:《扎扎实实做好改革发展稳定各项工作　为党的十九大胜利召开营造良好环境》,《人民日报》,2017年6月24日。

也必须在更加开放条件下进行。现在的开放型经济进入了新时代,所要建立的现代化开放体系需要体现多元平衡、安全高效的全面开放要求,朝着优化结构、拓展深度、提高效益方向转变,从而建立高质量的开放型经济体系。"

(三)建设现代化的国家治理体系

经济调节有市场调节和政府调节两个方面。新时代的现代化需要进一步完善社会主义市场经济体制,构建市场机制有效、微观主体有活力、宏观调控有度的经济体制,不断增强我国经济创新力和竞争力。

第一,建设现代化的市场体系。所有现代化国家都是在市场经济条件下实现现代化的。社会主义市场经济是社会主义现代化的制度保障。基本特征是市场决定资源配置。依据市场规则、市场价格、市场竞争配置资源有两大功能:一是优胜劣汰的选择机制;二是奖惩分明的激励机制,由此实现效益最大化和效率最优化。在现实中只有在市场经济发展到现阶段才具有这种功能。习近平指出:"我国社会主义市场经济体制已经初步建立,但仍存在不少问题。"[①]党的十九大对完善市场机制提出的要求是"要素自由流动、价格反应灵活、竞争公平有序、企业优胜劣汰"。这是现代化市场体系的标志。

第二,建设现代化的政府调控体系。在社会主义市场经济体制中,市场决定资源配置和更好发挥政府作用是个整体。西方发达国家是在市场失灵后发挥政府作用,而在社会主义市场经济中的政府不仅仅是克服市场失灵。对此,主要有三方面要求:第一,作为社会主义国家,市场经济的运行需要贯彻社会主义的要求,如公平正义的要求,国民经济计划要求(尽管是指导性的),尤其是基本公共服务城乡、区域的均等化。第二,作为发展中国家面临着紧迫的经济发展任务,尤其是制约发展的经济结构问题不仅在于其失衡,

---

① 中共中央文献研究室编:《习近平关于社会主义经济建设论述摘编》,中央文献出版社,2017年,第51~52页。

尤为突出的是处于低度水准,需要政府有重点地扶持主导产业和高新技术产业的发展,增强国家竞争力。第三,发展中国家市场的发育程度和完善程度都远远落后于发达国家。政府要采取有效的措施培育市场,当然,政府的这些职能会随着经济的发达程度和市场的发育程度的提高而逐步减少,直至市场发育成熟,政府退出这一过程。基于政府在现代化中的上述任务,更好发挥政府作用要在明确政府的职责和作用基础上进行科学的宏观调控,有效的政府治理。政府宏观调控的科学性要求政府转型。由经济建设型政府转向执行经济调节、市场监管、社会管理和公共服务职能的政府。总的来说,现代化经济体系的各个方面是有机整体,建设现代化经济体系关键在建设。在推进现代化时对各个方面的体系需要一体建设、整体推进。

第十七章　开放发展和新发展格局思想

开放是国家繁荣发展的必由之路。改革开放的实践启示我们：开放带来进步，封闭必然落后。习近平指出："过去40年中国经济发展是在开放条件下取得的，未来中国经济实现高质量发展也必须在更加开放条件下进行。"[①]中国未来经济实现高质量发展更加需要开放。伴随着中国改革开放实践的发展，为了适应世界经济新变化、全球要素分工演进新趋势，以及新阶段中国开放型经济高质量发展的现实需求，习近平进一步发展了对外开放思想，使对外开放理论进一步发展，思想内涵更加丰富。

---

① 习近平：《开放共创繁荣　创新引领未来——在博鳌亚洲论坛2018年年会开幕式上的主旨演讲》，《人民日报》，2018年4月11日。

第一节 开放发展的新理念

2015年10月,习近平在党的十八届五中全会提出的新发展理念就包含开放发展。习近平对开放发展理念的说明是:"坚持开放发展,必须顺应我国经济深度融入世界经济的趋势,奉行互利共赢的开放战略,发展更高层次的开放型经济,积极参与全球经济治理和公共产品供给,提高我国在全球经济治理中的制度性话语权,构建广泛的利益共同体。"①党的十八届五中全会从全球视野提出开放发展理念,既向世界表明了"中国开放的大门永远不会关上"的立场,也揭示了"中国经济的命运与世界的命运息息相关"的共赢逻辑。

一、开放发展的新时代要求

开放发展新理念的提出,有其深刻社会经济背景。经过改革开放多年的发展,中国已经全面融入国际分工体系。据《2015世界投资报告》②显示,2014年,流入中国的外商直接投资达到了1290亿美元,同比增长4%,中国首次超过美国,成为全球最大的外资流入国。在对外贸易方面,2009年中国首次超越德国成为世界第一大出口国,此后连续排名世界第一。2015年,根据世界贸易组织公布的数据显示我国出口额达2.27万亿美元,仍然排名世界第一。③

---

① 《中国共产党第十八届中央委员会第五次全体会议公报》,《人民日报》,2015年10月30日。
② UNCTAD:WORLD INVESTMENT REPORT 2015, https://worldinvestmentreport.unctad.org/wir2015/.
③ 数据来源于世界贸易组织统计数据库:https://www.wto.org/english/res_e/statis_e/statis_e.htm。

第五编　中国特色社会主义进入新时代党的经济思想

同时,中国也是世界第二大进口国。综合来看,中国继续保持着第一货物贸易大国地位。从对外直接投资看,2015年,我国境内投资者共对全球155个国家/地区的6532家境外企业进行了非金融类直接投资,累计实现对外投资7350.8亿元人民币(折合1180.2亿美元),同比增长14.7%。[①]从相对地位上看,中国对外直接投资规模仅次于美国和日本,居于世界第三位。

2016年1月,在省部级主要领导干部学习贯彻十八届五中全会精神专题研讨班开班式上,习近平对贯彻落实新发展理念作系统阐释时,充分肯定我国在世界经济和全球治理中的地位迅速上升,成为影响世界政治经济版图变化的一个主要因素,"但我国经济大而不强问题依然突出,人均收入和人民生活水平更是同发达国家不可同日而语,我国经济实力转化为国际制度性权力依然需要付出艰苦努力"[②]。这可以说是开放发展所要解决的发展问题。

习近平指出,要发展壮大,必须主动顺应经济全球化潮流,坚持对外开放,充分运用人类社会创造的先进科学技术成果和有益管理经验。在经济全球化成为时代潮流的背景下,只有顺应潮流,进一步融入经济全球化进程之中才能为中国经济未来的持续稳定增长寻找正确的道路;只有融入经济全球化的时代潮流之中,才能通过全球范围合理配置生产环节,获取战略性资产,节约生产成本,构建"以我为主"的全球生产网络,顺利实现中国开放型经济发展模式的转型。

2013年1月28日,习近平在十八届中共中央政治局第三次集体学习时指出,世界繁荣稳定是中国的机遇,中国发展也是世界的机遇。和平发展道路

[①] 数据来源于《2016年中国境外投资报告》:https://max.book118.com/html/2017/0606/112076616.shtm。

[②] 习近平:《在省部级主要领导干部学习贯彻党的十八届五中全会精神专题研讨班上的讲话》,《人民日报》,2016年5月10日。

能不能走得通,很大程度上要看我们能不能把世界的机遇转变为中国的机遇,把中国的机遇转变为世界的机遇,在中国与世界各国的良性互动、互利共赢中开拓前进。

中国开放型经济水平在规模上已经处于较高阶段,并且产生了开放型经济发展模式转型的压力,因此在这个阶段更要坚持主动开放,将中国经济进一步融入经济全球化的时代潮流中去,"中国开放的大门不会关上……中国将在更大范围、更宽领域、更深层次上提高开放型经济水平"[①]。

第一,适应高标准全球经济规则。高质量和高标准已是当前全球经济规则发展的重要趋势。"高标准"更多关注的是一国国内经济政策、产业政策、自主创新、政府采购、知识产权保护等。因此,适应高标准,其实质就是要建立更加成熟、更加完善、更加公平、更加规范、更加透明、更加法制化的市场经济体制,而要做到这一点,进一步推动经济体制改革是唯一途径。

第二,从要素驱动开放向创新驱动开放转变。中国经济经过多年的高速增长,在为中国进一步扩大开放奠定坚实物质基础的同时,更面临着劳动力、土地等各类生产要素成本集中上升,以及资源、能源和环境约束日益严峻等问题。应对传统低成本优势不断弱化带来的挑战,开放型经济发展需要从要素驱动向创新驱动转变,这需要充分的创新要素供给。在以要素跨国流动为主要内容的经济全球化背景下,一国创新要素不仅取决于其自身要素存量结构,更取决于要素流量结构。一国或区域内的货物、服务、信息、资本、技术、管理、人才等相对自由的流动,以及提供更为完善的产权保护,对全球优质要素的集聚具有关键意义。

第三,提升国际竞争能力。中国在过去相当长的一段时间内开放型经济

---

① 《习近平同出席博鳌亚洲论坛年会的中外企业家代表座谈》,新华网,http://news.xinhuanet.com/politics/2013-04/08/c_115309030.htm,2013年4月8日。

发展主要是"引进来"。在以要素跨国流动为主要内容的经济全球化条件下,"走出去"是一个国家(地区)利用世界资源和市场能力以及经济国际化水平的集中体现;是更好地从全球获取资金、技术、市场、战略资源,拓展经济发展空间,提升经济国际竞争力,增强经济发展动力和后劲的重要战略;是企业深度融入全球市场,在全球市场中学习、竞争进而不断成长的重要途径。实际上,"走出去"整合全球优势要素资源,正是当前经济全球化下跨国公司迅猛发展的根本原因。因此,党的十九大明确提出"坚持引进来和走出去并重、创新对外投资方式"①的战略目标。这是构建开放型经济新体制的又一重要目标。

第四,协调区域发展实现整体开放。中国开放型经济发展呈现出显著区域差异特征,近年来,受到资源环境及用工成本提高等因素的影响,沿海地区面临转型升级的紧迫任务。而中西部内陆地区交通等基础设施条件大大改善,成本优势凸显,承接产业转移的能力在不断增强。由此,沿海地区可以利用高素质劳动禀赋优势吸引其他先进要素在本区域集聚,实现产业结构向先进制造业或者向产品价值链高端环节升级,而中西部地区则可以充分发挥成本优势,承接以加工类产品为主的劳动密集型产业。但这需要区域间形成有效的分工协作体制机制,这也是构建开放型经济新体制的内容之一。正如党的十九大报告指出的,"形成陆海内外联动、东西双向互济的开放格局、优化区域开放布局"②。

---

①② 习近平:《决胜全面建成小康社会 夺取新时代中国特色社会主义伟大胜利》,《人民日报》,2017年10月28日。

二、推动构建人类命运共同体

习近平提出和阐述的"构建人类命运共同体"的思想引领新时代国际新秩序的构建。"命运共同体"的概念是习近平于2013年4月6日至8日出席博鳌亚洲论坛年会的主旨演讲中首次提出的。习近平指出:"共同发展是持续发展的重要基础,符合各国人民长远利益和根本利益。我们生活在同一个地球村,应该牢固树立命运共同体意识,顺应时代潮流,把握正确方向,坚持同舟共济,推动亚洲和世界发展不断迈上新台阶。"[1]此后,习近平在2013年10月出访印尼时提出"中国-东盟命运共同体";2014年11月28日至29日召开的中央外事工作会议,习近平提出"周边命运共同体";2015年3月28日,习近平出席博鳌亚洲论坛在发表题为"迈向命运共同体 开创亚洲新未来"的主旨演讲中提出"亚洲命运共同体";而"人类命运共同体"的概念是在纪念万隆会议召开60周年讲话和联合国成立70周年演讲等场合上提出的。"命运共同体"概念的本质是"合作共赢","世界各国联系紧密、利益交融,要互通有无、优势互补,在追求本国利益时兼顾他国合理关切,在谋求自身发展中促进各国共同发展,不断扩大共同利益汇合点。要加强南南合作和南北对话,推动发展中国家和发达国家平衡发展,夯实世界经济长期稳定发展基础。要积极创造更多合作机遇,提高合作水平,让发展成果更好惠及各国人民,为促进世界经济增长多作贡献"[2]。

习近平明确提出的建设人类命运共同体的科学论断的内涵就是他所说

---

[1] 习近平:《共同创造亚洲和世界的美好未来》,《人民日报》,2013年4月8日。
[2] 习近平:《共同创造亚洲和世界的美好未来——在博鳌亚洲论坛2013年年会上的主旨演讲》,新华网,http://news.xinhuanet.com/politics/2013-04/07/c_115296408.htm,2013年4月7日。

第五编　中国特色社会主义进入新时代党的经济思想

的:坚持对话协商,建设一个持久和平的世界;坚持共建共享,建设一个普遍安全的世界;坚持合作共赢,建设一个共同繁荣的世界;坚持交流互鉴,建设一个开放包容的世界;坚持绿色低碳,建设一个清洁美丽的世界。根据建立人类命运共同体的思想,建设"丝绸之路经济带"和"21世纪海上丝绸之路"倡议的构想,以政策沟通、设施联通、贸易畅通、资金融通、民心相通为主要内容,全方位推进与共建国家合作,构建利益共同体、命运共同体和责任共同体,深化与共建国家多层次经贸合作,带动我国沿边、内陆地区发展。

中国开放发展新理念体现"共赢开放","经济上应相互促进,共同发展,而不应造成贫富悬殊"[①]。这就是习近平说的:"我们要坚持开放的发展,让发展成果惠及各方。在经济全球化时代,各国要打开大门搞建设,促进生产要素在全球范围更加自由便捷地流动。各国要共同维护多边贸易体制,构建开放型经济,实现共商、共建、共享。要尊重彼此的发展选择,相互借鉴发展经验,让不同发展道路交汇在成功的彼岸,让发展成果为各国人民共享。"[②]"共商、共建、共享"正是合作共赢的具体体现和实现路径。中国推动的"一带一路"建设,就是建立以"合作共赢"为核心的新型国际关系的具体举措之一。

三、提高我国在全球经济治理中的制度性话语权

当前的全球经济治理体系是二战后在美国等西方国家主导下建立起来的。客观而论,美国等发达国家依托世界银行、国际货币基金组织、世界贸易

---

① 江泽民:《全面建设小康社会,开创中国特色社会主义事业新局面——在中国共产党第十六次全国代表大会上的报告》,中国新闻网,http://www.chinanews.com/2002-11-17/26/244521.html,2002年11月17日。

② 习近平:《谋共同永续发展做合作共赢伙伴——在联合国发展峰会上的讲话》,人民网,http://cpc.people.com.cn/n/2015/0927/c64094-27638798.html,2015年9月27日。

817

组织等国际组织和机构,构建的全球经济治理机制和体系,对二战后世界经济的繁荣发展、国际贸易和国际投资的顺利开展,起到了重要推动作用。然而伴随经济全球化深度演进、全球经济失衡问题加重、新兴经济体崛起、收入分配差距扩大等,现行全球经济治理的局限性日益显现,在维护全球经济秩序的功能方面表现出严重缺失。

开放发展理念强调的互利共赢理念,不仅是中国对外开放的指导思想,也是中国为构建全球公正合理的国际经济治理新秩序做出的贡献。党的十八届五中全会提出"积极参与全球经济治理和公共产品供给,提高我国在全球经济治理中的制度性话语权,构建广泛的利益共同体"[1]。提升中国在全球经济治理中的制度性话语权的目标是实现全球经济治理的合作共赢。

目前,全球经济治理已经难以适应经济全球化发展的需要。中国经济的崛起使得中国在世界经济中具备了越来越大的影响力,一方面使得中国成为世界经济增长的重要贡献者,另一方面美国和西方国家也把中国的崛起看作是对现行国际经济秩序的最大挑战。

开放发展新理念为中国参与全球经济治理确立了基本方向。第一,中国深入参与经济全球化的方向不会变,这使得中国将成为经济全球化发展的支持者,中国对全球经济治理的态度将是完善而非否定,因此中国将成为全球经济规则的支持者而非破坏者。第二,随着世界经济格局的改变以及中国经济发展阶段的改变,中国对全球经济秩序存在完善的需求。这一方面是实现开放发展新理念所确立的"合作共赢"的国际经济合作的基本方向,不仅符合广大发展中国家的诉求,而且符合全球经济可持续发展的需要;另一方面也

---

[1] 新华社:《中共中央关于制定国民经济和社会发展第十三个五年规划的建议》,https://china.huanqiu.com/article/9CaKrnJRaiX,2015年11月4日。

第五编　中国特色社会主义进入新时代党的经济思想

为中国未来开放型经济的发展提供了良好的国际经济环境。第三,提高我国在全球经济治理中的制度性话语权既是中国承担大国责任,提供国际社会所需要的公共产品的重要举措,也是实现中国与世界共赢的重要方式。但是也应该清醒地认识到,这一过程不会是一帆风顺的,"我国在世界经济和全球治理中的分量迅速上升,但经济大而不强问题依然突出,我国经济实力转化为国际制度性权力依然需要付出艰苦努力"[1]。

第二节　"一带一路"建设

2013年9月7日,习近平访问哈萨克斯坦在纳扎尔巴耶夫大学发表的《弘扬人民友谊 共创美好未来》的演讲中提出共同建设"丝绸之路经济带"[2];同年10月3日,他在印度尼西亚参会时又发表了《中国愿同东盟国家共建21世纪"海上丝绸之路"》的演讲,于是"一带一路"的路线开成了。"一带",指的是"丝绸之路经济带",是在陆地。从中国出发有三个走向:一是经中亚、俄罗斯到达欧洲;二是经中亚、西亚至波斯湾、地中海;三是中国到东南亚、南亚、印度洋。"一路",指的是"21世纪海上丝绸之路",重点方向是两条:一是从中国沿海港口过南海到印度洋,延伸至欧洲;二是从中国沿海港口过南海到南太平洋。至2019年召开"一带一路"高峰论坛时,已有一百五十多个国家和国际组织同中国签订了"一带一路"建设合作协议。

过去,我国的开放重点在沿海地区,开放的主方向在海洋,尤其是发达国

---

[1] 中共中央宣传部:《习近平总书记系列重要讲话读本(2016年版)》,学习出版社、人民出版社,2016年,第135页。

[2] 习近平:《弘扬人民友谊 共创美好未来》,《人民日报》,2013年9月8日。

家。新时代的开放,"一带一路"建设意味着我国开放空间从沿海、沿江向内陆、沿边延伸,在提升向东开放的同时,加快向西开放步伐。内陆沿边地区也成为开放前沿,形成陆海内外联动、东西双向互济的开放新格局。面向共建"一带一路"国家和地区,这就形成了陆海内外联动、东西双向互济的开放格局。

"一带一路"建设是建立在对当代经济全球化发展规律深刻把握的基础之上的,顺应了全球经济治理与时俱进、因时而变的现实需求。"一带一路"建设是对现有全球经济治理理论的扬弃和发展,是对经济全球化理论的重大创新,是马克思主义政治经济学在当代国际经济领域的新发展,是中国在经济全球化新形势下开放发展为全球做出贡献的责任担当。正如党的十九大报告指出的,中国将继续发挥负责任大国作用,积极参与全球治理体系改革和建设,不断贡献中国智慧和力量。

一、"一带一路"建设是对全球经济治理的完善

作为全球公共产品的一种,全球经济治理的概念和内容通常包括治理主体、治理方式和治理机制。中国的"一带一路"建设,倡导"人类命运共同体"理念,以"共商、共建、共享"的方式,补充和完善当前全球治理机制的不足和缺陷。

"一带一路"建设为全球经济治理提供了更先进的理念。当前的全球经济治理规则,以市场效率为基础,重利而轻义。以要素分工为主要内容和特征的经济全球化,使得世界各国形成了"你中有我、我中有你"的命运共同体,因此只有义利兼顾才能共同发展,只有义利平衡才能互利共赢。[①]正是基

---

① 参见习近平:《决胜全面建成小康社会 夺取新时代中国特色社会主义伟大胜利》,《人民日报》,2017年10月28日。

第五编 中国特色社会主义进入新时代党的经济思想

于对上述新形势的深刻认识,"一带一路"建设秉持了"人类命运共同体"的先进理念,蕴涵了"道义为先,义利平衡"的正确义利观。这一先进理念超越了国家的狭隘和国际的差异,树立了人类整体意识,体现的是中华文明中"天下大同"的深邃思想,彰显的是中国对和平发展、合作共赢的孜孜追求以及道义为先的大国风范。

共商体现的是一种平等参与。全球经济治理本就应该以平等为基础,国家不分大小、强弱、贫富,都是国际社会平等成员,理应平等参与决策、享受权利、履行义务。①"一带一路"建设的共商原则,是一种共同商讨的新机制,让共建"一带一路"国家和人民共同商讨、规划未来的发展方向,构建未来发展蓝图,体现的正是平等参与。由此,弥补了世界发展方向和规划总是由经济强势国家确定的不足,对全球经济治理具有重要完善作用。

共建体现的是一种联动发展。在"一荣俱荣、一损俱损"的全球经济新格局下,没有哪一个国家可以独善其身,协调合作是必然选择。②各国经济唯有联动发展,才能为世界经济注入持久的动力,也才能实现真正意义上的持续性互利共赢。中国提出的"一带一路"建设构想,正是建立在"一带一路"共建国家和地区共同建设基础之上的,亚投行和丝路基金体现了中国的表率作用。通过加强政策规则的联动、夯实基础设施的联动,形成和优化全球价值链的利益联动,最终实现发展的联动,构建更加均衡的发展模式。

共享体现的是一种包容增长。发展的目的是要让发展的成果惠及世界各国人民,因此全球经济治理应该以共享为目标,寻求利益共享,实现共赢目标,使经济全球化发展更具包容性。全球经济治理既要讲求效率,也要注重

---

① 参见习近平:《决胜全面建成小康社会 夺取新时代中国特色社会主义伟大胜利》,《人民日报》,2017年10月28日。

② 参见习近平:《中国发展新起点 全球增长新蓝图》,《人民日报》,2016年9月4日。

公平。目前,全球经济治理强调前者而忽视后者。在经济全球化红利分配不均已成为可持续发展重要制约因素的条件下,依托全球经济治理规则调整和完善推动包容发展,不仅是国际社会的道义责任,也能释放出更强劲的有效需求。"一带一路"建设明确提出,发展的成果由参与"一带一路"建设的所有国家共同享有,秉持的是一种包容性发展理念和原则,正是对当前全球经济治理包容性思虑不足的有益补充和完善。

此外,在全球治理机制方面,"一带一路"建设依靠中国与有关国家既有的双多边机制,借助既有的、行之有效的区域合作平台,旨在借用古代"丝绸之路"的历史符号,高举和平发展的旗帜,制定有关国际标准和规范,推广相关经验和做法,主动地发展与共建国家的经济合作伙伴关系,共同打造与共建国家政治互信、经济融合、文化包容的命运共同体。解决了现有一些机制难以充分反映国际社会诉求、难以有效应对全球性挑战和代表性不够等问题。

二、"一带一路"建设的中国方案

中国"一带一路"建设的实质是中国与共建"一带一路"国家和地区共建共享发展。"一带一路"建设既不是对外援助计划,也不是地缘政治工具,而是互利共赢的合作平台。

"一带一路"建设遵循共商共建共享原则,遵循市场规律和国际通行规则,坚持公开透明,谋求互利共赢,打造包容可及、广泛受益、符合国情和当地法律法规的基础设施,致力于实现高质量、可持续的共同发展。

作为世界第二大经济体的中国面对大部分欠发达国家提出"一带一路"建设,是要在共商共建中提供共享的公共产品,尤其是互联互通的公共设施,促进共建"一带一路"国家融入经济全球化,融入21世纪的发展洪流。

中国是在经济全球化和自由贸易的旗帜下建设"一带一路"的,产品自由流动和选择,资源自由流动和选择,遵循市场原则。就产能合作来说更多的是供应链合作,决不能理解为转移落后产能。更谈不上对共建国家产生所谓的"债务陷阱"。

根据上述思路,我国建设"一带一路"的主要方式是"五通",即政策沟通、设施联通、贸易畅通、资金融通、民心相通。

就政策沟通来说,共建"一带一路"国家在经济发展水平、制度体制、政策法规、文化认同等各方面,都存在较大的差异性。对此,习近平强调,中国愿同世界各国分享发展经验,但不会干涉他国内政,不会输出社会制度和发展模式,更不会强加于人。政策沟通的目标就是促成共建国家形成趋向基本一致的战略、决策、政策和规则。政策沟通需要在政治互信、开放包容的基础上寻求共识、消除分歧、化解问题、谋求发展。重视共建各国重大发展战略与"一带一路"建设融合、对接与耦合,共同打造利益共同体、责任共同体和命运共同体。

就设施联通来说,中国在拉动经济增长时有句名言:要想富先修路。这句名言完全可以用到"一带一路"建设上。共建"一带一路"中的欠发达国家落后就在于其基础设施落后。对这些国家来说,最为紧迫的是推进铁路、公路、港口、电网等基础设施建设,一方面能改变这些国家内部因交通不便而处于闭塞和落后的状态,为加速其城镇化和工业化进程奠定良好基础;另一方面能改善国家之间设施联通状况,推动其对外开放,大幅度降低经贸合作的成本,为各国参与全球分工合作奠定良好基础。共建重大基础设施建设项目对东道国的作用在短期内主要体现在扩大当期的投资需求,但从中长期看,设施联通后,资本、技术、人才等高端生产要素会在市场力量的作用下集聚,从而为各国依托自身独特优势开展高水平产业合作奠定基础。

就贸易畅通来说,指的是在"一带一路"建设中提升贸易和投资自由化便利化水平,其内容包括:贸易方式与贸易结构双优化,引进投资与对外投资双深化,重大项目和经贸合作区建设双推进。根据习近平在推进"一带一路"建设工作5周年座谈会上的讲话,"一带一路"贸易畅通不仅要描绘"大写意",更要做好精谨细腻、精雕细琢的"工笔画"[①],要重点在三个方面实现更大突破。一是要打造更多贸易促进平台。以办好进口博览会平台,为共建"一带一路"国家乃至世界各国产品进入中国提供展示和交易平台;扩大边境及境外合作区建设,引导中国优秀大企业到合作区投资建设,打造与共建国家的资本、技术、人才合作大平台;打造智库交流合作平台。二是要创新贸易投资合作方式。深化与共建国家在旅游、文化、金融等服务领域的交流合作;建设一批基础设施和民生性重大项目,推动新技术在项目中的运用;优化产业链、供应链、服务链,大力发展跨境电子商务,推动国内电子商务、物流、支付企业建立"一带一路"跨境电商交易与服务平台。三是持续推进贸易投资便利化。推进我国通关检一体化及"单一窗口"建设,加强与共建国家机制性及标准化等大通关建设;实行准入前国民待遇加负面清单外资管理模式,加强知识产权保护,为共建国家来中国投资营造高标准的国际营商环境;加强与共建国家的工作组机制建设,为"一带一路"贸易畅通提供全面的体制机制保障。

就资金融通来说,与"一带一路"其他"四通"相比,"资金融通"发展相对滞后。要加强"一带一路"资金融通工作,用金融来促进其他"四通"的工作。随着国际合作从基础设施建设逐步深化到企业合作,资金融通已日趋常态化。但是总体来说,银行贷款对中外企业的国际合作支持力度不够。资本市场

---

① 黄玥等:《共建"一带一路",习近平提出从"大写意"到"工笔画"》,新华网,http://www.xinhuanet.com/2018-08/28/c_1123341344.htm,2018年8月28日。

第五编 中国特色社会主义进入新时代党的经济思想

品种单一,保险信托、租赁基金等经济手段在国际交往过程当中还处于初级阶段。共建"一带一路"国家的经济、政治、社会发展不平衡,文化、法制差异巨大,投资洼地占比较大。部分国家受自有资金和融资制约,经济发展长期滞后。加大资金融通,用金融来促进政策沟通、设施联通、贸易畅通和民心相通的工作,将是未来"一带一路"建设的重点。具体思路:一是加大中外企业之间的交流,增加互信;二是加大金融开放力度,深化中外金融企业之间交流合作;三是加快资本市场合作,鼓励和支持中外企业到资本市场融资;四是充分利用保险、信托、基金、债券等金融工具,对中外企业进行国际合作支持;五是加大国际支付体系合作,为中外企业提供良好支付环境。

就民心相通来说,国之交在于民相亲,民相亲在于心相通。从文化特征来看,共建"一带一路"国家和地区涵盖佛教、伊斯兰教、基督教、道教等多个宗教文化。民心相通就是要根据构建人类命运共同体的基本要求,"要相互尊重、平等协商""要坚持以对话解决争端、以协商化解分歧""要同舟共济""要尊重世界文明多样性""要坚持环境友好"[①]。民心相通就是要通过文化交流,尊重各自的文化,加强教育合作和人才培养,以此增进各国人民对"一带一路"建设这一共同事业、共同责任、共同命运的归属感。

总之,"一带一路"建设是适应和引领经济全球化发展新形势的需要,以"人类命运共同体"为先进理念,以开放为导向,以合作为动力,以共享为目标,本着共商共建共享的基本原则,对现有全球经济治理贡献了先进理念、中国智慧和中国方案,对现有全球经济治理构成了有益补充和完善。

---

① 习近平:《决胜全面建成小康社会 夺取新时代中国特色社会主义伟大胜利》,《人民日报》,2017年10月28日。

第三节　开放型经济新体制

自2008年全球金融危机之后,我国开放发展的国内外环境发生了深刻变化。从外部条件看,世界多极化、经济全球化进一步发展,同时面临部分发达国家逆全球化的冲击,国际政治经济环境深刻变化。从内部因素看,我国经济结构深度调整,各项改革全面推进,创新引领发展的趋势更加明显。正是基于上述背景,党的十八大以来,以习近平同志为核心的党中央审时度势,强调要适应经济全球化新形势,推动对内对外开放相互促进、引进来和走出去更好结合,促进国际国内要素有序自由流动、资源高效配置、市场深度融合,加快培育参与和引领国际经济合作竞争新优势,构建互利共赢、多元平衡、安全高效的开放型经济新体制。2015年5月5日,国务院通过《中共中央国务院关于构建开放型经济新体制的若干意见》,为我国巩固和发挥传统优势,适应经济全球化新形势,加快形成参与国际竞争合作新优势指明了方向。

一、构建开放型经济新体制的新要求

现阶段的中国已成为世界第一大出口国、第二大进口国、第一大外汇储备国、第二大吸收外资国、第二大经济体、第三大对外投资国,取得了举世瞩目的发展成就。进入新时代,国内国际环境发生的深刻变化,对我国的开放型经济体制提出了新的挑战。

第一,全球经济处于深度调整期,作为中国最大贸易伙伴的全球前三大经济体需求不足,而中国各类生产要素成本不断上升,必然对中国以低成本

第五编　中国特色社会主义进入新时代党的经济思想

为主要竞争手段和以大规模出口为主导的传统开放型经济发展方式带来巨大压力。适应全球经济新形势,构建开放型经济新体制,已经成为深化对外开放的关键举措。

第二,国际经贸格局面临着深刻调整,建立旨在通过各国国内政策的规制协调与融合,建立适应现代国际贸易与投资发展特点的高标准高质量的国际贸易与投资新规则势在必行。

第三,中国在全球价值链中仍然处于中低端,面临着"浮萍经济"和"低端锁定"的双重风险,加快攀升全球价值链,谋求全球分工新地位,已经成为当前中国开放型经济发展面临的紧要任务。不断向全球价值链高端攀升,最终要依赖于微观主体,依赖的是高端要素,依赖的是具有竞争能力和创新能力的企业。

第四,转变经济发展方式已经成为中国国民经济面临的全局而重大的战略任务。目前,中国开放型经济体制存在着服务业开放不足,以及税收、金融、通关等政策限制中国吸引高端制造等产业发展的问题,不利于开放型经济转型升级,从而难以适应国内经济转型升级的现实需要。以开放型经济转型升级为抓手,可以更好地实现国内经济转型升级的目标。

第五,建立开放型经济新体制需要国内体制的全面深化改革。习近平在党的十九大报告中提出:"形成陆海内外联动、东西双向互济的开放格局、实行高水平的贸易和投资自由化便利化政策、全面实行准入前国民待遇加负面清单管理制度、大幅度放宽市场准入、扩大服务业对外开放、坚持引进来和走出去并重、创新对外投资方式、加快培育国际经济合作和竞争新优势。"[①] 20世纪90年代以来,贸易自由化主要体现在边境开放措施上,政策取向上主要表

[①] 习近平:《决胜全面建成小康社会 夺取新时代中国特色社会主义伟大胜利》,《人民日报》,2017年10月28日。

现为相互降低乃至取消关税和非关税壁垒，从而提高相互间的市场准入水平。一国国内经济政策和市场环境，包括知识产权保护、法制化水平、制度质量、生产要素市场、竞争中立、环保标准、劳工标准、商业环境的公正透明等，越来越成为发展开放型经济的重要影响因素。中国推进的全面深化改革，实际上就是呼应上述规则和制度变化的实践表现，涉及更多的是境内开放问题，如针对竞争中立原则的国有企业改革问题、针对管辖国内经济活动的法律法规与国际接轨的服务业开放问题、针对形成竞争性商业环境的知识产权保护问题、针对促进国际国内要素自由有序流动的放宽投资准入问题，以及针对劳动者权益保护和加强环保等问题，尤其是已将贸易便利化（表现为海关监管和检验检疫方面的改革导向）、投资保护、政府采购、电子商务、环境保护等议题划入重点改革和对外谈判的领域。从实践措施来看，几大自由贸易试验区的建立，已经在转变政府职能方面改革，外商投资管理体制方面改革、进一步推进服务领域开放方面改革、货物监管模式方面改革，以及负面清单管理方面改革等一系列攻坚领域和深水区进行了创新性突破。这些创新性的探索和尝试，为全面深化改革和扩大开放探索了新途径、积累了新经验，从体制层面上为提高开放型经济水平和质量提供了强大保障。

二、建设更高水平开放型经济新体制

习近平在党的十九届四中全会是指出的要建设更高水平开放型经济新体制,[①]是建立在对处于深度调整期的经济全球化近年来又出现了一些新形势、新变化和新问题的科学研判基础之上的。

---

① 习近平:《关于〈中共中央关于坚持和完善中国特色社会主义制度 推进国家治理体系和治理能力现代化若干重大问题的决定〉的说明》,《人民日报》,2019年11月6日。

第五编　中国特色社会主义进入新时代党的经济思想

更高水平开放型经济新体制,可以从两个维度进行理解。一是开放型经济新体制主要包括创新外商投资管理体制,构建外贸可持续发展新机制,建立促进"走出去"战略的新体制,加快实施"一带一路"建设,优化对外开放区域布局,拓展国际经济合作新空间,构建开放安全的金融体系,建设稳定、公平、透明、可预期的营商环境,加强支持保障机制建设,以及建立健全开放型经济安全保障体系等。二是建设更高水平开放型经济新体制,本质上属于制度型开放。是要在促进规则变革和优化制度设计中,形成与国际经贸活动通行规则相衔接的基本规则和制度体系。一方面,在对接国际经贸规则方面迈向新高度和实现新突破,对标已有的高标准和最先进国际经贸规则,来完善自身的规则等制度设计和安排,以及根据国际经贸规则高标准化的演进新趋势,借助外部力量有意识地主动推进改革,逐步实现自身规则等制度设计和安排的优化。另一方面,转向制度型开放不仅要求我们能够在规则等制度层面与国际接轨,还要在某些方面和某些领域发挥引领作用,即在变革和优化中完善制度质量,实现从以往的简单融入积极的推动角色转变,包括实现从以往全球经济规则的简单接受者进一步向建设者和贡献者转变。具体地说,建设更高水平的开放型经济体制主要涉及以下四方面:

就开放的层次来说,引进来和"走出去"相结合,实现资本双向流动的基本平衡,以较为平衡的方式融入经济全球化进程之中。中国在国际化生产体系中的角色将由优势要素的被整合者转变为全球优势要素的整合者,从国际生产网络的参与者转变为"以我为主"的国际生产网络的构建者。坚持双向开放就是要引进来和"走出去"并重。从引进来的角度看,在开放型经济发展的初期阶段,"以市场换技术"是利用外资的目的,但是其实际发挥的作用主要还是促进了我国优势要素的充分利用。未来,引进来需要适应我国加快转变经济发展方式的要求,着力提高引资的质量,注重吸收借鉴国际投资搭载的创新技术、先进管理经验,招揽更多高素质人才。从国际循环系统角度看,要在继续高水平引进来的同时,以更大步伐"走出去",打造一个真正双向循环的开放型经济系统,以更好地在全球范围内整合和利用资源,拓展发展空间。"走出去"是反映中国经济发展进入新阶段的要求,也是开放型经济发展到较高阶段的特征。

就开放的范围来说,在开放型经济发展的初期阶段,东部地区的开放型经济发展水平显著高于中西部地区。新时代的开放发展,开放空间范围扩大,"改变我国对外开放东快西慢、沿海强内陆弱的区域格局,逐步形成沿海内陆沿边分工协作、互动发展的全方位开放新格局"①,即从沿海、沿江到内陆、沿边的全面开放和协调发展。从外部市场的分布角度看,要突破对传统发达经济体市场过于集中的局限,在继续向东开放的同时加大向西和向南开放的力度,以进一步拓展对外开放发展空间。

就开放的领域来看,开放初期的主要领域为一般制造业、服务业等,部门开放度较低。进入新时代,开放的领域进一步扩大。就是要突破制造业领域"单兵突进"和"单线发展"的传统开放模式,实现制造业开放深化和服务业开放范围扩大的双轮驱动,在产业领域打造范围更广、结构更加均衡的开放新格局;"推进金融、教育、文化、医疗等服务业领域有序开放,放开育幼养老、建筑设计、会计审计、商贸物流、电子商务等服务业领域外资准入限制,进一步放开一般制造业"②。

就开放型经济的新平台来说,2013年8月22日,党中央、国务院决定设立

---

① 任理轩:《坚持开放发展——"五大发展理念"解读之四》,人民网,http://theory.people.com.cn/n1/2015/1223/c40531-27963697.html,2015年12月23日。

② 《中共中央关于全面深化改革若干重大问题的决定》,新华网,http://news.xinhuanet.com/politics/2013-11/15/c_118164235.htm,2013年11月15日。

中国(上海)自由贸易试验区。2015年4月20日,扩展中国(上海)自由贸易试验区实施范围。2015年4月20日,国务院批复成立中国(广东)自由贸易试验区、中国(天津)自由贸易试验区、中国(福建)自由贸易试验区。2017年3月31日,国务院批复成立中国(辽宁)自由贸易试验区、中国(浙江)自由贸易试验区、中国(河南)自由贸易试验区、中国(湖北)自由贸易试验区、中国(重庆)自由贸易试验区、中国(四川)自由贸易试验区、中国(陕西)自由贸易试验区。2018年10月16日,国务院批复同意设立中国(海南)自由贸易试验区。2019年8月2日,国务院批复同意设立中国(山东)自由贸易试验区、中国(江苏)自由贸易试验区、中国(广西)自由贸易试验区、中国(河北)自由贸易试验区、中国(云南)自由贸易试验区、中国(黑龙江)自由贸易试验区。2019年8月6日,国务院印发《中国(上海)自由贸易试验区临港新片区总体方案》,设立中国(上海)自由贸易试验区临港新片区。2020年6月1日,中共中央、国务院印发了《海南自由贸易港建设总体方案》。2020年9月21日,中国新设三个自贸区,包括北京、湖南、安徽。新设的7个自贸区,代表着中国自贸区建设进入了试点探索的新航程,将继续依托现有经国务院批准的新区、园区,继续紧扣制度创新这一核心,进一步对接高标准国际经贸规则,在更广领域、更大范围形成各具特色、各有侧重的试点格局,推动全面深化改革扩大开放。

当然,除了设立自贸区和自由贸易港等开放发展新平台之外,新时代的开放发展还包括其他创新多样化的开放平台和载体,如加快实施国家间的自由贸易区战略、稳步推进"一带一路"建设以及亚洲基础设施投资银行建设、设立进口博览会等,这其中无疑都涉及重要规则等制度创新,是建设更高水平开放型经济体制的重要平台。

第四节 以国内大循环为主体、国内国际双循环相互促进的新发展格局

开放发展必然表现为国内国际双循环相互促进，只不过在不同发展阶段其侧重点有所不同。改革开放以来，中国选择"两头在外"国际大循环战略，有其现实的分工基础和客观条件，既充分发挥了自身要素优势，也契合了全球要素分工演进的大势，符合经济学比较优势基本原理，从而取得了经济发展的巨大成功，促进了国内市场发育发展。随着国际国内环境的深刻变化，上述发展模式的局限性日益凸显。从"两头在外"国际大循环为主，向以国内大循环为主体、国内国际双循环相互促进的新发展格局转变，势所必然。

改革开放以来，我们不仅创造了巨大财富，更重要的是大大提升了财富创造的生产力，奠定了我国转向双循环新发展格局的坚实基础。要依托国内大循环，通过需求引致创新、扩大开放虹吸全球优质生产要素，以及充分发挥进口溢出效应等具体作用机制，重塑我国参与国际合作和竞争新优势。针对"推动形成以国内大循环为主体、国内国际双循环相互促进的新发展格局"的战略转变，2020年8月24日，习近平在经济社会领域专家座谈会上的讲话中特别强调："新发展格局决不是封闭的国内循环，而是开放的国内国际双循环。我国在世界经济中的地位将持续上升，同世界经济的联系会更加紧密。"[①]双循环新发展格局"是重塑我国国际合作和竞争新优势的战略抉择"。

[①] 习近平：《在经济社会领域专家座谈会上的讲话》，《人民日报》，2020年8月25日。

第五编　中国特色社会主义进入新时代党的经济思想

一、以国内大循环为主体

改革开放之初,我国基础弱、底子薄、经济发展比较落后。我们抓住了发达经济体产业梯度转移的机遇,发挥劳动力等要素禀赋优势,打开国门对外开放,选择了市场和资源两头在外的国际大循环的开放型经济发展路子。得开放风气之先的珠三角地区,以发展加工贸易起步,率先对外开放;长三角地区紧紧跟上,大力引进外资,利用国外的资金技术,发展出口导向型经济,迅速形成了沿海地区参与国际大循环的发展格局。

20世纪80年代以来,伴随国际生产分割的快速发展以及生产要素跨国流动日益增强,国际分工已经深入到产品生产环节,各国参与国际分工不再以"产品"为界限,而是以"要素"为界限了。从本质上看,这种新的国际分工形式可称为"要素分工"。在以要素分工为主导的经济全球化条件下,资源和市场"两头在外"国际大循环,有其现实的分工基础和客观条件。改革开放以来很长一段时间内,我国丰富廉价的劳动力成为融入全球要素分工可依托的优势,同时也迎合和满足了跨国公司将自身技术、资本优势与发展中国家低成本劳动力等优势相结合的现实需要。"两头在外"国际大循环发展模式,不仅实现了连续多年的外贸顺差并积累了大量外汇储备,从而解决了经济发展起初阶段面临的资金、外汇的"双缺口"问题。作为工业化的后来者,在"两头在外"国际大循环发展模式中,中国通过发挥劳动力等要素禀赋优势,更确切地说,依托中国人民的汗水和智慧,以开放的姿态积极迎接西方发达国家产业和技术的扩散和转移,把握住了向先行工业化国家和先进经济体的学习机会,经过短短四十余年的奋斗,走过了西方发达国家几百年的发展进程,实现了中华民族几代人的工业化梦想。中国从经济全球化中受益的同时,也成为全球经济和贸易增长的最重要贡献者。实践证明,市场和资源两头在外的国际大循环战略,获得了巨大成功。我们不仅收获了分工和贸易创造的巨大财富,更重要的是大大提升了财富创造的生产力。财富的生产力比财富本身更重要,它为我国转向以国内大循环为主体、国内国际双循环相互促进的新发展格局奠定了坚实的基础。"两头在外"国际大循环发展模式、战略和机制,是符合当时的历史条件和国内外环境的正确选择,把中国这个大国的潜在比较优势转化成了参与国际合作和竞争的现实优势。

但是近年来,一方面外部环境发生重大变化。以"美国优先"为代表所推行的一系列逆全球化政策,在中美贸易战中力图使其供应链与中国脱钩。再加上新冠肺炎疫情世界蔓延,世界经济衰退不可避免。其后果是全球产业链中断,国际贸易受阻,导致外需严重不足。另一方面我国参与国际大循环自身具有的禀赋要素,在参与国际大循环时比较优势明显减弱。与此相反的是,与我国经济快速增长相应,十四亿多人口大市场的内需潜力不断释放,正在形成以国内大循环为主体、国内国际双循环相互促进的新发展格局。习近平2020年8月24日在经济社会领域专家座谈会上的讲话中指出:"这个新发展格局是根据我国发展阶段、环境、条件变化提出来的,是重塑我国国际合作和竞争新优势的战略抉择。"[1]

依托国内大循环重塑国际合作和竞争新优势,我国经济已经具备了现实基础和条件。经过几十年的开放发展,中国经济总量已经跃居世界第二。中国是一个拥有十四亿多人口的发展中大国,以及目前已有四亿中等收入群体的超大市场,[2]尤其是人均国内生产总值突破1万美元,我们拥有潜在的经济活力和巨大的发展空间。特别是,目前我国已拥有41个工业大类、207个工业中

---

[1] 习近平:《在经济社会领域专家座谈会上的讲话》,《人民日报》,2020年8月25日。
[2] 参见习近平:《关于全面建成小康社会补短板问题》,《求是》,2020年第6期。

类、666个工业小类的独立完整的现代工业体系，是全世界唯一拥有联合国产业分类当中全部工业门类的国家，具备持续提供高质量产品的生产基础。随着经济发展和人民收入水平的不断提高，高质量的消费需求在经济发展中将扮演着越来越重要的角色。实际上，自2008年国际金融危机以来，我国经济已经在向以国内大循环为主体转变，对外部市场的过度依赖的局面正在改变。未来一个时期，国内市场主导国民经济循环特征会更加明显，经济增长的内需潜力会不断释放。而国内大循环一旦得以畅通，生产、分配、流通、消费更多依托国内市场，就会迅速提升供给体系对国内需求的适配性，形成需求牵引供给、供给创造需求的更高水平动态平衡。

国内大循环重塑国际合作和竞争新优势的机制是：一是依托庞大的内需市场，可以充分发挥需求引致创新的作用机制，提升自主创新能力，突破"卡脖子"的关键生产环节和关键技术，构建强大的产业技术链，实现产业链分工地位的提升。这是关系我国发展全局的重大问题，也是形成以国内大循环为主体的关键。二是超大的市场规模优势，可以形成对全球优质要素的虹吸效应。国际头部企业会更加看重国内市场，将研发中心等创新要素配置到国内，实施"逆向创新"战略，从而有助于我国发展创新型经济，推进产业升级，夯实参与国际竞争和合作的产业基础。三是充分发挥巨大需求的进口溢出效应，通过扩大进口所产生的制度性话语权提升作用、短板产业补齐作用、高端要素虹吸作用，以及倒逼改革作用等具体机制，促进开放型经济高质量发展，形成国际合作和竞争新优势。四是利用超大市场规模优势，可以实现规模经济和差异化的竞争优势，助推中国企业"走出去"，在全球范围内整合和利用资源，促进构建互利共赢的开放型世界经济。

二、实现国内国际双循环相互促进

习近平强调:"新发展格局决不是封闭的国内循环,而是开放的国内国际双循环。我国在世界经济中的地位将持续上升,同世界经济的联系会更加紧密,为其他国家提供的市场机会将更加广阔,成为吸引国际商品和要素资源的巨大引力场。"[①]国民经济循环的主体由外转内,并且使我国成为吸引国际要素的巨大引力场对国内循环和对外开放均提出新的要求。

(一)产业链环节的重组

在现代经济中,国民经济循环主要表现为产业链循环。从产业链角度分析的国际循环就形成了供应链和价值链。在产业链上不同环节的中间品供应就产生了供应链。处于产业链不同环节有不同的附加值就产生了价值链。我国参与国际循环的主要路径是参与全球价值链分工。其水准,如习近平所说,我国关键核心技术受制于人的局面尚未根本改变,创造新产业、引领未来发展的科技储备远远不够,产业还处于全球价值链中低端。这种产业水准参与国际循环抗风险能力弱。

我国产业参与的外循环近期遇到的严重困难就与产业处于全球价值链中低端相关:一方面,为数不多的"以我为主导"的全球价值链在全球布局的产业链环节涉及拥有关键核心技术的供应商,有些零部件对整条产业链可能会"一剑封喉"。当前,愈演愈烈的国际科技战、贸易战中某些"卡脖子"技术的断供、脱钩会使整个产业链断裂瘫痪。另一方面,我国大部分产业靠资源禀赋的比较优势(劳动力和土地资源)嵌入全球价值链,所处的环节主要

---

① 习近平:《在经济社会领域专家座谈会上的讲话》,《人民日报》,2020年8月25日。

第五编　中国特色社会主义进入新时代党的经济思想

是加工装配之类的低端环节,拥有核心技术和关键技术的中高端环节不在我国。所需要的零部件和元器件一般都需要进口处于国外的产业链上的中间产品,在低端环节上,第一,附加值低;第二,受制于人,随时可能断供;第三,随着劳动成本和土地价格上涨,禀赋资源优势越来越没有竞争优势。

产业链的国际循环面临的挑战对我国已有的产业链布局提出重组的要求。面对多个全球产业链中断,不仅需要疏通产业的上下游关系,保持产业链供应链的稳定性和竞争力,还要建立自主可控的现代化产业体系,通过产业链环节的国内替代,促使产业链由国外转向国内,形成产业链的国内循环。其基本要求就是习近平提出的:围绕产业链部署创新链,把科技创新真正落到产业发展上,提升产业链现代化水平。实现产业链环节国内替代的核心技术是买不来讨不来的,唯有依靠创新,产生具有自主知识产权的核心技术和关键技术,体现增长的内生性,其方向有两个:一是拥有自主知识产权的核心技术的优势产业需要围绕创新链布局自主可控的产业链,二是处于全球价值链中低端向中高端攀升的环节布局创新链。围绕产业链部署创新链,就要面向中高端环节布局创新链,进行科技攻关,掌握中高端环节的核心技术关键技术。

(二)依托国内大循环重塑国际合作和竞争新优势,显然不是要放弃国外市场,重新回到封闭经济状态,搞自我经济循环

实际上,各种经验事实均表明,凡是具有生命力的体系或系统,都必须同体系外或系统外进行能量、物质或信息交换(交流)。开放性和"输出-输入"通畅,是任何生命体系的重要特征,经济体系也不例外。改革开放四十多年来,中国产业成长于全球化、壮大于全球化、协同于全球化、兴旺于全球化就是证明。因此,以国内大循环为主重塑我国国际合作和竞争新优势,不仅要重视国内开放性,更要具备国际开放性,并以国内开放和国际开放实现双

循环的有效协同。

产业链循环主要转向国内循环,不意味着放弃对外开放,而是转向创新导向的开放型经济。其主要特征是着力引进创新资源。开放式创新就要根据创新链环节需要着力引进掌握高端核心技术的科技和管理人才。同时升级外商直接投资。在有序放宽市场准入同时注重外资质量。与过去一般以"三来一补"等方式利用国内劳动力和环境资源的制造环节的外商投资不同,引进的外资以创新为导向进行选择:进入的环节是高新技术研发环节,鼓励外资在中国本土创新研发新技术。全球产业链的关键核心技术环节转向国内,不排斥全球产业链的国际布局,尤其是以全球价值链进入共建"一带一路"国家和地区,这就是习近平说的,形成面向全球的贸易、投融资、生产、服务的价值链,培育国际经济合作和竞争新优势。走出去的价值链既有以我为主的全球价值链,也包括我国处于全球价值链低端环节向资源和劳动成本更低的国家和地区转移。全球价值链在共建"一带一路"国家布局,相关国家在全球价值链中可以共享中国发展成果,与中国企业互利共赢。

让中国成为吸引国际商品和要素资源的巨大引力场,本质上就是一种更高水平的开放,意味着要将国内市场与国际市场链接起来。而实现上述目标的关键则在于,要让国内市场在资源配置和经济发展中起决定性作用,要让国内市场能够成为一个全世界生产性要素(包括人才、资本、金融)都愿意去的场所,将中国市场打造成一个高度开放、安全和自由流动的市场。为此,要按照《中共中央国务院关于构建更加完善的要素市场化配置体制机制的意见》,重点突破要素市场的改革难题,深化要素市场化配置改革,促进要素自主有序流动,提高要素配置效率,进一步激发全社会创造力和市场活力。

参考文献

一、经典文献

1.《马克思恩格斯选集》(第一~四卷),人民出版社,2012年。

2.《马克思恩格斯文集》(第一~十卷),人民出版社,2009年。

3.《马克思恩格斯全集》(第10卷),人民出版社,1998年。

4.《列宁选集》(第一~四卷),人民出版社,2012年。

5.《列宁全集》(第三十四卷),人民出版社,1986年。

6.《列宁全集》(第三十八卷),人民出版社,1986年。

7.《毛泽东选集》(第一~四卷),人民出版社,1991年。

8.《周恩来选集》(上、下卷),人民出版社,1980年、1984年。

9.《朱德选集》,人民出版社,1983年。

10.《刘少奇选集》(上、下卷),人民出版社,1981年、1985年。

11.《陈云文选》(1926—1949),人民出版社,1984年。

12.《陈云文选》(1949—1956),人民出版社,1984年。

13.《陈云文选》(1956—1994),人民出版社,1995年。

14.《邓小平文选》(第二卷),人民出版社,1994年。

15.《邓小平文选》(第三卷),人民出版社,1993年。

16.《邓小平文选》(1975—1982年),人民出版社,1983年。

17.《江泽民文选》(第1~3卷),人民出版社,2006年。

18.《胡锦涛文选》(第1~3卷),人民出版社,2016年。

19.《习近平关于全面深化改革论述摘编》,中央文献出版社,2014年。

20.《习近平谈治国理政》(第一卷),外文出版社,2018年。

21.《习近平谈治国理政》(第二卷),外文出版社,2017年。

22.《习近平谈治国理政》(第三卷),外文出版社,2020年。

23.习近平:《论坚持全面深化改革》,中央文献出版社,2018年。

24.习近平:《决胜全面建成小康社会夺取新时代中国特色社会主义伟大胜利——在中国共产党第十九次全国代表大会上的报告》,人民出版社,2017年。

25.习近平:《之江新语》,浙江人民出版社,2013年。

26.中共中央党史和文献研究院编:《习近平关于"三农"工作论述摘编》,中央文献出版社,2019年。

27.中共中央文献研究室编:《习近平关于社会主义经济建设论述摘编》,中央文献出版社,2017年。

28.中共中央文献研究室编:《习近平关于社会主义民主政治建设论述摘编》,中央文献出版社,2017年。

29.中共中央宣传部:《习近平新时代中国特色社会主义思想学习纲要》,学习出版社、人民出版社,2019年。

30.中共中央宣传部:《习近平总书记系列重要讲话读本(2016年版)》,学习出版社、人民出版社,2016年。

31.中共中央宣传部:《习近平总书记系列重要讲话读本》,学习出版社、人民出版社,2014年。

二、资料汇编

32.《三中全会以来重要文献选编》,中央文献出版社,2011年。

33.《三中全会以来重要文献选编》,人民出版社,1982年。

34.《十二大以来重要文献选编》,中央文献出版社,2011年。

35.《十二大以来重要文献选编》(上中下),人民出版社,1986年。

36.《十三大以来重要文献选编》,中央文献出版社,2011年。

37.《十三大以来重要文献选编》(上中下),人民出版社,1991年。

38.《十四大以来重要文献选编》,中央文献出版社,2011年。

39.《十五大以来重要文献选编》,中央文献出版社,2011年。

40.《十六大以来重要文献选编》,中央文献出版社,2011年。

41.《十七大以来重要文献选编》,中央文献出版社,2011年。

42.《十八大以来重要文献选编》,中央文献出版社,2014年。

43.《十九大以来重要文献选编》,中央文献出版社,2019年。

44.《第二次国内革命战争时期土地革命文献选编（1927—1937年）》,中共中央党校出版社,1987年。

45.《解放战争时期土地改革文件选编》,中共中央党校出版社,1981年。

46.《农业集体化重要文件汇编（1949—1987）》,中共中央党校出版社,1981年。

47.《中国共产党第十八次全国代表大会文件汇编》,人民出版社,2012年。

48.中国社会科学院、中央档案馆编:《1949—1952中华人民共和国经济档案资料选编》(工业卷),中国社会科学出版社,1993年。

49.中国社会科学院经济研究所中国现代经济史组:《第一、二次国内革命战争时期土地斗争史料选编》,人民出版社,1981年。

50.中共中央党校党史教研室编:《中国共产党史稿》,人民出版社,1983年。

51.中共中央文献研究室编:《毛泽东传》(1893—1949),中央文献出版社,1996年。

52.中共中央文献研究室编:《毛泽东著作专题摘编》,中央文献出版社,2003年。

53.中共中央文献研究室编:《毛泽东年谱》,中央文献出版社,2013年。

54.中共中央文献研究室编:《周恩来年谱(一九四九——一九七六年)》,中央文献出版社,1997年。

55.中共中央文献研究室编:《邓小平年谱(1975—1997)》,中央文献出版社,2004年。

56.中共中央文献研究室编:《陈云传》,中央文献出版社,2005年。

57.中共中央文献研究室编:《领袖画传系列:邓小平》,辽宁人民出版社,2018年。

58.中共中央文献研究室、中国人民解放军军事科学院编:《周恩来军事文选》,人民出版社,1997年。

59.中共中央文献研究室、中央档案馆编:《建党以来重要文献选编》(1921—1949)(第15册),中央文献出版社,2011年。

60.中共中央文献研究室、中央档案馆编:《建党以来重要文献选编》(1921—1949)(第21册),中央文献出版社,2011年。

61.中央档案馆编:《解放战争时期土地改革文件选编(1945—1949年)》,中共中央党校出版社,1981年。

三、著　作

62.《毛泽东著作选读》,人民出版社,1986年。

63.《毛泽东书信选集》,人民出版社,1983年。

64.《毛泽东1936年同斯诺的谈话》,人民出版社,1979年。

65.《周恩来经济文选》,中央文献出版社,1993年。

66.《刘少奇年谱(1898—1969)》,人民出版社,1996年。

67.《刘少奇论合作社经济》,中国财政经济出版社。1987年。

68.邓小平:《建设有中国特色的社会主义(增订本)》,人民出版社,1990年。

69.《孙中山全集》(第1卷),中华书局,1981年。

70.《孙中山全集》(第2卷),中华书局,1982年。

71.《孙中山全集》(第5卷),中华书局,1985年。

72.《孙中山全集》(第6卷),中华书局,1985年。

73.《孙中山全集》(第9卷),中华书局,1986年。

74.白永秀、任保平、何爱平:《中国共产党经济思想90年》,人民出版社,2011年。

75.编写组:《砥砺奋进的五年——从十八大到十九大》,中国统计出版社,2017年。

76.陈夕主编:《奠基:苏联援华156项工程始末》,天地出版社,2020年。

77.陈锡文、张征、罗丹:《中国农村改革四十年》,人民出版社。2018年。

78.东北师范大学政治系中共党史教研室编:《中共党史教学参考资料:解

放战争时期》,人民出版社,1981年。

79.国家发展改革委经济体制与管理研究所:《改革开放三十年:从历史走向未来》,人民出版社,2008年。

80.洪银兴、杨德才等:《新中国经济史论》,经济科学出版社,2019年。

81.胡绳主编:《中国共产党的七十年》,中共中央党校出版社,1991年。

82.胡维佳主编:《中国科技政策资料选辑(1949—1995)》,山东教育出版社,2006年。

83.黄正林:《陕甘宁边区社会经济史(1937—1945)》,人民出版社,2006年。

84.姜义华、张荣华编校:《康有为全集(增订本)》,中国人民大学出版社,2020年。

85.《李大钊选集》,人民出版社,1959年。

86.《李富春选集》,中国计划出版社,1992年。

87.刘诗白:《简明政治经济学小词典》,四川人民出版社,1986年。

88.刘树成、吴太昌主编:《中国经济体制改革30年研究》,经济管理出版社,2008年。

89.罗平汉:《中国共产党群众路线思想史》,人民出版社,2013年。

90.马齐彬等:《中国共产党执政四十年》,中共党史资料出版社,1989年。

91.彭明、虞和平编:《20世纪的中国——走向现代化的历程·经济卷(1900—1949)》,人民出版社,2010年。

92.邱若宏:《中国共产党科技思想与实践研究》,人民出版社,2012年。

93.陕甘宁边区财政经济编写组:《抗日战争时期陕甘宁边区财政经济史料摘编》,陕西人民出版社,1981年。

94.沈立人主编:《中国经济重大决策始末》,江苏人民出版社,1999年。

95.史敬棠等:《中国农业合作化运动史料》,生活·读书·新知三联书店,

1957年。

96.孙冶方:《社会主义经济的若干理论问题》,人民出版社。1979年。

97.唐宝富:《抗日根据地政治制度研究》,人民出版社,2001年。

98.王东方:《中国革命的延安之路》,人民出版社,2019年。

99.王桧林主编:《中国现代史参考资料》,高等教育出版社,1991年。

100.卫兴华、洪银兴主编:《中国共产党经济思想史论(1921—1992)》,江苏人民出版社,1994年。

101.魏宏运主编:《中国现代史资料选编》,黑龙江人民出版社,1981年。

102.武衡主编:《抗日战争时期解放区科学技术发展史资料》,中国学术出版社,1989年。

103.徐义生编:《中国近代外债史统计资料(1853—1927)》,科学出版社,2016年。

104.许毅:《中央革命根据地财政经济史长编》,人民出版社,1982年。

105.薛世孝著:《中国煤矿革命史(1921—1949)》,煤炭工业出版社,2014年。

106.严中平等编:《中国近代经济史统计资料选辑》,科学出版社,1955年。

107.《张闻天社会主义论稿》,中共党史出版社,1995年。

108.《张闻天文集》(第四卷),中共党史出版社,1995年。

109.《张闻天文集》(第一卷),中共党史出版社,1990年。

110.《张闻天选集》,人民出版社,1985年。

111.赵靖:《学术开拓的主要路标》,北京大学出版社,2005年。

112.郑学檬:《简明中国经济通史》,人民出版社,2005年。

113.周太和主编:《当代中国的经济体制改革》,中国社会科学出版社。1984年。

四、报刊文献

114.《习近平在部分省区市党委主要负责同志座谈会上讲话》,《人民日报》,2015年6月20日。

115.《习近平在中央党校(国家行政学院)中青年干部培训班开班式上发表重要讲话强调发扬斗争精神增强斗争本领为实现"两个一百年"奋斗目标而顽强奋斗》,《人民日报》,2019年9月4日。

116.习近平:《共同创造亚洲和世界的美好未来》,《人民日报》,2013年4月8日。

117.习近平:《关于〈中共中央关于坚持和完善中国特色社会主义制度推进国家治理体系和治理能力现代化若干重大问题的决定〉的说明》,《人民日报》,2019年11月6日。

118.习近平:《关于全面建成小康社会补短板问题》,《求是》,2020年第6期。

119.习近平:《弘扬人民友谊共创美好未来》,《人民日报》,2013年9月8日。

120.习近平:《开放共创繁荣创新引领未来——在博鳌亚洲论坛2018年年会开幕式上的主旨演讲》,《人民日报》,2018年4月11日。

121.习近平:《全面贯彻落实党的十八大精神要突出抓好六个方面工作》,《求是》,2013年第1期。

122.习近平:《在二〇一九年春节团拜会上的讲话》,《人民日报》,2019年2月4日。

123.习近平:《在经济社会领域专家座谈会上的讲话》,《人民日报》,2020年8月25日。

124.习近平:《在深入推动长江经济带发展座谈会上的讲话》,《求是》,

2019年第17期。

125.习近平:《中国发展新起点全球增长新蓝图》,《人民日报》,2016年9月4日。

126.《从第一次郑州会议到庐山会议前期毛泽东纠正"左"倾错误的文献十四篇(一九五八年十一月——一九五九年四月)》,《党的文献》,1990年第4期。

127.《关于纠正农村工作中"左"倾错误的文献选载》(一九六○年六月——一九六一年十二月),《党的文献》,1992年第3期。

128.高培勇:《从"放权让利"到"公共财政"——中国财税改革30年》,《光明日报》,2008年11月6日。

129.韩永文:《我国农业在国家工业化过程中的贡献分析》,《当代中国史研究》,1999年第2期。

130.洪银兴:《建设强企业、强市场、强政府的经济运行机制》,《经济学动态》,2020年第1期。

131.洪银兴:《社会主义基本经济制度的创新和优势》,《红旗文稿》,2020年第1期。

132.洪银兴:《准确认识供给侧结构性改革的目标和任务》,《中国工业经济》,2016年第6期。

133.李慎明:《正确认识中国特色社会主义新时代社会主要矛盾》,《红旗文稿》,2018年第5期。

134.马建堂等:《新常态下我国宏观调控思路和方式的重大创新》,《国家行政学院学报》,2015年第5期。

135.卫兴华、洪银兴:《中国共产党在革命、建设和改革中经济思想的形成与发展》,《红旗文稿》,2011年7月11日。

136.卫兴华:《关于中国特色社会主义政治经济学的一些新思考》,《经济研究》,2017年第12期。

137.萧冬连:《1978—1984年中国经济体制改革思路的演进——决策与实施》,《当代中国史研究》,2004年第5期。

138.余展:《六十年代初我国部分地区农村实行包产到户生产责任制到实践与经验》,《党的文献》,1992年第4期。

139.张明军、朱玉梅:《新时代社会主要矛盾新论断的依据、内涵及价值》,《湘潭大学学报(哲学社会科学版)》,2019年第6期。

140.张宇:《社会主义基本经济制度是党和人民的伟大创造》,《人民日报》,2020年1月10日。

141.左用章:《中国新民主主义革命中的土地所有权问题》,中国人民大学书报资料社复印报刊资料《中国现代史》,1983年第3期。

后　记

　　包括经济思想史在内的历史研究是十分重要的。2015年8月23日,习近平总书记在致第二十二届国际历史科学大会的贺信中指出:"历史研究是一切社会科学的基础,承担着'究天人之际,通古今之变'的使命。世界的今天是从世界的昨天发展而来的。今天世界遇到的很多事情可以在历史上找到影子,历史上发生的很多事情也可以作为今天的镜鉴。重视历史、研究历史、借鉴历史,可以给人类带来很多了解昨天、把握今天、开创明天的智慧。所以说,历史是人类最好的老师。"

　　中国共产党经济思想史是中国共产党历史的重要组成部分,中国共产党经济思想则是中国共产党思想宝库的重要组成部分。2021年恰逢中国共产党成立100周年,在这个时刻,对一百年来中国共产党在各个时期的经济思想进行系统的回顾与总结,有着极为重要的历史与现实意义。一百年来,一代代中国共产党人为了民族独立、国家富强、人民幸福前仆后继百折不回,谱写了一曲曲惊天动地的壮丽诗篇;一百年来,一代代中国共产党人领导着中华民族砥砺奋进勇往直前,实现了从站起来、到富起来、再到强起来的伟大变革；一百年来，一代代中国共产党人努力探索我国不同时期的经济发展方针政策，给中华民族以致全人类留下了十分丰富的经济思想宝藏。

中国共产党成立以来的一百年里，不论是在风雨如晦的旧中国时期还是在天朗气清的新中国时期，不论是在传统的计划经济体制时期还是在转型的市场经济体制时期，也不论是在改革开放时期还是在全面深化改革时期，中国共产党根据各个时期不同的形势背景、社会矛盾和目标任务，探索性地提出了一系列重要的经济思想，成功地指导着中国共产党及其领导下的中国一路披荆斩棘取得了一个又一个伟大的胜利。中国共产党经济思想已成为中国革命与建设不断取得成功的一个重要法宝。

2021年是中华民族发展史上一个极为重要的时间节点。在这一年，我们不仅将迎来中国共产党成立100周年，而且还将迎来中华民族两个"百年奋斗目标"中第一个目标的完全实现（也即在中国全面建成小康社会）。在这历史交汇的重要时刻，系统梳理、总结中国共产党百年经济思想史，其借鉴与启示意义极其深刻。2018年11月26日，习近平总书记在十九届中共中央政治局第十次集体学习时的讲话中指出："重视吸取历史经验是我们党的一个好传统。……我们进行伟大斗争、建设伟大工程、推进伟大事业、实现伟大梦想，更需要重视、研究、借鉴历史。这对我们丰富头脑、开阔眼界、提高修养、增强本领具有重要意义。"

基于这种考虑，我们编写了这本系统阐述中国共产党成立一百年以来经济思想发展史的专门著作，这本书由经济学研究者和党史研究专家通力合作写成。这在一定程度上克服了单独由经济学者或单独由党史研究专家完成这类著作写作的困难。我们在本书写作时不仅注意挖掘史料，还注意评析，体现史论结合。在本书写作过程中，我们大量地参阅党的历史文献以及主要领导人的选集、文集，突出介绍被实践所证明的党的正确的经济思想，

后　记

突出介绍党的历代领导集体中主要领导人的经济思想。按照史论结合的要求,本书按重要经济思想的历史演变分编、按历史顺序分章,按经济思想专题分节,以努力反映党在各个时期主要的有特色的经济思想,并充分反映党的经济思想的发展脉络。

本书是在卫兴华、洪银兴两位先生主编的《中国共产党经济思想史论(1921—1992)》(江苏人民出版社,1994年版)基础上,通过修订已有内容和撰写新增章节来完成的。在此,我们要特别感谢已故的著名经济学家、人民教育家卫兴华先生!

本书是集体智慧的结晶。在本书成书过程中,洪银兴教授付出了大量辛劳。他不仅系统地提出了本书的体系结构并多次召集撰稿人集中研讨,而且还通读了本书每一章的初稿并提出了极为宝贵的修改建议。本书除总论之外,共有五编十七章。各部分的撰稿人分别为:

总论:洪银兴;

第一章、第二章、第三章、第四章:左用章;

第五章、第六章、第七章、第八章、第九章:谢世诚;

第十章:夏江;

第十一章:葛扬;

第十二章:杨德才;

第十三章:夏江;

第十四章:杨德才;

第十五章:葛扬、洪银兴;

第十六章:任保平;

第十七章:张二震、戴翔。

全书由洪银兴、杨德才统筹、修改、统稿。最后,衷心感谢天津人民出版社的热情约稿与鼎力支持！感谢编辑团队的辛勤付出！限于我们的水平和能力，史料的掌握难免挂一漏万，评论难免偏颇，敬请读者批评指正。

2021年12月